·通用经济系列教材·

Contemporary Economy of China

当代中国经济（第二版）

主　编　李建建

副主编　蔡秀玲　陈少晖　廖添土

中国人民大学出版社

·北京·

出版说明

随着经济全球化的不断深入，中国经济走上了高速发展的通道，获得了前所未有的发展。越来越多的人认识到，要想真正融入现代社会，无论是什么专业背景、从事何种工作，学习经济类课程对工作都非常有帮助。顺应这一形势，我国大部分高等院校也开始重视经济类课程的教学和经济类课程的普及。一方面，越来越多的经济类课程成为高校非经济专业选修的热门课程；另一方面，许多理工科学生把经济类专业当作第二学位来学习。但是，现有的经济类教材大部分在内容上都有一定的深度，适合非经济类专业或初涉经济学专业的学生学习的教材较少。鉴于这种情况，我们组织编写了这套“通用经济系列教材”。本套教材在组织编写上，遵循了以下原则：

第一，所列课程均为经济类的基础课程，能够适应不同专业学生的普及学习。

第二，教材在编写上力求简明、通俗，篇幅适中，重视基础知识和基本原理的讲解。

第三，在内容上尽量减少纯理论的阐述、证明等，增加一些实际案例、专栏、开篇案例导读之类的东西，使教材的可读性更强，内容更易于理解。

我们秉承中国人民大学出版社“出教材学术精品，育人文社科英才”的宗旨，紧跟时代脉搏，不断推出精品，提升教材的质量，为中国高等教育和实践水平的提升做出贡献。我们希望广大读者的建议和鞭策，能够促使我们不断对本套丛书进行改进和完善，以更好地服务读者。

中国人民大学出版社

内容简介

本书是为了适应高等院校经济管理类专业开设《当代中国经济》课程的需要，由一批从事该课程教学研究的学者根据中国改革开放的实践和理论界最新研究成果编写的。本书的内容涉及中国改革开放的主要领域和经济发展的重要问题，力求充分反映党的十八大以来特别是党的十九大以来有关经济改革和发展的新思想、新理论、新观点和新政策，力图反映学术界在相关领域的最新研究成果，注重传承性与创新性的统一、前沿性与启发性的统一，切实地反映时代精神和特色，以启发学生的思考和进一步研究。

本书除作为高等学校教材外，也可供成人培训、自学使用和研究参考。

作者简介

李建建，男，1954 年 5 月生，福建省仙游县人。福建师范大学经济学院教授、经济研究所所长、博士生导师、国务院政府特殊津贴专家。主要从事《资本论》与社会主义市场经济、经济思想史、城市土地经济问题等领域的研究，先后主持和参与国家自然科学基金、国家教委、福建省社科基金、福建省发改委、福建省教育厅等研究课题 30 余项；独撰、合撰和主编的专著、教材十余部；在《经济研究》《当代经济研究》《中国房地产》等学术刊物发表论文 80 余篇；获国家教委优秀教学成果二等奖 1 项（合作）、福建省社会科学优秀成果一等奖 3 项（合作）、福建省社会科学优秀成果二等奖 6 项、三等奖 2 项、福建省优秀教学成果一等奖 2 项。

前　言

中国经济经过40年的持续高速增长，已取得举世瞩目的成就，中国已经从一个落后的农业国发展成为世界第二大经济体，国家综合实力大大增强，人民生活水平大幅度提高。随着党的十八届三中全会以后全面深化改革开放的推进，将进一步释放经济发展的内在潜力，中国经济将更有效率、更加公平、更可持续发展。事实证明，改革开放是决定当代中国命运的关键抉择，是党和人民事业大踏步赶上时代的重要法宝。只有全面深化改革才能实现我国经济发展方式的实质性转变，才能全面建成小康社会，进而建成富强民主文明和谐的社会主义现代化国家、实现中华民族伟大复兴的中国梦。

实践在发展，理论亦在发展。伴随着中国改革开放实践的发展，中国特色社会主义理论体系也正在不断丰富和完善。面对复杂多样的世界经济形势，我们需要认真总结中国经济快速发展的经验，概括经济发展的阶段性特征，从理论上认识中国经济转型的内在逻辑，对未来经济发展作出科学的判断，为实现中国经济的高速和可持续发展提供理论支撑，这是理论工作者应当肩负的历史使命。同时，随着经济全球化深入发展，全球范围内的经济竞争日趋激烈，对我国经济学创新型人才的培养提出了更高的要求。让大学生更多地了解中国改革开放进程，了解当代中国经济发展的特点和规律，了解和掌握中国特色社会主义经济理论，这是深化我国高等教育改革的需要，也是我们所追求的目标，这正是《当代中国经济》的由来。

本书编写的指导思想是：深入贯彻党的十八大、十八届三中全会和党的十九大精神，高举中国特色社会主义伟大旗帜，以马克思列宁主义、毛泽东思想、邓小平理论、“三个代表”重要思想、科学发展观、习近平新时代中国特色社会主义思想为指导，坚持社会主义市场经济改革方向，坚持以我国改革开放和现代化建设的实践为中心，着眼于对新时代全面深化改革开放实际问题的理论思考，着眼于全面建成小康社会决胜期的经济建设、政治建设、文化建设、社会建设、生态文明建设新的实践和新的发展。帮助学生更好地掌握马克思主义基本经济理论和中国特色社会主义经济理论，加深对当代国际、国内经济问题的认识，提高观察问题和分析问题的能力和水平。

本书在编写和内容安排上，立足于当代中国经济体制改革和对外开放的实践，从总体上总结和梳理中国经济体制改革的历史进程和基本特点，阐明当前深化经济体制改革面临的形势和主要任务；又分别从国有企业与国有资产管理体制、财政与金融体制、就业与社会保障体制、土地制度和收入分配体制等方面探讨了国民经济不同领域的改革与发展；接着从经济发展战略、经济结构调整、工业化与城镇化、农业与农村经济、对外经贸关系和自然资源环境与经济可持续发展等方面分析了影响中国经济发展的重点领域、重点问题。以便读者了解当代中国经济改革发展的全貌，加深对中国社会主义市场经济发展的认识，不断增强中国特色社会主义道路自信、理论自信、制度自信。

本书在编写过程中力求充分反映党的十八大以来，特别是党的十九大以来有关经济改革和发展的新思想、新理论、新观点和新政策，力图反映学术界在相关领域的最新研究成果，注重传承性与创新性的统一、前沿性与启发性的统一。为学生进一步学习和研究提供了指南和方向。

本书在写作中参考了一些同行出版的专著和论文，无法一一列出，敬请谅解，在此一并致谢。限于作者的学识和编写时间较紧，本书的缺点和错误在所难免，敬请读者予以批评指正。

本书是福建师范大学经济学院和福建社会科学院的一批教授和副教授在近年来教学和研究基础上编写而成的，由李建建教授担任主编。各章编写工作的具体分工如下：第一章：黄瑾教授；第二章：廖添土副教授；第三章：祝健教授；第四章：陈少晖教授；第五章：李建建教授，廖添土副教授；第六章：杨强教授；第七章：陈燕博士；第八章：李元华教授；第九章：蔡秀玲教授；第十章：邹文杰教授；第十一章：张国教授；第十二章：黄晓玲教授；第十三章：黎元生教授。中国人民大学出版社王晗霞编辑对本书的出版给予了大力支持和帮助，对此，我们表示衷心的感谢！

编　者
2018 年 11 月

目　录

第一章 中国经济体制改革

中共十八大报告指出："深化改革是加快转变经济发展方式的关键。经济体制改革的核心问题是处理好政府和市场的关系，必须更加尊重市场规律，更好发挥政府作用。"中共十九大报告进一步强调："着力构建市场机制有效、微观主体有活力、宏观调控有度的经济体制。"这既是对我国改革开放40年来，特别是近10多年来改革开放理论和实践的科学总结，也指出了未来全面深化经济体制改革的总体方向和目标。

第一节　中国经济体制改革的历史演变

一、中国经济体制改革的启动期（1978—1983年）

中国的经济体制改革是从中共十一届三中全会开始的。1978年《中国共产党第十一届中央委员会第三次全体会议公报》提出，旧体制的一个严重缺点是权力过于集中，应当有领导地大胆下放，让地方和工农业企业在国家统一计划的指导下有更多的经营管理自主权；应该着手大力精简各级经济行政机构；应该坚决实行按经济规律办事，重视价值规律的作用；应该认真解决党政企不分、以党代政、以政代企的现象，实行分级分工分人负责。全会做出了实行改革开放的新决策，开始了中国从"以阶级斗争为纲"到以经济建设为中心、从僵化半僵化到全面改革、从封闭半封闭到对外开放的历史性转变。

党的十一届三中全会以后，农村经济体制改革率先展开。家庭联产承包责任制、统分结合的双层经营体制取代"三级所有、队为基础"的人民公社制度，

开始在全国农村普遍实行。随着承包制的推行，个人付出与收入挂钩，农民生产的积极性大增，解放了农村生产力。与此同时，其他方面的改革也开始起步。1978 年，国务院制定并发布了《关于扩大国营工业企业经营管理自主权的若干规定》，通过对国营企业放权让利，推行两步“利改税”、厂长经理负责制与经济责任制等，扩大了企业自主权。逐步推进“划分收支、分级包干”的财政体制改革，放宽了农副产品的统购统销制度，兴办了深圳、珠海、汕头和厦门四个经济特区。

二、中国经济体制改革的探索期（1984—1991 年）

1984 年 10 月，中共十二届三中全会通过《中共中央关于经济体制改革的决定》，明确提出社会主义经济是“公有制基础上的有计划的商品经济”，商品经济的充分发展是社会经济发展不可逾越的阶段，改革的目标是建立具有中国特色的、充满生机和活力的社会主义经济体制，明确了改革的基本目标和各项要求，经济体制改革全面展开。1987 年 10 月，中共十三大进一步提出“社会主义有计划商品经济的体制，应该是计划和市场内在统一的体制”，“新的经济运行机制，总体上来说是国家调节市场，市场引导企业”的机制。从理论上确认了市场机制作用的中枢地位，为进一步深化改革指明了方向。

这一阶段的改革重点从农村转向城市，改革实践以搞活国有企业为中心环节全面展开。国有企业改革的指导思想是实现所有权与经营权的分离，使企业从政府的行政控制下解脱出来，成为自主经营、自负盈亏、自我积累、自我发展的商品生产者。1986 年 12 月国务院《关于深化企业改革增强企业活力的若干规定》提出，要推行多种形式的经营承包责任制，为经营者提供充分的经营自主权。到 1987 年底，全国预算内承包制企业的覆盖面已达 78%，大中型企业达 80%。在承包制成为国有企业改革主要形式的同时，各地积极试点租赁制、股份制等。此外，积极探索以厂长负责制、工效挂钩、劳动合同制为内容的企业领导、分配、用工等管理制度的改革，以增强企业的内在活力。

加快推进以建立统一开放、运转有序的竞争性市场体制和以经济手段调节为主的宏观间接管理体制为目的的相关改革。采取“调、放、管”相结合的方针，理顺比价关系，改革商品和服务价格形成机制；改革商业经营管理体制，发展非国营流通企业；大幅度缩小指令性计划，改革银行组织体制，实行各种形式的财政包干制，变单一税制为复合税制；对部分城市实行计划单列，减少管理层次，扩大地方自主权。与经济体制改革相适应，政治、科技、教育、文化等领域的改革也开始启动。

对外开放也迈出了重要步伐。我国开放了沿海 14 个港口城市，在长江三角洲、珠江三角洲、闽东南地区、环渤海地区开辟经济开放区，批准海南建省并成为经济特区，在利用国外资金、技术、管理经验等方面进行了有益尝试。

三、中国经济体制改革的建构期（1992—2001 年）

以中共十四大确立社会主义市场经济体制的改革目标为标志，中国经济体制改革进入以制度创新为主要内容的新阶段。中共十四大报告强调，经济体制改革的核心“是正确认识和处理计划与市场的关系”，“价格改革是市场发育和经济体制改革的关键”，要加快政府职能的转变，“转变的根本途径是政企分开”，政府的职能主要是“统筹规划，掌握政策，信息引导，组织协调，提供服务和检查监督”。1993 年 11 月，中共十四届三中全会通

过的《关于建立社会主义市场经济体制若干问题的决定》指出，“建立社会主义市场经济体制，就是要使市场在国家宏观调控下对资源配置起基础性作用”，并提出社会主义市场经济体制的基本框架，其基本内容是：建立现代企业制度、培育和发展市场体系、建立健全宏观经济调控体系、建立合理的个人收入分配和社会保障制度。1997 年中共十五大确立了公有制为主体、多种所有制经济共同发展的基本经济制度，并提出加快国民经济市场化进程，要充分发挥市场机制作用，健全宏观调控体系，继续发展各类市场，进一步发挥市场对资源配置的基础性作用。这有力地推动了以建立社会主义市场经济体制为目标的改革进一步向纵深发展。

这一阶段的改革仍然以国有企业为中心环节，制度创新的力度显著加大。按照建立现代企业制度的方向，中央和地方选择若干有代表性的国有企业进行了建立现代企业制度的试点，一批国有大中型企业被改造成国有独资公司、有限责任公司或股份有限公司；许多全国性的行业总公司被改组为控股公司，发展了一批以资本为纽带跨地区、跨行业的大型企业集团；众多的小型国有企业，通过改组、联合、兼并、租赁、承包经营和股份合作制、出售等形式进行了改革。积极推进鼓励兼并、规范破产、下岗分流、减员增效和再就业工作，推动企业形成优胜劣汰的竞争机制。中共十五届四中全会《关于国有企业改革和发展若干重大问题的决定》中提出，“从战略上调整国有经济布局和改组国有企业”，使国有资本逐渐集中到关系国民经济命脉的重要行业和关键领域。适应国有企业改制和国有经济布局和结构调整的需要，多种形式的国有资产监督管理体制探索在一些地方积极地展开，取得了良好效果。

从 1994 年开始，财政、税收、金融、外贸、外汇、计划、投资、价格等方面的配套改革相继取得重大突破。确立了以分税制为核心的新的财政体制框架，建立了以增值税为主体的流转税体系；强化了中央银行对货币供应的调控能力和金融监管方面的职能，实行政策性银行与商业银行分离的金融组织体系；建立了以市场供求为基础，单一的、有管理的浮动汇率制度，实现了人民币在经常项目下可兑换；国家计划管理从总体上的指令性计划向总体上的指导性计划转变；推行项目法人制、资本金制度和招投标制度，加强投资风险约束。市场流通领域的改革向纵深发展。商品市场进一步发展，要素市场逐步形成；取消了生产资料价格双轨制，进一步放开了竞争性商品和服务的价格；在健全市场规则、整顿市场秩序方面取得了新的进展。积极推进社会保障制度改革。在试点的基础上，逐步建立起社会统筹和个人账户相结合的养老、医疗保险制度。适应深化企业改革的需要，建立了失业保险、社会救济制度及城镇居民最低生活保障制度。所有制结构调整力度逐步加大。公有制经济的实现形式日趋多样化，国有控股的经济不断扩大，非公有制经济的发展势头更加强劲。科技、教育、卫生体制改革取得重要进展。按照“稳住一头，放开一片”的方向，推进科技体制改革；以调整学校布局结构、改革高校招生和分配制度为重点，加快教育体制改革步伐；实行医疗机构分级分类管理制度，扩大卫生机构的经营管理自主权。与此同时，农村经济、对外贸易、城市住房等方面的改革，也取得了新的进展。经过全国人民共同努力，社会主义市场经济体制初步确立。

在此期间，我国进一步完善特殊经济区，建立了保税区、出口加工区、边境经济技术合作区等新的经济区。对外开放向内陆地区推进，在中西部地区建立了一批国家级的经济技术开发区，成为区域对外开放的领头羊。

四、中国经济体制改革的完善期（2002—2020 年）

2002 年召开的中共十六大提出，本世纪头二十年改革的主要任务是完善社会主义市场经济体制，即在 2020 年建成完善的社会主义市场经济体制和更具活力、更加开放的经济体系。“要在更大程度上发挥市场在资源配置中的基础性作用”，并把政府职能界定为：“经济调节、市场监管、社会管理和公共服务”四个方面。2003 年 10 月，中共十六届三中全会通过的《中共中央关于完善社会主义市场经济体制若干问题的决定》对建成完善的社会主义市场经济体制进行了全面的部署。2007 年，中共十七大报告提出：“要深化对社会主义市场经济规律的认识，从制度上更好发挥市场在资源配置中的基础性作用，形成有利于科学发展的宏观调控体系。”中共中央提出了树立科学发展观和构建社会主义和谐社会的重大战略思想，为完善社会主义市场经济体制提供了理论指导。按照统筹城乡发展、统筹区域发展、统筹经济社会发展、统筹人与自然和谐发展、统筹国内发展和对外开放的要求，积极推进各个领域的改革。2012 年，中共十八大提出经济体制改革的核心问题是处理好政府和市场的关系，必须更加尊重市场规律，更好发挥政府的作用。这明确了全面深化经济体制改革的总体方向和目标。2013 年中共十八届三中全会通过的《中共中央关于全面深化改革若干重大问题的决定》（以下简称《决定》）明确指出我国实行的是社会主义市场经济体制，我们仍然要坚持发挥我国社会主义制度的优越性、发挥党和政府的积极作用。市场在资源配置中起决定性作用，并不是起全部作用。《决定》把市场在资源配置中的“基础性作用”改为“决定性作用”，进一步明确了改革的市场取向，对于更好地发挥市场作用、激发市场活力、提高资源配置效率，将产生积极推动力。与此同时，《决定》也强调，市场起决定性作用绝不是否定或弱化政府作用，而是要更好地发挥政府作用。这实际上对政府的调控和治理提出了更高的要求。

2017 年，中共十九大报告强调“坚持社会主义市场经济改革方向”，“加快完善社会主义市场经济体制”，指出“经济体制改革必须以完善产权制度和要素市场化配置为重点，实现产权有效激励、要素自由流动、价格反应灵活、竞争公平有序、企业优胜劣汰”。这些重要论述，在中共十八届三中全会提出“使市场在资源配置中起决定性作用和更好发挥政府作用”的基础上，进一步坚定了社会主义市场经济改革方向，明确了加快完善社会主义市场经济体制的重点任务。

新世纪头十年改革的主要任务是完善社会主义市场经济体制。这一阶段把行政管理体制改革放到了突出的位置，按照建立行为规范、运转协调、公正透明、廉洁高效的行政管理体制目标着力推进改革。政府职能转变取得重要进展，政府的社会管理和公共服务职能进一步加强；政府机构改革继续推进，国务院新设立和组建了一批经济调节和监管机构，提升了一些监管部门的行政级别，完善了国有资产等部门的管理体制；围绕完善省以下行政管理体制，地方政府加大了县乡机构改革以及扩大县（市）管理权限的力度；行政审批制度改革步伐加快，2002—2012 年国务院部门分六批取消和调整了 2 456 项审批项目，2013 年国务院共计取消和下放行政审批事项 221 项。全面推行依法行政，颁布实施了《中华人民共和国行政许可法》和《中华人民共和国公务员法》等行政管理法律法规。

与此同时，农村改革继续向纵深推进。农村基本经济制度进一步巩固，农村税费改革

试点全面展开，全国彻底取消实行了长达 2 600 年的农业税；粮食流通体制改革进一步深化，市场化的棉花流通体制基本确立。国有企业改革取得新进展。国有资本进一步向关系国家安全和国民经济命脉的重要行业和关键领域集中，国有经济的控制力和竞争力进一步增强；国有大型企业股份制改革力度加大，完善法人治理结构工作取得进展，选人用人机制改革迈出重要步伐，国有控股上市公司股权分置改革稳步推进；电信、铁路、民航、烟草、电力等垄断行业改革迈出新步伐；国务院成立了国有资产监督管理委员会，颁布了《企业国有资产监督管理暂行条例》，加强了对国有企业特别是大型、特大型国有企业的资产运营状况的监督。非公有制经济发展的体制环境进一步改善。放宽了非公有制经济的市场准入条件，允许非公有资本进入法律法规未禁入的行业和领域；清理和修订限制非公有制经济发展的法规、规章和政策性规定，加强了对私有产权的依法保护，为非公有制经济发展提供制度保障。财税、金融、投资体制改革不断深化。健全中央和地方财力与事权相匹配的体制，完善促进基本公共服务均等化的公共财政体制；金融体制改革力度加大，国有商业银行股份制改革加快推进；利率和汇率市场化改革迈出重大步伐；政府投资的范围进一步缩小，企业投资自主权逐步扩大，投资审批制度不断规范。市场体系建设步伐进一步加快。商品市场的种类和数量逐年增加，土地、劳动力、技术、产权、资本等要素市场进一步发展，水、电、石油和天然气等重要资源价格的市场化步伐加快。社会保障体系不断完善。社会保障覆盖面不断扩大，城镇基本养老保险制度基本确立，基本医疗保险制度改革全面推进，失业保险制度建设明显加快。科教文卫体制改革稳步开展。积极推进农村义务教育经费保障机制改革，鼓励和支持发展民办教育；加大公益性文化事业单位内部机制改革力度，积极开展经营性文化事业单位转企改制；新型农村合作医疗制度改革试点稳步推进。

2001 年底加入世界贸易组织以来，我国步入了制度性开放的新阶段。按照世界贸易组织的规则和我国在谈判中所做的承诺，我国政府从国情出发，按照国际规则，构建起了开放型经济的基本制度框架，为全面参与国际分工和国际竞争、利用两个市场两种资源，奠定了制度基础。2013 年 9 月，国务院印发上海自由贸易试验区的总体方案，规定了政府职能转变、金融制度、贸易服务、外商投资和税收政策等多项改革措施。2014 年 12 月，国务院同意在广东、天津、福建特定区域再设三个自由贸易试验区。2016 年 8 月，国务院决定在辽宁省、浙江省、河南省、湖北省、重庆市、四川省、陕西省新设立 7 个自由贸易试验区。自由贸易试验区是在新形势下推进改革开放的重大举措，对加快政府职能转变、积极探索管理模式创新、促进贸易和投资便利化，为全面深化改革和扩大开放探索新途径、积累新经验，具有重要意义。2013 年 9 月和 10 月国家主席习近平分别提出建设“新丝绸之路经济带”和“21 世纪海上丝绸之路”的合作倡议。2015 年 3 月，国家发展改革委、外交部、商务部联合发布了《推动共建丝绸之路经济带和 21 世纪海上丝绸之路的愿景与行动》，从时代背景、共建原则、框架思路、合作重点、合作机制、中国各地方开放态势、中国积极行动、共创美好未来八个部分，对“一带一路”倡议进行了详细阐释。“一带一路”倡议的提出和自由贸易试验区的设立，准确把握了新时代的时代脉搏和历史潮流，标志着我国全面开放的新格局正在形成。

第二节　中国经济体制改革的主要特点

一、社会主义基本经济制度与市场经济相结合

经济史表明，市场经济的产生与发展从来都是和资本主义制度融合在一起的；经济学说史证明，不论是西方经济学抑或是传统的马克思主义政治经济学，二者虽然立场不同、立论各异，但有一点是相同的，就是都否认市场经济与社会主义制度相结合的可能性，都断言市场经济是资本主义私有制所固有的，跟社会主义公有制经济水火不相容，社会主义只能搞计划经济。邓小平同志倡导的解放思想，打破了所谓市场经济与社会主义制度不相容的教条。从此，中国开始了把社会主义基本制度与市场经济结合起来的改革历程，初步走出了一条把社会主义基本制度与市场经济相结合的路子，形成了社会主义市场经济体制的基本框架。

从中国的实践经验看，社会主义基本制度与市场经济体制相结合的途径和方式主要有以下几个方面：建立以公有制为主体、多种所有制经济共同发展的基本经济制度，调整国有经济布局、建立现代企业制度；建立以按劳分配为主体、多种分配方式并存，效率公平兼顾的收入分配制度；建立多层次的社会保障体系，保证社会成员的基本生存和生活需要；健全统一、开放、竞争、有序的现代市场体系；改革政府管理体制，转变政府职能；建立和完善与市场经济相应的法律体系；正确处理对外开放同独立自主、自力更生的关系，维护国家经济安全。

社会主义基本经济制度与市场经济相结合，其最大的难点在于它的核心部分：作为经济主体的公有制经济与市场经济相结合。如果没有“公有制为主体”这个核心部分，社会主义基本经济制度也就不成其为社会主义，仅有其他非公有制经济与市场经济相结合，那将是资本主义市场经济。社会主义基本经济制度与市场经济相结合，一方面发挥了市场机制信息灵敏、效率较高、激励有效、调节灵活等优点，增强了经济发展的活力；另一方面发挥了社会主义经济中生产资料公有制、按劳分配、计划调节、统筹兼顾、独立自主、团结互助等制度的优势，克服了资本主义市场经济固有的盲目性、自发性和滞后性以及经济危机、贫富分化等深刻的缺陷和弊病，这就从理论和实践上超越了以私有制为基础的资本主义市场经济的流俗教条，极大地促进了社会生产力的发展，为发展中国特色社会主义提供了强大动力和体制保障。深化经济体制改革之所以要毫不动摇地坚持社会主义市场经济改革方向，最根本的原因就在于此。① 中共十八届三中全会《决定》强调“公有制为主体、多种所有制经济共同发展的基本经济制度，是中国特色社会主义制度的重要支柱，也是社会主义市场经济体制的根基”，再一次突出了基本经济制度在经济体制改革中的重要地位。

二、工业化与市场化相结合

工业化的进展与市场化的深化和广化密不可分。这是因为市场化不仅能为工业化提供

① 张宇．科学认识政府和市场关系：社会主义市场经济的视角．光明日报，2013-06-07.

广阔的需求，开拓资金、劳动力、科技创新人才等资源的集中渠道，而且能够为工业化的发展提供可靠的制度保障，如自由竞争、财产和合同保护等。同样的，工业化又为市场化提供了有力的物质武器，使有竞争力的产品可以冲出国界，扩展市场的空间，实现全球市场的占有。

在1949—1978年间，中国的工业化道路是完全效仿苏联的模式，即单纯依靠国家力量，实行计划经济和优先发展重工业的赶超战略。因此，在传统的计划经济体制中，工业化与市场化是分开的。传统的工业化道路在推进我国工业化进程方面功不可没，使我国在短短二三十年时间内就基本实现了国家工业化的初期目标，建成了一个初具规模、门类齐全的工业体系和国民经济体系。但传统的工业化道路也存在不少问题和教训，使我们付出了很高的代价。直到改革开始的时候，农村人口超过60%，农村剩余劳动力1亿～2亿人，处于隐蔽性失业状态。改革开放以来，中国经济面临着复杂的、艰巨的双重转轨任务：一是经济体制上从计划经济转向市场经济；二是经济结构上从二元经济转向现代化工业经济。正如1997年中共十五大提出的中国社会主义初级阶段历史任务所描述的："社会主义初级阶段，是逐步摆脱不发达状态，基本实现社会主义现代化的历史阶段；是由农业人口占很大比重、主要依靠手工劳动的农业国，逐步转变为非农业人口占多数、包含现代农业和现代服务业的工业化国家的历史阶段；是由自然经济半自然经济占很大比重，逐步转变为经济市场化程度较高的历史阶段；是由文盲半文盲人口占很大比重、科技教育文化落后，逐步转变为科技教育文化比较发达的历史阶段；是由贫困人口占很大比重、人民生活水平比较低，逐步转变为全体人民比较富裕的历史阶段；是由地区经济文化很不平衡，通过有先有后的发展，逐步缩小差距的历史阶段；是通过改革和探索，建立和完善比较成熟的充满活力的社会主义市场经济体制、社会主义民主政治体制和其他方面体制的历史阶段。"① 也就是说，中国社会主义初级阶段所面临的任务，在经济领域方面，主要是工业化和市场化以及由此带来的人民生活的改善与地区经济的平衡发展。

中国工业化的再次起步始于1978年的市场化改革。经过40年的改革开放，市场机制已经基本上替代计划体制成为中国资源配置的主要机制，价格信号也已经取代数量信号成为引导资源配置的主要信号，中国市场经济体系正在从初步建立向成熟阶段迈进。随着市场化的推进，中国的工业化进程发生了历史性的变化，这一变化集中体现在中国在十几年间出现了持续高速的经济增长，增长速度不仅领先于同时期世界主要国家和地区，而且已经赶上东亚"新兴工业化国家（地区）"经济起飞时的经济增长速度。这种高速经济增长使经济、政治、思想、文化、国际关系等各个领域发生了巨大变化。时至今日，中国已成为世界第二大经济体，GDP占世界GDP总量的份额已从1978年的1.8%，提高到2017年的15%左右，2017年人均国民总收入已经超过8 800美元。中国已经是举世公认的"世界工厂"，第二产业特别是工业成为拉动中国经济增长的主力，在中国经济结构中占据了最大份额。主要工业产品产量在全世界排名不断提升，占全世界产能产量份额居高不下；制造业产业结构不断提升，中国越来越多的先进制造业产品跻身世界前列。相应地，随着中国跃居"世界工厂"，"中国制造"在国际市场所占份额日益提高，且出口商品结构不断提升。

① 江泽民．高举邓小平理论伟大旗帜，把建设有中国特色社会主义事业全面推向二十一世纪．人民日报，1997-09-13.

三、政府主导与自发演进相结合

纵观中国经济体制历史变迁的整个过程，在总体上呈现出政府主导、自上而下的显著特点。所谓“政府主导”，是指政府主动引导体制改革、培育市场体系、完善市场法制建设、推进工业化与城镇化进程，并确保经济得以较快、平稳、均衡地发展。政府主导不是主导经济活动，而是主导变革的进程，在改革和发展中发挥顶层设计的作用。中央政府从全局的角度，设计经济体制改革的目标、线路、步骤，设计国民经济发展的方向、目标、战略、步骤、重大举措。选择政府主导的原因，主要是在改革的初期，国人并不清楚改革的方向是什么，不清楚如何改革以及如何建立市场经济，更谈不上任何实际的体验。而在一个日益全球化的世界经济背景下，发展中国家要想在短短的几十年内完成发达国家用二三百年建立起成熟的市场经济体制的任务，必须由政府主导制度创新，使党和政府的政策与法令主导改革的方向和路径。“政府主导”的优点在于减少改革实施过程中的利益协调成本，保证了改革的社会主义方向，保证了我国市场化改革的有序进行。

中国的改革还具有明显的自发演进的特点。我国改革的最初突破是在农村推行家庭联产承包责任制。随着农村经济改革取得成功，越来越多的人务实地认识到经济分权的重要性，坚定改革的力量在群众和地方政府中越来越占据优势，同样在中央领导层中也获得了越来越强势的地位。在这一背景下，过去由下而上自发的农村经济改革也转向了由上而下的、政府主动导经济改革，为经济改革更大范围、更加深入地推进提供了制度上的保障。在整个经济体制改革过程中，改革的发动虽然是自上而下的，但大多是对社会生活中早已存在的改革要求的一种承认；改革虽然是在统一领导下进行的，但具体到各部门、各地区和各单位，改革措施、内容和步骤却因地制宜、丰富多样；改革虽然坚持全国一盘棋思路，但改革中提倡大胆创新、大胆试验，并在实践证明合理的情况下在更大范围内普遍推广；改革虽然是政府主导的，但离不开地方、企业和个人为了实现自身利益而在制度创新中发挥出的空前主动性和创造性；改革虽然形成了全面的规划和理论的构想，但在实践中，“摸着石头过河”“走一步看一步”却是改革中最有效的法则。

四、整体推进与循序渐进相结合

中国的经济改革是政府主导的自上而下推进的，因而，改革的目标和过程从整体上都是有计划的协调和统一的。但中国整体协调的改革方式又不同于一步到位的大爆炸式改革，改革本身的复杂性、艰巨性及中国改革的探索性，使政府采取了从实际出发、先易后难、由浅入深、循序推进的渐进式总体改革战略。从时间上看，中国的渐进式改革表现为新旧体制在时间上的继起性，即新旧体制的过渡不是断裂的，而是相互联系的；改革方案不是一步到位的，而是逐步推广的。从空间上看，渐进性表现为新旧体制在空间上的并存性，即为了尽可能缩短新经济体制的建设进程，也为了使一些改革措施能顺利推出，在旧体制内外一点点地增加新体制的内容，在一些关键环节进行重点突破，通过增量改革来带动全面改革。渐进式改革具体表现为以下几种形式：第一，给定旧体制不变，在旧体制以外成长出一块新体制，比如乡镇企业的兴起就是一种典型的体制外制度创新。第二，在旧体制内，通过改变原有契约方式来打破现状，比如改变国家与个人之间的分配契约，允许农民在完成计划任务以外可以保留一定的剩余。第三，试点改革，即政府允许某些地方、部门或企业试验一些新制度，通过对试验结果进行总结，形成一个可以普遍推行的改革方案，例如，深圳等经济特区的试行、价格双轨制的实行。第四，计划权利的赎买。一部分社会成员在旧体制下享有一些特权，这些特权在新体制下会丧失，这部分成员就可能反对改革，政府为弱化改革阻力，采取补贴的方式换取这些成员的同意，例如，在放开城市农副产品价格的同时，对城市居民进行价格补贴就是一种“补贴改革”[①]。

渐进式改革的好处在于，既使改革保持了必要的力度、速度和连续性，又使改革逐步适应社会承受能力，避免了大的社会动荡的发生。第一，有利于充分利用已有的组织资源，从而可以保持制度创新过程中制度的相对稳定和有效衔接。第二，有利于把改革成本分摊到一个较长期的过程，同时允许政府和社会成员边改革边学习和选择，这样可以化解改革阻力，以最小的成本寻找到合适的改革路径。第三，新体制的逐步成长可以节约改革中的补偿成本，因为一方面，新体制的高效率创造出了大量的社会财富，使政府可运用的资源增加；另一方面，新旧体制的摩擦会逐步暴露出改革的阻力所在，从而使政府容易识别需补偿的群体及需补偿的程度，从而降低补偿成本。

当然，渐进式改革方式也导致新旧体制相持的时间相对长一些，产生了一些新的矛盾。比如，在渐次推进的改革中，旧体制仍旧会在一些方面发挥作用，有可能牵制或者侵蚀新体制，从而增大改革的难度。由于两种体制并存的时间较长，为在两种体制之间套利提供了可能，这些既得利益者成为抑制改革进一步向纵深推进的力量。因此，如何选择适当的时机以及关键的领域和环节，实施有重点的突破，是渐进式改革方略必须应对的课题。[②]

五、对内改革与对外开放相结合

1979 年以来中国经济发展最重要的保证在于坚持“对内改革，对外开放”这八字方针。实践经验表明，开放的过程也是中国国内不断认同市场经济、深化市场化改革的过程。对外开放不仅促进了国内经济活动同世界市场及高效率的经济管理体制和运作规则的对接，引入了以市场经济体系为基础的国际规则和国际惯例，促进了各领域的改革与国际接轨，尤其是参与国际竞争和国际规则制定；也使建设中的新体制有效地摆脱了旧体制落后、封闭的特性，有力地促进了社会主义市场经济体制的不断完善。在微观领域，企业广泛参与国际竞争，充分发掘国际市场和国际资源，在全球竞争中赢得了一席之地；在宏观领域，随着我国对外经贸关系的不断推进，我国作为二十国集团（G20）等国际组织和机构的重要成员国，在国际经济治理中的地位和发言权已有重大跃迁，基本实现了从被动到主动、从外围到核心、从配合讨论到参与决策的角色转变，从而在国际经济舞台上展现负责任的大国形象。

改革在开放的“倒逼”与推动下深化拓展。特别是 2001 年加入 WTO，我国进入全面对外开放的新阶段，进一步带动国内各项改革。适应开放而推进的改革，在两个方面大大加快了步伐：一是从整体上构建与国际通行规则相衔接的管理体制和运行机制，这包括根据世贸组织规则清理、修订法律法规，建立稳定、透明和适应经济全球化需要的涉外经济管理体制等；二是积极推进相关专项领域的改革，以有利于“引进来”和“走出去”，包括降低关税和进一步开放银行、保险、商业等重要服务贸易领域。在改革过程中，通过解

① 周业安．中国渐进式改革路径与绩效研究的批判性回顾．中国人民大学学报，2000（4）．

② 中国社会科学院经济体制改革 30 年研究课题组．论中国特色经济体制改革道路（上）．经济研究，2008（9）．

决经济发展的内外关系问题，打破了封闭半封闭状态，扩大了对外开放，使我国在独立自主发展的基础上，走向世界，跟上世界发展的步伐。① 反过来，改革中逐渐采取的新政策、新制度又在深度和广度上大大地促进了对外开放的发展，两者相互促进，相得益彰。

2013 年设立的中国（上海）自由贸易试验区掀起了开放倒逼改革的又一次高潮。试验区坚持先行先试，以开放促改革、促发展，率先建立符合国际化和法治化要求的跨境投资和贸易规则体系，使试验区成为我国进一步融入经济全球化的重要载体。这对于中国开启新一轮改革，对于中国经济的转型升级，对于中国形成对外开放新格局，对于中国积极主导参与全球经济治理，对于通过外部压力倒逼内部改革等，都有积极意义。

第三节　现阶段中国的市场经济体制

一、社会主义市场经济中的市场

中共十八届三中全会审议通过的《中共中央关于全面深化改革若干重大问题的决定》指出："经济体制改革是全面深化改革的重点，核心问题是处理好政府和市场的关系，使市场在资源配置中起决定性作用和更好发挥政府作用。"市场在资源配置中起决定性作用，既是我们党对社会主义市场经济规律认识的深化和发展，也是针对我国经济改革实践的发展对深化改革提出的更高要求，为我国进一步改革指明了方向和路径。

市场，是指市场经济，即以商品等价交换为准则的经济活动方式。使市场在资源配置中起决定性作用，其实质就是在价值规律、竞争规律和供求规律等市场经济规律支配下发挥市场配置资源的决定性作用。② 第一，价值规律是市场经济的基本规律，它要求商品的价值由社会必要劳动时间来决定。企业为了获得更多的利润，就必须把生产商品的个别劳动时间降低到社会必要劳动时间以下。为此，就要改善经营管理，降低产品成本，提高劳动生产率，从而提高资源使用的效率。第二，从供求规律看，商品的价格不仅取决于商品的价值，而且取决于市场供求关系。价格的变动反映着商品和资源的稀缺程度，为企业提供了社会需求的信息。在供求规律支配下，企业就要主动适应市场供求变化，引导生产要素流向社会需要的企业和部门，优化产品结构，提高资源配置效率。第三，从竞争规律看，市场竞争的结果必然是优胜劣汰，企业要在竞争中获胜，必须积极采用新技术，提高产品质量，积极进行产品的更新。在竞争规律支配下，资源流向经济效益好的企业和部门，促进资源的优化配置，提高整个社会的资源配置效率。总之，在价值规律、供求规律和竞争规律作用下，市场主体的内部动力和竞争压力形成一种客观的强制，迫使企业改进技术，改善管理，节约社会资源消耗，在优胜劣汰中促进资源不断优化配置。市场配置资源的上述种种优点是计划资源配置手段所不具有的。所以，在市场经济条件下，应当让市场在资源配置中起决定性作用。

从我国经济发展的实践看，改革开放 40 年来，我国绝大多数经济领域的资源配置已

① 范恒山．加入世界贸易组织与中国经济体制改革．经济研究参考，2012（7）．

② 胡乃武．市场决定性作用并不排斥发挥政府职能．中国社会科学报，2014－01－17．

基本上通过市场进行。党的十八大以来，价格体制改革明显加快，已有近98%的商品和服务价格放开由市场决定，市场决定价格机制基本建立。但是，在各个经济领域，在生产、建设、流通、消费各个环节，资源配置违背市场经济运动规律要求导致资源低效配置乃至严重浪费的现象还十分普遍。一方面，政府越位与缺位并存，市场机制的作用不够充分。一是政府对微观经济活动管得过多。如，政府行政审批的范围过大、权力过分集中，过多运用行政性手段干预市场主体特别是微观主体，抑制了市场机制的正常运作；党政干部政绩考核过于看重GDP增长率，助长地方追求速度型经济增长和投资冲动，加剧重复建设和产能过剩；一些重要资源的价格还未理顺，国有企事业单位经营管理中行政化倾向严重，城乡体制分割，生产要素市场不完善等。二是政府对于一些该管的事情没管好、政府的作用还需要有更好地发挥。如，政府各种政策工具选择搭配不适当；环境污染和食品药品安全等问题突出，市场监管不到位；对贫富差距扩大的收入分配调节乏力；一个时期以来，医疗、教育、养老等社会事业发展过度市场化，使公共服务长期处于总量不足、结构失衡状态；腐败现象依然存在等。① 另一方面，由于市场体系不健全使市场在资源配置中的决定性作用还远远没有得到充分的发挥。目前我国尚未建立全国统一开放的市场体系，主要表现在生产要素市场的发展明显落后于一般商品市场的发展，资金、人力、技术、土地、矿产资源等要素的市场化程度十分有限。同时，公平有序的市场竞争格局尚未完全形成。有的地方政府设置行政壁垒，实行市场封锁，对外地产品和流向外地原材料搞价格歧视；为鼓励本地区高耗能产品生产的发展，不顾国家禁令实行优惠电价，以及放纵排污等；假冒伪劣产品时有出现，冲击市场，坑害消费者；对民营企业的不公平待遇，阻碍民间投资的“玻璃门”“弹簧门”仍然存在；社会商业信用体系没有建立起来，机会主义交易行为泛滥成灾，社会交易成本畸高，经济活动中的诚信原则亟待确立。

存在这些问题的根本原因在于现行经济体制仍然存在着束缚市场主体活力，干扰、阻碍市场和价值规律发挥决定性作用的弊端。《决定》明确指出，要“着力解决市场体系不完善、政府干预过多和监管不到位问题”，“必须积极稳妥从广度和深度上推进市场化改革，大幅度减少政府对资源的直接配置，推动资源配置依据市场规则、市场价格、市场竞争实现效益最大化和效率最优化”。党的十九大报告要求，全面实施市场准入负面清单制度，清理废除妨碍统一市场和公平竞争的各种规定和做法，支持民营企业发展，激发各类市场主体活力。深化商事制度改革，打破行政性垄断，防止市场垄断，加快要素价格市场化改革，放宽服务业准入限制，完善市场监管体制。这对于建立完善的社会主义市场经济体制，加快转变经济发展方式，促进经济持续健康发展，具有重大现实意义。

二、社会主义市场经济中的政府

党的十八届三中全会强调既要发挥市场对资源配置的决定性作用，也要更好地发挥政府的作用。两个“作用”的发挥不仅直接关系到促发展、转方式、调结构、稳速度、增效益等经济发展领域的重要任务，也直接关系到能否真正解决高房价、低福利、贫富分化、就业困难、食品安全、劳资冲突等民生领域的迫切问题。社会主义市场经济的政府作用主要体

① 张宇．把国家的主导作用与市场机制的基础性作用结合起来——中国经济体制改革的一个基本经验．前线，2009（2）．

现在：

（1）计划统筹。市场机制具有自发性、盲目性和滞后性等内在缺陷，为了减少市场机制的这些缺陷对经济发展产生的消极影响，国家需要从长期配置和长远利益出发，对国民经济和社会发展进行有计划的调节和统筹兼顾，从宏观上对国民经济和社会发展的目标、结构等基本因素进行有计划调节。在美国霸权主导下的国际经济秩序背景下，生产力相对落后的社会主义中国只有通过政府主导制定中长期发展战略规划，才能实现经济社会的跨越式发展。

（2）宏观调节。宏观经济失衡是市场经济的一个固有缺陷。在市场经济条件下，供给与需求的平衡是通过价格机制自发调节的。这种自发的调节不能保证整个社会的总供给与总需求平衡，在一定条件下可能会造成工人大量失业和恶性通货膨胀。宏观领域存在的这种市场失灵，要求政府进行总量关系调节，促进宏观经济平衡。如通过财政和货币政策调节总供给和总需求，促进国民经济总量平衡和物价稳定；通过经济逆向调节消除经济运行出现的波动，促进国民经济的稳定健康发展等。

（3）公共服务。公共服务是指为社会全体居民提供基本的非营利性的产品和服务，包括国防、治安、公共医疗、公共教育、社会保障、环境保护和基础设施建设等内容。这些基本的产品和服务是经济和社会发展的重要保证，但是由于其特殊的非营利属性，市场机制无法有效地加以满足，必须由政府来提供，只有加快建立公共服务型政府，通过为经济发展营造良好的法律政策环境和有序竞争的秩序，加大公共管理力度，保证公共产品和公共服务的充分供给，才能为经济增长提供新的动力。

（4）微观管制。市场机制的失灵是市场经济的另一个重要缺陷，市场失灵主要表现为外部性、垄断、信息不对称、公共产品等方面。在存在市场失灵的情况下，市场机制配置资源的作用就会受到限制。因此，也需要政府进行调节，如通过政府干预控制外部不经济效应、利用外部经济效应；通过制定反不正当竞争和反垄断措施，来创造市场公平竞争的环境和市场秩序，促进有效市场结构的形成；通过增加透明度和交易信息供给，减轻信息不对称对经济效率带来的危害。由于微观领域中的政府干预通常是以非市场手段直接介入市场过程，造成了对市场的替代或对市场的限制，故又称为微观管制。

（5）国有资产监管。在社会主义市场经济中，国有经济在国民经济的发展中起主导作用，在一些关键性的领域和一些重要的行业中，国有经济占有较大比重。在这种情况下，国家作为国有经济的所有者需要承担起所有者的职能，代表全体人民对国有资产进行有效监管，保证国有资产的保值和增值。这是社会主义市场经济中政府的一项重要职责。

除了上述职能外，社会主义市场经济中国家还承担了维护社会公平正义、推动制度创新、保护资源和生态、维护国家经济安全等多方面的职能，这些职能从根本上说都是为了促进科学发展、构建和谐社会，维护全体人民的共同利益。当然，政府作用的发挥既可能成为经济发展强大的动力，也可能导致严重的官僚主义和腐败现象，出现政府失效问题。因此，为了更好发挥政府的作用，必须加快政府管理体制改革，转变政府职能，减少政府对微观经济活动的干预，优化政府组织结构，减少行政层级，理顺职责分工，提高行政效率，降低行政成本，抑制腐败现象，形成行为规范、运转协调、公正透明、廉洁高效的政府管理体制。①

① 张宇．把国家的主导作用与市场机制的基础性作用结合起来——中国经济体制改革的一个基本经验．前线，2009（2）．

三、全面认识市场作用和政府作用的关系

经过 40 年的深入改革，我国的社会主义市场经济体制和与此相适应的政府和市场的关系已经初步形成，但是还不成熟、不完善。当前改革开放所要解决的主要问题，仍然是进一步发挥市场机制作用，解决政府对经济干预过多、干预不当和监管不到位问题，因此提出使市场在资源配置中起决定性作用具有十分重要的现实意义。但这绝不意味着市场是万能的，经济活动的所有领域都由市场说了算；更不是认为政府可以对市场撒手不管，政府对经济活动的任何干预和调控都是不必要的。党的十八届三中全会强调“坚持社会主义市场经济改革方向”，说明我国的市场化改革是坚持中国特色社会主义方向的经济市场化。市场在资源配置中起决定性作用，并不是起全部作用。发展社会主义市场经济，既要发挥市场在资源配置中的决定性作用，也要发挥政府的重要作用。

党的领导是中国特色社会主义制度的核心，以公有制为主体是中国特色社会主义经济制度的核心。改革开放 40 年来，我国之所以能创造经济高速成长、社会充满活力、政治安定团结的“中国奇迹”，就是因为我国有中国共产党的坚强领导，有集中力量办大事的举国体制，有全国一盘棋的互助协作机制，有政府的有效宏观调控，有国有企业发挥中坚脊梁作用，这些都是我国的制度优势。进一步完善社会主义市场经济体制，决不能否定和丢弃这一制度优势，恰恰相反，是要更好发挥中国特色社会主义制度的优越性，依靠国家的有计划的调节和政府的宏观调控作用，最大限度地满足社会的共同利益，保证国民经济全面协调可持续发展。因此，党的十八届三中全会强调我国实行的是社会主义市场经济体制，我们仍然要坚持发挥我国社会主义制度的优越性、发挥党和政府的积极作用。市场在资源配置中起决定性作用，并不是起全部作用。

我国的国情和经济社会发展阶段要求更好地发挥政府作用。作为一个发展中国家，我国长期面临经济结构落后、产业结构不平衡、资源环境恶化等问题，市场经济的形成发展和成熟完善需要一个长期的历史过程。目前我国正处在跨越“中等收入陷阱”挑战的经济社会发展转型阶段，政府在保持经济健康持续发展，改善民生，维护社会公平公正，推动改革攻坚方面，任务繁重、责任重大。加之我国区域不平衡会较长时间存在，又是个自然灾害频发的国家，跨省、跨区域的工程建设和民生事项很多，这都特别需要政府有足够的能力和效率处理一系列重大问题。

历史和现实表明，现阶段的中国特色社会主义市场经济体制与西方发达国家的市场经济模式有着重要的差别，有必要将市场决定性作用和更好发挥政府作用看作一个有机整体。既要用市场调节的优良功能去抑制“国家调节失灵”，又要用国家调节的优良功能来纠正“市场调节失灵”，从而形成高效市场和高效政府的“双高”格局。这样，既有利于发挥社会主义国家的良性调节功能，同时在顶层设计层面避免踏入新自由主义陷阱和金融经济危机风险。这样的经济体制既不是宣扬不要国家调控的所谓“现代市场经济体制”，更不是搞市场原教旨主义和“唯市场化”改革，规避必要的政府宏观调控和微观规制。[①]

① 程恩富．要分清两种市场决定性作用论．环球时报，2013－12－10.

第四节　中国经济体制改革面临的新形势与新任务

一、中国经济体制改革面临的新形势

从总体上说，建立完善的社会主义市场经济体制的改革正处于攻坚阶段。这一阶段，改革面临着新的形势，呈现出新的特点，其艰巨性、复杂性、系统性和风险性都大大增强。

从改革内容看，经济领域中竞争性行业的改革基本完成，改革集中到了深层权利关系调整和关键领域，目前面临的主要是一些涉及面宽、触及利益层次深、配套性强、风险较大的改革，改革已进入攻坚期和深水区。不仅如此，改革从局部扩展到全面、从单项深入到综合，任何一项改革都难以“单兵突进”，必须综合配套进行，由于各领域改革的关联性、互动性明显增强，要求更加注重改革的系统性、整体性、协同性。

从改革动力看，在改革初期，由于人心思变，广大人民群众的改革热情十分高昂，社会的动力与政府的牵引力紧密结合，带动改革快速推进。然而，随着改革不断深化，一方面，社会贫富差距、城乡差距、行业差距逐步扩大，各种机会分配不均等，既得利益的灰色权力、权贵资本等，导致社会利益格局被扭曲，改革成果的分享存在差异，这在一定程度上影响了人民群众改革热情的充分发挥。另一方面，伴随着改革的深化，作为改革组织者、推动者的政府部门，自身也成为改革的主要对象，甚至要大幅度放弃自身拥有的权力和利益，其对改革的积极性也受到影响。

从改革方式看，改革初期，由于时间和地域推进上的差别，改革探索的空间和政策应用的空间都比较大，政府可以通过给予优惠政策和赋予地区在整体或某些方面的探索权力来推进改革，政府的主导性很强。随着改革领域的广泛化和改革探索权的普遍化，随着社会经济成分、组织形式、就业方式、利益关系和分配方式的日益多样化，由政府给予优惠政策进行改革的空间非常有限，政府通过行政手段主导改革的能力也受到挑战。

从改革要求看，随着生活水平不断提升，人们的需求正向全面化和多样化方向发展。在物质需求继续提高的同时，对文化、环境的需求明显增加，特别是对洁净的水、清新空气等生态产品需求更为迫切；在对一般商品需求增加的同时，对公共产品、社会服务的需求大幅上升；在满足消费数量的同时，对消费质量和服务提出了更高要求。因此，人们对改革的预期普遍提高，对改革成果分享的要求明显增强，改革的目的性日趋清晰和强烈。改革到了现阶段，已从以“破”为主转变到“破”“立”并重和寓“破”于“立”，其建设性要求明显增强；已从主要是利益调整转向利益调整和利益增进并重，从利益倾斜转向利益兼顾，要求使广大人民群众都能分享改革发展的成果。

改革面临的新形势和体现出来的新特点，要求我们抓住关键方面，坚定不移地推进改革，也要求我们不断完善改革方式，提高改革的科学性和针对性。①

① 范恒山．中国经济体制改革的历史进程和基本方向．理论前沿，2006（16）.

二、中国经济体制改革面临的新任务

党的十八届三中全会在阐述经济体制改革的目标时指出：紧紧围绕使市场在资源配置中起决定性作用深化经济体制改革，坚持和完善基本经济制度，加快完善现代市场体系、宏观调控体系、开放型经济体系，加快转变经济发展方式，加快建设创新型国家，推动经济更有效率、更加公平、更可持续发展。党的十九大报告明确指出，经济体制改革必须以完善产权制度和要素市场化配置为重点，实现产权有效激励、要素自由流动、价格反应灵活、竞争公平有序、企业优胜劣汰，着力构建市场机制有效、微观主体有活力、宏观调控有度的经济体制。上述目标比较全面地体现了中国特色社会主义经济制度的主要内容，涵盖了中国特色社会主义经济的生产、分配和交换等主要环节，以及基本制度、经济体制和对外开放等主要方面，形成了一个比较完整的制度体系，既坚持了科学社会主义关于社会主义经济制度的基本原则，又根据时代条件赋予其鲜明的中国特色。

具体来说，以完善和发展中国特色社会主义制度为目标，全面深化经济体制改革的主要任务是：

（一）完善社会主义基本制度与市场经济的结合

“社会主义”与“市场经济”的结合，是中国共产党领导开辟的、不同于历史上任何曾经发生的伟大的社会改革和创新实践。从中国的实践经验看，社会主义基本制度与市场经济体制相结合的途径和方式主要体现在以下几个方面：建立以公有制为主体、多种所有制经济共同发展的基本经济制度，调整国有经济布局、建立现代企业制度；建立以按劳分配为主体、多种分配方式并存，效率公平兼顾的收入分配制度；建立多层次的社会保障体系，保证社会成员的基本生存和生活需要；健全统一、开放、竞争、有序的现代市场体系；改革政府管理体制，转变政府职能；建立和完善与市场经济相适应的法律体系；正确处理对外开放同独立自主、自力更生的关系，维护国家经济安全。

经过几十年的社会主义市场经济实践探索，经验已然证明，把社会主义原则贯彻到市场经济实践中去，需要充分重视劳动和资本关系及其在市场经济中的地位与作用；需要充分重视政府在规划发展、基础设施建设、产业升级和科技创新以及绿色经济发展中的主导作用与市场配置资源的决定性作用的关系；需要充分重视保障民生和消费动力与保障权利和资本活力的关系；需要充分重视劳动联合的股份合作与民营经济的产业开发的关系；需要充分重视公益性、公共性的国有经济与资本化、市场化的企业经营的关系等问题。①

目前的经济体制还不完善，存在的矛盾和问题归根到底在于社会主义基本制度与市场经济的结合不够协调，需要通过全面深化经济体制改革加以解决。在这一过程中，要特别警惕与克服两种片面倾向：一种倾向认为，经济体制中存在的主要问题是私有化程度不够，公有制经济的作用过大，改革因此陷入了停滞，深化改革的关键是要对国有企业实行私有化，忽视了市场经济的社会主义性质；另一种倾向则对市场经济的改革方向提出质疑，否定了市场对资源配置的决定性作用。这两种观点看似对立实则相通，都否定了社会主义与市场经济结合的必要性与现实性。应当看到，在以完善中国特色社会主义经济制度

---

① 陈红太．人民民主制度的优势、政治责任和历史任务．红旗文稿，2013（12）.

为目标的新的改革阶段，充分发挥市场机制的作用、实现资源的市场化配置是深化改革的基本要求，而实现共同富裕、保障公平正义、完善基本经济制度和分配制度同样也是深化改革的应有之义。只有坚持社会主义市场经济的改革方向，积极探索社会主义基本制度与市场机制更好的结合途径与方式，才能为中国特色社会主义的发展提供有力保障。

（二）深化行政管理体制改革

深化行政体制改革、转变政府职能是经济体制改革总体方案中的重要组成部分。党的十八届三中全会指出，科学的宏观调控，有效的政府治理，是发挥社会主义市场经济体制优势的内在要求。必须切实转变政府职能，深化行政体制改革，创新行政管理方式，增强政府公信力和执行力，建设法治政府和服务型政府。这对于推进行政管理体制改革有着重要指导意义。

一是着力转变政府职能。深化行政体制改革，核心是推动政府职能转变。为此，必须进一步划清政府和市场、企业、事业、社会的职能、定位、责任及相互关系，政府必须更加尊重市场规律，更加注重在更大程度更广范围发挥市场配置资源的决定性作用，更多地运用经济手段、法律手段调节经济活动。要把发挥市场配置资源决定性作用与完善宏观调控更好地结合起来，增强宏观调控的科学性、预见性和有效性，加强宏观调控目标和政策手段机制化建设，既要防止政府失灵，又要努力防止市场失灵。要加快政企分开、政事分开、政资分开、政府与市场中介组织分开的步伐，解决政府越位、错位、缺位的问题，把政府越位的手缩回来，把缺位的地方补上去，把弱的地方强起来，通过“放”和“管”的两手全面履行职能，更好发挥自身作用。要切实下放权力，减少和规范行政审批，积极推进事业单位改革，充分发挥社会组织的作用。二是深化政府机构改革。合理的政府组织结构是行政权力高效运行的基础。在科学划分、合理界定政府部门职能的基础上，明确各部门责任，确保权责一致，进一步理顺部门关系，健全各部门之间协调配合机制。要稳步推进大部门制改革，着力解决机构重叠、职责交叉、政出多门问题，对职能相近、管理分散的机构进行合并调整；对职能范围过宽、权力过分集中的机构进行适当分设，逐步建成科学合理、顺畅高效的大部门制行政机构体系。合理划分中央与地方及地方各级政府间的权责，优化组织结构，减少行政层级。三是健全政府决策机制。建立健全科学决策、民主决策、依法决策的机制和程序，完善重大事项集体决策、专家咨询、社会公示和听证以及决策失误责任追究制度。推行政务公开和政府信息公开制度，完善政府新闻发布制度，提高政府工作透明度。要建立决策问责和纠错制度，加快完善责任追究制度，加大行政问责力度，不断提高政府执行力和公信力。全面推进依法行政，要完善法律制度尤其是行政法制体系，依法管理经济和社会事务，推进政府工作制度化、规范化和程序化，确保行政权力在法律范围内行使，坚决克服有法不依、执法不严、多头执法、执法不公甚至执法违法等现象。四是分类推进事业单位改革。按照政事分开、政企分开、管办分开、营利性和公益性分开的要求，积极稳妥推进科技、教育、文化、卫生、体育等事业单位的改革。

（三）建设统一开放、竞争有序的市场体系

经过40年的改革开放，市场机制在我国的资源配置中发挥着日益重要的作用。但迄今我国的市场体系仍不健全，还有明显的局限。要进一步健全有序运行的社会主义现代市场体系，更大程度地发挥市场在资源配置中的决定性作用，必须注重以下方面的改革：一是健全全国统一开放市场。进一步打破行政性垄断和地区封锁，清理废除妨碍统一市场和公平竞争的各种规定和做法，形成全国统一的商品和要素流通政策和贸易体制，根据产业的整体技术水平和国际发展趋势，推行全国统一的、合理的技术标准、检验体系；大力发展跨地区、跨部门、跨行业和跨所有制的横向经济联合，培育一大批高层次、全方位、规范化的市场流通组织；加强全国交通运输、信息通讯和物流服务设施的建设力度；加快发展市场中介组织，构筑政府与社会共同治理的模式。二是完善以资本市场为核心的要素市场体系建设。完善商品市场，大力发展资本、土地、技术和劳动力等要素市场。大力发展资本市场，规范发展股票市场，积极发展企业债券市场，稳步发展期货市场。规范发展土地市场，改革征地制度，完善土地收益分配制度，形成有效的土地资源占用约束机制。建立城乡统一的劳动力市场，引导劳动力合理流动。完善资源和要素价格形成机制，积极稳妥地推进资源性产品价格改革，完善反映市场供求关系、资源稀缺程度、环境损害成本的生产要素和资源价格形成机制。三是规范市场秩序。规范市场主体行为和市场竞争秩序，清理整顿乱收费，加强价格监管。以完善信贷、纳税、合同履约、产品质量的信用记录为重点，加快建设社会信用体系，健全失信惩戒制度。四是营造一个公平竞争的市场环境，需要实行统一的市场准入制度，在制定负面清单的基础上，各类市场主体可以依法平等地进入清单之外的领域。完善和落实有关政策，为各类市场主体依法平等使用生产要素、公开公平公正参与市场竞争、同等受到法律保护提供支持；同时要形成公平竞争的法律体系，用法律法规和必要的制度安排保障各类市场主体公平竞争。

（四）实现社会公平正义

改革开放以来，我国经济社会发展取得巨大成就，为促进社会公平正义提供了坚实的物质基础和有利条件。同时，在我国现有发展水平上，社会上还存在大量有违公平正义的现象。党的十八大明确提出，公平正义是中国特色社会主义的内在要求。党的十八届三中全会强调，全面深化改革必须以促进社会公平正义、增进人民福祉为出发点和落脚点。

一是进一步完善民主权利保障制度，从各层次各领域扩大公民有序政治参与，最广泛地动员和组织人民依法管理国家事务和社会事务，保证人民依法享有广泛权利和自由，保证人民当家做主。二是完善司法制度。坚持执法为民、公正司法，加快推进司法体制和工作机制改革，建设公正、高效、权威的社会主义司法制度，发挥司法维护公平正义的职能作用；司法公正，对人民而言，就是实现在法律、制度面前人人平等，让每一位社会成员平等地享有权利，平等地履行义务，平等地承担责任，平等地受到法律保护。三是加快建立覆盖全国城乡的基本公共服务体系，调整财政收支结构，把更多财政资金投向公共服务领域，投入教育、就业、医疗、社会保障、社会治安等领域，不断增强公共产品和公共服务供给能力，提高公共服务质量和水平，解决好人民最关心、最直接、最现实的利益问题，在学有所教、劳有所得、病有所医、老有所养、住有所居上持续取得新进展，使公共服务成果更好惠及广大人民群众。四是共同富裕。共同富裕是公平正义的根本保证。改革的最终目标，是要在发展生产力的基础上实现共同富裕，否则就不是社会主义。实行改革开放以来，国民收入水平普遍提高，但收入差距逐渐拉大也是一个不争的事实，包括城乡之间、行业之间、地区之间收入水平的拉大。要实现共同富裕，迫切需要我们进一步深化收入分配制度改革，要形成合理机制，初次分配提高劳动者报酬比重；完善以税收、社会保障、转移支付为主要手段的再分配调节机制，加大税收调节力度；实现分配货币化，推动形成公开透明和公正合理的收入分配秩序；完善社会保障，改善收入分配失衡状态等。

思考题

1. 中国经济体制改革经历了哪几个阶段？
2. 中国经济体制改革的主要特点是什么？
3. 如何看待渐进式改革的优点与弊端？
4. 在当前阶段，如何正确处理好政府与市场的关系？
5. 中国经济体制改革面临的新任务有哪些？

第二章 中国国有企业与国有资产管理体制改革

国有企业是我国国民经济的支柱，国有企业与国有资产管理体制改革也是我国整个经济体制改革的中心环节。中华人民共和国成立至今，我国国有企业与国有资产管理体制改革经历了60多年的风风雨雨，改革取得了巨大的成绩，积累了丰富的经验。当然，改革也存在一系列的问题，进一步深化国有企业与国有资产管理体制改革的任务仍然艰巨。

第一节　社会主义国家国有经济的功能定位与作用

长期以来，我们把国有经济对社会主义制度的功能和作用绝对化，认为只有国有经济才是社会主义制度可靠的经济基础，忽视有时甚至歪曲包括集体经济在内的其他经济形式的作用，相应地把国有经济的功能推上极端，并认为国有经济的实现形式主要体现在全民所有制上，追求“一大二公”。这对国有经济功能的认识是片面的、不科学的。只有正确定位国有经济的功能，才能为探索国有经济的实现形式提供理论依据。

一、国有经济在社会主义计划经济体制中的功能定位

1. 实现全社会有计划、按比例地生产、交换和消费

根据经典的社会主义理论，人类社会发展到资本主义社会，生产资料的资本主义私人占有与生产社会化的矛盾越来越尖锐，这一矛盾表现为无产阶级与资产阶级的矛盾。因此，无产阶级与资产阶级的斗争将导致资本主义社会向共产主义社会的历史演变。经典社会主义理论认为克服资本主义经济的基本矛盾

就必须实行计划经济，而国家占有生产资料是向共产主义过渡的一个环节。之所以要实施公有制、建立国有企业，目的是形成计划经济的基础，因此，计划经济的历史必然性是国有经济的逻辑基础。包括中国在内的社会主义国家都是在建立社会主义制度后大力发展国有经济、追求“一大二公”的全民所有制。

在资本主义社会中，国有企业并不是计划经济的逻辑产物，而是为实现某些社会政策目标建立的一种特殊的企业组织形式，即国家直接干预经济的一种方式，是弥补市场缺陷的一种手段。而传统的社会主义国家把国有经济当成普遍实行的经济制度，计划经济的发展最终要求全社会都实行国有制经济，把国有经济作为克服私有制与生产社会化的矛盾，从而保证在社会主义社会有计划和按比例生产、交换与消费的经济基础。所以，传统社会主义与资本主义都同样建立了国有企业，传统社会主义计划经济中的国有企业与资本主义市场经济中的国有企业在制度逻辑和功能上是不同的。

2. 在经济、政治、社会各方面发挥全方位的功能作用

从经济功能上来看，作为覆盖全社会各行各业、国有企业主体构成部分的国有经济形式，向社会提供各类产品、创造社会财富，承担着满足人们不断增长的物质和文化需要以及迅速建立工业体系，实现工业化，增强国家实力的重任。实行国有经济使得中国以较快的速度在“一穷二白”的基础上建成了门类比较齐全的工业体系，包括飞机制造业、汽车制造业、自动化机床制造业、发电设备制造业、冶金和矿山设备制造业及高级合金钢、重要有色金属冶炼业等，使中国的经济结构发生了天翻地覆的变化。

在政治功能上，国有经济主要是国有企业作为全民所有制实现形式的载体，不仅构成社会主义国家制度意义上的经济基础，还在意识形态上承担否定剥削、实现社会公正的重任，正是这一点形成了与其他所有制企业和资本主义市场经济中国有企业的区别。

在社会功能上，国有经济的微观主体国有企业作为在中国占主体地位的企业群体，责无旁贷地承担着为社会提供就业机会的责任，国有企业是安排城镇劳动就业的主要场所，高就业、低工资，国有企业普遍存在大量富余人员。

计划经济时期，社会主义国家的国有制企业是社会主义公有制的重要组成部分，是作为社会主义生产关系的主要载体存在和发展的，因而国有经济的产生和发展，直接与社会主义制度的前途和命运相联系，这就更使它有着资本主义国家的国有经济所不可能具有的重要地位和特殊作用。

二、国有经济在市场经济体制中的一般功能

国有经济是一种在世界各国经济普遍存在的经济形式，世界上大多数国家都有国有企业。20 世纪 90 年代初，意大利国有企业销售额占全国的 22.8%，投资额占全国的 33.4%，就业人数占全国的 22.8%；法国国有企业产值占全国的 18%，投资占全国的 27.5%。就当前世界各国经济来看，国有经济在市场经济体制中的一般功能有：

1. 弥补市场失灵

市场经济并不是万能的，在很多场合下市场机制并不能导致资源的有效配置，这种情况就是市场失灵。国有经济的存在在某种程度上是国家干预经济的一种方式，国家利用这一特殊的经济形式以弥补市场失灵，承担调节市场、维护社会稳定的作用，为其他市场主体的顺利运行创造良好的外部环境，并起到引导、指导作用，从而实现资源的最优配置。

国有经济在弥补市场失灵方面的主要表现就是提供公共产品。公共产品一般是由全体社区或全民共享的产品，具有以下基本特征：

一是消费中的非竞争性。同一单位的公共产品可以同时被许多个人消费，向一个额外消费者提供产品的边际成本为零，某人对公共产品的消费并不影响别人同时消费该产品及其从中获得的效用。

二是消费中的非排他性。某人或某个集体在消费一种公共产品的时候，不可能将他人排除在外，或者排除的成本很高。

公共产品的特征决定了在其消费过程中，必然经常出现经济学中的"搭便车"现象，私人企业不能通过正常收费的形式获得经营收入，因此，不愿生产或无法生产，政府不得不通过国有经济把提供公共产品的职能承担下来，如国防、灯塔、港口等。

另外，具有上述两个特点中的一个或者在不同程度上具有上述特点的产品被称为准公共产品，它们具有"拥挤性"，在未超过拥挤点的范围内，每增加一个消费者的边际成本为零，因此，增加额外的消费者不存在竞争性和排他性问题，具有规模经济的特性。超过拥挤点之后，新增加的消费者的边际成本开始上升，产生了竞争和排他的问题。准公共产品又分为两类：一类是与规模经济有联系的产品，称为自然垄断型公共产品，如输电、煤气、供水等，这类公共产品一般来说都属于社会基础设施，这些同样需要国有经济来提供；另一类为优效型产品，优效型产品通常是指不论人们收入水平如何都应该消费或得到的公共产品，包括社会卫生、住房、中小学教育等。

政府和私人在理论上都可以提供准公共产品，但是由于私人提供的成本过大，或者由于巨额沉淀成本或固定成本的存在，会导致浪费性的重复建设，不利于资源的优化配置。所以，对于准公共产品而言，国家可以以国有经济的形式来提供。

2. 调控宏观经济，为实现政府的政策目标服务

国外绝大多数的国有经济都具有明确的社会目标，是政府实施政策的重要工具。20世纪30年代大危机时，意大利政府为了挽救大量濒临破产的企业、倒闭的银行，扭转国民经济即将崩溃的局面，开始组建国有经济，从而实现了满足就业、调控经济的政府目标。20世纪60年代初，比利时政府组建国家投资公司时，在公司章程中规定其经营目标是：通过对私营企业临时参股，刺激工商业的复苏和发展。英国国家企业局的目标就是要努力创造和维持就业机会，促进和发展英国各地区经济。

在市场经济中，国有经济更加有利于国家进行宏观调控，特别是在一个国家进入经济萧条的时期，通过国有经济对国民经济进行宏观调控尤为重要。第二次世界大战以后，西方国家加强了政府对经济的控制和调节，其中，建立国有经济成为政府调节经济的一个重要手段。国有经济作为国家所有的经济成分，能够更好地实现政府的经济职能。国有经济特别是其微观上典型形式的国有企业，有利于国家进行宏观上的调控。绝大多数国家为了实现扩大社会就业、缩小地区差距等宏观经济目标都建立了国有企业。

国有经济部门在推进政府的经济和社会发展政策方面具有极其重要的作用。国有企业是资本主义国家政府干预经济生活的整个政策体系的物质基础，政府利用国有企业的业务活动，使之服从于国家的经济政策和社会发展政策。例如，国有企业有效地平抑了周期性的经济波动，如抑制通货膨胀；当私人投资不足，影响国民经济增长时，国有经济进行投资弥补、引导和刺激市场投资；国有企业扩大了就业，缓解了社会就业压力，在一定程度

上维持了社会稳定。

三、国有经济在我国社会主义市场经济中的特殊功能

保持一定数量的国有经济，克服市场失效，是市场经济的共同要求，也是几乎所有国家或多或少地保存国有经济的原因。中国正处于从计划经济向市场经济转轨的阶段，因为适应市场经济的法律以及道德规范等还不完善，市场失效成为更为突出的问题。

社会主义市场经济不同于一般的市场经济，国有经济在中国社会主义市场经济中除发挥着国有经济在市场经济体制中的一般功能，即弥补市场失灵、为实现政府的政策目标调控宏观经济的功能之外，还发挥着特殊的功能。

国有经济改革的深化过程，正是对其功能认识逐步回归其本性的过程。通过改革我们认识到，中国国有经济的突出矛盾是：一方面，那些并不能起主导作用又不能自我生存和发展的国有企业占用了大量国有资本，另一方面，那些需要政府带头投入和发展的重点部门，特别是科技、教育，又严重缺乏资金，投入不足；一方面，国有经济的摊子过大，战线过长，超出了国家的财政能力，另一方面，国有经济的基本职能又得不到充分发挥。

党的十七大、十八大指出毫不动摇地发展公有制经济，主要是发展国有经济。国有经济在中国社会主义市场经济中发挥着无可替代的作用。

1. 在建设社会主义市场经济过程中调控经济，体现社会主义本质特征，是社会主义经济制度的根本保证

由于市场不能有效地解决在配置资源上的所有问题，为了克服市场失灵，需要由政府通过经济、行政、法律上的各种手段来解决市场失灵问题，而大多数目标都要通过发挥国有企业在经济中的作用来实现。

国有经济是社会主义经济制度的根本保证，从事生产经营的大型和特大型国有企业是保证社会主义制度的坚实物质基础。随着非公有制经济的迅速发展，国有企业在充当国家宏观经济调控手段的同时，作为社会主义制度的物质保证就显得更为重要。这就决定了中国国有经济存在着与西方发达国家国有经济不同的性质和作用，决定了中国国有经济不但在质上要成为国民经济的主导力量，而且在量上也要超过仅作为调控工具所要求的在国民经济中的比例，以此来保证和体现国家的社会主义性质。

2. 在建设社会主义市场经济过程中执行国家产业政策的职能

中国是一个发展中国家，面临着在经济上、技术上赶超发达国家的任务，如果能够通过系统的学习和借鉴，吸取发达国家在发展过程中的经验和教训，取得落后国家在发展中的后发优势，就可以在经济发展中少走弯路，又好又快地赶超发达国家。这当然需要政府从国民经济长期发展的需要制定恰当的政策，调动各种有效资源，集中投入到重点产业，以实现经济的飞速发展。

国有经济可投资于战略部门、高风险部门和投资大、周期长、报酬低的部门，为国家构筑较为合理的产业结构和部门结构，使社会生产力在各地区、各产业之间合理配置，使国家的经济潜力得到充分有效的发挥。这也就需要国有企业去实施国家产业政策，实现赶超的目标。

3. 在建设社会主义市场经济中发挥着主导作用

党的十五届四中全会通过的《中共中央关于国有企业改革和发展若干重大问题的决

定》指出，在社会主义市场经济条件下，国有经济在国民经济中的主导作用主要体现在控制力上：国有经济的作用既要通过国有独资公司来实现，更要大力发展股份制，探索通过国有控股和参股公司来实现；国有经济在关系国民经济命脉的重要行业和关键领域占支配地位，支撑、引导和带动着整个社会经济的发展，在实现国家宏观调控目标中发挥着重要作用；国有经济应保持必要的数量，更要有分布的优化和质的提高。

国有经济主要体现在控制力上，为国有经济进一步的战略调整和深化改革提供方向。国有经济控制力的发挥，国有经济的存在和发展，为社会生产力的快速发展、产业结构的升级、不断提高人民的收入和生活水平提供了制度上的保证。利用其强大的经济实力，可以确保中国经济发展的社会主义方向，促使中国经济健康、合理、快速地发展。国有经济的控制力不是简单的规模多大、比重多少的问题，而是一个动态的发展过程。

国有企业负有在国民经济中发挥主导作用和控制力方面的职能。国有企业的主导作用就是指国家通过建立和发展国有企业而掌握国民经济命脉；国有企业的控制力主要体现在国家可以通过建立和发展国有企业而对国民经济活动中的关键性环节和领域发挥决定性的影响。因此，国有经济的功能应主要体现在控制国民经济的命脉上，通过对大企业和大企业集团的控股以及对部分企业的参股发挥主导、控制作用，从事非国有企业不能或不愿做的关系国计民生的重大项目，保证社会再生产的顺利进行和国民经济的社会主义性质与发展方向。

党的十五届四中全会决定对国有经济职能进行重新定位，为调整国有经济布局、改组国有企业、实施“有进有退，有所为有所不为”和“抓大放小”的方针提供了科学的依据与可操作的尺度。针对国有经济大量存在于竞争领域的实际，着手对国有经济实施战略调整，更好地实现国有经济应有的功能。国有经济需要控制的行业和领域包括：涉及国家安全的行业、自然垄断的行业、提供重要公共产品和服务的行业，以及支柱产业和高新技术产业中的重要骨干企业。在一般性竞争领域，国有企业可以考虑逐步退出或者仅仅由国家参股。

国有经济的功能从原则上讲，主要体现在国有经济的控制力上。国有企业仅仅是国有经济资产形态的一种，按照市场化原则，国家和地方的国有资产管理部门对资产进行管理，就要改变以前只管进入、没有退出渠道、不考虑效益的做法。为了更好地发挥国有经济的功能，在实践上会有更多企业形态的国有资产转化为货币形态，进而投入到公共产品形态或者资源形态，建立国有资产在不必要领域的退出机制和需要加强领域的进入机制，实现国有资产各种形态的良性循环，在动态中更好地体现国有经济的控制力功能。

4. 在建设社会主义市场经济中协调地区之间经济发展的功能

中国各地区之间在经济、文化和社会发展程度上存在着一定的差距。采取必要的措施，缩小地区间的差距，是政府强化经济控制力的重要表现。缩小地区差距主要依靠政府的政策干预。

国有企业的投资和布局能够起到缩小地区经济发展差距，促进协调发展的作用。国有经济在缩小地区差距上最有效的途径是为落后地区提供基础设施投资，例如教育、卫生、交通运输和能源等必要的基础设施项目。这些建设项目投资额大、回收期长、风险高，但宏观效益巨大，类似于公共产品，民间与外商资本难以承担或者不宜作为主体投资者，这些领域正是国有经济的用武之地。只有以社会效益和长期效益为主的国有企业才能承担这样的投资活动，这是国有经济存在的重要理由及重要职能。

5. 在建设社会主义市场经济中实现国家经济安全的职能

国有经济是国民经济和国家安全的控制力量之一。为了保持国民经济的稳定发展和保证国家经济安全，国家必须采取包括建立国有企业在内的各种方式来控制整个国家的经济命脉。作为国有经济控制力量的国有企业，是国家可以掌握的应付突发事件和重大经济风险的重要力量，也是国家战略性产业和高技术产业的主干力量。为建立和发展国家战略性产业并有力地支持高技术产业的成长，各国政府都建立了一批国有企业作为这些产业的基本力量和先行者，这些国有企业往往体现了国家战略产业核心技术水平和产业国际竞争力。另外，国有企业是现实条件下非国有企业不易进入的特殊产业的替代生产者。在各个国家的各个发展时期，总有一些特殊的生产活动是不宜由非国有企业来承担的，例如，印钞制币、特殊矿产的开采、特殊药品的生产、特殊武器的制造等等，这些行业一般都采用国有经济的形式，即通过国有企业来提供。

国有经济作为一种特殊所有制形式，在市场经济发展的过程中发挥着独特的作用。无论是西方发达资本主义国家还是中国建设有中国特色的社会主义市场经济，国有经济作为一种普遍性的存在形式都有其共同的理论依据。

国有经济在中国社会主义市场经济体制中具有无可替代的作用，但这并不否认非国有经济在社会主义市场经济建设中发挥了重要作用。一定要处理好发展国有经济与非国有经济的关系，既不能“国退民进”，也不能“国进民退”，而应让它们在不同产业领域发挥作用，互相促进和补充。

第二节　国有企业与国有资产管理体制改革的历史演变

在中华人民共和国发展的历史上，国有企业作为国民经济重要的微观基础，为我国的工业化进程做出了重要的历史贡献。我国的国有资产运行机制是在高度集中的计划经济体制下形成并发展起来的，又在改革开放的历史进程中，随着市场经济的发展而逐步变迁和完善。按照改革的内容及其内在的逻辑联系，可以把国有企业与国有资产管理体制改革划分为四个阶段。

一、计划经济体制下的国有企业与国有资产管理体制（1949—1977 年）

我国国营企业的渊源最早产生于第二次国内革命战争时期所建立的一些规模较小、比较零散的为战争服务的军需品和手工业企业。国营企业真正意义上的大规模的建立，是在中华人民共和国成立后开始的，主要是通过没收帝国主义在华企业，没收国民政府的官僚买办企业，改造部分民族资本主义企业，中央及地方政府投资建立国营企业等方式建立起来的。

中华人民共和国成立之初，恢复和发展国民经济是当务之急，以重工业优先发展的战略开始付诸实施，在当时的国情下，这种政策直接导致了与之相配套的计划经济体制的完全确立，中央统一行使经济管理权力，国营企业成为政府的附属机构。国家是国营企业唯一的所有者，企业的所有权和经营权都归属于国家，产权完全统一于国家，或者说统一于代表全体人民的政府。

在这种计划体制下，上级经济管理部门根据全国经济供需状况向国营企业下达生产命令，企业成为一个单纯的生产机器——输入指令，产出产品，企业生产的产品由国家负责收购和调配，企业的目的就是完成生产任务。国营企业在这里失去了企业本来的意义，其生产经营的决策权、人事权、资产处置权等权利完全不属于企业本身，国营企业实际上就是一个生产车间。

这种企业制度是在特殊国情下形成的适应当时国情的企业形式，在建立之初很快就产生了积极作用，取得了辉煌的成绩。但同时其对地方管得太多、对企业管得太死的弊端也迅速地暴露了出来，很多地方开始希望中央能够下放一定权力。

1956 年，毛泽东在《论十大关系》中提出了企业自主权问题："这里还要谈一下工厂在统一领导下的独立性问题。把什么东西统统都集中在中央或省市，不给工厂一点权力，一点机动的余地，一点利益，恐怕不妥。中央、省市和工厂的权益究竟应当各有多大才适当，我们经验不多，还要研究。从原则上说，统一性和独立性是对立的统一，要有统一性，也要有独立性。……各个生产单位都要有一个与统一性相联系的独立性，才会发展得更加活泼。"[①] 此后，1958 年中央为了配合"大跃进"活动开始向下放权，向地方政府下放了一定的计划权力和企业管辖权，把中央直属的一些企业下放给地方管理作为地方企业，中央各工业部门主要进行全面规划和统筹管理直属企业。但至 1959 年，面对权力下放和"大跃进"造成的严重混乱局面，中央政府又重新收回了早先下放的大部分权力，并将一些企业重新收归中央管理。对此，经济学家孙冶方指出，我国经济管理体制问题的关键并不是在中央和地方之间划分权力，而是企业缺乏自主权。[②] 随后几年，中国的经济得到了部分的恢复。1970 年，全国计划会议在北京召开，并提出在企业管理体制方面，中央直属企业可以分为中央管理、地方管理和中央地方双重管理三种形式，开始了一场以下放企业为中心的工业管理体制改革。同时为配合企业下放，扩大地方生产计划权等也制定了一系列其他如税收管理权、信贷管理权等权力的下放措施，这种局面基本持续到了"文化大革命"的结束。最后，因为"文化大革命"的破坏性，国民经济管理开始陷入混乱，基本建设规模膨胀，赤字增加，结果中央又一次收回了权力。

总体看来，在计划经济时期，国有企业是单一的产权主体，而且其自主权也基本上是缺失的。尽管中央尝试过若干次权力的下放，希望扩大企业自主权，但最后都以失败告终。这里的关键就在于，当时没有认识到，这种弊端来源于高度集中的经济体制以及由此产生的国有企业管理体制，而是单纯地认为只是在改革具体操作上的失误，所谓下放权力一直纠结在中央与地方的权力划分上，并没有真正触及到问题的关键所在，正如 1984 年《中共中央关于经济体制改革的决定》所指出的那样："其间多次实行权力下放，但都只限于调整中央和地方，条条和块块的管理权限，没有触及赋予企业自主权这个要害问题，也就不能跳出原有的框框。"[③] 改革始终处于"一放就乱，一乱就收"的恶性循环中。

① 毛泽东．毛泽东著作选读：下册．北京：人民出版社，1986：727.

② 孙冶方．社会主义经济的若干理论问题．北京：人民出版社，1979：138－150.

③ 中共中央文献研究室．十二大以来重要文献选编（下）．北京：人民出版社，1986：558.

二、改革初期的国有企业与国有资产管理体制探索（1978—1992年）

1. 放权让利阶段的产权状况（1978—1986年）

在经过前一阶段的摸索和总结教训后，1978年中国共产党第十一届三中全会明确指出，我国经济管理体制的严重缺点之一就是权力过于集中，要改革政府和企业的关系，要在政府统一的计划指导下给予企业更大的自主权。

1978年10月，扩大企业自主权的试点在四川省的六家国营工业企业中开始展开，主要办法是在确定一个企业增产增收的基础上，允许企业提取少量的利润留成，并可以给职工一定数额的奖金。该办法实行之后，取得了较好的效果。此后在此经验基础上，四川省又制定了“十四条”办法，规定在完成国家计划的前提下，给予企业在生产组织、产品销售、劳动人事等方面一定的自主权，如可以在完成国家任务的情况下，自己组织生产市场需要的商品，自销国家不收购的产品等。这一系列措施使企业基本建立起了责权利相结合的经济管理体系，建立了基本的企业激励制度，调动了企业和职工的生产积极性，取得了比较明显的效果。随后，1979年，国家继续在北京、上海、天津三地展开扩权让利的试点改革，并于同年7月颁发了《关于扩大国营工业企业经营管理自主权的若干规定》等五个改革管理体制的文件，对于扩大企业自主权做了进一步的具体规定。到1980年底，全国试点企业已扩大到6 000多家，约占全国预算内工业企业42 000家的15%，产值占60%，利润占70%。[①] 鉴于扩大企业自主权试点改革的成效，在利改税的同时，1984年，国务院又颁布了《关于进一步扩大国营工业企业自主权的暂行规定》，相应地扩大了企业生产经营计划权、产品销售权、资金使用权、资产处置权、联合经营权、人事劳动权等十个方面的自主权，即后来所说的“扩权十条”。一系列的扩权让利改革，初步划分了国家和企业的责权利关系，打破了高度统一的计划经济体制格局，在一定程度上有助于解决国有企业所有权和经营权高度统一的矛盾，激发了企业发展生产的内在动力，真正开始了国有企业产权制度改革的步伐。

但是，这一阶段的国有企业改革并没有真正触及旧有体制框架和经济管理体制的运行方式，而且简单的扩权让利措施效果有限，政府与企业之间的关系仍没有理顺，自主权的下放缺乏稳定性，也没有明确的边界，难以产生长期激励效果，政府对企业的管理也仍然是计划手段为主。而且由于宏观体制不配套，以利润分成为基础的改革出现了企业与政府讨价还价、压低计划指标等问题，企业经营层和职工获得了部分剩余索取权和控制权却不承担相应的责任，企业如果出现亏损仍不用承担任何经济责任，多收多留，亏损无责，经营好坏一个样，实际上企业仍然是在吃国家的“大锅饭”。

在此期间实行的“利改税”政策则是着眼于调整改革中利润分成所产生的矛盾，调整国家与企业的分配关系。利改税分两步，首先是采取税利并存的制度，其次是把国有企业上缴利润全部改为税收，以税代利。但由于体制改革的不配套，利改税的作用难以发挥出来，在处理国家与企业的关系时，仍然没能正确划分国家作为社会管理者和企业资产所有者的双重身份，使国家与企业的权利责任边界继续模糊不清，无法从根本上理顺国家与企

---

① 汪海波．中华人民共和国工业经济史．北京：经济管理出版社，1986：437.

业的责权利关系，再加上制度设计的弊端和宏观经济环境的紧缩，国有企业效益反而开始整体下滑。因此，总的来说，这一阶段我国国有企业产权制度并没发生实质性变化。

2. 转换经营机制阶段的产权制度变迁（1986—1993 年）

在这一阶段，企业改革的方向从以前的扩权让利、利改税开始向转换经营机制转变，开始实行政企职责分开以及所有权和经营权的适当分离。具体措施是对国有大中型工业企业实行承包经营责任制，对一些小型企业实行租赁经营制，同时开始股份制改革试点。

对国有企业实行承包制的思路来自中国农村家庭联产承包责任制的成功，早在 1981 年国家即选择了首钢等部分企业开始试点并取得良好效果，因此，1986 年 12 月，国务院颁布了《关于深化企业改革增强企业活力的若干规定》，明确提出："推行多种形式的承包经营责任制，给企业经营者以充分的经营自主权"[①]，并对落实企业经营自主权、推行厂长负责制等做出了规定。1987 年，全国人大六届五次会议通过的《政府工作报告》做出了推广承包制的决定，同年 10 月，党的十三大召开，并充分肯定了承包制的积极意义："目前实行的承包、租赁等多种形式的经营责任制，是实行两权分离的有益探索"，"无论哪种经营责任制，都要运用法律手段，以契约形式确定国家与企业之间、企业所有者与经营者之间的责权利关系"[②]。1988 年 2 月，国务院颁布《全民所有制工业企业承包经营责任制暂行条例》，对国有企业实行承包责任制做出了进一步的具体规定，并从法律上确定了国有企业制度的基本原则和内涵。至 1991 年底，绝大部分大中型企业已实行了承包经营责任制。

在这一轮的产权制度改革中，主要是以财产收益权为核心，对企业产权进行了广泛而深刻的调整。所有权与经营权开始了适当的分离，国家作为委托人，将企业经营管理权委托给厂长（经理），减少了政府的行政性干预，国家与企业的关系用合同的形式确定下来，合同内容从原来的以产量产值为目标转为以企业生产经营状况和利润为目标，基本理顺了国家与企业之间的责权利关系。承包经营责任制的实施，使企业有了相对独立的经济利益和权力，企业也逐渐开始成为相对独立的商品生产和经营者，在这种激励制度下，国有大中型企业明显增强了活力，扭转了效益下滑的局面。虽然此后承包制也暴露了各种问题，如承包制的制度安排、具体工作中的问题，但是，这种政企分开、两权分离的思路却被实践证明是正确的，这也是国有企业此后继续发展所遵循的基本原则和方向。租赁经营责任制，是在不改变原国有企业全民所有制性质的条件下，依据两权分离的原则，将经营权让渡给经营者的一种企业经营方式，承租者缴纳租金，提供财产担保，并享有充分的经营自主权。1988 年 6 月，国务院颁发《全民所有制小型工业企业租赁经营暂行条例》，规范了国有企业租赁经营，开始在小型企业中推行。[③] 这种租赁经营责任制进一步改变了政企不分的现象，国有企业与政府主管部门从上下级的关系转变为"发包方"和"承包方"的关系，并以法律形式固定了下来，政府不能再干预企业的生产经营活动，经营者享有充分的经营自主权，促进了企业所有权与经营权的分离，经营者在经营决策、生产计划、劳动人事上可以自主决定。同时，由于经营者对承租财产提供了财产担保，经营者与企业紧紧绑

① 国务院关于深化企业改革增强企业活力的若干规定．四川政报，1987（1）.

② 中共中央文献研究室．十三大以来重要文献选编（上）．北京：人民出版社，1991：28.

③ 全民所有制小型工业企业租赁经营暂行条例．四川政报，1988（7）.

在了一起，极大地调动了经营者生产管理的积极性。因此，国有企业的租赁经营制形式是我国对国有企业所有权与经营权分离的积极探索，已经触碰到了企业产权安排中的核心内容，在探索公有制经济下实现企业有效经营方面显示出了重要意义。

股份制是市场经济下现代企业制度的典型形式，国有企业通过实行股份制，实现产权多元化可以有效改变单一的全民所有制经济形式。1984 年，北京天桥百货商场首次开始试行股份制，同年 11 月，上海飞乐音响股份公司开始向社会公开发行股票。1988 年党的十三届三中全会指出要进一步研究以公有制为主体的股份制，1989 年，原国家体改委发布《关于切实加强组织领导，保证股份制试点健康发展的通知》规范股份制试点中的一些问题。但这一阶段，股份制试点只在少数企业中试行，也没有统一的政策，直到 1992 年，原国家体改委和其他部门相继发布了《股份制企业试点办法》《股份有限公司规范意见》《股份制试点企业宏观管理的暂行规定》，再到 1993 年《中华人民共和国公司法》（以下简称《公司法》）的通过，股份制试点才开始真正进入法制化轨道。企业承包制的顺利推行为股份制试点创造了有利条件，但承包制本身固有的缺点注定了其无法长期维持下去，其政企分开、两权分离的安排虽较以往有所进步，但企业的人事权、最终决策权等仍属于政府部门，企业经营自主权并没有真正落实。而股份制则可以较好地克服承包制的一些不利因素，尤其是股份制可以充分吸收社会闲散资金，把消费基金转为积累基金，大大缓解了国家的资金供需矛盾。股份制推广之后，至 1992 年底，全国股份制试点企业已达 3 700 多家，69 只股票在上海和深圳证券交易所上市，试点企业也逐渐开始转向大型工业企业。股份制的试点有效地促进了产权关系的变革，各种产权主体趋于明确和具体，改变了原来资产运营无人负责的状况，同时继续促进了国有企业所有权与经营权的分离，促使企业向自主经营、自负盈亏、自我发展、自我约束的独立法人实体转变，国家由唯一所有者转为众多股东之一，不再直接干预企业的生产经营活动。但是股份制试点仍然暴露了许多问题，除了配套法规不完善，股票市场不健全，企业经营自主权也未完全落实，一些企业改为股份公司后，政府主管部门仍然用计划体制下的办法来管理企业。没有产权关系的真正改革，企业领导体制也必然没有发生真正的变化，董事会成员基本上是由主管部门委派的，重大经营决策仍须经主管部门同意。虽然 1992 年《全民所有制工业企业转换经营机制条例》中明确了企业各项权利，但并没有提及企业法人财产权，企业这种独立的生产经营权利仍然是有限制的、相对的。也因此，这一阶段各种形式的经营机制的探索还没有真正建立起现代企业的产权制度。

三、建立现代企业制度与新型国有资产管理体制的确立（1993—2012 年）

虽然经过一系列各种形式的企业改革，企业制度始终没有取得突破性的进展，因此，真正理顺国家与企业的产权关系成为下一步改革的方向。1992 年 10 月，党的十四大明确提出了建立社会主义市场经济体制。① 次年 2 月，中共中央向第七届人大常委会提出《关于修改宪法部分内容的建议》，建议将“国营企业”改为“国有企业”②，一字之差表明国家已允许原来的全民所有制企业可以不采用国家经营的方式，为国有企业产权改革奠定了

①② 中国共产党中央委员会关于修改宪法部分内容的建议．全国人民代表大会常务委员会公报，1999（2）.

坚实的基础。1993 年 11 月，党的十四届三中全会通过了《中共中央关于建立社会主义市场经济体制若干问题的决定》，指出国有企业改革的方向是建立“产权明晰、权责明确、政企分开、管理科学”的现代企业制度。① 1993 年 12 月，中华人民共和国第一部《公司法》出台，规定公司享有由股东投资形成的全部法人财产权，依法享有民事权利，承担民事责任，公司以其全部法人财产，依法自主经营，自负盈亏。② 建立社会主义市场经济体制，就是要使市场在国家宏观调控下对资源配置起基础性作用，并进一步转换国有企业经营机制，建立适应市场经济要求的现代企业制度。而现代企业制度的提出则是我国国有企业产权制度理论上的重大突破，它标志着我国国有企业改革开始真正触碰到了产权制度改革的核心，开始真正从制度层面上理顺国有企业产权并明确国家与企业的责权利关系。从这一阶段开始，我国国有企业改革突破了过去扩权让利、承包经营等计划体制下的旧有框架，确立了企业法人财产权的概念，进一步明晰了国有企业的产权关系，从改革方向和法律制度上为国有企业产权改革奠定了基础，对我国的改革开放和社会主义现代化建设产生了重大而深远的影响。

1994 年后，现代企业制度试点在 100 个大中型国有企业中进行，但是，试点任务进行得比较慎重，实践中建立现代企业制度的试点工作进展也比较缓慢。同年，国家在国有小型企业持续和大面积亏损的情况下提出了国有企业改革“抓大放小”战略，即对于大型国有企业保持国有性质，并在政策上进一步加以支持，而对小企业则可以通过出售等办法使其非国有化或者部分非国有化，目的是希望借助这一战略集中精力搞好搞活对国民经济至关重要的国有大中型企业，而放掉规模较小的国有企业。在这种战略下，山东省诸城市的做法是最早也是最典型的例子，1992 年，诸城市对全市国有企业进行产权改革，包括整体或部分出售国有企业给非国有经济成分，当时基本上是将小型国有企业全部整体出售。③这一战略对于帮助政府甩掉包袱减轻负担、提高国有经济运行效率、优化国有资本结构起到了明显的效果，各地纷纷开始着手进行国有企业的“放小”并掀起了一阵热潮，但同时这一做法也激起了关于变卖国有资产、搞私有化的反对之声。此外，发展企业集团也是这一阶段发展的主要战略之一。早在 1988 年，国家经济体制改革委员会即开始选择少数企业发展成为企业集团，通过赋予其更大的经营自主权，希望加快改革开放和技术进步的步伐，调整产业、产品结构和企业组织结构，发展出一批具有规模效益的大企业集团，带动国民经济的发展，1997 年，国务院又批转了国家计划委员会等部门颁发的《关于深化大型企业集团试点工作的意见》，提出建立以产权关系为纽带的母子公司体制以促进企业集团的发展。④ 通过组建集团并授权经营，企业一般可以获得更多的经营自主权，这也是当时进行抓大放小的主要实施手段之一。企业集团的组建对我国的经济改革起到了十分重要的意义，有力地推动了产业组织结构的优化，生产要素的合理流动与优化组合，带动了中小企业的发展，同时也有利于提高国家进行宏观调控的效率。

---

① 中共中央文献研究室．十一届三中全会以来党和国家重要文献选编（二）．北京：人民出版社，1997：103.

② 中华人民共和国公司法．北京：中国民主法制出版社，1994：4.

③ 张文魁，袁东明．中国经济改革三十年——国有企业卷．重庆：重庆大学出版社，2008：87.

④ 国务院批转国家计委、国家经贸委、国家体改委关于深化大型企业集团试点工作意见的通知．四川政报，1997（16）.

1997年5月，党的十五大召开并指出："继续调整和完善所有制结构是经济体制改革的重大任务……要使国有企业成为市场的法人实体和竞争主体……公有制为主体、多种所有制经济共同发展是我国目前这一阶段的基本经济制度……要从战略上调整国有经济布局和结构，国有经济为主导主要体现在控制力上"[①]。1999年，党的十五届四中全会提出大力发展股份制和混合所有制经济，培育大型企业和企业集团，放开搞活国有中小企业，确定了国有经济战略调整"坚持有进有退，有所为，有所不为"的指导方针，并针对我国上市公司国有股和法人股所占比重过大的状况提出了适当的"国有股减持"的措施，而且划定了需要国有资本控制的四大领域。[②] 这就表明了，在国有资本控制的四大领域之外即竞争性领域中，国有企业可以通过产权改革变成非国有企业，除了整体出售方式，也可以选择股份制改造实现产权多元化。在保持国有控制力的基础上，国有股减持已不再是简单地从转换经营机制上而是从产权制度上实行非国有化改造。

为了继续减轻国有企业负担，搞活国有大中型企业，1999年7月国家经贸委、中国人民银行发布了《关于实施债权转股权若干问题的意见》，国务院于2000年11月发布了《金融资产管理公司条例》等，开始采取和确定了债权转股权的措施。[③] 金融管理公司通过债转股获得公司控制权，可以更有效地解决企业不良负债问题。通过债权与股权的置换，"债转股"是又一次对企业产权制度的触碰，实际上是国家探索股权多元化的又一种形式。

2002年，党的十六大提出了："建立中央政府和地方政府分别代表履行出资人职责，享有所有者权益，权利、义务和责任相统一，管资产和管人、管事相结合的国有资产管理体制……中央政府和省、市（地）两级地方政府设立国有资产管理机构"，即"国家所有，分别代表"[④]。在2003年十届人大一次会议上通过国务院机构改革方案[⑤]，成立国有资产监督管理委员会代表国家履行出资人职责，克服"所有者缺位"产生的国有企业弊端，落实排他性的国有产权。国资委与之前的国资管理部门最大的不同是国资委剥离了社会公共管理职能，而专门承担监管国有资产的职责，其既不同于一般的政府行政机构，也不同于一般的企事业单位，而是国务院直属的正部级特设机构。过去管理国有企业的政府部门既承担公共管理职能，又承担企业经济管理职能，政资分不开，从而导致政企不分，既妨碍了政府正常行使公共权力，又使企业的目标变得模糊。而国资委专司国有资产管理的职能，避免了政府直接利用行政手段干预国有企业的生产经营活动，使国有企业专注于企业经营发展的目标，为政资不分、政企不分弊端的解决提供了制度上的有力保证，对于国有产权制度的发展也起到极其深刻的影响。

2003年，党的十六届三中全会通过了《中共中央关于完善社会主义市场经济体制若干问题的决定》，明确提出了"大力发展国有资本、集体资本和非公有资本等参股的混合所有制经济，实现投资主体多元化，使股份制成为公有制的主要实现形式"[⑥]，为国有企业产权的进一步改革指明了方向。尤其是，会议首次提出了要建立"归属清晰、权责明确、

① 十五大报告辅导读本．北京：人民出版社，1997：19－23.

② 十四大以来党和国家领导人论国有企业改革和发展．北京：中央文献出版社，1999：458－461.

③ 金融资产管理公司条例．中华人民共和国国务院公报，2001（2）.

④ 十六大报告辅导读本．北京：人民出版社，2002：23.

⑤ 十届全国人大一次会议通过了国务院机构改革方案．中国高校科技与产业化，2003（3）.

⑥ 周永学．深刻理解完善社会主义市场经济体制的若干重大问题．北京：《党政周刊》编辑部，2003：3.

保护严格、流转顺畅”的现代企业产权制度①，并明确提出：“产权是所有制的核心和主要内容，包括物权、债权、股权和知识产权等各类财产权。”② 会议对现代企业产权内涵的理解和阐述在我国企业产权制度改革上是有着划时代意义的，“归属清晰”界定了产权的边界范围，明确了预期收益，扫除了要素进入市场流通的障碍；“权责明确”划清了国家与企业的责、权、利的对称关系，从产权制度上而不是简单地收权放权上明确了各自的责任；“保护严格”表明了对产权主体权利的制度和法律保证；“流转顺畅”加强了产权的流动机制以及进入和退出的渠道，从而实现资源的有效配置和国有资产保值增值的目的。这是我国经过几十年的国有企业改革探索，在产权制度上所取得的最新成就，给我国国有企业产权制度改革带来了实质性的突破。因此，建立“归属清晰、权责明确、保护严格、流转顺畅”的现代产权制度，不仅有利于巩固公有制经济的主体地位，促进对私有财产权的保护、非公有制经济的发展，而且有利于推动各类资本的流动、重组和混合所有制经济发展，是完善基本经济制度的内在要求，更是构建现代企业制度的重要基础。

从党的十四大确立社会主义市场经济、建立现代企业制度到十五大从战略上调整国有经济布局，再到十六大建立现代企业产权制度，这一阶段我国在国有企业产权改革上历经风雨取得了一系列辉煌的突破。实际上，自十四大提出建立现代企业制度以来，国有企业改革一直是在波折中前进，进展比较缓慢，究其原因就在于，虽然建立现代企业制度是我国当时理论认识上的最新成就，但现代企业制度的根源与核心内容在于产权的明晰，没有清晰的产权，单单试图在原有的国有企业框架内建立现代企业制度是不切实际的，这正是十六届三中全会以前国有企业改革挫折不断、进展缓慢的根本原因。十六届三中全会所提出的建立现代产权制度也正是对这种问题所做出的更科学的论断。

四、全面深化国有企业改革阶段（2013 年至今）

经过上述三个阶段的改革，国有经济改革与发展取得了巨大成就。表现在：第一，经济布局不断优化。国有资本逐步从一般生产加工行业退出，国有资本更多地集中于关系国民经济命脉的重要行业和关键领域，在国民经济中发挥主导作用。第二，政企关系进一步优化。初步建立相对有效的国有资产管理体制，改变了过去“五龙治水”、普遍“内部人控制”的现象，企业经营性国有资产得到了相对规范的管理。财政预算不再安排用于补充国有资本金性质的支出和经营性亏损，政府的公共管理职能和出资人职能初步分离。第三，经营机制得到优化。从数量上看大部分国有企业已经进行了公司制股份制改革，初步建立现代企业制度，公司治理结构逐步规范。第四，经营绩效进一步提高。国有企业发展质量和运行效率得到了提升，竞争力有了很大增强，国有经济已经摆脱困境，对经济社会发展的贡献进一步显现。《财富》杂志于 2017 年 7 月 20 日发布了最新的世界 500 强企业排行榜。中国上榜公司数量连续第十四年增长，2017 年达到了 115 家，比上年度增加 5 家。其中，国资委监管的中央企业有 48 家入围。

从 2013 年开始，伴随经济步入“新常态”，党中央和国务院提出全面深化改革的战略，国企改革由此进入深水区，更加注重在监管、产权、经营等多个方面的全面深化改

①② 周永学．深刻理解完善社会主义市场经济体制的若干重大问题．北京：《党政周刊》编辑部，2003：4.

革。之所以启动这新一轮的国企改革，主要原因有：首先，我国国内外环境正发生巨大变化。从国际环境看，在经济全球化的大趋势下，中国开放水平进一步提高，国有经济面临国家使命提升与国际环境严峻的双重压力。从国内经济环境看，进入“十三五”时期后，中国已经步入工业化后期，经济发展方式亟待转变，国有经济所熟悉的要素驱动型的发展环境正在改变。

其次，中国要建立市场在资源配置中起决定性作用和更好发挥政府作用的市场经济体制，这是一种更加成熟的社会主义市场经济体制。现有国有经济与这种成熟社会主义市场经济体制的要求还有很大差距。一是国有经济战略性调整不到位使得国有经济功能定位和布局不适应。国有经济的公共政策性功能和市场营利性功能还没有区分，许多国有企业在经营中还面临“公益性使命”和“营利性使命”的冲突，处于赚钱和不赚钱两难的尴尬境界——不赚钱无法完成国有资产保值增值、壮大国有经济的目标；赚了钱又被指责损害市场公平和效率。尤其是垄断行业的国有企业改革还很不到位，还缺乏一条明确、可信又可行的改革路径。垄断行业的国有企业追求行政垄断地位的行为，影响构建公平有效的市场经济格局。二是国有企业的公司制股份制改革没有到位，使得国有经济的产权实现形式还存在不适应。为数众多的国有大企业其母公司及二级以上公司层面的股权多元化改革，大多停滞不前。三是国有资产管理体制改革不到位，无法适应新形势的要求。一方面，国有资本流动性仍然较差，满足不了有进有退、合理流动和实现国有资本动态优化配置的要求；另一方面，国有企业常常面临相关政府部门不当干涉的困扰。四是现代企业制度建设不到位，国有企业的微观治理机制还不适应成熟市场经济的要求。国有企业治理结构还不规范，企业具有行政级别。国有企业经理人的市场选聘、监督约束机制改革还有待形成和完善；存在国有企业经营管理者“党政干部”和“企业家”双重角色的冲突，这既使得企业市场化经营权利无法得到充分保障，又影响市场公平性。

因此，在经过长时间酝酿后，各界千呼万唤始出来的《关于深化国有企业改革的指导意见》（以下简称《意见》）终于出台，这是新时期指导和推进国企改革的纲领性文件，从总体要求到分类改革、完善现代企业制度和国资管理体制、发展混合所有制经济、强化监督防止国有资产流失等方面，提出国企改革目标和举措。首先是企业兼并重组带来的必然直接结果是相关产业的转型、升级，包括对外和对内两种类型，对外包括“‘一带一路’走出去”和“高端装备走出去”两项战略下的央企兼并重组，对内则包括“淘汰过剩产能”和“提高行业集中度”两类重组。其次是直接解决旧有的“政企不分”导致国企盈利能力不强的问题。《意见》提出“科学界定国有资本所有权和经营权的边界”，未来的出资人角色将从国资委分离，变成国有资本运营公司，形成企业、国有资本运营公司、国资委监督三权分立的格局，减弱国资委对企业运营管理的直接干涉，交给专门的公司实现专业运营。另外，这种主导主体的转变，也在选人用人和薪酬方面带来不可忽视的突破。《意见》提出，“切实落实和维护董事会依法行使重大决策、选人用人、薪酬分配等权利”“董事会外部董事应占多数，落实一人一票表决制度”，加强董事会内部的制衡约束。董事会保障经理层的经营主权，任何政府和机构不得干预，从而使其自主性得到提高。最后是国有资产证券化、市场化开放程度的加深。据不完全统计，目前已有20多个省市提出了未来国有资产证券化的目标比例，一般在50%以上。

回顾国有企业改革历程，从开始的所有权框架内的经营权改革为主导到后来的以所有

权改革推动经营权改革为主导，国有企业改革所要解决的一个根本问题就是如何调动相关利益者的积极性，特别是企业的高层管理者以企业的根本利益为目标，减少“机会主义行为”和“败德行为”。国有企业的改革历程，实际上是在探索如何实现有效的激励机制和调动利益相关者的积极性。经过40年的努力，国有资产的出资人制度基本形成，现代企业制度基本建立，国有企业的利润规模和竞争力都有了很大的提高。

但是，企业的经营管理是个历久弥新的问题。我国国有企业的改革还存在很多需要进一步完善的方面，同时随着实践的深入，一些新问题也暴露出来。完善国有企业改革需要不断地发现和解决新问题、新矛盾，比如，如何做好公司高层管理人员的监管问题；以所有权改革为主导条件下如何保证国有资本的地位和发挥国有资本的作用问题，如何避免改革过程中公司管理层与国有资产的监管人之间的“合谋”；如何避免改革过程中的国有资产流失等问题，都需要继续分析和研究。这些新问题、新矛盾的解决也需要进一步完善国有企业的激励机制，调动利益相关者的积极性，也就是要进一步深化对于所有权与经营权相互关系的理解，从而提高企业绩效。这些问题的探索和解决必将进一步推动和完善我国国有企业建立现代企业制度，从而把国有企业改造成真正具有竞争力和创新力的微观市场主体。①

第三节　国有企业与国有资产管理体制改革的成效和不足

国有企业属于全民所有，是推进国家现代化、保障人民共同利益的重要力量，是我们党和国家事业发展的重要物质基础和政治基础。改革开放以来，国有企业改革发展不断取得重大进展，总体上已经同市场经济相融合，运行质量和效益明显提升，在国际国内市场竞争中涌现出一批具有核心竞争力的骨干企业，为推动经济社会发展、保障和改善民生、开拓国际市场、增强我国综合实力做出了重大贡献，国有企业经营管理者队伍总体上是好的，广大职工付出了不懈努力，成就是突出的。但也要看到，国有企业仍然存在一些亟待解决的突出矛盾和问题，一些企业市场主体地位尚未真正确立，现代企业制度还不健全，国有资产监管体制有待完善，国有资本运行效率需进一步提高；一些企业管理混乱，内部人控制、利益输送、国有资产流失等问题依然存在，企业办社会职能和历史遗留问题还未完全解决；一些企业党组织管党治党责任不落实、作用被弱化。面向未来，国有企业面临日益激烈的国际竞争和转型升级的巨大挑战。

一、改革取得的成就

改革开放40年来，随着中国社会主义市场经济体制逐步形成，中国国有企业的地位、组织形态、治理结构和运行机制等都发生了深刻变化。

1. 现代企业制度初步建立，公司治理结构有所完善

自中共十四届三中全会提出国有企业改革的目标是建立现代企业制度以来，国有企业

① 杨英杰．做优国企．北京：清华大学出版社，2017.

公司制股份制改革步伐明显加快。目前，多数国有大中型企业进行了公司化改革，从国有独资的工厂制转变为国有控股的有限责任公司制企业，国有中小企业改制面已达 80%以上，县属企业改制面达 90%以上。大多数改制企业按《公司法》设立了股东大会、董事会、监事会三权分离的制衡机制；企业内部劳动、人事及分配制度改革也正在稳步推进。

通过国有大型企业股份制相关改革政策措施的推行，大部分重要的国有企业已改制为公司制企业。多家中央国有企业首次在境内外公开发行股票并上市。随着《中央企业负责人经营业绩考核办法》《中央企业负责人薪酬管理暂行办法》等文件的相继出台，企业内部管理也得到加强。《关于规范国有企业改制工作的意见》《关于进一步规范国有企业改制工作的实施意见》《企业国有产权转让暂行办法》推出后，一些企业在主营业务上市的同时，将辅业重组上市也取得了非常好的效果。地方国有企业产权制度改革的力度更大。通过产权交易机构的选择认定，初步形成了覆盖全国的国有产权交易平台，国有产权交易普遍进入市场公开操作。

通过董事会试点等政策，初步实现了企业决策权与执行权分开和董事会选聘、考核、奖惩经理人员；公开招聘企业领导人员为探索适应现代企业制度要求的选人用人新机制积累了经验，对推进中央和地方国有企业市场化选聘经营管理者工作起到了积极的示范和带动作用。

2. 国有经济布局结构有所调整，国有经济整体素质得到增强

党的十六大以来，通过相关政策的出台，国有经济布局结构调整取得了一定成效。《中央企业布局和结构调整的指导意见》《关于推进国有资本调整和国有企业重组的指导意见》等政策措施出台后，我国企业国有经济布局结构调整的思路逐步清晰，明确了调整的方向和国有资本集中的领域，对国有企业实施了有进有退的调整，国有经济布局结构进一步优化。国有企业数量虽然减少了，但国有经济的整体素质和竞争力得到提高，国有经济的控制力、影响力和带动力有所增强。

3. 主辅分离，辅业改制取得初步成效，资源配置得到优化

主辅分离、辅业改制在国有企业改革中发挥了主要作用。一批中央企业精干主业、剥离辅业，优化了资源配置，增强了核心竞争力。首先，主辅分离、辅业改制成为分流安置富余人员的主要渠道，为深化国企改革与维护企业和社会稳定找到了一个结合点；其次，这项改革有力地推动了国有大中型企业的结构调整，为其集中资源做强主业创造了条件；最后，辅业改制以多种方式推进了产权多元化，为辅业发展注入了新的活力。

4. 国有资产管理体制初步理顺，基本实现了政企分开和政资分开

按照中共十六大关于建立新的国有资产管理体制的部署，目前，中央、省（市、区）、地州市都成立了专门的国有资产监管机构并开始履行职能，从组织上基本实现了政府的社会公共管理职能与国有资产所有者监管职能的分离。

除了国资委管辖的国有资产外，其他部门和机构管辖的国有资产政企分开步伐也明显加快，中央党政机关与所管理的 530 个企业已经脱钩，军队、武警和政法机关所办的 6 380 多个经营性企业已全部移交给地方，国家与企业、中央与地方的关系逐步理顺。在新的国有资产管理体制下，国资委开展了一系列较有成效的工作。以组建机构、健全规章、落实责任为切入点，建立和完善国有资产监管体制；以财务监督和风险控制为抓手，强化出资人监管；以公开招聘中央企业高级经营管理者为突破口，把党管干部原则和市场

化选聘相结合，探索建立适应现代企业制度要求的选人用人新机制；以国有大型企业股份制改革为重点，建立现代企业制度，完善公司法人治理结构；以核定主业和推进联合重组为主线，推进国有企业布局和结构调整；以建立现代产权制度为核心，规范国有企业改制和国有产权转让。通过开展上述工作，国有资产监管得到加强，保值增值责任在一定程度上得到落实。

5. 国有企业改革促进了中国社会主义市场经济体制的完善

国有企业承担了巨大的改革成本，为中国的改革开放和现代化建设做出了历史性的贡献。国有企业一直是国家财政收入的主要来源，长期承担了投资大、周期长、社会效益好但经济效益低的大型建设项目，为国民经济持续、快速、健康发展提供了基本条件。没有国有企业为改革承担巨大成本，中国的经济建设不可能取得这样大的成就，其他经济成分也不可能取得这么快的发展。为了适应和推动国有企业改革，多项宏观领域的经济制度不断发生变化，包括建立了全国统一开放的市场体系，建立了按劳分配、效率优先、兼顾公平的分配制度，初步建立了多层次的社会保障制度等，一系列改革措施推动了微观经济制度的优化，进一步完善了社会主义市场经济体制。

二、改革存在的问题

虽然改革取得了一定的成效，但一些长期困扰国有企业与国有资产管理体制改革发展的深层次问题尚未根本解决。

1. “政企分开”尚未达到目标

我国的政府机构虽然经历了几次撤并机构、调整职能和精简人员等方面的改革，但与市场经济体制所要求的高效、精干、服务型的目标还有较大差距，政企关系仍然需要进一步理顺。政府部门通过“管人”和行政审批制度，在一定程度上仍然制约着企业的经营活动，由于职能重叠不清，部门之间相互推诿，工作效率很低。相关部门对企业经营者的“官员化”管理方式也依然存在，这些状况妨碍了国有企业制度创新和经营机制的转换，也束缚了国有企业的改革和发展。

2. 垄断行业改革亟须突破

垄断行业改革的攻坚战仍然任重道远。国有企业改革的攻坚战一直没有本质上的推进，垄断行业改革更是步履艰难，尚未破题。这些垄断行业企业无一例外都有浓厚的国家背景，掌握着强大的资源优势。而现实情况是，改革中避重就轻，用重组代替改革，以抵御跨国公司为借口或是高举提高国际竞争力的大旗，忽略了垄断企业本身存在的问题。从相关法律条文来看，《中华人民共和国反垄断法》（以下简称《反垄断法》）的出台在短期内并不会对中国的垄断企业产生很大的影响。例如，《反垄断法》总则第七条规定：“国有经济占控制地位的关系国民经济命脉和国家安全的行业以及依法实行专营专卖的行业，国家对其经营者的合法经营活动予以保护，并对经营者的经营行为及其商品和服务的价格依法实施监管和调控。”其可操作性并不强，而且容易引起歧义，甚至有人认为这是在保护大型国企的“合法垄断”。《反垄断法》要真正发挥作用还需要相关的配套措施来进一步规范。

3. 国有经济布局仍然不尽合理

国有经济布局和结构调整是增强国有经济活力的重要途径。国有经济的主导作用，体现在控制关系国民经济命脉的重要产业和领域。但这种控制应该有质的、动态的要求，而不应当只是从数量上、静态的控制。从我国国有经济布局现状来看，产权结构单一和行业分布面过宽的问题仍未根本改变。第一，从行业分布上看，国有经济包揽过多，除了在涉及国家安全的行业、自然垄断的行业、提供重要公共产品和服务的行业以及支柱产业和高新技术产业中的骨干企业以外，还广泛分布于一些市场化程度比较高、竞争激烈的加工工业和一般性服务业。行业分布过宽，力量分散，重点不突出，严重制约了国有经济主导作用的发挥。第二，从国有企业的存量资产状况来看，目前不少企业面临资本金不足和资产负债率过高的问题，运营效率不高的状况还没有得到根本改变。如果维持现有的行业和企业布局不变，国家很难满足这些企业发展的巨额资金需求。第三，从我国与世界各国尤其是发展中国家的比较看，我国国有经济规模的总量偏大，这也限制了民营经济等其他经济成分的生存空间。

4. 相关法规体系还需完善

总的来说，已出台的法规体系大多由规章和规范性文件构成，法律和行政法规较少，需要修改完善和起草制定的法规文件仍有很多，不少工作还缺少明确的制度规范；对于国企改革中亟待解决的政策法律问题，还缺乏超前性的深入系统的研究；法律审核把关程序还需要进一步强化。一些本应以法律规章形式出台的制度却以一般文件的形式发布，影响了法规体系规范化、制度化水平的提高。历经 14 年的起草和修改并最终于 2008 年 10 月 28 日通过的《中华人民共和国企业国有资产法》虽然在一定程度上改变了国有资产管理立法的空白，但在很多具体问题上，如怎样处理好国资委职能的定位等问题，仍存在广泛的争议和讨论，这些均有待在今后的立法中进一步完善。

5. 国有企业经营效率有待提高

我国经济体制决定国有企业是我国国民经济的重要支柱，是国家财政收入的重要来源，是一个国家经济综合实力的重要体现。因此，国有企业对于国家来说具有举足轻重的地位。但是，目前我国国有企业的总体效益不尽如人意，具体表现为其在国民经济中占有重要地位以及占有较大比重的社会经济资源，但是其发展状况与这些不匹配。在我国建设完善社会主义经济体制的过程中，国有企业的改革还有很多难点并未取得实质性的突破，导致目前国有企业不能够充分利用社会经济资源，并且出现了经营亏损和资产流失。

近年来，国有企业虽然业绩得到提升，国企利润不断增加，但是国有企业经营业绩提升可能并非因为企业自身效率的提高，更大程度上归结于其所处垄断地位。这种因为垄断形成的垄断利润和名义上的高效率不仅不利于民营企业的发展，也不利于国有企业认清自身的状况，对市场经济的发展有害无利。国有企业的绩效中包含了享受的各种优惠政策成分。我们所看到的实际利润率等并不能反映国有企业的真实绩效。在国有企业顺利地享受各种优惠政策的同时，民营企业为了能获得同样的政策优惠和扶持，不得不付出更多的成本。

垄断性国有企业是因为它们是作为国家干预市场的工具而存在的，它与经济学上所说的一般垄断企业产生的原因不同，产生于国家行为而非市场竞争。按照这一理论，国有企业改革要做到政企分开，垄断性国有企业存在的根源就消失了。但实际情况并非如此。从我国大型骨干国有企业的分布情况看，在我国的石油、电力等行业，国有企业基本处于完全垄断或寡头垄断的地位，它们凭借其行业龙头的优势以及垄断地位能够获得足够的资源、特殊的政策和独有的收益。这种行业垄断使它们控制市场大部分产品的供给，进而控制整个市场价格，从而影响整个实体经济的成本。行业垄断企业的利润以及高管的薪酬也是大家关注的焦点。如果去除企业的垄断光环，国有企业是否仍然能够保持良好的利润率，是否可以分配因为国家干预而获取的剩余价值，都是近年来经济学界颇具争议的问题。

6. 国企改革过程中的负面影响不容忽视

目前，国有企业改革重组过程中，引进国外战略投资者成为主要路径。这造成在加快国有企业改组改制的同时，也加剧了某些行业国有企业被外资控制的倾向。垄断行业的优质企业大量境外上市，在赢得募集资金优势的同时也带来一些负面影响：一是不利于国内资本市场建设。大量优质企业境外上市，直接影响到国内资本市场的发展，导致国内资本市场资源配置功能被弱化。二是导致利益双重流失。一方面是由于资产定价权被境外投资者和证券服务机构所控制，使得上市企业资产价格被整体性降低，形成资产的定价流失；另一方面是上市公司收益流失，境外上市企业多为国内垄断行业的巨无霸企业，这些企业占有了大量的国家资源，而其实现利润的相当部分通过股票分红和股价上涨等方式转移给了境外的股票持有者，还有一部分转化为境外证券机构的服务收入。

第四节　深化国有企业与国有资产管理体制改革的思路和对策

国有企业是推进国家现代化、保障人民共同利益的重要力量，是党和国家事业发展的重要物质基础和政治基础。深化国有企业改革，做强做优做大国有资本，对坚持和发展中国特色社会主义、实现“两个一百年”奋斗目标具有十分重大的意义。2015 年 9 月，中共中央国务院印发《关于深化国有企业改革的指导意见》。这是新时期指导和推进国企改革的纲领性文件，从总体要求到分类改革、完善现代企业制度和国资管理体制、发展混合所有制经济、强化监督防止国有资产流失等方面提出国企改革目标和举措。2017 年，习近平同志所做的党的十九大报告强调，要完善各类国有资产管理体制，改革国有资本授权经营体制，加快国有经济布局优化、结构调整、战略性重组，促进国有资产保值增值，推动国有资本做强做优做大，有效防止国有资产流失。深化国有企业改革，发展混合所有制经济，培育具有全球竞争力的世界一流企业。这是在新的历史起点上，以习近平同志为核心的党中央对国有企业改革做出的重大部署，为新时代国有企业改革指明了方向、提供了根本遵循。

一、指导思想和基本原则

（一）指导思想

高举中国特色社会主义伟大旗帜，认真贯彻落实党的十八大历届全会精神和十九大最新精神，深入学习贯彻习近平总书记系列重要讲话精神，坚持和完善基本经济制度，坚持社会主义市场经济改革方向，适应市场化、现代化、国际化新形势，以解放和发展社会生产力为标准，以提高国有资本效率、增强国有企业活力为中心，完善产权清晰、权责明确、政企分开、管理科学的现代企业制度，完善国有资产监管体制，防止国有资产流失，全面推进依法治企，加强和改进党对国有企业的领导，做强做优做大国有企业，不断增强国有经济活力、控制力、影响力、抗风险能力，主动适应和引领经济发展新常态，为促进经济社会持续健康发展、实现中华民族伟大复兴中国梦做出积极贡献。

（二）基本原则

坚持和完善基本经济制度。这是深化国有企业改革必须把握的根本要求。必须毫不动摇巩固和发展公有制经济，毫不动摇鼓励、支持、引导非公有制经济发展。坚持公有制主体地位，发挥国有经济主导作用，积极促进国有资本、集体资本、非公有资本等交叉持股、相互融合，推动各种所有制资本取长补短、相互促进、共同发展。

坚持社会主义市场经济改革方向。这是深化国有企业改革必须遵循的基本规律。国有企业改革要遵循市场经济规律和企业发展规律，坚持政企分开、政资分开、所有权与经营权分离，坚持权利、义务、责任相统一，坚持激励机制和约束机制相结合，促使国有企业真正成为依法自主经营、自负盈亏、自担风险、自我约束、自我发展的独立市场主体。社会主义市场经济条件下的国有企业，要成为自觉履行社会责任的表率。

坚持增强活力和强化监管相结合。这是深化国有企业改革必须把握的重要关系。增强活力是搞好国有企业的本质要求，加强监管是搞好国有企业的重要保障，要切实做到两者的有机统一。继续推进简政放权，依法落实企业法人财产权和经营自主权，进一步激发企业活力、创造力和市场竞争力。进一步完善国有企业监管制度，切实防止国有资产流失，确保国有资产保值增值。

坚持党对国有企业的领导。这是深化国有企业改革必须坚守的政治方向、政治原则。要贯彻全面从严治党方针，充分发挥企业党组织政治核心作用，加强企业领导班子建设，创新基层党建工作，深入开展党风廉政建设，坚持全心全意依靠工人阶级，维护职工合法权益，为国有企业改革发展提供坚强有力的政治保证、组织保证和人才支撑。

坚持积极稳妥统筹推进。这是深化国有企业改革必须采用的科学方法。要正确处理推进改革和坚持法治的关系，正确处理改革发展稳定关系，正确处理搞好顶层设计和尊重基层首创精神的关系，突出问题导向，坚持分类推进，把握好改革的次序、节奏、力度，确保改革扎实推进、务求实效。

二、分类推进国有企业改革

一是划分国有企业不同类别。根据国有资本的战略定位和发展目标，结合不同国有企业在经济社会发展中的作用、现状和发展需要，将国有企业分为商业类和公益类。通过界定功能、划分类别，实行分类改革、分类发展、分类监管、分类定责、分类考核，提高改革的针对性、监管的有效性、考核评价的科学性，推动国有企业同市场经济深入融合，促进国有企业经济效益和社会效益有机统一。按照谁出资谁分类的原则，由履行出资人职责的机构负责制定所出资企业的功能界定和分类方案，报本级政府批准。各地区可结合实际，划分并动态调整本地区国有企业功能类别。

二是推进商业类国有企业改革。商业类国有企业按照市场化要求实行商业化运作，以增强国有经济活力、放大国有资本功能、实现国有资产保值增值为主要目标，依法独立自主开展生产经营活动，实现优胜劣汰、有序进退。

主业处于充分竞争行业和领域的商业类国有企业，原则上都要实行公司制股份制改革，积极引入其他国有资本或各类非国有资本实现股权多元化，国有资本可以绝对控股、相对控股，也可以参股，并着力推进整体上市。对这些国有企业，重点考核经营业绩指标、国有资产保值增值和市场竞争能力。

主业处于关系国家安全、国民经济命脉的重要行业和关键领域、主要承担重大专项任务的商业类国有企业，要保持国有资本控股地位，支持非国有资本参股。对自然垄断行业，实行以政企分开、政资分开、特许经营、政府监管为主要内容的改革，根据不同行业特点实行网运分开、放开竞争性业务，促进公共资源配置市场化；对需要实行国有全资的企业，也要积极引入其他国有资本实行股权多元化；对特殊业务和竞争性业务实行业务板块有效分离，独立运作、独立核算。对这些国有企业，在考核经营业绩指标和国有资产保值增值情况的同时，加强对服务国家战略、保障国家安全和国民经济运行、发展前瞻性战略性产业以及完成特殊任务的考核。

三是推进公益类国有企业改革。公益类国有企业以保障民生、服务社会、提供公共产品和服务为主要目标，引入市场机制，提高公共服务效率和能力。这类企业可以采取国有独资形式，具备条件的也可以推行投资主体多元化，还可以通过购买服务、特许经营、委托一代理等方式，鼓励非国有企业参与经营。对公益类国有企业，重点考核成本控制、产品服务质量、营运效率和保障能力，根据企业不同特点有区别地考核经营业绩指标和国有资产保值增值情况，考核中要引入社会评价。

三、完善现代企业制度

一是推进公司制股份制改革。加大集团层面公司制改革力度，积极引入各类投资者实现股权多元化，大力推动国有企业改制上市，创造条件实现集团公司整体上市。根据不同企业的功能定位，逐步调整国有股权比例，形成股权结构多元、股东行为规范、内部约束有效、运行高效灵活的经营机制。允许将部分国有资本转化为优先股，在少数特定领域探索建立国家特殊管理股制度。

二是健全公司法人治理结构。重点是推进董事会建设，建立健全权责对等、运转协调、有效制衡的决策执行监督机制，规范董事长、总经理行权行为，充分发挥董事会的决策作用、监事会的监督作用、经理层的经营管理作用、党组织的政治核心作用，切实解决一些企业董事会形同虚设、“一把手”说了算的问题，实现规范的公司治理。要切实落实和维护董事会依法行使重大决策、选人用人、薪酬分配等权利，保障经理层经营自主权，法无授权任何政府部门和机构不得干预。加强董事会内部的制衡约束，国有独资、全资公司的董事会和监事会均应有职工代表，董事会外部董事应占多数，落实一人一票表决制度，董事对董事会决议承担责任。改进董事会和董事评价办法，强化对董事的考核评价和管理，对重大决策失误负有直接责任的要及时调整或解聘，并依法追究责任。进一步加强外部董事队伍建设，拓宽来源渠道。

三是建立国有企业领导人员分类分层管理制度。坚持党管干部原则与董事会依法产生、董事会依法选择经营管理者、经营管理者依法行使用人权相结合，不断创新有效实现形式。上级党组织和国有资产监管机构按照管理权限加强对国有企业领导人员的管理，广开推荐渠道，依规考察提名，严格履行选用程序。根据不同企业类别和层级，实行选任制、委任制、聘任制等不同选人用人方式。推行职业经理人制度，实行内部培养和外部引进相结合，畅通现有经营管理者与职业经理人身份转换通道，董事会按市场化方式选聘和管理职业经理人，合理增加市场化选聘比例，加快建立退出机制。推行企业经理层成员任期制和契约化管理，明确责任、权利、义务，严格任期管理和目标考核。

四是实行与社会主义市场经济相适应的企业薪酬分配制度。企业内部的薪酬分配权是企业的法定权利，由企业依法依规自主决定，完善既有激励又有约束、既讲效率又讲公平、既符合企业一般规律又体现国有企业特点的分配机制。建立健全与劳动力市场基本适应、与企业经济效益和劳动生产率挂钩的工资决定和正常增长机制。推进全员绩效考核，以业绩为导向，科学评价不同岗位员工的贡献，合理拉开收入分配差距，切实做到收入能增能减和奖惩分明，充分调动广大职工积极性。对国有企业领导人员实行与选任方式相匹配、与企业功能性质相适应、与经营业绩相挂钩的差异化薪酬分配办法。对党中央、国务院和地方党委、政府及其部门任命的国有企业领导人员，合理确定基本年薪、绩效年薪和任期激励收入。对市场化选聘的职业经理人实行市场化薪酬分配机制，可以采取多种方式探索完善中长期激励机制。健全与激励机制相对称的经济责任审计、信息披露、延期支付、追索扣回等约束机制。严格规范履职待遇、业务支出，严禁将公款用于个人支出。

五是深化企业内部用人制度改革。建立健全企业各类管理人员公开招聘、竞争上岗等制度，对特殊管理人员可以通过委托人才中介机构推荐等方式，拓宽选人用人视野和渠道。建立分级分类的企业员工市场化公开招聘制度，切实做到信息公开、过程公开、结果公开。构建和谐劳动关系，依法规范企业各类用工管理，建立健全以合同管理为核心、以岗位管理为基础的市场化用工制度，真正形成企业各类管理人员能上能下、员工能进能出的合理流动机制。

四、完善国有资产管理体制

一是以管资本为主推进国有资产监管机构职能转变。国有资产监管机构要准确把握依法履行出资人职责的定位，科学界定国有资产出资人监管的边界，建立监管权力清单和责任清单，实现以管企业为主向以管资本为主的转变。该管的要科学管理、决不缺位，重点管好国有资本布局、规范资本运作、提高资本回报、维护资本安全；不该管的要依法放权、决不越位，将依法应由企业自主经营决策的事项归位于企业，将延伸到子企业的管理事项原则上归位于一级企业，将配合承担的公共管理职能归位于相关政府部门和单位。大力推进依法监管，着力创新监管方式和手段，改变行政化管理方式，改进考核体系和办法，提高监管的科学性、有效性。

二是以管资本为主改革国有资本授权经营体制。改组组建国有资本投资、运营公司，探索有效的运营模式，通过开展投资融资、产业培育、资本整合，推动产业集聚和转型升级，优化国有资本布局结构；通过股权运作、价值管理、有序进退，促进国有资本合理流动，实现保值增值。科学界定国有资本所有权和经营权的边界，国有资产监管机构依法对国有资本投资、运营公司和其他直接监管的企业履行出资人职责，并授权国有资本投资、运营公司对授权范围内的国有资本履行出资人职责。国有资本投资、运营公司作为国有资本市场化运作的专业平台，依法自主开展国有资本运作，对所出资企业行使股东职责，按照责权对应原则切实承担起国有资产保值增值责任。开展政府直接授权国有资本投资、运营公司履行出资人职责的试点。

三是以管资本为主推动国有资本合理流动优化配置。坚持以市场为导向、以企业为主体，有进有退、有所为有所不为，优化国有资本布局结构，增强国有经济整体功能和效率。紧紧围绕服务国家战略，落实国家产业政策和重点产业布局调整总体要求，优化国有资本重点投资方向和领域，推动国有资本向关系国家安全、国民经济命脉和国计民生的重要行业和关键领域、重点基础设施集中，向前瞻性战略性产业集中，向具有核心竞争力的优势企业集中。发挥国有资本投资、运营公司的作用，清理退出一批、重组整合一批、创新发展一批国有企业。建立健全优胜劣汰市场化退出机制，充分发挥失业救济和再就业培训等的作用，解决好职工安置问题，切实保障退出企业依法实现关闭或破产，加快处置低效无效资产，淘汰落后产能。支持企业依法合规通过证券交易、产权交易等资本市场，以市场公允价格处置企业资产，实现国有资本形态转换，变现的国有资本用于更需要的领域和行业。推动国有企业加快管理创新、商业模式创新，合理限定法人层级，有效压缩管理层级。发挥国有企业在实施创新驱动发展战略和制造强国战略中的骨干和表率作用，强化企业在技术创新中的主体地位，重视培养科研人才和高技能人才。支持国有企业开展国际化经营，鼓励国有企业之间以及与其他所有制企业以资本为纽带，强强联合、优势互补，加快培育一批具有世界一流水平的跨国公司。

四是以管资本为主推进经营性国有资产集中统一监管。稳步将党政机关、事业单位所属企业的国有资本纳入经营性国有资产集中统一监管体系，具备条件的进入国有资本投资、运营公司。加强国有资产基础管理，按照统一制度规范、统一工作体系的原则，抓紧制定企业国有资产基础管理条例。建立覆盖全部国有企业、分级管理的国有资本经营预算管理制度，提高国有资本收益上缴公共财政比例，2020 年提高到 30%，更多用于保障和改善民生。划转部分国有资本充实社会保障基金。

五、发展混合所有制经济

一是推进国有企业混合所有制改革。以促进国有企业转换经营机制，放大国有资本功能，提高国有资本配置和运行效率，实现各种所有制资本取长补短、相互促进、共同发展为目标，稳妥推动国有企业发展混合所有制经济。对通过实行股份制、上市等途径已经实行混合所有制的国有企业，要着力在完善现代企业制度、提高资本运行效率上下功夫；对于适宜继续推进混合所有制改革的国有企业，要充分发挥市场机制作用，坚持因地施策、因业施策、因企施策，宜独则独、宜控则控、宜参则参，不搞拉郎配，不搞全覆盖，不设时间表，成熟一个推进一个。改革要依法依规、严格程序、公开公正，切实保护混合所有制企业各类出资人的产权权益，杜绝国有资产流失。

二是引入非国有资本参与国有企业改革。鼓励非国有资本投资主体通过出资入股、收购股权、认购可转债、股权置换等多种方式，参与国有企业改制重组或国有控股上市公司增资扩股以及企业经营管理。实行同股同权，切实维护各类股东合法权益。在石油、天然气、电力、铁路、电信、资源开发、公用事业等领域，向非国有资本推出符合产业政策、有利于转型升级的项目。依照外商投资产业指导目录和相关安全审查规定，完善外资安全审查工作机制。开展多类型政府和社会资本合作试点，逐步推广政府和社会资本合作模式。

三是鼓励国有资本以多种方式入股非国有企业。充分发挥国有资本投资、运营公司的资本运作平台作用，通过市场化方式，以公共服务、高新技术、生态环保、战略性产业为重点领域，对发展潜力大、成长性强的非国有企业进行股权投资。鼓励国有企业通过投资入股、联合投资、重组等多种方式，与非国有企业进行股权融合、战略合作、资源整合。

四是探索实行混合所有制企业员工持股。坚持试点先行，在取得经验基础上稳妥有序推进，通过实行员工持股建立激励约束长效机制。优先支持人才资本和技术要素贡献占比较高的转制科研院所、高新技术企业、科技服务型企业开展员工持股试点，支持对企业经营业绩和持续发展有直接或较大影响的科研人员、经营管理人员和业务骨干等持股。员工持股主要采取增资扩股、出资新设等方式。完善相关政策，健全审核程序，规范操作流程，严格资产评估，建立健全股权流转和退出机制，确保员工持股公开透明，严禁暗箱操作，防止利益输送。

六、强化监督防止国有资产流失

一是强化企业内部监督。完善企业内部监督体系，明确监事会、审计、纪检监察、巡视以及法律、财务等部门的监督职责，完善监督制度，增强制度执行力。强化对权力集中、资金密集、资源富集、资产聚集的部门和岗位的监督，实行分事行权、分岗设权、分级授权，定期轮岗，强化内部流程控制，防止权力滥用。建立审计部门向董事会负责的工作机制。落实企业内部监事会对董事、经理和其他高级管理人员的监督。进一步发挥企业总法律顾问在经营管理中的法律审核把关作用，推进企业依法经营、合规管理。集团公司要依法依规、尽职尽责加强对子企业的管理和监督。大力推进厂务公开，健全以职工代表大会为基本形式的企业民主管理制度，加强企业职工民主监督。

二是建立健全高效协同的外部监督机制。强化出资人监督，加快国有企业行为规范法律法规制度建设，加强对企业关键业务、改革重点领域、国有资本运营重要环节以及境外国有资产的监督，规范操作流程，强化专业检查，开展总会计师由履行出资人职责机构委派的试点。加强和改进外派监事会制度，明确职责定位，强化与有关专业监督机构的协作，加强当期和事中监督，强化监督成果运用，建立健全核查、移交和整改机制。健全国有资本审计监督体系和制度，实行企业国有资产审计监督全覆盖，建立对企业国有资本的经常性审计制度。加强纪检监察监督和巡视工作，强化对企业领导人员廉洁从业、行使权力等的监督，加大大案要案查处力度，狠抓对存在问题的整改落实。整合出资人监管、外派监事会监督和审计、纪检监察、巡视等监督力量，建立监督工作会商机制，加强统筹，创新方式，共享资源，减少重复检查，提高监督效能。建立健全监督意见反馈整改机制，形成监督工作的闭环。

三是实施信息公开，加强社会监督。完善国有资产和国有企业信息公开制度，设立统一的信息公开网络平台，依法依规、及时准确披露国有资本整体运营和监管、国有企业公司治理以及管理架构、经营情况、财务状况、关联交易、企业负责人薪酬等信息，建设阳光国企。认真处理人民群众关于国有资产流失等问题的来信、来访和检举，及时回应社会关切。充分发挥媒体舆论监督作用，有效保障社会公众对企业国有资产运营的知情权和监督权。

四是严格责任追究。建立健全国有企业重大决策失误和失职、渎职责任追究倒查机

制，建立和完善重大决策评估、决策事项履职记录、决策过错认定标准等配套制度，严厉查处侵吞、贪污、输送、挥霍国有资产和逃废金融债务的行为。建立健全企业国有资产的监督问责机制，对企业重大违法违纪问题敷衍不追、隐匿不报、查处不力的，严格追究有关人员失职渎职责任，视不同情形给予纪律处分或行政处分，构成犯罪的，由司法机关依法追究刑事责任。

七、加强和改进党对国有企业的领导

一是充分发挥国有企业党组织政治核心作用。把加强党的领导和完善公司治理统一起来，将党建工作总体要求纳入国有企业章程，明确国有企业党组织在公司法人治理结构中的法定地位，创新国有企业党组织发挥政治核心作用的途径和方式。在国有企业改革中坚持党的建设同步谋划、党的组织及工作机构同步设置、党组织负责人及党务工作人员同步配备、党的工作同步开展，保证党组织工作机构健全、党务工作者队伍稳定、党组织和党员作用得到有效发挥。坚持和完善双向进入、交叉任职的领导体制，符合条件的党组织领导班子成员可以通过法定程序进入董事会、监事会、经理层，董事会、监事会、经理层成员中符合条件的党员可以依照有关规定和程序进入党组织领导班子；经理层成员与党组织领导班子成员适度交叉任职；董事长、总经理原则上分设，党组织书记、董事长一般由一人担任。

国有企业党组织要切实承担好、落实好从严管党治党责任。坚持从严治党、思想建党、制度治党，增强管党治党意识，建立健全党建工作责任制，聚精会神抓好党建工作，做到守土有责、守土负责、守土尽责。党组织书记要切实履行党建工作第一责任人职责，党组织班子其他成员要切实履行"一岗双责"，结合业务分工抓好党建工作。中央企业党组织书记同时担任企业其他主要领导职务的，应当设立 1 名专职抓企业党建工作的副书记。加强国有企业基层党组织建设和党员队伍建设，强化国有企业基层党建工作的基础保障，充分发挥基层党组织战斗堡垒作用、共产党员先锋模范作用。加强企业党组织对群众工作的领导，发挥好工会、共青团等群团组织的作用，深入细致做好职工群众的思想政治工作。把建立党的组织、开展党的工作，作为国有企业推进混合所有制改革的必要前提，根据不同类型混合所有制企业特点，科学确定党组织的设置方式、职责定位、管理模式。

二是进一步加强国有企业领导班子建设和人才队伍建设。根据企业改革发展需要，明确选人用人标准和程序，创新选人用人方式。强化党组织在企业领导人员选拔任用、培养教育、管理监督中的责任，支持董事会依法选择经营管理者、经营管理者依法行使用人权，坚决防止和整治选人用人中的不正之风。加强对国有企业领导人员尤其是主要领导人员的日常监督管理和综合考核评价，及时调整不胜任、不称职的领导人员，切实解决企业领导人员能上不能下的问题。以强化忠诚意识、拓展世界眼光、提高战略思维、增强创新精神、锻造优秀品行为重点，加强企业家队伍建设，充分发挥企业家作用。大力实施人才强企战略，加快建立健全国有企业集聚人才的体制机制。

三是切实落实国有企业反腐倡廉"两个责任"。国有企业党组织要切实履行好主体责任，纪检机构要履行好监督责任。加强党性教育、法治教育、警示教育，引导国有企业领导人员坚定理想信念，自觉践行"三严三实"要求，正确履职行权。建立切实可行的责任追究制度，与企业考核等挂钩，实行"一案双查"。推动国有企业纪律检查工作双重领导体制具体化、程序化、制度化，强化上级纪委对下级纪委的领导。加强和改进国有企业巡视工作，强化对权力运行的监督和制约。坚持运用法治思维和法治方式反腐败，完善反腐倡廉制度体系，严格落实反“四风”规定，努力构筑企业领导人员不敢腐、不能腐、不想腐的有效机制。

八、为国有企业改革创造良好环境条件

一是完善相关法律法规和配套政策。加强国有企业相关法律法规立改废释工作，确保重大改革于法有据。切实转变政府职能，减少审批、优化制度、简化手续、提高效率。完善公共服务体系，推进政府购买服务，加快建立稳定可靠、补偿合理、公开透明的企业公共服务支出补偿机制。完善和落实国有企业重组整合涉及的资产评估增值、土地变更登记和国有资产无偿划转等方面税收优惠政策。完善国有企业退出的相关政策，依法妥善处理劳动关系调整、社会保险关系接续等问题。

二是加快剥离企业办社会职能和解决历史遗留问题。完善相关政策，建立政府和国有企业合理分担成本的机制，多渠道筹措资金，采取分离移交、重组改制、关闭撤销等方式，剥离国有企业职工家属区“三供一业”和所办医院、学校、社区等公共服务机构，继续推进厂办大集体改革，对国有企业退休人员实施社会化管理，妥善解决国有企业历史遗留问题，为国有企业公平参与市场竞争创造条件。

三是形成鼓励改革创新的氛围。坚持解放思想、实事求是，鼓励探索、实践、创新。全面准确评价国有企业，大力宣传中央关于全面深化国有企业改革的方针政策，宣传改革的典型案例和经验，营造有利于国有企业改革的良好舆论环境。

四是加强对国有企业改革的组织领导。各级党委和政府要统一思想，以高度的政治责任感和历史使命感，切实履行对深化国有企业改革的领导责任。要根据本指导意见，结合实际制定实施意见，加强统筹协调、明确责任分工、细化目标任务、强化督促落实，确保深化国有企业改革顺利推进，取得实效。

思考题

1. 国有经济在计划经济与市场经济中的功能作用有何差异？
2. 结合现实的案例，阐述我国社会主义市场经济条件下国有经济的特殊作用。
3. 中华人民共和国成立以来我国国有资产管理体制改革历程可以分为哪几个阶段？各个阶段的改革特征是什么？
4. 我国国有企业改革取得哪些成就，还存在哪些不足？
5. 如何继续推进我国国有经济的战略性调整？
6. 阐述如何进一步健全我国国有资产经营管理体制。

第三章 中国财政与金融体制改革

第一节　中国财政体制改革的历史与现状

一、政府间财政关系

政府间财政关系是指中央政府与地方政府以及地方各级政府之间在公共收支上的权责关系。一般来说，政府间财政关系包括中央政府和地方政府以及地方各级政府之间的财政关系，本章仅讨论中央与地方政府之间的财政关系。在多级政府体制下，中央与地方政府间职能的分工对政府间财政关系的形成具有至关重要的作用，而政府间财政关系又对一国的财政体制构成尤其对财权财力在各级政府间的划分产生基础性的影响和制约，由此决定一国对各级政府间支出划分、收入安排、转移支付等重大问题的取向。如何确定中央与地方政府在整个财政活动中的地位和职责、划分它们之间的财政收入和支出、安排和处理它们之间的财政转移支付关系并使这些部分组成一个有机统一体，是各国政府共同面对和亟待解决的重要课题。

现阶段我国加快财政体制改革，构建有利于转变经济发展方式的新型财政体制，必须以财政分权理论为指导，通过实施规范和彻底的财政分权来完善中央与地方政府间的财政关系，并最终达到财权与事权相统一、财力与支出责任相匹配、基本公共服务均等化的目标。

（一）财政分权及其优势

从政府间财政关系的角度看，财政分权是指通过法律等形式，界定中央政府和地方政府间的财政收支范围，并赋予地方政府相应的预算管理权限，使地方政府拥有一定程度的财政自主权。具体地，中央政府给予地方政府一定的税收权力和支出责任范围，并允许其自主决定预算支出规模与结构，使处于基层的地方政府能自由选择其所需要的政策类型，并积极参与社会管理，其结果便是使地方政府能够提供更多、更好的公共产品与公共服务。

财政分权理论起源于 20 世纪 50 年代。1956 年美国经济学家蒂布特（Charles Tiebout）发表了《地方公共支出的纯理论》一文，标志着财政分权理论的兴起。经过 60 多年发展，财政分权理论先后经历了传统财政分权理论到第二代财政分权理论两个阶段。目前，财政分权已经成为世界绝大多数国家的普遍实践，各国之所以热衷于建立财政分权制度，其原因在于在现代市场经济条件下，财政分权相比较财政集权具有更多更大的优势。

1. 财政分权促进公共资源优化配置

财政集权下，公共产品一般都由中央政府集中统一提供，但是统一提供公共产品无法体现不同地区、不同居民对公共资源的需求，从而导致中央政府统一提供的公共资源在不同地区的分配不均现象，损失公共资源的配置效率。而财政分权，则可以使各级地方政府能够根据本地实际需要，在数量和质量上提供相应的公共资源，从而使公共资源配置获得更优效果。①

2. 财政分权减少信息成本，使社会福利最大化

财政分权有利于地方政府更好地发挥自身的信息优势。乔治·斯蒂格勒（George Stigles）的最优分权模式认为，与中央政府相比，地方政府更接近公众，更了解辖区内居民对公共服务的选择偏好及效用。一国国内不同的人们有权利对不同种类与不同数量的公共服务进行投票表决，与之相应，不同种类与不同数量的服务要求由不同级次、不同区域的政府来提供。② 奥茨（Wallace E. Oates）分权定理指出，某种公共产品由地方政府提供优越于中央政府提供，因为地方政府对本地区的人口与地理状况更为熟悉，它们拥有中央部门一般无法掌握的诸如地方偏好、成本条件等方面的信息；中央政府在不同地区提供不同水平公共品的能力受到很大限制，这些压力往往导致要求中央政府对各地一视同仁。所以信息和政治约束会使中央计划不能产生最优的公共品产出模式。③ 特里西（Ricard W. Tresch）偏好误识理论认为，由于信息不完全，中央政府在提供公共产品过程中存在着失误的可能性，易造成对公共产品的过量提供或提供不足。而由地方政府来提供公共产品，社会福利才有可能达到最大化。④

3. 财政分权引入政府间竞争，有利于提高行政效率

财政分权引入竞争机制，能够促进政府效率。罗森（Harvey S. Rosen）、麦金农

① 朱福兴，上官敬芝．财政学．北京：机械工业出版社，2010：218.

② Stigles. G. *Tenable Range of Function of Local Government*. Washington，1957.

③ Oates. W. E. *Fiscal Federalism*. Harcourt Brace Jovanovich，New York，1972.

④ Tresch R. W. *Public Finance：A Normative Theory*. Business Publication，Inc，1981.

(Mckinnon) 等认为，实行多级政府结构及财政分权能够强化政府本身尤其是地方政府本身的激励机制，鼓励它们之间的竞争。因为如果公民能够在社区间选择，那么政府管理不当会使公民决定移居到其他地方，这个威胁会为政府管理者们更有效地执政带来激励，使他们更加关心公民的意愿。再有，如果地方政府对经济活动干预过多，会使有价值的投资活动转向政府干预较少的区域，因此地方之间的竞争会减少不适当的干预，提高经济效率。由于地方财政收入与支出挂钩，这会促进地方政府努力繁荣本地经济。综上，政府尤其是地方政府的活动，能够在相当程度上与经济当事人（企业）形成一种激励——风险分享或共担的关系。① 谢里尔·西姆拉尔·金（Cheryl Simrell King）认为，如果以集权的方式由中央政府行使所有职能，而不是分级行使，那么每一位官员会面对过多的工作，由于信息不充分等原因，会使政府机构陷入低效率运行状态。政府职能分级行使，明确划分责权，则可以改善政府机构的工作效率，解决政府机构中控制与激励之间的权衡问题。②

4. 财政分权有利于居民参与和财政监督

在集权体制下，提供公共产品所需的资金均由中央政府拨款，而非本地居民纳税，由于缺乏本地纳税人的直接或间接监督，执行公共项目的地方官员往往不关心项目的成本与收益，花起钱来也不像花自己的钱那样精打细算，而且为了显示其政绩，常常会夸大项目所需的预算，盲目向上级主管部门争项目、要资金。③ 而财政分权则有利于使公共产品提供的成本费用分摊与收益直接挂钩，这可以提高地方居民对政府事务的参与程度，同时也有利于加强当地政府的责任感。居民的监督无疑会促进地方政府提高公共产品与服务的质量和效率。

5. 财政分权促进公共服务创新

关于政府行为的诸多理论都强调，政府管理者可能缺乏以最低可行成本提供社会所需公共产品的积极性。如果私有企业主不能把成本降到最低水平，企业就很难赢得利润，而政府管理者却可敷衍度日。但如果居民可以在社区间选择，那么，严重失职的政府则会致使本地居民迁移至其他地区，这一威胁可能促使政府管理者更积极、高效地提供公共服务，更关心本地区居民的实际需要。政府在纵向和横向层面上的竞争有利于激发政府的公共服务创新意识和创新活动。④

6. 财政分权有助于遏制官员腐败

罗兰（Roland）、温格斯特（B. Weingast）、怀尔德森（D. E. Wildasi）和钱颖一将激励相容与机制设计学说引入财政分权理论之中，他们认为政府并不是普济众生的救世主，政府官员也有自己的物质利益，只要缺乏约束就有可能从政治决策中寻租。一个有效的政府结构应该实现官员和地方居民福利之间的激励相容。⑤ 布伦南（Brennan）和布坎南（Buchanan）强调政府间竞争会降低政府官员在提供公共服务过程中寻租的能力。⑥ 佩尔森（Torsten Persson）、塔贝里尼（Guido Tabellini）认为在分权下，政府官员作为代理

---

① Breton, Albert. *Competitive Governments: An Economics Theory of Politics and Public Finance*. Cambridge University Press, 1996.

② OECD. Tax Policy Studies, No. 1: Taxing Powers of State and Local Government. 1999.

③④ 曹休宁，闫威．关于财政分权利弊的理论分析．中国流通经济．2008 (2).

⑤ 吴智峰．财政体制变迁与经济增长——基于地方政府行为的研究．江西财经大学博士学位论文，2009.

⑥ 财政分权理论．MBA 智库百科．http://wiki.mbalib.com.

者，这种直接的责任使评价其业绩相对容易，他们的努力和报酬就可以直接挂钩，因此财政分权能够减少腐败现象。[①] 克里特格德（Kiltgaard）指出腐败因垄断权和权威的存在而加强，因责任的存在而减少，分权化的管理限制了垄断的政治权力以及让政府对地方选民更负责任，因而腐败行为减少。[②]

（二）财政分权的要求与原则

2004 年，罗伊·鲍尔（Roy Bahl）提出财政分权“十二条原则”，即：财政分权是一个综合系统；职能改革先于财政收入改革；中央政府应具备较强的对分权进行管理和评估的能力；单一的政府间体制无法同时满足城市和农村的要求；分权需要地方具有相当大的税收立法权；中央政府应遵守自己制定的财政分权原则；简化程序；政府间转移支付制度的设计应适应分权改革的目标；考虑三个级别的政府；实行严格的预算限制；政府间拨款制度经常处于转变中并对此进行计划；财政分权应有其拥护者。[③] 随着我国财政分权的发展以及经济体制改革的深入，加快财政体制改革，进一步理顺中央和地方的财力与事权关系，构建有利于转变经济发展方式的财政体制，必须遵循以下基本原则：

1. 合理确定中央与地方政府间事权范围原则

市场经济中，政府为实现经济社会发展目标，必须履行资源配置、收入分配和稳定经济三大职能。三大职能之间有一定的层次性，要求中央与地方政府在履行职能时应有所分工。具体有政府间财政职能的分工和政府间支出责任的分工。前者包括效率职能分工、公平职能分工和稳定职能分工。后者要求：全国居民享用的公共产品和服务应由中央政府提供；本地居民享用的地方性公共产品和服务应由地方政府提供；跨地区外溢性的公共项目和工程，以地方政府之间协调为主，中央政府参与为辅；地区间、居民间收入分配差距的调节是中央政府的职责，应在全国实行统一的社会保障制度。

2. 以事权定财权，财力与事权相匹配原则

中央与地方政府之间的财权划分要与事权划分相一致。政府承担一定的事权应当有充足的财权作为保证，与此对应，中央与地方政府间的财权划分也应当以事权的划分为基础，以保证各级政府事权能够得到落实。当然，财权与事权的匹配并不意味着各级政府的财力与事权要求完全对等，应从强调各级政府可利用财力对事权的保障能力角度进行衡量，即各级政府的财力不一定必须来源于本级财政，也可通过不同政府间的财政转移支付体系进行分配，从而实现财权与事权的平衡。

3. 中央与地方税权合理划分原则

为了保证各级政府有相应的财权，需要将财政收入在中央与地方政府之间进行合理划分。鉴于税收是财政收入的最主要部分，因此政府间财权的划分也主要是解决税收在中央与地方政府之间如何合理分配的问题，即如何进一步完善分税制问题。

4. 以经济效率为划分依据原则

虽然各级政府管辖范围的划分受地域、历史等因素的影响很大，但在市场经济条件下，需要从经济效率的角度考察中央与地方政府职能的划分，要以经济效率为划分依据和

---

①② 财政分权理论．MBA 智库百科．http：//wiki. mbalib. com.

③ 政府间财政关系课题组．政府间财政关系比较研究．北京：中国财政经济出版社，2004：1－14.

评价标准，如公共选择理论倡导者布坎南指出的：公共产品效益的外溢性是政府职能划分的重要经济依据。只有以经济效率作为划分依据，才能真正实现政府职能分配的合理化。

5. 政府间财政关系的法制化原则

政府间财政关系法制化是指通过法律手段规范政府间的财政关系，使政府间财政关系的实际运作纳入法制轨道。政府间财政关系法制化是市场经济发展的必然要求，也是依法行政、依法治国的重要内容，因此必须高度重视政府间财政关系的法制化建设。

（三）深化财政体制改革的必要性与紧迫性

财政是国家治理的基础和重要支柱，科学的财税体制是优化资源配置、维护市场统一、促进社会公平、实现国家长治久安的制度保障。经济体制改革是全面深化改革的重点，核心问题是处理好政府和市场的关系，使市场在资源配置中起决定性作用和更好地发挥政府作用。财政分权作为一种有效的激励机制，其政府向社会分权和政府内部分权两方面内容恰好有效地激励了市场活力以及政府本身动力。它不仅为市场机制的引入和发展创造了适宜的条件，还明确了中央与地方政府各自的事权、财权划分，充分调动了经济活力。然而，现阶段我国的财政分权还存在许多问题，现行的分税制财政体制也存在着较大的制度缺陷，深化财政体制改革，理顺各级政府间的财政分配关系，对于转变发展方式、推动科学发展、建立健全现代国家治理制度具有十分重要而深远的意义。

二、财政体制改革的历史演变

中华人民共和国成立以来，我国财政体制改革经历了从最初的高度集中、统收统支，到改革初期的“分灶吃饭”，以及市场经济体制确立后的分税制三个重要阶段。

（一）统收统支的财政管理体制（1950—1979 年）

1. 1950 年高度集中的统收统支财政体制

中华人民共和国成立初期，国家财政经济工作面临严重困难局面。为了克服这些困难，1950 年 3 月政务院通过《关于统一国家财政经济工作的决定》《关于统一管理 1950 年度财政收支的决定》，统一全国财政收支、物资和现金管理，初步形成高度集中的统收统支财政体制，其特点是地方组织的财政收入统一上缴中央，地方支出统一由中央拨付。

2. 1951—1957 年“划分收支、分级管理”的财政体制

1951 年 3 月在全国财政经济状况开始好转的情况下，政务院颁发《关于 1951 年度财政收支系统划分的决定》，将国家财政分为中央、大行政区和省（市）三级，专署及县市列入省财政。1953 年又将财政分为中央、省（市）和县三级管理。1954 年对财政收入实行分类分成，即财政收入分为中央与地方固定收入、固定比例分成收入和调剂收入，同时财政支出按行政隶属关系分别列入中央和地方预算。这一时期，国家开始注意扩大地方财权，划分各级财政收支范围，收支挂钩，财政管理向规范化方向发展。

3. 1958 年“以收定支、五年不变”的财政体制

1958 年财政体制改革有三个特点：一是使地方能够参与辖区内的中央企业利润分成，扩大地方财源，增加地方财力和财权。二是将基本建设投资从地方财政支出范围中剔除，不包括在地方正常支出基数内，使财政体制更加公平合理。三是地方可以根据收入情况统筹安排支出，多收多支，少收少支，使地方能够形成稳定的心理预期，既有利于调动地方增

收节支的积极性，也有利于地方因地制宜、着眼长远安排本地区的经济建设和社会事业。

4. 1959—1970 年“总额分成、一年一变”的财政体制

1959 年国务院实行“收支下放，计划包干，地区调剂，总额分成，一年一变”的财政管理体制。1961 年国民经济调整时期，中央收回部分管理权限。1968 年受“文化大革命”影响，财政出现赤字，曾一度改行统收统支办法，其他年份基本上执行“总额分成、一年一变”的体制。

5. 1971—1973 年“收支包干”的财政体制

1971 年 3 月财政部颁布《关于实行财政收支包干的通知》，决定自 1971 年起，实行“定支定收，收支包干，保证上缴（或差额补贴），结余留用，一年一定”的体制，在扩大收支范围的同时，地方财政按绝对数包干，超收全留地方。1972 年，财政部根据体制实施中的问题做适当调整。

6. 1974—1975 年“收入固定比例留成，超收另定分成比例，支出按指标包干”的财政体制

“文化大革命”后期，国民经济损失严重，财政包干体制难以继续执行，1974 年财政部提出在全国推行“收入固定比例留成，超收另定分成比例，支出按指标包干”的财政管理办法。在财政收入极不稳定的情况下，该办法保证了地方必不可少的财力需求，但由于收支脱钩，不管地方收入完成怎样，支出照样按包干指标使用，且机动财力可以按固定比例稳拿，导致花钱在地方，平衡在中央，不仅给中央预算造成巨大压力，也不利于调动地方增收节支和平衡预算的积极性，不能体现地方财政的权责关系，因此只能是在财政经济发展非正常状态下的一种临时性的、权宜性的制度安排。

7. 1976—1979 年“收支挂钩、总额分成”和试行“收支挂钩、增收分成”的财政体制

为了在预算管理体制上探索新路子，四年内先后实行了三种不同的管理办法：1977 年江苏省实行固定比例包干试点；1978 年山东等十个省、市试行收支挂钩、增收分成的办法；1979 年除江苏实行固定比例包干办法和广西、宁夏等七个省（区）实行民族自治地方体制外，其他地区改为实行收支挂钩、超收分成体制。由于以上改革办法仍属于“大锅饭”的体制形式，本身存在一定的矛盾，加之这几年的经济运行不正常，即使一些规定比较合理，也难以贯彻执行。

（二）分灶吃饭的财政管理体制（1980—1993 年）

1. 1980—1984 年“划分收支、分级包干”的财政体制

这是中华人民共和国成立以来调整中央和地方财政关系的一次新尝试和重大改革，其主要内容有：划分收支，按照经济管理体制的行政隶属关系，明确划分中央和地方财政的收支范围，即“分灶吃饭”；分级包干、自求平衡，明确地方财政的收支基数、上解额和补助额，包干期为五年，原则上收支基数、上解额和补助额由中央核定后五年不变，地方多收多支、少收少支，自主安排、自求平衡。

2. 1985—1987 年“划分税种、核定收支、分级包干”的财政体制

该体制进一步明确了各级财政的权利和责任，开始了以税种作为划分各级财政收入的依据和标准，划分为中央固定收入、地方固定收入和中央地方共享收入。尽管 1985 年

“划分税种”改革并不彻底，但新办法改变了过去按企业隶属关系划分收入的做法，向以税种划分为主的体制迈出了重要一步，为日后过渡到完全以税种划分政府间收入的体制奠定了基础。

3. 1988—1993 年实行包干财政体制

为了解决中央财政赤字增加、“放水养鱼”和“藏富于企业”等问题，1988 年 7 月国务院发布《关于地方实行财政包干办法的决定》，对财政包干形式进行调整，出现六种不同的包干办法：收入递增包干、总额分成、总额分成加增长分成、上解额递增包干、定额上解、定额补助。包干体制与同期国有企业实行承包经营责任制相结合，调动了地方增收节支的积极性，对地方经济发展和财政运行机制产生了重大影响。

（三）分税制财政管理体制的建立与完善（1994 年至今）

1993 年 12 月 15 日，国务院发布《关于实行分税制财政管理体制的决定》，从 1994 年开始，我国实行分税制财政管理体制。分税制改革，其目的是构建与市场经济相适应的政府与企业、个人之间的分配关系和中央与地方的分配关系，这是构建社会主义市场经济体制的重要举措，是我国财政体制改革的一次历史性突破。分税制主要内容包括分权、分税、分管三个方面：分权就是确定中央和地方政府的事权范围，在此基础上划分各级政府的支出范围；分税即按照财权和事权相统一的原则，把税种划分为中央税、地方税和中央地方共享税，将维护国家权益、实施宏观调控所必需的税种划为中央税，将同经济发展直接相关的主要税种划为中央与地方共享税，将适合地方征管的税种划为地方税；分管就是分设中央和地方两套税务机构，分别负责中央税和地方税的征收管理工作。同时，按分税后地方净上划中央的收入数额，作为中央对地方的税收返还基数全额返还地方，以保证地方既得利益。

1995 年以来，在稳定分税制基本框架的基础上，根据经济发展变化，中央采取了多项调整和完善措施：合理调整中央与地方收入划分；完善政府间转移支付制度；调整和完善省以下财政管理体制。

自分税制实施以来，运行情况良好，基本达到预期的目标：政府间的财政关系趋向规范；产业结构得到合理的调整以及资源实现优化配置；中央财力有所增强，财政收入占 GDP 的比重逐步上升。此外，分税制调动地方组织收入的积极性，促进地方收入的快速增长，保证全国财政收入的稳定快速增长。① 1998 年，政府正式提出“公共财政”，并将其确立为今后财政体制改革的方向和目标。

（四）财政体制改革指导思想的转变

尽管目前的分税制还不尽完善，但实行分税制的指导思想基本上是正确的。综观 60 多年来我国财政体制改革历程，可以看出，现行的分税制体制也是与我国政府理财思想的转变分不开的。

1. 从计划经济到市场经济

从经济体制环境角度看，计划经济体制下，国家是一个基本核算单位，各省市和各地区的政府部门实际上是中央政府的派出机构，因而集权既是核心也是自然的。市场经济则

① 陈共．财政学．北京：中国人民大学出版社，2009：367－368.

主要是通过市场机制的运作来完成资源配置，财政主要采取以间接性为主、直接性与间接性相结合的调控方式，决策是由各级政府、各个企业和个人都参与的分权式决策[①]，因此分权是必然的。

2. 从国家分配论到公共财政论

从政府经济职能角度看，国家分配论强调国民收入再分配的主体即国家，财政是实现国家职能的物质基础，满足国家需要。而公共财政论则强调财政是为市场提供“公共”服务并用来弥补市场失灵，受到“公共”的规范、决定和制约。[②] 同时，公共财政理论提出以“公共产品论”为财政对象，由财政来提供公共产品；以“公共需要论”为财政目的，全国性的公共产品由中央政府负责提供，地方性的公共产品由地方政府提供，满足“偏好一致性”的公共需要。

3. 从生产建设性财政到民生财政

从财政支出角度看，计划经济时期，全国预算支出的40%大体用在基本建设投资上，财政还包揽企业定额流动资金的供应任务，具有明显的“生产建设性”特点。民生财政则以改进民生、提高人们福利水平为目标，用于教育、文化、医疗卫生、贫困、就业、社会保障、保障性安居工程、收入分配差距等，民生问题方面的支出是整个财政支出的主要部分且不断增多。

4. 从收支平衡论到宏观调控论

从财政目标角度看，改革开放前，国家财政的职能是“收、支、平、管”，国家实行量入为出的预算平衡政策即“收支平衡，略有结余”，反映在中央与地方的财政体制上，要求做到以收定支，不准透支。改革开放后，财权的下放使得这一指导思想与实际预算结果发生偏差，理论上否定赤字预算，但实际却年年预算有赤字。在对预算赤字的功能进行重新评价后，充分肯定了在一定条件下预算赤字的正面效应。[③]

三、现阶段财政体制改革的重点和难点

毫无疑问，我国的分税制改革已取得了巨大成就，但仍然存在诸多问题与缺陷，而这些问题正是今后深化财政体制改革的重点与难点所在。

（一）预算管理制度完善问题

完善预算管理制度是当前财政体制改革的重点难点。

（1）完善政府预算体系。我国政府预算体系建设取得了一些成就，但尚未完成。要根据社会主义市场经济的要求，从公共财政预算、国有资本经营预算、政府性基金预算和社会保障预算四个方面构建有机衔接的预算体系，逐步完善政府预算体系。

（2）健全预算管理制度。我国在预算编制制度、预算审批和预算执行方面还存在不科学、不完整、不规范、不专业以及技术性不强等一系列问题，同时相关领域和法律法规也没有完全适应预算改革的要求，相对滞后。

（3）深化预算监督改革。近年，我国非税收入尤其是地方非税收入增长过快、占比过

① 邓子基．财政学．北京：高等教育出版社，2005：19－20.

② 张馨．论公共财政．经济学家，1997（1）.

③ 杨君昌．中华人民共和国财政体制变革的回顾与展望．财经研究，1999（10）.

高，因此要从国家预算收支计划的编制、执行以及财政制度、财经纪律等方面着手监督改革，实行“全口径预算”，将政府所有的财政收入和支出纳入预算，逐渐解决由非税收入等问题造成的预算监督的漏洞。

（二）税收制度改革和完善问题

完善税收制度是当前财政体制改革的重点难点之二。

（1）明确完善税收制度的目标。健全以流转税和所得税为主体税种，财产税、环境资源税及其他特定目的税相协调，多税种、多环节、多层次调节的税收体系，充分发挥税收筹集国家财政收入的主渠道作用和调控经济、调节收入分配的职能作用，促进结构优化和社会公平，推动科学发展和社会和谐。

（2）完善税制体系。按照优化税制结构、公平税收负担、规范分配关系、完善税权配置的原则，健全税制体系。合理调整消费税征收范围、税率结构和征税环节。完善个人所得税制。研究推进房地产税改革，逐步扩大不动产税的收入份额。全面深化资源税改革，扩大从价计征范围。

（3）合理划分税收权限。确立中央政府的税收主权，给予地方政府在税权、税收立法、税收征管权限方面适当的权利，避免重复征税，加强税收法制建设，提高税收立法规范性，逐步健全地方税体系。

（4）加大热点税种改革力度。物业税、资源税、环境税、个人所得税、房产税、遗产税等对调节收入分配差距、实现生态平衡等民生目标意义重大，要逐步建立健全。

（三）与事权相匹配的财税管理体制健全问题

健全中央和地方财力与事权相匹配的财政体制是当前财政体制改革的重点难点之三。

（1）合理界定中央与地方的事权与支出责任。事权和支出责任清晰是财力与事权相匹配的重要前提。我国政府事权与支出的界定不科学、不清晰、不规范，交叉重叠现象明显，职责权限不明了，缺乏明确的法律规范，在一定程度上存在“越位”与“缺位”并存的问题。政府“越位”主要表现为：政府承担了一些本应由市场去做的事，没有相应转变政府职能；政府“缺位”主要表现在：对于一些公共服务领域，中央政府没有本着以财力定支出、事权与财权相统一的原则增加财政支出，各级政府之间“上推下卸”。

（2）健全政府间转移支付制度。目前，一方面受转移支付权高高在上的约束，地方政府获得的转移支付资金有限，加之受各级政府“财政自利”的影响，转移支付资金渗漏严重。另一方面，转移支付基金的分配方式、比例等缺乏规范性、法制性。健全政府间转移支付制度，就是中央政府将掌握的部分财力转移给地方政府使用，以解决中央与地方财政纵向不平衡和地区间财政横向不平衡的矛盾，均衡各地方政府的财力状况，规范中央与地方财政关系，协调地区间的经济发展差异。

第二节　深化中国财政体制改革的对策举措

党的十九大报告在加快完善社会主义市场经济体制的战略部署中，对新一轮财税体制改革提出具体部署：“加快建立现代财政制度，建立权责清晰、财力协调、区域均衡的中央和地方财政关系。建立全面规范透明、标准科学、约束有力的预算制度，全面实施绩效管理。深化税收制度改革，健全地方税体系。”[①] 党的十九大报告明确提出了当前和今后一个时期深化财税体制改革的目标和主要任务，这对于转变发展方式，推动科学发展，建立健全现代国家治理制度具有十分重要而深远的意义。

一、加快建立现代财政制度

加快建立现代财政制度，这是对当前和今后形势判断和背景做出的一种战略性的安排。新时代财税体制改革的目标，就是要有助于解决新时代社会的主要矛盾。党的十九大报告做出我国进入了新时代的判断，并且明确指出“社会主要矛盾已经转化为人民日益增长的美好生活需要和不平衡不充分的发展之间的矛盾”。在此背景下，加快建立现代财政制度，就是要构建新时代的财政制度，而这一制度的建立将有助于社会主要矛盾的解决，因为人民日益增长的美好生活需要，不仅包括物质保障，还有对公平、民主和正义的追求。与此相对应，新时代财政制度要解决的问题不仅是惠民生、促平衡、求发展，还包括建立健全的社会制度，实现物质文明和精神文明的双丰收，满足人民对物质和精神生活的不断需求。

二、建立权责清晰、财力协调、区域均衡的中央与地方财政关系

合理划分中央与地方政府事权和财政支出责任，是财税体制改革的核心环节。建立事权与支出责任相适应的财政制度，合理划分中央、地方事权，明确所对应的支出责任，同时相应调整政府间收入划分，有利于调动中央与地方的积极性。事权与支出责任相适应，实际上是涉及一个国家治理体系和治理能力建设的问题。在事权划分中，首先明确哪些是中央事权并由中央承担支出责任、哪些是地方事权并由地方承担支出责任，哪些是中央委托地方事权、中央相应承担支出责任，哪些是中央与地方共同事权相应明确各自支出责任。事权划分是现代财政制度有效运转的重要前提。目前中央和地方政府事权和支出责任划分不清晰、不合理、不规范，一些应由中央负责的事务交给了地方，一些适宜地方负责的事务，中央承担了较多的支出责任。而中央通过大量转移支付对地方进行补助，客观上影响地方政府的自主性。为此，2018 年 2 月国务院办公厅印发《基本公共服务领域中央与地方共同财政事权和支出责任划分改革方案》，提出要坚持以人民为中心，坚持财政事权划分由中央决定，坚持保障标准合理适度，坚持差别化分担，坚持积极稳妥推进，力争到 2020 年，逐步建立起权责清晰、财力协调、标准合理、保障有力的基本公共服务制度体系和保障机制。[②]

权责清晰，即要形成中央领导、合理授权、依法规范、运转高效的财政事权和支出责任划分模式。在处理好政府和市场关系的基础上，按照体现基本公共服务受益范围、兼顾政府职能和行政效率、实现权责利相统一、激励地方政府主动作为等原则，加强与相关领域改革的协同，合理划分各领域中央与地方财政事权和支出责任。同时，合理划分省以下

① 决胜全面建成小康社会 夺取新时代中国特色社会主义伟大胜利．北京：人民出版社，2017：34.

② 国务院办公厅印发《基本公共服务领域中央与地方共同财政事权和支出责任划分改革方案》．新华社，2018-02-08.

各级政府财政事权和支出责任，适合哪一级政府处理的事务就交由哪一级政府办理并承担相应的支出责任，省级政府要加强统筹。

财力协调，即要形成中央与地方合理的财力格局，为各级政府履行财政事权和支出责任提供有力保障。结合财政事权和支出责任划分、税收制度改革和税收政策调整，考虑税种属性，在保持中央和地方财力格局总体稳定的前提下，科学确定共享税中央和地方分享方式及比例，适当增加地方税种，形成以共享税为主、专享税为辅，共享税分享合理、专享税划分科学的具有中国特色的中央和地方收入划分体系。因地制宜、合理规范划分省以下政府间收入。同时，继续优化转移支付制度，扩大一般性转移支付规模，建立健全专项转移支付定期评估和退出机制，研究构建综合支持平台，加强转移支付对中央重大决策部署的保障。

区域均衡，即要着力增强财政困难地区兜底能力，稳步提升区域间基本公共服务均等化水平。从人民群众最关心、最直接、最现实的主要基本公共服务事项入手，兼顾需要与可能，合理制定基本公共服务保障基础标准，并适时调整完善。根据东中西部地区财力差异状况、各项基本公共服务的属性，规范基本公共服务共同财政事权的支出责任分担方式。按照坚决兜住底线的要求，及时调整完善中央对地方一般性转移支付办法，提升转移支付促进基本公共服务均等化效果。省级政府要通过调整收入划分、加大转移支付力度，增强省以下政府基本公共服务保障能力。

三、建立规范透明、标准科学、约束有力的预算制度

预算管理制度是现代国家治理的基本制度与法治国家的基本要求，一个国家的治理能力在很大程度上取决于它的预算能力。内容完整、编制科学、执行规范、监督有力、讲求绩效和公开透明是现代预算制度的基本要素。完善预算管理制度，关键是要立足于已确立的预算制度主体框架，进一步提升预算的全面性、规范性和透明度，推进预算科学精准编制，增强预算执行刚性约束，提高财政资源配置效率。① 2014 年 8 月全国人大修订了《中华人民共和国预算法》（以下简称《预算法》），新的《预算法》体现了四个亮点：一是建立全口径预算体系；二是健全闭环式地方政府债务管理制度；三是系统规范财政转移支付；四是将预算管理公开透明正式纳入法制化轨道。《预算法》修订意义重大，为深化财税体制改革奠定了法律基础。

（1）规范透明。推进全口径政府预算管理，全面反映政府收支总量、结构和管理活动。强化政府性基金预算、国有资本经营预算、社会保险基金预算与一般公共预算的统筹衔接，严控政府性基金项目设立，加大国有资本经营预算调入一般公共预算力度，加快推进统一预算分配权。深入实施中期财政规划管理，提高中期财政规划的科学性，增强对年度预算编制的指导作用。进一步完善跨年度预算平衡机制，严格规范超收收入的使用管理。坚持以公开为常态、不公开为例外，不断拓展预算公开的内容和范围，完善预算公开的方式方法，加强预算决算公开情况检查，全面提高预算透明度，强化社会监督。

（2）标准科学。遵循财政预算编制的基本规律，根据经济社会发展目标、国家宏观调

① 肖捷．加快建立现代财政制度．人民日报，2017-12-20.

控要求和行业发展需要等因素，明确重点支出预算安排的基本规范。扩大基本支出定员定额管理范围，建立健全定额标准动态调整机制。深入推进项目支出标准体系建设，发挥标准对预算编制的基础性作用。加强预算评审结果运用，及时总结不同项目的支出规律，探索建立同类项目的标准化管理模式。

（3）约束有力。严格落实预算法，切实硬化预算约束。坚持先预算后支出，年度预算执行中，严格执行人民代表大会批准的预算，严控预算调整和调剂事项，强化预算单位的主体责任。严格依法依规征收财政收入。构建管理规范、风险可控的政府举债融资机制，明确各级政府对本级债务负责，增强财政可持续性。地方政府一律采取发行政府债券方式规范举债，强化地方政府债务预算管理和限额管理。层层落实各级地方政府主体责任，加大问责追责和查处力度，完善政绩考核体系，做到终身问责，倒查责任。

四、全面实施绩效管理

党的十九大报告首次将对预算全面实施绩效管理提升到新时代中国特色社会主义思想的高度，并作为新时代国家治理体系和治理能力现代化的重要内容，对全面深化财税体制改革意义重大。

全面实施绩效管理，要紧紧围绕提升财政资金使用效益，将绩效理念和方法深度融入预算编制、执行和监督的全过程，注重成本效益分析，关注支出结果和政策目标实现程度。绩效管理覆盖所有财政资金，体现权责对等，放权和问责相结合。强化绩效目标管理，建立预算安排与绩效目标、资金使用效果挂钩的激励约束机制。加强绩效目标执行动态监控。推动绩效评价提质扩围，提升公共服务质量和水平，提高人民满意度。

全面实施绩效管理，要做到五个全面覆盖：一是覆盖五级政府。在中央、省、市、县、乡五级政府层面，全面推进预算绩效管理并获得实质性进展；二是覆盖“四本预算”。在预算编制、执行全预算生命周期中，一般公共预算、政府性基金预算、国有资本经营预算和社会保险基金预算都要植入“绩效”二字；三是覆盖预算部门和预算单位，绩效管理理念和意识要融入预算部门和预算单位日常的管理工作中；四是覆盖所有财政性资金；五是覆盖各项财政政策，尤其是财政支出政策的纠偏和废止，要通过绩效评价去完成。①

五、深化税收制度改革，健全地方税体系

税收是政府收入的基本形式，是国家存在与公共治理的基础，也是实施宏观调控、调节收入分配的重要工具。当前和今后一个时期，深化税收制度改革的目标是形成税法统一、税负公平、调节有度的税收制度体系，促进科学发展、社会公平和市场统一。要围绕优化税制结构，加强总体设计和配套实施，推进所得类和货物劳务类税收制度改革，逐步提高直接税比重，加快健全地方税体系，提升税收立法层次，完善税收法律制度框架。②

（一）完善地方税体系

目前完善地方税体系需要新的思路，即要从“地方税体系”转向更加综合、更加具有

① 王泽彩．全面实施绩效管理的几点思考．中国财经报，2017－01－24．

② 肖捷．加快建立现代财政制度．人民日报，2017－12－20．

可操作性的“地方收入体系”。在我国的现实情况下，一个完善的地方收入体系应当由四部分组成：一是中央给付。包括税收分享与税收返还，更重要的是不限制用途的一般转移支付。这当中涉及增值税的分享比例问题，鉴于增值税税基的可流动性以及我国经济正转向服务和消费驱动的大背景，由中央与地方分享该税。在当前我国经济发展的新阶段，应当明确增值税的中央税属性，并逐渐调低地方分享比例，转而通过规范的、法治性较强的一般转移支付来填补缺口。二是地方税。“营改增”之后，房地产税是理论上的地方主力税种，但囿于当前现实情况，恐难在近期出台。更现实的考虑是，将消费税改为中央地方分享税，一方面增加地方政府收入，另一方面适应我国未来消费经济的强劲发展势头，通过调整激励机制，主动将地方政府的工作重心从投资驱动转向消费驱动，调整到积极推动、建设与消费发挥基础性作用相匹配的制度环境、基础设施建设上来。三是仅能以少量的非税与政府性基金作为补充。四是合理规制地方债和PPP。今后地方政府所需的正当建设资金应当采用发行政府债券的方式，同时严格债务管理，做到终身问责，倒查责任。积极完善PPP，吸引更多的社会资本有序进入政府公共支出领域。

（二）继续推进税种改革

一要继续改革和完善增值税制度。现代增值税制度具有课税范围广、税率档次少和尽量少的税收优惠三个显著特征，有利于减少对投资和生产决策产生的负面影响，促进经济增长。目前增值税税率和征收率数量偏多的问题已经影响增值税中性作用的发挥，这种状况无疑需要改变，进一步简并税率，调整税率水平，重点降低制造业、交通运输等行业税率，提高小规模纳税人年销售额标准是增值税改革的重要内容。可以预期，随着具体增值税制度设计中的一些难题得到解决，增值税立法步伐必将加快，到时，增值税法就将替代增值税暂行条例，增值税征收的依据将转为更体现现代增值税制度精神要求的增值税法。

二要建立健全个人所得税制度。在实际的个人所得税征管过程中出现征管体系不健全、未能体现公平税负原则、费用扣除标准对个人的实际能力考虑不充分、纳税人纳税意识相对薄弱、个人应税所得难以准确核实、收入来源多元隐蔽、自然人人数多且流动性大、征管手段落后、源泉控管不能全面落实等问题。因此，需要根据居民的基本生活消费水平的变化，提高基本费用扣除标准；增加专项附加扣除；改革完善征税模式，逐步将分类税制转化为综合与分类相结合的个人所得税税制；启动个人所得税修法工作；加强税收征管体系建设，净化税收征管治理环境。

三要加快资源税制度改革。目前原油、天然气资源税从价计征改革已在全国范围内实施，部分金属和非金属矿资源税从价计征改革试点在部分地区实施。下一步改革的重点是推进煤炭资源税从价计征改革，清理取消相关收费基金。同时，适当提高从量计征的资源品目的税额，逐步扩大资源税征收范围，让资源税改革更好地体现“美丽中国”和“绿水青山就是金山银山”的发展理念。

四要改进环境保护税制度。《中华人民共和国环境保护税法实施条例》自2018年1月1日起施行。开征环境保护税，有利于促进形成节约能源资源、保护生态环境的发展方式和消费模式，促进绿色发展。但现行的环境保护税仅是总体平移了原排污费的负担，改革力度还显得不足，在我国环境污染带来的威胁和制约日益凸显的情况下，环境保护税应更好地发挥促进减排降污的作用，这就要求我们继续寻找机会创造条件，从税率水平、覆盖范围等方面进一步改进和完善环境保护税。

五要推进房地产税制度改革。房地产税势在必行，主要是为了解决地方政府的财政问题，从现在依赖土地出让金转变到依托房地产形成税收收入的长效机制。要在认真总结上海、重庆等地试点经验的基础上，按照“立法先行、充分授权、分步推进”的原则，参考国际经验，从国情出发，合理设计房地产税制度：未来房地产税的计税依据将是“评估价值”而不是“购买原值”；合并整合相关税种，适当降低建设、交易环节税费负担；出台税收优惠，做出一定的扣除标准，或者对一些低收入家庭给予一定的税收减免等；收入归属于地方政府，用以满足地方政府的公共服务支出；房地产税的税基确定非常复杂，需要建立完备的税收征管模式。

六要进一步发挥消费税调节功能。扩大并调整消费税征收范围，把高耗能、高污染产品及部分高档消费品纳入征收范围，放大消费税引导合理消费行为的作用。研究将消费税由目前主要在生产（进口）环节征收改为主要在零售或批发环节征收。

（三）减轻企业税收负担

一方面，进一步减轻企业税收负担。改革完善增值税，按照三档并两档方向调整税率水平，重点降低制造业、交通运输等行业税率，提高小规模纳税人年销售额标准。扩展享受减半征收所得税优惠政策的小微企业范围。提高企业新购入仪器设备税前扣除上限。实施企业境外所得综合抵免政策。扩大物流企业仓储用地税收优惠范围。继续实施企业重组土地增值税、契税等到期优惠政策。总之，减轻企业税负，以促进实体经济转型升级，激发市场活力和社会创造力。

另一方面，大幅降低企业非税负担。进一步清理规范行政事业性收费，调低部分政府性基金征收标准。继续阶段性降低企业“五险一金”缴费比例。降低电网环节收费和输配电价格。深化收费公路制度改革，降低过路过桥费用。加大中介服务收费清理整顿力度。降低企业非税负担，可以让企业轻装上阵、聚力发展。

（四）落实税收法定原则，尽快出台相关税法

落实税收法定原则，抓紧出台相关税法是税收法制的重要改革任务。今后开征新税的，应当通过全国人大及其常委会制定相应的法律；对现行的税收条例修改上升为法律或者废止的，应当力争在2020年前完成。近年，我国先后制定和修改了《中华人民共和国个人所得税法》《中华人民共和国车船税法》《中华人民共和国环境保护税法》《中华人民共和国烟叶税法》《中华人民共和国船舶吨税法》《中华人民共和国企业所得税法》。今后，我们还将陆续制定耕地占用税法、车辆购置税法、资源税法等，并修改《中华人民共和国税收征收管理法》。

五、深化国税地税征管体制改革

我国从1994年实行分税制财政管理体制改革以来，建立并分设了国税、地税两套税务机构的征管体制，20多年来取得了显著成效，为调动中央和地方两个积极性、建立和完善社会主义市场经济体制发挥了重要作用。但与经济社会发展、推进国家治理体系和治理能力现代化的要求相比，我国税收征管体制还存在职责不够清晰、执法不够统一、办税不够便利、管理不够科学、组织不够完善、环境不够优化等问题，必须加以改革完善。

2015 年 12 月 24 日，《深化国税、地税征管体制改革方案》正式公布。改革国税地税征管体制，是党和国家机构改革的一项重要内容。根据改革方案，将省级和省级以下国税地税机构合并，具体承担所辖区域内的各项税收、非税收入征管等职责。国税地税机构合并后，实行以国家税务总局为主与省（区、市）人民政府双重领导管理体制。国税地税合并是一项利民、利税、利企、利国的改革方案，既有利于政府减少税务监管的投入，还可以降低纳税人因现行国税、地税分立体系而产生的负担和成本。

第三节　中国金融体制改革的进程与现实

一、现代金融的功能定位与作用

（一）现代金融的内涵及特点

金融就是货币资金的融通，指通过货币流通和信用渠道融通资金的经济活动。其中，融通的对象是货币资金，融通的方式是有借有还的信用方式，组织融通的机构为银行及其他金融机构。

现代金融是建立在大工业和商品经济高度发展基础上，并为之服务的资金融通活动。现代金融与传统金融的区别主要在于：一是与实体经济的关联度不同，二是在促进实体经济发展中所起的作用不同，三是作用原理也不一致。在现代经济中，金融对国民经济运行有着巨大影响，已成为各种经济调控手段中最重要、最基本的杠杆。现代金融的基本特征主要有：

第一，多样化。现代金融活动内容和形式以及活动对象呈现多样化趋势，其活动的主体现代金融机构的业务内容大大超出了传统金融机构单一的存贷汇兑业务。仅从组织形式分，就有主要从事一般的货币储存、信贷和汇兑业务的银行类金融机构和专门从事特殊货币业务的证券公司、信托投资公司、财务公司、保险公司及典当行等非银行金融机构，而银行和非银行金融机构又可根据从事的特殊服务领域再分为若干不同的种类。此外，现代金融的多样性还表现在其经营对象除了法定流通的货币外，还包括各种各样的货币替代品，如种类繁多的有价证券和信用卡。

第二，市场化。市场要在资源配置中起决定性作用，客观上要求完善主要由市场决定价格的机制。利率和汇率作为要素市场的重要价格，是有效配置资金的决定性因素。稳步推进汇率和利率市场化改革，有利于不断优化资金配置效率，进一步增强市场配置资源的决定性作用，加快推进经济发展方式转变和结构调整。

第三，自由化。金融自由化首先是价格自由化，如取消对利率、汇率的管制，实现利率市场化与浮动汇率制度；其次是业务自由化，包括允许各类金融机构交叉业务、混业经营、公平竞争，鼓励金融创新；再次是市场自由化，如放松对金融机构进入金融市场的限制，完善金融市场的融资工具和技术；最后是资本流动自由化，如放宽外国资本、外国金融机构进入本国市场的限制，逐步实现资本的可兑换等。金融自由化在带来金融创新和增强金融效率的同时，也增加了金融风险隐患，应在权衡利弊之后审慎抉择。

第四，全球化。金融全球化，一是资本流动全球化，当今世界，每天都有大量资本在跨国界流动，上千亿资金转瞬间就可转移到世界的任何一个地方；二是货币体系国际化，全球贸易和资本流动需要全球货币体系即国际货币体系（如牙买加体系）；三是金融市场全球化，业务上、地理上彼此分割的各国证券市场紧密地联系在一起，相互影响、相互促进，形成全球一体化的金融市场；四是金融机构全球化，随着全球竞争的加剧和金融风险的增加，国际上许多大银行都把扩大规模、扩展业务以提高效益和增加抗风险的能力作为发展战略，由此掀起全球性银行业合并、兼并浪潮，使得巨型跨国商业银行和投资银行不断出现；五是金融协调和监管国际化，金融国际化必然要求相应的国际金融协调、监管机构和机制，于是国际货币基金组织这一典型的国际金融协调机构应运而生。

（二）现代金融的功能与作用

一国经济发展离不开金融支持，无论是商品生产环节抑或是商品流通环节，金融在其中都起到促进商品生产与商品交换的作用。

1. 金融是资金运动的“信用中介”

金融的最基本特征和作用就是采用还本付息的方式聚集资金和分配资金，调节企事业单位、城乡居民之间的资金余缺。金融机构利用自己庞大的分支机构和良好信誉，把机关团体、企事业单位、居民个人手中零星、分散、闲置的资金集中起来，变成高效、稳定、长期的资金来源，通过借贷、投资等方式，按照信贷原则和产业、区域发展政策，投入到急需资金的部门，支持国民经济的运转和发展。

2. 金融是提高生产力的“黏合剂”和“催化剂”

货币是一种特殊商品，为社会商品运动提供价值尺度、流通手段、支付手段和储藏手段。金融机构经营货币资金，通过货币资金运动促进商品交易，按市场需要迅速黏合各生产要素，形成新的生产力。金融业通过发放贷款，代理发行股票、债券，向国民经济的基础行业和支柱产业提供了大量的资金，促进企业跨地区、跨行业联合，培育企业集团，为提高国民经济的专业化、社会化水平做出贡献，成为生产的“催化剂”。

3. 金融是宏观调控的重要“杠杆”

宏观经济管理的基本要求是使社会总供给与总需求基本平衡，促进国民经济均衡增长。金融在建立和完善国家宏观调控体系中具有重要地位。一般地，货币供应量可以调节社会总需求，货币供应总量和社会商品、劳务总供给保持基本平衡，就能使物价稳定。金融业与国民经济各部门有着密切的业务联系，它能够深入、全面地反映成千上万个企事业单位的经济活动。同时，利率、汇率、信贷、结算等金融手段又对微观经济主体有着直接的影响。政府可以根据宏观经济发展需要，通过中央银行运用各种金融调控手段，如适时松紧银根，调控货币供应数量、结构和价格（利率）等，进而调节经济发展的规模、速度和结构，在保证物价稳定的基础上，促进经济良好向前发展。

（三）实体经济发展与金融体制改革

党的十九大报告提出，要着力加快建设实体经济、科技创新、现代金融、人力资源协同发展的产业体系，将“现代金融”归入产业体系中的一部分，强调金融是现代化经济体系的重要组成部分。金融业发展与实体经济紧密联系、互相支撑，不能搞自我循环、自我发展。金融发展史告诉我们，实体经济本身对金融功能的需要，是银行等金融机构产生、存续和发展的根本原因与核心依据。实体经济是一国经济的立身之本，金融业的发展必须以实体经济为基础，应始终辅助、服从和服务于实体经济。实体经济的发展基础稳固，金融业发展方可持久稳健，如果实体经济不能健康发展，金融业的稳健经营也难以为继，金融业的利润也就成为无源之水、无本之木。肇始于2008年的美国金融危机，足以证明金融脱离实体经济盲目发展所招致的恶果。金融危机爆发前，相关国家金融业的发展明显脱离了实体经济，交易和投资取代传统存贷款业务成为发展的原动力。金融业的创新活动也脱离了实体经济的需求，结构复杂的各种交易类产品取代了以提供服务为目的的业务创新，创新过度造成的信息不透明进一步掩盖和推延了实体经济和金融业的风险，当泡沫累积到一定程度时，最终引爆金融危机，进而侵蚀全球实体经济。①

因此，现阶段只有确立金融体制改革的核心是让金融回归服务业并为实体经济发展服务，建立与实体经济发展相匹配的金融体制体系，才能既使实体经济健康持续发展，又能使金融业获得更大的活力和更高的效率。这是因为：（1）经济决定金融，金融为经济服务，这是市场经济的基本定律。（2）坚持金融服务实体经济发展的改革目标，有利于防范风险。随着金融全球化时代的到来，虚拟经济的规模日益扩大，对实体经济发展的影响也愈加显著。虚拟资本虽然在一定程度上可以优化资源配置，加快产业结构变革与调整，但其过度膨胀会滋生大量经济泡沫，为经济危机埋下祸根。确立金融体制改革促进实体经济发展的目标，采取多方面措施抑制社会资本脱实向虚，确保资金投向实体经济，才能防范金融风险，防止经济危机的爆发。（3）坚持金融服务实体经济发展的改革目标，可以有效地促进经济发展方式的转变。长期以来，我国实行粗放式的经济发展模式，许多传统产业能源耗费大，环境污染严重，可持续发展能力弱，很难参与激烈的国际竞争。只有坚持金融促进实体经济转型升级的改革目标，才能保证金融对高新技术发展的全面支持，更好更快地推动经济的转型升级，为我国发展提供新的增长点。而经济转型升级反过来又将进一步促进金融业发展，形成经济—金融发展的良性循环。

二、金融体制改革的历史进程

回顾我国金融体制改革的历史，大致分为五个阶段：1979—1992年为金融体制改革准备和起步阶段，1993—1997年是金融体制转变和探索阶段，1998—2001年为金融体制调整和充实阶段，2002—2008年是金融体制改革和发展阶段，2009年至今为金融体制改革继续和深化阶段。

（一）准备和起步阶段（1979—1992年）

1979年中国农业银行的恢复，首次打破“大一统”的金融体制格局。此后，中国银行、中国工商银行、中国建设银行先后建立或恢复，形成专业银行体系。1979年恢复中国人民保险公司，设立国家外汇管理局、信托投资公司。1982年城市信用社设立，1986年股份制商业银行建立，1990年证券公司成立，1990年设立股份制保险公司（太平洋保险、平安保险）、企业集团财务公司等。10余年间，金融机构从“大一统”的央行体制逐步多元化，金融业从一国一行无风险、无竞争、无市场走向竞争性的、金融风险加剧的多样化体系。1985年中央银行体制确立，但实行的货币政策还是计划性的，国家对贷款规

① 牛锡明．大型银行应更好地服务实体经济发展．新浪财经，2012-04-27．

模进行控制，对利率进行管制；1984 年建立资金市场（同业拆借），1985 年成立国债市场、外汇调剂市场，1990 年设立股票市场，企业发行债券和短期融资券，1992 年发行商业票据，形成债券回购市场，金融市场初步形成；外汇改革方面，实行汇率双轨制（官方汇率与调剂市场价格），发行外汇兑换券，实行现汇留成，创汇补贴；除传统存贷款、汇款之外，各种金融业务实行金融工具多样化（除金融衍生产品外）；对外资银行开始开放。总之，这一时期我国金融改革的特点是：实行双轨制，坚持国有制、市场化，从单一国家银行体制过渡到以中央银行为领导的多种金融机构并存的金融体制。

（二）转变和探索阶段（1993—1997 年）

随着社会主义市场经济体制的确立，1993 年国务院决定加大经济体制改革力度，推出金融、财税、投资、外贸和外汇五大体制改革方案。同年 11 月全国经济工作会议通过《国务院关于金融体制改革的决定》，拉开了新一轮改革的序幕。

1994 年国有四大专业银行开始商业银行化改革，并成立三家政策性银行（国家开发银行、中国进出口银行、中国农业发展银行），将国有银行政策性业务与商业性业务分开。1996 年银行间货币市场统一，从 1979 年 7 月建立商业票据承兑贴现市场到 1997 年 4 月开放银行间债券回购市场，我国逐步建立了同业拆借、交易所债券回购、银行间债券回购、银行票据贴现、商业票据贴现等多个子市场。外汇改革推倒重来，1994 年 1 月 1 日宣布国家外汇挂牌价和市场外汇调剂价并轨，实现经常项目下人民币有条件可兑换。取消外汇留成，实行银行结汇制和售汇制。取消外汇调剂市场，建立银行间外汇交易市场。汇率并轨，实行单一汇率制，建立以市场供求为基础的、单一的、有管理的浮动汇率制度，结束了长达 40 余年的国家垄断的汇率制度。1996 年 12 月实现人民币经常项目下完全可自由兑换。货币市场统一和外汇体制改革是这一时期金融改革最明显的两个方面；在城市信用社基础上组建城市商业银行，多家股份制商业银行和保险公司相继成立；加快股票市场发展，建立地方证券市场、基金市场、债券回购市场，证券公司发展迅速；整顿信托投资公司；国有商业银行统一法人、统一风险管理；1995 年相继颁布《中华人民共和国中国人民银行法》《中华人民共和国商业银行法》《中华人民共和国保险法》《中华人民共和国票据法》，形成基本法律框架，这是中国金融制度建设的重要里程碑；严格限制商业银行的经营范围，明确规定商业银行不得从事信托、证券、保险等非银行业务，开始实行严格的银行、证券、保险分业经营。1992 年 10 月，国务院证券委员会（简称证券委）和中国证券监督管理委员会（简称证监会）宣告成立。1993 年 10 月，中国人民银行与所办经济实体脱钩，银河证券公司成立。1996 年，中国人民银行全面清理商业银行所从事的非银行业务，并通过改制、出售、脱钩的方法处理商业银行所办的经济实体。在货币政策方面，1997 年 3 月，中国人民银行成立货币政策委员会，4 月《中国人民银行货币政策委员会条例》颁布，中国人民银行制定和实施货币政策的体系和制度逐步完善。同时，货币政策的操作手段开始由过去的以贷款规模直接控制为主转变为以运用多种货币政策工具调控基础货币为主，中央银行的金融监管职能逐步得到强化。

（三）调整和充实阶段（1998—2001 年）

1997 年 11 月，中央、国务院提出深化金融体制改革 15 项重大措施，明确跨世纪金融

改革发展的目标：到2000年初步建立与社会主义市场经济相适应的现代金融组织体系、金融市场体系和金融调控监管体系。由此，我国新一轮金融改革开始启动。

1998年中国人民银行做出重大决定，改革人民银行管理体制，撤销各省、自治区、直辖市分行，在全国建立9个跨行政区分行、328家中心支行、1 828个县支行，新的管理体制从1999年1月1日开始运行；6月，组建中央金融工作委员会；12月，中国保险监督管理委员会（简称保监会）宣告成立。在农村信用社、城市信用社改革方面，1998年按合作制原则改革农村信用社管理体制，建立农村信用社行业自律组织和存款保险制度，撤销农村合作基金会；在原有城市信用社的基础上组建城市商业银行。在整顿规范地方性中小金融机构和防范金融风险方面，1998年关闭城市信用社、少数资不抵债的信托投资公司，关闭地方证券市场、基金，整顿期货市场，国务院颁布《金融机构撤销条例》，1998年12月通过并于1999年7月1日开始实施《中华人民共和国证券法》，对规范证券发行和交易行为，保护投资者的合法权益起到重要作用。在货币政策方面，1998年初取消对国有商业银行的贷款限额控制，实现由直接控制向间接调控转变；同年3月，改革存款准备金制度，将各金融机构法定存款准备金账户和备付金存款账户合并为准备金存款账户，并下调存款准备金率；公开市场交易，逐步推进利率市场化改革，如形成国库券发行利率招标、放开银行间同业利率、扩大银行对中小企业贷款浮动幅度、实现境内外币贷款利率与国际接轨等；建立货币政策决策议事机制，发布实施《中国人民银行货币政策委员会条例》。在对外开放方面，1999年取消对外资银行的地域限制，允许在中国境内所有中心城市设立分支机构；2001年12月国务院正式通过修改后的《中华人民共和国外资金融机构管理条例》并于2002年2月1日正式实施，以保证金融法律法规与世贸组织的基本规则以及金融业对外开放承诺相一致。

（四）改革和发展阶段（2002—2008年）

2001年中国加入世界贸易组织，我国经济面临的内外形势发生巨大变化，金融业面临前所未有的机遇与挑战。2002年下半年，走出亚洲金融风波影响之后，中国金融改革和发展进入了一个新阶段。这一阶段金融改革和发展的主要内容可归纳为健康化、规范化和专业化。

2003年3月成立中国银行业监督管理委员会（简称银监会），我国金融监管“一行三会”格局形成。12月中央汇金公司成立。“十一五”期间，中国银行、中国建设银行、中国工商银行和中国农业银行先后完成股份制改造并成功上市；国家开发银行由政策性银行改造成股份制商业银行，中国进出口银行和中国出口信用保险公司改革方案基本完成，金融机构改革取得突破性进展。

通过国际比较，我国吸取以美国为代表并受到国际金融组织推荐的贷款分类方法，2001年12月24日，中国人民银行发出《关于全面推行贷款质量五级分类管理的通知》，决定从2002年1月1日起，全面推行贷款风险分类管理。

2002年12月，QFII制度在我国拉开了序幕，这是我国资本市场纳入全球化资本市场体系迈出的第一步。2005年，国家下决心推动股权分置改革，解决股票市场规范发展问题。

其间，我国利率、汇率市场化改革稳步进行。2004年10月，利率市场化改革实现

“贷款利率管下限，存款利率管上限”的阶段性目标；2007 年，上海银行间市场拆放利率正式运行并逐步确立在货币市场利率体系中的基准地位；2005 年，我国进行第二次汇改，建立以市场供求为基础的、以一篮子汇率为参考的、有管理的浮动汇率制度，并将人民币汇率的浮动区间从 0.3%扩大至 0.5%。

（五）继续和深化阶段（2009 年至今）

随着 2008 年 9 月雷曼兄弟破产倒闭引发全球金融危机，中国的金融改革和发展也进入了一个新的阶段。这个阶段金融领域的主要工作是应对全球金融危机，跟上全球金融治理体系，促进金融业健康发展，并配合经济刺激计划，优化结构性金融支持政策，有效服务实体经济发展。

资本市场方面，2009 年 10 月，创业板开板。截至 2017 年 11 月，700 家上市公司广泛分布于信息技术、新能源、新材料等领域；2010 年 1 月，国务院原则同意开展证券公司融资融券业务试点和推出股指期货品种；2013 年 12 月，10 家银行在银行间市场发行首批同业存单，同业存单市场开辟；2014 年，中国证监会正式批复开展沪港通试点，并于 11 月 17 日正式开闸。2014 年 10 月，证监会发布《关于改革完善并严格实施上市公司退市制度的若干意见》，力求健全完善资本市场基础功能，实现市场化、法治化和常态化的退市机制。2016 年 12 月 5 日，深港通开闸。

利率、汇率市场化方面，2008 年 10 月以来，商业银行利率自主定价空间进一步扩大；2012 年中国人民银行两次下调金融机构存贷款基准利率，同时调整金融机构存贷款利率浮动区间，放宽银行存款利率上限至 1.1 倍、贷款利率下限至 0.7 倍。2005 年 7 月 21 日起，开始实行以市场供求为基础、参考一篮子货币进行调节、有管理的浮动汇率制度；2012 年 4 月，中国人民银行将银行间即期外汇市场人民币兑美元交易价浮动幅度由 5‰扩大至 1%，将外汇指定银行为客户提供的人民币兑美元现汇买卖差价幅度由 1%扩大至 2%；2013 年 7 月，中国人民银行全面放开金融机构贷款利率限制，取消票据贴现率管制，对农村信用社贷款利率不设上限；2015 年 10 月，央行取消存款利率上限，标志着我国利率管制基本放开。

人民币国际化方面，2009 年 4 月在上海市和广东省的广州、深圳、珠海、东莞 4 城市开展跨境贸易人民币结算试点；2010 年 6 月，跨境贸易人民币结算试点的境外地域由港澳、东盟地区扩展到所有国家和地区，国内试点地区扩大至 20 个省（自治区、直辖市），试点业务范围包括跨境货物贸易、服务贸易和其他经常项目人民币结算。跨境贸易人民币结算试点取得重大进展；2015 年 12 月 1 日，国际货币基金组织宣布，人民币 2016 年 10 月 1 日加入特别提款权货币篮子。

金融改革与监管方面，2012 年 3 月国务院批准温州成立金融改革实验区，6 月通过深圳前海金融改革创新先行先试政策，7 月出台《广东省建设珠江三角洲金融改革创新综合试验区总体方案》，11 月批准在福建泉州建设综合改革试验区。2012 年 9 月发布《金融业发展和改革“十二五”规划》。2015 年 3 月 31 日，国务院正式公布《存款保险条例》，并决定从 5 月 1 日起正式实施，标志着我国的存款保险制度正式建立。2017 年 11 月，国务院成立金融稳定发展改革委员会。2018 年 3 月，组建中国银行保险监督管理委员会，银行、保险混业监管筑牢安全底线。

三、金融体制改革成就与问题

（一）金融体制改革初显成效

经过近40年的金融改革，我国基本建立了与社会主义市场经济体制相适应的金融体系，金融配置资源和服务实体经济的能力大幅提升，金融宏观调控经受住国际金融危机的严峻考验，为国民经济持续健康发展做出了重要贡献。

1. 金融改革促进多元化金融体系的构建

在金融机构体系方面，建立了以中央银行为领导、国有商业银行为主体、政策性银行为补充、其他银行金融机构和非银行金融机构分工协作的金融机构体系。其中，大型商业银行股份制改造顺利完成并成功上市，农村信用社改革全面深化，允许民间银行组建自负盈亏的民营银行。截至2016年末，我国银行体系资产总规模已达33万亿美元，且银行业系统性风险总体可控。

在金融市场体系建设方面，证券公司规范发展，股票市场股权分置问题基本解决，主板、中小企业板、创业板市场、“新三板”、区域性股权市场先后建立并不断完善。银行间债券市场实现跨越式发展，债券二级交易市场得到长足进步，国债、金融债、企业债等各种类型债券开始在二级市场交易流通。

大型国有保险公司顺利完成改制，各种类型保险产品、保险投资产品开始进入人们的日常生活，推进保险产品费率、资金运用、市场准入退出等三大改革，释放了市场活力，保险业务结构持续优化，保险总量连续跃上新台阶，保险资金监管与运用水平也得到显著提高，初步建立起比较完善的保险市场体系。

另外，人民币汇率形成机制和利率市场化改革不断深化，人民币资本项目可兑换有序推进，跨境人民币业务快速发展。金融监管的专业性和有效性不断提高，系统性金融风险防范和处置机制逐步健全。金融对外开放不断扩大。

2. 建立以间接调控为主、与市场经济相适应的金融宏观调控体系

通过金融改革，银行信贷资金规模管理取代了传统的资产负债比例管理。央行对存款准备金制度进行改革，合并存款准备金和备付金，下调存款准备金比率，货币政策中介目标从主要依赖控制信贷总规模转向调控货币供给量；利用货币信贷、利率、汇率、存款准备金、再贷款、公开市场业务和再贴现等货币政策工具调控货币供给量和稳定币值；央行对金融形势的判断和对金融机构、金融市场的监管也逐渐走向成熟，金融宏观调控力度的加强以及调控方式的不断改进，大大提高了金融宏观调控效率。其间，不仅有效抑制了通货膨胀，而且成功治理了世纪之交出现的通货紧缩。

3. 金融改革加速金融业对外开放步伐

金融体制改革的过程也是金融对外开放的过程。从1979年开始，我国有计划有步骤地对外开放金融市场。随着我国加入世界贸易组织以及国家实施引进来和走出去相结合的战略，银行、保险、证券、外汇等金融服务业对外开放迈出了重要步伐。截至2016年底，14个国家和地区的银行在华设立了37家外商独资银行（下设分行314家）、1家合资银行（下设分行1家）和1家外商独资财务公司；26个国家和地区的68家外国银行在华设立了121家分行。另有44个国家和地区的145家银行在华设立了166家代表处。外资银行在我

国 27 个省份的 70 个城市设立营业机构，形成了具有一定覆盖面和市场深度的总行、分行、支行服务网络，营业网点达 1 031 家。在引进来的同时，我国金融机构也纷纷“走出去”。截至 2016 年底，共有 22 家中资银行在海外 63 个国家和地区设立 1 353 家分支机构，1 家金融租赁公司获批在境外设立专业子公司。[①]

4. 金融改革有力支持国民经济快速发展

多层次、多元化金融体系的建立，极大地促进了我国经济稳健快速发展。2016 年，本外币各项贷款余额为 112.06 万亿元，同比增长 12.79%。[②] 截至 2016 年底，沪深两市上市公司共 3 052 家，总市值为 50.77 万亿元。与此相应，2016 年我国 GDP 达 74.3 万亿元，比上年增长 6.7%，全年财政收入为 16 万亿元，比上年增长 4.5%。金融改革有力地支持了国民经济的快速发展。

尤其是党的十八大以来，中国金融繁荣发展，金融科技、互联网金融发展水平世界领先，金融实力和金融综合竞争力显著提升，解决了许多长期想解决而没有解决的金融难题，中国正在从金融大国向金融强国迈进。

（二）当前金融体制改革的难点与问题

我国金融体制改革发展虽然取得了巨大成就，但由于历史及现实原因的制约，金融体制改革过程仍然面临诸多难点与挑战。

1. 支持实体经济发展的现代金融体系亟待完善

党的十七大提出要不断推进金融体制改革，发展各类金融市场，形成多种所有制和多种经营形式、结构合理、功能完善、高效安全的现代金融体系，提高我国金融业的竞争能力，满足支持实体经济的资本需求。但直至今天，我国现代金融体系尚未完善，金融服务实体经济的能力不强。究其原因主要在于，对金融改革核心问题的错位认识。40 年来，金融业高高在上，俯视其他行业和产业，偏离实体经济而过度自我创新、自我循环。金融服务缘何得不到实体企业的认同？金融业应有一个自我反省和深刻的改革和调整，金融服务实体经济的新机制亟待突破。从现实看，处理好促进金融机构突出主业、下沉重心与增强服务实体经济能力及防止脱实向虚之间的关系，不仅紧迫，而且更考验各级政府及金融监管部门、金融机构的智慧和耐心。其实金融业本质是服务业，为实体经济服务是其改革的核心，只有明确这一点，才能真正构建支持实体经济发展的现代金融体系。

2. 多层次、宽覆盖的资本市场体系尚未形成

当前我国仍是银行主导型金融体系，间接融资比例较大，股票、债券、期货等资本市场发展缓慢，与我国经济规模不相匹配，这不仅无法满足社会投融资需求，还会影响银行间接融资渠道模式的持续性；期权交易市场、国际板、资产证券化等热点金融问题仍在探索之中，多层次金融体系仍需进一步发展。另外，由于这种银行主导型金融体系，银行与中小企业之间存在着难以避免的信息不对称，使得当前中小企业难以从银行获得资金支持，融资难问题日益突出，覆盖中小企业的资本市场有待完善。

① 中国银行业监督管理委员会 2016 年报，43 页.

② 同①28.

3. 汇率、利率市场化进程有待加速

存贷利差收入导致商业银行难以摆脱争夺存贷款规模的经营模式，利率管制又导致资本流通不畅，这既抑制了金融机构的活力，又潜伏着较高的金融风险。金融机构财务结构不合理、风险管理依然薄弱，应对系统性风险和新型金融风险的能力不强，银行体系存贷款增长幅度长期高于同期GDP的增长幅度，配置资金效率和能力不强。尽管从1994年启动汇改以来，我国外汇管理上取得了较大进展，但人民币资本项目尚未实现完全可兑换，随着经济金融对外开放程度的日益加深，资本管制的有效性下降，推进资本项目可兑换已势在必行。因此，经济的发展迫切要求加速利率、汇率市场化进程。

4. 民间资本设立中小金融机构限制有待放宽

目前，允许民间资本进入的行业几乎都存在高度竞争和产能过剩，而能够带来可观投资回报的金融业又存在行政壁垒，民间资本很难进入，导致民间资本投资渠道不畅。民营金融机构发展滞后、数量不足仍是经济生活和金融运行中一个突出的结构性矛盾，中小企业融资难和民间资本投资难越来越严重。在银行体系不能有效缓解中小企业融资难的状况下，大力发展民营金融机构，促进民间资本规范化、合法化、阳光化，这是金融支持实体经济发展的一个重要举措。

5. 金融创新、金融竞争力亟待增强

金融创新是金融业发展的动力。目前无论是金融机构业务经营种类，还是资本市场金融产品结构和功能，我国金融创新都相对滞后和不足，这直接导致金融工具品种较少，金融市场缺乏深度、广度，金融配置资源的效率不高等制约经济发展的一系列问题。与改革开放之初相比，我国金融业在资金实力、资本充足、行业体系、所有制结构、服务领域和水平等方面都有了质的飞跃，也显示了较强的竞争力，但银行业的繁荣、国有银行资产规模庞大在很大程度上受益于垄断的优势，而非自身实力增强的结果。例如，保险业近年来以年均30%的速度增长，但从发展总量、保险密度、保险深度等具体指标衡量，与发达国家还有较大的差距。

6. 金融风险防控措施亟待建立健全

维护金融安全是关系我国经济社会发展全局的战略性、根本性的大事。防控金融风险，要加快建立监管协调机制，加强宏观审慎监管，强化统筹协调能力，防范和化解系统性风险。微观层面，推进金融业公司治理改革，让金融机构的股东参与到金融风险的控制中去，落实到机制上，强调金融机构自身的风险防控能力，让金融机构站在金融风险防控的第一线；宏观层面，在加强对金融机构监管的同时，金融监管将更加重视“统筹”。随着金融创新，出现大量跨行业、跨市场的金融产品，监管部门要在守土有责的基础上加强协调，形成监管合力。

7. 金融监管方式和手段有待改进

虽然目前我国建立了分业经营、分业监管的金融体制，但金融监管还存在诸多问题，如监管机构行政干预过多、重外部监管轻内部控制、对违法违规行为处罚不力，对更加复杂和频繁的跨境风险传递监管缺乏经验，监管机构之间的相互信息缺少沟通和协作，证券发行机制和发行方式缺乏市场性，证券定价机制不健全等，导致金融监管不能有效地控制金融风险和维护金融稳定。鉴于此，旧的行政监管体制的僵化、金融创新的层出不穷以及金融安全的需要，迫切需要加强金融监管并改进监管方式和手段。

第四节　深化中国金融体制改革的方向和思路

未来三年是我国全面建成小康社会的决胜时期。党的十九大报告提出：“深化金融体制改革，增强金融服务实体经济能力，提高直接融资比重，促进多层次资本市场健康发展。健全货币政策和宏观审慎政策双支柱调控框架，深化利率和汇率市场化改革。健全金融监管体系，守住不发生系统性金融风险的底线。”① 金融作为现代经济的核心，是社会主义市场体系的重要组成部分。我们要认真学习贯彻党的十九大精神，全面深化金融业改革开放，加快完善金融市场体系，不断提升金融业服务实体经济能力，促进经济持续健康发展。结合我国金融改革发展迈进新时代的现状，今后深化金融体制改革的具体对策主要有以下方面的内容：

一、健全促进实体经济发展的现代金融体系

未来相当长一个时期，我国经济社会发展仍将处于重要战略机遇期，既面临难得的发展机遇，也面对诸多风险和挑战。今后一个时期金融工作的关键是要牢牢把握金融服务实体经济的本质要求，坚持市场配置金融资源的改革导向，坚持创新与监管相协调的发展理念，推动金融改革、开放和发展，加快完善种类齐全、结构合理、服务高效、安全稳健的现代金融服务体系。目前强化金融服务实体经济的功能主要包括：一是金融机构要突出主业、下沉重心，增强服务实体经济的能力。二是鼓励大中型商业银行设立普惠金融事业部。三是要发挥政策性开发性金融对“三农”的服务功能。四是拓宽保险资金支持实体经济渠道。五是大力发展绿色金融。

目前，要从两方面促进金融机构突出主业和下沉重心：一方面，完善金融监管机制，从源头上管住金融机构。一是建立严格处罚机制，如提高存款准备金率、差别降准率、差别准备金率、提高基础贷款利率等措施督促金融机构经营行为及资金流向，迫使机构服务重心下沉并将资金注入实体经济；二是制定金融机构资金流向动态监测机制，“窗口指导”督促机构服务重心下沉和资金流向实体经济；三是对将资金从县以下抽走、资金过多注入虚拟经济领域的金融机构进行相应监管处罚。

另一方面，营造促进金融业突出主业、服务重心下沉的政策经营环境和良好金融生态环境。必须解决金融机构的产业引导问题、经营亏损和风险问题，让金融机构乐于突出经营主业和愿意将经营重心下沉。第一，用好差别化准备金、差异化信贷等政策，支持金融机构扩展普惠金融业务，规范发展地方性中小金融机构，解决小微企业融资难、融资贵问题；第二，完善政策保障体系，有效解决金融服务亏损和风险问题，构建金融担保机构、信贷风险准备基金等；第三，完善社会信用体系，解决实体企业逃废债问题；第四，完善产业体系，实施符合我国实际的产业经济政策，解决金融机构资金流向不合理问题。我国金融机构资金不愿投向实体经济、不愿意为县及其以下实体经济或“三农”产业服务，关

① 决胜全面建成小康社会　夺取新时代中国特色社会主义伟大胜利．北京：人民出版社，2017：34.

键是这些产业缺乏盈利基础，形成亏损和呆账的风险较大，而投向房地产领域、股市、债市及其他资金空转套利领域，则相对风险较小、盈利率高，金融资金趋利性决定资金脱实向虚和无法突出经营主业。

当前金融应当如何服务实体经济？金融支持实体企业的着重点应放在支持创新性行业、企业上。通过创新，能够创造出新的有效需求，对拉动实体经济会取得较好的效果。目前哪些金融服务有得天独厚的发展机会？绿色金融、科技金融、消费金融、文化金融以及养老金融等有望取得较快发展。总之，金融服务实体经济关键要把握“三多”：一是多资金来源、多资金渠道；二是多层次资本市场；三是多场景的金融服务。

二、构建更加包容和竞争有序的金融服务体系

1. 允许具备条件的民间资本依法发起设立中小型银行等金融机构

金融业作为竞争性的服务行业，应按照负面清单的准入制度和扩大服务业开放的要求，为各类投资主体准入提供公平竞争的市场环境。在加强监管的前提下，允许具备条件的民间资本依法发起设立中小型银行等金融机构，为实体经济特别是基层地区的小微企业发展提供必要的金融供给，开展适合小微企业需求的金融产品和信贷模式创新，以解决其融资难问题。

2. 深化国有商业银行等金融机构改革，优化股权结构

继续深化国有商业银行等金融机构改革，放宽民间资本和外资进入限制，优化股权结构。建立有效的激励约束机制，确保管理层以股东利益为主要目标。完善金融机构公司治理，形成有效的决策、执行、监督、制衡机制，强化风险意识与风险控制能力。切实加强金融队伍建设，提高从业人员素质和职业操守。

3. 大力发展普惠金融

发展普惠金融，让金融改革发展成果惠及所有地区特别是基层地区，惠及所有群体。适度放宽市场准入，支持小型金融机构发展。大力发展多种融资方式，规范发展民间借贷，拓宽小微企业融资渠道。鼓励金融产品和金融工具创新，不断扩大金融服务范围和提高金融服务渗透率。推进信用体系建设，进一步优化小微企业金融服务生态环境。

三、加快多层次资本市场体系建设

多层次资本市场建设必须以实体经济的需求为导向，以稳步提高直接融资比重为目标，积极有序发展股权融资，扩大债券融资规模，拓展保险市场的风险保障功能，深化市场互联互通，逐步建成具有国际竞争力的多层次资本市场体系。具体举措如下：

1. 着力完善股票市场

规范发展主板和中小企业板市场，推进创业板市场、新三板市场建设；稳步提高上市公司治理水平和透明度，完善现代企业制度；深化新股发行制度市场化改革，进一步弱化行政审批，强化资本约束、市场约束和诚信约束；完善上市公司投资者回报机制，引导和鼓励增加现金分红；健全退市制度，提高上市公司质量。严惩内幕交易、操纵市场、欺诈上市、虚假披露等违法违规行为。

2. 大力发展债券市场

坚持市场化改革方向，着力培育商业信用，强化市场约束和风险分担机制，提高市场

运行透明度。稳步扩大债券市场规模，推进金融产品创新和多元化，加大资产证券化试点力度。加强债券市场基础设施建设，进一步促进银行间市场和交易所市场协调发展。大力发展中小企业集合债券和私募债等融资工具，不断拓展融资渠道，促进创业投资和股权投资健康发展，规范发展私募基金市场，同时拓宽融资渠道。加强债券发行管理部门的协调配合，提高信息披露标准，落实监管责任。

3. 探索发展股权交易市场

坚持服务中小企业的市场定位，探索构建全国性和区域性市场协调发展的多层次股权交易市场体系。扩大代办股份转让系统试点，加快发展场外交易市场，摸索建立国际板市场；稳步推进全国中小企业股份转让系统建设，规范发展区域性股权市场，在统一规则的前提下，允许区域性市场根据当地实际进行差异化的制度安排；统筹考虑不同层次市场间的转板机制，形成各层次市场间的有机联系，满足中小企业多样化的融资和股权转让需求。①

4. 推动期货和金融衍生品市场发展

扩大期货市场交易品种，创新金融期货产品，加强金融期货监管，在适当条件下推出期权交易市场，完善期货期权交易规则。

5. 促进保险市场改革发展，拓展保险市场的风险保障功能

首先，要明确保险业的定位和发展方向：一是要成为国家发展的稳定器；二是要成为人民生活的保障器；三是要成为实体经济的助推器。其次，面对挑战，保险业一要正本清源，坚守“保险业姓保、银保监会姓监”；二要从严监管，切实加强保险资金运用监管；三要完善规则，推动万能险规范有序发展；四要狠抓源头，解决公司治理缺陷和不足；五要划出红线，强化责任落实和追究。

总之，构建多层次资本市场，有利于直接融资比例提升，预计 2020 年非金融企业直接融资规模在社会融资规模中的占比将会达到 25%，债券市场余额占 GDP 的比例将提高到 100%左右。

四、继续推进汇率和利率市场化改革

现阶段加快推进汇率和利率市场化改革，主要从以下三方面入手：

1. 坚持汇率市场化改革方向，保持人民币在全球货币体系中的稳定地位

深化汇率市场化改革，而市场化改革的最终结果就是人民币汇率水平要由市场来决定，这意味着未来人民币汇率的弹性有可能扩大。通过扩大人民币汇率弹性抑制人民币贬值预期，有助于保持外汇储备的稳定性，同时还可以让市场来决定汇率的价值，这是非常重要的改革方向。具体地：一要坚持推进人民币汇率形成机制的改革，完善人民币汇率市场化形成机制，实行以市场供求为基础、有管理的浮动汇率制度。二要丰富外汇产品，拓展外汇市场的广度和深度，更好地满足企业和居民的需求。三要根据外汇市场发育状况和经济金融形势，有序扩大人民币汇率浮动区间，增强人民币汇率双向浮动弹性，保持人民币汇率在合理均衡水平上的基本稳定。在人民币汇率弹性加大的情况下，保持人民币汇率

① 周小川．健全支持实体经济发展的现代金融体系．中小企业管理与科技，2012（12）．

在合理均衡水平上的基本稳定，这是对国际货币体系稳定的重要贡献。

2. 加快推进利率市场化

利率市场化改革的目标是要建立健全由市场供求决定的利率形成机制，中央银行运用货币政策工具引导市场利率，金融机构在竞争性市场中自主定价，从而实现资源的合理配置。加快推进利率市场化，近期，着力健全市场利率定价自律机制，提高金融机构自主定价能力；近中期，注重培育形成较为完善的市场利率体系，完善央行利率调控框架和利率传导机制；中期，全面实现利率市场化，健全市场化利率宏观调控机制。

3. 健全反映市场供求关系的国债收益率曲线

现阶段我国金融市场的国债收益率曲线在准确性、权威性、全面性等方面存在不足。随着我国金融宏观调控逐步由以数量调控为主转变为以价格调控为主以及利率市场化改革的不断推进，迫切需要完善反映市场基准利率的国债收益率曲线，进一步发挥收益率曲线在金融资源配置中的重要作用。

五、有序扩大金融业对外开放

金融有序开放是我国构建开放型经济的需要。从 2018 年开始，金融业将是我国新一轮对外开放的主方向，其中包括：有序开放银行卡清算等市场，放开外资保险经纪公司经营范围限制，放宽或取消银行、证券、基金管理、期货、金融资产管理公司等外资股比限制，统一中外资银行市场准入标准等，金融行业对外开放正在进入一个全新的阶段。

金融业的开放短期内可能进一步加剧行业竞争，但长期来看开放符合我国经济结构转型的需要，也将助推金融业和经济结构的转型。值得注意的是，金融业开放不等同于金融和资本流动的自由化，在“开放”的同时，必须把握节奏和力度，防范由此带来的金融风险。

六、稳步推进资本项目可兑换

推进人民币资本项目可兑换，是构建开放型经济新体制的本质要求。在统筹国内需求与国际形势的基础上，应积极稳妥地推动人民币资本项目可兑换进程，提高资本市场交易的可兑换程度，促进企业和个人国际投资便利化。

推动人民币国际化，但市场参与者在多大程度上愿意使用人民币进行贸易结算和投资，以及用于重要商品的资产计价则需要一个漫长的过程。从央行的角度看，下一步首先要继续推动境内资本市场与全球主要资本市场的互联互通，其次是稳步渐进地推进资本项目可兑换。资本项目可兑换的稳步推进，包含两个内容：一是直接投资，包括 FDI（外商直接投资）和 ODI（对外直接投资），这两方面的可兑换在真实贸易投资背景下都较为方便。二是组合投资，即金融市场的开放，未来国内股市、债市会进一步对外开放，中国居民也可在更大范围内配置资产。

有序实现人民币更加自由使用，一要破除影响人民币便利使用的制度障碍，从促进人民币跨境直接投资、个人跨境人民币结算、跨境人民币业务创新等多个方面支持人民币的跨境使用。二要加强人民币便利使用的基础设施建设，积极推动金融机构在海外的网络化布局，拓展人民币境外清算行、人民币跨境支付系统的使用，以及电子支付等支付渠道的建设；健全与相关国家的货币互换、现钞跨境调用等制度性安排，推进人民币与更多国家货币之间直接挂牌交易；进一步开放国内金融市场的准入，扩大沪港通、深港通、债券通，推进沪伦通，完善股票和债券连通机制，构建大宗商品人民币交易平台；培育和发展离岸人民币市场，推动更多的国家接纳和使用人民币。三要减少外汇管制。改进汇率调控，优化中间价报价机制，扩大汇率波幅，增加汇率弹性，积极推进人民币汇率形成机制。

七、加强金融监管，防范系统性金融风险

防范金融风险目前已经成为经济金融领域讨论最多的话题，因为如果未来中国要爆发风险，最有可能是在金融领域，所以重点要防范金融风险。[①] 中国金融发展进入加速换挡期，金融风险正面临着前所未有的复杂局面，股市、汇市、债市等金融市场风险此消彼长，不良资产、影子银行、互联网金融、地方政府债务等风险不断积聚，违法犯罪风险、流动性风险不断涌现。对此，要增强金融监管的强度和广度，筑牢金融风险“防火墙”，坚决守住不发生系统性金融风险的底线。

1. 完善金融监管体系

实行“一行两会”监管模式，充分发挥国务院金融稳定发展委员会对监管工作的统筹协调作用，以更好地满足金融综合化发展趋势的监管需求。突出中国人民银行作为中央银行的系统性监管职责，强化金融监管统筹协调，健全货币政策和宏观审慎政策“双支柱”调控框架，充分发挥好金融宏观调控的作用。加强“两会”对具体金融行为的监管力度，实施功能监管和穿透式监管，在金融行业准入、金融业务违法违规等方面做好执法监管，保护投资者、消费者的合法权益。中国银行保险监督管理委员会的组建，表明我国金融监管改革向两个方面转变：一是由机构监管向市场监管转变，不再根据机构的性质，而是根据金融市场的性质进行监管划分；二是从过去的分业监管向分业与统一相结合的监管方式转变。

2. 加快金融法律法规建设

一方面，需要修订已有的不再适应当前经济社会发展的有关法律规定，出台相关金融法律法规，细化法律条款，填补金融监管空白。另一方面，对于新出现的子行业、业务和产品，需要明晰监管主体、监管边界，推出相应的管理办法和实施细则。此外，原来立法层次较低的部门规章，在条件成熟时应及时上升为法律法规。同时，通过监管制度创新，防控在金融创新过程中可能出现的风险累积，保证金融体系的高效稳健运行。

3. 健全金融机构法人治理机制

加强金融机构法人治理，从组织架构上看，具有企业法人地位的金融企业不仅应当建立董事会、监事会、高级管理人员的制度，更应当发挥其应有的作用；从内部控制上看，金融企业应建立并健全在战略规划、风险管理、履职评价、薪酬考核等方面的内部控制制度，加强董事会、监事会的有效监督和指导；从股权结构上看，金融企业应当引入多样化投资主体，丰富股权结构，实现股东的相互约束和制衡。通过法人治理机制的完善，更好发挥微观市场主体在防范金融风险中的作用。[②]

① 魏杰．防范金融风险的五大举措．中国金融，2018（5）．

② 杨芮．健全金融监管　守住风险底线．中国金融家，2017（12）．

八、加强金融宏观调控，促进社会经济协调发展

从世界各国金融发展的经验教训看，金融改革和金融安全是相辅相成的，缺一不可，必须“两手抓”。我国经济运行中的总量和结构矛盾十分突出，这无疑加大了金融宏观调控的复杂性和艰巨性。加强和改善金融宏观调控必须把立足国情与借鉴国际经验结合起来，发挥好传统货币政策工具的作用，并根据我国经济金融发展水平和现实需要，因时因势、因地制宜地创新金融调控方式和工具，不断提高调控的科学性和预见性，增强针对性和灵活性，促进经济平稳较快发展。①

1. 完善金融宏观调控体系

加强中央政府、各政府部门及地方政府之间的协调配合，增强调控的及时性和有效性。充分发挥国家发展规划和产业政策在宏观调控中的导向作用和协调作用，建立和实行重大政策与事项的协商处理机制，加强政策协调和行动配合。充分发挥好货币、财政和产业政策的合力，健全货币政策决策机制，改善货币政策的传导机制和环境，更加突出价格稳定目标，关注更广泛意义的整体价格水平稳定，处理好促进经济增长、保持物价稳定和防范金融风险的关系。完善市场化的间接调控机制，创新和丰富货币政策工具，更多运用市场化的手段，保持合理的社会融资规模，避免经济增长出现大的波动，提高货币政策传导效率。

2. 构建金融宏观审慎管理制度框架

构建金融宏观审慎管理制度框架，建立健全系统性金融风险防范预警、评估体系和处置机制。宏观审慎政策的主要目标是维护金融稳定、防范系统性金融风险。强化中央银行在维护宏观经济和金融稳定方面的职责，逐步采用审慎工具，运用资本充足率、杠杆率、流动性、拨备、存款准备金率等进行逆周期调控。加强系统重要性金融机构监管。完善国内金融市场与国际金融市场的“防火墙”机制，加强对进出境资金的监管，严厉打击违法资本活动，防止国际投机资本对国内金融市场的冲击。

3. 强化对经济社会发展薄弱领域的金融支持

目前我国金融资产和货币供给增长较快，但一些经济薄弱环节的资金支持不够，这种情况反映了金融发展和金融政策调整中出现的问题。为此，金融工作要把服务实体经济作为出发点和落脚点，全面提升服务效率与水平，加大对“三农”、小微企业、战略性新兴产业、现代服务业、科技自主创新等领域的金融支持，强化对就业和再就业、助学、扶贫开发等环节的金融服务，促进区域经济协调发展。进一步完善绿色信贷考核体系，重点支持低碳经济、循环经济、绿色经济等的融资需求，探索通过发行绿色金融债、绿色资产证券化等方式多渠道筹集资金，加大对绿色发展项目的信贷投放，服务生态文明建设。

思考题

1. 简述财政分权及其优势。

---

① 周小川．进一步深化金融机构改革．财经资讯，2012（23）.

2. 我国财政体制改革经历了怎样的演变过程？

3. 你是如何理解“财力与事权相匹配”这一要求的？

4. 谈谈你对“财政是国家治理的基础和重要支柱”的理解。

5. 现代财政制度的要求有哪些？我国如何加快建立现代财政制度？

6. 为什么说现代金融离不开实体经济？金融为实体经济服务，目前中国金融改革在这方面有哪些新举措、新机制？

7. 联系实际，说明中国深化金融体制改革，加快构建现代金融体系的必要性、重点难点及对策。

8. 为什么说允许具备条件的民间资本依法发起设立中小型银行等金融机构是社会主义市场经济发展的必然要求？

9. 联系实际，谈谈我国应当如何有序扩大金融业对外开放和稳步推进资本项目可兑换问题。

10. 联系实际，谈谈目前我国金融领域有哪些重要的风险点，如何加强风险防控和金融监管。

第四章
中国就业与社会保障体制改革与完善

改革开放以来，我国经济发展取得了长足进步，基本确立了社会主义市场经济体制。随着宏观经济管理体制的变革，就业体制和社会保障体制也必然做出相应的调整和改革。完善就业与社会保障体制是协调、改革、稳定关系的重要措施，也是政府的基本职能。梳理就业与社会保障体制演进的路径，总结改革的成功经验，理清制度完善的制约因素，有助于把握正确的改革方向，不断推进就业与社会保障体制的完善，形成多方共赢机制。

第一节　就业与社会保障的理论范畴及相互关系

一、就业的内涵与外延

（一）就业的内涵

就业指满足劳动年龄的人所从事的为获取报酬或经营收入的活动。就业需要满足三个方面的条件。

首先，劳动条件。必须具有从事社会劳动的能力，不论劳动的形式是简单还是复杂。[①] 其次，年龄条件。就业者需要达到法定的劳动年龄才能参加工作，并受法律保护。我国的法定劳动年龄为男性 16～60 周岁，女性 16～55 周岁。

---

① 《资本论》阐述的简单劳动是指不需经过专门训练和培养，一般劳动者都能胜任的劳动，而复杂劳动则是指需要经过专门的训练和培养、具有一定的文化知识和技能的劳动者才能从事的劳动。

最后，收入条件。就业者必须从工作中获得收入，没有回报的就业不应被理解为真正的就业。以上三个必要条件互为整体，缺一不可，只有同时具备才可以被称为就业。

（二）就业的外延

就业内涵的延伸集中表现在社会总人口的结构和层次，根据不同的就业情况对社会总人口进行分析，按就业年龄可以分为非年龄人口、退休人员；按就业能力和意愿可以分为永久不在劳动力人口、暂时不在劳动力人口；按就业方式可以分为农村就业人口和城镇就业人口；按就业状态可以分为就业人员和失业人员。[①]

从就业年龄来看，非年龄人口是指年龄低于法定劳动年龄的人员，而退休人员是指达到法定退休年龄不再参加工作的人员。

从就业能力和意愿来看，永久不在劳动力人口是指由于丧失劳动能力等客观因素导致不能参加工作的人员；暂时不在劳动力人口既包括没有就业意愿或暂时不愿就业的人员，也包括因学习、长时间休假、赋闲在家暂时不能参加工作的人员，还包括服刑犯人等在一段时间内失去参加工作自由的人员。

从就业方式来看，依赖土地，从事农业生产的人员为农村劳动力；脱离土地束缚，从事非农业生产的人员为城镇劳动力。这种划分不是以户籍为标准而是以劳动的内容为标准。

从就业状态来看，满足就业的三个必要条件有固定工作和稳定收入来源的人员为就业人员；短期内没有找到合适工作不能够获取劳动报酬的人员为失业人员。

二、社会保障的特征与功能

社会保障是国家通过国民收入的分配与再分配，依法对社会成员的基本生活权利予以保障的社会安全制度。[②] 社会保障包含社会保险、社会救济、社会福利、优抚安置等四个体系。四个体系之间互相联系，相辅相成，共同构成社会“安全网”。它具有社会性、公平性、强制性和福利性等特征。

（一）社会保障的特征

1. 社会性

从保障范围来看，社会保障惠及每个公民。符合条件的公民都可以依法获得社会保障，都是该制度的受益者。而社会保障的实施也需要全体公民共同参与，定期足额缴纳社会保障金。国家再将集中的社保基金进行统一划拨，用于解决困难人群的生活和养老等紧迫问题。这种互助共济的保障制度有效地缓解了困难人群的生活问题。从筹资方式来看，我国社会保障资金的构成主要包括财政收入、企业和个人缴费、慈善募捐等。尽管资金来源不尽相同，但强调全民参与、多元集合的理念充分体现了社会保障的社会性。

2. 公平性

公平是社会保障存在的基础和运行的目的，它是社会保障的本质特征。不论保障对象的民族、职业、地位存在何种差异，只要满足申请社会保障的条件，按照申请程序办理，

① 刘晶．就业与社会保障互动关系研究．复旦大学博士学位论文，2003.

② 陈良谨．社会保障教程．北京：知识出版社，1990.

都可以享受社会保障提供的福利待遇。这种制度规定是不存在也不允许任何的歧视和区别对待。并且，社会保障所设置的保障水平具有统一的标准，尽管该标准所设置的公平参照系因地区、对象有所差异，但是这种差异并非是由于受保障对象的身份特殊而人为拔高或降低，而是受限于经济发展情况。从保障待遇来看，一个地区内的居民享有的社会保障水平是一致的。

3. 强制性

运用法律强制手段要求社会成员参与社会保障是制度得以实施的重要保证。以法律形式确定社会保障的运行模式、缴纳标准、资金收缴等具有重要意义。首先，每个社会成员都必须依法参加社会保障，按规定缴纳足额资金。其次，社会保障基金的收缴和管理运作由法律明确规定，一旦出现不交、少交社保基金，滥用、克扣社保基金等违法行为，都必须承担相应的法律责任。通过立法强制规范社会保障的组织实施，避免了随意性和无序性。①

4. 福利性

社会保障具有显著的福利性。社会保障的发展旨在为社会成员谋求更高层次的物质层面和精神层面的保障，它不以营利为目的，主要是给社会困难人员提供必要的帮助，采取如医疗保健、伤残救助、教育培训等各种社会服务实现惠及百姓的目的。它遵循福利最大化的演进路径，从低层次的福利向高层次的福利不断发展。

（二）社会保障的功能

1. 保障国民生活

社会保障具有抵御社会风险，保障国民生活的核心功能。首先，它通过提供最低的生活保障，确保孤寡老人、伤残人士等低收入者或无收入者的基本生活，如我国实行的城市低保、农村扶贫政策就具有这方面的性质。其次，当民众遭遇地震、洪涝等自然灾害时，可以申请社会保障，在一定程度上弥补财产损失，维持基本生活。最后，当国民经济发展到一定水平时，社会保障所提供的福利达到较高层次，不仅能够满足人民的日常生活，还可以促进公共设施建设。

2. 维持社会稳定

有序的社会环境是生产建设的必要条件，影响社会稳定的因素有很多，其中，由于生活无助被迫违法犯罪是一个重要方面。通过建立社会保障制度为生活无助的人群提供必要的生活保障可以降低犯罪率，增加社会归属感。同时，通过征收社会保障税能够转移高收入人群的部分收入，缩小贫富差距，在一定程度上缓解阶层矛盾，减少社会冲突。

3. 促进经济发展

完善的社会保障体系能够增强民众抵御风险的能力，如果保障水平较高，民众就不必要为了养老而过度储蓄，从而在一定程度上促进消费。社会保障所建立的生育、抚育、教育等津贴制度也能够减轻家庭的经济负担。此外，社会保障还能够起到平抑经济波动的作用，特别是经济周期处于衰退和萧条时，它能够有效地拉动需求，发挥“蓄水池”的

① 王治英，林红，郭臻．从社会保障的共性特征看我国社会保障法律制度的缺失．中共福州市委党校学报，2011（1）：74－77.

作用。

4. 促进社会公平

我国政府一直致力于建立以权利公平、机会公平、规则公平为主要内容的社会保障体系。社会保障的公平性原则要求人人平等地获得必要的社会保障，并不存在歧视和差异。社会保障所起到的缩小贫富差距，减少社会分配不公的作用充分体现了公平性原则。要求每个社会成员共同承担社会风险，实现社会成员彼此互助、互济，既是实现共同富裕的必要手段，也是追求公平正义的有效方式。

三、就业是社会保障存在的基础

（一）就业与社会保障的相互作用

经济发展的最终目的是提高人民福祉。就业与社会保障从不同方面为实现这一目的提供保障，两者相互联系、相互促进又相互制约。就业是社会保障的基础。就业人数的增加扩大了社会保障的资金来源，劳动者的收入增加提高了社会保障的水平，脱离庞大就业规模的社会保障犹如空中楼阁，虽然建构得很美好，但不切实际。社会保障是就业的制度保障。劳动者在生产过程中难免面临不确定性的风险，有了完善的社会保障，一来可以减少风险带来的冲击，二来可以增加抵御风险的资本。社会保障通过维护社会稳定，营造和谐的外部环境，促进社会进步，继而带动就业。两者在经济持续发展的进程中相得益彰。辩证地看待两者的关系，保持两者的协调发展，实现两者的有效互动，有利于同步提高就业水平和社会保障水平。①

（二）就业发挥主导作用

1. 大规模就业催生了社会保障

社会化大生产转变了传统的劳动方式，人们从土地和家庭的束缚中走向工厂、走向社会。随着手工作坊逐步被取代，大批农民成为工厂的劳动者，他们在生产过程中难免遭遇工伤、事故、疾病等风险。由于离开农村，失去了家庭保障的基础。由于不能继续参加工作，这些丧失劳动能力的工人陷入生活困境。而资本家的冷酷让无助的劳动者失去了最后的依靠。为了争取自身合法权益，广大劳动者团结起来组成工会，采取示威游行、罢工等方式进行经济施压。为了缓和阶级矛盾，资本主义国家开始建立社会保障制度。尽管当时的社会保障层次较低、水平不高，但这一制度所起到的保护作用日益显现，随着劳动者民主意识的觉醒和不懈斗争，社会保障不断朝向更高层次发展。

2. 就业决定社会保障水平的高低

马克思指出，一切财富都是由劳动创造的。离开劳动，人类就失去了财富的源泉。而部分社会保障的资金也来源于就业者缴纳的费用。从这个角度来说，离开就业基础的社会保障就好比无源之水、无本之木，劳动者的数量和收入直接决定了社会保障的水平。因此，经济衰退时社会保障只能提供必要的满足基本生活的保障；经济繁荣时社会保障则能够提供除了物质层面之外的精神生活保障。②

① 吴雨茂．浅谈社会保障政策对劳动就业的影响和作用．商情，2012（1）。

② 吴亦明．社会保障与就业．太原：山西人民出版社，2004.

一个国家的社会保障水平与经济发展状况是息息相关的。而经济发展成果则是由劳动者创造，奥肯定律就揭示了就业率的提高能够带来经济总量的提高。从另一个角度来看，就业人口的增加意味着社会保障受益人口减少，相对地减轻了社会保障的支出压力，由此进一步论证了就业通过创造社会财富决定社会保障水平的高低。

四、社会保障对劳动就业的正负效应

劳动力商品的特殊性在于它不能像其他商品一样随时地退出市场，为了保证劳动力商品始终能够产生效用，必须健全一系列社会保障措施，将其纳入社会经济循环的大系统中。完善的社会保障制度对就业的正向激励作用是显而易见的，不过它也不可避免地产生一些副作用。

（一）社会保障对劳动就业的正效应

1. 完善的社会保障措施助推就业

国际劳工组织于 2018 年 1 月 22 日发布的《世界就业和社会展望：2018 年趋势》指出，2017 年全球平均失业率达到 5.6%，总失业人口超过 1.92 亿人。发达国家和地区平均失业水平为 6.6%，发展中国家和地区为 5.5%。除此之外，全球处于脆弱就业的人口约有 14 亿人，据预测 2019 年将新增 3 500 万人。且脆弱就业影响发展中国家 75%的劳动人口。预测 2018 年新增失业人口 270 万人，2019 年全球失业人口将达到 1.93 亿人。[①] 由此可见，即使全球经济发展有所复苏，但不论是结构性、摩擦性或周期性失业都不可避免地存在，可以说，全球范围内不论是发达国家还是发展中国家都面临着严峻的就业形势。民众难以找到合适又体面的工作，失去收入来源，容易激化社会矛盾。

此时，社会保障制度发挥的调节作用能够有效地助推就业。一来，劳动者失业时会有基本的生活保障；二来，劳动者被迫提前退休也可以享受到养老保障。事实证明，提前退休能够有效地应对失业，更多年轻人取代老年人参加工作，能够提高整个社会的经济效率，继而推动经济发展。

2. 完善的社会保障推动劳动力市场运行

社会保障作为全民共同参与、共担风险的保障机制，具有调高提低，缩小贫富差距的作用。完善的社会保障制度充分体现社会公平原则，有助于优化社会消费结构，提高劳动者的收入和生活水平。首先，完善的社会保障为家庭生育、养育和教育子女奠定了一定的物质基础，减轻了劳动力扩大再生产的经济压力。其次，社会保障的主要受益对象是退休、失业、伤残、患病等人员。不论是不可抵抗的自然灾害还是难以治愈的疾病都会给人们心理上或生理上造成较大的伤害，通过社会保障提供物质帮助和精神疗养会加快劳动者身体的恢复，减轻整个家庭承受的负担。不论是哪种具体形式的帮助最终都能够保障劳动力市场的有效供给。

（二）社会保障对劳动就业的负效应

首先，社会保障相关费用定期足额缴纳会增加企业的用工成本，为了减少人工成本，企业会降低劳动需求或增加劳动强度。因为社会保险基金是以劳动者的工资作为征缴基数

① 数据来自国际劳工组织发布的《世界就业和社会展望：2018 年趋势》。

的，所以劳动者的数量越多企业负担就越大，经济形势不景气时，扩大用工并不能产生额外的收益，理性经济人便不再招工，更有甚者以各种名义进行裁员，特别是金融危机时期，我国沿海不少来料加工企业就出现了农民工“返乡潮”现象。

其次，受经济发展水平限制，发展中国家的社会保障机制还不健全，社会保障覆盖面较窄，受益程度有待提高。由于发展中国家人口众多，劳动力总体上过剩，而企业雇主为了逃避缴纳相关费用，除了减少用工之外，还会将部分工人转移到非正规部门。通过这种转包方式就实现了雇主和劳动者雇佣关系的分离，一旦发生诸如工伤、病患等情况，企业家也无须承担相关的责任。而由于前期没有缴纳社保费用，这些人员从国家领取的保障资金也非常有限。用工机制的不完善将企业和劳动者置于不平等的地位，进一步地影响社会保障机制惠及每个普通百姓。[①]

五、普及型社会保障和就业型社会保障

（一）划分依据

一般而言，社会保障分为社会救济、社会保险、社会福利和优抚安置。这种划分并没有明确区分社会保障的本质属性，不能准确界定社会保障资金的来源渠道。根据制度福利学理论，按照社会保障对象、保障内容、保障水平和保障范围的不同，可以从与就业状态相关联的程度将社会保障划分为普及型社会保障和就业型社会保障。

普及型社会保障是针对全体社会成员的保障体系，是广义的社会保障。每个社会成员遭遇疾病、自然灾害等风险都可以享受国家提供的社会福利。它的内容主要包括社会救济、社会福利以及社会保险中的医疗保险、生育保险和死亡保险。普及型社会保障的建立充分体现了公平正义的原则，其通过再分配手段起到的提低调高的作用为广大民众创建了良好的外部社会环境。

就业型社会保障是与就业相关的社会保障。主要包括失业保险、养老保险和工伤保险。它与普及型社会保障的区别在于突出劳动者对经济发展的贡献，促使政府职能部门更加关注提高劳动者的社会保障水平，加大维持劳动者再生产的社会投入。尽管劳动者所享受的社会福利有可能高于一般公众，但保障水平提高会带来劳动力有效供给的增加，进而促进物质财富成倍增长，最终受益者还是普通民众。因此，就业型社会保障反映的是满足经济运行需要的必要开支，更加强调效率目标。

（二）两种社会保障类型的特征比较

1. 本质属性

普及型社会保障的本质属性是维持社会稳定的成本，是纯粹的公共产品，它强调每个公民都平等地享受，福利共享。就业型社会保障的本质属性是维持劳动力再生产的社会生产成本，更多地体现社会对劳动者的保障，具有一定的排他性。

2. 保障对象

普及型社会保障的对象是全体社会成员，不存在任何的歧视和排他。不过并非每一项社会保障内容都能够全民共享，而是符合条件的人民都能够享受同质的社会保障。就业型

① 姜丽美．我国社会保障制度对就业的负面效应及对策研究．北京劳动保障职业学院学报，2008（4）．

社会保障主要针对因病、因伤等非个人原因暂时或永久失去劳动能力的劳动者。并且，这些劳动者在工作时需要参加相应的社会保障项目才能够在遇到风险时享受福利。①

3. 保障目的

普及型社会保障的目的主要是维持社会公平，提高人民福利。它通过为面临风险的人民提供公共产品或公共服务帮助人民渡过难关，进而发挥基本生活保障作用。随着经济的不断发展，它的保障水平和覆盖面进一步提高，相应地，人民的生活也随之改善。就业型社会保障主要是为劳动者提高维持基本生活的物质条件。它的目的在于维持劳动力的再生产，减轻劳动者的生活负担。通过就业培训、养老保障、工伤补贴等方式提高劳动者的劳动效率，有效保障劳动力的恢复和再生产。

4. 保障水平

普及型社会保障的保障水平与国家的经济发展水平息息相关。进一步地，财政支出、全民缴纳和慈善捐赠的总量决定了社会保障程度。就业型社会保障的保障水平主要由全体劳动者的平均收入决定，根据保护与激励相结合的原则，为了享受优越的就业型社会保障，劳动者就需要为此创造更多的物质财富。

第二节 中国就业与社会保障体制的历史演变

一、计划经济时期的就业与社会保障体制（1949—1977年）

（一）就业体制

1949年初，我国遵循“以工代赈为主，以生产自救、转业训练、还乡生产、发给救济金为辅”的工作原则对不同成分的失业人员采取不同的帮扶措施，成功解决了旧社会遗留的470万失业人员的就业问题。其中，对受降的国民党政府军政人员一律“包下来”，由国家统一安排工作。对个体手工业、个体商业采取合并的政策。对农村劳动力，支持其进行农业生产，采取限制进入城市就业的政策。利用土地束缚农民的做法一直持续到1979年才有所突破。

中华人民共和国成立后，我国开始实行“统收统支”的计划经济体制，劳动用工制度也由中央统一管理，实行统包统配。这种统一调配的用工模式发挥了集中力量办大事的优势，重点支持了大规模工业项目建设。随着1958年人民公社的逐步建立，该模式存在的“吃大锅饭”弊端开始显现，劳动人民的工作积极性迟迟不能提振。特别是1966年“文化大革命”发动，工矿企业停止招工，大专院校停止招生，“上山下乡”的热潮减少了大量的劳动力，隐藏了严重的就业矛盾。而政治斗争的混乱也让统包统配的就业制度名存实亡。总之，1949—1977年，尽管劳动就业体制有所调整和变化，但始终没有突破“统包统配”的制度窠臼。

① 刘晶．就业与社会保障互动关系研究．复旦大学博士学位论文，2003.

（二）社会保障体制

尽管中华人民共和国刚成立时百废待兴，社会生产力水平还比较低，但政府十分注重城镇职工的社会保障问题。1949 年发挥临时宪法作用的《共同纲领》首次提出逐步实行劳动保险条例。1950 年，中国政府公布了《救济失业工人暂行办法》。1951 年 2 月，政务院颁布实施《中华人民共和国劳动保险条件》，明确规定劳动保险的实施范围、保障项目、组织实施等。此后劳动部又陆续颁布了执行细则。① 这标志着我国企业的劳动保险制度初步建立。1951 年内务部制定《关于城市救济福利工作报告》，开启城市救济福利工作。相关社会保障制度的健全为在职员工、女工、退伍军人的生活提供了有力的保障。② 1956 年，社会改造完成，我国进一步扩大劳动保险的保障范围，开始尝试在农村建立医疗保障制度，诸如“合作医疗”“保健站”的建立有效地缓解了农村缺医少药的难题。

受 1966 年“文化大革命”的影响，原本朝着既定轨迹不断完善的社会保障制度全面停止运行。1968 年，内务部撤销，该部门主管实施的各项社会福利一概取消。没有财政的拨款支持，生活困难的员工失去本来享受的基本生活保障。1969 年 2 月，财政部发布《关于国营企业财务工作中的几项制度的改革意见（草案）》，决定由国家统筹实施的社会保障开始转移到各个单位组织自行安排。这标志着国家保障转变为地方保障或企业保障，社会保障制度的统一性被全面破坏，陷入了自我封闭的发展困境。这个时期的社会保障制度不仅没有发展而且出现了停滞和倒退。

二、改革开放初期的就业与社会保障体制（1978—1992 年）

（一）就业体制

1978 年，党的十一届三中全会拨乱反正，做出改革开放的伟大战略决策。与此同时，我国经济体制也逐步过渡到有计划的商品经济再到社会主义市场经济体制。作为体制改革的重要内容，就业体制逐步朝向市场化发展。具体而言可以分为以下几个阶段。

1980—1982 年，为了解决就业分布不合理，片面追求单一所有制的问题，我国突破了原有的制度瓶颈，提出了国家统筹规划和指导下的“三结合”就业方针。③ 随着乡镇企业的兴起和外商投资企业的出现，一些新的用工制度如工人合同制、干部聘任制、工资浮动制开始在我国部分地区推行。

1983—1987 年，国家对地方政府和企业进行放权让利，为了更好地推行利改税政策，调整国家、企业和职工三者之间的利益关系，我国开始试行劳动合同制，以法律形式确立劳动人员享受的保障。

① 主要细则有：《关于劳动保险登记手续的规定》《劳动保险委员会组织原则》《关于执行劳动保险条例、缴纳劳动保险金的通知》。

② 主要的政策有：《关于国家机关工作人员退休和工作年限计算等几个问题的补充通知》《国务院关于工人、职员退休处理的暂行规定》《国务院关于工人、职员退职处理的暂行规定（草案）》《关于把卫生工作重点放到农村的报告》《关于改进公费医疗管理问题的通知》《关于改进企业职工劳保医疗制度几个问题的通知》《中华人民共和国女工保护条例（草案）》。

③ “三结合”就业方针：实行劳动部门介绍就业、自愿组织起来就业和自谋职业相结合；劳动部门介绍就业是指国营和大集体企业、事业单位按国家计划指标招工；组织起来就业是指群众自愿组织各种集体经济单位实现就业，自谋职业是指个体劳动者从事个体商业和服务业。

1988—1992年，为了解决原有劳动用工双轨制度存在的问题，我国提出搞活固定工制度和试行全员劳动合同制度。为了完善固定工制度，我国从1987年开始逐步实行统一的劳动就业模式。1992年，劳动就业制改革重新启动，劳动合同制又进一步调整和完善。

（二）社会保障体制

1978年，民政部重新设立，主管社会保障工作，我国社会保障事业逐渐得到恢复。为了尽快恢复生产，国务院先后颁布《关于安置老弱病残干部的暂行办法》《关于工人退休、退职的暂行办法》等办法条例。这宣告着以职工养老保险、待业保险和救灾保险等制度恢复为标志的社会保障体制的重新构建。

1978年《中华人民共和国宪法》（以下简称《宪法》）对帮扶老年人、提高劳动者福利、保障军人等方面做出原则性规定。退休制度和扶贫政策同时并举，计划经济时期实行的提高人民福利的社会救济、社会保险、社会优抚迅速调整恢复后又进行了修补，更为完善。①

在此期间，我国重点改革国有企业的社会保障制度。此时，国有企业开始转变了完全按照计划指令生产管理的经营模式，实行企业基金制、承包制、利改税等制度。与此同时，政府取消了财政资金承担国有企业社会保障的做法，改由企业和社会共同承担。由于企业经营利润与职工的福利息息相关，职工工作的积极性得到很大的提升，政府的财政压力也大为减轻。1993年，党的十四届三中全会首次明确提出了我国社会保障制度建设目标，覆盖城乡的社会保障建设开始走上正轨，方兴未艾。

三、就业市场化改革与社会保障体制的建构（1993年至今）

（一）就业体制

1993年，党的十四届三中全会通过《中共中央关于社会主义市场经济体制改革若干问题的决定》，对国有企业改革提出建立现代企业制度的建设目标。为了实现这一目标，我国对劳动就业体制进行了市场化改革。1993年12月，劳动部发布《关于建立社会主义市场经济时期劳动体制改革总体设想》，提出全面推行劳动合同制的时间表和具体计划。截至1994年，全国共有300多个县市推行劳动合同制，受益的职工范围涵盖退伍军人、大中专毕业生等。

社会主义市场经济体制建设初期，劳动争议日趋增加，劳资关系日益复杂，为了保障劳动者的合法权益，明确劳动合同制度的地位和作用。1994年7月，我国颁布实施《中华人民共和国劳动法》，以法律的形式确定了劳动体制相关的核心内容。这标志着我国劳动立法进入了一个全新发展阶段。

1995年，我国发布《关于加快建立劳动合同制度的通知》，切实推动改革的深化，促进用人机制转换。1997年，劳动部出台《关于加强劳动合同管理，完善劳动合同制度的通知》，强调建立与劳动合同制度相关的配套制度。一系列通知、规章、制度的发布为劳动合同制的组织实施奠定了深厚的制度基础。在此基础上，我国劳动力市场初步建立，就

① 国家发展改革委就业和收入分配司．社会保障改革：风雨兼程三十年．中国经济导报，2009（6）.

业市场化开始显现。[①]

与此同时，劳动力中介市场也开始建立。1995 年 11 月，劳动部颁发《职业介绍规定》。1996 年 10 月，又发布《关于企业职工流动若干问题的规定》。为了充分发挥市场机制对劳动力资源配置的基础性作用，促进劳动力资源的充分开发和合理配置，2000 年 12 月 8 日，劳动和社会保障部发布《劳动力市场管理规定》。

此外，职工的再就业问题也提上了日程。1997 年 3 月，国务院发布《关于在若干城市试行国有企业兼并破产和职工再就业问题的补充通知》。1998 年，劳动部发布《全国解困工作联席会议关于建立下岗职工基本生活保障制度的通知》。1999 年，国务院发布《失业保险条例》和《城市居民最低社会保障条例》。这些措施不仅保障了职工下岗的基本生活，而且帮助下岗失业人员重新就业。

为了积极促进就业，2008 年，我国开始实施《中华人民共和国就业促进法》，着力构建市场经济条件下促进就业的长效机制。党的十八大、十九大强调坚持就业优先战略和积极的就业政策，实现更高质量和更充分就业。如今，就业优先成为我国经济社会发展总体战略的重要内容。纵观改革开放以来就业政策的改革与发展不难发现，经济体制完善促进就业体制更新，就业体制发展驱动经济建设，充分的劳动力供给和快速的经济增长速度螺旋式上升，形成共赢机制。

（二）社会保障体制

党的十四届三中全会后，我国初步建立了失业保障制度、养老保障制度和社会救助制度。1997 年，国务院发布《关于建立统一的企业职工基本养老保险制度的决定》，正式确立了养老保险制度的基本框架。20 世纪 90 年代中后期，我国初步构建了社会统筹与个人账户相结合的社会保障框架。2000 年，国务院颁发《关于印发完善城镇社会保障体系试点方案的通知》，探索做实养老保险个人账户的经验。尽管如此，由于建设步子迈得太快，缺乏论证，全面推广的社会保障制度在实践中并未取得预期效果。以医疗改革为例，不仅城镇居民看病成本增加了，而且医患关系矛盾也日益严重。与此同时，农村医疗保障的合作医疗制度也被废止，农民看病缺乏必要的保障，看病难、看病贵问题日益显现。因此，这一时期，社会保障制度的顶层设计在试点和实践中缓慢推进。[②]

2002 年，党的十六大提出加快覆盖城乡居民的社会保障的建设目标。2005 年国务院发布《关于完善企业职工基本养老保险制度的决定》，扩大企业职工基本养老保险的覆盖面，逐步建立基本养老金正常调整机制。在农村医疗保险方面，2002 年，中共中央、国务院发布《关于进一步加强农村卫生工作的决定》，要求建立以大病统筹为主的新型农村合作医疗制度，2003 年开始启动试点。2007 年，国务院发布《关于开展城镇居民基本医疗保险试点的指导意见》，开始探索建立城镇居民基本医疗保险制度。[③] 在工伤保险方面，2003 年，国务院颁布了《工伤保险条例》，为发展工伤保险制度确立了基本的法律框架。2010 年，《中华人民共和国社会保险法》颁布实施，我国社会保险的基本框架建立。在社会救助和社会福利方面，我国在全国建立了农村最低生活保障制度。

① 刘社建．就业制度改革三十年的回顾与反思．社会科学，2008（4）．

② 唐钧．中国的社会保障政策评析．东岳论丛，2008（3）．

③ 国家发展改革委就业和收入分配司．社会保障改革：风雨兼程三十年．中国经济导报，2009（6）．

1993年以来，我国社会保障制度改革进入了全面覆盖阶段，新型农村合作医疗（简称新农合）、城镇居民医保、新型农村社会养老保险（简称新农保）、城镇居民养老保险等制度先后建立。一系列的改革措施取得了显著的成效，到2012年底，医疗保险覆盖了城乡13亿人以上，全民医保基本实现，城乡基本养老保险覆盖了7.88亿人。我国社会保障制度进入了以政府基本公共服务均等化为主线的全面覆盖发展新时期，实现了制度安排从城镇到农村、从职业人群到城乡居民的重大转变和发展。

第三节　中国就业与社会保障体制改革现状的实证分析

一、体制转型期就业与社会保障体制改革的宏观环境

改革开放以来，我国经济持续增长，国内生产总值（GDP）从1978年的3 645.2亿元增长为2017年的827 122亿元，人均国内生产总值从1978年的381元增长为2017年的59 660元。随着经济的不断发展，收入分配和社会保障制度日臻完善，党的十九大明确提出，从现在到2020年，是全面建成小康社会决胜期。从2020年到2035年，基本实现社会主义现代化。未来，我国人民将享受更高水平的社会福利。尽管如此，当前我国仍面临着产能过剩、增长动力偏弱、中小企业融资困难等制约经济增长的诸多不利因素。从宏观环境来看，不论是经济增长还是深化改革都面临着挑战。

（一）经济企稳回升

2017年我国GDP为827 122亿元，比上年增长6.9%[①]，机构预测2018年第一季度GDP同比增长6.8%。从各项具体指标来看，经济企稳回升的态势日益显现。2018年1—3月PMI指数分别为51.3%、50.3%和51.5%，连续20个月位于50%以上的景气区间。[②]

2018年前2个月，FDI为210.62亿美元，同比增长1.73%。[③] 得益于陆续出台的利好政策，如深化供给侧结构性改革、“实施十大扩消费行动”、全面推开“营改增”、“一带一路”倡议等，未来我国经济增长仍具有较大潜力。“十三五”规划要求我国经济增长速度要从高速转向中高速，年均增长保持在7%左右。增长速度的适度调低换来的增长方式的优化，产生了更为优质的经济增长。而这也为我国推进相关的制度建设奠定了坚实的物质基础。

（二）改革持续推进

改革是中国最大的红利。党的十八大以来，新的中央领导集体始终坚持深化改革，着重发挥市场进行资源配置的基础性作用，减少政府干预，最大化地发挥市场和政府的协同作用。截至2017年12月底，国务院累计取消和下放一批行政审批项目如能源企业发展建设规划审批、铁路客货直通运输审批、出版单位变更登记等事项，已达618项。随着政府职能加快转变，简政放权，市场的内生动力再次被激活。而政府下放事前审批后更加注重

① 数据来自国家统计局公布的《2017年国民经济和社会发展统计公报》。

② 2013年7月份中国制造业PMI为50.3%. 证券时报网，2013-08-01.

③ 7月我国进出口同比增长7.8%　增速环比双双由负转正. 中国之声《新闻和报纸摘要》，2013-08-09.

事中事后监管，理顺了政府与市场、政府与企业之间的关系。

随着改革的进一步推进，政府还会下放更多的权力交由市场调节，化繁为简，突出重点，政府的行政管理将更加注重质的提高而非面的扩大，更加强调存量利益的优化。当前，改革已经进入攻坚期和深水区，为了谋求更大的发展空间，必须尊重市场规律，合理发挥政府调控。未来，改革的触角将进一步延伸到相关保障机制的完善。

二、国有企业改革与职工下岗再就业

自党的十五届四中全会发布《中共中央关于国有企业改革和发展若干重大问题的决定》以来，我国始终坚持推进国有企业的管理体制改革和经营机制转换。经过十几年的探索和不懈努力，我国建立了国有资产监管体制，实现了国有企业经济布局优化。随着国有企业公司制、股份制改革深入推进，国有企业经济效益显著提升，国有经济的活力、控制力、影响力进一步增强。

2015 年 9 月 13 日，中共中央、国务院公布《关于深化国有企业改革的指导意见》，明确新时期新一轮国有企业改革的基本原则和主要目标，并在“十三五”期间进入全面实施阶段。第一，准确定位，区分公益类国企和商业类国企的性质和职能，并实行分类改革、分类发展、分类监管、分类定责、分类考核，推动国有企业同市场经济深入融合，促进国有企业经济效益和社会效益有机统一。公益类国企强调社会服务和全民福利，商业类国企注重利润增长和经济效益。第二，实现股权多元化，完成公司制改革。通过引入不同投资者使股权多元化，积极推动国企改制上市和集团公司整体上市，以解决国企存在制约不足的问题。第三，完善监督制度，做好国有资产监管工作。国资委从“管人管事管资产”向“以管资本为主”转变，力求实现所有权与经营权分开，激发国有经济活力。第四，提升国有资本配置效率。引入各类资本，发展混合所有制经济，转换经营机制，促进国有资本配置优化及运行效率提高。①

随着国有企业改革不断深化，特别是兼并重组、优胜劣汰机制日益完善，国有企业职工不可避免地遭遇下岗失业问题。此前，国有企业实行劳动用工终身制，而且所有制差异赋予了国企职工“身份特权”，捧着“铁饭碗”的国企职工拥有稳定的工资收入和优厚的福利。② 享受如此礼遇，国企员工大多不愿放弃既得利益从岗位上退下来，特别是经历过 1998 年国有企业职工下岗浪潮，当前国有企业职工更加珍惜工作机会。

尽管截至 2008 年，我国按照“两个确保”原则，遵循“三个保障线”的工作思路基本解决国有企业下岗职工再就业的问题，完成下岗职工基本生活保障向失业保险并轨。③然而，随着国有企业兼并重组深入推进，部分职工下岗不可避免。因此，妥善解决职工下岗再就业成为深化国企改革绕不过的坎。首先，应建立再服务中心，加强对下岗国企职工的管理，推荐就业。其次，建立保障下岗国企职工基本生活的保障机制。最后，加大政策

① 左永刚．国企改革时间表与“十三五”规划相呼应．人民日报，2015－10－13.

② 任新民．国有企业下岗职工再就业难点分析．http：//www.lawtime.cn/info/laodong/ldzyjyfx/2010092858510.html.

③ 两个确保：确保企业离退休人员基本养老金按时足额发放和国有企业下岗职工基本生活；三条保障线：国有企业下岗职工基本生活保障、失业保险、城市居民最低生活保障制度三条社会保险保障线。

扶持力度，积极促进下岗国企职工再就业。

三、农村剩余劳动力转移与农民工就业

据测算，2019 年我国农业剩余劳动力数量约为 1.4 亿人，到 2020 年农业剩余劳动力约为 1.35 亿人，虽然农村剩余劳动力数量有所下降，但总体数量还是较大的。[①] 当前，制约农村剩余劳动力转移的主要因素有两方面。一是大多农民文化程度不高，缺少一技之长。由于没有专业技能和从业资质，他们很难进入较为规范的企业工作，大多呈现流动就业状态，并且大多从事出卖体力的底层工作，稳定性差。二是缺乏必要的组织引导，农民就业存在盲目性。没有政府、就业组织、互助协会的统筹安排，农民工寻找工作时大多靠亲戚朋友帮助或是上门自荐，除了需要花费较多的时间和精力之外，工作的持续性和稳定性也很难保证，特别是以打零工为主的农民工，往往是做一段歇一段，如此往复，又成为阶段性的剩余劳动力。

化解农村剩余劳动力转移面临的困境，需要从以下几方面入手。首先，提高农民工的素质，由政府提供必要的资金支持，开办短期培训班，开展必要的应用性和技能性培训。其次，拓展就业渠道，开辟转移途径。大力发展乡镇企业，做大做强农村经济，实现农村剩余劳动力在农村内部转移。再次，实施城镇化战略。加快农村城镇化进程，促进农村剩余劳动力向城镇转移；拓宽城市外延，发展第三产业，为农民工开辟新的就业路径。[②] 最后，统筹城乡就业服务平台。可以成立农村服务指导小组，搜集就业信息，及时发布，提供必要的就业咨询。

四、城镇社会保障体系建构的成效与难点

（一）城镇社会保障体系建构的成效

近年来，我国政府全面落实社会保障扩面征缴工作，加快推进城镇职工基本医疗保险、养老保险制度改革，促进下岗职工基本生活保障向失业保险并轨，初步建立起了适应社会主义市场经济发展要求的社会保障体系。

2017 年底，全国参加城镇职工基本养老保险、基本医疗保险、失业保险、工伤保险和生育保险人数分别为 40 199 万人、117 664 万人、18 784 万人、22 726 万人、19 240 万人，分别比上年底增加 2 269 万人、43 272 万人、695 万人、836 万人、789 万人。[③] 2017 年，全国城镇职工基本医疗保险基金收入合计 17 690.2 亿元，比 2011 年增长 3.67 倍；基金支出合计 14 299.4 亿元，比 2011 年同样增长 3.67 倍。[④] 2017 年企业养老保险基金收入 3.27 万亿元，支出 2.86 万亿元，当期结余 4 187 亿元，累计结余 4.12 万亿元。[⑤] 截至 2017 年底，企业职工基本养老保险已覆盖全国所有县，养老保险覆盖面迅速扩大，企业

---

① 徐晓华．2014—2030 年我国农业剩余劳动力转移趋势预测与管理．管理评论，2018，1（30）：221 - 229.

② 赖德胜，李长安．当前我国就业领域的主要矛盾及其对策．经济学动态，2010（4）.

③ 数据来自国家统计局公布的《2017 年国民经济和社会发展统计公报》。

④ 数据来自国家人社部公布的《2017 年人力资源和社会保障统计快报数据》。

⑤ 2017 年我国企业养老保险基金累计结余 4.12 万亿元. http：//news.nen.com.cn/system/2018/02/27/020385662.shtml.

退休人员基本养老金水平实现“十三连调”，企事业单位退休人员的基本养老金也进行同步调整，受益人员已达一亿多。政府对城乡居民基本医保补助标准分别由年人均20元、40元增加到450元。[①] 与此同时，城镇职工基本养老保险的参保门槛日益降低，保障程度不断提高，养老保险基金的保值增值有所增强。此外，工伤、失业和生育保险制度也进一步完善，工伤职工享受的补贴有所提高，失业职工的保障机制更加健全。城镇居民所关心的住房问题也有了较大的进展，廉租房、公租房制度日益完善，住房公积金对城镇居民买房的保障支持力度不断强化。惠及每一个城镇居民的社会保障体系日益完善。

（二）城镇社会保障体系建构的难点

尽管现行的城镇社会保障制度初步形成体系，但这一制度还存在改进的空间。构建城镇社会保障体系的难点主要有以下几方面。

首先，城镇社会保障制度部分项目统筹层次低，覆盖范围窄。由于地方政府财力薄弱，企业效益差，职工收入增长缓慢，企业职工养老保险保障程度并不高，实施过程中出现的缴费困难、收支矛盾较为突出。现行的失业保险制度暂未将乡镇企业及其职工、非全日制劳动者等灵活就业人员纳入其中，实施范围较窄。并且失业保险待遇的给付期限较长，最短的时限也要12个月。尽管基本医疗保险覆盖了全国县市，但保障水平还比较低。这主要是因为未能足额征收保障基金而且财政预算支出也相对不足。此外，工伤、生育保险的参保面还比较窄。

其次，筹资机制不健全，资金来源渠道单一。社会保障资金来源主要依靠财政支持，随着人口老龄化的加剧，家庭保障功能弱化，对社会保障服务的需要相应提高，由此形成的资金压力较大。此外，由于缺乏法律制约，征收保险基金时不少企业时常出现逃费、避费、欠费等现象，致使社会保障基金征缴困难重重。加之庞大的机关、事业单位养老开支，财政预算的支付压力可见一斑。

五、农村社会保障体系建构的进展与制约

（一）农村社会保障体系建构的进展

近年来，农村社会保障事业快速发展，2002年起，我国开始探索建立新型农村社会养老保险制度（简称新农保）。2009年9月，国务院印发《关于开展新型农村社会养老保险试点的指导意见》。2014年2月21日，国务院出台《关于建立统一的城乡居民基本养老保险制度的意见》，将长期各为一家的新型农村社会养老保险与城镇居民社会养老保险合并统一为城乡居民养老保险，不仅如此，次年城乡居民养老保险的基础养老金第一次实现了全国普遍性增长，从人均55元/月增加至70元/月。[②] 目前，我国已经建立起全面覆盖的城乡养老保险制度。

截至2016年底，农村低保对象的人数从2007年的3 566万人增加到4 586.5万人，2018年城乡低保补贴标准为人均487元/月，比2017年增加15元，人均3 693元/年，比

---

① 卢爱红．2017年社保基金总收入跑赢支出　11.77亿人参加医保．http：//www.chinanews.com/jingwei/01-26/128836.shtml.

② 社会保障已成共享发展的基本途径与制度保证．http：//news.sznews.com/content/2016-02/16/content_12820359.htm，2016-02-16.

2017 年增加 302 元。① 截至 2017 年 12 月底，城乡居民养老保险参保人数为 51 255 万人，城乡居民养老保险基金收入为 3 288 亿元，基金支出为 2 398.7 亿元。②

此外，农村新型合作医疗制度也进一步完善。2002 年 10 月 29 日，中共中央、国务院颁布的《关于进一步加强农村卫生工作的决定》指出逐步建立新型农村合作医疗制度。2009 年 4 月 7 日，国务院发布《医疗卫生体制改革近期重点实施方案（2009—2011 年）》提出三年内实现新医保基本覆盖全国各县市。2016 年，部分省份推行城乡医疗并行试点，力求各项医疗报销标准与城市同步。目前我国积极推进城镇居民基本医保和新农合并轨，建立统一的城乡居民基本医保制度，初步实现了“六个统一”（统一覆盖范围、统一筹资政策、统一保障待遇、统一医保目录、统一定点管理、统一基金管理），参保人数达 13 亿人以上，参保率高达 95%以上，基本上实现基本医疗保险制度覆盖全民的目标。③

（二）农村社会保障体系建构的制约

当前，制约我国农村社会保障发展的主要因素有经济因素和体制因素。首先，财政支持农村社会保障发展力度不足。2017 年，中央财政共安排社会保障和就业支出 24 812 亿元，约占财政支出比重的 12%。而西方国家投入社会保障领域的财政资金约占 30%～50%，即使是一些中等收入国家比例也在 20%以上。④ 而且社会保障的财政投入大多流向城镇，只有少部分用于农村。据悉，占人口 20%的城镇居民享受 89%的社会保障经费，而占人口 80%的农村居民的社会保障仅占全国保障资金的 11%。⑤ 尽管农村社会保障资金由财政投入、集体缴纳和个人缴纳共同组成，但由于农村居民收入有限，土地保障功能日益弱化，农民自身积累的资金较少。如果不能加大财政对农村社会保障的投入，农民很难享受层次更高、更为优厚的社会保障。

其次，二元城乡经济结构的存在使得农村社会保障水平远远落后于城市。农村社会保障制度面临着政府主体缺位，迟迟难以有效推进，尽管党的十六大以来农村社会保障事业快速发展，但是制度变更仍然存在起步晚、覆盖面窄、水平低等问题。现今基本覆盖全国的新农合、新农保逐步完善，保障水平持续提高，不过与更为健全的城镇社会保障制度还存在较大差距。农村社会保障制度的完善始终面临城乡二元结构的制约，建立较高水平的惠及普通农村居民的社会保障制度任重而道远。

第四节　破解我国劳动就业与社会保障体制障碍的战略路径

一、确立就业优先战略

一般而言，宏观经济的运行情况可以通过失业率、通货膨胀率、经济增长率和国际收

① 数据来自民政部公布的《2016 年社会服务发展统计公报》。

② 数据来自国家人力资源和社会保障部公布的《2017 年人力资源和社会保障统计快报数据》。

③ 四级异地就医结算系统全面建成　累计结算超过十八万人次．人民日报，2018－03－01.

④ 耿雁冰．我国社会保障支出占财政 12%　远低于西方国家．21 世纪报道，2012－06－15.

⑤ 李春根，李建华．公共财政如何支持农村社保体系建设．财政部网站.

支平衡进行评价。理想的经济体系应该是低失业、低通货膨胀和高增长，然而由于四个经济评价指标存在内在的替代关系，现实的经济运行总是偏离理想状态。因此，政府在制定经济发展战略时需要有所取舍，所确定的战略目标不同，相应地，宏观调控手段也有所差异。举例而言，根据菲利普斯曲线可知通货膨胀率和失业率之间存在反向变动关系，降低通货膨胀率就会提高失业率，要稳物价就要牺牲就业率。因此，制定发展战略时只能选择一二个发展目标，而选择的标准则是考量紧迫性和重要性。当前，我国正处于经济转型期和改革攻坚区，社会矛盾开始显现，贫富差距有所拉开，此时政府行政管理重心应逐步转移到富民主题。就业是民生之本，确立就业优先战略有其内在必然性和客观必要性。①

第一，确立就业优先战略与注重经济发展的内涵是一致的。根据奥肯定律，GDP 每增加 2%，失业率大约下降 1 个百分点。经济发展的结果直接降低了失业率。而失业问题的妥善解决，有利于提高潜在的就业增长速度。就业和经济增长存在的相互促进，相互影响的关系决定了以就业优先为发展战略具备可行性。

第二，我国面临的就业难题复杂，就业形势日益严峻。据人社部发布的数据显示，2017 年我国实现城镇新增就业 1 351 万人，持续 5 年城镇新增就业 1 300 万人以上，年末城镇登记失业率为 3.1%。② 如果从新增就业人数和登记失业率来看，我国的就业形势稳中有进，但是从就业结构、就业层次来看，就业问题的解决可谓困难重重。首先，高校毕业生呈井喷式增加，2017 年达到了 795 万人，2019 年将升至 820 万人，再创近 10 年普通高校毕业生数量历史新高。大学毕业生快速增长，工作岗位却没有同步增加，势必造成巨大的就业缺口。缺少工作经验的大学生只能进入生产一线。不过由于薪资低、福利差，大多数毕业生很难坚持从事这样的工作，一段时间之后，刚参加工作的大学生又成为失业者。③ 其次，沿海经济发达地区存在“用工荒”和“技工荒”。新生代农民工不愿从事苦活儿、累活儿，而新增的劳动力又不足，企业的用工需求很难得到满足，农村劳动力紧缺现象日益突出。此外，由于不同地域、不同行业的劳动力分布极不均匀，也导致有些行业劳动力紧缺，有些却明显过剩。就业结构性矛盾日益突出，人口老龄化问题开始显现，刘易斯拐点已然形成，未来我国将面临巨大的就业压力。由此可见，确定就业优先发展战略其重要性、紧迫性不言而喻。④

二、积极推进城乡社会保障制度一体化

基于城乡二元经济结构和身份制的社会管理模式，严重制约了社会保障制度的发展。党的十八大首次提出要以增强公平性、适应流动性、保证可持续性为重点，促进社会保障事业全面发展。“十三五”规划提出了“坚持全民覆盖、保障适度、权责清晰、运行高效，稳步提高社会保障统筹层次和水平，建立健全更加公平、更可持续的社会保障制度”的要求。其中，“更加公平”的确立充分体现了社会保障的基本原则，而要真正做到这一点，

---

① 莫荣．坚持就业优先目标　实施就业优先战略．经济日报，2011－12－13.

② 2017 年全国城镇新增就业 1 352 万人　就业形势稳中有进．http：//politics.people.com.cn/n1/2018/0126/c1001－29790114.html，2018－01－26.

③ 蔡昉．人口转变、人口红利与经济增长可持续性——兼论充分就业如何促进经济增长．人口研究，2004（2）.

④ 翁杰．我国劳动力市场的结构性矛盾及对策研究．商场现代化，2010（19）.

弥合城乡社会保障的缺口，提高农村社会保障水平势在必行。[①] 这是城乡经济统筹实施的必然发展方向，也是实现人人共享社会保障的重要保证。具体而言，可以分步到位，逐步并轨，渐次统一，全面整合。

首先，社会保障制度城乡一体化的逐步并轨。一是，完善农村最低生活保障制度，提高农村最低生活保障补助标准，逐步实施医疗救助、灾害救助、司法援助等社会救助，建立必要的农村社会救助体系。二是，提高新农合医疗报销的比例，提高养老金给付标准，针对农村计划生育户、双女户的老人年提供必要的津贴和补助。

其次，社会保障制度城乡一体化的全面整合。当前，城乡一体化的社会保障制度构建除了面临巨大的资金压力，也存在制度协调困难的问题。实行城乡一体化的社会保障制度既不能降低城镇居民的保障水平，也很难在短时间大幅调高农村居民的福利标准。当前，改革户籍制度，打破城乡二元经济结构的制度藩篱已经刻不容缓。取消户籍限制能够在一定程度上缩小根植于户口的福利待遇差别。此外，进一步推进社会保障综合立法也十分重要。现行社会保障相关的行政法规存在的约束性不强、权威性不够的弊端日益显现。从法律层面明确主体权责，理顺征缴关系，能够确保社会保障顺畅运行，也有利于社会保障归口进行统一管理。

三、明确政府在就业与社会保障制度供给中的主体责任

不论是就业体制还是社会保障制度都具有准公共产品的特点，需要政府规范行使制度的设计者和执行者的职能，发挥就业体制和社会保障制度在经济发展过程中发挥的稳定、调节、促进作用。明确政府的主体责任反映了公共行政的基本内容和活动方向，充分体现服务人民的发展理念和执政思路。

（一）政府主体责任的定位

政府的主体责任具体包含以下三方面。一是，立法责任。政府承担着制定就业与社会保障相关法律法规的责任，并在执行过程中，根据客观需要进行调整和修复，同时履行必要的监管职责。二是，经济责任。不论是就业工作的开展还是社会保障制度的落实都离不开强大的财政支持。除了必要的财政支出之外，还需加大配套的投入。三是，社会责任。政府应成为就业与社会保障工作开展的维护者和利益平衡的调节者。这既要求政府逐步缩小城乡社会保障水平，也要求政府协调好农村剩余劳动力转移和大学生就业等问题。[②] 政府应注重发挥职能调节作用，妥善解决不协调的结构性矛盾，循序渐进，步步为营。

（二）政府主体责任的行使

政府行使就业体制供给主体责任应做好几项工作。一是，积极落实就业政策，努力扩大就业岗位。发展第三产业，增加就业容量，吸纳农村剩余劳动力。统筹做好城镇新增劳动力就业、农村富余劳动力转移就业和失业人员再就业工作。二是，扎实推进高校毕业生就业工作。加强对高校毕业生公共就业服务和就业政策支持，通过技能培训、创业培训和就业见习，提升大学生的择业能力。发挥政府和高校紧密合作的联动效应，通过提供优惠

① 毛通．城乡社会保障一体化评价体系研究及实证分析．社会保障研究．2012（8）．

② 谢晓琳．越位与缺位：社会保障法律制度中政府的责任主体定位．兰州学刊，2008（10）．

的财税政策、必要的就业创业扶持，促进大学生自主创业。三是，强化失业调控。针对集中出现的失业现象及时进行调控，综合运用法律的、经济的和必要的行政手段解决大规模人员失业特别是“用工荒”和“返乡潮”问题。

政府行使社会保障制度供给主体责任应从以下几方面入手。一是，加快立法进程，理顺现行法律、法规、行政办法之间的关系，以法律形式确定社会保障的征收主体、标准和统筹层次。与此同时，注重配套的制度体系建设。进一步做实基本养老保险个人账户，积极构建工伤预防、经济补偿相结合的工伤保险制度体系，提高医疗保险的保障水平和覆盖范围。在制度设计时，应以“公平”为根本出发点，强调对弱势群体进行倾斜性保护，最大化地发挥社会保障制度提低调高、缩小贫富差距的功能，实现社会正义。二是，强调落实政府责任。尽快理顺中央与地方政府的社会保障责任，明晰两者的财权和事权，避免多头管理、管理缺位。确保财政足额投入社会保障事业，规范资金使用，合理安排支出，力求财政支出产生最大的效用。

四、建立就业与社会保障体系的多元筹资机制

随着城镇化不断推进，人口老龄化日益临近，财政所面临的推进就业与社会保障工作的资金压力开始显现，尽管经过多年的改革和发展，我国积累了一定规模的社会保障资金。2017 年，五项基金总收入、总支出分别是 6.64 万亿元、5.69 万亿元，同比增长分别为 23.9%、21.4%。[①] 但是，我国财政在就业与社会保障方面投入总量还比较低，2017 年中央财政安排社会和就业支出仅为 24 812 亿元。全面推进就业优先战略和构建城乡一体化社会保障机制需要强有力的资金支持，这既要发挥财政主力助推作用，也要拓展资金来源、多方筹措。

社会保障体系的多元筹资机制可以有以下几种实现方式。一是，可以将利息税、遗产税投入社会保障领域，借鉴国外经验开征社会保障税。二是，通过国有股转持、资产置换、土地拍卖等变现国有资产，补充社会保障基金。三是，转移部分国有资本收益，充实社保基金，2010 年至今已有 257 亿元国有资本经营收益调入社保基金，未来用于社保领域的民生支出应进一步扩大。四是，发行特种国债，专门缓解社保基金压力。五是，宣传公益事业，吸引社会捐资，夯实社会资金基础。在保证社保基金安全的基础上，进行银行存款和国债投资，实现保值增值。[②]

与社会保障体系的资金来源不同，就业相关的投入没有集体缴纳、个人缴纳的部分，主要由财政负担。为此有必要将就业支出纳入民生工程预算，调入部分公共财政收入。在此基础上，引导社会捐资、企业和个人投入，形成政府主导、各方参与的多元筹资机制。与此同时，加强资金使用监督，防止挤占、挪用、滞留以及虚报冒领等行为。

五、健全和完善多层次的公共就业服务体系

健全和完善多层次的公共就业服务体系，是促进就业、维护就业的有效措施。构建公共就业服务体系，应按照“程序化、标准化、法制化、高效化”的要求，贯彻劳动者自主

① 人社部召开 2017 年第四季度新闻发布会．中国劳动保障报，2018-01-26.

② 刘晓霞．试论社会主义市场经济条件下我国社会保障基金的筹集渠道．中国外资，2011 (21).

就业、市场调节就业、政府促进就业和鼓励创业的方针，逐步推进。

首先，健全扩大就业服务的政策体系。为企业提供必要的优惠贷款、降低企业税费，减少其运营成本。对创业者发放一定的经营启动资金，在初期实行优惠的财税政策，重点扶持大学生创业，以此产生示范作用，发挥创业对就业的"乘数效应"。在经济落后的地区，重点发展第三产业和城镇经济，鼓励发展劳动密集型企业，广泛吸收农村剩余劳动力。在提升地方经济发展的同时，解决居民的就业问题，同时扩大财政收入。加强相关的法规、规范，提供制度支持和保障，从制度层面确保上述举措的执行落实，更好地发挥公共就业服务体系对劳动力资源的优化配置和促进就业的作用。①

其次，构建合理的公共就业服务管理模式。针对促进就业服务中存在的多头分散管理，自成体系等弊端，改进管理模式，整合资源，组建就业服务管理机构，全面实施职业介绍、就业培训、技能鉴定、就业援助等一系列就业帮扶工作。由政府提供必要的资金支持，发展地方性服务机构，密切与用工单位的合作关系，例如，可以设置下岗职工再就业中心、大中专毕业生就业中心、进城务工农民就业中心等接洽处。这既有利于提高服务效率和质量，又能够从劳动者的实际出发，具有较强的针对性。

最后，完善公共就业服务职能，建立多层次、多样化的就业服务体系。设立公共功能服务机构，提供必要的就业服务和培训工作，发挥桥梁和纽带作用。改进就业服务质量，及时向求职者提供职位空缺信息和向用人单位推荐合适人选。创新就业服务手段，充分利用互联网技术的普及，为失业者提供最新的就业咨询和指导，帮助求职者以较快的速度提升职业技能。采取重点援助方法，对存在特殊就业困难群体如残疾劳动者、伤病劳动者，提供特殊就业咨询，例如，可以设置下岗失业人员"谈心室"。拓展合作渠道，利用青创中心的工作平台，采取"委托式"合作方式为广大就业者找寻合适工作。

第五节　中国劳动就业与社会保障发展趋势前瞻

一、劳动力供大于求的基本格局长期存在

2017 年，我国城镇新增就业 1 351 万人，同比增加 37 万人，年末城镇登记失业率为 3.9%，超额完成目标任务。尽管我国当前就业形势总体稳定，但我国所处的劳动力供大于求的基本格局并未转变。②

2018 年，我国经济预期增长速度为 6.5%左右，有所放缓。根据奥肯定律，经济增长和失业之间存在反向变动关系，经济放缓将减少企业的用工需求，增加失业。也就是说企业提供的就业岗位增量有所下降。尽管从 2012 年开始，16～59 周岁的劳动年龄人口微降，但是其存量依然维持在 9 亿人以上，预计 2035 年前都将稳定在 8 亿人以上。全部的就业人口是 7.76 亿人，其中农民工人数达 2.86 亿人，就业规模大，不稳定性很强。③ 2018 年

① 王浩林．推进公共就业服务体系的建设——以基本公共服务均等化为视角．中国管理信息化，2012（7）．

② 关于 2017 年国民经济和社会发展计划执行情况与 2018 年国民经济和社会发展计划草案的报告．https：//www.toutiao.com/i6536151474655724035/．

③ 2018 年就业形势怎么样?．http：//www.cfi.net.cn/p20180314000697.html．

劳动力供给仍将高位运行，就业总规模大，2018 年需在城镇就业的劳动力总量预计超过 1 500 万人，高校毕业生人数高达 820 万人。[①] 由此可见，劳动力市场需求始终高于劳动力市场供给。

此外，由于扩招的影响，大学生数量迅速膨胀，而企业的用工需求和规模扩张难以同大学生增长速度相匹配。由此造成人才过剩，加剧就业形势的恶化。为了缓解就业压力，部分大学生选择继续深造，攻读硕士研究生，使得研究生规模日益扩大，隐藏在背后的就业压力将在未来几年逐步显现。显然，要合理配置日益增长的高层次人才需要一定的时间，而短期内，不论是农村剩余劳动力还是大学生等高层次人才的供给仍处于过剩的局面。

二、劳动就业结构性矛盾更为突出

根据《2017 年国民经济和社会发展计划执行情况》，虽然劳动参与率和就业率有所提高，但劳动力市场形势仍为就业总量较大、就业结构性矛盾日益突出。由于就业供求的匹配度不高，新生代农民工不愿从事苦活儿、累活儿，大学生就业存在眼高手低，多重因素作用下导致就业结构性矛盾日益加剧。

首先，新生代农民工日益增多。[②] 与老一代农民工注重工作薪资不同，他们更看重工作环境、个人满足和休闲时间。他们中大多数人不愿意从事搬运、建筑、保洁、环卫等苦活儿、累活儿。工厂化、大规模、流水线式的枯燥工作环境，难以让他们满意。这导致大量的新生代农民工流向餐饮、旅店、商业等第三产业，而真正用工需求旺盛的第一、第二产业却面临招工难、“用工荒”的难题。特别是东部沿海劳动密集型的制造业，常常招不到一线普通的操作工，并且用工难的趋势正逐步向中西部地区蔓延，日益成为区域性、全局性的难题。此外，这种结构性矛盾还由季节性转变为常态性，不再集中于春节前后等一两个时段。

其次，大学毕业生数量不断增加。为了享受学历福利，一些大学毕业生不愿下基层、到一线，宁愿扎堆在城市就业。即使在城市工作，他们也不愿意到工厂做一般工人，而是希望寻找工作环境好、体面点的白领工作，哪怕薪资待遇并不高。由于公司每年的用工需求增长难以吸纳庞大毕业大学生，而大学生自身工作能力不强、适应性差，也很难达到企业的用工要求。即便准毕业生再多，企业也很难从中挑选适合的高尖端人才，由此造成需求和供给的资源错配，进一步加剧结构性矛盾。大学生高不成低不就还与所学专业有很大的关系，一些学习冷门专业的大学生如农林、化工、环科等往往很难找到合适的工作，而热门专业毕业的大学生则面临供给过多，竞争压力大等问题。而高校所采取的促进就业举措成效有限，如果不能从源头上控制大学生招生规模，那么只会陷入结构性就业矛盾的恶性循环，提高大学生就业的再多手段也只能治标不治本。

---

① 去年我国 59 岁以下劳动人口超 9 亿，招工难、就业难仍将存在．中国日报，2018－02－26.

② 《关于加大统筹城乡发展力度　进一步夯实农业农村发展基础的若干意见》定义，“新生代农民工”主要是指 80 后、90 后，这批人目前在农民工外出打工的 1.5 亿人里面占到 60%，大约为 1 亿人。

三、社会保障体系资金供给缺口严重

当前我国各项社会保障资金总体安全，基金运行平稳。2017 年五项社保基金共计收入 6.6 万亿元，比 2016 年增长 1.28 万亿元，支出 2.86 亿元，比 2016 年增长了 10.4%，年末结余 7.6 万亿元，比 2016 年增长 1 万亿元。由于我国实行的是个人和统筹混账管理的养老金制度，也就是说，现在政府是把年轻人存在个人账户的养老金提前发放给已经退休的老年人了，这才使得社保基金出现盈余的状况。尽管短期内社保资金能够满足现有的支出需要，但从长期来看，随着保障水平和保障层次不断提高，人口老龄化日益逼近，未来社会保障资金缺口将日益扩大。

首先，在传统养老方式转变和人口老龄化日益加剧的双重作用下，社保资金缺口压力大。预计 2020 年我国 80 岁及以上的高龄老人将超过 5 000 万人，2030 年将增加到 7 800 万人，2050 年我国人口平均预期寿命将达到 85 岁，我国将成为重度老龄化国家。① 人口老龄化一方面增加了养老等相关社会保障的支出，另一方面减少了社保基金的资金来源。社会保障收入的增量远低于消费的增量。而传统的“养儿防老”方式逐步朝向社会养老转变，由此增加的养老支出数额庞大。综合考虑职工基本养老保险与居民基本养老保险，到 2050 年，按照低替代率计算，年度资金缺口将达到 GDP 的 6.8%，届时我国将面临巨大的财政负担。②

其次，我国建立的社会保障体系还处于初级阶段。社会保障覆盖面还不高，保障水平仍有待提高。此外，不同人群的保障水平差异较大，地区经济发展程度差异明显，社会保障制度整合面临较大困难。缩小地区差距、推进城乡一体化，真正实现全民合理共享社会保障福利需要财政的强大支持。然而，城镇化、工业化和现代化的建设也要求财政支出同步增长。在权衡经济发展和社会保障事业利益关系时，政府很难确保稳定足额的社会保障资金。而社会保障筹资模式单一又使得其必须依靠财政。并且，财政投入社会保障领域的资金在管理和使用中存在的贪污、腐败、渎职等违法现象，造成部分社会保障资金的流失。根据审计署 2012 年发布的公告可知，部分地区扩大范围支出或违规运营社会保障资金共 17.39 亿元；部分经办机构审核不严格，向不符合条件的人员发放待遇或报销费用共 18.52 亿元。可以预见，社会保障资金缺口将很快显现，并呈现日益严重的趋势。

四、社会保障制度城乡一体化步履维艰

社会保障制度的公平性要求每一个居民都平等地享有社会福利，考虑到地区经济差异和城乡二元结构，这种平等只能是相对的，即城镇居民和农村居民享受不同程度、不同内容的社会保障。从长远来看，缩小这种不平等的差距，推进城乡一体化，是社会保障制度的必然目标。然而，制度的顶层设计由于经济前提的缺失一再虚置，社会保障制度城乡一体化步履维艰。

首先，现行的社会保障制度缺少农保和城保之间的有效衔接。进入城市务工的农民不仅需要与企业签订劳动合同，获得稳定职业，还要缴纳城镇职工基本养老保险，才能够享

① 谭中和．社保资金：缺口虽无问题须正视．东莞日报，2012-08-06.

② 高培勇，汪德华．中国养老保障资金缺口分析与对策建议．比较，2011（2）.

受退休保障，而享受的水平也与自身缴纳的数额直接相关。由于缺少有效的衔接机制，农民工不能将此前缴纳的农村社保金进行转换，并且严苛的政策也使得真正能够享受到城镇职工养老保险的农民工寥寥无几。因为大多数农民工无稳定工作，也缺少参与社会保障的意识，而企业为了减少成本更不会引导农民工缴纳社保。①

其次，提高农村居民的社保待遇资金压力巨大。国务院于 2014 年 2 月出台了《关于建立统一的城乡居民基本养老保险制度的意见》，将城镇居民社会养老保险制度和新型农村养老保险制度合并实施，建立了全国统一的城乡居民基本养老保险制度。同年国家财政用于社会保障和就业方面的支出为 15 968.85 亿元，而其中用在新农合方面的财政支出为 2 890.4 亿元，仅占总支出的 18%。② 截至 2017 年 12 月底，城乡居民养老保险月人均待遇为 125 元，基础养老金为 113 元。由此可见，农村居民的社会保障金水平较低。而且财政也很难支持较高水平的农村社会保障投入。因此，如果政府不能从财政安排上加大对农村社会保障的投入，而寄希望于农民自身承担大部分费用，那么社会保障就异化为农村居民的储蓄。实现城乡一体化社会保障制度必须要以大幅提高农村社会保障水平为标志，但又不能以牺牲城镇居民的保障水平为代价。由此，财政所需承担的资金压力很大，短期内很难扭转这一局面。

思考题

1. 市场经济条件下，社会保障具有哪些功能作用？
2. 阐述就业与社会保障的相互影响。
3. 阐述普及型社会保障与就业型社会保障的比较分析。
4. 中国就业与社会保障体制变迁的阶段特征是什么？
5. 阐述政府在就业与社会保障制度供给中的主体责任。
6. 结合现实情况，阐述我国就业与社会保障发展的未来趋势。

① 石萍．城乡社会保障制度一体化发展研究．中央民族大学硕士学位论文，2011.

② 张明斗，王姿雯．新型城镇化中的城乡社保制度统筹发展研究．当代经济管理，2017，39（5）：42-46.

第五章
中国土地使用制度改革

中国土地使用制度改革取得的成就是辉煌的。然而我们也应注意到，改革必然涉及对原有利益格局的打破，制度变迁受既得利益牵制所产生的“摩擦力”的阻抗，且因文化传统、意识形态等制约因素的影响，使得制度变迁具有“路径依赖”的性质。中国的经济体制改革是开创性的创举，缺乏历史经验，同时为了避免社会动荡和产生过大的改革成本，决定了中国的经济体制改革是一个渐进的过渡过程。作为整个经济体制改革中的重要环节，中国土地使用制度改革与企业、住房、金融、社会保险等各项制度的改革密切相关，并相互影响和制约。改革的过渡性也决定了中国土地使用制度改革的渐进性，因此，揭示中国土地使用制度改革过程中的经验和教训，并上升到理论上去分析和反思，具有重要的理论意义和现实意义。

第一节　土地的特性与土地配置的基本理论

中国土地使用制度改革要以正确的理论做指导。改革开放以来，随着我国土地使用制度改革的深入，我国学术界对土地的认识不断深化。同时，西方经济理论的引入，为我们的土地制度改革提供了更广阔的理论视角。

一、土地的功能与基本特性

（一）土地资源与土地资产

了解土地资源的概念，首先要了解什么是资源。根据《辞海》的解释：

"资源是资财的来源，一般指天然的财源"[①]。马克思在论述资本主义剩余价值的产生时曾指出："劳动力和土地是形成财富的两个原始要素"，是"一切财富的源泉"。恩格斯论述劳动在从猿到人的转变过程中的作用时指出："其实劳动和自然界一起才是一切财富的源泉，自然界为劳动提供材料，劳动把材料变为财富"[②]。联合国环境规划署认为，自然资源是指一定时间、地点条件下能够产生经济价值，以提高当前和将来福利的自然环境因素和条件。刘书楷认为："土地资源是指土地作为生产要素和生态环境要素，是人类生产、生活和生存的物质基础和来源，可以为人类社会提供多种产品和服务。"他还指出："土地资源是土地成为资产的基础。"[③] 综合以上论述，可以得出以下看法：第一，土地资源是将土地作为自然要素看待的；第二，土地作为自然要素，通过人类的劳动加以利用，能够产生财富；第三，土地资源是土地成为资产的基础。所以，土地资源是指，土地作为自然要素，于现在或可预见的将来，能为人们所利用并能产生经济效益的那部分土地。

土地资产是指土地财产，即作为财产的土地。财产对象实体最重要的属性是有限性（稀缺性）、有用性、可占用性和具有价值。土地资源是人类生产和生活的物质基础，当人类对它的需求越来越大时，土地资源出现了稀缺现象，因而，被一部分人当作财产占有。从这个意义上说，地产，是指具有明确的权属关系（有其物主）和排他性，并具有经济价值的土地资源。它是土地的经济形态，是资本的物的表现。

从法律角度看，财产并非是由物组成的，而是由"人对物的权利"所构成。正如美国著名经济学家 R. T. 伊利所指出："财产就意味着一种控制经济财货的专有权利。"[④] 从这个意义上说，地产是产权主体对土地的独占权或是产权主体对土地资源作为其财产的占有和排他性权利。

土地具有资源和资产的双重内涵，前者是指土地，作为自然资源，是人类生产和生活的根本源泉；后者是指土地，作为财产，具有经济（价值）和法律（独占权）意义。

（二）土地的功能

土地是宝贵的自然资源和资产，是人类不能出让的生存条件和再生产条件，土地的主要功能可归纳为以下几方面：

1. 负载的功能

土地能将万物，包括生物与非生物负载其上，成为它们的安身之所。动物、植物等生物，各种建筑物、构筑物、道路等非生物之所以能存在于地球上，是因为土地有负载的功能。没有土地，万物自无容身之地，正如古人所说的："皮之不存，毛将焉附。"

2. 养育的功能

土地具有肥力，具备适宜生命存在的氧气、温度、湿度和各种营养物质，从而使各种生物得以生存、繁殖，世代相传，使地球呈现出一片生机勃勃的景象。其他星球则不具备这种功能，就目前各国宇宙飞船及宇航员亲临其地探明：月球是一个没有空气、没有水、没有生命的死寂星球。在太阳系中离我们最近的行星火星，由于星球表面气压太低（相当

① 辞海．上海：上海辞书出版社，1979.

② 马克思，恩格斯．马克思恩格斯全集：第 20 卷．中文 1 版．北京：人民出版社，1971：509.

③ 刘书楷．土地经济学．徐州：中国矿业大学出版社，1993.

④ 伊利．土地经济学原理．北京：商务印书馆，1982.

于地球上 30 千米高空的大气密度），空气中的主要成分是二氧化碳，几乎没有氧气，温度常在－130℃，所以，也不具备养育生命的能力。距地球 4 420 万千米的金星，其表面大气稠密，大气压力比地球上的大气压力大 100 倍，几乎没有氧气，全部是二氧化碳。金星表面温度常年都在 500℃左右，不断有狂风吹袭和硫酸雨降落，地球上的生物如果置身在这种条件下，将立即毁灭。水星没有空气，夜间温度低至－160℃，白天则高达 300℃，也是一个没有生命存在的荒凉、死寂的星球。

3. 仓储的功能

土地蕴藏着丰富的矿产资源，含有金、银、铜、铁等金属，石油、煤、水力、天然气等能源资源，沙、石、土等建材资源，为人类从事生产、发展经济提供了必不可少的物质条件。

4. 提供景观的功能

土地自然形成的各种景观：秀丽的群山、浩瀚的大海、奔腾的江河、飞泻的瀑布、无垠的沃野、悬崖幽谷、奇峰怪石、清泉溶洞，千姿百态，为人类提供了丰富的风景资源。

5. 储蓄和增值的功能

土地作为资产，随着对土地需求的不断扩大，其价格呈上升趋势，因此，投资于土地，能获得储蓄和增值的功效。

（三）土地在社会物质生产中的地位和作用

正因为土地具有上述功能，因而成为人类社会物质生产活动中不可缺少的生产资料。它与劳动、资本一起被称为生产三要素，其中，尤以土地与劳动为最基本的生产要素，正如威廉·配第所说："劳动是财富之父，土地是财富之母。"[①]

土地在农业生产中与在非农业生产中所起的作用是不同的。通常，土地在工业、运输业及其他非农业生产部门中"只是作为地基，作为场地，作为操作的基地发生作用……"[②]，为厂房、道路等提供地基，为生产过程提供场地，劳动者提供立足场所。没有土地，劳动过程就不能进行，但土地的数量与质量对工业产品的数量和质量，一般情况下不产生什么影响（采掘业、酿造业、陶瓷业等除外）。所以，土地在非农业部门只起一般生产资料的作用。

在农业生产中，土地是主要的生产资料。土地不仅为农业生产过程提供场所和活动空间，还直接参与农产品的生产过程，农产品的产量和质量与土地的数量和质量密切相关。可以说，没有土地，就没有农业。

土地与其他生产资料一样具有两重性：它一方面是社会物质生产不可缺少的生产资料，另一方面还是土地关系的客体。

（四）土地的基本特性

土地，作为生产资料，与其他生产资料相比，具有以下基本特性：

1. 土地是自然的产物

土地是自然生成的，是自然的产物。在人类出现以前，地球已经有了 40 多亿年的历

① 马克思．资本论：第 1 卷．北京：人民出版社，1975：56.

② 马克思．资本论：第 3 卷．北京：人民出版社，1975：879.

史，所以，土地绝非人类劳动的产物，它的产生与存在是不以人类意志为转移的。其他生产资料几乎都是人类劳动创造的。

2. 土地面积的有限性

土地是自然的产物，土地的面积为地球表面积所限定（指正射投影面积）。地壳运动，空气、阳光、水、生物的分解作用，风力、流水的侵蚀、搬运作用，人类的生产活动……可使水地变为陆地（围海造田、围湖造田等），山地化为平地，坡地变为梯地，不断地改变着地球表面的形态，但土地的总面积始终未变。在现有的科学技术条件下，人力不可能创造土地、消灭土地或用其他生产资料来代替，正如列宁所指出："土地有限是一个普遍的现象"①。

3. 土地位置的固定性

一方面，每一块土地都有固定的空间位置，不能移动，地块之间也不能互相调换位置，也就是说，土地的绝对位置是固定不动的，这就使得有限的土地在利用方面受到很大限制。另一方面，土地距离市场的远近及交通条件，是可以随着社会经济的发展、资源的开发、道路网的完善与扩建、城镇布局的调整及其经济辐射面的扩大而改变，即土地的相对位置是可以变化的，这种变化对土地的利用及地价有着重要的影响。例如，由于石油的发现与开采，大庆迅速发展成城市，交通条件也相应得到改善。又如福州市五四路附近的土地，因开发了地下温泉而地价大增。

其他生产资料可以根据生产的需要，不断地变换位置，或从这一地点搬迁到另一地点。

4. 土地质量差异的普遍性

土地是自然生成的，不是人类按统一标准制作的。因此，不同的土地单元，所处的地形不一，所含养分、水分及土壤质地也都不一致，所处地点的小气候条件、水文、地质状况亦有很大差异，加之离城镇的远近，交通便利程度的差别，使得土地质量千差万别，质量完全相同的土地单元几乎没有，因此对土地利用要因地制宜。

其他生产资料，是按统一规定的标准设计制造的，只要原材料相同、技术条件一致，其质量基本上是相同的。

5. 土地利用的永续性

土地是可更新资源。在土地农业利用过程中，土壤养分和水分虽不断地被植物吸收、消耗，但通过施肥、灌溉、耕作、作物轮作等措施，可以不断地得到恢复和补充，从而使土壤肥力处于一种周而复始的动态平衡之中。若能合理利用，土地的生产能力不但不会随着时间的推移而丧失，相反，还会随着科学技术的进步而提高，因为土地具有储蓄银行的作用，投入土地的活劳动和资本，除转化为农产品外，其余部分则凝聚在土地中。正如马克思所说："土地的优点是，各个连续的投资能够带来利益，而不会使以前的投资丧失作用。"② 同时，随着科学技术的进步及其在农业中的应用，可以更好地将土壤中的有效肥力释放出来，从而提高土地生产力。例如，20 世纪 60 年代以来，化肥的广泛应用使世界粮食产量增加了 1/3。

---

① 列宁．列宁全集：第 5 卷．北京：人民出版社，1959：99.

② 马克思．资本论：第 3 卷．北京：人民出版社，1975：879.

土地在非农业生产部门中，作为“地基”“活动场所”等的作用，也不会随着时间的流逝而消失，也不会因水灾、旱灾、火灾、地震等而丧失，对土地承载力的利用是永续的。例如唐山地震后，仍在原处矗立起了高楼大厦，使唐山市旧貌换新颜。

而其他生产资料在使用过程中，会逐渐磨损、陈旧最后丧失其有效性能而报废。[①]

二、土地资源配置的基本理论

土地资源配置面临的基本问题是如何使土地利用结构和空间分布合理有效，从而达到某种均衡状态。一方面，这主要表现在土地利用结构应与城市的功能特性和经济发展相适应，除城市各种用地的总量和相互比例应协调外，在各种用地内部，也存在合理分配问题。例如，在生产和经营服务性用地中，如何协调两大部类以及各产业内部的用地比例；在生活性用地中，如何根据不同居民群体对居住和生活环境的要求（如对低、中、高档住房，社区环境，文化教育设施等的偏好），以恰当的比例合理分配土地。在市场经济国家，这种分配比例在很大程度上是通过市场形成的。另一方面，西方学者对土地经济的研究似乎更注重土地利用在空间上的分布。城市的集聚性使得城市有限的空间十分宝贵。因此，如何高效利用宝贵的城市土地资源，自然成为城市经济研究的重要领域。例如，城市中心区人口密集，经济活动高度集中，土地的经济价值很高，因而通常作为商业经营用地。而一些效率相对低下、污染严重的工厂则不应安排在城市的中心。经济学的研究表明，各种用地都有一个最合适空间范围的位置选择。

土地利用结构和空间分布现状的形成有多方面的原因。除政治、历史原因和城市经济发展的原因外，更重要的是土地资源的配置方式及其运行机制，而这又是由国家的经济制度所决定的。西方国家土地资源一般都由市场配置，相关的经济研究也集中在以市场配置土地资源方面。

（一）西方古典经济学派的地租理论

西方古典政治经济学家的学说一般以劳动价值论为基础，并由此形成了他们的地租理论。早期的代表人物有配第、魁奈、杜尔哥等。

配第认为，劳动者从他的收获之中，“扣除了自己的种子，并扣除了自己食用及为换取衣服和其他必需而给予别人的部分之后，剩下的谷物就是这块土地一年的自然的真正的地租”[②]。由此揭示了地租来源于剩余价值的实质。此外，配第还根据地段和市场的距离、土地的不同肥力，引出了级差地租的最初概念。

魁奈提出了“纯产品”理论，指出地租来自农业生产产品在补偿生产过程中所消耗掉的生产资料以及劳动者与农业资本家的生活资料外的剩余，他的扣除项包含以工资形式列入生产费用的农业资本家的利润，这实际是对生产费用的扣除。[③]

杜尔哥发展了魁奈关于“纯产品”的理论观点。虽然他也认为“纯产品”是自然的赐予，但有所不同的是，他强调这种赐予是土地对农业劳动者的赐予，而土地所有者之所以

---

① 陆红生．土地管理学总论．2版．北京：中国农业出版社，2007.

② 配第．赋税论，献给英明人士，货币通论．中译本．北京：商务印书馆，1972：43－50.

③ 魁奈．魁奈经济著作选集．中译本．北京：商务印书馆，1979：300－312.

能够获得这种剩余，凭借的是人为法律规定的土地私有权。[①]

1776年，《国民财富的性质和原因的研究》一书的出版，奠定了斯密古典经济学创始人的地位。而在这一巨著中，他也专门论述了地租问题。但与以上学者不同的是，由于斯密的价值观具有二重性，他的地租理论表现出一些矛盾的观点相互交织和并存。斯密认为，地租是“作为使用土地的代价”，并从劳动价值论出发，指出了地租是劳动者所创造的生产物价值的一部分，是产品价格超出补偿生产资本和提供平均利润的剩余。同时，他也感觉到了土地所有权要求地租的作用。但在另一方面，斯密又认为地租是自然力发生作用的结果；而且他还认为，生产价格与价值相等，当市场价格超过生产价格时，地租来源于流通领域，这些都与他前面的观点矛盾。此外，他也指出，当因用途不同使地租和利润不均等时，如果某种用途土地产出的价格优势超过一定限度，则会引导其他用地向该用途转换。[②]

安德森是与斯密同时期的人物，他对地租理论的重要贡献是揭示了级差地租规律。马克思认为，安德森是级差地租理论的真正创始人。他彻底否定了魁奈关于地租来自自然赐予的观点，指出不是地租决定产品的价格，而是产品价格决定地租，而土地肥力的差别是形成级差地租的原因。安德森的地租理论的主要缺陷在于忽视了土地所有权在经济上的作用，因而未能认识到绝对地租。

李嘉图在1817年出版的《政治经济学及赋税原理》中，继承和发扬了安德森的级差地租理论。他认为，农产品的价值取决于耕种劣等土地所需要的劳动，按照生产价格出售农产品，农业资本家可取得平均利润；而租种优等和中等土地的农业资本家可获得超出平均利润以上的超额利润，但由于等量资本获取等量利润规律的作用以及订立契约的相互竞争，这一部分超额利润会落入土地所有者的手中。此外，李嘉图除考察土地的优劣和位置的远近形成级差地租外，还研究了土地收益报酬递减对级差地租的影响。但他与安德森一样，也否定了绝对地租的存在。此外，他也混同了生产价格与价值的区别。

杜能首次系统探讨了土地位置与地租的关系。他通过均值土地等若干假设条件，建立了“同心圆”的分布模型，并通过边际分析和数据检验，用抽象的方法揭示了级差地租的规律，分析和解释了若干不同耕作种类的区位选择，由此创建了农业生产合理布局的区位理论。[③]

（二）马克思的地租理论

马克思的地租理论是对古典学派地租理论的继承、批判和发展。马克思地租理论的要点在于，深刻揭示了地租的性质和来源。马克思指出，地租是“土地所有权在经济上借以实现即增殖价值的形式”[④]。它是劳动者所创造的剩余价值超过平均利润的余额。同时，马克思把地租分为3类：第一类为级差地租，第二类为绝对地租，第三类则为垄断地租。

在级差地租中，马克思将等量资本、等量劳动投于非条件最差的不同肥力的土地或与市场距离不同的土地所产生的不同超额利润转化的地租，称为级差地租Ⅰ；而将在同一土

① 杜尔哥．关于财富的形成和分配的考察．中译本．北京：商务印书馆，1978：51－57.

② 斯密．国民财富的性质和原因的研究：上卷．中译本．北京：商务印书馆，1972：136－243.

③ 杜能．孤立国同农业和国民经济的关系．中译本．北京：商务印书馆，1986：189－192.

④ 马克思，恩格斯．马克思恩格斯全集：第25卷．中文1版．北京：人民出版社，1974：697.

地上追加投资产生的超额利润转化的地租，称为级差地租Ⅱ。区别级差地租的意义在于，前者会在租约中体现，它被土地所有者攫取；而在租约期内，农业资本家追加投资形成的超额利润则往往落入他们自己手中，直到租约期满或转给其他农业资本家经营时，土地所有者才能通过地租调整的方式将这部分超额利润转化为地租。

绝对地租是土地所有权在经济上实现的要求。对土地所有者来说，他不会白白地把土地出让给租地者使用。即使是最差的土地，土地所有者也会向租地者收取地租，这就是绝对地租。垄断地租则是指形成垄断价格的土地产品带来的超额利润所转化的地租。例如，某些具有特殊条件的土地，能生产出具有垄断价格的特殊产品，因而带来垄断地租。

此外，马克思还对建筑地段、森林、牧场等的地租进行了研究。他认为，虽然这些土地的地租各有特点，但农业地租原理对它们同样适用。马克思还在地租理论的基础上，指出了土地价格是资本化的地租，是地租的购买价格。

（三）新古典经济学派的地租理论

1803 年，萨伊关于“物品的效用就是物品价值的基础”理论的提出，使古典经济理论逐渐偏离劳动价值论而转向价格理论。在他那里，价值是由劳动、资本和土地这三要素协同创造的。因此，每种要素都应取得相应的收入，这就是劳动者获得工资、资本家获得利润、土地所有者获得地租。此后，19 世纪 70 年代发生的边际主义革命，西方经济学开始由古典向新古典转变，地租理论的研究也开始转向边际分析和效用分析。其中著名的有克拉克、马歇尔、乔治等人，而对城市土地合理利用布局的开创性研究，则是美国学者阿朗索。在克拉克《财富的分配》一书中，土地不再作为一种与劳动和资本并列的生产要素，而被看作一种特殊的资本货物。他认为，劳动的收入是工资，资本的收入是利息，资本货物的收入则是利息派生形式的租金。他通过对劳动和资本这两种生产要素边际收入递减的分析，提出了要素边际生产力的概念。他指出，要素所有者的收入分配应根据这两大要素在生产过程中的贡献份额来确定。因此，在他的理论中，地租不是一个独立范畴，而是间接得出的。

马歇尔在他的名著《经济学原理》中，不仅创立了局部均衡理论，而且用边际方法分析了地租。在级差地租方面，他基本上承袭了李嘉图的地租理论。但他认为，地租可分为狭义和广义的两种。狭义地租完全是自然界的恩赐，非人力所为，而广义地租还包括对土地进行投资改造所得的报酬。他认为，对整个社会来讲，土地数量是不变的，且无生产成本，是大自然的赐物，它没有供给价格，因此地租决定于对土地的边际投资的纯产品。他从土地报酬递减规律出发，认为随投资的不断增加，最终会达到某个边际，处于该边际上的投资所生产的纯产品，仅提供正常利润而无剩余。而边际投资以前的各份投资的纯产品，则除去正常利润外尚有剩余，这些剩余便构成地租。同时，马歇尔根据他所区分的短期均衡和长期均衡的特点指出：对在长期中数量可变，但在短期中数量相对固定的生产要素的需求也会引起报酬。它在短期中类似地租的性质，而在长期中又不存在，这就是马歇尔独创的准租概念。

1879 年，乔治提出了他的地租观点。他认为，地租是由等量劳动和等量资本在某块土地上的产出与在生产率最低的土地上的产出之差决定的。在最差的土地上，边际产出等于边际成本，在其他土地上，地租等于边际产出减去边际成本。他认为，地租是土地所有者通过私有权获得的垄断价格，因此他主张征收单一土地税，将税收用于社会福利。

然而，在新古典经济学家们看来，李嘉图和乔治的地租概念都是不完善的。他们认为，租金应与供给非弹性的生产要素相联系。因此，使用土地这种供给非弹性的要素的报酬是商业租金。而商业租金包含两种成分：转移收入和经济租金。前者是对地力消耗的补偿，后者是商业租金扣除转移收入后的剩余部分，它反映了人们对稀有土地需求所支付的代价。两者之间的比例随土地供给的弹性而变化。当土地供给完全弹性时，商业租金由转移收入构成，经济租金可忽略不计；当土地供给完全非弹性时，商业租金由经济租金构成，转移收入可忽略不计；若土地供给有一定弹性，则两者同时存在，其比例由供给弹性所决定。

综观以上理论可以得出以下要点：马克思以劳动价值论为基础，通过剩余价值理论揭示剥削，指出地租也是剩余价值的一部分，而土地所有者取得地租，凭借的是土地所有权。西方古典政治经济学家一般也以劳动价值论为基础，但由于他们或混淆生产价格和价值的区别，或对生产价格和价值的关系理解不同，使得他们在地租的性质或来源问题上有各种不同的观点，但对土地利用存在级差地租的认识大体是一致的，他们或多或少地也认识或感觉到土地所有权对地租的要求。我们认为，对正处于社会主义初级阶段的中国，地租理论的现实意义主要在于：土地所有权的存在导致了对地租的要求，而土地自然地理条件的不同，决定了同等投入会有不同的产出，由于地租的作用，在竞争市场的条件下，城市土地资源将得到有效配置。古典时期的杜能和以后的新古典学派，已完全偏离劳动价值论，而采用边际分析方法说明地租，并通过效用和利润最大化分析建立了土地合理利用的区位理论。尽管新古典经济学派的理论掩盖了资本主义剥削的性质，但他们对土地合理利用的分析方法，尤其是他们所提供的城市土地资源是否合理配置的判断尺度，是值得我们借鉴和深入研究的。

第二节　中国城市土地使用制度的历史回顾

中华人民共和国成立以来，我国城市土地使用制度发生了巨大变化。以 1978 年改革开放为分界点，我国城市土地使用制度可分为土地无偿使用和有偿使用两个时期。改革开放之前，我国长期实行的是计划经济体制，与此相应的土地使用制度采取计划分配、行政划拨的无偿、无限期、无流动的模式。改革开放以后，我国城市土地使用制度从无偿使用转向有偿使用，在土地资源配置中引入市场机制，至今已初步建立土地市场制度的基本框架，市场在土地资源配置中的基础性作用得到较好的发挥。

一、改革开放前城市土地的无偿使用时期（1949—1978 年）

（一）城市土地无偿使用制度的形成

旧中国实行土地私有制度，城市土地在国土面积中所占的比重很小，分别由官僚资产阶级、封建地主、民族工商业者、个体劳动者和外国人所占有。中华人民共和国成立以后，并没有马上对城市土地实行国有化，而是针对不同性质的所有权形式，分阶段逐步实现城市土地国家所有制。中华人民共和国成立初期，各城市政府首先接管了一批国民党政府所有的城市土地，没收了帝国主义和官僚资产阶级在中国占有的大批城市地产；对那些由民族工商业、个体劳动者、城市居民所拥有的私有土地仍给予承认。因此，中华人民共和国成立初期的城市土地形成了国有与私有并存的格局。

1950年4月3日政务院公布的《契税暂行条例》第8条指出："各机关与人民相互间有土地房屋之买卖、典当、赠与或交换行为者，均应缴纳契税。"直到1956年，城市私有土地基本上可以买卖、出租、入股、典当、赠与或交换等。1956年1月18日中共中央书记处发布的《关于目前城市私有房产基本情况及社会主义改造的意见》中规定："一切私人占有的城市空地、街基地等地产，经过适当办法，一律收归国家。"① 从而实现了城市土地的全面国有化。至于城市国有土地的使用，则"由当地政府无偿拨给使用，均不必再缴租金"②，从而形成了我国计划经济体制下的无偿、无限期、无流动的城市土地使用制度。

（二）城市土地无偿使用制度的特征

我国传统的城市土地使用制度是顺应传统的经济体制而产生的。中华人民共和国成立以后，我国实行的是高度集中的计划经济体制，将社会看作一个大工厂，资源的配置完全通过行政指令性计划和实物指标进行，土地资源的配置也不能例外。传统的城市土地使用制度的典型特征表现在：（1）城市土地不是通过市场机制配置，而是通过行政划拨方式配置，排斥了市场对土地资源配置的积极作用；（2）城市土地实行无偿无限期使用制度，土地使用者从国家获得用地时不须支付地价，在使用期间也无须缴纳地租，城市土地使用权也没有具体明确的使用期限；（3）城市土地使用权不允许转让，从而阻碍了城市土地这一重要生产要素的合理流动。这种土地使用制度的实质在于排斥了市场机制的作用，完全由计划机制来配置土地资源。

（三）城市土地无偿使用制度的弊端

把城市土地纳入计划经济的轨道，将其直接置于国家的控制之下，对于防止土地的投机、保证社会经济的发展和居民居住条件的改善发挥了一定的积极作用，但是这一纯粹采用行政手段分配土地的体制，由于忽视了经济规律的作用，随着时间的推移暴露出诸多的弊端：（1）城市土地无偿使用导致国家对城市土地的所有权在经济上不能实现。我国宪法明确规定城市土地属国家所有，国家对城市土地的所有权在经济上要得以实现，就必须向用地单位和个人收取地租。但是由于城市土地的长期无偿使用，用地单位和个人使用国有土地时不需要支付任何的经济代价，国家实际上只是名义上的土地所有者，经济上的利益无法得到实现。（2）传统的城市土地使用制度由于排斥了市场机制的作用，对土地使用者也失去了经济约束，导致城市用地需要的不合理膨胀和土地利用效率的低下，造成土地资源的巨大浪费，许多单位往往不考虑实际情况，采取各种手段从国家获得大量土地，多报少用、早占迟用、占而不用的现象屡见不鲜。（3）由于土地使用权不允许转让，导致土地资源无法流动，土地使用者宁可让大面积土地闲置、荒废，也不愿意转给其他急需用地的单位，造成土地占有不均，土地使用者的利益不均。（4）城市土地无偿使用使城市建设资金无法形成良性循环，制约城市经济社会的发展。各级政府在城市土地划拨和使用中无任何收益，造成城市建设资金只有投入没有回收，无法形成城市建设投入产出的良性循环，

①② 毕宝德．中国地产市场研究．北京：中国人民大学出版社，1994：27.

城市建设投入越多，维护费用越大，包袱越重，致使城市基础设施建设资金短缺，城市基础设施建设严重滞后于社会经济的发展。

二、改革开放后城市土地的有偿使用时期（1979 年至今）

党的十一届三中全会拉开了中国经济体制改革的序幕，随着我国经济体制改革和对外开放的发展，国家的经济体制开始发生巨大和深刻的变化，传统的城市土地使用制度难以适应改革开放的要求，改革成为历史的必然。我国农村土地制度改革的起点是实行土地承包、包产到户；而城市土地使用制度改革则是以土地有偿使用为开端，以土地资源配置的市场化为目标。改革开放以来，城市土地使用制度改革经历了一个渐进的发展过程，可以分为以下几个阶段：

（一）城市土地有偿使用制度的建立（1979—1988 年）

改革开放之后，随着经济体制改革的逐步深入，迫切要求城市土地制度进行相应改革。

1. 征收土地使用费

我国城市土地使用制度改革首先出现在中外合营企业的用地制度上。为了与国际经济接轨，我国政府必须对中外合营企业的用地征收土地使用费，以保证国家的土地所有权在经济上得以实现。1979 年国务院颁布了《中华人民共和国中外合资经营企业法》，规定："中国合营者的投资可包括为合营企业经营期间提供的场地使用权。如果场地使用权未作为中国合营者投资的一部分，合营企业应向中国政府交纳使用费。"① 1980 年 7 月 26 日，国务院《关于中外合营企业建设用地的暂行规定》指出："中外合营企业用地，不论新征用土地，还是利用原有企业的场地，都应计收场地使用费。"② 1982 年深圳开始征收土地使用费，收费标准按土地的区位条件，每平方米 1～21 元不等，1982—1986 年全市累计收取的土地使用费共 3 848 万元。③ 在深圳的带动下，征收土地使用费很快普及到全国，至 1988 年全国已有 100 多个城市先后开征了城市土地使用费。当时征收土地使用费的出发点是为了解决城市基础设施建设资金长期短缺的问题，虽然对原有的土地使用制度触动不大，但这种尝试意味着我国城市土地从无偿使用向有偿使用转变，迈出了关键的第一步。

2. 征收土地使用税

1988 年 9 月 7 日国务院发布了《中华人民共和国城镇土地使用税暂行条例》，规定自该年 11 月 1 日起施行，开始对城镇土地按不同等级征收土地使用税，税率的标准为：大城市每平方米收税 0.5～10 元，中等城市 0.4～8 元，小城市 0.3～6 元，县城和小城镇 0.2～4 元。根据相关法规，城市土地有偿使用采取两种方式，对国内的土地使用者由中央统一征收土地使用税，对外商投资企业和外国企业在华机构用地由各地区、城市收取土地使用费。自此中国城市土地在法律上正式步入有偿使用的轨道。

（二）城市土地流转制度的建立（1989—2000 年）

1. 土地使用权有偿出让和转让

征收城镇土地使用税（费）这一改革措施，是对传统的城市土地无偿使用制度的否

①② 杨重光，吴次芳．中国土地使用制度改革 10 年．北京：中国大地出版社，1996：53.

③ 董黎明．中国城市土地有偿使用的回顾与展望．云南地理环境研究，1992（12）.

定，也是新的城市土地制度的起点。它增强了人们合理用地、节约用地的观念，不少城市的企业单位把多年荒弃闲置不用的土地主动交还给国家。但由于土地使用税标准还比较低，征收范围还比较窄，远不能满足城市基础设施建设的资金需求，更为重要的是这项改革还没有从根本上触动传统土地使用制度的根基，还没有建立土地市场化的流转机制，土地使用权这一重要的生产要素依然不能进入市场。为了适应经济体制改革和对外开放发展的要求，必须寻找一种新的城市土地资源配置机制。

1987 年 7 月，深圳市政府提出以土地所有权与使用权分离为指导思想的改革方案，尝试将土地使用权作为商品有偿出让。此项改革的主要内容是：在明确城市土地属国家所有的前提下，政府采取公开竞投和招标的方式，出让城市土地的使用权。1987 年 9 月 9 日，深圳首次以协议方式有偿出让土地，将 5 300 平方米的地块以 106 万元协议出让给中国航空技术进出口公司工贸中心。1987 年 11 月 25 日，深圳通过招标方式以 611 元/平方米的价格出售一块住宅用地使用权，深华工程开发公司在 9 家投标公司的激烈竞争中获取一块 46 355 平方米住宅用地为期 50 年的使用权。12 月 1 日深圳首次公开拍卖土地使用权，一宗面积为 8 588 平方米的土地被一家房地产公司以 525 万元的价格竞得。① 这是中华人民共和国成立后的首次土地拍卖活动，引起了国内外人士的关注。当时香港报纸发表了这样的评论："这是自 1949 年中华人民共和国成立以来的空前创举，也标志着中国内地的改革开放进入了新时期。"② 同年 11 月，国务院确定在深圳、上海、天津、厦门、福州等沿海城市进行土地使用制度改革试点，各试点城市按照土地所有权和使用权相分离的原则，国家在保留土地所有权的前提下，通过协议、招标、拍卖等方式将土地使用权以一定的价格和年期出让给使用者，出让后的土地使用权可以进行转让、出租或抵押。这是我国土地使用制度带有根本性的改革，彻底打破了长期无偿、无限期、无流动性的土地划拨制度。根据实践发展的需要，1988 年 4 月，第七届全国人民代表大会第一次会议通过了《中华人民共和国宪法修正案》，将原《宪法》中有关土地不得转让的规定改为"土地的使用权可以依照法律的规定转让"。随后，《中华人民共和国土地管理法》（以下简称《土地管理法》）也做了相应的修改，从而为国有土地使用权的出让和转让提供了法律依据。1990 年 5 月国务院发布了《中华人民共和国城镇土地使用权出让和转让暂行条例》，对国有土地使用权出让、转让、出租、抵押、终止等问题做出了明确的规定。这些法律法规的颁布实施，意味着我国城市土地使用制度改革进入了一个新的发展阶段，也标志着土地管理体制开始步入了一个新的时代。

自 1987 年深圳市率先实行国有土地有偿出让和转让以后，我国城市土地使用制度发生了根本性变化，从原来无偿、无限期、无流动的土地使用制度转变为有偿、有限期、有流动的土地使用制度，国有土地所有权在经济上逐步得到实现，为国家财政、城市基础设施建设提供了大量资金。但由于国有土地有偿使用制度建立的时间还不长，其管理体制和运行机制还不完善，因此不可避免地存在一些问题，并随着改革的深入日益凸显出来，其主要表现在以下几个方面：(1) 土地资源配置依然存在着双轨制，即行政划拨与有偿出让并存。实行土地使用权有偿出让之后，城市土地利用采取有偿出让和行政划拨两种方式。

①② 黄小虎．中国土地管理研究（下卷）．北京：当代中国出版社，2006：125.

在实际用地过程中，有偿出让所占的比例较低，而且有偿出让和行政划拨的界限模糊，大量本应以出让方式供应的经营性用地通过各种渠道改为划拨土地流入市场，使得国家土地收益大量流失。(2) 在土地有偿出让方式中，协议出让方式所占比重过高。《城镇国有土地使用权出让和转让暂行条例》规定，土地使用权出让方式包括协议、招标、拍卖等。然而由于土地寻租、地方政府竞争等原因，在有偿使用初期，各地政府在出让土地时基本上采用协议出让方式，而市场化程度较高的招标、拍卖方式所占的比例偏低。(3) 政府对城市土地市场的调控能力不强，尤其是对存量土地进入市场的调控力弱，导致土地供应总量失控。由于土地供应存在着双轨制，各级政府实际能够控制的只是新增建设用地的供应，而对于为数众多的存量土地却无法控制。存量土地使用者可以通过补办出让手续，以联合建房、以地换房等形式进行土地使用权交易，成为实质上的土地供应者，形成存量土地多头供应的格局。不仅造成土地供应总量失控，而且影响了招标、拍卖等市场配置方式的推广。因此，加强政府对城市土地流转的调控力，特别是解决存量土地多头供应的问题，显得越来越重要。

2. 土地收购—储备—开发—出让机制的初步形成

为了增强政府对城市土地一级市场的调控能力，运用市场手段优化配置数量庞大的存量建设用地，提高城市土地资产的附加值和出让效益，经过理论界和实际部门的探索，一种适应垄断竞争型市场模式的城市土地市场运行机制——土地储备制度应运而生。1996 年上海成立了我国第一家土地储备机构——“上海土地发展中心”，1997 年 8 月杭州成立了“杭州市土地储备中心”。经过试点城市的实践，土地储备的经验和成果得到各地政府和土地管理部门的认可，随后各地纷纷成立土地储备机构，推广这一新的土地供应方式。

土地储备制度的基本内容是根据两权分离的原则，成立由土地管理部门授权经营的土地储备机构，采取征购、回收、置换等方式将增量土地和存量土地集中到土地储备机构手中，由土地储备机构统一组织土地开发或再开发，将“生地”“毛地”变为“熟地”“净地”，然后根据城市土地供应的年度计划，分期分批将储备土地投入市场。截至 2001 年 8 月，全国已有 669 个县市建立了土地储备制度。从全国各城市土地储备制度运营情况来看，该制度已经成为地方政府调控土地市场的重要手段，其对优化城市存量土地资源配置，培育公开、公正、公平的土地市场，更好地实施土地利用总体规划和城市规划，实现城市经济和社会的可持续发展等方面都产生了积极的效果。

（三）城市土地使用制度改革的逐步深化（2001 年至今）

我国城市土地使用制度改革的目标是实现土地资源配置的市场化，其所要解决的不仅仅是让城市土地进入市场的问题，而是面临着培育、规范和完善城市土地市场的艰巨任务，是一个复杂的系统工程。虽然土地储备制度增强了地方政府对土地市场的调控能力，显化了城市存量土地资产价值，但土地使用权出让主要采用协议为主。协议出让是一种缺乏公开、平等竞争的土地使用权交易方式，土地资源的分配仍在较大程度上受行政行为左右，地价形成机制仍属行政定价模式，无法实现土地资源的市场价值。因此，加大市场机制在土地资源配置中的作用是深化土地制度改革的必然趋势。

2001 年之前，土地有偿出让方式以协议出让为主，地价随意性大、信息不透明、缺乏市场竞争，造成国有土地资产的大量流失。为推动土地配置的市场化程度，2001 年 5

月，国务院下发《关于加强国有土地资产管理的通知》，确立了经营性土地实行“招拍挂”制度。该通知要求：“为体现市场经济原则，确保土地使用权交易的公开、公平和公正，各地要大力推行土地使用权招标、拍卖。国有建设用地供应，除涉及国家安全和保密要求外，都必须向社会公开。商业性房地产开发用地和其他土地供应计划公布后同一地块有两个以上意向用地者的，都必须由市、县人民政府土地行政主管部门依法以招标、拍卖方式提供。”2001 年 6 月，国土资源部下发《关于整顿和规范土地市场秩序的通知》，强调健全土地市场制度：一是建设用地总量控制制度；二是城市建设用地集中供应制度；三是土地使用权公开交易制度；四是基准地价定期更新和公布制度；五是土地登记可查询制度；六是集体决策制度。2001 年 10 月，国土资源部发布《划拨用地目录》，细化了划拨用地的范围，对不符合划拨的土地，一律有偿使用。

2002 年 7 月国土资源部颁布的《招标拍卖挂牌出让国有土地使用权规定》要求，商业、旅游、娱乐和商品住宅等各类经营性用地要以招标、拍卖或者挂牌方式出让国有土地使用权，并且对招拍挂出让的原则、范围、程序、法律责任进行了系统性规定，确立了市场配置土地资源的制度。2003 年国土资源部颁布了《协议出让国有土地所有权规定》，要求土地协议出让也必须公开和引入市场竞争机制。

2004 年《国务院关于深化改革严格土地管理的决定》提出要“禁止非法压低地价招商”，同时要求加快工业用地进入市场化配置。2006 年国务院《关于加强土地调控有关问题的通知》中规定了工业用地必须采用招拍挂方式出让，且出让价格不得低于公布的最低价标准。

2007 年 3 月，《中华人民共和国物权法》（以下简称《物权法》）对土地招拍挂范围进行了明确规定：“工业、商业、旅游、娱乐和商品住宅等经营性用地以及同一土地有两个以上意向用地者的，应当采取招标、拍卖等公开竞价的方式出让”，从法律的高度确立了以国有建设用地使用权招标拍卖等公开竞价方式出让的市场配置制度，使土地市场化又向前推进了一步。

2008 年，《国务院关于促进节约集约用地的通知》提出，今后对国家机关办公和交通、能源、水利等基础设施、城市基础设施以及各类社会事业用地要积极探索实行有偿使用，进一步提高土地出让的市场化程度。

2012 年 11 月，党的十八大报告提出，改革征地制度，提高农民在土地增值收益中的分配比例。2013 年 11 月，十八届三中全会审议通过了《中共中央关于全面深化改革若干重大问题的决定》，指出了我国进一步市场化改革的方向，提出了建立城乡统一的建设用地市场。在符合规划和用途管制前提下，允许农村集体经营性建设用地出让、租赁、入股，实行与国有土地同等入市、同权同价。缩小征地范围，规范征地程序，完善对被征地农民合理、规范、多元保障机制。扩大国有土地有偿使用范围，减少非公益性用地划拨。建立兼顾国家、集体、个人的土地增值收益分配机制，合理提高个人收益。完善土地租赁、转让、抵押二级市场。

以上这一系列相关法律法规的出台，进一步扩大了市场机制在土地资源配置中的作用，对城市土地制度市场化改革起了积极的推动作用，促使城市土地使用制度改革向纵深发展。

第三节　中国农村土地使用制度的历史回顾

土地是农民的命根子，它事关亿万农民的切身利益。中华人民共和国成立后，社会主义农业经济体制的建立，首先从土地制度开始，而肇始于20世纪70年代末期的中国农村改革也是从土地制度破题的。

一、改革开放前农村公有土地制度的形成及特点（1949—1977年）

（一）农村土地改革时期的土地制度（1949—1952年）

中华人民共和国成立后，我国在农村地区进行了广泛的土地改革政策。对于我国土地改革的方针、路径及有关政策，中央人民政府于1950年通过《中华人民共和国土地改革法》的颁布和施行，对封建时代下，以地主利益维护为主、剥削普通农民的土地所有制，予以彻底化地废除；并基于农业生产力的解放、农业的健康发展以及农业工业化的实现，构建以农民利益维护为核心的土地所有制。我国的触角于1952年末，已经基本伸向了全国（除新疆、西藏及台湾地区等之外的所有地区），使封建时代的土地制度被彻底清除干净，每一个农民都享有了独立、完整且有效的土地使有权。

土地改革不仅有效抬高了农民的政治地位，同时增加了农民的经济收益。据有关统计，于全国范围内，九成农业人口所在的区域完成了土地改革；六成到七成农业人口因土地改革而获益。土地改革将7亿亩土地无偿分配给全国范围内的无地或少地农户，超过3亿人因此而受惠，同时分配的还有生产必需的其他辅助资料，这一举动将农民耕种需向地主上缴的地租（350亿千克粮食）予以免除，让农民可以彻底无负担地自主耕种和获取收成；此外，土地改革之后，全国耕地九成为贫中农所有，而以前集中掌握大量土地所有权的地主及富农大约只占有8%。这使农民的生活得到了改善，实现了耕者有其田。土地改革提升了农民的经济收益，解放了他们的政治限制，推动了他们的革命自主参与意识，而这些恰是国家解放和经济复苏的基础保障。

土地改革是中国土地发展史上的一个重要转折。在中国共产党的领导下，封建剥削的土地所有制被废除，农民翻身得解放。它不仅是中国土地改革史上最大的一次，也是最顺利、最成功的一次。土地改革中针对不同的公民群体提供了相应的改革措施，对于贫农、中农和富农进行了不同程度和方式的改革，在消灭地主阶级方面也针对不同的情况设置了不同的消灭路线。同时，还特别照顾了某些特殊人群，如少数民族、宗教人士、华人华侨等。对于这些特殊人群，党和国家通过减免他们的负担提高了他们的积极性，进而消灭了封建剥削的土地所有制，土地改革在成功的同时也暴露了很多弊端，在土地改革中过度迁就农民、努力实现平均主义是农业合作化的源头。土地改革后形成了一种小农经济模式，这给后期土地发展的规模化增加了难度。

（二）农业合作化时期的农村土地制度（1953—1957年）

社会主义过渡时期为了克服土地改革后农村出现新的贫富两极分化现象，并且满足分散农户互助劳动和交流生产资料的需要，中央决定引导农民走合作化道路。这种方法的实

施是在农民对土地所有权的基础上，以自愿、互助互利为原则，农民基于此，适当缓解当时耕作要素匮乏，耕作科技不足以应付和抵挡自然灾害的局面。

截至1953年，我国已经建立了多种多样的合作社和互助组，随着1955年《关于发展农业生产互助合作的决议》的出台，又进一步促进了合作社的构建。农民家庭的主体地位被作为基层经营组织的生产队所代替，并将农地以及相关水文工程归村合作社所有，由生产队统一安排工作任务以及耕作资料。到1956年12月，加入农村合作社的农民已经为国内农民总数的96%，并且高级合作社在全国范围内的数量越来越多，规模也逐渐扩张，到1957年年底，在全国范围内，每个合作社已经拥有高达158.6户农户。这些数据清楚地表明，土地私有制已经不能适用于当时社会，应废除土地私有制，建立社会主义所有制。

纵观整体，加入互助组的农民的相互合作只存在于生产过程中，完整统一的土地产权依然属于农民。在初级社中，集体所有权已经有了发展趋势，土地的使用权与收益权已不再归农民所有而属于集体；而在高级社中，以熟人社会为主的农村社区界限被突破。更高的集体层级成为所有权的主体，土地产权、使用权等都被明确规定为集体所有。这一强制性的制度改变过程虽由政府主导，但已渐渐违背了自愿互利原则，对农民的权益和利益造成了损害。而且，在农业社会主义改造过程中，由于要求过急、动作过粗、改变过快、形式单一，而未能全面考虑到全国各地合作化程度方面的巨大差距，导致社会基础不稳固，但也在一定程度上赶超了当时的生产力发展水平。

（三）人民公社时期的土地制度（1958—1978年）

1958年8月，中共中央发布《关于在农村建立人民公社问题的决议》。决议推行的人民公社规模，以一乡一社、两千户左右农户为标准，并给出了小社并大社进而升级为人民公社的做法和步骤。由于规模过大，不可避免地导致了生产效率下降、社员收入平均化和“四多四少”问题，为此，1959年8月，中共中央政治局通过了《关于人民公社的十八个问题》，首次明确了人民公社的三级所有制，即人民公社所有制、生产大队（原高级社）所有制和生产队所有制，其中生产大队所有制为主导。1962年9月公布的《农村人民公社工作条例修正草案》（即人民公社“六十条”）明确了人民公社的基本核算单位是生产队，实行独立核算，自负盈亏，直接组织生产，组织收益分配。直到1978年启动农村改革前，尽管中间略有调整，中国农村一直实行“三级所有，队为基础”的土地集体所有制度。综上，中华人民共和国成立之后，第一代领导人致力于构建一个集体所有、统一经营的农村土地制度。从产权经济学角度看，只有明晰的产权加上适度的经营规模才能达到最大的产出效果，因此，自1959年起，中共中央就在探索最佳的基本核算单位。1959年把基本核算单位界定为生产大队；1960年以后则下放到生产队，并不断强化生产队对土地的所有权和使用权。但问题在于，以生产队为基本核算单位的这种生产关系仍然不适应生产力发展的需要，具体表现在农民生产积极性低下，农产品供给增长缓慢甚至下降。集体化21年间，粮食净征购数增长仅为21%，棉花收购增长48%，食油收购反而减少了14%，均远低于人口和劳动力增长速度。农业粮食净征购年递减1.09%，棉花收购年递减0.15%，食油收购年递减2.69%。粮、油均由合作化开始时的净出口国变为净进口国。粮食由“一五”时期的年净出口20亿公斤变为“五五”时期的年净进口70亿公斤，为同期年净征购数的16%。29个省市区中，有11个由粮食调出省区变为调入省区，到20世纪70年代末期，只有 3 个省能够调出粮食。在这种情况下，土地制度改革已经成为必然。

二、改革开放后农村统分结合的双层经营体制的形成与演变（1978 年至今）

1978 年底，在党的十一届三中全会精神的鼓舞下，安徽省凤阳县小岗村等一批村庄率先突破传统体制，在村内实行了以“包产到户”“包干到户”为主要内容的各种承包责任制，后被中央文件统一界定为“家庭联产承包责任制”“家庭承包经营”。自此至今，中国农村土地制度改革经历了三大阶段。概括地看，从 20 世纪 80 年代前半期的 5 个中央一号文件，到 1993 年的《中华人民共和国农业法》和中央 11 号文件、1998 年党的十五届三中全会通过的决定、2002 年的《中华人民共和国农村土地承包法》（以下简称《农村土地承包法》）、2008 年党的十七届三中全会通过的决定、21 世纪以来的 12 个中央一号文件和党的十九大报告最新精神，政策逐步深化，构建了相对完整的土地制度框架。

（一）“统分结合的双层经营体制”形成时期（1978—1993 年）

1979 年 9 月通过的《中共中央关于加快农业发展若干问题的决定》中，把“不许包产到户，不许分田单干”，改为“不许分田单干。除某些副业生产的特殊需要和边远山区、交通不便的单家独户外，也不要包产到户”。正是这一改动，使广大农民和基层干部看到了制度创新的希望。到 1979 年底，全国包产到户的比重已经达到 9%。1982 年中央一号文件下发，正式承认了“双包”责任制的合法性。这个文件还初步阐述了“统一经营”中“统”的内涵。1983—1986 年的几个中央一号文件都对“统”和“分”的内涵做了越来越明确的界定。1991 年，党的十三届八中全会通过了《中共中央关于进一步加强农业和农村工作的决定》，把这一体制正式表述为“统分结合的双层经营体制”，指出“要在稳定家庭承包经营的基础上，逐步充实集体统一经营的内容。一家一户办不了、办不好、办起来不合算的事，乡村集体经济组织要根据群众要求努力去办”。1993 年 3 月《宪法》修正案正式把这一体制纳入《宪法》。同年 7 月 2 日第八届全国人民代表大会常务委员会第二次会议通过《中华人民共和国农业法》，第五条指出：“国家长期稳定农村以家庭承包经营为基础、统分结合的双层经营体制”。至此，农村基本经营制度正式确立。

（二）土地承包经营权稳定时期（1994—2007 年）

1984 年中央一号文件规定：“土地承包期一般应在十五年以上”，而到了 1993 年，小岗村等村实行责任制的时间就达到了 15 年。因此，1993 年的中央 11 号文件对承包期限做了进一步规定，即“为了稳定土地承包关系，鼓励农民增加投入，提高土地的生产率，在原定的耕地承包期到期之后，再延长三十年不变”。并提倡“增人不增地，减人不减地”，推进了土地承包经营权的稳定。1998 年 10 月召开的党的十五届三中全会总结了农村改革 20 年的经验，强调要“长期稳定以家庭承包经营为基础、统分结合的双层经营体制”，“关键是稳定完善土地承包关系”。2002 年，《农村土地承包法》出台，其第四条为：“国家依法保护农村土地承包关系的长期稳定。”从而把土地经营权的稳定上升到法律地位。2007 年出台的《物权法》把土地承包经营权界定为用益物权，进一步强化了土地承包经营权的法律地位，从财产权角度保障了农村基本经营制度的稳定。

（三）“长久不变”和土地制度的动态稳定时期（2008 年至今）

所谓动态稳定指土地承包经营权在流转中实现并促进农村基本经营制度的稳定。实际

上，早在1984年，中央一号文件就“鼓励土地逐步向种田能手集中”。1993年的中央11号文件、2008年中共十五届三中全会、2002年的《农村土地承包法》等，都有鼓励土地流转的内容。但从现实中看，农村集体对农户承包土地“小调整”以及集体侵犯农户承包经营权等现象依然存在，农民不能放心流转土地。因此，2007年之前，土地承包经营权流转面积占家庭承包经营总面积的比例始终比较低，2007年才达到5.2%。因此，农村土地承包经营权的稳定和固化已经成为现实中的迫切需要。

因此，2008年召开的党的十七届三中全会指出：“赋予农民更加充分而有保障的土地承包经营权，现有土地承包关系要保持稳定并长久不变”。第一次提出“长久不变”问题，在政策上强化了这种稳定性；2009年中央一号文件强调在此基础上“抓紧修订、完善相关法律法规和政策”，落实“长久不变”政策。目前《农村土地承包法》正在修订，其核心内容之一就是体现“长久不变”精神。而农村集体土地所有权和农户承包经营权的确权、登记、颁证正是为实现“长久不变”做准备。2008年以来，以“长久不变”为核心内容的一系列农业政策的实施，给广大农民吃了一颗“定心丸”，土地转出和转入的积极性都大为提高。到了2015年底，全国家庭承包经营耕地流转面积4.43亿亩，占比达33.3%；转出农户6 542.1万户，占家庭承包农户总数的28.4%。流转促进了土地承包经营权的动态稳定。现实中，农村土地至少具备三种权利，一是所有权，属于农村集体所有。二是承包权，属于农村集体成员所有。三是经营权，农村集体成员承包土地后，自然获得了经营权，二者是合一的，但当他把土地流转出去时，他就失去了经营权，而转入者则得到了相应的经营权。因此，土地的三种权利在现实中是分离的。但在《农村土地承包法》中，承包经营权则是一个概念，没有分开。为了解决这一法律和实践的矛盾问题，2014年中央一号文件提出了“三权分置”的政策思路，进一步促进了农村土地制度的动态稳定。这一重大政策创新不仅要体现在正在修订的《农村土地承包法》中，中央层面也出台相应的政策文件。从现实中看，土地承包经营权的稳定深受农民的欢迎，也是粮食生产“十二连增”、农民收入“十二连快”的基础。2017年党的十九大报告再次强调提出，要巩固和完善农村基本经营制度，深化农村土地制度改革，完善承包地“三权”分置制度。保持土地承包关系稳定并长久不变，第二轮土地承包到期后再延长30年。

第四节　中国土地使用制度改革的绩效评价

一、中国城市土地使用制度改革的成效及问题

中华人民共和国成立以来，特别是改革开放以来，我国城市土地使用制度发生了巨大变化，经历了土地无偿使用和土地有偿使用两个时期，至今已初步建立起适应市场经济要求的城市土地管理体制，确立了市场在土地资源配置中的基础性地位，建立了城市土地市场及其运行机制，为满足经济社会发展和改善城乡居民居住条件对土地的需求，推进国民经济持续、快速、健康发展发挥了积极的作用。然而，深化城市土地使用制度改革的任务依然艰巨，深化城市土地使用制度改革仍然面临诸多问题和瓶颈。

（一）城市土地使用制度改革的成效

经过 70 年的土地使用制度改革，特别是在改革开放后的 40 年里，伴随着社会主义经济体制改革的深化，我国城市土地使用制度和土地管理制度发生了巨大的变化，具体表现在：

1. 建立了城市土地有偿使用制度的基本框架

改革开放以后，我国政府根据经济体制改革的总体要求，遵循市场经济的原则，在坚持城市土地国家所有的前提下，实行了土地使用权与所有权分离，形成了以国有土地使用权为核心的土地产权制度和土地权利体系，建立了包括国有土地使用权出让、出租和转让等多种形式在内的土地有偿使用制度，实现了从无偿、无限期、无流动的土地使用制度向有偿、有限期、有流动的土地使用制度的根本转变。城镇土地有偿使用制度改革明确了国有土地所有者和使用者之间是租赁关系，土地所有者有权向使用者收取土地有偿使用费等。城市土地有偿使用制度进一步显化了国有土地资产的价值，使国有土地所有权在经济上得到实现。1987—1993 年，全国土地出让金总计约 1 300 亿元。随着改革的深入，政府的土地收益大幅度增加，2007 年一年就高达 1.2 万亿元。土地收益属于政府财政预算外的收入，2007 年全国预算内财政总收入约 5.1 万亿元，土地收益相当于预算内财政收入的 24%强，一些地方的比例更高，例如北京、杭州等城市的土地出让收入均高于财政收入的 50%。①

不仅如此，土地有偿使用制度从根本上转变了土地资源配置方式，通过引入市场机制提高了土地资源配置效率。国家以土地所有者和管理者的双重身份，通过土地供应，保证国家经济政策的有效执行。这是所有实行土地私有制国家所不具备的。实行土地有偿使用制度，充分发挥市场配置土地资源的作用，不仅能合理配置土地资源，而且有利于促进我国社会主义市场经济体制的形成和发展。

2. 初步形成了具有多种流通渠道和交易方式的土地市场体系

随着土地有偿使用制度的确立，按照法律规定应当有偿使用的建设用地，都纳入了有偿使用轨道，初步形成了三级土地市场体系。土地一级市场是土地使用权出让市场，即国家通过其指定的政府部门将城镇国有土地或农村集体土地征用或征收为国有土地后出让给使用者的市场。出让的土地，可以是生地，也可以是经过开发达到“七通一平”的熟地。土地一级市场的任务是实现土地资源的初始配置，如确定土地用途，规定土地使用期限，形成土地初始价格等。土地二级市场，是土地使用者经过开发建设，将新建成的房地产进行出售和出租的市场。即一般指商品房首次进入流通领域进行交易而形成的市场。房地产二级市场也包括土地二级市场，即土地使用者将达到规定可以转让的土地，进入流通领域进行交易的市场。土地二级市场的形成则有利于土地使用权的横向流动，实现土地资源的再配置。土地三级市场，是购买房地产的单位和个人，再次将房地产转卖或转租的市场。也就是房地产再次进入流通领域进行交易而形成的市场。房地产三级市场也包括房屋的交换、抵押、典当等流通形式。目前全国已有 1 308 个市、县建立了收购储备制度，1 198 个市、县建立了土地有形市场，1 142 个市、县建立了信息发布制度。可以说，土地市场

① 寇楠，徐海波．地方政府土地依赖：现状、成因及化解路径——基于大连市数据．武汉金融，2014（4）：40－41.

的各项制度建设正趋于规范和完善，土地市场管理要实行“阳光作业”已成为国土资源管理工作者的共识和行动，这些都完全符合我国市场经济发展的方向。

随着土地市场体系的不断完善，土地交易方式日趋多样化。在国有建设用地一级市场中，以招标、拍卖和挂牌方式出让的比例明显提高。特别是随着工业用地招拍挂出让制度的实施，土地招拍挂出让面积逐年扩大，占有偿出让总面积的比例逐年上升。2008 年全国招拍挂出让土地 13 136 万公顷，占出让总面积的 81.19%，比上年提高 32 个百分点。与此同时，以土地使用权转让、出租、抵押为主体的土地二级市场和三级市场也从无到有迅速发展。城市土地一级市场和二级市场、三级市场的相互衔接，为城市土地这一重要生产要素的合理流动提供了必要的平台，构成纵横交错的土地产权流通网络，提高了土地资源的利用效率。

3. 增加了政府财政收入，为城市基础设施建设提供资金保障

在传统的计划经济体制下，由于实行土地无偿使用制度，造成城市基础建设资金无法形成良性循环，资金匮乏一直是阻碍中国经济发展和城市建设的最大制约因素。土地使用制度改革以后，各级政府探索新型城市经营之路，通过城市土地出让方式的严格市场化配置，使城市土地能够在竞争中实现其最高利用价值和效益，引导土地市场走向规范化发展。与此同时，通过国有土地使用权的有偿出让和转让，产生了巨大的土地资产效益，极大地增加了地方财政收入，为城市基础设施建设筹集了大量基金，加快了城市基础设施建设的发展。

目前，地方政府通过出让土地获得的土地出让金收入，成为地方政府财政收入的重要补充来源。据统计，目前我国县市中，土地出让金占预算外财政收入的比重已超过了 50%，有部分地区甚至占到了 80%以上。据有关数据显示，我国自实行土地有偿出让制度之后，土地出让金呈现明显的增长态势，出让金在地方财政收入中所占比重迅速提升。2001—2003 年，我国土地出让金合计 9 100 多亿元，约占同期全国地方财政收入的 35%。2004 年 3 月 31 日，国土资源部、监察部联合发文要求从即日起就“开展经营性土地使用权招标拍卖挂牌出让情况”进行全国范围内的执法监察，各地要在 2004 年 8 月 31 日前将历史遗留问题处理完毕。这使土地有偿出让进一步市场化，当年全国出让金的价款达到 5 894 亿元，占同期地方财政总收入的 47%。2005 年，我国执行收紧地根政策，出让金收入占比虽有所下降，但总额仍有 5 505 亿元。2006 年，土地出让金收入再次出现井喷，第一季度全国土地出让金总额就达到了 3 000 亿元左右。2008 年美国金融危机爆发后，我国土地出让收益进一步增长。2009 年财政部的数据显示，土地出让收入为 14 239.7 亿元，增长 43.2%，占地方财政收入的 43.7%。中国指数研究院的监测数据显示，2010 年全国 120 个城市土地出让金总额为 18 814.4 亿元，同比增加 50%。据财政部部长谢旭人在 2011 年全国人大召开的记者会上介绍，2010 年全国国有土地有偿出让收入 29 397 亿元，完成预算的 213.2%；这相当于地方财政收入的 60%以上，同时占 2010 年全国财政收入 8 万多亿元的 30%还多。[①] 上述数据与 1999 年相比，土地出让收入总额增长了 56 倍，土地出让收入占地方财政收入的比重也提高了 50 个百分点。如果再加上与土地相关的税收，毫无疑问，国有土地出让所产生的相关收入已成为地方政府财政最主要的收入来源。从目

① 罗红云．地方政府如何降低经济发展中的土地财政依赖症——以新疆为例．开发研究，2012 (1).

前土地财政收入的分配格局来看，东部沿海发达地区在其中获得了更大的份额。如在2010年近3万亿元的土地财政收入中，东部沿海省份占2/3强，中西部20来个省份约占1/3。①

高速增长的土地收益极大地提高了地方财政收入，土地收益成为地方政府推进基础设施建设和城市建设的强大动力。

4. 建立了土地政策参与宏观调控的基本框架

经过多年来的改革探索，我国建立了土地政策参与宏观调控的基本框架，形成了符合中国国情的土地市场监管体系。中国城市土地属于国家所有，中央政府行使国有土地所有权代表职能。这使得政府对经济进行调控时，除了运用财税、金融手段，还可以从土地管理的角度加以配合。例如，用土地利用规划和土地供应计划，对经济结构和经济发展加以控制；用地租、地价政策对市场主体加以引导。

在深化城市土地使用制度改革和完善宏观调控体系的背景下，2003年党中央、国务院正式提出运用土地政策参与宏观调控，通过一系列科学的土地政策从土地的供给、需求、价格管理各环节逐步建立了土地市场监管体系，推动土地产权交易规则的完善和交易行为的规范，引导房地产市场健康平稳发展，加强了政府对城市土地市场的控制能力。党的十七届三中全会审议通过的《中共中央关于推进农村改革发展若干重大问题的决定》提出，逐步建立城乡统一的建设用地市场，这使“地根”的调控作用的规模和范围得到进一步扩大，调控效果得到进一步提升。经过多年的改革探索，目前我国已经建立了以土地利用总体规划、土地利用年度计划、土地用途管制制度、农用地转用制度、土地储备制度、限制用地目录、禁止用地项目目录和划拨用地目录等为主要内容的土地供给管理制度，对建设用地的供应总量和结构进行调控；建立了以城镇土地使用税、房产税、耕地占用税、新增建设用地有偿使用费等为基本内容的土地需求管理制度；初步形成了以土地价格评估制度，基准地价、标定地价确定和定期更新、公布制度，协议出让国有土地使用权最低价制度，全国工业用地最低出让价控制标准，交易价格申报制度等为主要内容的土地价格管理制度。这些管理制度有效地强化了政府对土地市场的调控能力，对确保城市土地供应的合法性、提高土地利用效率、抑制不合理的用地特别是投机性用地需求、促进土地价格市场形成机制的形成、完善土地产权交易规则、规范土地交易行为、保证土地市场的健康发展起了积极的作用。例如，2003—2005年，中国政府治理经济过热和重复建设，明确提出了“运用土地政策参与宏观调控”，“严控土地和金融两个闸门”等政策主张。当时，解决钢铁业盲目、低水平重复发展问题，就是从整顿土地市场，查处违法用地入手，取得明显成效。

5. 城市土地使用制度改革对搞活经济发挥了重要作用

土地是社会经济发展的重要资源，土地市场化配置极大地提高了土地使用效率，极大地促进了地方经济发展。2007年，全国土地二级市场（即企业与企业之间的土地交易行为）情况大体如下：转让土地使用权145万宗，涉及的土地面积6万多公顷，交易金额近7 200亿元；抵押土地使用权81.7万余宗，面积50万公顷，抵押金额近4.8万亿元，实

① 张志宏．再说“土地财政”的是与非．中国国土资源报，2014-03-10.

现抵押贷款 2.5 万亿元；土地使用权出租 7.6 万余宗，面积 2 300 多公顷，土地租金约 1.2 亿元。土地二级市场反映了如下情况：一是市场经济的活跃程度。例如转让土地使用权 145 万宗，按每宗交易主体为 2 家计，涉及的企业主体近 300 万家。二是土地融资的范围广、数量大。股市融资对企业要求高，2007 年中国沪深股市的上市企业只有 1 530 家，绝大多数企业没有条件到股市融资，却可以通过土地融资。这一年土地抵押 81.7 万宗，如以每宗涉及一个企业计，就是 80 多万家企业。同年全国股市融资额为 7 792 亿元，而土地融资则是 2.5 万亿元。土地制度对搞活经济的重要性，由此可见一斑。①

（二）城市土地使用制度改革存在的问题

尽管城市土地使用制度改革取得了明显成效，但由于我国处于经济转型期，社会主义市场经济体制还不完善，城市土地市场发育不健全，相关法律、法规及制度不完善，因此深化土地使用制度改革，完善土地市场制度建设的任务依然繁重。

第一，国有土地有偿使用制度的覆盖面有待拓展，应尽早解决土地供应的“双轨制”问题。近年来，随着土地使用制度改革的发展，市场机制在土地资源配置中的基础性作用不断扩大，但是土地供应依然存在着“双轨制”，即行政划拨与有偿出让并存。2006 年划拨用地占土地供应总面积的比重仍高达 21.49%，国家机关办公、基础设施以及各类公共社会事业用地仍然采取划拨方式供地。土地供应“双轨制”的长期存在，不仅不利于土地利用效率的提高，而且给土地“寻租”提供了温床，不利于土地收益分配的调节。因而不断缩小划拨用地范围，尽快实现供应方式的并轨，是深化土地使用制度改革的重要任务。

第二，土地价格的市场形成机制和地价调控机制有待完善。近年来，我国各大城市地价上涨迅速，并与房价形成螺旋上升态势，尤其是一些城市天价地的出现导致人们的普遍关注和担忧。土地价格上涨有其内在的客观原因，但也有不合理的因素在助推，如地方政府片面追求土地收益和开发商炒作等。健全土地价格市场形成机制和完善价格调控机制是保证土地市场健康发展的内在要求。

第三，征地补偿机制亟待完善。随着我国城镇化水平的不断提高，大量的人口和产业向城市集中，城市土地向外扩展成为不可避免的趋势，越来越多的农村土地被纳入城市用地的范围。在征用农村集体土地的过程中，地方政府为了降低土地收购成本，尽量压低土地征收补偿费，农民土地权益受到严重侵害。随着大量土地被征用，越来越多的农民失去赖以生存的土地，却没能获得足够的生活补偿，成为种田无地、就业无岗、社保无份的“三无”人群，引发了信访、上访，甚至群体性事件频频发生，成为影响社会稳定的重要因素。因此，改革征地制度，完善征地补偿机制是我国土地市场建设亟须解决的问题。

第四，城乡建设用地市场分割，土地权益不平等。在我国城乡二元经济结构下，土地使用制度不统一，交易规则和方式各异，国有建设用地和集体建设用地普遍存在着不同权不同价的现象。个中缘由在于制度安排不合理，城乡土地市场不统一。这一现状不利于生产要素在城乡之间的合理流动，也难以实现城乡土地的节约、集约利用。

第五，地方政府财政严重依赖土地收益。土地是重要的资源，也是非常重要的资产。随着土地使用制度改革的推进，土地资产的价值逐步显现，土地有偿出让为城市发展建设

---

① 贾志鹏．城市土地储备制度问题与对策研究．天津师范大学硕士学位论文，2012.

积累了部分资金，但在一些地方也因此出现了政府过分依赖土地收入的问题。据国务院发展研究中心的一份调研报告显示，在一些地方，土地直接税收及城市扩张带来的间接税收占地方预算内收入的40%，而土地出让金净收入占政府预算外收入的60%以上。这对我国宏观经济的可持续增长显然具有不小的负面效应。在“土地财政”上，这些地方政府最核心的做法是土地整理，就是政府运用行政权力把集体所有或其他用途的土地整合后进行招拍挂，如此一来土地价格就会翻几番。①

二、中国农村土地使用制度改革的成效及问题

（一）农村土地使用制度改革的成效

1. 赋予了农民土地承包经营权

总结40年来的农村土地制度改革，最大的成就在于逐步从政策和法律上认可并赋予了农民土地承包经营权，并由此奠定了我国农业家庭经营的制度基础，确立了我国农业家庭经营的主体地位。在最初由农民自发推动的承包制的改革中，通过包干到户、包产到户等形式，农民事实上获得了以家庭为单位开展农业经营的土地承包经营权；而在此之后，国家不断出台政策对土地的家庭承包经营进行引导，对农民的土地承包经营权进行界定、规范和保护；特别是《农村土地承包法》和《物权法》的相继出台，使过去依靠合同约定的土地承包经营权成为法定的、农民对土地直接支配的权利，农民在制度创新实践中获得的土地承包经营权上升为受国家《物权法》保护的土地财产权利。农村家庭承包制的改革之所以能够取得成功，根本的原因也就在于这种制度赋予了农户从事家庭经营的土地承包经营权。在土地承包经营权的基础上，以家庭为单位开展农业经营，生产、经营和劳动计量在同一单位进行，生产者的成本、收益趋向一致，这就自动建立起了“多劳多得”的激励机制，极大地调动了农民的生产积极性，彻底解放了农村生产力，从而创造了我国农业持续多年增长的奇迹。按照林毅夫（1994）的估计，以不变价计算，1978—1984年中国农业总产值增加了42.23%，其中46.8%来自家庭承包制实行所带来的生产率的提高。

2. 开辟了农村土地要素市场

过去40年的农村土地制度改革，在赋予农民土地承包经营权的同时，开放了土地承包经营权流转市场，开辟了农村土地要素市场。从一开始，政策上就允许农民的土地承包经营权流转。但是，受农村人口和劳动力转移缓慢等外部条件的制约，土地流转的程度一直很低。据农业部1993年进行的抽样调查，1992年全国共有473.3万户农户转包、转让农地1 161万亩，分别占承包土地农户总数的2.3%和承包地总面积的2.9%（张红宇，2002)。20世纪90年代中期，随着工业化、城镇化发展，农村人口和劳动力向城镇和非农产业转移的进程加快，土地流转的外部条件不断改善，土地承包经营权流转的发生率在不同地区不同程度地提高。1998年，据农业部对包括河北、陕西、安徽、湖南、四川和浙江省的抽样调查，有9.8%的农户转出了土地，转出土地面积占村组土地总面积的比例达5.2%；有8.4%的农户转入了土地，转入土地面积所占的比例为6.0%。总体上看，有近1/6的农户、1/20的土地进入市场交易。而在沿海发达地区，土地流转的比例则更高。

① 张志宏．再说“土地财政”的是与非．中国国土资源报，2014-03-10.

2001 年，浙江省土地流转面积达 300 万亩，占到全省耕地的 12.4%（张红宇，2002）。土地流转一方面促进了土地集中和农业规模化、集约化和产业化经营，另一方面为农村剩余劳动力转移和外出就业提供了便利，从多方面促进了农村经济的发展。

3. 建立了土地财产物权保护制度和土地管理法律体系

在过去 40 年的农村土地制度改革中，中国不断以法律等正式制度的形式巩固改革成果，规范土地制度建设。改革 40 年来，形成了包括《宪法》有关条款、《物权法》、《农村土地承包法》、《土地管理法》、《中华人民共和国民法通则》、《中华人民共和国草原法》、《中华人民共和国森林法》、《〈土地管理法〉实施条例》等国家法律法规、《土地管理法》地方实施办法和《农村土地承包法》地方实施办法等地方法规以及有关司法解释和部门规章等在内的农村土地制度法律法规体系，基本建立起农村土地财产物权保护制度和土地管理法律体系，逐步将农村土地纳入了法治管理轨道。

在农村土地物权制度建设方面，完善和规范了农村多元化的农民集体土地所有权法律制度。1986 年通过的《土地管理法》，根据农村集体土地"三级所有"的现实，明确规定"集体所有的土地依照法律属于村农民集体所有，由村农业生产合作社等农业集体经济组织或者村民委员会经营、管理"。同时规定："村农民集体所有的土地已经分别属于村内两个以上农业集体经济组织所有的，可以属于各该农业集体经济组织的农民集体所有。"1998 年修订通过的《土地管理法》在规范村所有、组所有的同时，规定："已经属于乡（镇）农民集体所有的，由乡（镇）农村集体经济组织经营、管理"。后来的《农村土地承包法》《物权法》等法律都对土地所有权做了同样的规定，从法律上规范了组所有、村所有和乡（镇）所有的农村集体土地所有制形式，完善了农村多元化的集体土地所有权制度，为依法规范土地发包、土地调整、征地补偿等提供了依据。

在依法规范土地所有权的同时，建立起了土地承包经营权、集体建设用地使用权、宅基地使用权等用益物权制度。《物权法》明确规定了土地承包经营权、集体建设用地使用权、宅基地使用权的用益物权地位。与《物权法》相配套，《农村土地承包法》规定了土地发包方和土地承包方的权利义务关系和土地承包期限，从法律上统一了土地承包经营权的权利内涵，统一规定了各类土地承包经营权的期限。规定发包方在享有发包土地、监督承包方合理利用土地、保护土地等权利的同时，不得非法变更、解除承包合同，不得干涉承包方依法进行正常的生产经营活动；明确规定土地承包经营权是承包方依法享有的、在土地用途管制下对承包土地占有、使用、收益和处分的权利，有依法获得征地补偿的权利。

4. 建立了土地用途管制制度和耕地保护制度

在过去 40 年的农村土地制度改革中，一方面，适应市场经济发展的需求，不断从政策和法律上赋予并明确界定、规范和保护农民的土地使用权，如土地承包经营权、集体建设用地使用权、宅基地使用权等；另一方面，通过建立土地利用规划管理制度、土地用途管制制度和耕地保护制度等，逐步建立健全了国家对个人土地利用行为的管制规则体系，这对保护耕地和保障土地资源的可持续利用发挥了重要作用。

《土地管理法》自 1987 年 1 月 1 日起施行，标志着我国城乡土地由多部门分头管理开始转向城乡土地统一管理，由此开始逐步建立和完善了土地统计制度、土地调查制度、土地利用规划管理制度、土地用途管制制度、耕地保护制度等一系列农村土地管理制度。

1998年修订通过的《土地管理法》及其实施条例明确规定了包括全国、省（自治区、直辖市）、省会城市和大城市、县、乡（镇）等多层级的土地利用总体规划体系，规定了规划的编制原则、审批程序、修改权限以及依据土地利用总体规划编制土地利用计划的审批程序等。此后，我国编制完成了包括全国、省（自治区、直辖市）、省会城市和大城市、县、乡（镇）等五个层级的土地利用总体规划，将农村土地利用全面纳入了规划管理轨道。

1998年修订通过的《土地管理法》，从法律上确立了土地用途管制制度，规定国家实行土地用途管制制度。国家编制土地利用总体规划，规定土地用途，将土地用途分为农用地、建设用地和未利用地。严格限制农用地转为建设用地，控制建设用地总量，对耕地实行特殊保护。建设占用土地，涉及农用地转为建设用地的，应当办理农用地转用审批手续。这次修订通过的《土地管理法》明确规定建立包括占用耕地补偿制度和基本农田保护制度的耕地保护制度。占用耕地补偿制度要求，非农建设经批准占用耕地的，按照“占多少，垦多少”的原则，由占用耕地的单位负责开垦与所占用耕地的数量和质量相当的耕地；没有条件开垦或者开垦的耕地不符合要求的，应当按照有关规定缴纳耕地开垦费，专款用于开垦新的耕地。基本农田保护制度要求，将县以上政府批准的粮棉油生产基地、有良好的水利与水土保持设施的耕地、蔬菜基地等不低于行政区80%的耕地划入基本农田保护区，实行更加严格的管理和保护。

（二）农村土地使用制度改革存在的问题和挑战

土地制度是现代农业制度体系中最基本也是最核心的内容，因此，土地制度必须能够满足现代农业发展的需要。当前，中国农业发展到了一个前所未有的关键时期，土地制度改革遇到了前所未有的挑战，主要表现在以下四大方面。

第一，“长久不变”的实现问题。党的十七届三中全会明确指出，“现有土地承包关系要保持稳定并长久不变”，可以理解为家庭承包经营的制度“长久不变”和“二轮”承包后的地块以及相应的责、权、利“长久不变”。后者涉及一系列具体问题或者操作性问题，例如，由于“二轮”承包时农村税费负担比较重且基本上按土地面积平均分担，很多地方在具体操作时都隐瞒了农户承包的实际面积，这在土地承包管理上是没有问题的，但要实现《物权法》所界定的“用益物权”，即财产权就有问题了。这就必须对农户的承包土地进行重新丈量、登记、确权、颁证，这项工作目前已经在全国范围内全面推行。只有土地面积和承包关系弄清楚了，才能“确实权，颁铁证”，才有可能实现“长久不变”。当然，如何实现“长久不变”，农村集体和承包户之间是否需要签订第三轮承包合同，以及合同的期限是多长，则是2023年（从1993年第二轮承包开始算起）前后必须解决的问题。但无论如何，这次农村承包地确权、登记、颁证就应该成为“长久不变”的起点，否则，这次耗费人力、物力巨大（全国平均每亩确权成本60元人民币）的确权工作岂不是白做了？

第二，土地细碎化和规模经营之间的矛盾难以解决。土地是农民最基本的生产资料，土地的分配首先要体现公平性，因此，各地在承包时大都采取了按人头平分土地的“均田制”，即在土地按优劣分级之后，把每一等级的耕地平均分配给每一户村民，这样，同一集体组织内部的每一个农户都拥有各个等级的土地，其结果就是每一片土地都被分成很多小块，每户的耕地都散落在不同的地块上。农村改革以来，随着人口的增长，农地细碎化程度日益严重。1997 年，全国第一次农业普查结果表明，我国 90%以上农户的农地经营规模在 1 公顷以下，这些农户经营的农地占全国的 79.07%。至 2006 年全国第二次农业普查，我国农地经营面积不足 1 公顷的农户数量比重高达 92%，全国农地总面积的 84.8%由这些小农户分散经营。分配方式的公平性导致了土地利用效率的低下，即公平和效率的矛盾。2008 年以来，土地流转比例的不断提升在一定程度上缓解了这对矛盾，但正是由于小规模的分户承包，使得土地流转一直处于不稳定状态，流转期限一般为 1～3 年，严重影响了新型经营主体的发育。

第三，“统分结合”中“统”的作用发挥不足，社会化服务体系的供给严重滞后。现行土地制度的内涵是“统分结合”，统和分是两个方面的内容，缺一不可。早在 1983 年中央一号文件就指出：“以分户经营为主的社队，要随着生产发展的需要，按照互利的原则，办好社员要求统一办的事情。”1991 年，党的十三届八中全会指出：“要在稳定家庭承包经营的基础上，逐步充实集体统一经营的内容”。但是，由于在改革初期更多地强调分，很多生产队甚至连每一头牛、每一个农具都分到了农户，致使绝大部分农村集体根本没有为农户服务、行使“统一经营”职能的资源。因此，1991 年国务院下发的《关于加强农业社会化服务体系建设的通知》中指出：“农业社会化服务的形式，要以乡村集体或合作经济组织为基础，以专业经济技术部门为依托，以农民自办服务为补充，形成多经济成分、多渠道、多形式、多层次的服务体系。”在行使“统一经营”的基础组织中加进了“合作经济组织”。2008 年召开的党的十七届三中全会进一步指出：“统一经营要向发展农户联合与合作，形成多元化、多层次、多形式经营服务体系的方向转变，发展集体经济、增强集体组织服务功能，培育农民新型合作组织，发展各种农业社会化服务组织，鼓励龙头企业与农民建立紧密型利益联结机制，着力提高组织化程度。”从而把行使“统一经营”职能的组织扩展到了合作经济组织农业产业化龙头企业和各种农业社会化服务组织。但尽管如此，社会化服务体系的供给还是远远不能满足现代农业发展的需要。

第四，很多理论问题没有弄清楚。比如，2014 年中央一号文件提出农村土地所有权、承包权、经营权“三权分置”，农经界认为这是重大理论创新，有利于土地流转，有利于实践的发展；但法学界则认为在法理上说不通，尤其与《物权法》相抵触。那么，究竟是实践出错了还是理论或法律有问题？需要不需要修改相关法律？如果需要，怎样修改？等等。这些问题都需要认真研究，并把研究成果融入相关法律之中，用以指导实践。

第五节　深化中国土地使用制度改革的对策思路

中华人民共和国成立以来，我国土地使用制度改革取得了巨大的成就，为我国社会主义市场经济的发展和各项社会事业的进步奠定了物质基础。可以预期，随着我国经济体制改革的深化，城市和农村土地使用制度改革的步伐将进一步加快，土地市场具有广阔的发展前景。在未来几年，相关土地法律法规和监管体系将更加完善，土地产权制度和产权结构更加合理，市场组织和交易规则更为规范，价格形成和调控机制更加健全，一个城乡统一、机制健全、透明高效、运行安全的土地市场体系将基本形成。

当前，深化我国土地使用制度改革，必须全面贯彻党的十八大和十八届三中全会精

神，以及十九大报告的最新精神，以科学发展观统领城市和农村土地使用制度改革，切实转变政府职能，在增强政府对土地市场调控能力的前提下，更加充分地发挥市场配置土地资源的基础性作用，全面构建城乡一体的土地政策体系，建立平等保护、同等待遇的土地产权制度，建立平等开放、城乡一体的土地市场体系，完善符合社会主义市场经济要求的土地管理制度。

一、明晰土地产权，加强产权管理

（一）明晰土地产权主体

由于中国土地产权主体法律界定上的模糊，导致土地国家所有制实际上成为国家名义上所有，地方政府实际控制管理，中央政府与地方政府形成委托代理关系，地方政府拥有委托代理权的现状。中央与地方权力与利益的博弈，致使地方政府滥用土地权利。因此，应在法律上对城市土地所有权主体给予清晰的界定，厘清中央与地方政府在土地权利中的相互地位和关系，明确前者的控制管理方式、后者的权限范围，以及两者的利益分配。通过政府监察和公众监督对地方政府权力进行约束。

（二）细化土地权能

随着市场经济的不断深入，丰富和完善土地相关权利的法律体系，对土地使用权的各权力层次进行细化分割和明确规定，形成科学的权力层次体系。适应经济发展和现实需要建立如土地发展权、地上通行权、空间使用权、地役权等土地权权能，有效地促进城市土地的管理和使用效率的提高。

（三）建立土地权属信息管理系统

结合全国土地调查，尽快建立全覆盖的土地权属信息资料数据库。建立功能强大、技术先进的土地权属管理信息系统平台。加强土地权属变更信息的动态监测。采取措施督促土地使用者及时办理土地使用的相关手续，例如，将土地使用证与房屋产权证捆绑办理，对不及时办理土地使用手续者进行罚款或适当减短其土地使用年限等。土地权属变更信息要及时输入土地管理信息系统，并及时进行相关统计和分析。

二、调整土地价格机制，规范土地市场行为

（一）建立城市土地基准地价动态监测系统

基准地价的测算是在土地定级的基础上，利用市场交易的历史和近期资料，通过分析土地的经济效益得出的各级别土地的平均地价。基准地价的制定应对地区差异和用途差异给出明确的科学划分。随着城市经济的发展，城市土地基准价也应随之而呈现不断提高的趋势。随着城市建设、基础设施投入的加大和投入布局的变化，土地的级别划分也会产生变化。另外，土地市场供需变化也会影响基准地价的高低。因此，土地基准价格应该是一个动态的系统，应该随经济发展和城市建设而进行调整。在调整中，既要注重地价的长期不断提高趋势和大尺度周期性，使基准地价的形成反映长期的经济趋势和土地市场状况，又要考虑土地市场的波动所导致的地价的相应变化。应开发建立城市土地基准地价动态信息系统，对基准地价进行动态监测，并对监测结果进行经常性的发布。

（二）加强土地市场制度建设和监管力度

为防止政府在土地一级市场滥用权力，操纵土地价格，应加强土地市场制度建设和监管力度。加大“招拍挂”出让土地的比重，对土地招标、拍卖、挂牌出让的程序进行严格的法制化管理和监督，使土地价格在市场机制下自然形成。并将土地市场的各类信息，包括招投标程序、招投标信息、招投标结果等对社会进行公布，以利于公众监督。严格落实工业用地最低价标准，杜绝为招商引资等地方利益以超低价出让土地，导致国有资产和国家利益的流失，以及对市场价格的扰乱。严格落实省以下垂直管理和土地出让金收支两条线制度，使土地征用和土地出让与地方政府的利益分离开来，由省级和国家政府对土地收益进行重新分配，避免地方政府权力的无度扩大和由此而产生的寻租行为。

三、完善城市土地储备制度

（一）建立政府授权委托下的土地储备市场运营机制

土地储备制度主体角色的双重性，导致制度目标难以实现或异化，也使土地收购储备行为在市场与政府之间难以界定，影响其规范性，导致价格的混乱。因此，必须要先理顺土地储备制度主体也即土地收购储备机构的角色和定位。土地储备一是要实现政府目标，二是要通过市场运作，必须把目标主体和运营主体分割开来，尤其在利益关系上分割开来，实现公共目标和规范市场运作的双赢。应建立政府授权委托下的土地储备市场运营机制，由政府授权具有雄厚资金实力和高级经营资质的企业，进行完全市场化运作。为保证政府目标的实现，政府委托时应有对企业的限制性法律规定，企业对存量土地的收购以及出租、出售项目立项要由政府批准，政府派监督小组常驻企业，对其运营进行全程监督。同时也要有相应的激励机制。

（二）建立土地储备监督评估体系

建立一种高度透明的信息机制，将城市规划、土地利用年度计划等政府管理的约束指标向社会公开，土地收购或出让、出租项目的信息提前公示，及时发布出让、出租的结果，建立土地储备相关信息定期发布的制度，以利于政府、行业组织以及全社会对土地收购储备运行的监督。设置土地储备的绩效评估体系和制度。评价指标主要针对公共利益的实现程度，对每一项目均进行相应评估，并定期进行阶段性评估，评估结果向社会公布，评估结果低于政府规定要求的取消企业被授权资格。

（三）开拓资金筹集渠道

探索多渠道筹集资金方式，引入土地资产证券化和土地产业投资基金，吸引社会资金投入土地收购储备领域，共享土地增值收益，化解融资风险。加强土地储备贷款的风险管理，规定项目贷款比例，建立风险预警机制，定期进行预警通报，及时化解风险。

四、探索农村土地集体产权新的实现形式

农村土地归集体所有，而集体并不是抽象的，也并不是虚拟的，这个集体是由实实在在的全体农户构成的，然而集体拥有土地所有权并不意味着集体是一级生产经营单位。集体虽然拥有法律意义上的土地所有权，但是集体不能作为一个企业或一个生产组织来规模

化地利用土地进行相应的生产与经营活动，甚至作为土地所有者，它也并不能构成一个经济上的利润中心或财务中心，它的经济职能是由其有一定组织形态和结构的集体经济组织具体承担和决策实施的。这就需要重新审视集体经济组织的组织地位和实现形式，讨论如何发挥集体经济组织的功能等问题。但是，重新建立农村集体经济组织，并不意味着对承包责任制改革之前集体经济组织的简单“回归”，而是在新的市场环境和条件下，依据地区发展特色和模式，积极探索农村集体经济新的实现形式和组织形式，完善双层经营体制中集体“统”的职能。新的集体经济组织的功能是向农户提供与农业生产和农产品经营和销售有关的专业化服务，包括向农户提供价格合理的生产资料、种植、加工等技术培训、劳务管理、生产指导、信息信用服务等。它主要有利于解决农户小生产与大市场之间的矛盾，代表个体农户参与市场决策，它真正应该执行的是家庭承包责任制的“统”的功能。目前的集体组织更多地履行的是行政职能，把集体产权定位在行政村的范围实际上是政经不分家的表现，而真正的集体组织应该是立足于集体资产纯粹执行经济功能，它不受行政地区区划的限制，是一个产业组织性质的概念。因此该组织的大小也应该与农业产业的性质相关，同时按照产业组织规模的要求进行组织结构调整和管理。

五、建立城乡统一的土地市场

由于政府垄断农村集体土地进入市场的特权，征地补偿与土地出让之间又有巨大的利益空间，导致政府滥用征地权力，扩大征地范围，谋取巨额利益。在政府权力和非市场经济运作之下，征地补偿标准偏低，农民利益受到损害。如何解决这一问题，有学者提出改革征地制度，主要是缩小征地范围，提高征地补偿标准，严格征地法律程序。以上三个目标与现有征地制度存在着逻辑上的矛盾，因此难以实现。就缩小征地范围而言，首先，政府拥有征地垄断特权，其权力难以有效自我控制；其次，征地是新增建设用地的唯一渠道，如将征地范围缩小到公共利益范围，经济建设等用地仅靠存量土地难以满足需求。就提高补偿标准而言，征地的强制性权力特征决定了征地补偿标准不可能依照市场价格，在政府行为中政府一方处于强势，农民处于劣势，补偿标准的确定大多由政府单方面决定，即或农民通过上访等途径争取自身利益，双方博弈的结果使补偿金有所上调，但是在非市场化行为框架之下，农民利益很难得到真正保护。就严格征地法律程序而言，首先，征地法律程序的严格只能限制征地过程的规范与否，不能限制征地权力的滥用；其次，征地补偿标准偏低，靠严格法律程序保护农民利益只能治标而不能治本。问题的关键在于政府对于农村土地进入市场的征地权垄断，不打破这种垄断权力，政府的权力滥用就得不到有效限制，农民的利益也得不到真正保护。另外，征地作为农村集体土地进入市场的唯一渠道，导致大量违法用地出现和土地隐形市场的猖獗，既破坏了土地市场秩序，导致土地价格扭曲，同时使农民和国家利益均受损失。

消除以上弊端，仅靠征地制度改革难以实现，关键是建立城乡统一的土地市场，从根本上打破政府垄断征地特权的局面。建立城乡统一土地市场，使农村集体建设用地直接进入市场流转，土地价格和用途在符合规划的前提下由市场决定，这样才能使农民的利益获得根本保障，也能从根本上杜绝农村土地隐形市场存在的土壤。农村集体土地与城市建设用地相比，集约利用程度和投入产出效率存在巨大差别，建立城乡统一土地市场可以盘活农村建设用地，提高土地集约利用水平，从而降低土地的总量需求，有利于耕地保护的实现。地方政府通过规范收取财产税可以获得持续的财政收入。

思考题

1. 简述土地资源配置的基本理论及其现实意义。
2. 改革开放前城市土地无偿使用制度是如何形成的？其弊端有哪些？
3. 改革开放后城市土地有偿使用制度是如何形成并深化的？
4. 中国农村土地使用制度改革的阶段性发展特点是什么？
5. 如何正确评价中国土地使用制度改革取得的成效与不足？
6. 进一步深化中国城市和农村土地使用制度改革的思路有哪些？

第六章 社会主义市场经济条件下的分配体制改革

党的十九大报告明确指出，“经过长期努力，中国特色社会主义进入了新时代”。以习近平同志为核心的党中央，坚持“以人民为中心的发展思想”，对收入分配体制的深化改革定下了总体指导思想：坚持按劳分配原则，完善按要素分配的体制机制，促进收入分配更合理、更有序。鼓励勤劳守法致富，扩大中等收入群体，增加低收入者收入，调节过高收入，取缔非法收入。同时，党的十九大报告对收入分配体制改革进一步强调了党的十八大以来所提出的“两个同步”增长要求：即“坚持在经济增长的同时实现居民收入同步增长、在劳动生产率提高的同时实现劳动报酬同步提高。”总之，党的十九大报告的上述论述为我国收入分配改革赋予了新的时代内涵，提出了新的目标要求。

第一节　中国个人收入分配体制变迁

中国现阶段个人收入分配体制是从传统的集中计划分配体制演变而来的。考察这一演进过程的历史轨迹，了解其历史背景、分析其特征、总结其经验教训，对于我们把握中国个人收入分配的现状、存在的问题、形成原因以及分配体制改革的方向、发展趋势等具有重要意义。

改革前，中国个人收入分配在农村和城镇实行不同的模式：在农村主要实行以工分制为特征的分配方式，在城镇企业和机关事业单位实行以工资制为特征的分配方式。

一、改革前中国农村个人收入分配体制的回顾与分析

中华人民共和国的成立和随即开始的社会主义建设，掀开了中国农村社会经济发展的崭新一页。中国农村经济发展是在一个变土地等生产资料私有制为社会主义劳动群众集体所有的公有制，逐步由农业生产合作社向人民公社过渡的过程。在这个过程的不同阶段，个人收入分配各有其不同的内容和特征。

1953—1957 年，党在农村开展了农业合作化运动，对农业进行社会主义改造。在农业生产互助合作运动中，我国各地农村积极而稳妥地探索了各种形式的互助合作经济组织，即社会主义萌芽形式的农业生产互助组、半社会主义性质的初级农业生产合作社和具有完全社会主义性质的高级农业生产合作社。这些互助合作组织，由于其生产资料具体方式和生产经营方式不同，个人收入分配方式也不尽相同。

（一）农业生产互助组的个人收入分配及其特点

农业生产互助组简称“互助组”，是中国劳动农民在个体经济基础上组织起来的带有社会主义萌芽性质的农业集体经济组织。根据劳动组织形式和其成员经济关系的不同，互助组一般可分“临时互助组”和“常年互助组”①。

临时互助组是简单的劳动互助，这是最初级的，主要是临时性的、季节性的。临时互助组一般是 3～6 户农民为克服劳动力、耕牛、农具上存在的困难，当从事某项需要较多劳动力的生产工作时，如插秧、收割等，临时组织起来，类似于中华人民共和国成立前的“帮工”制度。土地仍归各农户私有，农户自己安排农作物种植面积，提出耕作要求。换工方式结算，以工抵工，不能还工者付工资（一般折合若干单位的实物）。其成员一般并不固定，大都为近亲好友，本着互信互利和相依相助的原则进行。

常年互助组较临时互助组是一种高级合作形式。它们中有一部分开始实行农业和副业的互助相结合；有某些简单的生产计划，随后逐步地把劳动互助和提高技术相结合，有某些技术的分工；有的互助组逐步地设置了一部分公有农具和牲畜，积累了小量的公有财产。此种组织形式在后来发生了一些变化：组织的成员已比较固定，有共同的生产计划、组织管理制度和分配制度，有一定程度上的分工分业，并有了一定的共有财产。互助组是在不改变以户为核算单位的前提下，在耕作、播种及收割季节各成员之间互相帮助。这种帮助主要有生产工具和劳动力的有条件使用。由于存在一定的公共领域，也就产生了一定的公共权力组织和某些公共的改良农具和新式农具，有了某些分工分业，或兴修了水利，或开垦了荒地，就产生了在生产上统一使用土地的要求，而其所建立起的经济关系和地方性权威，又为进一步集体化提供了条件。

互助组在个人收入分配上有如下几个特点：第一，农民个人收入来源于农民自己的劳动，没有剥削性。第二，这种收入还不具有社会主义性质。因为生产资料属个人私有。第三，个人收入量较单个农户独自生产经营要多。因为这种生产组织创新，提高了农业劳动生产率，农产品产量一般高于个体农户。第四，互助组的劳动成果基本属农民个人所有，除了相互间补偿换工以外不发生组织内部各农户间的分配问题。

① 于建嵘．岳村政治——转型期中国乡村社会政治结构的变迁．北京：商务印书馆，2001.

（二）初级农业生产合作社的个人收入及其特点

初级农业生产合作社简称“初级社”，这是一种以土地入股、统一经营为重要特征的半社会主义性质的农业集体经济组织。根据全国人大 1956 年 3 月 17 日颁布的《农业生产合作社示范章程》的规定，社员主要按照自愿互利原则，将私有的土地、耕畜、大型的农具等主要生产资料交由合作社统一经营和使用，由合作社付给适当报酬。合作社在社员分工和协作的基础上组织集体劳动，产品由合作社统一分配。初级社的年总产品在扣除补偿生产资料消耗部分后，形成合作社总的可分配收入。这样，初级社的收益分配主要由五部分构成：（1）交纳农业税；（2）集体提留的公积金和公益金，用于扩大再生产和社员公共福利项目支出；（3）支付使用社员的土地及其他生产资料如耕畜、农具等的合理报酬；（4）偿还向社员筹集的生产投资本金及相应报酬；（5）其余部分用于支付社员的劳动报酬。

与互助组的个人收入分配相比，初级社的个人收入分配具有如下特点：第一，其收入分配具有半社会主义性质。这是因为在初级社里，土地、大型农具等主要生产资料的所有权由社员个人占有，即不具有集体公有性质，但实行了所有权与经营权的分离，社员将主要生产资料交由初级社统一经营，社内积累了若干具有公有性质的资产；社员在全社范围内实行统一计划指导下的集体劳动；产品分配部分实现了按劳分配。第二，社员个人收入分配形式多样化。社员收入来源除了参加集体劳动获得的劳动收入外，还有入股的“土地分红”、由合作社租用农具支付的租金和投资于合作社（现金或实物）所获得的利息或其他补偿等，即其他生产要素收入。第三，注意了劳动报酬与其他生产要素特别是土地报酬的分配比例问题，即对社员的劳动报酬予以鼓励，对土地报酬予以限定。

（三）高级农业合作社的个人收入分配及其特点

高级农业合作社简称“高级社”，这是中国农民在共产党领导下建立的以生产资料集体所有制为基础的社会主义集体经济组织。1956 年 6 月 30 日，第一届全国人民代表大会第三次会议通过的《高级农业生产合作社示范章程》规定，中国的农业合作化变成了集体化。高级社取消了土地报酬，将社员私有的土地无代价地转归集体所有；耕畜、大型农具等私有的主要生产资料按照自愿互利原则折价归合作社集体所有，实现了土地、耕畜、大型农具等主要生产资料的公有化；社员个人占有的生活资料和零星的树木、家禽、家畜、小农具则不入社；允许社员利用工余假日耕种自留地和经营家庭副业，作为集体经济的补充；合作社在有计划分工和协作的基础上统一进行集体劳动，劳动成果由合作社统一分配。这样，高级社全年取得的扣除生产费用后的收入（包括现金与实物）进行分配的内容，由如下几部分构成：（1）上缴国家的农业税收；（2）完成国家的统购任务；（3）扣除用于扩大再生产的公积金（不超过全年收入的 8%）和用于改善集体福利事业的公益金（不超过全年收入的 2%）；（4）剩余部分，根据按劳分配的社会主义原则，采取工分制或劳动日制的形式进行个人收入分配。

与初级社内部成员的收入分配相比，高级社内部成员的收入分配具有如下特点：第一，收入分配已是社会主义性质。由于生产资料集体所有制，排除了社员私人占有生产资料获取非劳动收入的可能性，按劳分配成为高级社通行的普遍的分配原则。第二，劳动收入是社员收入的主渠道。尽管社员个人还拥有少量生产资料（如自留地、经营家庭副业的小型工具等），但由于数量少、规模小，主要是用于补贴日常生活所需，因此从这类收入与劳动收入的比例看，只能处于次要的补充地位。第三，分配中存在平均主义倾向。采用劳动日和工分制计量劳动报酬的方式虽然简单、方便，但要对每个社员实际付出的劳动进行准确计量难度很大，在具体实施时，往往表现出收入分配的平均化倾向，按劳分配原则很难真正体现，这是平均主义在公有制内部盛行的一个重要原因。

4. 人民公社体制下的个人收入分配及特点

人民公社是在高级农业合作社基础上联合组成的生产资料归劳动群众集体所有的社会主义经济组织。它在生产关系上的主要特征是：生产资料一般实行公社、生产大队和生产队三级所有，而以生产队一级集体所有制为基础。与三级所有制相适应，在公社内部实行三级核算，生产队是基本核算单位。生产队有权支配和运用自己的生产资料和劳动力，直接组织生产和分配收益，自负盈亏。国家和公社对于生产队的所有权、经营管理权和分配权，予以尊重和保护。①

人民公社社员的个人收入分配，分为实物形态和价值形态，口粮是实物形态的主要部分，价值形态主要是在公社建立初期实行工资制，但工资水平低，占个人收入分配的比重小，在20世纪60年代初的分配方式调整中又恢复采用合作社时期就已推行的通过制定劳动定额，评工记分，按劳动工分分配的制度。评工记分制的目的是想把集体劳动中不同工种、不同质的个别劳动，折算成劳动报酬的一种方法。它根据社员向集体提供的劳动量评记一定的工分，年终决算时，按照该集体经济单位的每一工分值和各个社员的工分总额，分配劳动报酬。总之，在人民公社时期尽管人们在努力探索按劳分配的具体实现形式，试图处理好国家、集体和个人三者之间的利益分配关系，但由于“左”的思想路线干扰，加上连续几年自然灾害等因素的影响，许多有利于按劳分配的做法不仅没能得到认真贯彻，还曾一度否定了合作社时期建立起来的评工记分、劳动定额等措施，在“供给制”的名义下，不问劳动多少，人人进食堂吃“大锅饭”，从而表现出较为严重的平均主义分配倾向，这种弊端直到1978年以后实行“家庭联产承包责任制”才得以最终克服。

二、改革前中国城镇职工收入分配体制的回顾与分析

改革前中国城镇职工收入分配主要采取工资的方式，其间经历了几次大的改革，也有过一些局部调整，到“文化大革命”期间，又遭到了严重破坏。

（一）1949—1955年城镇职工个人收入分配形式及特点

中华人民共和国成立初期至社会主义改造完成期间，由于生产资料所有制形式的多层次性，我国城镇职工的收入分配方式是多种多样的。在资本主义工商企业中，基本上仍然沿用中华人民共和国成立前的分配方法，即职工出卖劳动力，得到一定的工资，而且其工资标准、工资水平等方面各式各样，差距很大。全民所有制企业由于是在没收官僚买办资本的基础上建立起来的，人民政府接管过来后，尽管所有制性质改变了，但为了稳定局势，恢复生产，对原有职工全部留用，因此原来的工资制度并未立即改变，实行原职原薪。1958年国家对国营企业的工资制度进行了改革。改革的内容主要是：第一，建立职工工资等级制度。工人大部分实行八级工资制，少数实行七级或六级工资制。第二，统一

① 房维中．中华人民共和国经济大事记．北京：中国社会科学出版社，1984：225.

以“工资分”作为工资的计量单位。为避免各地物价差别和物价波动的影响，工资数额不以货币计算，而以“工资分”为计算单位。每一“工资分”包含一定数量的实物（如粮、布、油、盐、煤等），各地按当月物价将实物折合成一定数量的货币，作为“工资分”的值；职工按“工资分”的分值领取货币工资。在1952—1955年还逐步将国家机关工作人员的供给制变为货币工资制。

中华人民共和国成立初期至1955年，我国城镇职工收入分配的特点主要有：

（1）分配方式比较混乱。既存在资本主义工商企业中保留下来的剥削性质的工资制度，也存在全民所有制企业中非完全的按劳分配制度；既有货币工资，又有供给制，而且各地区标准也不统一。

（2）低收入水平下的平均主义分配。中华人民共和国成立初期，职工工资水平很低，1952年城镇集体所有制单位职工人均年工资为348元（月均29元），全民所有制单位职工人均年工资为446元（月均37元）。[①] 低收入水平只能保证最基本的生活需求，其收入差距无法拉开，而只能表现为相对平均的分配。

（3）中华人民共和国成立初期，个人收入最终折算为一定种类和数量的实物来进行分配。职工劳动先折合成工资分，再以每一工资分折合成为一定种类和数量的粮食作为分配对象。在此基础上，逐步由实物计量工资分过渡到货币计算的工资分。

（4）对分配形式逐步进行完善。如取消了旧社会遗留下来的各种变相工资，取消了年终双薪制度，建立奖励制度，并对奖励的条件、考核标准、资金定额等做了具体规定。

（二）1956—1965年中国城镇职工的个人收入分配及特点

随着社会主义改造的基本完成和计划经济体制的逐步建立，城镇职工的收入分配制度也需要改革。1956年开始进行工资制度改革，改革的主要内容是[②]：第一，取消了国营企业职工实行的“工资分”加物价津贴制度，全部实行货币工资标准。第二，改进了企业工人工资的等级制度，以克服分配中的平均主义。第三，改进了企业职员和技术人员的工资制度；对企业职员实行职务工资制并规定不同类产业和不同类企业的不同职务工资标准。对企业技术水平较高的人员，加发技术津贴。第四，调整各产业、各地区和各部门的工资关系。将全国划分为11个工资区，同一级别的工资数额在不同地区有高有低，重点建设地区和沿海地区的工资水平一般提高较多；对部分低收入者的工资标准，给予了较大幅度提高。第五，推广和改进了计件工资制，改进了企业奖励津贴制度。

由上文可以看出这次工资制度改革的特点主要有：

（1）贯彻了按劳分配原则。无论是工资标准等级的细分，各产业、各地区、各部门关系的调整，还是奖金津贴制度的改进，都是为了打破分配中的平均主义，更好地体现按劳分配原则。

（2）工资等级制度由国家统一规定量化标准，简化了工资计算的复杂手续，避免了操作上的随意性和差异性，也便于企业进行经济核算。

（3）国家作为个人收入分配的主体，对工资的等级、标准、形式以及数量进行统一规

① 刘炳英，牛志礼．中国社会主义与统计数据．北京：中国人民大学出版社，1991：379－380．

② 王春正．我国居民收入分配问题．北京：中国计划出版社，1995：102－103．

定和管理，表现出明显的计划性特征。

（4）较多地强调了物质利益的激励作用，放松了对群众的思想政治工作，助长了职工群众在分配中的个人主义、本位主义和平均主义思想的发展。[①]

（三）“文化大革命”期间企业个人收入分配制度遭到严重破坏

“文化大革命”期间，中国的社会主义建设遭受到中华人民共和国成立以来最严重的挫折和损失，已经建立起来的个人收入分配制度也受到严重的破坏和冲击。社会主义按劳分配原则被歪曲成滋长“资本主义”的经济基础而被全盘否定，首当其冲的是奖金制度和计件工资制度被取消，并明文规定一切不合理的工资待遇问题被暂时冻结而不予变化。在长达十年的时间里，只在 1971 年，在周恩来总理的关怀下，对一部分低工资职工进行过一次工资调整。在总体偏低的工资等级和水平上，工资长期不调整造成的结果：一是出现了师徒同级、熟练劳动与非熟练劳动同级的不正常现象；二是工资水平没有提高，而消费品价格却上涨，十年间，职工平均实际工资年递减 0.7%，加上此前的人口政策导致的家庭子女数量多、负担重，职工生活水平普遍降低。同时，有关收入分配制度如技术考核、定额管理、奖励条例等的废止，使得劳动工资管理十分混乱，不论是否参加劳动，劳动数量多少，劳动态度好坏，产品质量如何，也不管企业效率怎样，职工一律领取工资，“吃大锅饭”现象十分盛行。这种平均主义的分配严重地挫伤了工人的劳动积极性，导致生产效率低下，十年里，工业劳动生产率年递减 1%，这种混乱局面直到 20 世纪 80 年代中期城市经济体制改革后才逐步得以改变。

三、“平均主义”分配体制的打破和市场经济分配体制的确立

党的十一届三中全会以来，我国社会主义经济理论经历了社会主义商品经济理论、社会主义初级阶段理论和社会主义市场经济理论的重大突破。这几次重大理论认识上的质的飞跃，推动了我国社会主义个人收入分配理论认识的深化和实践探索的深入，形成了“按劳分配为主体，多种分配方式并存，把按劳分配与按生产要素分配相结合”的分配体制。

理论是实践的指导，收入分配理论上的重大突破，必然带来实践的不断探索和改革。这场以打破平均主义分配倾向和调动劳动者生产积极性为突破口的改革首先发轫于中国农村。农村经济体制改革经由大包干到家庭联产承包责任制再到多种经营形式（如双层经营、股份合作等）等体制创新，其利益机制转变为“交够国家的，留足集体的，剩下的都是自己的”，极大地调动了农民生产积极性，农业总产值迅速增加，农民收入水平大幅提高，并一度缩小与城市居民的收入差距，在较短时间里解决了温饱问题，并迅速向小康目标迈进。

农村改革的成功为城市改革积累了经验，1984 年以利益分配为核心的改革重点开始由农村转移到城市。随着城市企业改革经由承包经营责任制到租赁经营责任制再到公司制的经营机制转换，企业利益分配机制逐步由不负盈亏、没有独立经济利益的经济主体向自主经营、自负盈亏、自我约束、自我发展的独立经济利益主体转变。“国家、集体、个人利益相一致，责权利相统一，劳动贡献与劳动收入相挂钩”成为国有企业利益分配的基本

① 王春正．我国居民收入分配问题．北京：中国统计出版社，1995：103.

原则。“大锅饭”的打破，按劳分配的贯彻实施，激发了职工生产积极性，工业总产值大幅度增加，国有企业职工工资收入迅速提高。

中国经济改革的推进过程其实是我们对基本国情认识的深化过程。生产力落后且发展不平衡，决定了生产资料所有制关系的多层次性，进而决定了分配形式的多样性，而不能只是唯一的按劳分配形式。市场取向的经济体制改革，决定了生产要素的获得不能用计划方式无偿调拨和使用，而只能通过市场，遵循价值规律，必须支付给要素所有者合理报酬，按生产要素分配是市场经济的内在要求。

中国经济改革的过程同时也是中国逐步扩大开放程度、融入世界经济的过程。国际资源的利用和国际市场的开拓都必须付出一定代价，比如，外商独资企业的进入，就是以占有工人的剩余价值、最大限度地赚取利润为目的，这虽与社会主义根本性质相违背，却是弥补社会主义初级阶段资金不足、扩大就业、提高国际市场竞争力、加快建设步伐所必须付出的代价。

第二节　按劳分配与按生产要素分配的结合

本节将主要分析和回答：（1）与经典作家对按劳分配的规定相比较，在社会主义市场经济条件下，按劳分配的实践有何不同？劳动价值论进而按劳分配在新的历史条件下有哪些变化和发展？（2）什么是生产要素，如何对它进行分类？生产要素何以能参与分配？按生产要素分配能否与按劳分配结合以及如何结合？按生产要素分配的性质是什么，它有哪些作用？（3）社会主义市场经济条件下的个人收入分配有哪些特征？

一、马克思对按劳分配原则的本质规定

马克思对按劳分配原则的本质规定是以未来社会具备如下客观经济条件为前提的：（1）生产力高度发展；（2）分配对象是个人消费品；（3）没有了商品和市场，价值规律发挥作用的经济条件不存在；（4）劳动成果直接表现为社会有用的劳动成果，不存在通过市场承认的问题。

在上述客观条件下，马克思对共产主义社会第一阶段（社会主义社会）的个人消费品分配的内容做了如下规定：

1. 按劳分配是覆盖全社会唯一的分配方式

生产资料单一公有制，排除了社会成员凭借自己占有生产资料获取个人消费品其他来源的可能性，社会成员获得个人消费品的唯一依据只能是个人向社会提供的劳动，其量的大小与生产者提供的劳动量大小成正比，即“在作了各项扣除以后，从社会领回的，正好是他给予社会的。他给予社会的，就是他个人的劳动量”[①]。

2. 分配媒介是不能流通的劳动券

由于没有货币和市场，以市场为基础的商品交换关系也就不存在了，社会成员领取与

① 马克思，恩格斯．马克思恩格斯选集：第3卷．3版．北京：人民出版社，2012：11.

自己劳动量相对应的消费品凭证就是不能流通的劳动券。正如马克思在《哥达纲领批判》中所指出的："社会劳动日是由所有的个人劳动小时构成的；每一个生产者的个人劳动时间就是社会劳动日中他所提供的部分，就是他在社会劳动日里的一分。他从社会方面领得一张证书，证明他提供了多少劳动（扣除他为社会基金而进行的劳动），他根据这张证书从社会储存中领得和他所提供的劳动量相当的一分消费资料。他以一种形式给予社会的劳动量，又以另一种形式领回来。"①

3. 作为分配尺度的劳动直接表现为社会劳动

在一个以共同占有生产资料为基础的社会里，每个劳动者都不能以平等生产资料所有权来谋取自己"狭隘的个人私利"，而且，生产力的高度发展，社会所生产的物质财富也能满足社会成员对消费品的需求，加上没有了商品、货币和市场，那种商品经济条件下生产者"狭隘的个人私利"也没有必要存在。因此，劳动者能够在联合体的严格周密的计划指导下直接生产为社会所需要的产品，这样"个人的劳动不再经过迂回曲折的道路，而是直接作为总劳动的构成部分存在着"②。

4. 劳动者个人消费品是以实物形式直接分配

由于没有了商品和市场，价值规律发挥作用的经济条件也就不存在了；商品和市场不存在了，货币自然也就没有存在的必要了；社会公共机关能实行严密的计划生产，其生产的劳动成果直接表现为社会有用的劳动成果，不存在通过市场承认的问题，因此，劳动者个人消费品是以实物形式直接分配，而非价值形式的间接分配，即不必通过劳动贡献——货币工资——个人消费品方式。

二、按劳分配在社会主义商品经济关系中的现实

马克思上述关于按劳分配原则的本质规定同其依存的客观经济条件具有严密的逻辑一致性。只是后来社会主义制度并非在生产力高度发达的资本主义国家首先取得胜利，而是在生产力水平较为落后的国家建立起来，其多层次的所有制关系、普遍存在的商品经济关系和较为有限的劳动产品等客观经济条件，决定了社会主义国家在实施按劳分配原则时，与马克思的设想有较大的不同。这种不同具体表现为：

（1）按劳分配不是覆盖全社会的唯一方式，而是以其为主体兼与其他分配方式并存。我国现阶段生产力的基本状况是，发展水平不高且发展不平衡。生产力水平的这种状况决定了我国生产关系的多层次性，进而决定了分配方式的多样性与之相适应。因此，坚持按劳分配为主体、多种分配方式并存的分配制度是我国现阶段多层次生产力水平所决定的多形式所有制关系对分配方式的内在强制。按劳分配主要是在公有制经济内部实施，而在非公有制经济中主要实行其他分配方式（即按生产要素分配）。其他分配方式主要包括：①非按劳分配的劳动收入；②资本（或资产）收入；③技术转让或入股收入；④按劳动力价值取得的收入；⑤按经营能力取得的收入；⑥社会福利性收入。

（2）按劳分配的实现要借助货币媒介，即其实现路径是劳动——货币工资——个人消费品，而不是劳动——劳动券——个人消费品。这是由于商品经济的存在和发展，使得具

① 马克思，恩格斯．马克思恩格斯全集：第19卷．中文1版．北京：人民出版社，1963：21.

② 同①20.

有相对独立利益的经济主体之间的物质交换关系不是计划调拨和无偿分配的关系，而是一种商品货币关系，因而个人消费品的获取不直接表现为实物形式，而是首先表现为一种价值形式，即以货币为媒介购买个人消费品。在这种用货币工资形式支付劳动报酬实现对个人消费品的分配的分配方式中，价值规律必然发挥作用。

（3）按劳分配不是由社会直接实施，并不直接表现为社会劳动，而是必须通过企业和市场来实现。在社会主义商品经济条件下，国家与劳动者之间存在一个企业层次。国家与企业之间是国家与各个相对独立的商品生产者的关系；企业与企业之间是独立的商品生产者之间的等价交换关系。每一企业的生产者所生产的产品必须以商品形式接受市场的检验，商品能否为市场承认以及承认多少，取决于该商品的质和量以及市场供求状况等因素，即生产者的个别劳动需要经过“迂回曲折的方式”转换成社会劳动。企业根据价值规律在市场上实现其商品价值，劳动者的收入分配绝大部分是在企业内部实现的。

总之，我国现阶段个人收入分配方式与马克思恩格斯的设想有较大不同。在公有制内部，处于主体地位的按劳分配，要求按劳动者劳动贡献大小相应分配；在非公有制经济中的其他分配方式要求按社会成员提供生产要素的质和量进行分配。因此，党的十五大报告提出，如何“把按劳分配和按生产要素分配结合起来”，是关系到经济发展和社会稳定的一件大事。

三、按劳分配在社会主义市场经济中的进一步发展

社会主义市场经济作为市场经济具有下列共性特征：（1）经济关系市场化；（2）企业经济行为自主化；（3）宏观调控间接化；（4）经营管理法制化。按劳分配作为收入分配的一项重要经济活动，在市场经济体制下必然受到市场经济特征的重要影响，呈现出有异于计划经济体制的一些新的变化和发展。这些新的变化和发展主要有：

（1）按劳分配实施主体由国家主体到企业主体再到企业和职工双重主体变化发展。按劳分配主体是指由“谁”来实施分配活动。在高度集中的计划经济体制下，企业没有自己独立的经济利益，没有必要也不可能组织实施分配活动，国家成为初次分配和再分配活动的唯一主体。1984 年开始的城市经济体制改革的重要目的就是要提高企业经济效益，为此必须确认企业在商品经济活动中的相对独立经济主体地位。于是企业就有了加强劳动组织和管理，以利益机制激励职工努力工作，将职工劳动贡献与劳动报酬相联系的内在动力和要求。这样企业就成为按劳分配的实施主体。1992 年开始的社会主义市场经济体制改革的重要内容就是要允许劳动力和其他生产要素自由流动，使市场成为资源配置的基础。企业的用人制度不再是企业单方面的主动行为，而是企业和劳动者双向选择互为主动的行为。于是，劳动报酬数额不再完全由企业规定，这时应聘者既有权根据企业的报酬水平选择去留，也有权主动提出自己的报酬数量要求，还可以通过双方谈判达成双方合意的报酬标准。总之，在市场经济条件下，企业和职工构成按劳分配实施的双重主体。

（2）按劳分配的客体范围由直接从事物质生产活动的劳动者向总体范围扩大和具体行业范围细化方向变化发展。按劳分配的客体范围是指对“谁”实施分配，即哪些人具有按劳分配的资格。对此，马克思主义经典作家的观点是，具备按劳分配资格的只能是从事生产劳动的劳动者，即创造价值的劳动者。由于我们过去对生产劳动者的范围片面理解为公有制经济中的生产劳动者，导致在实施按劳分配的实践中出现了一些偏差和混乱：①凡是

具有从事物质生产劳动能力的人都是劳动者而不管这些（潜在劳动能力）劳动者是否为生产单位所必需。这在实践中的表现是“高就业、低工资”的劳动就业制度，这样按劳分配的贯彻实施只能是形式的而非实质的。②生产劳动者就是直接与生产资料相结合的劳动者，而将与生产资料间接结合但构成总体物质生产有机环节的科技工作者和管理工作者排斥在劳动者范围之外。其收入分配在实践中的表现是，赋予生产管理者相应行政级别的“干部”身份，获取属于财政支付的工资。③凡是具有某种生产技能的劳动者都可以“自由”地从事某工作，而不必首先取得有关资格认证管理部门的“资格准许”。其在实践上表现是，只要“领导认可”劳动者这种能力，就自然有了从事该工作的“资格”。显然，传统体制下的这些做法在社会主义市场经济中已经行不通，按劳分配的客体范围在新的条件下有了新的变化和发展：第一，没有劳动岗位的潜在劳动者不具备按劳动分配的资格；第二，科学劳动和管理劳动属于生产劳动，科学劳动者和经营管理者具有按劳分配的资格；第三，某些职业领域工作岗位的获得必须经过严格的“资格许可”，否则就没有从事某工作岗位的劳动权利，自然就没有获取按劳分配的资格。

（3）按劳分配对象由单一对象向复合对象、由有形物质产品对象向还包括非物质的精神对象变化发展。按劳分配对象是指分配“什么”，即分配内容的范围。在传统体制下的分配实践中，我们主要将个人消费品作为分配对象。但是在社会主义市场经济条件下，由于人们为社会提供劳动的形式多样化和多元价值观的形成，劳动者对按劳分配对象物的要求，除了个人消费品外，还包括了更多内容：①部分社会消费品；②部分生产资料；③社会政治权利。

（4）按劳分配量的评价标准由单一劳动时间尺度向复合尺度变化发展。按劳分配量是指分配“多少”。在以往我们将劳动时间作为分配的唯一尺度，这是以全社会范围内单一所有制结构条件下劳动者的劳动直接表现为社会劳动为客观前提，遵循的是等量劳动获取等量报酬原则。然而，在市场经济条件下等量劳动与等量报酬并不总是一一对应的，因为二者之间的对应关系要受到诸种因素的影响与制约：①劳动时间计量复杂程度的影响；②经济发展程度不同地区和经济竞争类型不同行业部门的影响；③劳动成果市场实现程度的影响。

（5）国家对按劳分配实施的调控方式也由过去主要运用计划手段向主要依靠经济手段和法律规范方向变化发展。在计划经济体制下，国家统一规定积累基金与消费基金的比例关系，全国实行统一的工资标准、工资等级和工资水平，表现出“按计划分配”的特点；而在市场体制下，国家对上述分配问题只在政策指导上做一些原则规定（如工资水平要随着劳动效率和国民收入的增长而增长，但不能超国民收入增长等），而更多的是运用经济杠杆（如税收等）和法律规定（如最低工资制等）加以引导，从而表现出间接调控的性质，至于具体操作实施则让位于微观经济主体。

四、社会主义市场经济条件下的按生产要素分配

（一）按生产要素分配理论的提出

1987 年，党的十三大报告指出：“我们必须坚持的原则是，以按劳分配为主体，其他分配方式为补充”。利息、股息、红利、私营企业利润等收入形式，“只要是合法的，就应

当允许”。该论述在分配理论上的重大突破主要是：第一，按劳分配不是社会主义初级阶段唯一的分配方式，肯定了按生产要素分配存在的必要性，只是处于补充地位。第二，按生产要素分配的主要形式有利息、股息、红利和利润等资本收入以及承包风险收入、投资风险收入。第三，按生产要素分配所获得的收入，其性质是非劳动收入，有的甚至是剥削收入，但只要是合理合法的就是“允许”的。

1992年，党的十四大报告在收入分配问题上仍强调按劳分配与其他分配方式是“主补”关系，其在理论上的主要突破是提出了收入分配要兼顾效率与公平。这主要是针对在我国市场取向的经济体制改革中，在包括要素市场在内的市场体系培育和完善过程中，在效率提高的同时，有可能造成收入分配不公的“市场失灵”现象而提出的。

1997年，党的十五大报告在坚持按劳分配为主体和坚持共同富裕基本指导思想前提下，又对社会主义初级阶段分配制度进行了新的概括。党的十五大报告指出：“坚持按劳分配为主体，各种分配方式并存的制度。把按劳分配和按生产要素分配结合起来……允许和鼓励资本、技术等生产要素参与收益分配。”① 与党的十三大相比，党的十五大在收入分配理论上的重大突破是：第一，在分配制度上，在以按劳分配为主体的前提下，将“其他分配方式为补充”，发展为“多种分配方式并存”，从“补充”发展为“并存”，强调各种分配方式所占的地位和重要性，并明确将其作为分配“制度”的内容。第二，将“允许”其他分配方式存在（前提是合法的收入）进一步发展为“允许和鼓励”生产要素参与分配，并写进党的重要文件中，这是第一次。第三，过去的“其他分配方式”究竟包括哪些内容？是否包括按资分配等在内，没有明确说明，而十五大报告明确指出“资本”“技术”等生产要素参与收益分配，肯定了按资分配存在的合理性与合法性。

党的十七大首次明确提出“创造条件让更多群众拥有财产性收入”。该提法体现了发展为了人民、发展依靠人民、发展成果由人民共享的科学发展观的要求，为缩小收入分配差距、实现社会公平提供了一条重要途径。通过更多财产权的分配，有利于达致“中等收入者占多数”的社会发展目标。能否拥有财产性收入及这一收入在整个居民收入中占多大比例，可以说是衡量我们建设全面小康社会的一个重要尺度。

党的十八大强调，深化收入分配制度改革，重点任务是形成制度完善、调控有效、比例合理、关系协调的收入分配格局，整顿和规范收入分配秩序。为此，其总体要求是要在“完善劳动、资本、技术、管理等要素按贡献参与分配的初次分配机制”方面，按照市场机制调节、企业自主分配、平等协商确定、政府监督指导的原则，深化企业工资制度改革，推行企业工资集体协商制度，形成反映劳动力市场供求关系和企业经济效益的工资决定机制和增长机制。对于按照生产要素贡献参与分配有可能导致的个人收入差距进一步扩大问题，报告要求，通过“加快健全以税收、社会保障、转移支付为主要手段的再分配调节机制”；要强化政府责任，合理运用税收政策工具，减轻中低收入者税负，加大对高收入者税收调节力度，促进本公共服务均等化水平；运用法律法规手段，保证公开透明、公正合理的收入分配秩序，加快扭转收入差距扩大趋势。

（二）按生产要素分配的内涵及根据

按生产要素分配就是要素所有者向生产要素使用者索取报酬（或利益）的经济行为，

① 中国共产党第十五次全国代表大会文件汇编．北京：人民出版社，1997：25.

即生产要素参与价值分配。其主要形式有：（财产）租金收入、资金（本）收入（利息、股票、红利等）、技术收入。

按生产要素分配是以生产要素所有制关系为依据的，不同要素所有者依据所有权参与分配就是按生产要素分配。马克思在《哥达纲领批判》中指出："消费资料的任何一种分配，都不过是生产条件本身分配的结果。"[①] 这里需要强调的是，价值创造与价值分配是两个既有区别又有联系的问题。价值创造主要取决于生产力，价值分配主要取决于生产关系，分配的对象是创造的价值，而分配关系所反映的却是所有制关系。分析生产要素参与分配的依据和如何参与分配，其实质是对既有的分配关系和分配机制的理论解释。该理论问题所产生的分歧源于是以马克思主义"劳动价值论"，还是以西方经济学"要素价值论"作为立论的理论基础。

生产要素作为必要的物质资料和不可缺少的重要条件参与生产过程并发挥重要作用，是其参与分配的前提条件，在这一点上，马克思主义经济学和西方经济学并无异议。问题在于：西方经济学从效用价值论出发，认为参与使用价值生产的要素同时就是创造价值的要素，即生产要素创造使用价值和价值是在同一生产过程中完成的。马克思主义经济学从劳动价值论出发，认为各种生产要素在使用价值（即财富）生产和价值创造中的作用是不同的。马克思说："劳动生产力是由多种情况决定的，其中包括：工人的平均熟练程度；科学的发展水平和它在工艺上应用的程度；生产过程的社会结合；生产资料的规模和效能，以及自然条件。"[②] 即科学技术及其在生产中的运用、生产过程中的组织管理、生产资料规模及效能以及自然条件等生产要素的不同情形对财富创造和价值创造的效率影响是不同的。在资本主义生产过程中，商品价值（$c+v+m$）是由劳动（v）创造的，并能实现价值增殖（m），而生产资料（c）尽管不创造价值，只是转移价值，但它是使资本主义生产过程"有米可炊"的必要物质条件。由此引出的问题是，价值是由活劳动创造，而非由物化劳动（生产资料）带来，物化生产要素为什么能获得收入？其实，价值创造与价值分配是两个不同范畴，其区别主要在于：第一，二者层次不同。价值创造先于价值分配而存在，只有先有价值创造，然后才涉及价值分配，没有价值创造，则无从谈及价值分配。第二，二者所反映的内容实质不同。价值创造所反映的是价值来源问题，价值分配所反映的是收入来源问题。将收入来源等同于价值来源是马克思早就批判过的观点。按马克思主义经济学观点，价值是一个商品经济范畴，而要素参与分配并不是唯一存在于商品社会的经济现象，不能将要素是否创造价值作为能否参与价值分配的依据和条件。

在解决了要素必然参与收入分配的"质"的问题后，进一步的问题是分配多少即"量"的问题。在商品经济特别是市场经济中，这的确相当复杂。我们认为，收入分配量至少与下列因素有关：第一，提供要素的质和量。在其他条件一定的前提下，要素的质和量对生产贡献率的影响呈正相关关系，因而要素收入量与要素的质和量成正比。第二，生产要素市场发育与完善的程度。要素市场越是完善，要素流动性越高，越是有利于平均利润的形成，要素价格就会受市场供求关系影响，等量的要素就能获得大致相当的回报。第三，生产要素投入的方向或领域。同样的生产要素投入方向具有各种可能性选择，而现实

① 马克思，恩格斯．马克思恩格斯全集：第19卷．中文1版．北京：人民出版社，1963：23.

② 马克思，恩格斯．马克思恩格斯全集：第23卷．中文1版．北京：人民出版社，1972：53.

经济活动中，不同领域的收益具有不确定性，从而导致即使是等量要素投入所获收益也可能相差悬殊。第四，管理与技术水平。在其他条件不变的条件下，管理水平和技术水平越高，其劳动生产率越高，要素使用者会给要素所有者更多的回报。

（三）按劳分配与按要素分配的结合

在我国现阶段，客观存在着按劳分配和按生产要素分配并存与结合的社会经济基础，这个基础就是我国现阶段的所有制关系及其结构。二者结合将采取外部结合和内部结合两种形式。所谓外部结合，是指按劳分配和按生产要素分配分别在不同的经济领域中发生作用，即在公有制经济中实行按劳分配，而在各种非公有制经济中则实行按生产要素分配。所谓内部结合，是指在同一经济内部可以同时存在按劳分配和按生产要素分配两种分配方式。内部结合有三种形式：一是在混合所有制经济中，公有制经济和非公有制经济的相互融合，使得按劳分配和按生产要素分配可以在混合所有制经济内部共同发生作用，形成两者的内部结合；二是在公有性质的股份制企业，由于有一部分企业内部职工股和社会公众股，产生了按股分红，它和按劳分配就在企业内部结合了；三是在股份合作制经济中，既有劳动者的劳动联合，又有劳动者的资本联合，前者采取按劳分配方式，后者采取按资分配方式，从而实现了按劳分配和按生产要素分配在同一经济中的结合。①

第三节　中国个人收入分配状况及其成因

一、中国个人收入分配现状

（一）城乡居民间的收入差距状况

城乡居民收入差距过大一直是影响我国社会经济发展的一大难题，尽管国家采取了一系列政策措施，使得该问题得以缓解，但个人间收入差距仍然较大。具体表现为：

1. 城乡居民的显性收入差距拉大

所谓显性收入主要是指能用货币价值衡量的可直接用于生产和生活支出的收入，相当于我国统计指标体系中的城镇居民可支配收入和农民纯收入。根据《中国统计年鉴》各相关年份数据，1978—2012 年我国城镇居民可支配收入和农民纯收入都有了较大的增长，城镇居民可支配收入从 1978 年的 343.3 元增长到 2012 年的 24 564.7 元；农民纯收入也从 209.8 元增至 7 916.6 元。表明随着我国经济发展，居民的收入水平也随之提高；不仅城乡居民收入的绝对量增长很大，其增速更是迅猛，2000 年以后其平均增长率都达到了 10%以上，实现了城乡居民收入又好又快的增长。但同时，城乡收入的绝对差距是不断扩大的，相对收入差距在经过 2000 年之前的一轮增长后，稳定在了 3.2 倍左右。

2. 城乡居民间福利性收入差距较大

城乡显性收入差距尚不能反映二者间的真实差距，因为还有福利性收入尚未统计在

① 黄泰岩．个人收入分配制度的突破与重构．经济纵横，1998（11）．

内。所谓福利性收入是指不能用货币价值准确衡量的收入，但又是居民实际享受的福利，主要包括各种补贴（如住房、物价补贴等）和社会保险费用（如养老保险、医疗保险和失业保险等）。这种差距在城乡间较大。中国社科院 2014 年 1 月发布的《社会蓝皮书》显示，2012 年，城镇职工人均养老金水平已达 2.09 万元，新农保为 859.15 元，两者相差 23 倍之多。此外，城镇居民（特别是城镇职工）福利主要由国家和地方财政以及企事业单位提供，有较好的制度保障，因而具有系统性和普遍性。除了幼儿园、敬老院、康复疗养中心等福利设施外，集体经济单位还提供保障住房、公共交通、生活补贴等农民所享受不到的许多福利。

3. 城乡居民财产积累和财产性收入差距较大

关于居民财产情况，由于目前没有全面准确的统计资料，对其的分析只能依据城乡人均储蓄存款和财产收入状况推算大致情况。

先看储蓄状况，根据《中国金融年鉴（2011）》数据，1959—2010 年，在城乡居民人均储蓄存款中，差距最小在 3 倍左右（20 世纪 80 年代后半期），最高时超过 20 倍（1970 年），平均差距在 8 倍左右，远高于城乡收入差距。[①]

再看财产性收入（利息、红利和租金）：据国家统计局抽样调查统计，1993 年、2003 年、2012 年，农民人均财产性收入分别为 7.02 元、65.8 元和 249.1 元，而同期城镇居民该数据分别为 45.8 元、135.0 元和 707.0 元[②]，城乡财产性收入之比分别为 6.5 倍、2.05 倍和 2.84 倍，也高于城乡居民显性收入差距。

（二）地区间的个人收入差距状况

不同地区个人收入差距主要是指沿海地区与内地地区，经济发达地区与不发达地区的个人收入差距。我国幅员辽阔，依据经济发展水平，可明显分为东、中、西三大地带。本章主要讨论东、中、西部地区及地区内部个人收入差距。

1. 不同地区农村居民收入差距逐年扩大

根据《中国统计年鉴》各相关年份数据整理计算，1978 年、1990 年、2000 年、2010 年和 2012 年，东、中、西部地区农民人均收入差距比分别为 1.36∶1.09∶1、1.73∶1.16∶1、2.13∶1.32∶1、2.01∶1.32∶1 和 1.94∶1.31∶1，东西部农民收入差距呈现先上升后下降的趋势，到了 2011 年和 2012 年，相对收入差距才开始有所降低，但绝对差距仍在继续扩大。

2. 不同地区城镇居民收入差距变动状况

(1) 在 20 世纪 80 年代，东、中、西部城镇居民收入差距相对较小。

从表 6-1 可看出：1981 年，全国城镇居民人均生活费收入为 458 元，其中东、中、西部地区城镇居民人均生活费收入分别为 476 元、397 元和 468 元，三大地区收入差距比为 1.02∶0.85∶1，东部地区与中部地区的绝对差额为 79 元，东部地区较西部地区仅高 7.7 元，这表明 20 世纪 80 年代初，我国各地区间城镇居民收入水平大体相当，差距不大；到 1985 年，三大地区城镇居民收入差距比为 1.14∶0.91∶1，东西部地区收入差距扩大

① 中国金融年鉴（2011）. 北京：中国统计出版社，2011：316.

② 参见《中国统计年鉴》各相关年份数据。

12.6%，平均每年扩大不到3.15个百分点（与中部地区的收入差距反而缩小了7.9%，年均缩小近2个百分点）；1989年，三大地区上述差距比为1.20∶0.90∶1，东西部地区收入差距扩大5.78%，年均扩大仅1.4个百分点（中部与西部地区的收入差距为0.7%，年均扩大不到0.2个百分点。从纵向看，1989年，城镇居民收入比1981年增长了1.75倍，其中东、中、西部分别为2.03、1.73和1.56倍，即各地区内部城镇居民收入水平增幅相差不大）。上述分析表明，整个20世纪80年代，不同地区的城镇居民收入差距扩大缓慢，且变化速度相对稳定。

（2）20世纪90年代以来，各地区城镇居民的收入水平扩大迅速。

从表6－1可以看出：1995年，全国城镇居民可支配收入为4 283元，其中，东、中、西部地区分别为5 218元、3 558元、3 669元，三者之间的收入比为1.42∶0.97∶1。与1989年相比，三者分别增长了2.62倍、2.28倍和2.06倍；与1981年相比，三者分别增长了9.96倍、7.96倍和6.84倍。到了2016年，全国城镇居民可支配收入为33 616元，其中东、中、西部地区城镇居民可支配收入分别为39 651元，28 879元和29 045元。与1989年相比，三者分别增长了27.52倍、26.64倍和24.20倍；与1981年相比，分别增长了83.30倍、72.74倍和62.06倍，东部地区城镇居民可支配收入增速明显快于中、西部地区。值得注意的是，党的十八大之后，全国东、中、西部地区城镇居民可支配收入同步增长的同时，各区域收入差距倍数明显缩小且保持稳定，即保持在1.39∶1.01∶1左右。这主要是党的十八大之后，党和政府在收入分配领域改革上坚持“两个同步”增长政策，让人民共享发展成果理念所致。

表6－1　不同地区城镇居民收入差距变动　单位：元

年份	全国平均	东部地区	中部地区	西部地区	东、中、西部地区城镇居民收入比
1981	458	476	397	468	1.02∶0.85∶1
1985	685	767	610	671	1.14∶0.91∶1
1989	1 261	1 441	1 084	1 200	1.20∶0.90∶1
1995	4 283	5 218	3 558	3 669	1.42∶0.97∶1
2000	6 280	7 682	5 165	5 486	1.40∶0.88∶1
2001	6 860	8 448	5 641	6 017	1.40∶0.94∶1
2002	7 703	9 186	6 334	6 675	1.38∶0.95∶1
2003	8 472	10 151	7 034	7 203	1.41∶0.98∶1
2004	9 422	11 287	7 861	7 914	1.43∶0.99∶1
2005	10 493	12 584	8 787	8 598	1.46∶1.02∶1
2006	11 759	14 101	9 865	9 428	1.50∶1.05∶1
2007	13 786	16 132	11 517	10 922	1.48∶1.05∶1
2008	15 781	18 401	13 114	12 432	1.48∶1.05∶1
2009	17 175	20 065	14 261	13 545	1.48∶1.05∶1
2010	19 109	22 313	15 826	14 991	1.49∶1.06∶1

续前表

年份	全国平均	东部地区	中部地区	西部地区	东、中、西部地区城镇居民收入比
2011	21 810	25 329	18 171	17 134	1.48∶1.06∶1
2012	24 565	28 373	20 557	19 429	1.46∶1.06∶1
2013	26 467	31 152	22 665	22 363	1.39∶1.01∶1
2014	28 844	33 905	24 733	24 391	1.39∶1.01∶1
2015	31 195	36 691	26 810	26 473	1.39∶1.01∶1
2016	33 616	39 651	28 879	29 045	1.37∶0.99∶1

资料来源：根据《中国统计年鉴》各相关年份数据整理计算，其数值为算术平均值。

（3）20世纪90年代以来东部地区内部城镇居民可支配收入差距较大。

《中国统计年鉴》相关年份统计数据显示：1995年，东部地区城镇居民可支配收入排在前三位的是广东7 439元、上海7 192元、北京6 235元，排在后三位的是辽宁3 707元、河北3 921元、山东4 264元，最高的广东是最低的辽宁的2.01倍；中部地区排前三位的是湖南4 699元、湖北4 029元、安徽3 795元，排后三位的是内蒙古2 963元、吉林3 175元、河南3 299元，最高的湖南是最低的内蒙古的1.59倍；西部地区排前三位的是新疆4 163元、云南4 085元、四川4 003元，排后三位的是甘肃3 153元、陕西3 310元、青海3 320元，最高的新疆是最低的青海的1.25倍。2012年，东部地区排前三位的是上海40 188元、北京36 469元、浙江34 550元，排后三位的是河北20 543元、海南20 918元、广西21 243元，最高的上海是最低的河北的1.96倍，绝对差额为19 645元；中部地区排前三位的是内蒙古23 150元、湖南21 319元、安徽21 024元，排后三位的是黑龙江17 760元、江西19 860元、吉林20 208元，最高的内蒙古是最低的黑龙江的1.30倍，绝对差额为5 390元；西部地区排前三位的是重庆22 968元、云南21 075元、陕西20 734元，排后三位的是甘肃17 157元、青海17 566元、新疆17 921元，最高的重庆是最低的新疆的1.28倍，绝对差额为5 047元。

总之，通过上述对改革开放后中国各地区居民收入差距变动的实证分析，我们可以发现：（1）与农村居民收入差距相比，不同地区城镇居民收入水平差距较大，特别是2000年以来表现得更为明显；（2）不同地区城镇居民收入差距变动越来越大，但2003年以前中部地区城镇居民收入水平低于西部，这与农村居民收入的情况是不一样的；（3）与中西部相比，在不同地区内部的城乡居民的收入差距变化中，东部地区内部各省市区的居民收入差距扩大较快。

（三）不同所有制经济内部的不同行业和企业间职工收入差距变动状况

改革开放后，我国的非公有制经济得到快速发展。其发展壮大过程既是产值在GDP中所占份额逐步上升的过程，也是其从业人员收入水平大幅提高的过程。不仅如此，公有制和非公有制经济内部由于不同企业所在行业、部门的性质，历史发展状况和国家优惠政策的区别对待等原因，其经济效率高低不同，其职工收入水平提高速度也相差甚远。

1. 不同所有制之间职工收入差距变动状况

自20世纪80年代中期以后，非公有制经济成分逐步发展壮大并成为我国经济发展的一支重要力量。这时，不同所有制之间职工收入差别就主要表现为非公有制经济单位职工的收入明显高于国有经济单位和城镇集体经济单位（以下将二者合称为公有制经济单位）的职工收入。

从表6-2可以看出：不同所有制经济单位职工收入差距总体经历了一个先快速上升后逐步回落下降的过程。非公有制经济单位职工收入与国有经济单位职工收入、城镇集体经济单位职工收入差距都在1995年左右达到最大的1.33倍和1.95倍（1997），然后差距具有缓慢减小的趋势。比较特别的是非公有制经济单位职工收入与国有经济单位职工收入差距到2003年基本消除，不过以此为节点国有经济单位职工收入开始超过非公有制经济单位职工收入，收入差距反向慢慢扩大，2016年非公有制经济单位职工收入为国有经济单位职工的0.9倍。再从各自发展的纵向比较看，非公有制经济单位职工收入在1997年前的增长速度要快于公有制经济单位职工的收入增长水平，而在2000年以后则是国有职工收入增速最快。

表6-2　　不同所有制经济单位职工平均工资　　单位：元

年份	①国有经济单位	②城镇集体经济单位	③其他经济单位	收入差距倍数	
				③÷①	③÷②
1980	803	623			
1985	1 414	1 092	1 629	1.15	1.49
1990	2 284	1 681	2 987	1.31	1.78
1993	3 532	2 592	4 966	1.41	1.92
1995	5 625	3 931	7 463	1.33	1.90
1997	6 747	4 512	8 789	1.3	1.95
2000	9 552	6 262	10 984	1.15	1.75
2001	11 178	6 867	12 140	1.09	1.77
2002	12 869	7 667	13 212	1.03	1.72
2003	14 577	8 678	14 574	1.0	1.68
2004	16 729	9 814	16 259	0.97	1.66
2005	18 978	11 176	18 362	0.97	1.64
2006	21 706	12 866	21 004	0.99	1.63
2007	26 100	15 444	24 271	0.93	1.57
2008	30 287	18 103	28 552	0.94	1.58
2009	34 130	20 607	31 350	0.92	1.52
2010	38 359	24 010	35 801	0.93	1.49
2011	43 483	28 791	41 323	0.95	1.44
2012	48 357	33 784	46 360	0.96	1.37
2013	52 657	38 905	51 453	0.98	1.32
2014	57 296	42 742	56 485	0.99	1.32

续前表

年份	①国有经济单位	②城镇集体经济单位	③其他经济单位	收入差距倍数	
				③÷①	③÷②
2015	65 296	46 607	60 906	0.93	1.31
2016	72 638	50 527	65 531	0.90	1.31

资料来源：根据《中国统计年鉴（2017）》计算，参见 http：//www.stats.gov.cn/tjsj/ndsj/2017/indexch.htm。

2. 不同所有制经济内部的不同行业和企业间职工收入差距变动状况

个人收入差距不仅存在于不同所有制经济单位职工之间，而且存在于不同所有制经济内部的不同行业和企业职工之间。具体是：

（1）公有制经济内部的不同行业和企业间的职工收入差距扩大。

行业收入差距是指不同性质的行业间因种种原因形成的收入差别。这种差距主要表现为三种情形：

首先，金融保险和房地产等垄断性行业或级差利益较高行业，其职工收入无论是从绝对数还是从增长幅度来看都是最快的。在 20 世纪 80 年代，国有经济单位职工人均工资位于前列的是建筑业和制造业（竞争性行业），而金融保险业（垄断性行业）和房地产业（级差利益较高行业）则相对较低，无论是绝对差距还是相对差距都不大。但到了 90 年代，特别是 1995 年后，上述各行业职工收入水平的位次发生了逆转：从横向看，建筑业和制造业职工人均工资收入水平最低，而金融保险业和房地产业职工人均工资收入最高，二者的相对收入差距一般在 2 倍左右。根据《中国统计年鉴》数据计算，1978 年垄断行业（以金融保险业和电力煤气水的生产供应业为例）与非垄断行业（以农林牧渔业和批发零售餐饮业为例）职工平均工资的比例关系是 1.43 倍，1994 年上升到 2.02 倍，而到 2000 年上升到 2.13 倍，到了 2012 年更是达到了 2.5 倍。

其次，行业内部不同企业间的职工收入差距扩大。改革开放以来，国家不断对企业放权让利，其中一个重要措施就是对国有企业的工资改革。1984 年，实行职工工资总额与企业经济效益挂钩的分配制度，浮动提取。这样，企业自主权不断扩大，可以支配越来越多的利润份额。这虽为公平分配提供了制度前提，但也造成不同企业间的“苦乐不均”。那些曾经得到过国家大量投资，具有人、财、物优势的企业在市场竞争中处于有利地位且不断发展壮大，职工也就能从利润越来越丰厚的企业中得到实惠，而那些设备陈旧、技术落后，不具有资源优势和不善经营的企业，在市场竞争中处境艰难，其职工收入陷于拮据窘境。

最后，同一企业内部“干群”间收入水平反差大。国有企业进行公司制改革后，企业内正分离出一个“企业家阶层”。表面上看，其显性工资收入也许并不高，但若考虑到他们因工作需要而配备的汽车、公费支出的邮电通讯和吃请等在职消费项目，其工资“含金量”高（据 2001 年中国企业家调查系统的调查结果，国有企业经营者的在职消费水平一般在其工资收入的 10 倍左右），再加上部分素质较低的管理者利用其独特身份，运用不规范手段进行不正当获利，其收入量尽管无法准确统计，但其实际消费水平已达到很高水准。

（2）非公有制经济内部不同群体收入差距悬殊。

近年来非公有制经济得到较快发展，在其内部迅速出现一批富裕群体的同时，也存在一般“打工族”的收入水平较低现象。这主要表现在：

一批富裕群体的财富积聚和增长速度惊人。这些富裕群体主要由股份公司（集团）的控股者、股票证券经营中的高获利者、部分个体工商户、部分私营（民营）企业主（家）、部分“三资”企业中的中方管理人员等构成。

非公有制企业内部雇主与雇员之间的收入差距悬殊。有调查研究表明，在雇工规模为10～30人的私营企业中，雇主与雇工的收入差距约为15～40倍；雇工规模在31～50人的，收入差距约为40～70倍；雇工规模在50～100人的，收入差距为65～130倍。

二、中国现阶段个人收入差距的成因

（一）我国现阶段个人收入差距的一般成因

所谓个人收入差距的一般成因是指各种收入差距的产生都与此相关，都能从中得到诠释的原因。这些原因主要有：

1. 分配体制差异成因

现阶段，我国的经济改革尚处于由计划经济体制向市场经济体制的转型期。在分配体制上的一个重要特点就是计划分配体制与市场分配体制的并存。计划分配体制和市场分配体制各有其重点作用层次：前者由于自身特征，侧重于宏观层次的利益分配协调，其调控目标是实现社会公平，由于它在公有制经济内部调控能力强，如果操作不当，易导致分配均等化的平均主义倾向；后者由于其自身功能特征和运行规律，对微观层次作用明显，其作用目标是激励效率提高，但如果管理失范，易导致个人间收入差距悬殊。

2. 经济发展阶段差异成因

社会发展阶段与收入分配状况之间的相关关系是一个重大经济学理论课题，对这一领域进行开拓性研究并产生重要影响的人物是美国经济学家库兹涅茨。1955年，他在美国经济学会会长的就职演讲中提出了著名的收入分配差别的“倒U假设”：即在经济发展过程中，“收入分配不平等的长期变动的趋势可以假设为：在前工业文明向工业文明过渡的经济增长早期阶段迅速扩大，尔后是短暂的稳定，然后在增长的后期阶段逐渐缩小”①。

库兹涅茨关于收入分配差别的“倒U形假设”提出后，在学术界引起了质疑。争论的焦点在于“倒U形假设”能否成立。因为对“倒U形”现象的论证所使用的统计资料不够全面和系统②，一些技术处理方法存在缺陷③，理论解释也不够准确④。尽管如此，大多数经济学家在占有了大规模实证资料的基础上，通过横向国别分析、纵向时序研究和微观分解剖析三个角度进行了实证分析，基本证明了“倒U形假设”的成立。

---

① Kuznets, “Economic Growth and Income Inequality”, *American Economic Review*, Vol. 45, No. 1, March, 1955, p. 18.

② 如关于经济增长早期阶段收入分配不平等迅速加剧恶化，在库兹涅茨看来是个不争的事实，在实证分析时只引证了普鲁士的资料；关于经济发展后期阶段收入不平等状况改进的趋势，尽管加进美国、英国、德国、印度等国统计资料，但也较为零散，且时序不够连续。

③ 如对该假说进行实证分析时，由于缺乏时序资料，大量研究采用的只是横截面资料，即利用同一时期不同发展水平的国别资料进行了分析，这实际上暗含了一个假设前提，那就是处于不同发展水平的国家相当于一国处于不同发展阶段。换言之，所有国家在经济发展中都经历了相同的收入差别的变动轨迹，这在实际上是不可能的。

④ 关于这一点的说明，可参见陈宗胜．经济发展中的收入分配．上海：上海人民出版社，1994：46.

这种主要基于私有经济中的发展中国家实证分析所得出的结论，能否适用像我国这样建立在公有制基础上的发展中国家？对此，学者陈宗胜进行了系统研究。他在评述和肯定库兹涅茨“倒U形假设”基础上，通过对中国和部分东欧前社会主义国家的实证分析，提出公有制经济发展中收入差别也呈“倒U形”。其研究结果表明：在社会主义公有制发展的初级阶段，劳动差别扩大，熟练和复杂劳动供求缺口加大，剩余—生计收入比上升，人口工业化程度提高，但农业人口仍占较大比重，这些因素都使收入差别扩大；在经济发展的较高阶段，劳动差别在新的水平上缩小，熟练与复杂劳动的供求趋于平衡，剩余—生计比由于生计收入的上升而下降，人口工业化持续上升到农业人口比重较小，这些因素又使收入差别缩小。陈宗胜的结论主要是立足于我国基本国情得出的。因为我国现阶段正处在社会主义初级阶段，二元经济结构特征明显；农业人口比重相当大；国民科学文化素质整体水平较低，而在向现代化进军过程中，对复杂劳动者的需求很大，这些实际情况基本符合“倒U形”前半段特征（见图6－1），在此段起始部分（A点以前的低收入阶段），由于长期不变的低收入差别必然同低劳动差别、高积累、低消费、不变的部门之间消费水平差别及停滞的人口工业化等现象共存，所以在此阶段收入分配较为均等，然后收入差距呈逐渐拉大趋势。陈宗胜通过分析中国1980—1988年的相关资料，对中国的经济发展水平和收入差别年度时序变动情况和变动总趋势进行了统计测算和分析，得出结论：1980年以后，中国经济正在或已经由低收入阶段转入中下收入阶段，在这个经济发展阶段的转换过程中，城乡及全国居民的收入分配差别均呈持续的（个别年份有波动）上升趋势；就上升幅度和速度而言，乡村最快，城市较慢，全国总收入差别居中；中国农村收入分配差别已经达到国际上同等经济发展水平国家收入差别的一般水平，全国总收入差别达到或接近达到一般水平，城市的收入差别则仍然较低；随着经济发展水平的继续提高，中国总体收入差别水平有可能继续提高，但已经接近可比较范围内一般水平的最高点，即“倒U形”的转折点。[①] 陈宗胜的研究结论已确认了“倒U形”的前半段上升趋势是成立的，至于后半段的下降趋势能否成立，最终还得靠实证经验数据加以检验。

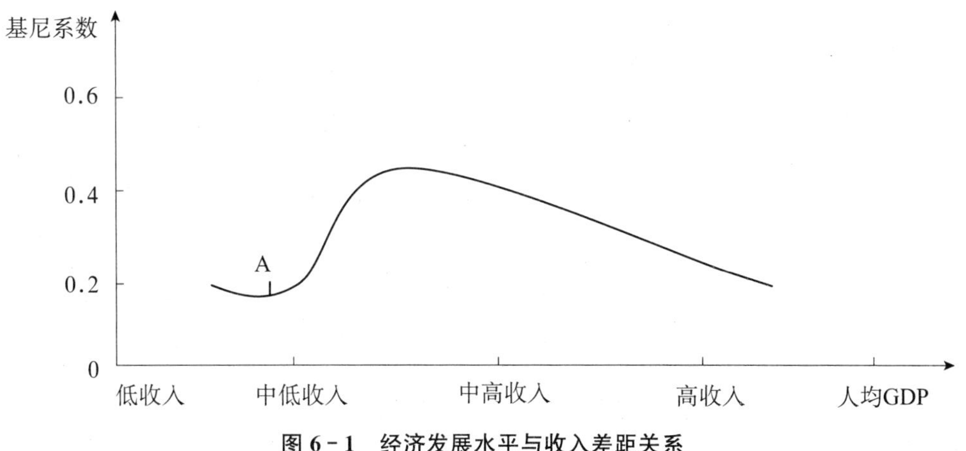

图6－1　经济发展水平与收入差距关系

① 陈宗胜．经济发展的收入分配．上海：上海人民出版社，1994：35－36.

3. 劳动者个人素质差异成因

在现代经济社会里，商品价值的创造越来越多地来源于创新劳动，这取决于（以智力为主）劳动者素质的高低，因而个人收入的高低与其（智力）能力素质高低成正比关系。正因如此，产生于20世纪50年代作为一种分配理论的人力资本理论，由于证实了人力资本对于个人收入形成有着重要作用，并且证实了人力资本对于个人收入差距的形成具有颇强的解释力，而受到人们越来越广泛的重视。所谓人力资本，从个体角度来讲，是指投资于人身上而形成的既可以满足眼前消费，更可以带来未来收益的资本，表现为存在于人体之中、后天获得的具有经济价值的知识、技术、能力和健康等质量因素之和。它的形成途径主要有教育、培训、保健、国内迁移和境外移民等五个方面，其中教育和培训是最重要的形式。人力资本一旦形成，即会以自己独特的方式对社会经济生活产生重大影响：人力资本的形成和积累（即人力资本投资）对群体而言可以促进一个国家或地区的经济增长；对个体而言可以提高个人的获利能力。人力资本投资对个人获利能力的提高主要表现在两个方面，即提高劳动者的生产能力和个人的资源配置能力。

（二）个人收入差距产生的具体成因

我国现阶段存在的各种个人收入差距的成因，除了一般性成因外，还有对特定收入差距产生的具体原因，而且这些具体原因也不是单一的而是复合的因素。如在影响城乡居民收入差距的具体原因中就有：工农产品价格差异所导致的收入差距；就业率不同所导致的收入差距；资产存量不同所导致的财产性收入差距；家庭人口不同所导致的收入差距；经济负担不同所导致的收入差异等。因此，要对这些既互相区别又相互联系的复合原因进行系统分析显得极其困难。其实，在导致某种收入差距的复合成因中，不同因素所起作用的影响程度是不同的，即有主、次之分，我们只要找到其主要成因，（由于各原因之间是有机联系的，找到主要成因，其他次要原因也就不难找到）也就找到了问题的主要症结所在和解决问题的着眼点。笔者以为，城乡不同的制度安排是城乡收入差距产生的主要原因；不同地区经济结构差异是地区收入差距产生的主要原因；级差收益则是不同所有制和行业部门收入差距产生的主要原因。

1. 城乡不同的制度安排是城乡居民收入差距拉大的重要原因

如前所述，城乡收入差距是发展中国家的共性现象，但与其他发展中国家相比，我国还有自己的特点：第一，城乡收入差距过大；第二，城乡收入差距呈逐步扩大趋势。一般说来，随着经济发展，社会进步和改革深入，该差距本应逐步缩小，为何反而扩大呢？笔者认为其根本原因在于我国有着与其他发展中国家不同的制度安排：一是重工业优先发展战略所导致的工农业产品过大“剪刀差”的制度安排是城乡收入差距扩大的历史原因；二是城乡分割的管理体制是城乡收入差距扩大的根本原因；三是城乡不同的利益分配机制对城乡居民具有不同的收入效应。

2. 地区经济结构差异是导致地区居民收入差距扩大的主要原因

由于经济发展水平的非均衡性，不同地区居民收入差距的存在具有普遍性。我国在过去相当长的一个时期里，由于对城镇职工的工资水平和城市居民生活资料价格的统一规定，不同地区（即东中西部）城镇居民的收入差距相对较小。因此，不同地区之间和各地区内部的各省份之间的农民收入差距是不同地区居民收入差距的主要表现。不同地区经济结构差异是其居民收入差距产生的主要原因。这主要表现为：

（1）从所有制结构上看，不同地区居民收入差异是其非公有制经济发展差距的反映。对相关数据的分析表明：城镇集体经济单位职工工资水平仍与非公有制经济单位职工工资水平有较大差距；国有单位职工工资与非公有制经济单位职工工资的差距已基本消失。其主要原因是现阶段国家大幅提高公务员工资水平所致，如果剔除这一因素，仅从国有企业职工工资水平来看，其与非公有制经济单位职工工资水平依然存在差距。非公有制经济单位迅速发展主要集中在东部地区，中西部地区虽也有发展，但远不如东部地区。于是，东部地区居民具有比中西部地区更多获得更高收入的机会，这使得东部与中西部地区城镇居民收入差距拉大。因此，我国不同地区城镇居民收入差距在很大程度上讲是不同地区非公有制经济发展程度差距的反映。

（2）从产业结构上看，不同地区农村居民收入差距是其非农产业特别是乡镇企业发展差距的反映。如果说家庭联产经营承包责任制是改革开放后发生于农村的“第一次革命”，其结果是大幅增加农民的农业经营收入，那么乡镇企业的兴起则是发生于农村的“第二次革命”，其结果是农民增加了从事非农产业获取非农收入的机会。

（3）从收入结构上看，不同地区农民收入差距是其收入渠道和规模变动差距的反映。社会主义市场经济的推进，不仅给城市工业以深远影响，而且给农业以巨大冲击。农业的连年丰收，使得农产品的供求矛盾日益突出。由于供过于求，价格较低，农民增产不增收现象非常普遍。有数据表明，在农户家庭经营纯收入中，种植业为农民提供的收入在迅速下降。

（三）级差收益是造成不同行业部门职工收入差距过大的直接原因

级差收益是由于自然（地理位置的优劣、资源的丰瘠）、历史（基础好坏）和政策（优惠度不一）的差别所形成的不同收益，其量度值大小是总收益减去正常收益的余额。级差收益对行业、部门及地区个人收入差距影响的主要形式有：

1. 由于对国有资产占有的量和质的不同所获取的级差收益

改革前，国有经济部门是行政的附属物，并不自负盈亏，经济收益与国有资产占有情况相关度较小。改革后，国有资产构成各个企业经营的资产，部分企业或利用政策优惠无偿使用，或通过与政府谈判，多占有少交利税，获取不合理收益，截流部分归企业自主支配。由于不同行业或部门对国有资产占有的量和质的不平等，导致职工收入不公平。

2. 由于对经济资源垄断程度不同获得的级差收益

在市场经济建立和发展过程中，国家为了确保和维护公有制的主体地位，发挥对国民经济发展的主导作用，对关系国计民生的行业或部门实行垄断经营。由于该类部门或行业缺少竞争，因而能获得超过正常利润的超额收益，且该收益会随着市场需求的扩大而增加，这就是电力、电信、金融、保险、水电气供应、烟草等行业职工的平均工资高于其他行业职工平均工资的2～3倍的重要原因；如果再加上工资外收入和职工福利待遇上的差异，实际收入差距可能在5～10倍之间。

3. 由于政策优惠度不同所形成的级差收益

经济发展不平衡是世界各国的共同规律。我国在制定改革方案和经济发展政策时是视地区和部门情况而有所不同的，主要给予部分（沿海）地区和城市（特区）以及部分行业、企业以诸如贷款、税收和项目投资审批等政策优惠，这是非常必要的，但也造成了一些问题：一方面受惠主体负担轻、收益大；另一方面又能大量吸纳其他地区、行业和部门的生产要素，为其发展锦上添花，其他地区和行业的发展可能依然如故，甚至雪上加霜。这种“马太效应”导致了地区间和行业间个人收入差距的悬殊。因此，要想实现地区社会经济的协调发展和不同地区居民收入差距的缩小，需要国家像对待东部沿海地区一样，给予西部和其他落后地区更多的政策支持。

第四节　完善中国个人收入分配制度的对策措施

社会主义发展的最终目的是消灭贫穷，实现人民的共同富裕。我国现阶段存在的个人收入差距拉大，已对社会的政治稳定、经济发展产生了不利影响。如何采取有效措施，规范收入分配，防止收入差距的进一步扩大，使其保持在一个可“容忍”区间？针对个人收入分配差距拉大的成因，我们认为，在大力发展生产力，促进经济发展水平升阶的前提下，应主要从制度（或体制）、政策等方面的完善和创新入手。

一、完善分配和就业制度，从根本上防止收入差距的进一步扩大

个人收入分配不公产生的主要原因在于分配体制和其他相关制度尚不完善，因此对其治理首先必须从制度完善入手。

（一）加速建立和完善适应社会主义市场经济的分配体制

由于我国现阶段分配领域还存在双轨制，即非公有制经济主要实行市场分配体制，计划分配体制主要作用范围在城镇国有企业，因此在国有企业间或内部应建立合理分配机制，纠正收入分配不公现象。具体措施是：(1) 按市场经济要求改革和完善企业内部经济利益分配机制，逐步完善计件工资制、责任工资制，并把产品及劳务的数量、质量和成本相联系，评定职工的贡献与报酬。(2) 按市场经济要求，改革和完善个人经济利益的实现机制，大力发展劳动力市场，建立双向选择的劳动用工制度，并逐步过渡到由市场机制形成工资收入，打破平均主义，强化按劳动贡献获取个人收入的机制。(3) 改革和完善企业的用人体制。企业有权根据生产需要和劳动者个人技能裁减冗员，以提高劳动生产率，这显然尚需要依赖社会保障制度的配套改革。(4) 改革分配的主体层次。即变国家为单一分配主体的集权式工资分配体制为国家、企业和个人三位主体的工资分配体制，使三者间实行合理规范的职能分工。(5) 完善工效挂钩制度。一方面要完善其内部机制，强化对挂钩比例的宏观控制和建立企业的自我约束机制，从而保证职工工资增长与经济效益增长相适应，既要挂涨也要挂落，以端正企业行为。另一方面，国家要减少或杜绝在税收、信贷等方面的随意性优惠，保证企业在起点平等前提下公平竞争，从而使经济效益真正反映企业管理与生产经营状况。

（二）完善农民工的非正规就业制度，规范非正规就业的健康发展

作为一个人口和劳动力大国，我国城乡一直存在一支庞大的过剩劳动力大军。现阶段流入到城市中来的农村劳动力约有 0.8 亿～1 亿人，他们中的绝大多数属于非正规就业。

由于法制的不健全、市场机制和环境的不完善、劳动的组织化程度低、从业者合法权益的保障不力等原因，非正规就业方式的健康发展受到很大限制。因此，必须采取切实可行的针对性措施，促进非正规就业的健康稳定发展。具体对策和措施主要是：(1) 深化户籍制度改革，为农民工创造与市民平等的生存发展条件。(2) 调整和完善社会保障制度，逐步将农民工纳入社会保障范围。(3) 改革劳动就业制度，取消对农民工在就业的所有制、行业、工种等方面的限制。建立统一开放的劳动力市场，完善和规范政府对劳动力市场的管理，清理各地制定的针对农民工就业的歧视性政策和制止各种乱收费现象。(4) 改革教育制度，将农民工子女的义务教育纳入城市义务教育体系和社会事业发展计划中，安排必要的就业经费，解决农民工子女入学困难。(5) 提供良好的社会服务，降低农民工的就业成本。(6) 加强劳动力市场建设，完善农民工非正规就业的市场环境。(7) 加强职业技能的培训，提高农民工的就业能力。

（三）深化个人收入所得税制改革，调节贫富收入差距

税收作为调节国民收入分配的杠杆，是矫治收入差距过大的重要手段。个人收入所得税制对社会成员的过高收入具有强效的调节功能。由于目前我国包括个人收入所得税在内的税制改革仍在进行之中，一些地方还不完善，公民纳税意识仍有待提高，加上实践中的有法不依和执法不严，致使个人偷税漏税现象普遍，税额流失严重，加剧了居民间的收入差异。因此，需要进一步深化个人收入所得税制改革。具体措施主要有：(1) 根据纳税人真实能力依法征收。(2) 根据个人收入净所得征纳。(3) 税基随社会经济条件的变化而调整。(4) 开征遗产税和赠与税。

二、调整收入分配政策，提高低收入者的收入水平

演进中的制度一旦确立，在一定时期内便具有相对稳定性，不能“朝立夕改”。而现实发展中新情况、新问题不断出现，其中总有一些新情况不能及时纳入制度的调整范围。政策则以其相对灵活的特点，弥补制度这一不足。所以制定合理的分配政策对于缓解分配差距扩大，具有重要意义。

（一）拓宽农民收入渠道，缩小城乡居民收入差距

与发达国家不同，现阶段我国城乡居民收入差距的扩大不是因为城镇居民收入过高，而是农村居民收入较低，究其原因主要是收入来源较少且增长较慢。因此，拓宽农民收入渠道是国家政策的着力点。具体措施主要有：(1) 继续以保护价收购农产品（主要是粮棉油）并继续加大对农业的“直补”力度。(2) 对农业产业结构进行战略性调整，引导农民自主调整种养业结构，稳定总产，提高质量，大力发展优质高产高效农业，大幅度提高农业的整体效益。(3) 推动农业产业化经营。必须抓紧制定农业产业化经营发展规划，加强分类指导，扶持发展有竞争优势、带动能力强的龙头企业。要认真落实好对龙头企业的各项扶持政策，指导龙头企业建设生产基地，与农户建立起风险共担、利益共享的组织形式和经营机制。(4) 鼓励有条件的农民进城定居谋业，提高农民的工资性收入。(5) 加强对农业基础设施的投资力度，改善农业稳定高产的硬件环境，从而提高农民的经营性收入。

（二）以西部大开发和中部崛起战略为契机加速中西部经济发展，缩小地区居民收入差距

加大西部大开发力度、促进中部崛起是推动中西部地区摆脱贫穷落后的根本途径。西部大开发和中部崛起是一项庞大而又复杂的系统工程，涉及经济活动的方方面面。其中，依托优势资源，发展优势产业，调整产业结构非常关键。主要对策建议是：

1. 以优势资源为依托发展西部优势产业

具体措施是：(1) 利用西部地区独特的地理环境条件，积极发展高效特色农业，即充分利用西部特殊的自然条件，如独特土壤条件、充足的日照、强烈的昼夜温差和丰富的地热资源，发展生态农业，开发特色农业产品，如优质水果、绿色蔬菜和畜牧制品，提高产品附加值。(2) 利用丰富的矿产资源优势，发展有色金属、能源和化工等工业。(3) 利用水力资源优势，发展电力工业。(4) 利用特殊人才资源优势，积极发展高新技术产业。四川西昌、甘肃酒泉拥有集高、新、尖技术于一身的卫星发射中心和一批军工企业；绵阳是闻名全国的科技城，其“军转民”技术的典型长虹集团已成为家电行业的龙头；陕西省具有独立开发能力的科研单位千余个、拥有各种专业人员百万余人，在空间技术、电子信息、机电一体化、新材料和高效节能技术等领域优势明显，综合科技实力位居全国前列。这些科技强省应通过发展高新技术产业，将珍贵的人才优势转化为经济优势，加快缩小地区差距。(5) 利用西部丰富的中药材资源，大力发展中医药业。中医药是中国传统医药的瑰宝。我国西部的许多地区享有“中药材之乡”的美誉，其品种和产量极为丰富，如四川的中药材产量占全国的10%；甘肃野生药材951种，仅次于四川；陕西药用植物800余种，其天麻产量全国第一；宁夏“五色宝”中的三种是中药材；贵州有杜仲、黄连、石斛等五大名药；西藏有贝母、虫草、丹参等。这些珍贵而又丰富的中药材为西部发展中医药业提供了得天独厚的条件。中医药业应成为西部经济发展，增加地区收入的支柱性产业。(6) 利用西部丰富的旅游资源，全方位发展旅游产业。西部地区旅游资源十分丰富，其旖旎的自然风光与具有浓郁文化底蕴的人文景观浑然天成，为将旅游业发展为支柱产业奠定了坚实基础。

2. 发挥中部地区的综合优势，促进中部崛起

中国中部地区土地占全国的10.7%，人口占全国的28.09%，GDP占全国的19.64%，在全国区域经济分工中扮演着十分重要的角色，发挥着不可替代的承东启西、连南接北的枢纽作用。有效地利用中部的综合优势，实现中部地区在全国区域经济中的崛起，有利于促使东、中、西部均衡发展。立足中部地区实情，提高城乡居民的收入水平可供选择的主要对策有：(1) 利用中部的综合优势、发展一批支柱产业和产品。如湖北、湖南、安徽的钢铁、汽车、装备制造，河南的食品加工和公路客车，江西的特色冶金和精密制造，山西的能源开发和不锈钢等产业，都成为本省的支柱产业或拳头产品。(2) 利用丰富的人文资源，大力发展文化产业、旅游产业。厚重的文化底蕴是中部省份最大的财富，无论是山西的晋商文化，河南的中原文化、湖北的楚文化、安徽的徽商文化，还是江西、湖南的红色文化，这些丰富的历史文化资源都是发展文化产业和旅游产业的支撑力，成为中部各省新的经济增长点。(3) 大力发展县域经济，加快农村富余劳动力转移步伐。中部地区均为农业省份，是我国重要的商品粮、商品棉基地，因而农业人口比重较大。其过多

的农业人口和大量过剩的农村劳动力，使得农民收入增长偏慢。为此，壮大县域经济实力，加快县域经济发展，应以中部县域优势资源为出发点，以产业结构布局联动为机制，以农民增收、农村劳动力转移、解决“三农”问题为重点。

（三）加强法律与行政处罚力度，防止个人收入差距非正常扩大

如果真正靠勤劳守法致富，尽管我们的制度和政策尚存在一些不够完善的方面或环节，但部分人的富裕也不会达到现在的程度，不会造成收入如此大的差距。非法致富乃是造成居民收入差距悬殊的最主要因素，因此应该加大处罚力度：（1）对非法经营者，没收非法所得并处以重罚。（2）严惩官员的腐败行为。（3）切实落实“阳光法”，公开领导干部的收入和财产状况，接受群众的公开监督，强化为官者廉洁奉公的自律意识。这里需要强调的是，治理腐败“教育是基础，法制是保证，监督是关键”。通过高薪养廉，使官员“不必贪”；通过严格监督，使官员“不能贪”；通过行政、组织或法律处罚，使官员“不敢贪”；通过职业操守教育，提高为官者的道德自律，使官员“不愿贪”。

三、促使中等收入者成为社会群体的主流

现代社会结构发展的经验表明，随社会转型而出现的新中间阶层在推动现代社会发展、引导社会消费、稳定社会形势、定型社会规范及主流社会价值观中发挥着重要作用：它不仅是投资需求扩张的生力军，而且是消费需求扩张的主力军，是社会发展的“稳定器”，因而是现代化发展的必然趋势和全面建设小康社会、避免贫富分化、实现共同富裕的客观需要。

扩大我国中等收入者比重并不是要把一部分高收入者拉到中等收入者中来，而是要提高低收入者以及中等偏下收入者的收入水平，构建“橄榄型”财富结构，其政策选择主要有：（1）为低收入者增收营造一个优越的大环境。为此，只有把经济稳定发展作为工作重心，创造一个良好的宏观经济环境，避免较大的经济波动，才能保证低收入者收入来源的稳定和收入水平的稳步提高。（2）建立自由、公平、平等的市场环境。中等收入阶层的扩大，从根本上来说应以科技进步为基础，大力发展社会生产力，保持经济的持续增长，使绝大多数居民都能过上小康生活。（3）加快产业结构调整和城镇化步伐。要推动产业结构在原有基础上向高度化方向发展，实行升级换代，形成以高新技术为先导、基础产业和制造业为支撑、服务业全面发展的产业格局。要将失业问题纳入到产业政策考虑范围，制定出合理的产业政策，大力发展第三产业，实现充分就业和就业的良性循环，不断扩大中等收入阶层比重。要加速非农化和城镇化，促进劳动力要素从农业转向非农产业，并鼓励和帮助人口从农村向城镇迁移。（4）发展教育，加强人力资本投资，提升低收入者的自身素质，增强低收入者的增收能力。这项措施是扩大中等收入者比重、保证低收入者能够顺利进入中等收入阶层的根本性措施。（5）深化分配制度改革，规范收入分配方式，实现收入分配正规化、货币化。在培养中等收入者阶层过程中，建立合理的收入分配制度，政府要加强收入分配制度改革，理顺完善收入分配关系，坚持贯彻劳动、资本、技术和管理等生产要素参与分配的基本原则，既注重效率又强调公平，充分调动各种生产要素参与生产，促进经济发展。

四、坚持收入分配“两个同步”增长，让人民共享发展成果

我国是人民当家做主的社会主义国家，改革开放基本国策得到了人民群众的支持和拥护；我们所取得的巨大成就是人民群众积极参与、勇于创新的结果，其发展成果理应由人民共享。正因如此，党的十八大报告首次明确提出“两个同步”增长的要求，即“居民收入增长和经济发展同步、劳动报酬增长和劳动生产率提高同步”。实践证明，坚持“两个同步”增长，不仅有利于保证居民收入稳定增长，还有利于抑制居民之间收入差距不合理地扩大。为决胜全面建成小康社会，夺取新时代中国特色社会主义伟大胜利，在收入分配领域改革方面，我们需要长期坚持“两个同步”增长政策，让人民共享发展成果的政策。

思考题

1. 党的十九大对中国特色社会主义新时代深化收入分配体制机制改革的主要观点有哪些？
2. 人民公社体制下个人收入分配有哪些特点？
3. 什么是按劳分配？按劳分配在社会主义市场经济条件下有哪些新的变化和发展？
4. 简述按生产要素分配的含义、主要形式和参与收入分配的理论依据。
5. 试述中国共产党对生产要素参与收入分配的理论探索历程。
6. 我国现阶段个人收入差距扩大主要表现在哪几个方面？其成因主要有哪些？
7. 为防止个人收入差距进一步扩大，我们应该采取哪些对策措施？

第七章 经济增长与经济发展战略

第一节 经济增长与经济发展的理论范畴及相互关系

一、经济增长的内涵与外延

经济增长，是指一个国家和地区生产产品与劳务总量的增加，即国民经济的更多产出。它意味着国民经济规模的扩大和数量的增长。

衡量经济增长，通常是用人均国民生产总值（GNP，一个国家的所有常住居民在一定时期内生产的以货币表现的全部最终产品和劳务的总和）或人均国内生产总值（GDP，一定时期内一国领土范围内生产的以货币表现的最终产品和劳务的总和）增长速度来表示。用 GNP、GDP 衡量经济增长，能够把国民经济的全部活动概括在极为简明的统计数字之中。但是，用 GNP 或 GDP 衡量经济增长也存在以下缺点：

第一，GNP 不能说明产业中的产品和劳务的种类，也不能说明由于使用这些产品和劳务而获得的福利的大小，更不能说明增长过程中由于环境污染、城镇化和人口膨胀所付出的代价。第二，不进行市场的产品和劳务不能反映在 GNP 中，也不能反映消费的状况，产量可能在增长，而消费却在减少。第三，GDP 只是反映经济增长的“流量”，不反映经济增长的“存量”。第四，GDP 指标无法反映收入分配，也就无法反映人们的幸福水平。第五，GNP 不易反映各国真实的生活，由于各国的物价水平差异很大，从而以美元折算的 GNP 在各国的实际购买力也差异很大。

经济增长的动力源主要有两个：需求拉动型经济增长和供给推动型经济增长。从需求拉动型经济增长看，推动经济增长的因素主要包括三个：消费、投资和出口。从供给推动型经济增长来看，也包括三个方面：要素供给、结构供给、制度供给。

决定经济增长的因素主要有：劳动投入、资本投入和科技进步。

经济增长方式是指决定经济增长的各种因素的结合方式和实现经济增长的途径。影响经济增长的因素包括要素投入量和要素使用效率这两大类。根据这两大类因素在经济增长中所起作用的大小，可以把经济增长方式划分为两种：一种是粗放型经济增长方式，另一种是集约型经济增长方式。

二、经济发展的内涵与外延

经济发展不仅是一个数量概念，更是一种指标体系、一个质量概念。经济发展主要以经济增长为基础，此外还包括劳动生产率的提高、经济结构的优化、技术进步、生态平衡、文教卫生事业的发展和人民生活水平的提高等质的变化。决定经济发展的因素非常复杂，经济发展因素包括经济因素和其他经济因素。经济因素，即生产要素，指用于生产的主要资源，没有这些资源，生产无从谈起，如土地、矿产、劳动、资本；其他经济因素指没有这些因素，生产可以进行，但它们可以促进生产发展，如技术、管理与组织、规模、结构变化。

三、经济增长与经济发展的关系

经济增长和经济发展是有重大区别的。

经济增长是一个单纯的、明确的可度量的“量”的概念，可以用 GNP 或 GDP 表示，是按可比价格计算的本期国内生产总值比上一个时期的国内生产总值的增长百分比。经济发展是比较复杂的“质”的概念，不仅包括经济增长的速度、增长的平稳程度和结果，而且包括国民的平均生活质量，以及整个经济结构、社会结构等的总体进步。

经济增长与经济发展有着密切的联系。

第一，经济增长是经济发展的基础、前提和重要手段，没有经济增长，没有产出的增加就不可能有经济发展。

第二，经济增长不等于经济发展，并不是所有的经济增长都能带来经济发展，很多发展中国家的经济是只有经济增长而没有发展。

第三，经济发展包含了经济增长，经济发展了，经济必定增长。经济增长只是经济发展的内容之一。发展不仅意味着一个国家或地区产品、劳务产出量的持续增加（经济增长）和经济结构的变化，而且意味着整个社会面貌的变化。经济发展的本质意义就是社会全体成员物质、文化生活的不断提高。经济发展是经济持续增长的结果，国民生活水平的提高、经济结构和社会形态等的进步也都在很大程度上依赖于经济增长。

四、从单纯追求经济增长转向促进经济全面发展

发展是人类永恒的主题，发展的最终目的是要让人们富裕。我国对经济发展的实践经历了从以速度为灵魂—尽快发展—又快又好发展—又好又快发展—转变经济增长方式—转变经济发展方式的转变。

1956年《人民日报》发表《为全面地提早完成和超额完成五年计划而奋斗》的元旦社论，首次完整提出“又多、又快、又好、又省”的原则。

1958年5月，中共提出了“鼓足干劲、力争上游、多快好省地建设社会主义”的总路线。1958年6月21日，《人民日报》发表题为《力争高速度》的社论指出：“速度是总路线的灵魂。”由于突出了速度这个灵魂，在实践中往往片面突出“多、快”而忽视“好、省”，给社会主义事业的发展带来了严重的不良后果。

1978年党的十一届三中全会后，面对发展滞后和几亿人口没有解决温饱的现实，发展问题提上日程。邓小平指出：“贫穷不是社会主义，社会主义要消灭贫穷。不发展生产力，不提高人民的生活水平，不能说是符合社会主义要求的。”不仅贫穷不是社会主义，而且“发展太慢也不是社会主义”。这就决定了当时突出强调的是如何尽快地得到发展，是速度快慢问题。

在20世纪80年代探索社会主义新道路的实践中，我们比较快地认识到发展不是单纯的经济增长速度问题，还有一个质量和效益问题，在重视速度的同时，逐步把“速度”与“效益”即把“快”和“好”进一步联系起来。1981年底全国人大五届四次会议的《政府工作报告》中，首次把“经济效益”作为经济建设的方针，提出要“走出一条速度比较实在、经济效益比较好、人民可以得到更多实惠的新路子”。20世纪90年代邓小平提出“发展才是硬道理”的著名论断时，要求“在今后的现代化建设过程中，出现若干个发展速度比较快、效益比较好的阶段”，这里首次把快和好结合在一起，提出了实现“又快又好”发展的要求。

2003年10月11日，党的十六届三中全会正式提出了科学发展观。2006年11月30日召开的中共中央政治局会议上，首次提出：“努力实现国民经济又好又快发展”。把“好”放在“快”的前面，表明我们要更加重视经济发展的质量和效益。又好又快的发展实质就是科学的发展，又好又快发展要求保持经济平稳较快增长，但已不单指经济增长，是包括总量均衡、结构优化、协调发展、资源节约、生态良好、民生改善等内容在内的全面、协调、可持续发展。从此，坚持以科学发展观统领经济社会发展全局，促进经济又好又快发展，成为我国经济工作的指导方针，进一步明确了我国经济发展的思路。

早在20世纪80年代初，党就明确提出要转变经济增长方式。“九五”计划提出了实现经济体制和经济增长方式两个根本性转变的战略任务，要求实现经济增长方式从粗放型向集约型转变。“十五”计划又提出经济结构战略性调整要取得明显成效、经济增长的质量和效益要显著提高。党的十六大以后，特别是在科学发展观正式提出后，党中央提出加强宏观调控、调整经济结构，把转变经济增长方式与实现全面协调可持续发展结合起来，党关于转变经济增长方式的思想在此过程中得到深化和发展。

党的十七大明确提出“转变经济发展方式”，并把它作为“关系国民经济全局紧迫而重大的战略任务”。

从“转变经济增长方式”到“转变经济发展方式”，这两个字的改变意义重大，这种转变标志着中国经济走上了一条科学发展的道路。单纯转变经济增长方式并不能保证实现科学发展，还需要从根本上转变经济的发展方式。从过去单纯追求GDP量的扩张、经济增长，转变到更加注重优化经济结构、提高经济效益和经济增长质量，更加注重经济、社会、人与自然的协调共进。从粗放型经济增长转变为集约型经济增长，从主要依靠物质资源及简单劳动的投入逐步转变为主要依靠科技进步和人力资本的提升。国家出台的节能降耗、十大产业调整振兴规划、技术改造、区域经济发展规划、淘汰落后和过剩产能等一系列重大经济政策都紧扣着结构调整的主题，让中国经济挣脱粗放式经营和世界经济增长动力不足的桎梏，破浪前行。

“十二五”期间，我国将开启经济与社会的双重转型，以转变发展方式和调整经济结构为主线，部署经济社会“从外需转向内需”“从高碳转向低碳”“从强国转向富民”的三大转型。转变经济发展方式，调整经济结构更是“十二五”规划的核心所在。

党的十八大提出“以科学发展为主题，以加快转变经济发展方式为主线，是关系我国发展全局的战略抉择。要适应国内外经济形势新变化，加快形成新的经济发展方式，把推动发展的立足点转到提高质量和效益上来，着力激发各类市场主体发展新活力，着力增强创新驱动发展新动力，着力构建现代产业发展新体系，着力培育开放型经济发展新优势，使经济发展更多依靠内需特别是消费需求拉动，更多依靠现代服务业和战略性新兴产业带动，更多依靠科技进步、劳动者素质提高、管理创新驱动，更多依靠节约资源和循环经济推动，更多依靠城乡区域发展协调互动，不断增强长期发展后劲”。

党的十九大提出：“坚持新发展理念。发展是解决我国一切问题的基础和关键，发展必须是科学发展，必须坚定不移贯彻创新、协调、绿色、开放、共享的发展理念。”贯彻新发展理念，建设现代化经济体系：一是深化供给侧结构性改革。二是加快建设创新型国家。三是实施乡村振兴战略。四是实施区域协调发展战略。五是加快完善社会主义市场经济体制。六是推动形成全面开放新格局。

第二节　中国经济增长方式的历史演变

我国经济现在处在高速增长阶段，但高增长累积的风险和成本就是周期调整的内在因素，因此深刻理解中国经济周期的变动规律和波动因素，才能从较大的历史跨度理解和调整好经济政策，让中国经济增长更加平稳和持续。

一、计划经济时代：短缺型供给推动型经济增长（1949—1978 年）

在“大跃进”和“文化大革命”的严重干扰下，这一时期中国的经济发展速度相对较低，1949—1978 年期间，人均 GDP 平均增长速度为 4.1%。但是，在干扰因素相对较小的“一五”时期和“调整”时期，人均国内生产总值的平均增长率分别达到 6.8%和 12.4%。与此同时，与当时世界经济速度相比，计划经济时期，中国的经济增长同样较快。

这一时期经济增长的突出特点是经济大起大落，每次大起都在 20%左右，经济增长率的峰位在 1958 年达到 32.2%、1965 年达到 20.4%、1970 年达到 25.7%，在经济周期的下降阶段，GDP 绝对下降，甚至出现了负增长（1961 年为－31.0%，1967 年为－9.6%）。在这一时期，经济增长率的最高点（1958 年的 32.2%）与最低点（1961 年的－31.0%）的峰谷落差达到 63.2%（见表 7－1）。

表 7-1　　1950—1978 年中国 GDP 增长率

中华人民共和国成立时	1949 年国内生产总值为 466 亿元人民币				
中华人民共和国成立头三年	1950 年		1951 年		1952 年
	23.4%		19%		18.3%
第一个五年计划	1953 年	1954 年	1955 年	1956 年	1957 年
	30.3%	9.4%	5.6%	16.5%	6.0%
第二个五年计划	1958 年	1959 年	1960 年	1961 年	1962 年
	32.2%	19.5%	5.4%	−31.0%	−10.1%
非常时期	1963 年		1964 年		1965 年
	9.5%		17.6%		20.4%
第三个五年计划	1966 年	1967 年	1968 年	1969 年	1970 年
	17.3%	−9.6%	−4.2%	23.8%	25.7%
第四个五年计划	1971 年	1972 年	1973 年	1974 年	1975 年
	12.2%	4.5%	9.2%	1.4%	11.9%
改革开放前三年	1976 年		1977 年		1978 年
	1.7%		10.7%		11.7%

资料来源：国家统计局网站；数据简报：1950 年以来中国历年 GDP 增长率汇总．中国经济网，2013-07-16。

1949—1978 年为经典社会主义计划经济体制时期，这一时期大体上可以划分为以下阶段：

（一）1949—1957 年：国民经济恢复及社会主义改造时期

经过 1950 年、1951 年、1952 年三年的努力，国家采取各项措施促使整个国民经济从战争的破坏中迅速恢复过来。这三年的 GDP 增长率分别为 23.4%、19%和 18.3%，这是中华人民共和国成立初期的恢复性增长。

从 1953 年起国家开始实施第一个五年计划，并对国民经济进行社会主义改造，“一五”计划的完成标志着中国计划经济体制的建立。“一五”计划的实施极大地促进了经济发展，这一时期人均 GDP 年均增长率达到 6.8%。1953 年开始实施“一五”计划，开始了大规模的经济建设，进入工业化历程。当年固定资产投资规模很大，GDP 增长率高达 30.3%，过快的经济增长打破了经济正常运行的平衡关系，高增长难以持续。1954 年、1955 年 GDP 增速回落至 9.4%和 5.6%左右。经济运行略做调整后，1956 年再次加速，GDP 增长率又上升到 16.5%，难以为继，1957 年又回落到 6.0%左右。

（二）1958—1965 年：“大跃进”及调整时期

“大跃进”对中国经济发展形成了严重干扰，1958 年，在当时的“大跃进”中，GDP 增长率一下子冲高到 32.2%，紧接着，1960 年、1961 年和 1962 年的三年，经济增长率大幅回落，1961 年（−31.0%）和 1962 年（−10.1%）甚至为负增长。经济运行调整之后，1964 年又上升到 17.6%，这是国防建设的前期高潮。

（三）1966—1978 年：“文化大革命”及调整时期

从 1966 年开始的“文化大革命”对国民经济的发展构成了巨大的冲击，国民经济增长十分微弱。1967 年（−9.6%）、1968 年（−4.2%）GDP 增长率回落，出现负增长，1970 年 GDP 增长率又冲高到 25.7%，这是国防建设的后期高潮。1972 年又回落到 4.5%

左右，1973 年（9.2%）经济增速略有回升，1974 年（1.4%）又掉下来，1975 年（11.9%）略有回升，1976 年（1.7%）又掉下来。

从中华人民共和国成立到 1978 年，我国社会主义建设经历了一定的曲折，但总的来说仍然取得了很大成就，基本建立了独立的、比较完整的工业体系和国民经济体系，从根本上解决了我国工业化过程中“从无到有”的问题。传统经济发展方式的形成有其内在历史逻辑。中华人民共和国成立后，为了在薄弱的经济基础上谋求国家工业化目标，保证国家安全，我国推行了优先发展重工业的赶超战略，从而形成了传统计划经济体制。传统经济发展方式的形成发挥了积极的历史作用，具有其历史合理性。

从中华人民共和国成立初到改革开放前，中国逐渐形成了以高积累、高消耗、高速度、高污染、低消费、低效率、低效益为特征的传统经济发展方式。投资效率较低，经济增长方式比较粗放，经济增长主要依靠大量资本投入，并且资本投资效率较低，因此这种增长方式是不可持续的。随着历史条件发生较大转变，传统经济发展方式的弊端日益显现，转变经济发展方式的历史要求日益迫切。

二、制度供给型经济增长（1979—1997 年）

1978 年 12 月，党的十一届三中全会拨乱反正，结束了“以阶级斗争为纲”的历史，全党工作中心转移到社会主义现代化建设上来，开始全面推进改革开放，目的是根本改革束缚经济发展的高度集中的计划经济体制，探索建设有中国特色的社会主义道路。正是在 1978 年以来的一系列持续探索的基础上，经济发展方式转变理论才逐渐萌生、发展并最终形成。

1979—1997 年间，我国经济增长属于制度供给型经济增长，即通过改革以新体制代替传统的严重束缚生产力的计划经济体制以促进经济增长。在这一时期，我国经济增长与经济波动的周期性体现出与政治周期和政治事件的高度相关性，经济增长的动力和根源主要是政治变革所引发的制度变迁。

第一，体制结构和所有制结构的变化，为这一时期我国经济的“高位平稳型”增长提供了重要的体制性基础。改革开放以来，中国的经济体制发生了重大变化，由过去高度集中的计划经济体制逐步转变为社会主义市场经济体制。市场主体和投资主体多元化，各种所有制经济共同发展、相互促进，发挥了积极性；企业具有了自主权，引入价格杠杆、竞争机制、要素市场等市场机制，市场在资源配置中日益发挥了基础性作用，基本改变了长期存在的资源供给严重短缺的状况，促进了经济增长。

第二，这一时期的经济增长动力主要还是依靠投资拉动，虽然启动了消费，但增长缓慢、不稳，外部需求需要较长时期才能恢复增长。

1979—1997 年，中国 GDP 年均增长达到 17.9%，这使我国成为世界上 GDP 增长最快的国家，这个速度是同期世界经济年均增速的 3 倍，创造了世界经济发展史上的奇迹。1997 年中国的 GDP 占世界的 3.5%，高速的经济增长使中国的生产力水平和国家实力获得了极大的提高（见表 7-2 和表 7-3）。这一时期中国经济周期波动的主要特点是：经济周期的波幅减缓，即使是在经济周期的下降阶段，GDP 也并未绝对下降，而是增长率下降，表现为峰位降低，谷位上升，波幅缩小。

表 7-2　　1976—1997 年中国 GDP 历年增长率（%）

第五个五年计划	1976 年	1977 年	1978 年	1979 年	1980 年
	1.7	10.7	11.7	7.6	7.8
第六个五年计划	1981 年	1982 年	1983 年	1984 年	1985 年
	5.2	9.1	10.9	15.2	13.5
第七个五年计划	1986 年	1987 年	1988 年	1989 年	1990 年
	8.8	11.6	11.3	4.1	3.8
第八个五年计划	1991 年	1992 年	1993 年	1994 年	1995 年
	9.2	14.2	14.0	13.1	10.9
第九个五年计划前期	1996 年	1997 年			
	10.0	9.3			

说明：中国的改革开放开始于 1978 年底，为方便查阅亦汇集了此前三年的相关数据。

资料来源：数据简报：1950 年以来中国历年 GDP 增长率汇总．中国经济网，2013-07-16.

表 7-3　　1978—1997 年中国支出法 GDP 三大部分的比重与贡献（%）

年份	GDP 增速	比重			贡献率		
		最终消费	资本形成	净出口	最终消费	资本形成	净出口
1978	11.7	62.1	38.2	−0.3	39.4	66.0	−5.4
1979	7.6	64.4	36.1	−0.5	87.3	15.4	−2.7
1980	7.8	65.5	34.8	−0.3	71.8	26.4	1.8
1981	5.2	67.1	32.5	0.3	93.4	−4.3	10.9
1982	9.1	66.5	31.9	1.6	64.7	23.8	11.5
1983	10.9	66.4	32.8	0.8	74.1	40.4	−14.5
1984	15.2	65.8	34.2	0.0	69.3	40.5	−9.8
1985	13.5	66.0	38.1	−4.0	85.5	80.9	−66.4
1986	8.8	64.9	37.5	−2.4	45.0	23.2	31.8
1987	11.6	63.6	36.3	0.1	50.3	23.5	26.2
1988	11.3	63.9	37.0	−1.0	49.6	39.4	11.0
1989	4.1	64.5	36.6	−1.1	39.6	16.4	44.0
1990	3.8	62.5	34.9	2.6	47.8	1.8	50.4
1991	9.2	62.4	34.8	2.7	65.1	24.3	10.6
1992	14.2	62.4	36.6	1.0	72.5	34.3	−6.8
1993	14.0	59.3	42.6	−1.8	59.5	78.6	−38.1
1994	13.1	58.2	40.5	1.3	30.2	43.8	26.0
1995	10.9	58.1	40.3	1.6	44.7	55.0	0.3
1996	10.0	59.2	38.8	2.0	60.1	34.3	5.6
1997	9.3	59.0	36.7	4.3	37.0	18.6	44.4

（一）1979—1991 年：市场经济探索时期

这一阶段处在对传统计划经济体制的改革阶段，中国处于短缺经济状态，经济增长的典型特征是投资需求与消费双膨胀，社会总需求超过总供给。这一阶段的经济波动与经济体制改革密切相关，1978 年的“拨乱反正”、1984 年的信贷体制改革和 1988 年的价格改革闯关，都在一定程度上推动了经济增长和通货膨胀的发展。

市场经济探索时期从 1979 年开始到 1991 年结束。虽然 1978 年党的十一届三中全会提出了改革开放的政策，但是中国的经济改革没有任何的现成经验可以借鉴，中国的经济发展只能在探索中前进。这一时期中国 GDP 由 1979 年的 4 062.6 亿元，增长到 1991 年的 21 781.5 亿元，年均增长速度为 15.02%；人均 GDP 由 1979 年的 419 元，增长到 1991 年的 1 893 元，年均增长速度为 13.39%。由此可以看出，改革开放政策的实行极大地推动了中国经济发展（见表 7-4）。这一时期的经济发展探索主要有：

1979—1983 年，中国处于短缺经济状态，随着计划控制的放松和价格改革的推进，逐渐释放出短缺经济时期所隐藏的隐性通货膨胀压力。1979—1981 年，基建投资快速增长，引发经济大起大落。1981 年“急刹车”，GDP 增长率回落到 5.2%。

在农村改革、城市改革推动下，1984 年提出了“对内搞活经济，对外实行开放”，出现了改革开放以来最快的 15.2%的经济增长率。1985 年实行了货币、信贷“双紧”政策，在抑制总需求的同时，也导致了经济增长速度下滑。1986 年实现“软着陆”，GDP 增长率也随之降低到 8.8%，成为波谷。

1989—1990 年采取“治理整顿”和“双紧”政策，对经济实行严厉的“治理整顿”，经济增长速度迅速下降。1989 年 GDP 仅增长 4.1%，1990 年为 3.8%，成为改革开放以来最低的增长率。1991 年，经济增长率回升到 9.2%。

（二）1992—1997 年：社会主义市场经济体制初步建立

在这一阶段，市场经济体制初步建立，短缺经济逐渐结束。从 1993 年开始，有中国特色的社会主义市场经济正式确立，特别是所有制和分配制度的改革，为民营经济的发展提供了契机，极大地推动了经济发展。但是由于过于注重国内生产总值的增长速度，引发了一系列的问题，如环境污染等。1995 年 9 月召开的党的十四届五中全会明确提出两个全局性的根本转变，即经济体制由传统的计划经济向社会主义市场经济转变，经济增长方式从粗放增长型向集约增长型转变。

这一阶段，我国 GDP 由 1992 年的 26 923.5 亿元，增长到 1997 年的 78 973.0 亿元，年均增长 24.01%；人均 GDP 由 1992 年的 2 311 元，增长到 1997 年的 6 420 元，年均增长 22.67%（见表 7-4）。

1992 年，邓小平南方谈话和随后召开的党的十四大，为中国改革开放和社会主义现代化建设打开了一个新局面。然而，由于当时改革开放时间尚短，原有的计划经济体制还没有根本转型，还没有克服传统经济发展方式过热的投资需求和片面追求 GDP 增长速度的弊端。1992 年新一轮经济过热再次出现，GDP 增长 14.2%，物价上升 13%，投资消费双膨胀，创下改革开放以来的次高纪录。

1993—1994 年，GDP 增长速度分别保持在 14.0%和 13.1%的水平。1993 年，投资急剧膨胀，特别是全国掀起了一股房地产热和开发区热。1994 年，商品零售价格同比上涨 21.7%，创下中华人民共和国成立以来的最高纪录，出现了改革开放以来最严重的通货膨胀，居民消费价格指数上涨 24.1%。

1995 年提出要从根本上转变经济增长方式，但也就是从 1995 年开始，我国出现了新

一轮工业重化和出口导向加剧，这实际上是在复苏传统的发展方式。及时进行的“软着陆”的宏观调控，使过高的经济增长率缓慢下降，避免了过去“大起”之后的“大落”。到 1996 年，“软着陆”基本成功。在治理经济过热中，国民经济运行成功地实现了“软着陆”，经济增长率从 1992 年高峰时的 14.2%，在逐步回落中保持了 5 年的两位数增长，缓慢下降到 1996 年的 10.0%，1997 年降至 9.3%，既有效地控制了物价涨幅，又保持了经济的适度快速增长。

表 7-4　　中国 GDP 和人均 GDP（1978—1997 年）

年份	国内生产总值（GDP）（亿元）	人均国内生产总值（人均 GDP）（元/人）
1978	3 645.2	381
1979	4 062.6	419
1980	4 545.6	463
1981	4 891.6	492
1982	5 323.4	528
1983	5 962.7	583
1984	7 208.1	695
1985	9 016.0	858
1986	10 275.2	963
1987	12 058.6	1 112
1988	15 042.8	1 366
1989	16 992.3	1 519
1990	18 667.8	1 644
1991	21 781.5	1 893
1992	26 923.5	2 311
1993	35 333.9	2 998
1994	48 197.9	4 044
1995	60 793.7	5 046
1996	71 176.6	5 846
1997	78 973.0	6 420

资料来源：中华人民共和国国家统计局。

三、需求拉动型经济增长（1998 年至今）

从 1998 年至今，我国经济增长从制度供给推动转向了需求拉动型经济增长。以 2005 年为节点，我国经济由投资主导需求拉动型经济增长转变为内需拉动型经济增长。表 7-5 显示了 1998—2017 年我国 GDP 增长情况及各部分的比重与贡献。

表 7-5　　**1998—2017 年中国支出法 GDP 三大部分的比重与贡献**

年份	GDP 增速（%）	比重（%）			贡献率（%）		
		最终消费	资本形成	净出口	最终消费	资本形成	净出口
1998	7.8	59.6	36.2	4.2	57.1	26.4	16.5
1999	7.6	61.1	36.2	2.8	76.8	24.7	−1.5
2000	8.4	62.3	35.3	2.4	63.8	21.7	14.5
2001	8.3	61.4	36.5	2.1	50.2	49.9	−0.1
2002	9.1	59.6	37.8	2.6	43.9	48.5	7.6
2003	10.0	56.9	41.0	2.2	35.8	63.2	1.0
2004	10.1	54.4	43.0	2.5	39.5	54.5	6.0
2005	11.3	52.9	41.6	5.5	38.0	38.9	23.1
2006	12.7	50.7	41.8	7.5	40.0	43.9	16.1
2007	14.2	49.5	41.7	8.8	39.2	42.7	18.1
2008	9.6	48.4	43.9	7.7	43.5	47.5	9.0
2009	9.1	48.6	47.5	3.8	45.4	95.2	−40.6
2010	10.3	48.2	48.1	3.7	36.8	54.0	9.2
2011	9.2	49.1	48.3	2.6	51.6	54.2	−5.8
2012	7.8	49.2	48.1	2.7	51.8	50.4	−2.2
2013	7.7	50.3	47.2	2.5	50	54.4	−4.4
2014	7.3	50.7	46.8	2.5	50.2	48.5	1.3
2015	6.9	51.8	44.8	3.4	66.4	31.7	1.9
2016	6.7	53.6	44.2	2.2	64.6	42.2	−6.8
2017	6.9	53.6	44.4	2.0	58.8	32.1	9.1

（一）1998—2004 年，投资主导需求拉动型经济增长

1998 年，为了阻止经济增长速度过度下滑的趋势，我国出台了许多启动经济的举措，尤其是非常重视出口的作用，试图以外需来弥补当时内需的不足，因而我们实行了退税率极高和退税范围极广的出口退税政策，大幅度地推动出口的增长，以达到保增长的目的。我们在保增长中重视出口的作用是对的，无可指责，但问题是后来我们过度地强调和发挥了出口的作用，使中国经济增长模式逐渐转变成为出口导向型经济增长模式，从而为我国经济的快速平稳发展埋下了风险与危机。

1998—2004 年，我国从制度供给型经济增长推动转向了需求拉动型经济增长。但由于我国消费需求不足，投资和出口成为拉动经济增长的主力，因此，这个时期的经济增长主要是以投资为主导的需求拉动型经济增长。

2002 年、2003 年、2004 年资本形成对 GDP 增长的贡献率分别为 48.5%、63.2%和 54.5%，高于最终消费对 GDP 增长的贡献率 43.9%、35.8%和 39.5%。鉴于经济发展过程中出现的问题，我国从 2003 年开始进入市场经济完善阶段，以科学发展观为指导，力

争实现人与社会的和谐发展。

（二）2005 年至今，内需拉动型经济增长

世界上大多数国家内需占总需求的比重在 70%和 80%之间。美国内需的比重偏高，在 90%以上；英国、法国在 80%左右；印度在 83%左右；俄罗斯在 75%左右。但长期以来，中国拉动经济增长的“三驾马车”中消费占比逐渐走低，对投资和出口的依赖程度过高，其弊端日趋显现。在我国多年扩大内需战略的引导下，中国经济需求动力结构逐步优化，消费需求在 GDP 中的贡献率逐步提高，从 2011 年开始超过 50%，而投资率则相对下降。

逐年来看，2006—2010 年我国国内需求对经济增长的贡献率分别为 83.9%、81.9%、91.0%、138.9%和 92.1%，净出口在总需求中所占的比重由 7.5%下降到 3.7%，降低了 3.8 个百分点，总体而言，内需对经济增长的贡献率在逐步提高。2005—2010 年，我国内需在总需求中所占的比重由 94.5%提高到 96.3%，提高了 1.8 个百分点。2009 年由于世界金融危机，在外需大幅下滑的情况下，外需对经济增长的贡献为负（—40.6%），我国主要通过依靠内需增长，有效弥补了外需下降的影响，内需对经济增长的贡献率高达 140.6%，2009 年我国实现了 9.1%的经济增长。2009 年成功拉动中国经济走出低谷的力量主要来自政府的大规模基建投资和居民的购房买车消费。但这毕竟是特殊情况，从结构上看，内外需对经济的作用到 2010 年更加协调。

由此可见，“十一五”时期（2006—2010 年），内需对经济增长的贡献明显扩大，内外需结构渐趋均衡。“十一五”时期，党和政府启动了一系列扩大内需促进经济发展的积极政策，国内需求对经济增长的贡献率大幅提高，特别是在应对国际金融危机冲击中，扩大内需政策起到了极为关键的作用。

“十二五”时期（2011—2015 年）在改革开放伟大历史进程中具有鲜明里程碑意义。面对多年积累的结构性矛盾和转型发展的压力，党中央、国务院把调结构转方式放在更加突出的位置，在发展中促转型，在转型中谋发展，经济发展的后劲和内生动力明显增强。内需特别是消费对经济增长的贡献明显增强。在扩大内需战略的带动下，消费的基础性作用和投资的关键性作用得到较好发挥，特别是消费结构升级带动居民消费潜力有序释放，消费成为拉动经济增长的主动力。2011—2014 年，最终消费对经济增长的年均贡献率为 54.8%，高于投资贡献率 7.8 个百分点。2015 年，消费对经济增长的贡献率上升为 66.4%。

“十三五”时期（2016—2020 年），要在进一步发挥消费对内需的拉动作用、完成消费对经济增长贡献明显加大目标的同时，进一步挖掘有效投资的潜力，改进和提升传统行业，增加公共产品和公共服务的“双引擎”。目前我国正处于“十三五”建设时期，未来内需对于经济发展将会发挥更大的作用。2017 年，最终消费对 GDP 的贡献率为 58.8%，中国消费和投资内需走向已成为解释中国未来经济周期的核心变量。

GDP 一直被我们视为一个国家发展程度的重要标志。中国经济经历了改革开放后 40 年的快速发展，中国 GDP 每年都在大幅度增长，GDP 总量于 2010 年超过日本，我国成为世界第二经济大国，仅次于美国。但随之而来的是资源约束问题的凸显：耕地面积全面逼近 18 亿亩的红线，地面淡水长期污染严重，水资源更多来自地下水资源的开发。中国单位 GDP 的能耗是日本的 7 倍、美国的 6 倍，甚至是印度的 2.8 倍。中国人均 GDP 只为日本的 1/10。

第三节　改革开放以来中国经济增长方式的特征

一、中国经济增长模式的基本特征

经济发展模式是指在一定时期内国民经济发展战略及其生产力要素增长机制、运行原则的特殊类型，包括经济发展目标、方式、重心、步骤。中华人民共和国成立以来，我国传统经济发展模式具有以下一些基本特征。

1. 以高速增长为主要目标的赶超型发展模式

中华人民共和国成立 60 多年来，中国的经济在曲折的发展过程中，取得了辉煌的成就，完成了从农业社会向工业化中期阶段的伟大跨越。国内生产总值实际增长 77 倍，实现了人均国内生产总值年均 7%左右的增长速度，人均超过 3 000 美元，财政收入增长约 1 000 倍，外汇储备增长10 000 多倍，位居世界第一，进出口贸易总额位居世界第三，占世界贸易比重达 7.9%。

在很长的历史时期，中国的经济增长率在全世界范围内实属罕见。1952—2007 年，中国 GDP 的年均增长率高达 8.1%，2012 年，中国的 GDP 总量达到 51.93 万亿元，升至世界第二。到 2017 年，中国的 GDP 总量高达 82.712 2 万亿元，首次突破 80 万亿元，GDP 增速 7 年来首次提速。①

为了尽快摆脱落后局面，尽早实现国家工业化和现代化目标，1953—1978 年间，中国制定并实施了优先发展重工业的赶超战略，同时构建了高度集中的计划经济体制。实行优先发展重工业战略，凭借着国家政权的动员和组织力量，一是完成了社会主义改造，奠定了社会主义建设的经济基础。1953—1956 年，全国工业总产值平均每年递增 19.6%，农业总产值平均每年递增 4.8%。经济发展比较快，经济效果比较好。“一五”期间工业生产所取得的成就，远远超过了旧中国百年来所达到的水平。二是迅速地建立起了独立的、比较完整的工业体系和国民经济体系，为改革开放以后中国工业的快速发展并成为世界制造业中心创造了条件。

为了实现赶超目标，一再强调提高经济增长速度，因而重“量”不重“质”，过于追求“多、快”，严重忽视“好、省”，逐步形成了我国传统经济发展方式，并在相当长的时间内影响着中国经济发展的绩效。优先发展重工业战略带来了许多严重的经济和社会问题，国家和人民为此付出了沉痛代价：一是农、轻、重等国民经济重大比例关系的严重失调难以解决，造成比较严重的城乡二元分治问题，如城镇化缓慢、农业劳动力长期无法转移、“三农”问题代价沉重。二是长期排斥市场和竞争，导致了非公有经济的急骤收缩和严重衰退，导致许多国有企业和农村合作社效率低下，没有竞争力。三是长期优先发展重工业战略，严重忽略国家的要素禀赋和比较优势，导致产业结构的畸形，产业无法配合协同，难以担负起推动整体经济发展的重任。四是优先发展重化工业，使中国在工业化之初就面临着较大的环境压力。

① 去年我国 GDP 增 6.9%　首破 80 万亿　7 年来首次提速．国家统计局网站，2018－01－18.

一定时期内重工业优先发展战略模式是必要的，其优势也发挥到了极致，完成了其历史使命。这就要求必须进行改革，应当遵从要素禀赋，通过改革开放，发挥自己的比较优势，把优先发展重工业战略逐渐转到发挥比较优势战略的发展道路。

2. 借助政府的行政力量实施的发展模式

在我国建设市场经济初期，“强政府”绝对是不能忽视的重要角色，“强政府”的存在有一定的合理性。经济发展客观上需要一个较有凝聚力、较有威信的政府，我国经济发展也得益于政府具有较强的社会整合能力，能够有效动员和利用全社会各种资源的能力与力量，从而为特定的工业化战略目标服务。但是在GDP崇拜下的“行政推动型”经济发展也带来了种种后遗症。

在市场化高度发达的今天，经济发展过度依赖政府作用，“强政府、弱市场”与市场化改革的方向相悖。强化行政性的推动力量，人为地鼓励一些行业而抑制另外一些行业，以及依赖政府投入，容易造成新的结构性矛盾，往往会忽略结构调整的深层次目标。如果不按照市场经济规律办事或不量力而行，就会形成低效投资，甚至无效投资。放弃政府推动固然不行，但应更多地强调“强市场”，按照市场经济规律办事，强化政府服务经济发展的公共功能，从而使政府的行政推动能有利于经济比较快地发展。

需要转变“行政推动型”发展模式，转变和创新政府职能。市场经济需要的不是无所作为的政府，而是大有作为的政府。政府扮演“经济人”的角色，政府退出企业、退出直接的市场活动，政府作用不是减弱，而是要改变作用的范围和方式，政府要执行公共福利和公共服务职能，为吸引各类投资创造公共环境。政府不应与市场化对立，而是要强有力地支持市场化，在经济建设领域充分发挥作用。在现阶段，公共产品的提供在很大程度上依赖于政府推动社会发展而实现。与此相应的是，政府由主抓经济发展转向主抓社会发展。要形成企业抓经济发展以实现GDP指标，政府抓社会发展以实现全面小康指标的局面，促进经济和社会的协调发展。

随着市场化改革和结构调整的深入，政府应改变重经济建设、轻社会管理和公共服务职能的现象，在弱化经济建设职能的同时，强化公共服务职能，由经济建设型政府向公共服务型政府转型。要减少政府干预，放手让企业与社会力量成为经济结构调整的主体，进一步搞活微观经济，形成“强市场”引导。政府转变职能，建立兼顾公平和保障社会稳定的社会机制，着重解决环境问题、农民问题、失业问题、贫富差距问题，加快建立起有利于经济可持续发展的体制与政策环境。

3. 经济结构倾斜型的发展模式：以农业、轻工业等产业缓慢发展为代价

判断一国产业结构是否合理有三个基本标准：一是各产业能够为本国人民提供丰富的产品供给，二是与一国的国情、资源禀赋相适应，三是各产业之间能够相互协调、具有较高的运作效率。

改革开放以来，我国的产业结构经历了比较大的变化，从长期的变动趋势来看，三次产业之间的比例关系有了明显的改善，产业结构正向合理化方向变化。第一产业在GDP中的比重呈现持续下降的态势，从1987年的49.99%下降到2012年的10.1%，同时内部结构逐步得到改善；第二产业的比重经历了不断波动的过程，但长期稳定在40%和50%之间，工业内部结构得到升级，制造业增加值占全部商品增加值的比例由1978年的30.5%上升到2005年的52%；第三产业在国民经济中的比重不断上升，增加值比重由

1979年的21.9%大幅上升至2012年的44.6%。目前我国的三次产业结构总体上是与现阶段经济发展的现状相适应的，符合我国处于工业化中级发展阶段的特征，也有利于发挥我国的比较优势。但是，第三产业在GDP中的比重，远低于发达国家的平均水平。

第二产业结构中的重化工业化趋势明显。在1999—2008年的10年间，轻工业比重由41.9%下降到28.9%，重工业由58.1%上升到71.1%，工业结构出现了较为明显的重化工业化趋势。[①] 2012年我国人均GDP达到了6 100美元，冶金工业占GDP比重达到5.6%，化学工业达到4.1%[②]，显著高于其他工业行业。高重化工业比重、高投资率和高增长的典型特征，既与我国工业化正处于中后期的发展阶段有关，也与我国投资驱动型经济发展方式有直接关系。这是因为大规模、快速增长的投资需求刺激了钢铁、水泥等重化工业的发展，致使不少技术落后、消耗高、污染严重的企业依然存在，产业结构调整和升级难以进行。

相对于发达国家，我国第三产业的发展确实还很不充分，在过去长期计划经济体制下形成的重物质生产、轻服务业发展的传统观念的影响还远未消除。

但同时也要认识到，第三产业的占比并不是越高越好。美国的服务业过于发达，金融危机爆发的前一年——2007年，美国第一、二、三次产业的比重分别为1.2%、20.9%和77.9%，服务业占比太高、产业空心化严重。长期的产业失衡、大规模地依赖进口是不可持续的，也是难以为继的。因此，美国的产业结构模式不是我国产业结构调整的方向。我国产业结构调整的重点不是简单地调整三次产业的比例高低，而是要以服务业为中心，同时推动第一、二产业的发展，切实解决好产业发展方式粗放和发展质量低下引发的一系列矛盾。

我国“十二五”规划纲要中明确提出：“加强农业基础地位，提升制造业核心竞争力，发展战略性新兴产业，加快发展服务业，促进经济增长向依靠第一、第二、第三产业协同带动转变。”

我国产业结构调整的重点是全面贯彻落实科学发展观，大力推进节能减排和调整产能过剩行业，解决好以过度消耗资源、能源和牺牲环境为代价，科技创新不足，核心技术受制于人，产品附加值不高，经济效益总体还比较低下等问题。大力推进传统产业的改造升级，发展高新科技产业，“以信息化带动工业化”，带动整个国民经济的发展和社会管理水平的提高。强调加快发展服务业，进一步提高服务业在三次产业结构中的比重不仅是正确的，也完全是可能的。第三产业可以为第一、第二产业提高效率、降低成本服务，特别是生产性服务业，如科研、设计、销售以及产前产后和对产品用户的终端服务等。“十二五”期间，我国可以在金融服务、信息服务、现代物流产业等方面大有作为，从而提高生活质量和社会管理水平服务，这正是我国经济可以长期保持平稳较快发展的重要潜力之所在。

《中共中央关于制定十二五规划的建议》明确提出，把推动服务业大发展作为产业结构优化升级的战略重点。“战略重点”反映了服务业的地位之重。2015年《中共中央关于制定国民经济和社会发展第十三个五年规划的建议》中也指出服务业比重进一步上升。国

① 陈佳贵．改变主要靠投资驱动的经济发展方式．人民日报，2012-04-17.

② 陈佳贵．改变主要靠投资驱动的经济发展方式．人民日报，2012-04-17.

家统计局的资料显示，2017 年，我国服务业增加值占 GDP 的比重为 51.6%，超过第二产业 11.1 个百分点，服务业增加值比上年增长 8.0%，高于全国 GDP 增长 1.1 个百分点，连续 5 年增速高于第二产业，服务业已成为我国国民经济第一大产业。

4. 粗放型发展方式：通过大量劳动和资本的投入来增加产品数量的外延性扩大再生产

由于制造业连续多年的快速扩张，我国许多重要行业的产能过剩严重，经济结构失调矛盾突出。例如，在传统行业方面，据国家工信部的《2012 年中国工业经济运行上半年报告》，全国钢铁行业产能超过 9 亿吨，产能过剩超过 1.6 亿吨，另有 7 000 万吨在建；水泥产能过剩超过 3 亿吨；有色金属行业的电解铝近两年的产能利用率仅为 65%。中国汽车工业协会数据显示，2011 年度世界汽车总产量为 8 006 万辆，而中国为 1 842 万辆，占世界总量的 23%。①

当前，中国经济增长方式转变在相对量上取得的成效是与过去高度粗放的经济增长方式对比的结果。但是从绝对水平来看，与国际水平相比，我国经济仍然呈现明显的粗放型增长特征。“十一五”期间，我国能源利用效率虽然提高，但能源消费总量同样高速增长，单位产出的资源消耗，或者单位产出的污染排放和国际水平相比依然偏高，可持续发展能力还存在着一些问题。如，能源缺口变大，能源消费量占生产量比重从 109% 增加到 112%；水资源约束增强，用水量占水资源总量比重为 23.4%；主要污染物排放量虽然减少，但是主要污染物排放总量下降较慢、进展相对滞后；温室气体排放量加大，是仅次于美国的第二大二氧化碳排放国。“十一五”期间，降低单位 GDP 能源消耗进展明显滞后于规划目标，并且伴随着出现资本排斥劳动就业问题，这些均与过度重工业化密切相关，经济增长还没有摆脱资源高消耗、能源高消耗和污染高排放的模式。从总体上看，我国经济增长方式远未实现全局性、根本性的转变。

二、中国经济增长模式的主要矛盾

我国经济快速发展，各项建设取得巨大成就，但也付出了资源和环境代价，这种情况与经济结构不合理、增长方式粗放直接相关。只有加快调整经济结构、转变经济发展方式，才能实现经济又好又快发展。要坚持以节约能源资源和保护生态环境为切入点，积极推动产业结构优化升级，立足优化产业结构推动发展，把调整经济结构作为主线，促使经济发展由主要依靠工业带动和数量扩张带动向三次产业协同带动和结构优化升级带动转变。

1. 资源与环境承载力的制约

随着我国经济的发展，经济社会发展同人口、资源、环境的矛盾日益显现出来。近年来我国出现的能源短缺、资源进口数量扩大、原材料价格上涨剧烈等情况都说明，人口、资源、环境的制约已经成为我国经济发展的瓶颈。

以投资驱动为主要特征的发展方式在很大程度上增加了资源消耗，导致大量资源依靠进口。在 20 世纪 90 年代初期我国就转向了资源进口国，1992 年石油净进口，1993 年粮

① 田伯平．转变经济发展方式要再认识再突破．群众，2013 (2).

食净进口，1994 年初级产品也变成了净进口。近年来，我国石油、铁矿石、铜、铝等资源的对外依存度已经超过 50%，而且铝土矿、天然气、石油的对外依存度还在继续攀升：“十一五”期间我国铝土矿进口量呈上升态势，2010 年我国铝土矿对外依存度高达 45.18%，2011 年这一数字已高达 61.5%[①]；公开资料显示，我国从 2006 年开始进口天然气，2010 年天然气对外依存度还只有 11.6%，到 2012 年，这个数字就已蹿升至 28.9%，增长了近两倍；《能源发展“十二五”规划》中提出石油对外依存度要控制在 61%以内；自 1993 年首度成为石油净进口国之后，我国原油对外依存度由 1993 年的 6%，21 世纪初的 26%，一路攀升至 2012 年的 56.4%。为降低铝土矿、天然气、石油等能源的高依存度风险，减少输入性通胀，中国应该在不断加大国内能源开发，增加新能源的科学布局，启动战略性能源技术计划，着力发展可再生能源，减少对化石能源的依赖，以缓解国家经济安全隐患压力。

粗放型经济增长模式不能避免以牺牲环境为代价。当前我国以政府投资为主驱动、以牺牲环境为代价的经济增长模式暴露的问题更加突出。我国环境治理费用逐年上升，环境污染治理投资总量逐步增加，占 GDP 比重均呈上升趋势。我国环境污染治理投资占国内生产总值之比，在 20 世纪 80 年代初为 0.51%，2005 年为 1.30%，2008 年为 1.49%，2009 年为 1.33%，但即使如此，最多只能维持环境的现状而不能改进环境。同时存在的另一个问题是，环境保护不受重视，环境保护投资连年负增长，2007 年我国环境保护投资增长 1.25%，但 2008 年比 2007 年增长－4.24%，2009 年比 2008 年增长－6.34%。[②]长期粗放式的增长模式导致资源开采过度，利用多、保护少，我国的土地、水、生物资源因过度开发和利用而出现退化、枯竭，生态环境退化加速。

资源瓶颈约束是制约中国经济发展的最大障碍。中国是人均资源稀缺国家，由于人口众多，除了煤炭、有色金属和稀土矿，大多数资源的人均量都低于世界平均水平：人均国土面积为世界平均水平的 30%；人均耕地只有 0.1 公顷，仅为世界平均水平的 1/3；人均森林面积为 0.13 公顷，为世界平均水平的 15%；人均林木储蓄量 9.8 立方米，仅为世界平均水平的 13%；人均草地面积 0.31 公顷，仅为世界平均水平的 36%；人均淡水 2 239 立方米（1999 年），仅为世界平均水平的 23.7%，在世界居第 109 位；人均矿产资源居世界第 80 位。

中国的城镇化进程必然带动中国的工业化再次加速和资源对外依存度的不断上升。因此，必须加快转变经济增长方式，把节约资源作为基本国策，发展循环经济和清洁生产，保护生态环境，加快建设资源节约型、环境友好型社会，全面贯彻落实科学发展观，逐步解决经济社会发展同人口、资源、环境之间的矛盾，使我国经济持续快速协调健康发展。

2. 追赶型战略容易导致政策上的急功近利

在中国的经济发展过程中有两种不同的追赶战略，一是计划经济时期的传统追赶战略，二是转轨时期的追赶战略，这两种追赶战略又都是政府主导型的追赶战略。政府主导型追赶型战略在发展到一定程度之后，容易导致政策上的急功近利，如片面追求增长速度和生产规模，而忽视技术、教育和管理在提高综合劳动生产率方面的长期作用；在引进外

① 数据来自《2012 中国矿产资源报告》。

② 顾成军，龚新蜀．中国经济增长方式的转变及其影响因素研究．中国科技论坛，2012（3）．

资和资本配置方面，过分注重引进短期资本，而忽视对科技开发、基础设施方面的建设；在价值取向方面，注重物质利益和量的增长，而忽视社会、环境和资源的可持续发展，由此出现了较为严重的环境污染和社会不公正问题。因此，这种政府主导追赶型战略在发展到一定程度之后，必须实现转变，从经济增长模式由政府主导型向市场驱动型转变，政府适度退出，让位于市场将有助于促进长远的经济增长。

3. 国际竞争的约束

自 1995 年起，中国正式被纳入瑞士洛桑国际管理发展学院（IMD）竞争力评价体系，排名总体呈现上升趋势。近 5 年来，中国的竞争力排名一直在第 20 位左右波动。瑞士洛桑国际管理发展学院发布了 2017 年度全球竞争力排名，中国在 63 个参评国家或地区中排第 18 位，较 2016 年上升 7 位。2017 年，排名前 3 位的国家或地区分别为中国香港、瑞士和新加坡，美国则由 2016 年的第 3 位下滑至第 4 位，创造了 5 年来的最低排名。①

从 4 大类竞争力指标来看，我国经济表现保持稳定，商业效率和设施建设水平稳步上升。在 2017 年的排名中，中国经济表现排名最高，在 63 个参评国家或地区中位列第 2 位；商业效率和设施建设水平分别排在第 18 位和第 25 位。

正如 IMD 指出，除经济表现突出外，中国在经济活力、开放态度、熟练竞争力、成本竞争力、政治稳定性等方面具有吸引力。但是 2017 年 IMD 报告也指出了当前中国经济发展面临的主要挑战：解决日益严重的环境问题；稳定经济社会发展，应对中等收入陷阱；重塑全民共享的价值体系。解决这些挑战，需要提升我国长期竞争力，推动我国经济社会发展从“量的增长”转向“质的提升”。

发达国家的新技术革命正在加速推进，以人工智能、清洁能源、机器人技术、量子信息技术、虚拟现实以及生物技术为主的全新技术革命——第四次工业革命悄然到来。这一场全新的绿色工业革命的实质和特征，就是大幅度地提高资源生产率，经济增长与不可再生资源要素全面脱钩，与二氧化碳等温室气体排放脱钩。这一过程不仅将推动一批新兴产业诞生与发展以替代已有产业，还将导致社会生产方式、制造模式甚至生产组织方式等方面的重要变革，最终使人类进入生态和谐、绿色低碳、可持续发展的社会。

第四次工业革命加大中国经济持续稳定增长的压力，第四次工业革命可能从根本上改变全球制造业生产模式和世界经济的目前格局，掌控先进技术的发达国家企业可以通过重组产业链和价值链，在国际产业竞争方面继续处于主导地位。成本优势一直是中国制造业最主要的竞争优势，而第四次工业革命对我国以廉价劳动力和要素低成本参与国际分工会形成严峻的挑战。第四次工业革命将改变制造业的要素投入结构，生产自动化、智能控制系统和机器人将会越来越替代劳动力，使得中国逐步丧失劳动力成本优势；在快速成型技术和网络协作体系的支持下，迅速响应市场需求的个性化定制生产将成为主流的生产方式，其结果是大规模生产不再起主要作用，中国的出口将丧失大规模生产优势；中国维持制造业低成本优势也会随着土地稀缺、能源短缺、环境恶化等约束因素的日益凸显而逐步被侵蚀；由于尚未形成工业部门的技术创新能力、品牌与渠道管理能力等新的竞争优势，这将进一步弱化中国制造业的国际竞争力；发达国家已经开始吸引部分高端制造企业的回

① 瑞士洛桑国际管理学院（IMD）发表《2017 年世界竞争力年报》排名：香港蝉联榜首．未来世界网，http：//www.51wxjz.com/123844.

流，使中国通过承接国际产业转移、利用跨国公司的技术溢出效应向价值链高端攀升的产业升级模式面临严竣的挑战。

4. 新时代我国社会主要矛盾的转变

党的十九大报告提出“中国特色社会主义进入新时代，我国社会主要矛盾已经转化为人民日益增长的美好生活需要和不平衡不充分的发展之间的矛盾”。党的十九大确立了全面建设社会主义现代化国家“两步走”的战略方向，但是在这次的“两步走”战略中不再注重 GDP 翻倍的目标，主要是考虑到我国社会的主要矛盾已经不再是之前的矛盾，矛盾出现改变就需要解决，而且我国的经济发展也进入到高质量的发展阶段。

鉴于第四次工业革命将会给全球经济增长带来新的动能，中国第一次与发达国家站在同一起跑线上，有机会掌控第四次工业革命，再次点亮“中国智造”。中国必须牢牢把握第四次绿色工业革命的战略机遇期，加快转变经济发展方式，大幅度地提高资源生产率，经济增长与不可再生资源要素全面脱钩，与二氧化碳等温室气体排放脱钩。绿色工业革命的目标首先是实现碳排放的“脱钩”，这包括三方面的内容：一是促使已有的“黑色”或“褐色”能源“绿化”，即采用能耗更低、更清洁的方式使用化石能源，使单位能耗的污染强度下降；二是促使化石能源的使用与经济产出之间“脱钩”，尽量减少化石能源在经济生产和消费中所占的比重；三是促进非化石能源、可再生能源、绿色能源的大幅上升，并促进这类能源的利用最终占据主导地位。在碳排放“脱钩”的基础之上，加快转变经济发展方式，促使生态资本相关要素的“全面脱钩”，包括土地资源、水资源、生态环境资源等等。

要实现这一目标，第一步需要在技术、制度、组织和物质资本投入等多方面因素的共同作用之下，提高资源利用效率，第二步则是尽早达到各类资源使用的“峰值”，接着就能促进各类资源使用的下降，从而实现生态资本要素的“盈余”。建立面向未来、有国际竞争力的新型产业体系，进一步提升国际竞争力。即以“高端、高效”为产业发展导向，以先进数字制造业为基础，与金融、贸易、航运等现代生产服务业互相融合的产业体系；在提升产业核心竞争力上求突破，激发市场主体的技术创新积极性，在未来国际分工地位的关键产业领域，突破核心技术瓶颈，形成产业化，在各行业打造一批能够支撑中国经济社会长期发展、具有国际竞争优势的跨产业集群；以创新思维发展新兴产业，释放基础设施建设的潜力。

三、通过三个“外转内”实现经济增长方式转变

当前调整和转变我国的经济发展模式，不仅要克服经济增长方式转变的局限性，而且要从注重数量增加转向注重数量增加与质量和效益提高相结合，通过三个“外转内”，即从过多依靠外需转向更多地依靠内需，从外延型增长转向内涵型增长，从外向型动力转为内向型动力，推动产业结构升级，实现经济增长方式转变，实现我国经济社会全面协调可持续发展。

1. 从过多依靠外需转向更多地依靠内需

投资、消费和出口被称为拉动经济增长的“三驾马车”。随着国内外经济形势和环境的改变，这“三驾马车”在拉动我国经济发展上的地位正在发生改变，消费的作用日益凸显，消费对经济的影响力在提升，居民部门在收入分配中的占比不断上升，消费依旧不乏

支撑。20 世纪 90 年代以来，中国经济经历了连续十几年的高速增长。而在资本的快速积累之后，2012 年以来投资对经济的拉动力逐年下滑，而消费对我国 GDP 的贡献由 2004 年的 42.6%、2008 年的 44.2%、2012 年的 54.9%，提升至 2017 年的 58.8%（见图 7-1），而 2017 年资本形成总额贡献率为 32.1%，货物和服务净出口贡献率为 9.1%。①

我国消费结构升级不断加速，正在成为拉动中国经济增长的第一引擎。其中，出口即外需受多种因素的影响，不确定性很大，内需包括投资所形成的生产性需求，也包括消费需求，如果消费需求不足就可能导致产能过剩。对我国来说，当前扩大内需尤其是消费需求至关重要，要使经济发展更多倚重内需特别是消费需求来拉动，在提高经济增长的福利效用的同时，提高经济增长的稳定性与可持续性。

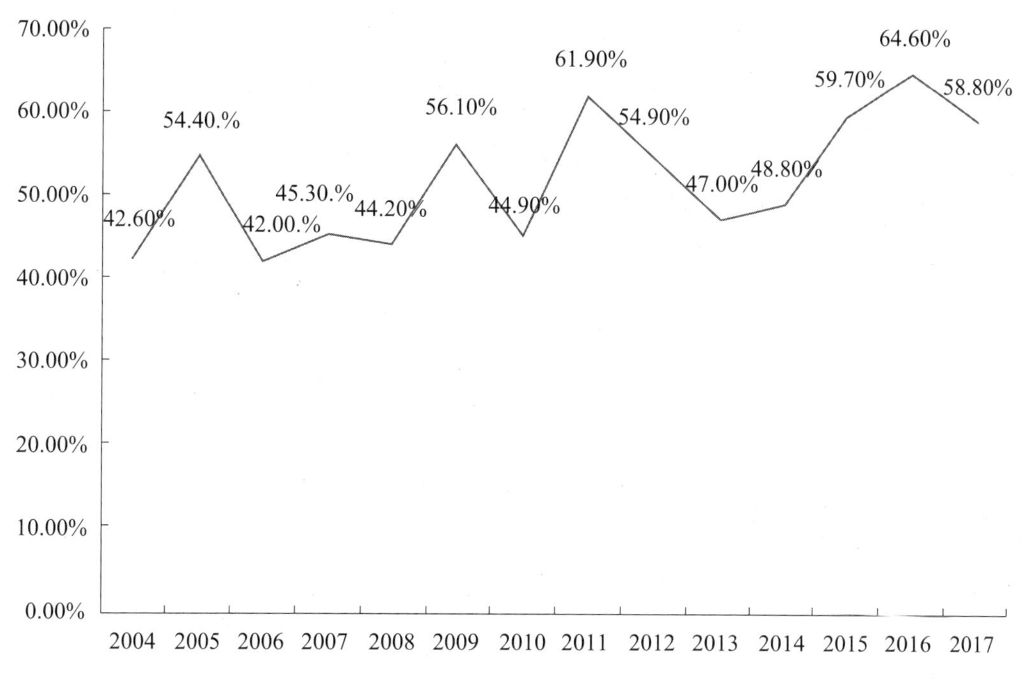

图 7-1　2017 年中国消费对经济的贡献率不断提升

资料来源：根据公开资料及智研咨询提供数据整理。

温家宝在 2013 年《政府工作报告》中指出，要坚定不移地把扩大内需作为经济发展的长期战略方针。充分发挥消费的基础作用和投资的关键作用，扩大内需的难点和重点都在消费，潜力也在消费，扩大居民消费要在提高消费能力、稳定消费预期、增强消费意愿、改善消费环境上下功夫，不断提高消费对经济增长的拉动力。

一是要深化收入分配制度改革，千方百计提高居民收入。努力实现居民收入增长和经济发展同步、劳动报酬增长和劳动生产率提高同步，着力增加中低收入者收入，建立健全职工工资正常增长机制，多渠道增加农民收入，健全覆盖城乡居民的社会保障体系。通过调整收入分配体系与社会保障制度逐步将国家财富向民间转移，进一步释放国内居民巨大

① 国家统计局．2017 年最终消费支出对 GDP 贡献率 58.8%．中国经济网，2018-02-28.

的潜在消费需求。同时，要保护劳动所得，多渠道增加居民财产性收入。

二是提高公共支出，增加居民实际消费支出。在最终消费环节，适当加大政府用于居民教育、医疗、住房和社会救助等消费支出，提高公共教育、公共医疗和其他公共支出占GDP比重，增加居民实际消费支出。

三是要完善消费政策，改善消费环境。完善现代流通体系可以优化消费环境，有利于挖掘消费潜力，促进消费，培育新的消费增长点。

四是提高城镇化，扩大内需。城镇化是扩大内需的最大潜力所在。推进城镇化，既可以拉动投资，又可以拉动消费，是推进中国经济持续平稳较快发展的关键点。要着力提高城镇化质量，把有序推进农业转移人口市民化作为重要任务抓好。

五是立足信息化同步推进扩大内需。近年来，信息技术创新不断加快，信息领域新产品、新服务、新业态大量涌现，不断激发新的消费需求，成为日益活跃的消费热点。2012年我国信息消费规模已经超过1.7万亿元，占当年GDP的比重达到3.3%，拉动GDP增长0.64个百分点，拉动其他行业新增产出9 300亿元。2016年中国信息消费规模达到3.9万亿元，对GDP的增长直接贡献0.26个百分点。2017年中国信息消费规模达到4.5万亿元，占最终消费支出的比重达到10%。①

加快促进信息消费，加强商贸流通、宽带网络等消费基础设施建设，鼓励发展电子商务、网络购物等新型消费业态，既能有效拉动国内需求，催生新的经济增长点，又能提升和发展服务业，推动经济转型和民生改善，是一项既利当前又利长远、既稳增长又调结构的重大举措。我国消费驱动力持续增强，进一步扩大和升级信息消费持续释放内需潜力，政府要制订发布信息消费发展指南，深化国家信息消费试点示范城市创建，持续优化信息消费环境。推动新型智能家居、可穿戴设备、虚拟现实、区块链等热点产品及服务创新研发。加快消费电子智能化转型，实施超高清视频产业创新工程，带动超高清视频产业整体升级。拓展电子产品在交通、海洋、医疗等领域的新型示范应用，推动移动支付、共享经济等新模式新业态引领全球潮流。

2. 从外延性增长转向内涵性增长

单纯依靠物质资本的投资作为经济增长的拉动作用是不可持续的，提高劳动生产率是经济增长可持续的引擎。中国经济增长势头放缓是各种因素综合作用的结果，但毫无疑问，劳动生产率低下是其核心因素之一。由外延型增长转向内涵型增长，就是要提高劳动生产率。

外延型经济增长的途径主要依靠增加资源（人财物）投入、扩大生产场地、生产规模、增加产品产量；内涵型经济增长的途径主要依靠提高资源利用率、劳动生产率。内涵式发展主要依靠提高自身素质而降低成本、提高质量、提高效益，属质量效益型发展模式。其特点是同样的资金投入应发挥更好的效益，即单位产品的成本降低，或单位资金投入的产出增加；一般体现在人（教师、管理人员、服务人员）和物（各类教学条件、手段、方式的性能、效果）自身效能的提高上。劳动生产率是指劳动者在一定时期内创造的劳动成果与其相适应的劳动消耗量的比值。

① 2017年中国信息消费规模达4.5万亿元　占最终消费支出10%. 中国新闻网，2017-12-25.

根据世界银行的报告，中国 2011 年的劳动生产率是 1980 年的 8 倍，按照平价购买力计算，2010 年的中国实际劳动生产率也比 1990 年增长 1 倍以上。① 根据世界银行经济学家的估算，全要素生产率对劳动生产率提高的贡献，从 1978—1994 年间的 46.9%，大幅度降低到 2005—2009 年间的 31.8%，并进一步降低为 2010—2015 年间的 28.0%。② 2017 年我国全年全员劳动生产率为 101 231 元/人，比上年提高 6.7%。③

全员劳动生产率指根据产品的价值量指标计算的平均每一个从业人员在单位时间内的产品生产量，是考核企业经济活动的重要指标，是企业生产技术水平、经营管理水平、职工技术熟练程度和劳动积极性的综合表现。全员劳动生产率为国内生产总值（以 2015 年价格计算）与全部就业人员的比率。提高全员劳动生产率是中国未来经济成功发展的关键。经济结构调整的核心在于劳动生产率的提升，提升制造业劳动生产率的要求更加迫切。制造业部门劳动生产率提升的速度和幅度将是中国经济能否成功转型和突破"中等收入陷阱"的关键。

过去的失误是，过于注重数量增长而忽视了质量提升，2008—2010 年，中国的年均 GDP 增速为 9.9%，经济增长总量中的 2/3 以上为资本积累的贡献。如此大规模的投资带来的却是资本效率的下降。20 世纪 90 年代中国的资本产出率为 3.79，到了 2000—2007 年已增加到 4.25，再到 2008—2009 年则上升到 4.89，资本的扩大对生产率增长产生了"挤出"效应。④

2013—2016 年，中国经济运行保持在合理区间，中国 GDP 年均增速为 7.2%，在世界的主要经济体当中是最高的（见图 7－2）。⑤

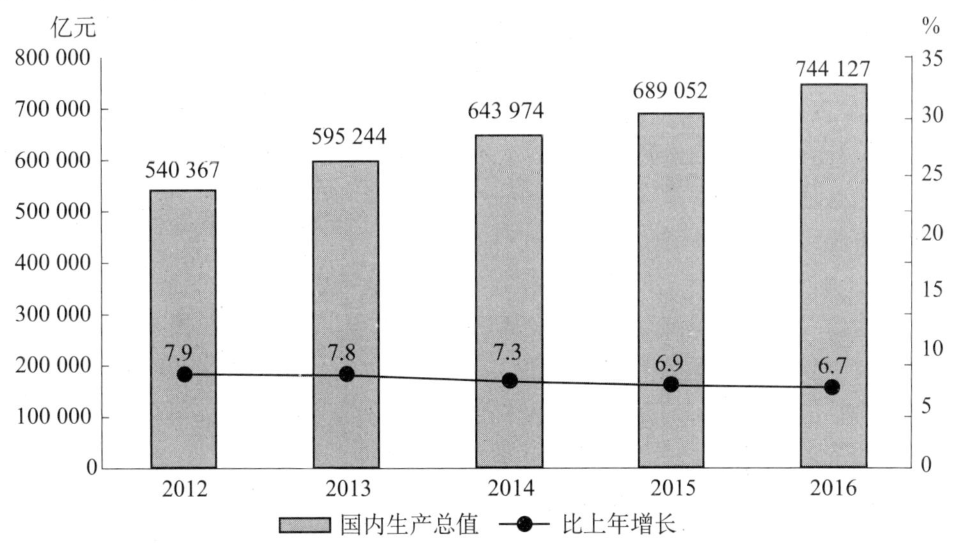

图 7－2　2012—2016 年国内生产总值及增长速度

资料来源：2017 年两会统计公报。

① 丁咚．评论：如何提高中国劳动生产率．法治周末，2013－01－30.

② 蔡昉．未来靠什么提高劳动生产率？．经济参考报，2011－09－27.

③ 中华人民共和国 2017 年国民经济和社会发展统计公报．国家统计局网站，2018－02－28.

④ 报告称中国劳动生产率与发达国家差数十年．中国网，2012－09－27.

⑤ 过去 4 年中国 GDP 年均增速 7.2%　今年实现 6.5%没问题．新京报，2017－10－11.

通过对 GDP 增长率进行分解可以得出，过去 40 年，物质资本积累贡献了 54%，劳动力增长贡献了 10%，技术进步则贡献了 36%。不同时期三者对经济增长的贡献率也不同，在过去 10 年间三者的贡献率分别为 72%、2%和 26%，物质资本的贡献率上升更多，而劳动力增长和技术进步的贡献都大幅下降。由此看来，似乎经济增长仍然并且越来越依赖于物质资本积累。如果物质资本积累不可持续，而劳动力数量已经开始负增长，似乎未来经济增速更不容乐观。

1978—2012 年，在中国经济增长的支撑要素中，资本的贡献率是 71%，劳动的贡献率是 8%，人力资本的贡献率是 4%，人口抚养比下降对经济增长的贡献率是 7%，全要素生产率的贡献率是 10%。显然，资本对经济增长的贡献率已经畸高，劳动的贡献率逐年下降。[①] 由于过度使用廉价劳动力和依赖政府投资推动经济规模增长，忽视了劳动力生产技能和知识水平的培养，劳动生产率水平的低下，对中国可能是极其不利的。如不进行有效改革，将使经济长期陷入低增长，甚至会使增长停滞。

我国人口红利变化可以分为三个阶段：第一阶段是 1982—2000 年，人口红利对中国经济增长起了很大的作用，保守来看，对人均产出贡献在 15%以上，也有说法认为，25%的人均产出都是人口红利带来的；第二阶段是 2000—2013 年，这个阶段人口红利的贡献开始减少，直至消失；第三阶段是 2013—2050 年，人口红利为负。未来 20 年，中国的老龄化现象将变得更严重。我国的人口红利将随着中国劳动力总量将下降、人口转变阶段的变化而必然消失。人口结构性转变的“红利”对于经济社会发展的影响是一种潜在性的影响，这样的“潜在性的红利”需要通过劳动力市场的发展和教育的发展、通过制度改革，才能够转化成为现实的人口红利。

面临着国家人口结构变化带来的人口红利减弱或者逐步消失的挑战，劳动适龄人口的比重从 2011 年开始已经下降，而劳动适龄人口总量从 2012 年开始也已经下降，老龄化的速度在加快，社会抚养系数也开始转头向上不断提高。人口红利减弱对于我国经济发展带来的不利影响是值得警惕的。以资本驱动的经济增长是不可持续的，要提高劳动生产率，这是释放中国经济潜力的关键所在。

习近平总书记在党的十九大报告中指出，“必须坚持质量第一、效益优先，以供给侧结构性改革为主线，推动经济发展质量变革、效率变革、动力变革，提高全要素生产率。”

提高全要素生产率，既是推进供给侧改革的应有之义，也是提高经济发展质量、保持经济中高速增长的动力所在。提高全要素生产率是转变增长动力、实现高质量增长和经济可持续发展的变革重点。

首先要依靠技术进步和科技创新。其次要加快实行一系列的包括教育制度、人才制度、创新制度、收入分配制度和社会保障制度等等改革，使国民经济和社会发展尽快向创新经济转变、尽快向消费服务经济转变、尽快向生产性老龄化社会转变。最后，主要得靠增强劳动力技能。要加大劳动力技能培训，进而提升劳动生产率。加大对人力资本投资，提高专业化人力资本积累水平。加大对人力资本与技术研发的投入，促进劳动力要素合理流动、提高劳动生产率，才能引致规模收益递增，激活中国经济增长潜力。提高劳动生产

① 提升全要素生产率　挖掘增长潜力．证券时报网，2013－08－30.

率，使经济增长模式从依靠传统人口红利实现转向依靠人才红利实现，才能够适应人口结构正在发生的快速转变，在这个过程中的人力资本红利、消费和服务红利以及老年人口红利才可能内嵌成为经济社会成长的积极力量。

必须培养实用型技术人才，才能够适应科技进步、工艺创新和操作过程协调的要求。培养实用型技术人才，可以从劳动者群体的增量和存量两方面着手。一方面，从正规教育入手，密切教育与劳动力市场需求之间的连接，提高劳动者增量的技能；另一方面，从在职培训和“干中学”着眼，提高劳动力存量的技能。

3. 从外向型动力转为内向型动力

内生增长理论认为经济能够不依赖投资或消费驱动等外力推动实现持续增长，内生的技术进步是保证经济持续有效增长的决定因素。投资、消费、出口“三驾马车”，本身并不构成经济增长的内生性动力，至多只是推动、拉动经济增长的因素或手段。经济的持续有效增长，本质上取决于知识、信息、研发创新等所引致的技术进步以及人力资本增长等核心内生变量。实现经济发展方式转变，就是要从依靠投资、消费、出口等外向型动力推动经济增长转为依靠技术创新、技术革命等内向型动力推动经济增长，实现经济持续、有效的增长。

当前我国要破解制约经济发展的诸多瓶颈，必须以知识为基础，以技术创新、技术革命为原动力，实现经济增长方式从外向型动力向内向型动力转变。

政府要积极营造良好政策环境，使企业主动把技术创新作为发展的内在动力。继续落实好企业研发费用加紧扣除、高新技术企业认定等政策；采用多种形式，鼓励使用自主创新产品；提升金融支撑能力；加快推进多层次资本市场建设，充分发挥新设立的创业板的作用，支持高新技术企业的风险融资；引导企业承接世界产业结构与技术转移，加强与国际领先企业的技术合作，切实增强企业自主创新能力，不断强化企业在技术创新体系中的主体地位。

要充分发挥高新技术企业作用，推动高新技术企业产业发展。加快组织实施技术创新工程，发挥大型骨干企业研发中心的作用。加大对创新型企业的培育力度，带动中小企业技术和产品的创新。

要加大对人力资本投资，以实施千人计划为重点，加强高层次创新人才的引进和培养，激励科技人员深入企业开展服务，支持建立产学研用相结合的产业技术创新战略联盟。

加快实施科技重大专项，加大对战略新兴产业领域的关键技术投资，支持重大关键技术研发和产品开发，力求突破关键产业的核心技术瓶颈，培育战略性新兴产业，以前瞻性的技术投入和高质量的技术改造引领产业结构整体升级，从而在未来的国际分工中取得优势地位。

第四节　从“加快转变”“加快形成”新的经济发展方式到“新发展理念”

经济增长方式的转变是一个系统工程，需要进行全面准确的理解。实现经济增长方式的转变是关系国民经济全局紧迫而重大的战略任务。党的十九大报告指出：“从现在到二〇二〇年，是全面建成小康社会决胜期。从十九大到二十大，是‘两个一百年’奋斗目标的历史交汇期。我们既要全面建成小康社会、实现第一个百年奋斗目标，又要乘势而上开启全面建设社会主义现代化国家新征程，向第二个百年奋斗目标进军。从二〇二〇年到本世纪中叶可以分两个阶段来安排：第一个阶段，从二〇二〇年到二〇三五年，在全面建成小康社会的基础上，再奋斗十五年，基本实现社会主义现代化。第二个阶段，从二〇三五年到本世纪中叶，在基本实现现代化的基础上，再奋斗十五年，把我国建成富强民主文明和谐美丽的社会主义现代化强国。”这一科学论断指明了我国“十三五”时期转变经济发展方式的目标任务，进一步明确了转变经济发展方式的出发点和落脚点，体现了党中央对我国经济全方位发展的战略抉择。党的十九大报告提出要“坚持新发展理念。发展是解决我国一切问题的基础和关键，发展必须是科学发展，必须坚定不移贯彻创新、协调、绿色、开放、共享的发展理念。必须坚持和完善我国社会主义基本经济制度和分配制度，毫不动摇巩固和发展公有制经济，毫不动摇鼓励、支持、引导非公有制经济发展，使市场在资源配置中起决定性作用，更好发挥政府作用，推动新型工业化、信息化、城镇化、农业现代化同步发展，主动参与和推动经济全球化进程，发展更高层次的开放型经济，不断壮大我国经济实力和综合国力。”

一、坚持新发展理念是转变经济发展方式的战略选择

世界上没有一成不变的发展方式，一些发达国家依托科技进步、结构调整，发展方式不断转变，走在了现代化建设的前列。目前，世界各国都在加快结构调整、技术进步和产业升级步伐，“十三五”期间我国经济增长的主要动力将更主要来自供给侧结构性改革，提高发展平衡性、包容性、可持续性。我国只有进一步加快经济发展方式转变步伐，才能争夺未来发展制高点。经济保持中高速增长，推进供给侧结构性改革，是“十三五”规划纲要的主线，也是适应把握引领新常态的重大举措。供给侧结构性改革就是为了提高供给体系的质量和效率，更好地适应日益升级的消费需求。同时，在增加有效供给、满足有效需求的循环中，为经济持续注入新的动力。通过改革使资源要素能够得到优化配置，减少无效供给，扩大有效供给，补齐有效供给不足的短板。

（一）从世界潮流看，加快转变是大势所趋

反倾销、反补贴对我国转变经济发展方式形成了“倒逼机制”。我国传统的以出口为导向的经济增长方式的对外依存度较高，随着中国出口规模的逐年扩大，国外对中国产品的反倾销已经严重威胁到我国的外贸出口，成为中国出口的障碍，形成我国拓展国际市场的市场边界约束。中国是贸易救济措施的首要目标国。2017 年中国共遭遇 21 个国家（地区）发起的贸易救济调查 75 起，涉案金额高达 110 亿美元。中国已连续 23 年成为全球遭遇反倾销调查最多的国家，连续 12 年成为全球遭遇反补贴调查最多的国家。①

从对我国实施反倾销措施的发起国家来看，早期主要是发达国家，但是近几年发展中国家如印度、阿根廷、巴西、东南亚国家逐渐成为对我国实施反倾销措施的主力军。

① 中国已连续 23 年成全球遭遇反倾销调查最多国家．21 世纪经济报道，2018－01－24.

从遭受反倾销产品类别来看，位居前列的主要是贱金属及其制品、化工产品、机电设备及其零部件等产品。这主要是由我国出口产品结构不合理所致。我国出口产品偏重于劳动密集型的产业，如纺织工业、轻工产业和农副业，附加值相对偏低、人工费用占很大比重。劳动密集型产品出口直接威胁了进口国更多的就业职位，从而成为“反倾销”调查的“重灾区”。

从市场结构看，我国出口市场的将近70%过于集中在欧、美市场，这样必然会增加贸易冲突的概率，使这些国家加大对我国的反倾销。

受单边化、内顾化、民粹主义倾向的影响，当前贸易保护主义正从隐性变成更为显性，2018年的国际贸易摩擦有可能进一步加剧。美国发起“201调查”，2018年1月22日美国总统特朗普宣布对进口光伏产品和大型洗衣机分别采取为期4年和3年的全球保障措施。

中国正面临着双重的产业重合及双重摩擦：一方面，中国在低端的轻工、纺织等领域的比较优势正在消减，容易遭到来自东南亚等发展中国家的贸易摩擦；另一方面，中国在产能过剩和高端产业领域（如光伏、机电）遭到更多的贸易壁垒。其主要原因是中国和发达国家的产业结构正从互补变为交叉，甚至重叠。

未来的科技竞争形成较强的“倒逼机制”。国际金融危机刺激了科技进步、创新和产业升级步伐的加快，世界各国都把环保、低碳技术及其产业化作为突破口，新能源产业、生物产业、新兴的3D打印技术都孕育着新的突破，未来科技和产业发展制高点是各国竞争的焦点，竞争的起点更高、更加激烈，我国要缩小与发达国家之间的差距，必须加快构建新的比较优势，形成更具活力、更富有竞争力的新的经济发展方式。

（二）从中国现实看，坚持新发展理念是内在要求

随着经济的快速发展和工业化、城镇化进程的深入推进，我国经济社会发展的环境和条件也呈现出一系列新的变化，不平衡、不协调、不可持续的问题更加明显。城乡和区域发展不协调，科技创新能力不强，收入分配差距较大，社会矛盾增多，经济增长的内生动力不足，可持续发展能力有待进一步提升。党的十九大报告指出：“我国经济已由高速增长阶段转向高质量发展阶段，正处在转变发展方式、优化经济结构、转换增长动力的攻关期，建设现代化经济体系是跨越关口的迫切要求和我国发展的战略目标。”

这表明，我国原有的经济发展方式已不适应变化了的发展环境和条件，对转变经济发展方式提出了更加紧迫的新要求，解决这些发展过程中的不平衡、不协调、不可持续的问题，不能靠过去那种主要依赖国际市场、过度消耗资源环境、主要依靠低成本“比较优势”、过度牺牲社会福利、换取经济增长的传统模式，只能依靠以更大的力度，加快经济结构调整步伐，加快经济发展方式的转变，加快形成新的发展方式，推动经济持续健康发展。党的十九大报告指出：“必须坚持质量第一、效益优先，以供给侧结构性改革为主线，推动经济发展质量变革、效率变革、动力变革，提高全要素生产率，着力加快建设实体经济、科技创新、现代金融、人力资源协同发展的产业体系，着力构建市场机制有效、微观主体有活力、宏观调控有度的经济体制，不断增强我国经济创新力和竞争力。”

1. 粗放型发展方式的弊端决定着必须坚持新发展理念

目前，我国的经济建设已取得了举世瞩目的巨大成就，人民生活总体上达到小康水

平。但与此同时，长期以来形成的粗放型经济增长方式和深层次结构性矛盾没有得到根本改变。

粗放型经济最典型的特征就是“高投入、高消耗、低效益”，对资源过度掠夺，造成了环境的高污染、资源的高消耗。

粗放型经济还表现为经济效益低下、结构性浪费严重、经济发展缺乏可持续性。我国经济发展长时间地依赖投资拉动经济，形成了大量的生产能力，制造业发展方式仍比较粗放，造成了钢铁、水泥等制造业产能过剩问题突出，部分新兴行业重复建设、恶性竞争比较严重，对结构优化升级形成较强的制约。

粗放型经济增长高度依赖资源、资金投入，而以科技、服务、专利等现代“活劳动”为代表形式的新增价值部分在GDP中所占比重较低。

我国目前的这种经济增长是当前许多矛盾和问题的症结所在，在以后的发展中既不可取，也是难以为继的。因此，我们必须以科学发展观为指导，把保持经济持续稳定增长同合理利用资源、保护环境有机结合起来，坚定地走集约型和可持续发展的道路。尽快实现从粗放型向集约型增长方式的转变。加大对科技创新的投入力度，充分发挥科学技术在经济增长、提高投资效益中的“主力军”作用。

2. 我国自然资源约束严重决定着要坚持新发展理念

我国资源约束严重。18亿亩耕地是保证我国的粮食自给率不低于95%的保证，1998—2010年，全国耕地面积从19.45亿亩减少到18.26亿亩，我国耕地已经接近18亿亩的红线。截至2016年底，全国耕地面积为20.24亿亩。相比2015年，全国耕地面积略有减少，但耕地质量有所提升。①

能源消耗仍然偏高。2010年中国单位GDP能耗是世界平均水平的2.2倍。目前我国能源利用效率仅为33%，比发达国家低约10%。② 2017年，全国单位GDP能耗下降约3.7%，顺利完成全年下降3.4%的目标任务。

资源利用效率明显偏低。目前我国经济增长方式仍然粗放，与现代集约型经济发展的要求还有很大的差距。我国如能有效利用经济发展过程中产生的大量废弃资源，可替代部分原生资源，减轻环境污染。以废钢为例，目前，中国废钢的应用水平远不及国外，发达国家50%以上的粗钢产量是由废钢炼成的，而我国废钢比例仅有10%左右。③ 2000—2011年，中国炼钢用废钢总量从2000年的2 920万吨逐年增加，2011年为9 100万吨，截至2015年年底，全国钢铁积蓄量（指国家实际上拥有的金属资产中的钢铁总量）达到80亿吨，社会的废钢铁资源超过1.6亿吨，为废钢铁循环利用量提供了供给基础。按照《废钢铁产业“十三五”发展规划》提出的目标，未来5年，我国炼钢原料中废钢的占比需要增加，铁矿石和煤炭占比则会减少，未来钢铁行业原料需求结构将得以改变，这从中长期保证了经济的可持续增长。④

① 2016年度全国土地变更调查：全国耕地面积20.24亿亩．央视网，2017-07-21.

② “十一五”一个重要目标：单位GDP能耗降低20%. 人民日报，2005-11-14.

③ 中国炼钢用废钢量出现十年来的首次负增长．第一财经日报，2013-10-09.

④ 2017年中国废钢利用行业政策及盈利能力分析．中国产业信息网，2017-09-11.

3. 严重的环境问题决定着要坚持新发展理念

粗放型经济增长方式使我国面临的生态环境约束更趋强化，环境污染与资源短缺、生态破坏问题交织重叠，能源资源和节能减排任务艰巨。2015 年，工业废水排放量为 201.5 亿吨，同比下降 2%，排放量已连续 5 年出现下降，按照过去 5 年的平均 2%的下降幅度，我们预计 2016—2020 年工业废水排放量仍将保持 2%的下降趋势。[①] 人民群众对洁净的水、清新空气等生态产品的需求提出了更高要求。

（三）从人民愿望看，坚持新发展理念是民心所向

改革开放以来，我国综合国力得到极大提高，社会财富大量涌现，但是，财富分配不均日益加剧。近些年来，两极分化问题突出，社会贫富差距过大，加剧了社会弱势群体边缘化的程度，拉大城乡之间、地区之间、社会人群之间的贫富差距。这已经成为经济发展、社会进步的主要障碍之一。

基尼系数是国际上用来综合考察居民内部收入分配差异状况的重要指标。根据联合国有关组织分析，基尼系数在 0.3 和 0.4 之间表示收入差距相对合理。0.4 是国际警戒线。我国的基尼系数已经超过国际公认的承受线。中国的基尼系数是比较高的，收入差距问题相当严峻。2003 年为 0.479，2006 年为 0.487，2008 年中国基尼系数曾一度上升至 0.491，此后逐年回落：2009 年为 0.490，2010 年为 0.481，2011 年为 0.477，2012 年为 0.474，2013 年为 0.473，2014 年为 0.469，2015 年为 0.462。[②]

我国的基尼系数呈现先是逐步扩大，而后又略有缩小的走势。0.47～0.49 的基尼系数反映出我国目前的收入差距还是比较大的。2016 年中国基尼系数比 2015 年提高了 0.003，但总体下降趋势没有改变。随着中国加大脱贫攻坚力度，加快城乡一体化步伐，居民收入差距会保持逐步缩小的趋势。

我国城乡居民收入之比仍在 2 倍以上。根据国家统计局的数据，2017 年，我国城镇居民人均可支配收入为 36 396 元，农村居民人均可支配收入为 13 432 元，城乡居民收入比为 2.71∶1。[③]

我国地区间差距扩大，最高的省与最低的省差距超过 3 倍。2006 年，全国人均 GDP 最高的上海市是最低的甘肃省的 6.7 倍，2016 年全国人均 GDP 最高的天津市是最低的甘肃省的 4.3 倍，差距依然明显。

我国行业间的收入差距、不同经济性质的单位职工的收入差距也越来越大。2006—2007 年，平均工资最高和最低的行业的工资差距，日本、英国、法国为 1.6～2 倍，德国、加拿大、美国、韩国为 2.3～3 倍。根据 2010 年国家统计局公布的数据，中国证券业的工资水平比全国平均工资高 6 倍左右。根据人力资源和社会保障部工资研究所发布的数据，我国收入最高和最低行业的收入差距扩大到 15 倍。

随着经济的发展和社会的进步，人们对“公平”有了更高、更迫切的要求。缩小收入分配差距，加快收入分配改革，已经成为社会各界强烈的共同呼声。《中共中央关于制定国民经济和社会发展第十二个五年规划的建议》提出，坚持把保障和改善民生作为加快转

---

① 2017 年中国污水处理市场现状分析及行业发展趋势．中国产业信息网，2017－08－08.

② 中国基尼系数结束“七连降”　官方称下降趋势不变．中国新闻网，2017－01－20.

③ 2017 年居民人均可支配收入 25 974 元　同比增 9.0%．国家统计局网站，2018－01－18.

变经济发展方式的根本出发点和落脚点。要通过改革和发展解决收入分配差距较大的问题，重视收入分配改革，提高劳动报酬在一次分配中所占的比重，通过提高最低工资和企业养老金标准；打破行政性垄断，合理调整行业之间的收入水平以及推进与此相关的资源税、资源产品价格改革；调整个人所得税税率和起征点、增加对低收入群体的转移支付；加大对"三农"的扶持力度，防止步入"中等收入陷阱"，提高人民福祉，促进社会稳定。《中华人民共和国国民经济和社会发展第十三个五年规划纲要》提出"正确处理公平和效率关系，坚持居民收入增长和经济增长同步、劳动报酬提高和劳动生产率提高同步，持续增加城乡居民收入，规范初次分配，加大再分配调节力度，调整优化国民收入分配格局，努力缩小全社会收入差距。"

二、坚持新发展理念的基础

经过改革开放40年的快速发展，我国紧紧抓住全球化发展的有利机遇，充分利用劳动力成本等比较优势，积极推进经济结构战略性调整，不断增强科技进步和创新的支撑作用，努力提高城乡基本公共服务水平，国民经济总量和经济实力取得了巨大突破，产业体系和市场体系逐步完善，人民的物质文化生活水平迅速提升，转变发展方式取得了显著成效。

（一）内需、外需拉动经济增长的协调性增强

从拉动经济增长的"三驾马车"来说，当前内需和外需对我国经济增长的动力在增强，协调性也在增强。党的十六大以来，党中央、国务院坚持扩大国内需求特别是消费需求的方针，内需对经济增长的贡献不断扩大，内、外需协调性显著增强。2011年，内需对经济增长的贡献率由2002年的92.4%提高到104.1%，外需贡献率则由2002年的7.6%转为-4.1%。2013年上半年全社会固定资产投资增长了25%，虽然比2012年同期有所回落，但仍是比较高的速度。社会消费零售总额增长18.2%，保持比较高的增长速度。进出口形势比较好，外贸进出口总额快速恢复，进出口总额增长了43.1%，其中进口增速更快，增长了52.7%，进口的增长也说明了国内需求比较强劲。

在复杂严峻的环境下，中国经济仍实现了中高速增长，内需在其中发挥了决定性作用。2008—2017年，内需对经济增长的年均贡献率达到105.7%，超过100%。其中，贡献率最高的年份为国际金融危机冲击最为严重的2009年，内需对经济增长的贡献率达到142.6%；贡献率最低的年份为世界经济回稳的2017年，贡献率也达到90.9%。居民收入保持较快增长，消费升级势能持续增强。2013—2017年，全国居民人均可支配收入年均增长7.4%，高于同期GDP增速0.3个百分点，居民消费加快升级，医疗保健和教育文化娱乐等支出保持两位数增长。2017年，最终消费支出对经济增长的贡献率为58.8%，比2007年提高13.5个百分点，成为经济稳定运行的"压舱石"。①

中国经济要想取得可持续发展，要转变经济发展方式，必须重视内需和外需，二者不能偏废。既要抓内需，又要促外需，双轮驱动，着力调整内需外需结构，加快形成内需为主和积极利用外需共同拉动经济增长的格局，使中国经济向更加均衡的发展方式转变。

化解内需不足的矛盾必须加快改革收入分配制度，有效调节收入分配，完善社会保障

① 中国经济发展靠啥？统计局：内需近十年年均贡献率超100%. 中新经纬，2018-04-10.

制度，增加居民收入和即期消费能力。

一个发展中国家走向发达国家，离开了外贸是不可能的。要按照党的十八大提出的要求，加快转变对外经济发展方式，通过持续发展开放型经济在国际市场上占据强有力的市场地位。一般贸易以及加工贸易都要以提升竞争力和综合效益为核心，将延长高端产业链、提高质量档次和附加值、减少资源能源消耗、注重保护优化环境、发挥劳动力资源优势作为发展方式转变的核心内容。加速形成以创新技术品牌、绿色低碳、质量服务为核心的出口竞争新优势，提升在全球价值链中的份额和地位，在对外开放中，要特别注重开放条件下金融、能源、粮食的安全问题，维护好国家和产业的核心利益。

（二）三次产业协同发展的趋向增强

产业结构调整是世界各国发展经济的重要课题。党的十六大以来，我国按照科学发展观的要求，围绕发展现代农业、走新型工业化道路和促进服务业快速发展的目标，大力推进结构调整，转变发展方式，经济增长由原来的主要依靠第二产业拉动转向依靠一、二、三产业协同拉动发展。

第一产业增加值占国内生产总值的比重从 2002 年的 13.7%下降到 2017 年的 7.9%；第二产业增加值占国内生产总值的比重从 2002 年的 44.8%提高到 2017 年的 40.5%；第三产业增加值占国内生产总值的比重从 2002 年的 41.5%提高到 2017 年的 51.6%（见图 7-3）。

2017 年第一产业增加值在国内生产总值中的比重下降比上年低 0.7 个百分点。第一产业增加值在国内生产总值中的比重出现快速下降，下降幅度是 2007 年以来最大的，这是中国经济结构不断变化的结果。[①]

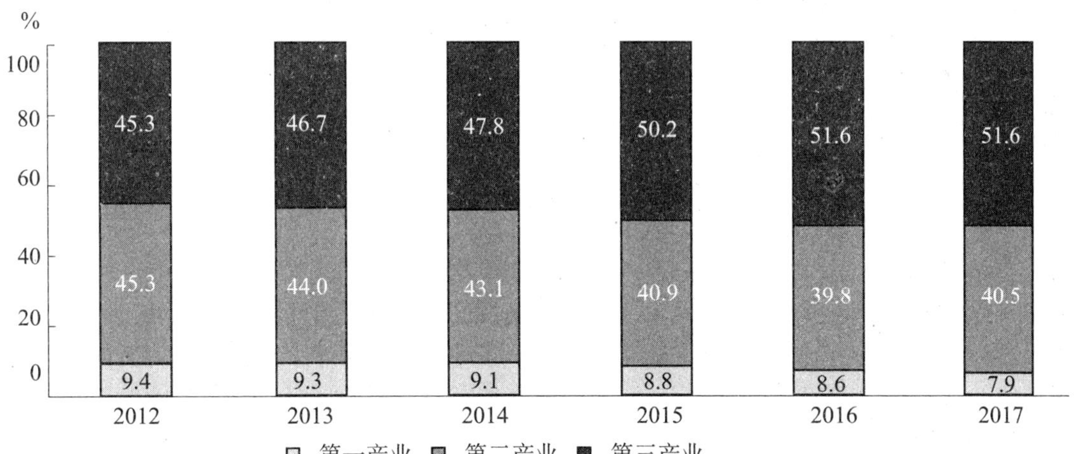

图 7-3 2012—2017 年三次产业增加值占国内生产总值的比重

（三）科技对经济发展的支撑作用进一步显现

科技是经济社会发展的支撑。对外依存度是各国广泛采用的一个衡量一国经济对国外依赖程度的指标，是用一国进出口总额除以该国的 GDP。从经济发展史看，美国、日本

① 农村绿皮书：中国农村经济形势分析与预测（2017—2018）. 北京：社会科学文献出版社，2018.

等发达国家的外贸依存度经历了由低到高、再由高到低的变化。我国对外技术依存度2002年为60%，2005年为50%，2009年为23%。2000年以来，我国对外技术依存度不断下降，主要原因是我国全社会研发（R&D）经费投入的高速增长，重大科技成果不断涌现，自主创新能力有了巨大提高。但是我们也应该看到我国在核心技术、关键技术上对外依存度高达50%，高端产品开发70%的技术要靠外援技术，重要的零部件有80%需要进口，一些关键的芯片甚至是100%进口。①

近年来，我国财政科技投入保持了较大增幅，带动了全社会研发投入的快速增长。1991年投入R&D经费占GDP之比为0.65%，2008年为1.52%，2009年为1.7%，2012年为1.97%，比上年增长17.9%。距离作为“创新型国家”2%的标杆仍有相当距离，与日本、美国的3%和以色列的4.7%相比更是相形见绌。

目前我国科技创新、技术进步虽然取得了举世瞩目的成就，但还存在不少问题和差距，亟待加强和改进。我国的研发投入在国家层面和GDP的比例为2.1%，比北欧一些先进国家的3%～3.5%还差得比较远。相对来说，企业研发投入更加不足，我国规模以上企业经济投入占销售比例为0.9%，而发达国家一般平均都在2%，或者是2%以上，与发达国家相比仍然有差距。

“供给侧改革”其中之一就是将消耗型变成循环型，把财政出的钱和社会上民间资本、社会资金合在一起形成一个非常新型的现代企业风险共担结构，降低民间企业门槛，降低风险，形成更积极的混合所有制主体，发挥财政作用。

在专利数量、论文数量等上升的同时，我国的创新力和竞争力并没有得到同步提高，科技成果转化不够，贡献率有待提升。应加强校企合作，采用定制方式转化科技成果，切实解决和改变当前科技成果转化率较低的问题；以市场需求为导向，以企业为主体促进科研成果产业化和应用化，让企业充分享受到科技创新成果转化的红利，是新常态下满足经济发展需求的必然选择。只有不断培育和提升科技创新能力，才能实现经济可持续发展，转变经济发展方式、建设创新型国家。

（四）可持续发展能力进一步提高

党的十八大以来，党中央、国务院把生态文明建设摆在更加重要的战略位置，纳入“五位一体”总体布局，做出一系列重大决策部署，出台《生态文明体制改革总体方案》，实施大气、水、土壤污染防治行动计划。把发展观、执政观、自然观内在统一起来，融入到执政理念、发展理念中，生态文明建设的认识高度、实践深度、推进力度前所未有。我国环保监管体制和政策体系不断完善，对遏制环境污染发挥了重要作用，环境保护在经济社会全面协调可持续发展中的作用显著增强。

全国森林覆盖率提高至21.66%，森林蓄积量达到151.4亿立方米，草原综合植被覆盖度达54%。防治污减排目标任务超额完成。到2015年，全国脱硫、脱硝机组容量占煤电总装机容量比例分别提高到99%、92%，完成煤电机组超低排放改造1.6亿千瓦。全国城市污水处理率提高到92%，城市建成区生活垃圾无害化处理率达到94.1%。7.2万个村庄实施环境综合整治，1.2亿多农村人口直接受益。6.1万家规模化养殖场（小区）建成

① 刘璐璐．专家：我国核心关键技术对外依存度高达50%．经济参考报，2015-12-22.

废弃物处理和资源化利用设施。“十二五”期间，全国化学需氧量和氨氮、二氧化硫、氮氧化物排放总量分别累计下降12.9%、13%、18%、18.6%。[①]

（五）东中西部发展呈现良性互动

党的十八大以来，党中央国务院采取了一系列重大战略与政策举措，着力缩小地区差距，取得了积极成效。特别是2017年以来，我国区域发展总体态势良好，区域发展的协调性不断增强。

2017年《政府工作报告》提出全年要减少农村贫困人口1 000万人以上，这一目标涉及14个集中连片特困地区、870个县，在一系列政策“组合拳”分类指导、精准作用下，大部分地区实现了较快发展，尤其是一些困扰多年的民生问题得到了解决。“脱贫攻坚战取得决定性进展，六千多万贫困人口稳定脱贫，贫困发生率从百分之十点二下降到百分之四以下。”[②]

党的十九大报告提出，建立更加有效的区域协调发展新机制。党的十九大首次将区域协调发展上升到国家战略，明确提出坚定实施区域协调发展的战略，这既是对原有区域发展总体战略的完善和提升，也是对步入新时代我国区域发展的新部署及今后一个时期推进区域健康可持续发展的行动指南。

区域增长格局发生积极变化以“点状”“条状”发展串成“板块”，继而实现区域之间的协作和联动，是我国区域空间优化布局的基本特征；随着区域一体化进程不断加快，一批新兴经济增长极加速形成。以“一带一路”建设、京津冀协同发展、长江经济带发展战略为引领提升区域发展质量；在“一带一路”建设和长江经济带发展战略的积极推进下，西部地区与沿海地区的经济联系进一步增强，西部地区发展外向型经济的水平和层次得到了有效提升。增强区域发展的协同性、联动性、整体性，真正实现区域发展质量的提升，离不开创新高效的区域发展新机制，其关键就在于深化改革，促进生产要素在更广范围内自由流动。

东部率先、西部开发、东北振兴、中部崛起四大板块是基础，“一带一路”建设、京津冀协同发展、长江经济带发展战略是支撑。在上述“四大板块”和“三大战略”决策部署叠加作用下，新型城镇化步伐继续加快，区域经济发展的动力和活力进一步增强。

（六）城镇化改革进入加快发展期

城镇化关系到经济社会的发展，也关系到社会管理和民生改善。城镇化发展有利于扩大内需，提高生产效率，促进要素资源优化配置，增强经济辐射带动作用，提高群众享有的公共服务水平。2017年末，我国城镇常住人口为81 347万人，比上年末增加2 049万人；城镇人口占总人口比重（城镇化率）为58.52%，比上年末提高1.17个百分点。[③] 我国常住人口城镇化率距离发达国家80%的平均水平还有很大差距，要把中国的城镇化率提

① 国务院关于印发“十三五”生态环境保护规划的通知，http：//www.gov.cn/zhengce/content/2016-12/05/content_5143290.htm.

② 习近平．决胜全面建成小康社会 夺取新时代中国特色社会主义伟大胜利——在中国共产党第十九次全国代表大会上的报告．北京：人民出版社，2017.

③ 我国城镇化率升至58.52%．南方日报，2018-02-05.

升到发达国家的水平至少还需要20年。当前中国正处在工业化、城镇化、信息化和农业现代化推进的过程中，蕴含强大内需潜能的城镇化会带动中国的工业化再次加速，是助推中国下一个10年经济增长的最强劲引擎。城镇化的首要目标是推动农业人口合理、有序、稳定地向城镇集中融合，加强农业、富裕农民、繁荣农村，实现城乡一体化发展，进而拉动投资、拉动消费和带动经济增长。城镇化是现代化的必由之路，是我国最大的内需潜力和发展动能所在，对全面建设社会主义现代化国家意义重大。我国还有巨大的城镇化潜力，这也将为我国的经济发展持续释放动能。

三、全面把握和加快新发展理念的转变

加快形成新的经济发展方式是关系我国发展全局的战略抉择。党的十八大创造性地提出了新的发展方式“一个立足点”“四个着力”“五个更多”的重要论断。这不仅指明了新的发展方式的基本内容，也明确了不断增强我国长期发展后劲的主要路径。

（一）一个立足点——要把立足点转到提高质量和效益上来

过去经济发展的立足点是速度和规模，造成“高投入、高消耗、高污染，低产出、低质量、低效益”的问题，经济发展的质量和效益不高，把经济增长建立在优化结构、提高质量、增进效益、降低消耗、保护环境的基础之上，注重降低物质消耗和提高劳动生产率，注重在全社会范围内优化生产要素配置，注重实现近期效益和长远效益的统一，要把立足点转到提高质量和效益上来。

（二）要把推动发展的重点放到“四个着力”上

1. 着力激发各类市场主体发展新活力

着力激发各类市场主体发展的新活力，建立充满活力和生机的市场经济体系。继续优化国有经济结构，深化国有企业改革，增强国有经济的控制力和影响力。

继续鼓励、支持和引导非公经济发展，打破垄断，保证非公有制经济公平参与市场竞争，形成各种所有制经济平等竞争、相互促进的市场格局，采取多种措施鼓励非国有经济扩大投资，是提高全社会固定资产投资效益的有效途径。

要通过建立健全市场经济的法律法规和坚持公平公正公开的执法准则，最大限度地调动公有制企业、非公有制企业以及其他市场主体参与经济发展的主动性、积极性与创造性。最大限度地调动全社会参与发展的积极性、主动性、创造性。

2. 着力增强创新驱动发展新动力

经济增长方式的转变首先在于技术创新。着力增强创新驱动发展新动力，就是要以自主创新加快经济发展方式转变，把“投资驱动型”转变为“科技创新驱动型”，提高原始创新、集成创新和引进消化吸收再创新能力，更加注重协同创新。必须重点抓好增强自主创新能力、培育发展战略性新兴产业、构建产学研合作创新体系、优化科技创新环境和条件、加强科技创新创业人才队伍建设等重要环节。让知识创新、技术创新、制度创新、管理创新推动经济社会发展。

首先，要让企业成为创新的主体。企业是科技创新的主体，是经济发展方式由粗放型向集约型转变的微观基础。转变经济发展方式归根结底就是要增强企业的自主创新能力，让创新成为企业的自觉、普遍、持续行为。尊重和强化企业的市场主体地位，要充分发挥

市场机制引导企业创新，企业积极应用新技术、开发新产品、加强经营管理，要让市场充分发挥配置功能和作用。

其次，要让政府成为创新的保护者。政府要尊重科技发展规律，保证市场机制有效和保护创新者利益。政府要通过制度创新，改善经济体系运行效率，减少政策性调控，强化制度性调控。让企业通过市场获得其创新成果的回报，并且形成广泛的示范效应，给予科技创新创业适当的政策激励、引导和保护，促进更多的企业进行创新。

再次，要建立产学研相结合的技术创新体系。加快建设国家创新体系，充分发挥科技创新的战略支撑作用，提高劳动者教育水平和技能水平，运用先进技术等因素来加快要素生产率增长的速度。

最后，建设有利于创新型人才生成的教育培养体系。优化育人环境，大力加强在校教育和继续教育。全面实施素质教育，避免实用主义与功利主义的倾向，培养具有创新精神和创新能力的人才。

3. 着力构建现代产业发展新体系

着力构建现代产业发展的新体系，推进经济结构战略性调整。促进第一、第二、第三产业协调发展，逐步形成以农业为基础、工业为主导、战略性新兴产业为先导、基础产业为支撑、服务业全面发展的、有质量、有效益、可持续的现代产业发展新体系。

坚持走新型工业化道路，以信息化带动工业化，以工业化促进信息化，走科技含量高、经济效益好、资源消耗低、环境污染少、人力资源优势能充分发挥的道路。

要大力发展战略性新兴产业和现代服务业，不断提升制造业核心竞争力，要加快推进创新能力建设，着眼于优化产业结构，加快实施传统产业技术创新、战略性新兴产业科技成果转化、产业技术创新联盟发展、企业创新能力培育等科技创新工程，强化核心关键技术和共性技术攻关，培育一批拥有自主知识产权和自主品牌的企业。

要大力实施企业技术改造，围绕改造提升制造业，把企业技术改造作为转型升级的战略任务，促进全产业链整体升级。坚持利用信息技术和先进适用技术改造传统产业，深化信息技术在各行各业的集成应用，提高研发设计、生产过程、生产装备、经营管理信息化水平，提高传统产业创新发展能力。

加大淘汰落后产能、工业节能减排、企业兼并重组、质量品牌建设、资源综合利用等工作力度，促进全产业链整体升级，化解产能过剩矛盾，树立起设计开发生态化、生产过程清洁化、资源利用高效化、环境影响最小化的发展理念，使我国经济发展提高质量、增加效益、增强后劲。

4. 着力培育开放型经济发展新优势

过去我国经济发展主要依靠的是劳动力优势、资源优势，今后要转向依靠技术优势、品牌优势、质量优势、服务优势，坚持以质取胜，在更大范围、更高层次上参与国际经济技术合作和竞争，形成新的核心竞争力。鼓励企业出口从传统的生产成本优势向技术、品牌、质量、服务为核心的新优势转化，大力培育出口品牌，提高出口产品附加值，促进“中国制造”向“中国创造”和“中国服务”跨越。积极扩大对外投资合作，提升对外承包工程和劳务合作的质量，培育“中国建设”和“中国劳务”国际品牌。着力培育开放型经济发展的新优势。

（三）加快形成“五个更多”的新的经济发展方式

加快形成新的经济发展方式，就是要更多依靠消费需求拉动，更多依靠现代服务业和战略性新兴产业带动，更多依靠科技进步、劳动者素质提高、管理创新驱动，更多依靠节约资源和循环经济推动，更多依靠城乡区域协调互动。

1. 更多依靠内需特别是消费需求拉动

扩大内需是我国经济发展的长期战略方针，加快形成新的经济发展方式，就要充分发挥我国人口多、内需潜力大的比较优势，走扩大国内需求和国内市场规模，使经济发展更多地依靠内需特别是消费需求拉动的道路，促进国民经济平衡、协调和可持续发展。积极破解制约扩大内需的体制机制，繁荣城乡消费，尽快改变主要依赖国际市场的发展模式，拉动我国经济的可持续发展。调整和提高居民收入在国民收入分配中的比重，增加居民收入，提高居民购买力；建立健全社会保障体系，为城乡居民扩大消费提供动力和保障；确保财政基本公共服务投入和财政收入同步增长，实现基本公共服务均等化，改善居民消费预期、拓展扩大消费需求的空间；优化消费结构，促进消费需求转型升级，提高居民消费的质量和水平；加快推进城镇化，以城镇化拉动基础设施投资需求和居民消费需求；促进投资向保障和改善民生倾斜，完善扩大内需的机制。

2. 更多依靠现代服务业和战略性新兴产业带动

现代服务业和战略性新兴产业是未来经济发展的重要方向。今后要更多地依靠现代服务业和战略性新兴产业来带动增长，通过大力发展金融、保险、物流、信息和法律服务等现代服务业，积极发展各种新兴产业，努力提高现代服务业和战略性新兴产业在国民经济中的比重，增强其对经济增长的带动力。要牢牢把握自主创新的关键环节，持续不断地投入雄厚资金，支持技术研发、市场开拓及产业化发展，进而带动企业自主研发，加大自主创新投入；推动节能环保、新一代信息技术、生物、高端装备制造、新能源、新材料、新能源汽车等战略性新兴产业跨越式发展，培育和发展知识密集度高、资源耗费量少、环境友好、综合效益明显且具有较强成长潜力的战略性新兴产业，形成新的经济增长点，提高人民生活质量和水平，促进资源节约型和环境友好型社会建设；高端化、集约化、服务化，推动三二一产业融合发展，加快形成服务经济为主的产业发展方针，要将战略性新兴产业放在更突出的位置，实现更快速的发展，加快构建以现代服务业为主、战略性新兴产业引领、先进制造业支撑的新型产业体系，不断提高产业核心竞争力。

3. 更多依靠科技进步、劳动者素质提高、管理创新驱动

中国过去几十年中单纯依靠提高投资率来推动经济增长的模式，转变经济增长方式就是从投资推动转向创新推动，才能从根本上提升我国的整体实力，切实把经济建设转移到依靠科技进步，提高劳动者素质，管理创新驱动的轨道上来，

坚持科学技术是第一生产力，中国相继颁布实施了科技事业发展基本法和各专项法，如:《中华人民共和国科技进步法》《中华人民共和国技术合同法》《中华人民共和国专利法》《中华人民共和国商标法》《中华人民共和国著作权法》《中华人民共和国农业技术推广法》《中华人民共和国科技成果转化法》等。建立了从科学研究到技术推广等各项法律制度，初步形成保护知识产权的法律体系，为我国的科技进步提供了良好的法律环境。加

速科技成果向现实生产力的转化，为科技的发展提供广阔的天地。制定好新的国家中长期科技发展规划，加强科技人才队伍建设，加快国家创新体系建设，深化科技体制改革，激发广大科技工作者和全社会科技创新的活力。

通过持续改善劳动者的受教育水平和技能，释放新的人口红利。中国保持制造业大国地位的关键在于人力资本积累或教育发展的速度和质量，从提高人口素质和人力资本的角度考虑，由人口大国转变为人力资源大国、强国。应鼓励低文化程度的城乡劳动者参加每年的定期技能培训，提高劳动力素质，促使劳动报酬增长和劳动生产率同步提高，把我国的人口优势由“数量型”变为“质量型”，深化我国的人口红利。

建设劳动力市场制度，政府可以矫正失灵的市场信号，提高人力资本回报率，引导家庭和个人对人力资本投资。要健全面向全体劳动者的职业培训制度，提高劳动者劳动技能和创新能力。应开展岗前培训、在岗培训，建立健全向农民工免费提供职业教育和技能培训的制度，完善社会化职业技能培训体系，确保培训质量，增强培训的针对性和实效性，为社会培养和输送成千上万高素质、技能型人才。

改革干部政绩评价体系，从制度上保证提高投资效益。树立效益观念凸显创新驱动发展的考评，塑造科技进步和创新的考评指标；注重经济体制改革维度的考评；强化推进经济结构战略性调整、城乡发展一体化的考评，改革对外经济开放的考评。

4. 更多依靠节约资源和循环经济推动

党的十八届三中全会提出，“建设生态文明，必须建立系统完整的生态文明制度体系，用制度保护生态环境。要健全自然资源资产产权制度和用途管制制度，划定生态保护红线，实行资源有偿使用制度和生态补偿制度，改革生态环境保护管理体制。”发展循环经济，促进生产、流通、消费过程的减量化、再利用、资源化，可以破解资源短缺和环境污染对我国经济可持续发展的制约。

党的十九大报告指出：“坚持人与自然和谐共生。建设生态文明是中华民族永续发展的千年大计。必须树立和践行绿水青山就是金山银山的理念，坚持节约资源和保护环境的基本国策，像对待生命一样对待生态环境，统筹山水林田湖草系统治理，实行最严格的生态环境保护制度，形成绿色发展方式和生活方式，坚定走生产发展、生活富裕、生态良好的文明发展道路，建设美丽中国，为人民创造良好生产生活环境，为全球生态安全作出贡献。”

发展循环经济，通过技术进步，改进工艺，再造流程，合理布局企业和产业，尽可能地减少对自然资源资源的消耗、浪费，提高资源利用效率，实现物质消耗的减量化，避免走资源扩张的老路，实现经济增长方式由“数量型增长”向“质量型增长”的转换。

推进排污权有偿使用、污染排放权交易制度改革、碳减排指标交易机制改革，减少废物排放及其对环境的污染，深化推进资源节约和环境保护的体制改革，从而达到循环经济的基本目标。

加快推进资源要素的市场化改革，建立反映市场供求关系、资源稀缺程度的资源类产品价格形成机制。加快推进资源环境税费制度改革，探索建立煤炭等资源税从价计征的制度和分类开征环境保护税的制度，以最小的资源环境代价支撑经济发展，实现经济、人口、资源、环境的协调发展和可持续发展。

5. 更多依靠城乡区域发展协调互动

党的十八届三中全会提出，“城乡二元结构是制约城乡发展一体化的主要障碍。必须健全体制机制，形成以工促农、以城带乡、工农互惠、城乡一体的新型工农城乡关系，让广大农民平等参与现代化进程、共同分享现代化成果。”要加快构建新型农业经营体系，赋予农民更多财产权利，推进城乡要素平等交换和公共资源均衡配置，完善城镇化健康发展体制机制。

党的十九大指出：“要坚持农业农村优先发展，按照产业兴旺、生态宜居、乡风文明、治理有效、生活富裕的总要求，建立健全城乡融合发展体制机制和政策体系，加快推进农业农村现代化。巩固和完善农村基本经营制度，深化农村土地制度改革，完善承包地‘三权’分置制度。保持土地承包关系稳定并长久不变，第二轮土地承包到期后再延长三十年。深化农村集体产权制度改革，保障农民财产权益，壮大集体经济。”

城乡区域协调发展是全面建成小康社会的内在要求。加快形成新的经济发展方式，更多依靠城乡区域发展协调互动，主要是统筹城乡发展、协调区域发展，并实现城乡和区域之间的相互促进。

以新型城镇化引领区域协调有序发展。要按照城镇化、工业化、信息化、农业现代化协同推进的路径，以“提质加速、城乡一体”为目标，重点加强中小城市和小城镇建设，促进不同区域大中小城市和小城镇协调发展，促进要素流动和功能整合，形成有序分工、优势互补的空间布局。

以新型城镇化引领区域均衡、持续发展。城镇化要与区域产业转移和产业升级相结合，围绕龙头企业延伸和完善产业链，实现产业在城乡间、不同区域间合理布局，根据区域经济发展的资源和技术优势，准确结合区域特点，构建具有区域特色和区域竞争力的产业体系。

消除城乡二元结构，促进公共服务的城乡均等和城乡融合，改变公共服务“城高乡低”的状况，逐步实现城乡之间和区域之间基本公共服务均等化，实现区域城乡一体化和均衡发展的重要转变。

（四）六大举措

党的十九大报告提出，贯彻新发展理念，建设现代化经济体系：一是深化供给侧结构性改革。二是加快建设创新型国家。三是实施乡村振兴战略。四是实施区域协调发展战略。五是加快完善社会主义市场经济体制。六是推动形成全面开放新格局。

1. 关键是深化供给侧结构性改革

改革本身就是增长的新动力来源。转变经济发展方式必须突破路径依赖，必须依靠深化改革推动，从改革中寻找形成新的经济发展方式的动力。

党的十八大报告明确指出，深化改革是加快转变经济发展方式的关键。党的十八大以来，以习近平同志为核心的党中央做出了着力推进实施供给侧结构性改革的重大决定。党的十八届三中全会提出：“紧紧围绕使市场在资源配置中起决定性作用深化经济体制改革，坚持和完善基本经济制度，加快完善现代市场体系、宏观调控体系、开放型经济体系，加快转变经济发展方式，加快建设创新型国家，推动经济更有效率、更加公平、更可持续发展。”“十三五”规划纲要中进一步明确深化供给侧结构性改革作为整个“十三五”时期发展的主线。习近平总书记在党的十九大报告中强调，建设现代化经济体系，“必须坚持质量第一、效益优先，以供给侧结构性改革为主线”。这是针对我国经济在供给侧存在的结构性问题提出的根本解决之道。

深化供给侧结构性改革，要以实体经济特别是制造业为重点，把提高供给体系质量作为主攻方向，提质升级存量供给，扩大优质增量供给，实现更高水平和更高质量的供需动态平衡。要坚持质量第一，在各行各业开展产品质量、工程质量和服务质量提升行动，显著增强我国经济质量优势，实现由以价取胜向以质取胜的转变。

供给侧结构性改革的着力点在于实体经济。当前我国社会总需求与总供给之间的结构性错位，突出反映在实体经济供给侧的质量不高，主要表现为有效供给不足，难以满足国内日益增长的消费升级需要；主要表现为僵尸企业“僵而不死”致宏观杠杆率高位运行，产能过剩问题突出，房地产泡沫风险聚集，存在大量的无效供给。因此，以实体经济为着力点深入推进供给侧结构性改革，是破解社会主要矛盾的重要途径。

要以加快发展先进制造业为重点全面提升实体经济。一是培育若干世界级先进制造业集群，促进我国产业迈向全球价值链中高端，在中高端消费、创新引领、绿色低碳、共享经济、现代供应链、人力资本服务等领域培育新增长点、形成新动能；二是要支持传统产业优化升级，瞄准国际先进标准提升产品技术、工艺装备、能效环保水平，增强制造业基础工艺、基础材料和基础零部件制造能力，提高传统产业的产品品质和附加值；三是要推动互联网、大数据、人工智能和实体经济深度融合，更好发挥大数据、云计算、人工智能与实体经济的跨界融合创新和提质增效效应。加强水利、铁路、公路、水运、航空、管道、电网、信息、物流等基础设施网络建设，强化基础设施网络间的相互连通和高效衔接，发挥一体化网络效应。

企业家是推动供给侧结构性改革、振兴我国实体经济的主力军。要通过深化改革、完善制度，更好激发和保护企业家精神，支持企业家创新创业，植根我国长期发展。振兴实体经济离不开高素质的劳动者队伍，要加大人力资本培育，建设知识型、技能型、创新型劳动者大军。要弘扬劳模精神和工匠精神，营造劳动光荣的社会风尚和精益求精的敬业风气。

继续采取有效措施推进去产能和去库存。要继续坚持去产能、去库存、去杠杆、降成本、补短板，继续采取有效措施推进去产能和去库存，通过并购重组和依法破产等方式完善市场化优胜劣汰机制，优化存量资产，增加优质供给。一是完善房地产调控措施，因城因地去库存，优化房地产市场供给结构，大力发展住房租赁市场，既要保供给、降房价，也要控规模、降库存；二是要进一步采取措施降低整体债务杠杆率，特别是要有效控制国有企业债务和地方政府债务风险，大力提高股权融资比例；三是要继续综合施策降成本，在减税、降费、降低要素成本和物流成本等方面加大力度，切实降低企业负担；四是在补短板方面，要围绕环境、脱贫等突出短板，强化重点地区重要污染物排放的防控和治理，着力解决突出环境问题。

2. 重要前提是加快建设创新型国家

2015 年 3 月，《中共中央　国务院关于深化体制机制改革加快实施创新驱动发展战略的若干意见》发布，9 月，中央办公厅、国务院办公厅还发布了《深化科技体制改革实施方案》，以加快实施国家创新驱动发展战略。2016 年 5 月，中共中央、国务院印发《国家创新驱动发展战略纲要》，强调科技创新是提高社会生产力和综合国力的战略支撑，必须摆在国家发展全局的核心位置。习近平同志在十九大报告中指出，“从 2020 年到 2035 年，在全面建成小康社会的基础上，再奋斗 15 年，基本实现社会主义现代化。到那时，我国经济实力、科技实力将大幅跃升，跻身创新型国家前列。”

随着中国特色社会主义进入新时代，我国社会主要矛盾已经转化为人民日益增长的美好生活需要和不平衡不充分的发展之间的矛盾。要解决这一矛盾，显然不能继续采用传统的资源依赖型的经济增长方式，必须走创新型国家发展战略。另一方面，随着新一轮技术革命的持续展开，科技在经济发展中具有越来越重要的地位，加快创新型国家建设是全球竞争的大势所趋。

党的十九大报告不仅提出了建设创新型国家的重大战略方针，也提出了建设创新型国家的重要举措：既要强化基础研究，也要加强应用基础研究；并明确提出了“五个”强国建设：即科技强国、质量强国、航天强国、网络强国、交通强国。作为推动创新重要制度保障的知识产权制度，十九大报告提出“强化知识产权创造、保护、运用”，这也是建设创新型国家对于进一步提高知识产权的必然要求。

完善的法律制度是创新型国家建设的保障。目前，我国已经制定了《中华人民共和国专利法》《中华人民共和国著作权法》《中华人民共和国商标法》等传统的知识产权法律制度，通过修改《中华人民共和国科学技术进步法》《中华人民共和国促进科技成果转化法》等，初步形成了与创新型国家建设相适应的基本法律制度框架。十九大报告提出加快建设创新型国家之后，在知识产权保护法律领域，需要一部全面系统、科学完备、统领知识产权各领域单行法的基本法律，解决该领域权利交叉问题、疑难问题与新型技术发展引发的问题等。

技术进步是促进资源节约的第一推动力，要转变经济增长方式，就必须加强自主创新，实施创新驱动发展战略。重点加强基础研究、前沿技术研究、社会公益技术研究，突破核心技术，抢占技术制高点，并且获得技术的话语权。加快改革科技体制、建设国家创新体系、完善创新标准、健全激励转化机制，保障创新驱动发展战略的实施。

建设高端科技创新人才队伍。创新驱动实质上是人才驱动，综合国力竞争归根到底是人才竞争。一是推进创新型科技人才结构战略性调整，加强高端科技创新人才队伍建设，突出“高精尖缺”导向，加强战略科技人才、科技领军人才、高水平创新团队的选拔和培养。二是瞄准世界科技前沿和战略性新兴产业，支持和培养具有发展潜力的中青年科技创新领军人才，为青年人才开辟特殊支持渠道。三是培养造就一大批具有全球战略眼光、创新能力和社会责任感的企业家人才队伍，依法保护企业家的创新收益和财产权。四是继续加大海外高层次人才引进力度，面向全球引进首席科学家等高层次创新人才，实现精准引进。五是大力推进创新教育，提升全社会创新意识和创新能力，造就规模宏大、富有创新精神、敢于承担风险的创新创业人才队伍。

融通创新加快成果转化应用。鼓励企业牵头实施重大科技项目，支持科研院所、高校与企业融通创新，加快创新成果转化应用。政府在其中要构建好平台，提供好的政策、法律环境以及好的服务。

3. 重要支撑是实施区域协调发展战略

1999 年以来，我国逐步形成西部开发、东北振兴、中部崛起、东部率先的区域发展总体战略。区域协调发展是党的十六届三中全会提出的“五个统筹”之一。党的十六届六中全会再次提出，“落实区域发展总体战略，促进区域协调发展”，形成分工合理、特色明显、优势互补的区域产业结构，推动各地区共同发展。党的十八大以来，以习近平同志为核心的党中央统筹内外、着眼全局，提出建设“一带一路”倡议和京津冀协同发展、长江经济带发展战略，推动形成东西南北纵横联动发展新格局。党的十九大报告根据我国社会主要矛盾的变化，立足于解决发展不平衡不充分问题，以全方位、系统化视角，提出实施区域协调发展战略，“建立更加有效的区域协调发展新机制”，着力提升各层面区域战略的联动性和全局性，增强区域发展的协同性和整体性，必将进一步开创我国区域协调发展新局面。党的十九大报告明确提出实施区域协调发展战略，这既是对原有区域发展战略的丰富完善，也是对长期以来坚持区域协调发展的全面提升。

党的十八大以来，我国采取一系列重大战略与政策举措，着力缩小地区差距，取得了积极成效。当前区域发展总体态势良好，区域发展协调性不断增强。贫困地区与部分欠发达地区发展状况明显改观，东中西部发展相对差距逐渐缩小，区域增长格局发生历史性转变。区域经济是国民经济体系的重要组成部分，当前，我国经济已由高速增长阶段转向高质量发展阶段，实施区域协调发展战略是建设现代化经济体系的重要支撑，区域经济发展必须加快转变发展方式、优化经济结构和转换增长动力。

党的十九大报告深刻阐述“贯彻新发展理念，建设现代化经济体系”，强调的重点之一就是“实施区域协调发展战略”。党的十九大报告关于实施区域协调发展战略的部署中有不少“加大力度”“深化改革”“加快建设”这样程度递增的表述。党的十九大报告对四大地区发展战略重点做出了明确论述，要求“强化举措推进西部大开发形成新格局，深化改革加快东北等老工业基地振兴，发挥优势推动中部地区崛起，创新引领率先实现东部地区优化发展”。

区域协调发展是我国长期以来指导地区经济发展的基本方针，是新时代影响人民日益增长的美好生活需要和不平衡不充分的发展之间矛盾的重要因素。实施区域协调发展战略，对我国增强区域发展协同性、拓展区域发展新空间、推动建设现代化经济体系、实现“两个一百年”奋斗目标，都具有重大战略意义。要按照党的十九大报告提出的明确要求，深入实施区域协调发展战略，加快缩小城乡区域发展差距。

深入实施区域发展总体战略核心是要实行分类指导。

（1）强化举措推进西部大开发形成新格局。西部开发要紧抓贫困地区脱贫这一历史机遇，继续巩固基础设施建设和生态环境保护，加快培育发展符合西部地区比较优势的特色产业和新兴产业，提升内生发展能力，增强产业竞争力。今后一个时期推进西部大开发，要充分发挥“一带一路”建设的引领带动作用，加大西部开放力度，加快建设内外通道和区域性枢纽，完善基础设施网络，提高对外开放和外向型经济发展水平。要进一步加强基础设施建设，加快建设内外通道和区域性枢纽，完善基础设施网络，稳步提高基本公共服务均等化水平，提高对外开放和外向型经济发展水平，确保同步实现全面建成小康社会进而开启现代化建设进程。

（2）深化改革加快东北等老工业基地振兴。重在创新体制机制，深化开放合作。东北振兴要针对体制性和结构性矛盾加大改革力度，围绕人才流失多等突出问题重点突破，促进政府职能、营商环境、思想观念的转变和市场化水平的提升。深化国有企业改革，真正确立国有企业的市场主体地位，增强市场竞争力。进一步扩大开放，以开放推动改革不断深化，积极改善营商环境，促进民营经济发展。加快形成有活力的体制机制，促进东北振兴取得新突破。

（3）推动中部地区崛起，要激活人才、科技、市场、资源等优势，重塑区位优势。中部地区具有连接东西、贯通南北的区位条件和产业体系较为完整的优势。加快承接东部产业转移和拓展西部市场，发展现代农业、先进制造业和战略性新兴产业，重点培育一批有国际竞争力的特色优势产业集群，增强中心城市和重点城市群的集聚功能，促进形成要素顺畅流动和资源高效配置的格局。要进一步发挥优势，加强综合立体交通枢纽和物流设施建设，发展多式联运，构建现代综合交通体系和物流体系。

（4）率先实现东部地区优化发展。东部地区是我国经济发展的先行区，对全国经济发挥着重要的增长引擎和辐射带动作用。要进一步强化先行先试和创新引领潜能，在转型升级、体制创新、创新驱动和全面开放等方面继续走在全国前列，推动产业转型升级和发展。东部地区率先实现优化发展，必须加快在创新引领上实现突破，充分利用和拓展创新要素集聚的特殊优势，打造具有国际影响力的创新高地。率先实现产业升级，引领新兴产业和现代服务业发展，打造全球先进制造业基地。率先建立全方位开放型经济体系，率先实现高质量发展，更高层次参与国际经济合作和竞争，增创扩大开放新优势。

4. 制度保障是加快完善社会主义市场经济体制

我国经济已由高速增长阶段转向高质量发展阶段，正处在转变发展方式、优化经济结构、转换增长动力的攻关期，建设现代化经济体系是跨越关口的迫切要求和我国发展的战略目标。加快完善社会主义市场经济体制是制度保障。建设现代化经济体系必须尊重经济规律，必须按照经济规律办事情。未来经济体制改革必须以完善产权制度和要素市场化配置为重点，实现产权有效激励、要素自由流动、价格反应灵活、竞争公平有序、企业优胜劣汰。

党的十八届三中全会提出“使市场在资源配置中起决定性作用和更好发挥政府作用”，党的十九大报告中强调“坚持社会主义市场经济改革方向”“加快完善社会主义市场经济体制”，作为建设现代化经济体系的一项重要任务，并指出“经济体制改革必须以完善产权制度和要素市场化配置为重点，实现产权有效激励、要素自由流动、价格反应灵活、竞争公平有序、企业优胜劣汰”。

如何构建市场机制有效、微观主体有活力、宏观调控有度的社会主义市场经济体制构建？

（1）市场机制有效。经济体制改革的核心问题是处理好政府和市场关系。加快完善社会主义市场经济体制，必须通过科学、适度、有效的宏观调控，更好发挥政府作用。尊重市场作用和企业主体地位，全面正确履行政府职能。进一步简政放权，凡是市场机制可以有效调节的事项以及社会组织可以替代的事项，凡是公民法人在法律范围内能够自主决定的事项，原则上都不应设立行政许可。进一步深化行政体制改革，政府主要运用经济、法律、技术标准等手段引导调节经济社会活动，集中精力抓好宏观调控、市场监管、社会管理、公共服务和环境保护，减少行政干预。进一步健全监督机制，通过更充分的政务公开让人民群众更好监督政府依法行政，政府要主动接受社会公众和新闻舆论的监督。完善绩效管理制度，加强对重大决策部署落实、依法履职尽责和实际效果等方面的考核评估，不断提高政府公信力和执行力。

(2) 微观主体有活力。党的十九大报告指出，“深化国有企业改革，发展混合所有制经济，培育具有全球竞争力的世界一流企业”。加快国有经济布局优化、结构调整、战略性重组。一是要形成一批在国际资源配置中逐步占据主导地位的领军企业；二是要形成一批在全球行业发展中具有引领作用的企业；三是要形成一批在全球产业发展中有话语权和影响力的企业。在这一过程中，国有经济布局优化、结构调整、战略性重组是路径之一。持续推进企业间的横向合并、纵向联合和专业化重组，使国有资本进一步向重要行业和关键领域、前瞻性战略性产业、优势企业集中，在许多重点领域掌握核心关键技术。

(3) 宏观调控有度。实现宏观调控有度，需要健全财政、货币等经济政策协调机制。建立权责清晰、财力协调、区域均衡的财政关系，健全双支柱调控框架。

财政政策方面，党的十九大报告提出，“加快建立现代财政制度，建立权责清晰、财力协调、区域均衡的中央和地方财政关系”。一是根据统一领导、分级管理原则，细化中央和地方各自的行政权限、司法权限、立法权限等，基于此，明确划分中央与地方各自的财政事权；二是根据事权划分和中央与地方收入划分格局，科学核定中央和地方的支出责任及其实现方式。

财力协调包括两层内容：一是中央和地方各自本级收入与所承担的支出责任相协调；二是实现中央和地方掌握的总财力与支出责任相协调。

区域均衡则指收入划分要把省际间收入差距控制在合理范围内，中央对地方的转移支付省际间分布合理，以及各省对下的收入划分和转移支付相对平衡。

货币政策方面，党的十九大报告提出，“健全货币政策和宏观审慎政策双支柱调控框架，深化利率和汇率市场化改革”。可从三个方面进行探索和深化：一是丰富货币政策工具，推动利率市场化进程。二是完善宏观审慎框架，维护金融系统稳定。三是加强两者协调配合，发挥双支柱框架合力。

5. 重中之重是实施乡村振兴战略

当前我国城乡经济发展还存在很大差距，制约城乡一体化的城乡二元结构因素依然存在。党的十六届五中全会提出了“建设社会主义新农村”，强调要按照生产发展、生活富裕、乡风文明、村容整洁、管理民主的要求，扎实稳步地加以推进。党的十八届三中全会提出，“要健全城乡发展一体化体制机制，形成以工促农、以城带乡、工农互惠、城乡一体的新型工农城乡关系，赋予农民更多的财产权利，让农民平等地参与现代化进程、共同分享现代化成果。”习近平总书记在十九大报告中首度提出，“实施乡村振兴战略”是新时期做好“三农”工作的重要遵循，强调要“坚持农业农村优先发展，按照产业兴旺、生态宜居、乡风文明、治理有效、生活富裕的总要求，建立健全城乡融合发展体制机制和政策体系，加快推进农业农村现代化”。

从现在到2020年，是全面建成小康社会决胜期。党的十八大以来，我国全面建成小康社会不断向纵深推进，但由于发展条件和能力的差异，也存在着不协调、不平衡问题。由于历史欠账太多，再加上多种因素制约，我国城乡发展不平衡不协调的矛盾比较突出，表现在城乡居民收入差距较大，农业基础仍不稳固，农村社会事业发展滞后，等等。可以说，城乡发展不平衡不协调，是现阶段我国经济社会发展中最为突出的结构性矛盾，也是我们面临的许多问题的总病根。当前，农村还是全面建成小康社会的短板。决胜全面建成小康社会，重点是补齐农村这块短板。广大农村居民能否同步实现小康，事关全面建成小康社会的全局。实施乡村振兴战略，促进农村全面发展和繁荣，是决胜全面建成小康社会的重中之重。

乡村振兴战略是社会主义新农村建设的重要升级，政策意图明确、清晰，是决胜全面建成小康社会、全面建设社会主义现代化强国的一项重大战略任务。实施乡村振兴战略的总要求，要坚持农业农村优先发展，努力做到产业兴旺、生态宜居、乡风文明、治理有效、生活富裕。

乡村振兴战略的实施将会为我国农业农村的发展注入强大的动力。乡村振兴的内涵十分丰富，既包括经济、社会和文化振兴，又包括治理体系创新和生态文明进步，是一个全面振兴的综合概念。党的十九大报告中指出，要加快推进农业农村现代化，这是一个崭新的表述，比单一的农业现代化涵盖的范围更加宽广。推进农业农村的现代化，涉及农村的经济、政治、文化、社会、生态文明各个方面的建设。到本世纪中叶，要把国家建设成为一个富强、民主、文明、和谐、美丽的社会主义现代化强国。

实施乡村振兴战略，需要深入推进农村各项改革，破解“三农”发展难题。巩固和完善农村基本经营制度，深化农村土地制度改革，完善承包地“三权”分置制度，保持土地承包关系稳定并长久不变，第二轮土地承包到期后再延长30年。深化农村集体产权制度改革，保障农民财产权益，壮大集体经济。

乡村振兴的关键和重点是产业振兴。首先，要在确保国家粮食安全的前提下，加快农业供给侧结构性改革，构建现代农业产业体系、生产体系、经营体系，促进农村一二三产业融合发展，延伸农业产业链、价值链，提高农业综合效益和竞争力。发展多种形式适度规模经营，培育新型农业经营主体，健全农业社会化服务体系，实现小农户和现代农业发展有机衔接，全面推进农业现代化的进程。其次，要充分挖掘和拓展农业的多维功能，促进农业产业链条延伸和农业与二三产业尤其是文化旅游产业的深度融合，大力发展农产品加工和农村新兴服务业，为农民持续稳定增收提供更加坚实的农村产业支撑，让广大农民充分分享现代化的成果，切实改变农业农村落后面貌，拉长“四化同步”发展中农业这条短腿，补齐农村这块全面小康社会的短板。

6. 外部动力推动形成全面开放新格局

我国顺应全球经贸发展新趋势，明显加强统筹国内发展与对外开放的力度，不断探索对外开放的新路径和新模式，实行更加积极主动开放战略，对外开放进入了一个新阶段。从传统的出口导向拉动经济增长的方式，向更高层次的自由贸易、跨国投资和运营人民币经济拉动经济增长的方式转型，实现以开放促发展、促改革、促创新，促进转变经济增长方式和优化经济结构。

党的十八大做出了关于“完善开放型经济体系”的战略部署，“加快形成更高水平对外开放新格局”。党的十八届三中全会提出“构建开放型经济新体制”，“适应经济全球化新形势，必须推动对内对外开放相互促进、引进来和走出去更好结合，促进国际国内要素有序自由流动、资源高效配置、市场深度融合，加快培育参与和引领国际经济合作竞争新优势，以开放促改革”。要放宽投资准入，加快自由贸易区建设，扩大内陆沿边开放。党的十九大报告提出，建设现代化经济体系，“推动形成全面开放新格局。开放带来进步，封闭必然落后。中国开放的大门不会关闭，只会越开越大”。

党的十八大以来，对外开放从“加快形成更高水平对外开放新格局”到十九大提出

“推动形成全面开放新格局”，我国对外开放的内涵不仅限于在“门口”拓宽开放的大门，而且新的开放发展理念会更多考虑到“门外”拓展国际发展空间。推动形成全面开放新格局，这包含了提高开放水平，也拓宽了开放的范围和领域，扩大开放的规模，提高开放的质量等一系列目标任务。

伴随着我国经济发展水平的提高，我国以更加积极的姿态参与全球化。现阶段，我国正在由经济全球化的配角演变为主角，在全球经济治理中的地位和话语权不断提升，中国正逐步由旁观者、跟随者转变为参与者、引领者。

(1) 以“一带一路”建设为抓手，推动形成全面开放新格局。

以习近平同志为核心的党中央高度重视深化对外开放与合作，特别注重区域性开放平台的建立，不断优化国际市场布局，积极拓展国民经济发展新空间，提高开放质量。2013年9月7日，习近平主席提出“丝绸之路经济带”重大倡议。10月3日，习近平主席提出“21世纪海上丝绸之路”构想。党的十九大报告将“一带一路”建设放到了更加重要的位置，作为全面开放新格局的重点工作来抓。“一带一路”建设在未来全面开放新格局中必然是重要方向、重点区域，是国际国内联动发展的纽带，同时也关系到政治外交格局。中国与“一带一路”国家的合作已经不仅局限于经济和技术合作。从十九大到二十大，“两个一百年”奋斗目标的历史交汇期，“一带一路”建设不仅是个开放问题，还是内外联动的发展问题。

“一带一路”建设在中国对外开放的版图上具有极其重要的地位。首先，通过“一带一路”建设可以进一步拓展国际空间，一方面获得更多的国际资源和市场，拓展开放的国际空间，增强中国经济的体外循环。其次，通过这个平台，包括中国在内的广大发展中国家在未来经济全球化中可以争取更多话语权。再次，“一带一路”平台建设有助于改变经济全球化不合理格局，增加了发展中国家之间的合作机会。中国的“一带一路”倡议，是中国提出的国际化系统工程，也是中国为发展中国家拓展发展开放空间的重大倡议和重要平台。通过“一带一路”建设，可以同“一带一路”相关国家和地区加强经济贸易合作，构建一个以中国为纽带的全球性贸易体系，消除贸易壁垒，降低贸易和投资成本，提高区域经济循环速度和质量，最大程度拉动邻邦共同参与和分享，实现互利共赢，有助于增进睦邻友好、维护地区和平稳定、促进各国共同发展。

(2) 海南自由贸易港口——中国对外开放的新窗口。

2013年8月，国务院批准设立了上海自由贸易试验区，2017年3月国务院印发的《全面深化中国（上海）自由贸易试验区改革开放方案》提出，在上海的洋山保税港区和上海浦东机场综合保税区等海关特殊监管区域内，设立自由贸易港区。2018年4月13日，习近平出席海南建省办经济特区30周年会议时，表示中国计划在海南建设自由贸易试验区，计划在海南建设自由贸易港。自由贸易港，通常是指设在国家与地区境内、海关管理关卡之外的允许境外货物、资金自由进出的港口区，外方船只、飞机等交通运输工具也可自由往来。自贸区侧重于货物流通方面的开放，而自由贸易港则是全方位的开放，包括货物流通、货币流通、人员流通、信息流通，以及更重要的法律和监管方面的全方位变革。自由贸易港通常被视为开放程度最高的自贸试验区，往往能成为一个地区乃至全球开放高度和贸易枢纽中心。

从自贸试验区到探索建设自由贸易港，意味着更全面、更高水平的对外开放，是我国推进开放型经济的新举措。自由贸易港是自贸试验区的升级版，也是“一带一路”建设的助推器。这将为内陆地区开发开放带来新机遇，也是破解中西部区域发展不平衡的方式之一。海南自由贸易港会极大地促进我国的对外贸易，特别是进口和转口贸易的发展。自由贸易港非常有利于集聚资本和技术等高端的生产要素，进一步促进经济发展，推动供给侧结构性改革。

总之，推动形成全面开放新格局，不仅惠及中国人民，而且造福世界人民。未来，我们将坚定不移贯彻新发展理念，坚持对外开放基本国策，奉行互利共赢开放战略，以“一带一路”建设为重点，谋求开放创新、包容互惠的发展前景，坚持推动构建人类命运共同体，为世界发展贡献中国智慧和力量！

思考题

1. 经济增长的决定因素有哪些？
2. 用 GNP 或 GDP 衡量经济增长有哪些优缺点？
3. 什么是外延式和内涵式的经济增长？
4. 什么是经济长期增长的外生机制和内生机制？
5. 为什么要转变经济增长方式？
6. 实现经济增长方式转变的主要途径有哪些？
7. 为什么说科学技术对经济增长具有决定作用？
8. 我国要加快以内需为主和积极利用外需来拉动经济增长格局的原因？
9. “节约能源资源”的对策有哪些？
10. 传统经济发展模式的主要特征是什么？
11. 发展中国家如何在追赶中实现经济的增长，关键是什么？
12. 从经济生活的角度，简要说明如何解决我国居民收入差距扩大问题，实现社会公平。
13. 扩大消费需求的经济学依据是什么？
14. 分析我国政府扩大内需的依据。
15. “十二五”时期促进区域协调发展的重点任务是什么？
16. 新时代我国社会的主要矛盾是什么？
17. 党的十九大报告提出的建设现代化经济体系的六大任务是什么？

第八章 经济结构调整与优化

中国改革开放40年来，通过不断出台和强化结构整改措施，我国国民经济结构发生了积极变化，经济结构总体上呈现向协调和优化方向发展，经济保持持续、稳定和高速增长。但是，在国民经济快速发展的大背景下，结构不合理的问题依然存在，经济发展方式仍然存在调整滞后的问题，导致经济发展过程中出现了经济结构失衡，经济结构失衡加剧了不合理经济发展方式的惯性。对此，党的十八大报告指出："推进经济结构战略性调整。这是加快转变经济发展方式的主攻方向。必须以改善需求结构、优化产业结构、促进区域协调发展、推进城镇化为重点，着力解决制约经济持续健康发展的重大结构性问题。"2017年党的十九大报告进一步指出："我国经济已由高速增长阶段转向高质量发展阶段，正处在转变发展方式、优化经济结构、转换增长动力的攻关期，建设现代化经济体系是跨越关口的迫切要求和我国发展的战略目标。"为实现这一目标，党的十九大报告进一步指出："必须坚持质量第一、效益优先，以供给侧结构性改革为主线，推动经济发展质量变革、效率变革、动力变革，提高全要素生产率，着力加快建设实体经济、科技创新、现代金融、人力资源协同发展的产业体系，着力构建市场机制有效、微观主体有活力、宏观调控有度的经济体制，不断增强我国经济创新力和竞争力。"

第一节 经济结构调整概述

经济结构调整是我国经济工作的主线，是促进经济发展、提高经济质量和经济效益的根本措施。推进经济结构战略性调整，就是要在经济发展过程中通

过不断地运用促使经济结构合理化、高级化的发展措施，使经济结构适应并促进国民经济的持续快速发展，这是因为经济结构合理与否，直接关系到国民经济发展的质量、速度和持续状况。

一、经济结构

经济结构是一个由许多系统构成的多层次、多因素的复合体。经济结构是经济系统中各个要素之间的互相关联、互相结合，有着数量对比和均衡发展关系的问题。对任何一个经济结构，不但要重视它的要素特性及其结合形式，同时还要重视它的比例和适应状况。当经济结构不适应经济增长可持续性发展要求时，经济结构调整就成为实现经济发展目标的重要手段。

1. 经济结构的定义

经济结构（economic structure）的全称为国民经济的组成和构造，是指社会经济的构成及各个构成要素之间的比例关系，是国民经济各组成部分在经济构成中的地位和作用机制，它包含多重含义。从宏观方面看，经济结构包括产业结构、地区结构、城乡结构、所有制结构、交换结构（如价格结构、进出口结构等）、消费结构、技术结构、劳动力结构和分配结构等方面。从微观方面看，则包括企业组织结构、产品结构等环节。从所包含的范围看，可分为国民经济总体结构、部门结构、地区结构以及企业结构等。从专业划分看，可分为经济组织结构、产品结构、人员结构、就业结构、投资结构、能源结构和材料结构，等等。

经济结构的各组成部分是有机联系在一起的，一定的社会经济和技术条件要求与它相适应的一定的经济结构。因此，经济结构具有客观制约性，不是随意任何一种经济结构都是合理的。一个国家或者一个地区的经济结构是长期形成的，经济结构是否合理，主要是看它是否适合经济发展的实际状况；是否建立在坚实的经济可能性之上；能否充分发挥一切经济优势，充分、合理和有效地利用人力、物力、财力和自然资源；能否保证国民经济各部门协调发展；能否有力地推动科技进步和劳动生产率提高；能否既有利于促进近期的经济增长又有利于长远的经济发展；能否取得最佳经济效果，并最大限度地满足人民日益增长的物质和文化需要。如果一个国家或地区的经济结构不能在短期经济增长和长远经济发展之间协调平衡，不能有力地推动科技进步和生产效率提高，不能最大限度地满足经济社会发展的需要，未来经济增长乏力，那么，经济结构调整势在必行。一个国家的经济结构是否合理，主要看它是否建立在合理的经济可能性之上。结构合理就能充分发挥经济优势，有利于国民经济各部门的协调发展。经济结构状况是衡量国家和地区经济发展水平的重要尺度。不同经济体制、不同经济发展趋向的国家和地区，经济结构状况差异甚大。

2. 经济结构失衡的产生

影响经济结构失衡的因素很多，最主要的是市场对最终产品的需求，而科学技术进步对经济结构的变化也有重要影响，因此，经济结构经常存在与经济社会需求和经济发展目标不一致的状况。当前，我国经济结构失衡，是国家长期以来实行的非均衡发展战略的产物。非均衡增长是后发国家赶超发展过程中的一种必然选择，经济结构失衡就是源于这种非均衡加速道路和经济规模的扩张过程。从经济理论的逻辑来看，当发展过程中存在着系统性的高收益、高增长部门时，动员资源集中投资到这些部门，就会产生规模收益递增（钱纳里等，1986；琼斯和罗默，2009）。后发国家赶超的实质就是通过政府动员资源并配置到高增长的现代化部门，以加速实现经济增长。在工业化进程中，农业资源被集中到工业上来，加速工业企业原始资本的积累，同时控制土地、劳动力、投资品等生产要素投入价格，使得企业保持较低投入成本，降低自然环境、资源和劳动者社会保障等成本约束；垄断金融资源，尽力动员、创造和低价供给或以坏账的方式补贴国有企业及具有增长潜力的民营企业；在城镇化过程中，城镇化的空间集聚效应产生规模递增收益，促进经济赶超增长。这种由于非均衡配置资源导致的规模收益递增过程，会在一定时期内大幅度提高一国潜在经济的增长率。

现代经济增长理论和国际经验已经证实，赶超式增长基本上都是以结构失衡为“常态”。但是，赶超式增长的可持续性受到挑战，政府干预下的投入要素价格扭曲极大地激励了企业在预算软约束下实施高投入、高能耗、高污染、低效率生产，由此导致的结构失衡最终会不断累积经济和社会矛盾，同时产生很强的增长路径和利益分配路径依赖，并使原有的赶超机制演变为阻碍经济持续稳定发展的因素。特别是当一个国家经济增长进入中高收入水平后，非均衡发展战略推动的规模增长效率会急剧递减，结构失衡所带来的矛盾开始凸显，进入“中等收入陷阱”，导致经济和社会长期停滞徘徊，而且风险越来越大。因此，必须进行经济结构战略性调整，形成新的发展机制，消除结构性失衡隐患，最终实现结构均衡化发展。

3. 经济结构均衡实现

经济结构均衡实现是指推动经济结构合理化和产业结构高级化发展的过程，是实现经济结构与资源供给结构、技术结构、需求结构相适应的过程。它是指经济各部门协调能力的加强和关联水平的提高，主要依据产业技术经济关联的客观比例关系，遵循再生产过程比例性需求，促进国民经济各部门之间的协调发展，使各产业发展与整个国民经济发展相适应。它遵循经济结构演化规律，通过技术进步，使经济结构整体素质和效率向更高层次不断演进，通过政府的有关经济政策调整，影响经济结构变化的供给结构和需求结构，实现资源优化配置，推进经济结构的合理化和高级化发展。

经济结构均衡实现是经济不断增长、社会不断进步以及治理机制不断改进的结果。一国经济结构的战略性调整和发展方式转变包含着结构、机制、福利激励的发展过程（见图8－1）。由于政府干预的激励机制在短期内难以改变，往往导致干预路径被锁定，结构和机制调整困难。在存在着结构性规模收益递增条件下，政府实施的干预资源配置行为有其内在的经济逻辑和动力，并在一定时期内对经济增长产生积极作用。中国当前仍存在着结构转变的规模收益递增条件，政府干预资源配置在某种程度上仍然有效，但我们同时要看到其潜在风险。一旦出现结构规模收益递减或难以抵消政府干预成本，就有必要进行调整转型。因此必须在短期经济增长稳定性和中长期结构均衡化之间进行平衡，依据可持续发展规划目标，加以渐进地连续不断地牵引、约束，逐步将经济增长失衡纠正调整到均衡的可持续发展轨道上来。

二、经济结构调整

（一）经济结构调整定义

所谓经济结构调整，就是国家根据国民经济发展的需要，运用经济的、法律的、行政的手段以及技术进步的主导作用，对国民经济中各个领域、各个部门、各个地区和各种经

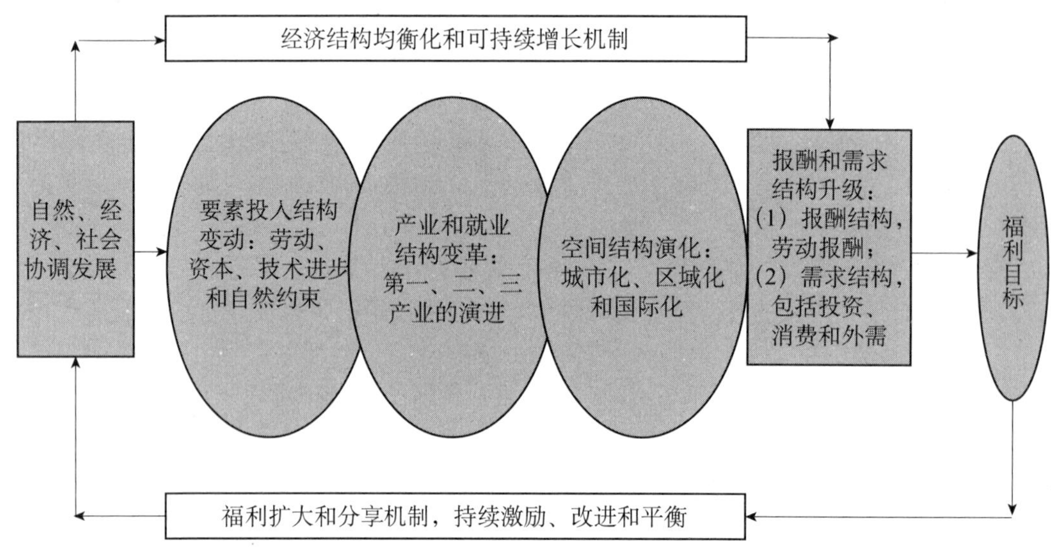

图 8-1　经济发展与经济结构演变机制

济结构的对比关系和结合状况进行调整，改变现有的经济结构状况，藉以改善各物质生产部门之间的有机联系和比例关系，使经济结构适应社会生产力水平，逐渐达到合理化、完善化，推动整个国民经济向前发展的过程。经济结构调整主要包括产业结构、所有制结构、区域结构、产品结构的调整，其中起决定作用的是产业结构的调整。

推动经济结构战略性调整，是国民经济发展的迫切要求和长期任务。经济结构调整是我国新世纪经济工作的主线，是经济发展、提高经济质量和经济效益的根本措施。必须坚持以发展为主题，以结构调整为主线，以改革开放和科技进步为动力，以提高人民生活水平为根本目的。调整经济结构既是着眼于解决经济运行中的深层次矛盾，也是为了拓展发展空间，增强经济发展的长期动力，使经济增长建立在结构优化的基础之上。调整经济结构是提升国民经济整体素质和抗风险能力，在后国际金融危机时期赢得国际经济竞争主动权的根本途径。一国经济结构的战略性调整和发展方式转变包含着结构、机制、福利激励的发展过程。我国已经到了以结构调整促进经济发展的阶段。这种调整不是一般适应性调整，而是新技术革命带动的、对经济全局的长远发展具有重大影响的战略性调整；不是局部的调整，而是包括产业结构、地区结构和城乡结构在内的、以提高经济的整体素质和竞争能力、实现可持续发展为目的的全面调整。

（二）经济结构战略性调整的必要性

当前国内外市场环境的变化，使得我国经济结构调整面临与日俱增的外部压力和内生动力，被迫调整和自觉调整两种力量正在汇集，形成强大而持久的倒逼机制和正逼机制。从经济学的资源配置视角来看，经济发展一方面体现在资源在不同产业部门和经济空间的配置，另一方面体现在资源在特定产业部门和空间的投入利用；前者涉及包括产业结构在内的经济结构，即资源的配置效率问题，后者涉及资源的“投入—产出”利用效率问题。因此，经济发展方式包括资源的配置方式和资源的利用方式两个方面，经济发展方式转变也相应地包括了两个方面的基本内容：一是通过经济结构的调整实现经济结构的优化，即通过改善资源的配置效率来加快经济发展方式的转变；二是通过推动科学技术进步来提高所投入的生产要素的产出水平，即通过改善资源的利用效率来加快经济发展方式的转变。经济发展方式转变本质上就是资源配置方式和资源利用方式的转变。换句话说，经济发展方式是指一国或地区实现经济增长、经济结构优化和经济质量提高的方法和模式。经济发展方式转变，就是由粗放型增长到集约型增长，从低级经济结构到高级、优化的经济结构，从单纯的经济增长到全面协调可持续的经济发展的转变。在我国，经济结构调整既十分紧迫，又具有重要的战略意义，原因在于：

1. 改革红利和传统比较优势逐渐弱化

首先，中国经济发展得益于渐进式的改革路线。过去 40 年来，中国改革从易到难，从局部到全局，无论是价格改革，还是产权改革，都极大地促进了生产力的提高，推动了社会经济的巨大发展。具体而言，中国有三次明显的经济加速：第一次是在 20 世纪 80 年代初，以家庭联产承包责任制为核心的农村改革，带来了农业生产效率的大幅度提高；第二次是 20 世纪 90 年代初，邓小平南方谈话和“建立社会主义市场经济体制改革目标”的确立；第三次是 21 世纪初到金融危机前，我国加入世界贸易组织，进一步提高了对外开放水平。目前，经济体制改革进入深水区，无论是财税金融体制改革，还是医疗制度改革，无论是价格改革，还是收入分配改革，无论是加快金融改革，还是整治食品安全，都需要首先改变部门利益、地区利益、行业利益突出的局面，加强权力约束，改变政府权力在一些领域较多介入资源配置的局面。

其次，中国的对外开放政策，使得中国经济分享了全球化的红利。外贸出口的扩大拉动了经济的增长，农村剩余劳动力的优势充分发挥，同时外资的进入、国外技术和管理经验的输入，都持续支援了落后的中国经济，提高了劳动生产率。目前的外贸开放度开始出现了下降，进出口差额稳中有降，进出口总额占 GDP 的比重开始下降。

再次，我国人口结构正在发生具有深远影响的变化，人口红利持续衰减。一方面，劳动力供求总量压力和结构性矛盾并存，其中结构性矛盾逐步上升，就业难、“用工荒”并存现象长期化。另一方面，人口老龄化趋势明显加快。2011 年末，全国 60 岁及以上人口达到 18 499 万人，占总人口的 13.7%，比上年末增加 0.47 个百分点；65 岁及以上人口达到12 288 万人，占总人口的 9.1%，比上年末增加 0.25 个百分点。与 2000 年相比，我国 60 岁以上人口比重上升 3.38 个百分点，65 岁以上人口比重上升 2.14 个百分点，人口老龄化呈现加速趋势。由于生育率持续保持较低水平和老龄化速度加快，15～64 岁劳动年龄人口的比重自 2002 年以来首次出现下降，2011 年为 74.4%，比上年微降 0.1 个百分点（见表 8-1）。从更长时期来看，1990—2010 年，中国人口的年龄中位数从 25 岁上升到 35 岁，而同期美国从 33 岁上升到 37 岁，日本从 37 岁上升到 45 岁。在过去 40 年中，中国的老龄化速度比日本之外的任何国家都快。未富先老的人口结构将对经济社会发展造成广泛而深远的影响。

表 8-1　　中国主要年份人口年龄结构及其变化

年份	总人口（年末，万人）	按年龄组分						总抚养比	少儿抚养比	老年抚养比
		0～14 岁		15～64 岁		65 岁及以上				
		人口数（万人）	比重（%）	人口数（万人）	比重（%）	人口数（万人）	比重（%）	（%）	（%）	（%）
1982	101 654	34 146	33.6	62 517	61.5	4 991	4.9	62.6	54.6	8.0

续前表

年份	总人口（年末，万人）	按年龄组分						总抚养比	少儿抚养比	老年抚养比
		0～14岁		15～64岁		65岁及以上				
		人口数（万人）	比重（%）	人口数（万人）	比重（%）	人口数（万人）	比重（%）	（%）	（%）	（%）
1987	109 300	31 347	28.7	71 985	65.9	5 968	5.4	51.8	43.5	8.3
1990	114 333	31 659	27.7	76 306	66.7	6 368	5.6	49.8	41.5	8.3
1995	121 121	32 218	26.6	81 393	67.2	7 510	6.2	48.8	39.6	9.2
2000	126 743	29 012	22.9	88 910	70.1	8 821	7.0	42.6	32.6	9.9
2005	130 756	26 504	20.3	94 197	72.0	10 055	7.7	38.8	28.1	10.7
2009	133 450	24 659	18.5	97 484	73.0	11 307	8.5	36.9	25.3	11.6
2010	13 4091	22 259	16.6	99 938	74.5	11 894	8.9	34.2	22.3	11.9
2011	134 735	22 164	16.5	100 283	74.4	12 288	9.1	34.4	22.1	12.3

资料来源：国家统计局网站。

随着廉价劳动力的减少、最低工资标准和农民工工资的大幅提高，与周边一些国家相比，我国劳动力成本低的传统比较优势正在逐步消退。中国经济腾飞的一个重要的内生变量是巨大的人口优势，廉价的劳动力使得中国成为世界制造业的中心。中国制造达到顶峰，人口红利起到了很大的作用。但是随着我国人口老龄化等结构性矛盾的不断加深，人口红利的作用将会大打折扣。从最低工资看，2011 年北京、上海、深圳、河南最低工资标准分别为 1 160 元、1 280 元、1 320 元、1 080 元，比 2005 年分别提高 100%、85.5%、91.3%、125%。根据英国经济学人智库（EIU）的数据，10 多年来，中国的劳动力成本大幅增长近四倍，单位小时劳动成本由 2000 年的 0.6 美元增加至 2011 年的 2.9 美元。与东南亚国家相比，中国劳动力成本已由 10 年前的偏低转变为偏高，目前相当于泰国的 1.5 倍、菲律宾的 2.5 倍、印度尼西亚的 3.5 倍。从土地价格看，2011 年末，全国主要监测城市地价总水平为 3 049 元/平方米，是 2005 年末的 2.4 倍，其中，商业服务、住宅、工业地价分别比 2005 年上涨 174%、267%、32.5%。

最后，经济结构调整是进一步摆脱国际金融危机影响，巩固和发展经济良好势头的当务之急。2008 年以来，为应对国际金融危机，我国先是出台了进一步扩大内需、促进经济增长的十大措施，同时实施积极的财政政策和适度宽松的货币政策，继而出台了一揽子计划。这些措施取得了明显成效，复苏之年即 2009 年国民经济保持 8%以上的较快增长。从改革开放至今我国国民经济增长率保持年均 9.78%的高速增长。但目前，进入新常态，经济增速换挡回落，从高速增长转换为中高速增长。经济新常态下，中国经济结构优化升级，发展前景更加稳定。2016 年前三个季度，最终消费支出对国内生产总值增长的贡献率为 71.0%，比上年同期提高 13.3 个百分点，消费成为拉动经济发展的火车头；第三产业增加值占国内生产总值的比重为 52.8%，比上年同期提高 1.6 个百分点，高于第二产业 13.3 个百分点；新经济快速成长，战略性新兴产业同比增长 10.8%，增速比规模以上工业高 4.8 个百分点。因此，经济新常态下，我们不再追求高增长，并不意味着我们不要经济增长。不追求高增速不等于不追求增速，经济新常态下仍需要保持合理的增长速度。这个合理速度，符合经济和市场规律，也符合自然和社会规律。

近年来，随着中国经济进入新常态，经济结构呈现出许多新变化：在供给侧，当前的劳动力结构、资本积累效率和全要素生产率都不利于经济持续稳定增长；在需求侧，出口和投资的高增长难以持续，消费领域供需错配的问题日益凸显。应对经济结构新变化要延缓潜在增长率下行；在消费和投资之间找到平衡点，主动作为；并积极创造有利于中国发展的外部环境。

2. 对环境质量的要求空前提高

近年来，环境问题日益成为广泛关注的社会民生问题。一方面，中国用几十年时间走过了发达国家上百年甚至几百年走过的工业化历程，但同时环境问题也快速积累，并集中爆发出来。可以说，目前中国正进入各类环境与健康事件的高发期。另一方面，随着居民收入水平和受教育程度的提高，人民群众对生活品质有了更高要求，消费结构升级相应地要求产业结构升级。尤其是公众环保意识和维权意识逐渐加强，公众对污染问题的敏感程度提高，环境危机较易演化成社会危机。同时，由于环境管理体系和信息公开制度日渐完备，特别是媒体监督报道力度加大，环境问题对公众心理的影响更为直接和迅捷。近年来接连发生的一些环境事件，如大连 PX 项目，康菲渤海漏油事件，北京雾霾天气，广西龙江镉污染，河南、陕西、湖南、浙江等地血铅超标事件等，既反映了环境保护形势的严峻性，也作为反面教材和倒逼机制，推动了环境问题的治理、经济结构的调整、发展方式的转变，可谓“危机倒逼型”路径。

目前我国温室气体排放总量已居世界前列。由于我国仍处于工业化、城镇化快速推进阶段，而能源以煤为主的结构难以在短期内出现根本性变化，因此温室气体排放总量在今后相当长时期内还会增加，与其他国家的差距可能进一步拉大。在这一过程中，我们所面临的国际压力将持续存在，且有增无减。这在客观上会促使我们加快经济结构和能源结构调整，在为应对气候变化做出积极贡献的同时赢得自身的发展权利和发展空间。当前我国能源结构以煤为主，不合理性、约束性凸显。历年能源生产与消费总量及其构成（见表 8－2）显示，从 2001 年至今，煤炭的生产消费所占比例高企，原油所占比例逐年缩小，自 2004 年开始，天然气、水电、核电、风电所占比例逐年上升。中国缺油、少气、富煤的能源资源禀赋决定了我国的能源结构。据 BP Statistical Review of World Energy 和我国国土资源部的统计，2009 年，我国石油剩余探明储量为 20 亿吨，占世界总量的 1.1%；天然气生产量为 851.7 亿立方米，占石油天然气总产量的 2.85%；而探明的煤炭可采储量居世界第三位，占世界总储量的 13.9%。我国原煤开采量也居世界首位，2009 年的煤炭产量为 25.84 亿吨。考虑到人口因素，我国能源资源人均占有量将远低于世界平均水平，煤炭和水力资源人均拥有量相当于世界平均水平的 50%，石油、天然气人均资源量仅为世界平均水平的 7.7%和 7.1%左右，耕地资源不足世界平均水平的 30%。在能源利用方面，能源技术落后、效率低、消耗高，可再生能源研发利用不充分，能源消耗产业结构不合理，结构性污染导致环境生态压力大；在能源缺口方面，能源供需缺口继续扩大，能源资源对外依存度不断上升，能源供应安全堪忧。

表 8-2　　2000—2011 年我国能源生产与能源消费情况

年份	能源生产总量（万吨标准煤）	占能源生产总量的比重（%）				能源消费总量（万吨标准煤）	占能源消费总量的比重（%）			
		原煤	原油	天然气	水电核电风电		煤炭	石油	天然气	水电核电风电
2000	135 048	73.2	17.2	2.7	6.9	145 530.9	69.2	22.2	2.2	6.4
2001	143 875	73	16.3	2.8	7.9	150 405.8	68.3	21.8	2.4	7.5
2002	150 656	73.5	15.8	2.9	7.8	159 431.0	68.0	22.3	2.4	7.3
2003	171 906	76.2	14.1	2.7	7	183 791.8	69.8	21.2	2.5	6.5
2004	196 648	77.1	12.8	2.8	7.3	213 456.0	69.5	21.3	2.5	6.7
2005	216 219	77.6	12	3	7.4	235 996.7	70.8	19.8	2.6	6.8
2006	232 167	77.8	11.3	3.4	7.5	258 676.3	71.1	19.3	2.9	6.7
2007	247 279	77.7	10.8	3.7	7.8	280 507.9	71.1	18.8	3.3	6.8
2008	260 552	76.8	10.5	4.1	8.6	291 448.3	70.3	18.3	3.7	7.7
2009	274 619	77.3	9.9	4.1	8.7	306 647.2	70.4	17.9	3.9	7.8
2010	296 916	76.6	9.8	4.2	9.4	324 939.2	68.0	19.0	4.4	8.6
2011	317 987	77.8	9.1	4.3	8.8	348 001.7	68.4	18.6	5.0	8.0

资料来源：《中国统计年鉴（2012）》。

我们需要在“节流”和“开源”两方面下更大功夫，取得更大成效。一方面，要加强节能减排，提高能源资源利用效率，这必然要求调整产业结构和工业内部结构，提高经济和产业的技术水平。同时，要调整进出口结构，更加坚决地抑制高耗能高污染行业出口，防止出现能耗和污染留在国内，绿色产品出口国外，而一些外国人士不理解、不领情，反而出现指责批评的现象。另一方面，要加强国内能源资源的开发利用，防止对外依存度过高和上升过快，确保处于安全范围。要加大风能、太阳能等新能源的开发利用，尤其要学习借鉴美国等国经验，努力攻克页岩气、油砂等非常规能源开发难关，提高能源自给率，提高能源利用效率和优化能源利用结构，有效控制能源资源消耗强度和总量。来自能源资源方面的国际压力将会推动中国的经济结构调整。

经济结构调整符合世界低碳发展的要求，科学家预测，未来 10～20 年，以绿色、智能、可持续发展为特征的新的科技革命将会发生。历史经验表明，谁能够未雨绸缪，抓住机遇，在科技创新方面占据优势，并主动转变经济发展方式、调整经济结构，谁就能掌握经济发展的主动权。第二次世界大战后的几十年，日本利用模拟技术，调整产业结构，赢得了持续几十年的快速增长，一跃成为经济大国；20 世纪 90 年代，美国抓住信息革命的机遇，发展数字信息技术和高科技信息产业，实现了持续 118 个月的繁荣。在新一轮的科技革命前夕，推动经济发展方式转变和经济结构调整，是应对后低碳时代激烈国际竞争的关键举措，是实现经济发展以人为本最终目的的内在要求。

3. 是缩小收入分配差距的必然要求

公平正义是人类社会的共同追求，是衡量社会文明进步的重要尺度，也是建设和谐社会的内在要求。邓小平同志在南方谈话中指出，社会主义的本质是解放生产力，发展生产力，消灭剥削，消除两极分化，最终达到共同富裕。这里，小平同志把解放和发展生产力与实现共同富裕，作为社会主义本质的两个最重要的方面，既强调做大蛋糕，也强调分好蛋糕。邓小平同志还说：“十二亿人口怎样实现富裕，富裕起来以后财富怎样分配，这都是大问题。”当前，中国的经济总量已经较大，2011 年 GDP 达到 47 万亿元，按美元折算人均国民收入达到 5 000 美元，进入中等收入国家行列。我们比以往任何时候都更有必要、更有物质基础来促进社会公平正义。追求公平正义就是要促进人人平等地获得发展机会，建立以权利公平、机会公平、规则公平、分配公平为主要内容的社会公平保障体系和机制，消除人民参与经济发展、分享发展成果的障碍，形成人人参与、共建共享的良好局面。从经济层面讲，就是要合理调整收入分配关系，促进城乡、区域协调发展，推进基本公共服务均等化，显然，这正是结构调整的重要内容。

4. 是应对代际消费倾向显著变化的反映

新生代市民和农民工可能会使全社会消费倾向逐步提高。目前在城市中出现了所谓“月光族”和“啃老族”，前者指工资月月花光，后者指自己的收入不足，消费花钱还要靠老人补助，这都是新一代年轻人消费倾向高的表现。新一代农民工也是如此，与老一代农民工大相径庭。国家统计局调查数据显示，上一代农民工平均寄回带回老家的金额为 8 218 元，占外出从业总收入的 51.1%，而 2009 年新生代农民工平均寄回带回老家的金额为 5 564 元，占外出从业总收入的 37.2%。新生代农民工在外的平均消费倾向更高。在消费结构上，新生代农民工正在从温饱型转向享受和发展型。根据深圳市总工会的调查报告，新生代农民工在吃饭、房租水电、医疗费用上要低于老一代，而个人培训、上网、日用品开支等项目上要高于老一代。在消费模式上，网上银行、刷卡消费、信用消费等先进的消费理念已经被新生代农民工所接受。据调查，近一半的在沪新生代农民工使用信用卡消费，而老一代农民工中只有三成使用信用卡。常言道：形势比人强。人口新老交替这一自然规律可能会使中国人消费倾向低的状况有明显改观。

5. 是实现国民经济可持续发展的长远措施

在改革开放后相当长一段时间内，中国地区经济呈现不平衡增长格局，全国经济活动持续向东部地区集中，东部地区经济一直保持着高速增长的态势，尤其是珠三角、长三角等地区成为国民经济重要的增长极。近年来，由于要素成本全面上涨、人民币持续升值、金融危机严重影响等，东部地区过去那种以高度消耗资源、高度依赖出口市场、处于产业链低端，以低工资、低成本、低价格为主要竞争优势的传统发展模式受到严峻挑战。例如，2011 年上海和北京规模以上工业增加值增速分别为 7.4%和 7.3%，固定资产投资增速分别为 0.3%和 13.3%，明显低于中部地区 18.2%的工业增速和 28.8%的投资增速。主观上讲，这些地区并不是不想让速度更快，而是有心无力，发展阶段使然。据美国美世咨询公司 2011 年 7 月发布的全球 214 个城市生活成本调查报告，中国的北京、上海、广州分别列第 20、21、38 位，而美国纽约仅排在第 32 位。高水平的生活成本需要有高水平的产业结构来支撑。当前东部沿海许多地区已基本完成工业化，需要向后工业化阶段迈进，形成以服务经济为主的经济结构。现实是，一些城市房价上去了，但产业结构没上去。许多东部地区已经到了只有调整、转型、创新才能实现又好又快发展的新阶段，调整转型越快，发展的空间才能越大，发展的速度才能越快。

如果说财政政策、货币政策等宏观经济政策的实施属于短期政策，那么经济发展方式转变与经济结构调整则需要在较长时间才能取得成效，是具有长远性根本性的措施。经济结构变化会形成新的产业链，带来新的发展格局和更好更快的增长。所以，在我们为抵御国际金融危机而采取积极的财政政策和较为宽松的货币政策的同时，必须谋划国民经济的长远发展，把短期政策同长期措施结合起来，以保证国民经济发展的后劲，实现可持续发展。

6. 世界经济再平衡的压力

2008 年 9 月以来的国际金融危机表明，原有的世界经济循环模式被打破，全球经济结构失衡亟待解决，再平衡是客观需要，也是一个长期过程。从非均衡发展到均衡发展对各国经济都将产生较大影响，非均衡发展的过程通常是一个加速发展的过程，再平衡的过程往往是一个减速发展的过程，对我国经济增长不可避免地会造成影响。推动经济结构调整是我们适应和推动世界经济再平衡的题中应有之义。

7. 避免中等收入陷阱、逐步迈入高收入国家的压力

所谓的“中等收入陷阱”是指当一个国家的人均收入达到中等水平后，由于不能顺利实现经济发展方式的转变，导致经济增长动力不足，最终出现经济停滞的一种状态。世界银行《东亚经济发展报告（2006）》提出了“中等收入陷阱”（middle income trap）的概念，基本含义是指鲜有中等收入的经济体成功地跻身为高收入国家，这些国家往往陷入了经济增长的停滞期，既无法在工资方面与低收入国家竞争，又无法在尖端技术研制方面与富裕国家竞争。一个经济体从中等收入向高收入迈进的过程中，既不能重复又难以摆脱以往由低收入进入中等收入的发展模式，很容易出现经济增长的停滞和徘徊，人均国民收入难以突破 1 万美元（见图 8－2）。进入这个时期，经济快速发展积累的矛盾集中爆发，原有的增长机制和发展模式无法有效应对由此形成的系统性风险，经济增长容易出现大幅波动或陷入停滞。大部分国家则长期在中等收入阶段徘徊，迟迟不能进入高收入国家行列。从国际经验教训看，能否成功避免中等收入陷阱，关键是能否处理好收入分配和科技创新两大问题。日本通过 20 世纪 60 年代开始的国民收入倍增计划，已经成为一个发达而均富的社会，基尼系数长期低于 0.349。韩国经济从 20 世纪 60 年代开始起飞，1965 年时基尼系数为 0.34，1980 年达到最高值 0.39，随后逐步下降，1995 年时为 0.28。从技术创新看，日本、韩国都经历了从国外引进、学习借鉴的过程，后来高铁、核电、液晶显示等技术进步表明，日本和韩国都具备了世界领先的自主创新能力。而部分拉美国家则提供了反

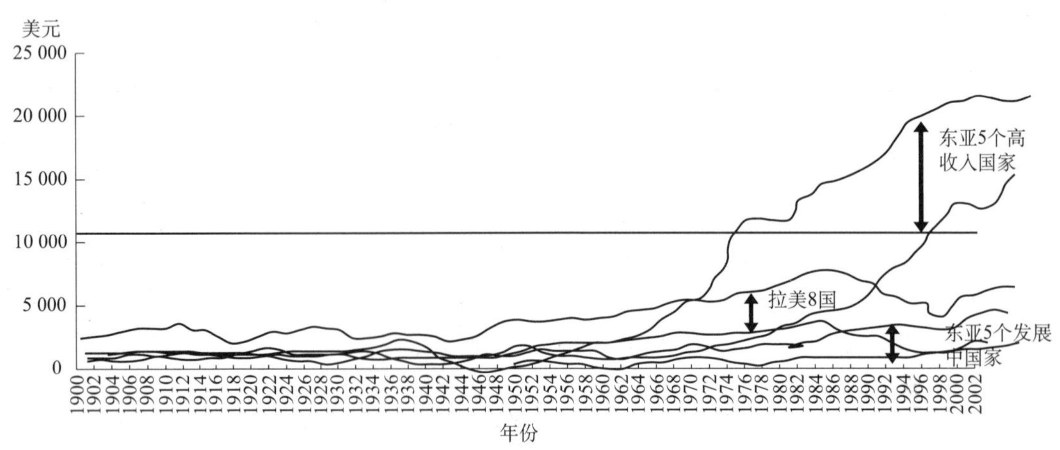

图 8－2　“中等收入陷阱”的国际图景

资料来源：世界银行．东亚复兴：关于经济增长的观点．北京：中信出版社，2008：54.

面教材。正反两方面的案例表明，在迈向高收入国家的过程中要把握好两大要害问题：收入分配要公平，而不能出现贫富悬殊；自主创新能力要增强，而不是总是处于技术追赶、重复引进状态。中国正处于中等收入国家的发展阶段，未来一段时期人均国民收入达到1万美元并不太难，但此后向更高收入水平迈进的困难可能会明显加大。我们需要应对多重挑战，其中十分关键的是，合理调整收入分配关系，实现共同富裕；大力增强自主创新能力，建成创新型国家。这正是未来结构调整的要义所在。

综上所述，不难发现：经济结构问题已是影响经济和社会发展全局的突出问题。我国的短缺经济时代已经基本结束，随着买方市场的形成，工农业产品出现阶段性和结构性过剩，重复建设严重，低劣产品过剩，有效需求不足，势必影响到国民经济持续增长和经济社会的协调发展。东中西部区域经济发展不平衡，城乡经济发展差距扩大，农民增收缓慢，农业基础地位脆弱，势必影响社会的稳定和安定团结，影响共同富裕目标的最终实现。后金融危机时代，全球科技日益进步、国际经济结构深度再调整，势必要求我国对经济结构进行战略性调整，积极参与国际分工，抢占科技经济战略制高点，尽快缩小与发达国家的差距，实现第三步战略目标。

（三）经济结构调整的主要思路

经济结构调整要基于国内和国际两个方面的变化。从国内方面看，一是结构优化，二是结构升级。结构优化是指国民经济的各种比例关系协调、合理；结构升级是指依靠科技的重大突破和创新，实现国民经济结构的合理化或高级化。结构优化、结构升级一般通过两个途径进行：一是对国民经济的存量进行调整，主要是对已形成的各种传统结构进行改革、改造和优化升级；二是对国民经济的增量进行优化和升级，主要是把握好投资方向、投资结构，努力提高经济效益。目前较为突出的问题是：国民经济总需求结构过于依赖投资和出口，消费需求作用偏弱；产业结构中第三产业发展相对滞后；产业内部依靠自主创新的高科技产业缺乏明显优势。从国际方面看，经济结构调整必须迎合世界经济发展的大势。在应对国际金融危机的过程中，各国正在抢占经济科技制高点，全球将进入一个创新密集和产业振兴的新阶段。我们要把握这样的世界发展大势，把建设创新型国家作为战略目标，把占领经济科技制高点作为战略重点，依靠科技上的重大突破和创新，推动经济结构调整，使战略性新兴产业成为经济增长的新引擎。

一是继续调整国民经济需求结构，扩大国内需求，加快推动我国经济增长由主要依靠投资、出口拉动向依靠消费、投资和出口协调拉动转变。由我国国情所决定，在过去较长时期内我国保持了高投资率、高外贸依存度和较低的消费率。据世界银行数据，1990年以来世界平均消费率基本稳定在77%～79%，而我国大致在50%左右。这种“双高一低”的格局曾在一定程度上发挥了优势，对我国国民经济的发展起到重要作用。但从经济发展的一般趋势看，则既不利于国民经济的持续发展、人民生活的提高，又会产生对国外市场的过度依赖。因此，要下决心调整原有的需求结构，在保持适度投资率和出口的同时，完善促进消费和提高居民收入的各项政策，积极推动最终消费的增加，提高消费对经济发展的贡献，增强内生发展能力。二是继续调整三次产业结构，由主要依靠第二产业带动向依靠第一、二、三产业协同带动转变。从经济发展的一般规律看，第三产业在整个国内生产总值中的比重越高意味着经济发达程度越高。例如，2006年第三产业在GDP中占的比重，美国是76.5%，日本是69.5%，我国是39.4%；在国内，2007年第三产业的比重北京是72.1%，上海是52.6%，均高于全国平均水平。所以，大力发展第三产业应是我国结构调整的主要内容。此外，还需要对所有制结构、企业结构、产品结构、收入分配结构、城乡结构、区域经济结构、国土开发空间结构、外贸结构等方面进行调整与完善。

总之，要保持经济的持续快速发展，必须以提高经济效益为中心，对经济结构进行战略性调整，这是提高国民经济的整体素质，增强国际竞争力的根本性措施。

第二节　经济结构调整的历史变迁

早期的经济理论很少注意到结构问题，在亚当·斯密时代，发挥自然资源优势是产业发展的主流理念，像意大利、西班牙、葡萄牙、荷兰相继兴起的远洋航行，英国在工业革命时期发展煤、羊毛织品，都与当地的地理资源分不开。加之，当时资本主义市场正在形成中，生产表现为一种无限扩张的趋势，几乎所有的工业品都赚钱，结构当然也不会受到关注。与这种形势相适应，新技术备受瞩目，发明家成为社会“贵族”，是生产的决定力量。谁拥有了新技术，并在生产中广泛推广，谁就拥有了在世界经济与政治中的话语权。工业革命后德国在欧洲的崛起，电气革命后美国的后来居上，无不是技术精神的反映。这种局面一直持续到20世纪六七十年代。

卖方市场向买方市场的转变改变了人们对结构的漠视。在资本主义发展的前期阶段，工业经济主要依靠泰勒的管理理念与生产的流水线技术推动，由此决定，生产向最大的可能性边界一步步靠近。当时即使是那些没有比较优势的工业国家在全球也总能找到自己的目标市场，但随着时间的推移，这种局面改变了。最早是不具有比较依势的工业国家感觉自己的市场逐渐被拥有比较优势的工业国家吞噬，之后，那些拥有比较优势的工业国家也感觉市场在缩小。与此同时，更多的人发现了这样一个事实：有些工业品好卖并且容易赚钱，而另一些工业品不好卖并且不赚钱。这就是结构问题。日本是最先认识到结构问题的国家，虽然在产业结构是战后日本经济振兴的原因还是结果上说法不一，但合理的经济结构无疑是日本前进的主要因素。当日本与美国、欧洲形成世界经济战略大三角时，国家对结构的关注事实上超过了对技术的关注。由此，经济结构调整成为宏观政策的一个重要内容。

于我国而言，1978年以前农业基础薄弱，轻工业和重工业比例失衡；1978年改革开放以后，通过经济结构调整优先发展轻工业，扩大高档消费品进口，加强基础产业、基础设施建设，大力发展第三产业等一系列政策和措施，使中国的经济结构趋于协调，并向优化和升级的方向发展。中国各产业之间及其内部的比例关系都有了明显的改善，其中第一产业比重下降，第二、第三产业比重上升；国民经济总量增长从主要由第一、第二产业带动，转为主要由第二、第三产业带动，第二产业的增长构成了中国经济高速发展的主要动力。在整体产业结构变化的同时，各产业内部的结构也发生了较大的变化。在农林牧渔业总产值中，纯农业产值比重下降，林牧渔业比重上升；在工业内部，轻重工业结构正逐步由偏重“消费补偿”的轻型结构，向“投资导向”的重型结构升级；在第三产业内部，交通运输业、商业等传统产业比重下降，房地产业、金融保险业、电信业、咨询服务业等迅速发展。

一、第一次经济结构调整（1979—1984 年）

从 1958 年到 1978 年，中国经济建设除了 1961—1965 年的调整时期以外，许多年份都犯了盲目追求“生产高速度、建设大规模”的错误。同时在建设过程中，片面强调发展重工业，忽视农业和轻工业；在重工业的建设上，片面强调“以钢为纲”，忽视能源和交通运输业，在重工业内部，则片面强调自给自足，忽视协作配套和服务体系的建设。如此，逐渐形成了畸形发展的经济结构，某些重工业部门过分突出，而农业、轻工业、能源工业、交通运输业、建筑业、商业、服务业等行业相当落后。国民经济比例严重失调、效率低下、浪费严重、投资成本高而效益低成为这种畸形经济结构的基本特征。此外，还导致了城镇大量失业人员，城乡居民收入难以提高，生活水平长期不能得到改善等问题。

针对这一问题，中国政府于 1979 年提出了调整国民经济的方针。通过调整固定资产投资的规模、结构和价格以及相关财政政策等，调整了积累和消费的比例，加快了农业和轻工业的发展，使得农业的基础地位开始明确，轻工业与重工业之间的比例得到调整，能源供应得到较好的改善。但是在这一时期，又出现了加工业发展过快的新问题。由于基础设施、原材料工业跟不上加工工业的发展速度，供求矛盾开始突出，加上农副产品的供应增速跟不上城乡居民购买力的增长，通货膨胀开始出现并越发严重。

二、第二次经济结构调整（1988—1991 年）

1988 年 9 月，中国政府提出了治理整顿、全面深入改革的方针，在大力治理通货膨胀的基础上，着力调整经济结构。此次调整主要是通过调整投资结构和贷款结构，在消除经济过热的同时，实行向部分产业和企业“倾斜”的政策，把其他方面压缩下来的资金、原材料、能源和运力集中支持重点产业和重点企业，使得农业、能源工业、原材料工业、交通运输业等产业增加了有效供给。这次调整尽管有效地增加了短缺商品的供给，抑制了通货膨胀，但只是缓和了部分经济结构方面的突出矛盾，并未能从根本上解决结构失衡的问题，能源、交通、重要原材料等基础产业和基础设施仍然是制约国民经济发展的“瓶颈”。特别是 1992 年出现的新一轮经济过热，使结构性矛盾更为突出，地区结构、企业组织结构不仅没有得到优化反而有劣化趋势，最终成为 1994 年恶性通货膨胀的主要诱因之一。

从前两次结构调整的情况来看，由于缺乏对部门、地区结构的调整，调整手段基本上是依靠对投资规模、投资项目和对国有银行信贷规模的行政性控制，其实际效果十分有限。加之这两次调整只是一种增量式的调整，对巨大经济存量存在的问题则基本没有触动，因而中央政府的调整目标最终往往难以实现，致使结构性矛盾反复出现。1991 年以后，尽管结构调整的工作仍在陆续进行，但基于同样的原因，经济结构并未出现明显的改善。

三、第三次经济结构调整（1997—2000 年）

1993 年下半年以后，为了治理经济过热和通货膨胀，中国政府加强了宏观调控，利用紧缩的财政政策和货币政策抑制需求膨胀，同时继续推进了价格体制、流通体制和财政体制、金融体制的改革。至 1996 年，宏观调控已经收到明显成效。但是，在经济总量平衡状况明显改善的情况下，结构性矛盾再次突出。原来存在的基础产业和基础设施落后的局面不仅没有改变，某些方面的“瓶颈”状况反而更为尖锐。此外，“大而全、小而全”和盲目重复建设问题还很严重，制约着国民经济整体素质和效益的提高。为此，1997年以后中国政府再次加大了调整经济结构的力度。此次调整的主要内容是：

1. 加大产业政策执行力度

1994年3月，中国政府颁布了《90年代国家产业政策纲要》。从该政策出台后的实际情况看，产业政策并未对经济结构产生明显影响。其原因主要是重点支持的行业范围较大（占GDP的比重超过50%），政府能够提供的支持能力却明显不足。同时政府缺乏推行产业政策的有效手段，各个部门和环节之间的协调相当困难。针对这一问题，1998年中国政府选择了纺织、煤炭、建材、钢铁、汽车和石化6个结构性矛盾比较突出的工业行业，作为产业结构调整的工作重点。结构调整工作首先在纺织行业取得突破。鉴于生产能力过剩是该行业长期亏损的主要原因，中央政府制定了纺织行业压锭计划，要求在3年内压缩1 000万纱锭，占原有生产能力的1/4。2000年，又要求纺织行业淘汰30万落后的毛纺锭。由于中央政府强有力的监控和鼓励政策具体到位，更由于纺织品市场长期不景气，企业无法继续维持，因而此项政策执行较好，压缩任务得以完成，整个纺织行业率先完成脱困任务。煤炭行业则兼并破产了一批资不抵债、扭亏无望的企业，关闭了一批资源枯竭的矿山，压缩产量2亿多吨，减少了亏损源。至2000年末，石油化工行业清理整顿小炼油厂的任务已基本完成，全国共取缔了6 000座土炼油场点，列入名单的188家小炼油厂已关闭111家。

2. 加快国有企业改革

1997年以后，中央政府明确了加快国有企业改革，对国有企业实施战略性改组的方针。按照“产权清晰、权责明确、政企分开、管理科学”的要求，对国有大中型企业实行规范的公司制改革。改革的具体措施，一是集中力量抓好国有大型企业和企业集团，推进和规范企业的股份制改革。二是进一步放活国有小企业，以联合、兼并、租赁、承包经营和出售等多种方式，对全国24万多家国有小企业进行改制。三是规范破产，鼓励兼并，推进再就业，进行企业资本结构的优化。1998年以后，中国政府提出了国有企业“三年脱困”的具体目标，进一步加大了国企改革力度。

3. 大力推进技术创新和科技产业化

1999年8月，中共中央和国务院召开了全国技术创新大会，发布了《关于加强技术创新，发展高新技术，实现产业化的决定》。两项重要决定提出，要加强对技术创新和高新科技成果商品化、产业化的方向和重点的宏观引导，深化科技体制改革，促进技术创新和高新科技成果商品化、产业化。为实现这一目标，中国政府确立了推进科技进步的基本方针：一是有所为、有所不为，选择重点领域和主攻方向，确定发展目标的优先顺序；二是在总体上要跟踪世界科技发展的步伐，在重点领域力争突破；三是提高可持续创新的能力，包括科技基础设施水平、基础研究水平和整体科技能力建设等；四是实现技术跨越式发展，把握当今世界经济走势和未来市场需求，集中力量攻克难关。

根据上述基本方针，中央政府出台和实施了科技体制改革重大方案，对10个国家局所属的242家科研机构进行改革，通过转成企业、进入企业和转为中介机构等方式全部实行了企业运行机制。同时颁布了一系列支持科技创新和成果转化的政策，鼓励科研人员积极创办高新技术企业，以财政经费支持科技成果转化，采用投资、贷款贴息、设立风险投资基金、补助资金等形式为创新活动提供支持。

4. 加强基础设施建设

1997 年、1998 年、1999 年三年中，中央政府共增发了 2 600 亿元国债用于加快基础设施建设。2000 年，在预算 1 000 亿元国债基础上又增发了 500 亿元长期建设国债，主要用于国家确定的重点投资领域，特别是基础设施建设。据估计，财政投资直接带动地方、部门、企业投入配套资金和银行贷款合计约 7 500 亿元。向基础设施领域的大量投入，使得长期以来经济结构的“瓶颈”得到有效缓解，对相应投资品生产行业产生了积极的影响。

5. 制定西部大开发战略

1999 年 6 月，中央政府开始将西部开发作为国家重大战略任务，摆上了重要地位。为加快西部地区的发展，中央政府制定了有关开发战略并于 2000 年 3 月设立了西部大开发办公室。

与上两次调整不同，此次中国经济结构调整具有一些新的特点。首先，此次经济结构调整是首次在市场机制条件下进行的调整，调整方式正在由单纯的政府导向向发挥市场作用方向转变，调控手段则正在由主要靠行政手段，向经济、法律手段结合必要行政手段的方向转变。其次，中国即将加入 WTO，国际市场环境和游戏规则对中国经济结构调整的影响越来越大，这与过去封闭、半封闭条件下进行的结构调整有着明显的不同。再次，与短缺时代不同，此次结构调整的目标，已由过去的增加短缺商品产量和品种，转变到产品升级和产业结构升级；由国内企业与行业的发展，转变为参与国际范围内竞争。最后，此次经济结构调整是从增量和存量两个角度推进的调整。这与过去仅从增量角度进行的调整有着明显不同。

四、第四次经济结构调整（2001—2014 年）

这一轮经济结构调整也与以往的调整有很大的不同，不论是国际经济背景、技术背景，还是国内经济环境、体制条件都发生了很大的变化。概括起来，有四个方面的特点：第一，本轮结构调整是在经济全球化不断加深的国际背景下的开放性调整，是全球范围的大调整；对外开放面临新的机遇与挑战。2000 年，我国进出口总额占 GDP 的比重已达到 43.9%，其中出口额占 GDP 的比重达 23.1%；实际利用外资 593.6 亿美元，占 GDP 的 5.5%，表明我国经济与国际经济的联系程度已大大上升，国际市场和资源已成为影响我国经济平稳增长的一股重要力量。与此同时，世界经济的波动对我国经济发展的影响和冲击也变得越来越明显。1998 年，受亚洲金融危机的深度影响，我国一般贸易出口下降约 4.5%，影响工业增加值的增速约 4 个百分点，进而影响 GDP 增长近 2 个百分点。加入世界贸易组织，我国可以利用参与经济全球化的机会，进一步发挥比较优势，加快发展，但同时，由于市场更加开放，我国受国际经济波动的影响也更为直接。第二，本轮结构调整是在信息技术和知识经济快速发展中的升级性调整，是旨在实现跨越式发展的战略性调整。第三，本轮结构调整是在短缺经济结束，买方市场初步形成后的需求导向型的结构调整，市场供求格局发生了根本性转变。经过二三十年的改革和发展，我国的生产力水平有了显著提高，多年来受商品短缺困扰的状况已基本改变。与此同时，经济发展受市场的约束也越来越突出，绝大部分工农产品都面临过剩的市场压力。第四，本轮结构调整是在经济发展实现阶段性转变和体制转轨进入攻坚阶段后的调整，对体制转轨提出了更高要求。随着前一阶段全面改革所提供动能的不断释放，国民经济在连续保持约 6 年的高速增长后，进一步发展再次面临体制性障碍的制约。特别表现在现行体制尚不完全适应各市场主体日益增强的对“公平竞争、平等发展”的要求，经济体系内在的自动运转机制不够健全，投资和消费需求难以正常增长。

按照党中央的部署，我国在过去的改革开放中已经成功地完成了小平同志亲自描绘的三个阶段目标的前两个目标：即在20世纪80年代国民生产总值翻番的基础上，90年代国民生产总值再翻一番，使人民生活实现了温饱，初步达到了小康水平。我国的经济体制改革在许多方面取得了实质性进展。宏观调控体系初步建成，各类市场都不同程度得到发育，特别是产品市场已基本上由供求决定。要素市场在各类生产要素的配置中的作用越来越大。证券市场发展很快，直接融资在企业融资中的比重提高。人才流动的范围扩大，技术和知识已作为生产要素参与分配。市场在结构调整中的基础性作用不断增强。各类市场间的相互关联和相互作用越来越明显。因此，当前的结构调整，必须要按第三步战略目标所规定的任务进行前瞻性调整，必须遵循市场经济的规律进行适应性调整。

上述四个明显变化的出现，表明我国的转轨发展过程已进入到一个新的阶段。最近几年，传统经济体制中的深层次矛盾更加突出，以前改革与发展中一再出现但尚未根治的某些问题开始集中表露，一些多年久拖不决的问题也已经不可能再继续拖下去。由于新的经济运行机制还不十分健全，旧体制和传统经济运行方式中的某些残留部分，对国民经济发展产生着很大的阻碍，进一步改革的难度增大，经济增长再一次面临动力不足，这些无不表明以市场化为导向的改革已经进入攻坚阶段。与此同时，市场商品供应过剩、通货紧缩、就业与社会稳定和财政收支平衡压力增大等经济结构性矛盾现象相伴而生。所以，我们有理由判定转轨发展过程面临改革巩固攻坚和经济结构全面调整。这一阶段既是国民经济的一个全面调整阶段，也是社会主义市场经济体制经受全面考验的阶段，是决定市场化改革成果能否得到全面巩固并取得攻坚成果的重要时期。

五、第五次经济结构调整（2015年至今）

2015年国内经济总体保持平稳运行，且稳中有进、稳中有好，经济中高速运行并稳定于合理区间，产业结构持续优化，居民收入稳步增长，但在经济运行中也存在投资后劲不足，绝对性过剩产能依然突出，金融体系系统性风险增大，工业企业利润下滑，实体经济低迷，就业压力逐步凸显，消费信心明显下降，房地产市场仍处于调整期等一系列问题，加之来自国际经济环境的风险，国内经济发展面临严峻挑战。

根据我国经济发展的总体态势，为了迎接我国国内经济发展面临的严峻挑战，增强经济持续增长的动力，推进我国经济持续健康发展，2015年11月10日，习近平总书记在中央财经领导小组第十一次会议上指出：在适度扩大总需求的同时，着力加强供给侧结构性改革，着力提高供给体系质量和效率。增强经济持续增长动力，推动中国社会生产力水平实现整体跃升。在2015年12月15日中共中央政治局会议上，习近平总书记进一步提出：“着力加强结构性改革，在适度扩大总需求的同时，提高供给体系质量和效率，提高投资有效性”①。这是自2015年10月十八届五中全会提出“释放新需求，创造新供给”② 之

① 分析研究二零一六年经济工作研究部署城市工作．人民日报，2015-12-15.

② 中共十八届五中全会在京举行．人民日报，2015-10-30.

后，对我国经济形势和发展政策做出的最新解读，是根据经济运行的健康状况做出的准确诊断。“供给侧结构性改革”概括了宏观经济政策的新思路，为今后宏观调控的政策走向指明了方向。

2015年11月10日召开的中央财经领导小组第十一次会议明确提出推进结构性改革，需要继续坚持发展生产力，坚持以经济建设为中心，坚持“五位一体”的总体战略布局；需要充分发挥市场在资源配置中的决定性作用；需要进一步优化产业结构，促进产业结构优化升级；下决心清退“僵尸企业”，有效促进过剩产能的化解；降低企业生产成本，提高企业竞争力；继续推动房地产市场去库存，促进房地产市场持续健康发展；强化风险意识，防范和化解金融风险。

调整结构是供给侧改革的关键，就是要以供给结构的创新促进需求结构的调整与升级。推进供给侧改革要重点解决经济结构和增长动力、方式结构的调整问题。就经济结构来看，又包括产业结构和产品结构。调整产业结构，一方面要推动第二产业优化升级，淘汰过剩产能，促进产业内生产要素优化组合；另一方面要不断推动第三产业的深入发展，继续提高第三产业在国民经济中所占比重。调整产品结构，一方面要调整生产性产品结构，增强企业国际竞争力；另一方面要调整生活性产品结构，引导消费结构升级。就经济增长动力结构来看，我国传统经济增长动力依赖于投资、出口和消费“三驾马车”，然而在外需疲弱，投资失效的情况下，现今的内需也因为供给的结构性错位而后劲不足。这也是供给侧改革要解决的重点问题之一。就经济增长方式的结构来看，由于环境资源的约束力逐渐增强，传统的要素驱动型和投资驱动型增长方式早已被认为是不可持续的。在此背景下，创新驱动被党的十八届五中全会确定为五大发展战略之首，也成为结构性调整的重点方向。

具体来讲，要化解供需结构失衡问题，一方面要加快淘汰落后过剩产能，促进高水平新产能进入市场，尤其是畅通企业退出通道，完善企业清退支持和失业救济、再就业培训等体制机制，妥善处理企业清退后的债务问题、失业人员再就业问题，以便加速产能过剩严重的钢铁、煤炭、石油、石化等重化工行业的结构调整，让一批高耗能、高污染的过剩产能能够尽快顺利退出市场。当然，要做到这一点绝不能仅靠地方政府和企业，还需要国家做出更多的政策设计和支持，以实现减产能和稳增长之间矛盾的顺利化解。另一方面要以供给结构的创新促进消费结构的调整与升级。消费结构升级不是简单的一个或几个消费热点的出现，也不是为了增加某些消费而抑制另一些消费需求，而是要提高整体消费水平和质量，促进消费结构的合理优化。目前需要重点培育的消费领域包括服务、信息、教育、医疗等等，需要以供给结构的优化，引导消费生态化、时尚化、品质化。

要进一步简政放权，切实降低企业负担。把市场还给企业，让市场在资源配置中能够切实发挥决定作用，进一步激发市场活力；降低企业税费，降低企业融资成本，切实减轻企业负担，为企业创造更大的盈利空间，扭转企业大幅亏损和盈利难的现状，增强企业市场竞争力。同时也要降低财政性投资，进一步优化产品供给结构。

要进一步放宽市场准入，尤其要加快行政性垄断行业的改革。放宽市场准入也不能局限于小微企业，对于行政性垄断行业也要逐步加快对民间资本放宽市场准入，切实引入竞争机制。在目前的经济形势下，“放大”比“放小”更具有现实意义。在养老、教育、医疗卫生等与民生相关的领域，更应该加速市场准入的放宽进程，以切实实现民生品质的改善，同时也能培育出新的经济增长点。

要进一步加快创新环境的培育，以中国创造带动新供给的增长。供给决定需求，也可以创造需求。新供给的创造依赖于创新能力的提升，而创新能力的培育，又离不开良好的创新环境。进一步完善知识产权保护制度，切实发挥其制度作用，使企业主体对于创新和盈利之间的关系形成稳定的积极预期。同时，还要进一步创新政府支持方式，尤其对创新型小微企业提供创投、智库和公司管理的指导，提高创新型企业的成功率和存活率。

要进一步加快城乡之间生产要素的合理流动，实现资源优化配置。城乡之间的巨大差距严重影响公平和正义，也是切实真正放开内需的限制因素。我国储蓄率远高于发达国家，资源和资金不是城乡差距的主要原因，关键在于资源配置的严重失衡。进一步加快建设城乡一体化的要素市场，实现土地、资金和人员的合理配置，在城乡之间开发新的增长点，推进城镇化和现有城市间的互联互通，以此促进经济增长还有相当大的潜力。总体而言，供给侧和需求侧的管理具有不同的时效、手段和不同的调节范围，在调控经济的过程中要保持供给侧和需求侧管理的动态平衡，不可偏废。需求侧的调控一般采用财政支出和货币信贷手段，达到刺激或抑制需求的目的，在需求不足时，通过加大财政性支出，降低存贷款利率，降低存款准备金率等方式刺激需求，是宏观经济主要的短期调节手段，长期或过度使用会导致通货膨胀、经济萎缩。例如，为化解 2008 年美国次贷危机的冲击，我国推出了 4 万亿元固定资产投资和 10 万亿元信贷投放的刺激政策，以扩大需求，稳定增长，但是到 2011 年经济增速开始逐级回落，刺激政策的负面影响开始显现，开始进入前期政策的消化期。供给侧调控的手段主要是经济结构的调整，要解决的是供需结构性失衡问题，注重长期发展动力的激发，但短期内很难见到成效。虽然我们提出供给侧改革是在 2015 年 11 月，但是实际上我国早已在进行创新供给的实践，比如，长期坚持的简化行政审批，创建服务型政府；2014 年 9 月以来推动的“大众创业、万众创新”；等等。

我国经济体系庞大，地区和城乡差异明显，宏观调节既要有供给侧结构性改革的长远考虑，也要有需求侧短期经济增长动力的积极培育，二者不可偏废，只有两侧同时发力，兼顾二者的动态平衡，才能为经济平稳较快发展提供可靠的政策保障。

第三节　经济结构调整任务

至 2012 年，我国全年国内生产总值 519 322 亿元，按照年末汇率计算，约合 8.23 万亿美元，居世界第二位，成为全球具有重要影响的最大新兴经济体和世界工业与制造业大国。当然，我们的发展也付出了很大代价，经济结构不合理的矛盾长期积累，发展不平衡、不协调、不可持续的问题日益显现，突出表现在需求结构失衡、供给结构不协调、要素利用效率低下、环境损害大、空间布局不够合理等方面。当前我国经济结构调整的主要任务是优化产业结构，全面提高农业、工业、服务业的水平和效益；合理调整生产力布局，促进地区经济协调发展；逐步推进城镇化，实现城乡经济良性互动；着力改善基础设施和生态环境，实现可持续发展；继续完善工业化，大力推进信息化，以信息化带动工业化。在发展中推进经济结构调整，在经济结构调整中保持快速发展。

一、优化产业结构

调整经济结构，首先要优化产业结构，产业结构优化是经济结构战略性调整的核心。产业结构包括三次产业结构、生产结构、产品结构、企业组织结构、技术结构和劳动力结构等。要加快产业结构优化，实现三大产业之间及其内部关系协调和升级。要继续加强第一产业，巩固第一产业的基础地位，提升第二产业，增强第二产业的核心竞争力，大力发展第三产业，让第三产业在国民经济中发挥更大作用。要继续走中国特色的农业现代化道路、新型工业化道路和服务业现代化道路。三大产业都需要进一步提高产品或服务质量，在国际市场上形成有影响力的品牌，增加产品或服务的附加值。要在改造提升传统产业的同时，大力发展战略性新兴产业。要根据不同情况选择劳动密集型、资本密集型、技术密集型和知识密集型等各种生产要素的结构组合。要充分发挥市场机制在经济结构调整中的基础性作用，同时也要充分发挥政府在产业结构调整中的引导作用。

产业结构优化是指通过产业调整，使各产业实现协调发展，在满足社会不断增长的需求的过程中合理化和高级化。主要依据产业技术经济关联的客观比例关系，遵循再生产过程比例性需求，促进国民经济各产业间的协调发展，使各产业发展与整个国民经济发展相适应。它遵循产业结构演化规律，通过技术进步，使产业结构整体素质和效率向更高层次不断演进，通过政府的有关产业政策调整，影响产业结构变化的供给结构和需求结构，实现资源优化配置，推进产业结构的合理化和高级化发展。

随着我国经济快速发展，人均 GDP 达到中等收入水平，我国产业结构却仍不尽合理：三次产业结构发展不协调、农业基础薄弱、工业大而不强、服务业发展滞后、部分行业产能过剩。如图 8－3 所示，2009 年，我国服务业占国内生产总值的比重为 42.6%。按照世界银行数据，近年来，中等收入国家服务业比重为 53%，高收入国家服务业比重为 72.5%，低收入国家服务业比重为 46.1%，我国服务业发展明显滞后。与此同时，我国工业增加值占国内生产总值的比重一直处于 50%左右，已超出发达国家工业化时期的最高值。我国成为世界工厂，但工业现代化水平却不高，表现在我国工业的效率、技术研发投入、信息化水平、国际化水平、企业管理科学化水平和可持续发展水平等多指标综合值只达到发达国家水平的一半。服务业和农业现代化程度就更低了。产业结构不合理，加大了资源环境压力和就业压力，也制约着国民经济整体素质的提高和经济的持续发展。生产供给结构不能适应国内外市场需求的变化；从要素投入结构看，主要是资源消耗偏高，环境压力加大，资源环境的约束日益突出。我国主要资源性产品消费占全球总消费的比重，明显大于国内生产总值占全球经济的比重。虽然生产的产品有不少是用于出口的，但单位产品资源消耗明显高于发达国家水平。同时，水资源和土地资源消耗也很大，生态环境的代价也很大。经济发展与资源环境的矛盾，是我国现代化建设中需要长期面对的重大挑战。产品结构陈旧，多数行业中一般产品相对过剩，技术含量高、附加值大的产品短缺。

生产制造方面，我国从一个供不应求的短缺经济状态变成世界工厂、全球制造业中心。2010 年我国制造业产出占世界的比重为 19.8%，已超过美国成为全球制造业第一大国，但主要是依赖低成本竞争优势，生产多是低附加值、低科技含量的产品，处于国际分工和产业链的中低端。存在的问题主要有：企业组织规模小而散，难以形成规模经济优势；主要技术装备、生产工艺落后，劳动生产率低；高素质劳动者和管理人才缺乏；等

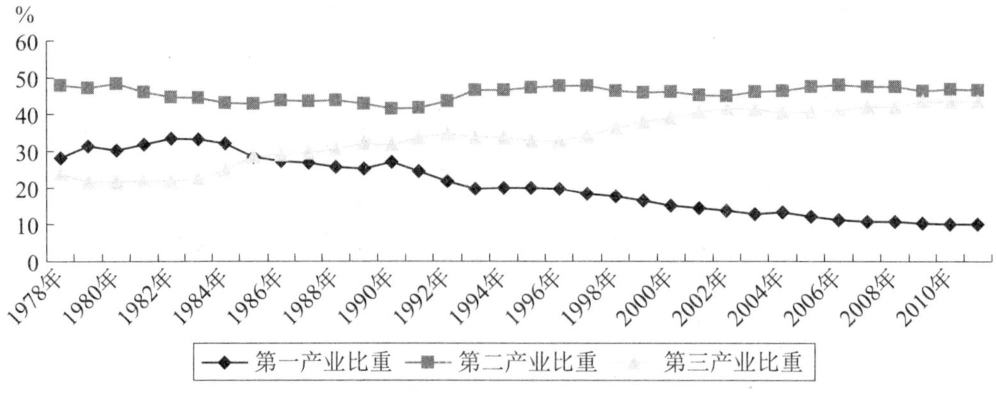

图 8-3　我国三大产业占 GDP 的比重情况

等。随着中国制造面临的土地、劳动力、资源和环境等因素的约束越来越大，面对传统优势减弱和日益激烈的国际竞争，这些状况严重制约着我国国民经济整体素质的提高和社会的发展，不能适应日趋激烈的国际竞争的要求。因此，优化产业结构，推进产业结构优化升级势在必行。产业结构优化升级既是一项长期艰巨的任务，也是当前经济发展的迫切需要；既是一个长期的转变过程，同时也要在发展中求转变，在转变中谋发展。

产业结构优化升级是增强产业结构转换能力和产业聚合效应的重要力量，是提高经济资源配置效率的客观要求，也是实现经济增长的重要支撑力量。实现产业结构优化升级与经济增长的良性循环，必须加快国民经济三大产业的结构优化和升级，大力推进新型城镇化，实现三大产业之间及其内部关系协调和升级，形成以高新技术产业为主导、基础产业和制造业为支撑、服务业全面发展的产业格局。

第一，继续夯实农业基础地位。在三次产业中，农业处于基础地位。农业丰则基础强，农民富则国家盛，农村稳则社会安。推动产业结构优化升级，实现经济社会又好又快发展，必须加强农业基础地位。当前，要抓住有利时机，采取科学的金融、财税等优惠政策，加大强农惠农政策力度，完善强化农业基础的长效机制。具体来说，要不断开辟新的农业投入渠道，逐步形成农民积极筹资投资、政府持续加大投入、社会力量广泛参与的多元化投入机制，切实加大“三农”投入力度，引导要素资源合理配置，推动国民收入分配切实向“三农”倾斜。要坚持和完善农业补贴制度，不断强化对农业的支持保护，继续加大对农民的直接补贴力度，增加粮食直补、良种补贴、农机具购置补贴和农资综合直补，扩大良种补贴范围，增加农机具购置补贴种类，提高补贴标准。要通过结构优化增收，继续搞好农产品优势区域布局规划和建设，支持优质农产品生产和特色农业发展，推进农产品精深加工。要在金融信贷方面支持农业产业化发展，培育壮大一批成长性好、带动力强的龙头企业，支持龙头企业跨区域经营，促进优势产业集群发展。要调整农业生产布局，以国内外市场为导向，充分发挥我国不同区域的比较优势，逐步实现农业生产的规模经营。要调整农产品结构，发展优质、无公害农产品，确保农产品质量安全。要积极发展农业产业化经营，提高农村经济的整体效益，不断提高农民收入水平。

第二，走新型工业化道路，调整和提升第二产业，增强第二产业的核心竞争力。推动战略性新兴产业和先进制造业健康发展，推动企业跨行业、跨地区、跨所有制兼并联合和战略性改组，提高产业集中度，促进产业层次从低端走向中高端，努力在“中国制造”的基础上培育和发展“中国创造”。要采用高新技术和先进适用技术改造和提升传统产业，大力振兴装备制造业。我们知道，装备制造业是处于工业中心地位的制造业，是国民经济持续发展的基础，是国家工业化、现代化建设的发动机。国民经济各行业的生产技术水平和竞争能力的高低，在很大程度上取决于制造业提供的技术装备的性能和水平。加大工业结构调整力度，压缩纺织、冶金、煤炭、石化、建材、机械、医药、制糖、烟草等行业过剩和落后的生产能力，优先发展信息、生物、新材料等对国民经济和社会生活的渗透和带动作用强的高新技术产业。继续调整能源结构。特别是坚持以信息化带动工业化，以工业化促进信息化，走出一条科技含量高、经济效益好、资源消耗低、环境污染少、人力资源优势得到充分发挥的新型工业化路子。

第三，大力发展第三产业，让第三产业在国民经济中发挥更大作用，走服务业现代化道路。现代社会中，服务业发展水平是一国经济结构、产业发展和经济整体素质的一个重要特征，服务业大发展是当代社会生产方式和生活方式变迁的深刻反映。持续快速的技术进步，产业间、产品间向产品内分工的深化，市场的全球性扩展，以及中产阶级兴起、大众消费时代的到来等，为服务业的兴起和发展提供了技术、经济和社会基础。服务业大多属于劳动密集型行业、中小微企业，是交通、流通、通信等城市功能的载体。做大做强服务业能够增加就业，也有利于推进城镇化、扩大内需。更为重要的是，工业与服务业融合发展是现代产业发展的新趋势，工业分工协作越深化，对服务业需求就越大。加快发展服务业将成为我国经济增长的重要动力。服务业的兴旺发达是现代经济的一个显著特征。大力发展服务业是加快工业化、现代化的必然要求。这对于促进国民经济协调发展、提高经济效益和效率、扩大劳动就业、加快城镇化进程、改善人民生活，都有着重大作用。为此，要认真实行有利于第三产业发展的政策措施，包括放宽服务业市场准入，促进和支持高技术服务业和文化产业发展，积极拓展新型服务领域，稳步发展传统服务业，不断提升其市场竞争力和品牌影响力。特别要加快发展金融、会计、咨询、法律服务等行业。逐步推进连锁经营、物流配送、代理制、电子商务等组织形式和服务方式。

第四，把战略性新兴产业作为产业结构优化升级的关键着力点。要处理好我国产业比较优势和世界产业发展趋势的关系，立足国内需求和现有产业基础，以产业升级为主攻方向，加快推进传统产业改造升级，大力发展战略性新兴产业和先进生产性服务业，着力构建符合新型工业化发展内在要求的现代产业体系。我们既要通过产业升级来巩固传统产业的优势，以此作为自己的立身之本，又要集聚创新资源，形成发展合力。要把培育发展新兴战略产业作为促进产业结构优化升级的关键着力点，把增强自主创新能力与完善现代产业体系结合起来，通过加快培育战略性新兴产业抢占未来国际竞争制高点。当前特别要结合“十二五”规划的实施工作，在节能环保、新一代信息技术、生物、高端装备制造、新能源、新材料、新能源汽车和生产性服务业领域加快制定发布专项规划和产业发展配套政策，加大研发投入，加快推动产业化，形成新的竞争优势。

由于我国经济不断发展和产业结构不断优化的过程伴随着城镇化的发展，因此当前我国产业结构优化要充分发挥城镇化的集聚效应，不断提升产业竞争力（见图 8-4）。

城镇化是由农业为主的传统乡村社会向以工业和服务业为主的现代城市社会逐渐转变的过程，具体包括人口职业、产业结构、土地及地域空间的变化。随着城镇化水平的提高，从事第一产业的劳动力逐步转向效率更高的第二产业和第三产业，使要素配置更趋优

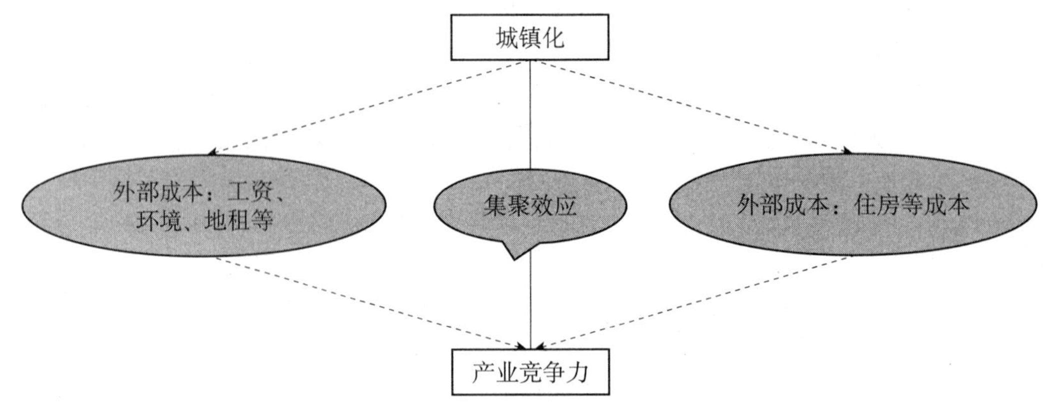

图 8-4　城镇化影响产业竞争力的机制

化，从而使经济持续增长。城市可以提供良好的基础设施条件，较完善的生产、金融、信息、技术服务、集中的有规模的市场，并且会由于企业和人口的集中而在技术、知识、信息传递、人力资本贡献等方面形成溢出效应，促进产业的现代化。

二、改善需求结构

改革开放以来我国经济的快速发展在很大程度上归功于"三驾马车"的作用，但是拉动我国经济的"三驾马车"却不是并驾齐驱的。

一是过度依赖投资和出口。在过去的一个时期里，投资每年以25%～30%的速度在增长。投资对GDP增长的贡献率一直非常高，从表8-3中可以知道，2003年投资贡献率是63.7%，拉动了6.4个百分点，2009年是92.3%，拉动了8个百分点。据测算，我国的资本形成率由20世纪80年代初的32%左右上升到2009年的46.8%，最终消费率则由同期的67%左右下降到48.6%。消费不足又与收入分配结构不合理相关，居民收入在国民收入分配中的比重偏低，影响了居民消费需求的提高。我国作为一个大国，长期主要依赖投资、外需拉动经济增长，会加大经济的不稳定性，不利于国民经济良性循环。

表 8-3　三大需求对 GDP 增长的贡献率和拉动

年份	最终消费支出		资本形成总额		货物和服务净出口	
	贡献率（%）	拉动（%）	贡献率（%）	拉动（%）	贡献率（%）	拉动（%）
2003	35.3	3.5	63.7	6.4	1.0	0.1
2004	38.7	3.9	55.3	5.6	6.0	0.6
2005	38.2	4.0	37.7	3.9	24.1	2.5
2006	38.7	4.5	42.0	4.9	19.3	2.2
2007	40.6	5.3	39.7	5.1	19.7	2.6
2008	45.7	4.1	45.1	4.1	9.2	0.8
2009	52.5	4.6	92.3	8.0	−44.8	−3.9

注：1）三大需求指支出法国内生产总值的三大构成项目，即最终消费支出、资本形成总额、货物和服务净出口。2）贡献率指三大需求增量与支出法国内生产总值增量之比。3）拉动指国内生产总值增长速度与三大需求贡献率的乘积。

资料来源：数据来自中国国家统计局网站，按不变价格计算。

二是消费需求不足。作为拉动需求最有力的武器——消费，由于多种因素，在我国的经济发展中还一直未能发挥其应有作用。(1) 有效需求不足。当前，我国经济运行中出现的有效需求不足、结构性生产过剩等问题突出，1999 年以来消费品零售总额和固定资产投资增幅持续下降；虽然金融机构几次下调存贷款利率，城乡居民储蓄余额却不断增加，银行存贷差不断扩大，但受全球生产过剩、价格下跌影响，我国外贸出口形势严峻，进口大幅增长，国内消费市场面临外部冲击很大，供大于求的产品越来越多，物价持续低迷。消费需求特别是居民消费需求的增长乏力，是当前存在的突出问题之一。而我国居民家庭人均收入水平偏低是造成消费需求不足的基本原因。我国目前的状况是，属于高收入层的人，为数不多；最大量的是低收入者，实际上还处于不足以温饱或仅够温饱水平；处于以上两者之间的中等收入者，还不能称其为中产阶级，他们的温饱虽有余，但收入仍不足以购买商品房、小轿车等消费品，因此，在经济发展的同时，要不断提高城乡居民收入，特别是低收入者的收入。(2) 消费结构不合理。根据国际经验，人均 GDP 在 1 000～3 000 美元时，消费结构升级换代明显，与此相比，我国消费结构相对滞后，主要表现为两点。第一，恩格尔系数偏高。我国人均 GDP 2003 年超过 1 000 美元，2008 年超过 3 000 美元，从恩格尔系数上看，城镇居民为 37.14%，农村居民为 45%，明显偏高，主要原因在于我国居民收入增长赶不上 GDP 增长。第二，服务类消费偏低。近年来，随着居民收入进一步提高，服务类消费支出占消费性支出的比重进一步上升，但与人们基本生存需求满足后提高生活质量的要求和消费能力相比，比重还很低。究其原因，除了居民收入水平较低外，还与供给不足、体制制约、城镇化水平偏低、社会化专业化市场化程度低、发展不规范等因素有关。(3) 城乡消费结构失衡。根据消费主体的成分和性质不同，可以把居民消费分为城镇居民消费和农村居民消费。20 世纪 90 年代以来，城镇居民和农村居民平均消费比为 50.4∶49.6，二者权重基本持平。之后两者比例越来越失衡，到 2008 年城镇居民消费支出已是农村居民的近三倍，到 2016 年两者的比例进一步扩大（见表 8-4），目前城乡消费失衡形势已非常严峻。

表 8-4　　支出法国内生产总值结构

年份	最终消费支出				
	绝对数（亿元）			居民消费支出=100	
	居民消费支出	农村居民	城镇居民	农村居民	城镇居民
1990	9 435	4 194	5 241	44.5	55.5
1995	28 073	11 538	16 535	41.1	58.9
2000	46 988	15 612	31 376	33.2	66.8
2005	75 232	20 912	54 320	27.8	72.2
2008	115 338	28 841	86 498	25.0	75.0
2012	198 537	45 223	153 314	22.8	77.2
2016	292 661	64 145	228 517	21.9	78.1

资料来源：数据来自中国国家统计局网站，按当年价格计算。

导致消费结构失衡的根本原因就是城乡居民收入水平的差异过大。从表 8-5 我们可以发现 1990 年城镇居民人均收入是农村居民人均收入的 2.2 倍，之后这一数值逐渐增大到 2007 年的 3.3 倍，最近几年城乡收入差距略有缩小的趋势，到 2016 年城镇居民人均收入是农村居民人均收入的2.7倍。从消费支出来看，1990年城镇居民人均消费支出是农村居民的2.2倍，这一数值在2007年达到最大的3.1倍，近几年来消费支出的差距也是略有缩小。收入是消费的保障，也是消费的基础，这反映了我国城乡居民的消费仍有较大差距。

表8-5　　我国城乡居民收入与支出结构　　单位：元

指标	城镇居民人均可支配收入	农村居民人均纯收入	城镇居民人均消费性支出	农村居民人均生活消费支出
1990	1 510	686	1 279	585
2000	6 280	2 253	4 998	1 670
2007	13 786	4 140	9 997	3 224
2008	15 781	4 761	11 243	3 661
2013	26 467	9 429	18 488	7 485
2016	33 616	12 363	23 079	10 130

资料来源：根据国家统计局网站公布的《中国统计年鉴（2017）》相关数据整理而得。

为改善需求结构，我们必须做好以下几点：

1. 坚持内需为主、内外需结合，不断增强国际社会互动

改革开放以来的外需对推动我国经济持续快速发展起到了重要作用，2009年，尽管受到国际金融危机的严重冲击，我国货物出口额仍达1.2万亿美元，成为世界第一大出口国。同时，我国进口规模不断扩大，2010年货物进口额超过1万亿美元，成为世界第二大进口国（见图8-5）。通过利用国际市场和引进资金，不仅拓展了我国的市场空间，增加了就业，而且带来了先进技术、管理经验、高素质人才和机制创新、观念更新。外需在我国经济发展中有着不可或缺的重要地位。

但是应该看到，外需往往受到许多不可预料和突发性因素的影响，其变化不是我们能控制的。1997年发生的亚洲金融危机和2008年的国际金融危机，我们均成功地加以应对，抵御了外部冲击，实现了经济回升，靠的就是扩大内需。从必要性上说，一是主要依靠出口和投资拉动经济增长已经不可持续。我国制造业产能过剩，投资效率降低；出口面临挑战，世界经济可能长期放缓，并且随着中国土地、资源、劳动力价格上涨，原有的比较优势削弱。二是扩大内需与保障和改善民生密切相关，它能够开拓发展领域，创造社会财富，促进居民增收。从可能性上说，我国蕴藏着巨大的需求潜力。我国是人口第一大国，正处于工业化、信息化、城镇化、农业现代化加快发展和消费结构不断升级的重要时期，市场潜力巨大，有待深度挖掘。从国际经验看，以内需为主也是大国发展的必由之路。2008年，美国、印度内需占总需求的比重分别为92%、88%，而同年我国这一比重仅为72.8%，在各大国中是较低的。近些年来与投资和出口的高速增长相比，内需不足。内需不足，在很大程度上体现为消费需求不足。我国人口多、幅员广、回旋余地大，正处于工业化、城镇化快速发展阶段，扩大内需有着巨大的空间和潜力。

因此，要提升居民消费能力，就要着力增加消费倾向高的中低收入者收入。完善居民消费政策，鼓励发展社会化养老、家政、医疗保健等服务业，拓展新的消费空间，积极发展网络购物等新兴消费业态，扩大消费信贷。改善城乡消费环境，努力降低商贸物流成本和居民出行费用，确保消费品质量安全，维护消费者权益，让群众放心消费，也让那些高

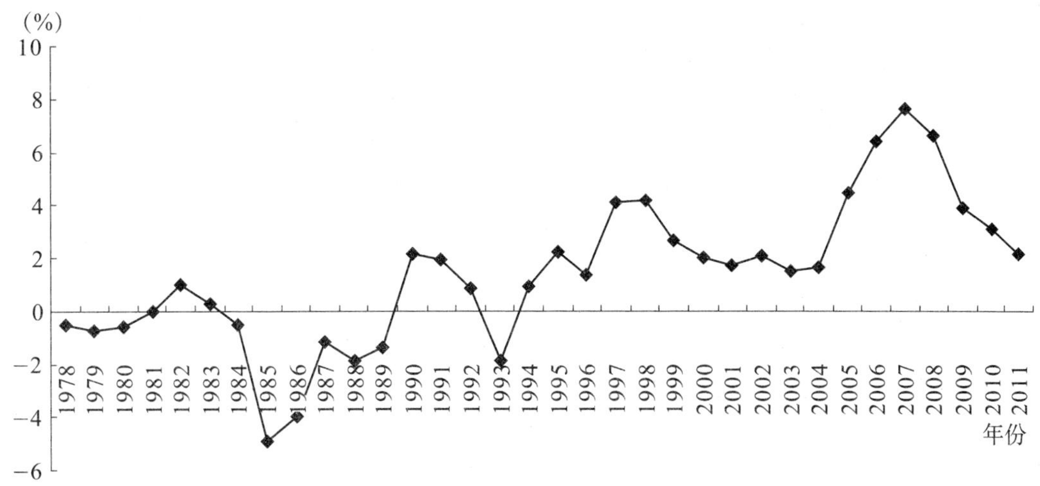

图 8－5　我国贸易顺差占 GDP 的比重

端消费更多在国内而不是海外实现。需要指出的是，扩大内需并非压缩外需，而是在稳定和拓展外需的同时，着力增强内需特别是居民消费需求对经济增长的持续拉动作用。我国的扩大内需，是在开放条件下的扩大内需，而不是自求平衡；稳定和拓展外需，是建立在转变外贸增长方式基础上的稳定和拓展外需，而不是单纯扩大出口规模。我们在保持对外贸易大国地位的同时，还应逐步扮演好对外投资大国的新角色，进一步充分利用好国际国内两个市场、两种资源。因此，以内需为主，内需和外需共同构成了我国经济发展的市场空间。要统筹国内国际两个大局，统筹国内发展和对外开放，既要充分发挥比较优势，保持并增加我国在国际市场上的份额，更要充分发挥内需潜力巨大的优势，把经济增长建立在稳固的内需基础上。这些都是调整经济结构的应有之义。

2. 积极寻求投资与消费的结合点

扩大内需包括扩大投资需求和消费需求。在我国目前的发展阶段，投资需求还有很大空间，投资仍然是经济增长的重要拉动力，要继续发挥投资对扩大内需的重要作用，促进投资和消费良性互动。从应对国际金融危机冲击看，投资对经济增长的拉动作用见效最快，对经济企稳回升起到了重要作用。同时也要看到，长期过度依赖投资拉动的经济增长是难以持续的。因此要保持投资稳定增长，着力优化投资结构，把重点放在投资结构的调整上，使投资进一步向保障和改善民生倾斜，向经济社会发展的薄弱环节倾斜，向自主创新倾斜，向节能环保倾斜。同时，扩大投资的最大潜力和活力在民间。因此要完善促进民间投资的政策措施，要认真落实关于鼓励和引导民间投资健康发展的“新 36 条”意见。鼓励和引导民间投资更多地投向基础设施、社会事业、市政公用和社会服务等领域，更好地发挥民间投资在扩大内需中的积极作用。优化投资结构的重点还应放在以投资促进消费上。消费需求是最终需求，投资需求与消费需求密切相关。寻求投资与消费的结合点，不仅可以增投资、保增长，而且可以扩消费、惠民生，促进持续发展，起到“一石多鸟”的作用，这是我们应对国际金融危机冲击的一条成功经验。如 2008 年 11 月中央出台的扩大内需促进经济增长 10 项措施中，摆在首位的就是保障性安居工程。它不仅可以缓解部分低收入居民的住房困难，而且刺激了装修、家具、家电等消费性支出，带动了居民消费。

又如投资于农村的民生工程和基础设施，为家电下乡、汽车下乡创造了条件，支持了居民消费。还有一部分投资可以直接转化为劳动工资，有利于增加居民消费。在相当一段时间里，我国投资与出口之间逐步形成了较强的循环关系，出口的增加带动了投资，投资的扩大又促进了出口能力的增加。今后，应努力实现投资与消费之间的良性循环，以投资带消费，以消费促投资。促进投资消费的有机结合不是权宜之计，是优化投资结构、扩大内需的长效之策。

3. 把扩大消费需求作为扩大内需的主要着力点

扩大居民消费是扩大内需的重点。我们说内需不足，主要是居民消费需求不足。我国居民消费率较低，可开拓的空间很大。扩大居民消费需要多措并举。一是完善消费政策。要总结家电下乡等刺激消费政策的经验，不断丰富和完善相关政策。但扩大居民消费不能长期依赖政府补贴，还要探索多种办法，建立长效机制。二是改善消费环境。要建立健全消费法规标准、市场流通体系，整顿和规范市场秩序，保障食品和药品安全，同时要完善信用体系，发展消费信贷，提供优质服务，让群众安心消费、方便消费。三是培育消费热点。要支持居民自住和改善性购房需求，增加文化、体育、旅游、培训和家政等消费，引导消费结构升级。

扩大居民消费的关键是提高居民消费能力，根本举措是提高居民收入在国民收入分配中的比重和劳动报酬在初次分配中的比重，提高居民特别是中低收入居民的收入水平。当前，应更加注重就业和劳动报酬在一次分配中的作用，更加注重社会保障和公共服务在二次分配中的作用，以此作为调整国民收入分配结构的重要突破口。努力做到城乡居民收入增长、劳动报酬增长与经济增长相协调。这要求逐步扩大中等收入者比重，努力形成“橄榄型”收入分配结构。就业是民生之本、收入之源，要实施更加积极的就业政策，千方百计增加就业。只有就业规模扩大了，劳动者的收入增加了，扩大消费才有条件。社会保障是一张“安全网”，通过加快社会保障体系建设，可以解除居民消费的后顾之忧，增强消费意愿。社会保障和公共服务本身也是社会消费。因此要加大投入力度，加快健全养老、医疗卫生、最低生活等社会保障体系。推动建立完善城镇企业职工基本养老保险关系跨地区转移接续制度，加快建立覆盖全国的农村养老保险体系和新型农村合作医疗，加大社会保障支出在公共部门支出中的比重。社会保障不仅仅是一项民生工程，在克服市场缺陷、创造一个较少贫困和疾病的社会方面起着至关重要的作用，它还是保增长、保就业的长效机制，在某种程度上成为经济发展的一种内在驱动力。人们特别是弱势群体的基本福利得到保障，没有后顾之忧，自然乐于将延时消费转化为即时消费，从而促进内需和经济发展。

4. 把城镇化作为扩大内需的战略重点

城镇化演进包括了两个重要阶段：一是土地城镇化的投资驱动阶段，投资率较高；二是人口市民化阶段，随着人口在城市的集中，人们除了使用公共交通等城市基础设施外，开始真正享受教育、医疗、养老等城市的社会基础设施服务。发达国家的发展历史表明，城镇化和投资呈倒“U”形关系，城镇化和消费率呈“U”形关系（见图8－6）。世界上中等收入经济体、高收入经济体消费率的重大转折点均在67%，即随着城镇化率达到67%之上，之前阶段消费率向下波动趋势开始反转，城镇化率和消费率呈现正相关关系。

1992年中国土地从无价到有价，土地城镇化进程开始推进，到1997年启动住房消费

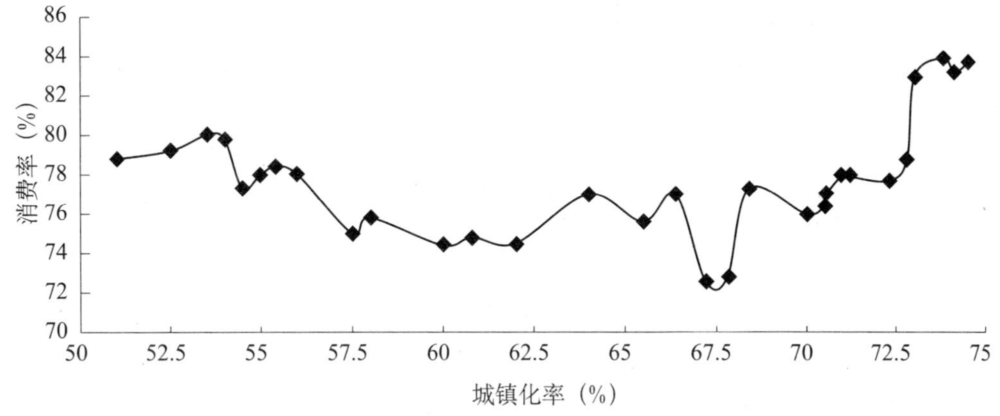

图 8－6　中高收入国家的消费率与城镇化率呈"U"形关系

信贷、1998 年取消福利分房制度才从根本上形成城镇化良性运转的条件，2010 年户籍制度改革和城乡社保的全覆盖式发展，积极推动了人口城镇化和城市人口市民化。尽管如此，中国目前的城镇化仍是土地城镇化模式，仍处于"U"形曲线的拉升阶段，有着明显的投资驱动特征，消费率从 20 世纪 70 年代的 70%一直下降至 2007 年的 47%（见图 8－7）。随着政府扩大内需政策的出台，2008 年回升至 50%。随着人口市民化阶段城镇化的加速，城镇化会带动消费自动矫正，需求结构会依据城镇化进程自发调整。

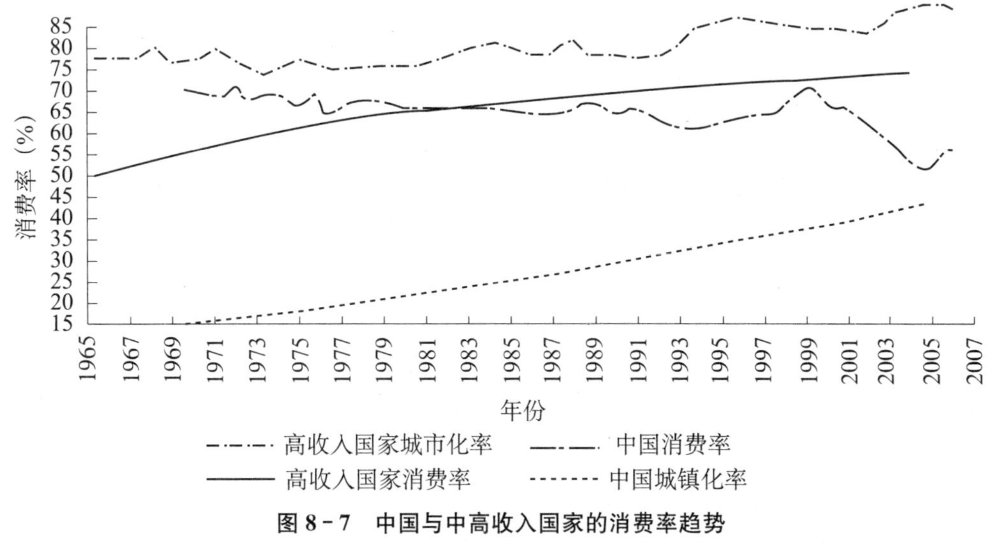

图 8－7　中国与中高收入国家的消费率趋势

总之，改善需求结构要坚持内需为主、内外需结合，不断增强国际社会互动；要积极寻求投资与消费的结合点，着力优化投资结构；要把扩大消费需求作为扩大内需的主要着力点，调整国民收入分配结构，提高居民收入在国民收入分配中的比重和劳动报酬在初次分配中的比重；要实施更加积极的就业政策；加快社会保障体系建设，不断拓展持续发展的空间。

三、统筹城乡发展

城乡关系不仅是人类发展史上长期存在的一个重大问题，而且是错综复杂的社会生活

中影响全局的环节。当前我国城乡关系是典型的城乡二元结构，主要表现在：（1）城乡居民收入差距大。城乡收入差距远远高于世界发达国家和中等收入国家城乡收入差距比 1.2～1.5 的合理范围，成为世界之最。我国城乡收入差距 2003 年为 3.23，2005 年为 3.22，2009 年达到历史最高点为 3.33，而且有愈演愈烈之势。考虑到农民收入中的实物性收入和城市居民福利、住房、教育、卫生等因素，我国城乡差距可能达 6。（2）工农业发展不均衡。城乡二元经济结构使农业严重落后于工业和其他产业。首先表现为我国二元强度过高。除中国外，发展中国家工农业二元结构强度最大为 4.09 倍。1996 年以来，我国工农业二元结构强度扩大并逐年增加，2000 年达到 5.26 倍，2003 年为 5.73 倍，表明我国农业的比较生产率及比较收益率都是世界最低的。其次表现为工农业发展速度失调，工农业增速比超出城乡平等发展阶段 2∶1～2.5∶1 的增长比例惯例。2000—2005 年，农业增长 19.5%，年均增速为 3.9%；工业增长 54.5%，年均增速 10.9%；工农业增速比为2.8∶1。（3）城乡居民身份的分割。中华人民共和国成立以后，囿于严重的思维局限和特殊的社会环境，出台了以限制农村人口向城市流动为主要目标的户籍制度，人为隔离城乡，使市民和农民身份固化，使农村与城市长期分离，形成了城市和农村两个各自封闭循环的体系；使农民和市民社会地位和发展机会不平等，形成了市民和农民两种身份迥异的公民。这种二元社会结构人为地限制了宪法赋予农民的基本权利，造成农民基本权利的缺失，而这种权利的缺失使农民这一弱势群体的社会地位更加弱势化。（4）城乡社会事业发展差距大。农村教育、医疗卫生、文化等社会事业发展水平较低。2000 年我国城市文盲率为 5.22%，农村则高达 11.5%，就业人口受教育年限城市为 10.2 年，而农村只有 6.85 年。农村低学历人口的比例远远高于城市，劳动人口的平均文化程度只相当于初中一年级水平；城市中高学历人口的比例明显高于农村，在城市，高中、中专、大专、本科、研究生学历人口的比例分别是农村的 3.5 倍、16.5 倍、55.5 倍、281.5 倍、323 倍，而且城乡之间这种差距仍在逐渐拉大。（5）城乡基础设施差距大。近年来我国城市面貌日新月异，但农村变化相对缓慢。2006 年全国村庄内部道路、供水、排水、环卫、绿化、公共活动场所等人均建设投资仅 70 元左右，只相当于城市的 1/14、县城的 1/7、县城以外建制镇的 1/6。

失衡的城乡关系不仅使农业成为弱势产业，农民成为弱势群体，农村成为落后地区的格局得以强化，而且以牺牲社会公平为代价，影响社会稳定，影响广大农民的积极性，从而从根本上影响经济效率。（1）损害社会公平正义。城乡二元结构的形成、固化，与城乡之间不平等的制度安排息息相关。城乡制度的不公，违背了社会公平原则，助长了城乡收入差距的扩大，导致城乡失衡，不利于城乡和谐发展。失衡的城乡关系由于公共服务和公共产品供给不平等、教育资源配置不平等、司法资源配置不平等，从而造成资源配置的不平等。由城乡二元体制造成的城乡之间户籍制度、组织制度、行政管理制度等方面的差异，直接导致城乡居民之间、城市社会和农村社会之间地位与处境的不平等。（2）影响社会发展稳定。城乡二元结构致使城乡差别持续扩大，农村居民在就业、社保、教育、文化、卫生、福利、环保等公共事业方面与城市居民差别日益明显，社会事业及其基础设施建设远远落后于城市。城市和农村之间、市民和农民之间这种极大的不公，严重影响了农民的生产积极性，容易造成农民的心理失衡。在这种状态下，一旦有合适的环境和诱发因素，极易引发社会冲突，威胁社会稳定。（3）阻碍现代化进程。发展中国家的现代化进程，可以说在很大程度上是要实现城乡二元经济结构向现代经济结构的转换。而城乡二元结构的存在严重阻碍了很多发展中国家经济和社会的发展，是现代化建设进程中面临的突出问题。一方面，城乡二元结构的存在严重阻碍社会有效需求的增长和农村市场的开拓，不利于工农业协调发展和宏观经济的稳定，由此不利于国民经济的持续快速健康发展。另一方面，城乡二元结构的存在阻碍了生产要素在城乡之间的交流，致使城镇化滞后于工业化，阻碍城镇化进程。因此，城乡结构的存在是现代化进程的拦路虎。

我们要站在整个国民经济的全局高度来通盘考虑工农关系、城乡关系，统筹城乡经济社会发展，着力打破城乡二元经济社会结构，逐步建立起平等和谐的工农关系和共同繁荣的城乡关系，逐步从城乡二元分割走向城乡一体化发展。

1. 推进城乡一体化发展

城乡一体化是我国现代化和城镇化发展的一个新阶段，城乡一体化是要把工业与农业、城市与农村、城镇居民与农村居民作为一个整体，统筹谋划、综合研究，通过体制改革和政策调整，促进城乡在规划建设、产业发展、市场信息、政策措施、生态环境保护、社会事业发展的一体化，改变长期形成的城乡二元经济结构，实现城乡在政策上的平等、产业发展上的互补、国民待遇上的一致，让农民享受到与城镇居民同样的文明和实惠，使整个城乡经济社会全面、协调、可持续发展。

2. 政府财政反哺

由于长期的积贫积弱，仅依靠农村的自我积累来加快农村经济社会的发展，缩小城乡发展差距是不现实的，必须借助国家的力量进行财政反哺，加大对农村的资金投入以促进农村的发展。基本思路应该是从财政收入和财政支出两个方面调整城乡二元财政，少取、多予，推动农村发展，加快改变城乡社会断裂的步伐，实现社会公平。要不断完善财政支农机制，提高财政支出效率，理顺支农资金管理体制，调整支出结构，提高财政支出管理效率；加大对农业科技、教育及剩余劳动力转移的财政支持力度，发挥其在农民增收中的作用；加大对发展农村医疗卫生事业的投入；建立、完善农业信贷政策，制定优惠政策，鼓励城市资金投向农村，解决农村经济发展融资难问题。

3. 制度反哺

制度的落后会阻碍经济的发展和进步，甚至带来严重的社会问题。要促进经济进步、填平二元堑沟、推动城乡一体化发展，首先要在制度供给上得到保障。为此，要建立城乡统一的土地市场，依法保障农民土地权益；深化户籍制度改革，增强农民的流动性；尽快建立城乡统一的劳动就业制度，促进农民就业；不断完善农村集体产权制度，保护农民合法权益；继续深化农村金融体制改革。

4. 加大对农村基本建设投入

面对世界粮食危机，面对“三农”发展中的老问题新矛盾，还应继续夯实“三农”基础，继续加大对农村基本建设投入，稳步提高农产品价格，建设农村社会保障网络，推动农业部门现代化，同时探索农村人口城镇化和土地流转试点工作，统筹城乡发展。要稳步实行农村税费改革，减轻农民负担，保护农民利益，确保农民增产增收，从而实现城乡经济协调发展。

四、促进区域协调发展

由于自然赋予各地区的环境条件、资源禀赋不同，历史遗留给各地区的经济基础、文化背景不同，地区间的发展很不平衡。改革开放40年来，我国东部、中部、西部、东北地区生产总值从1978年的1 514亿元、750亿元、726亿元和486亿元，分别增加到了2017年的449 681亿元、179 412亿元、170 955亿元和55 431亿元。东部、中部、西部、东北地区生产总值年均增长分别为11.4%、10.4%、10.4%和9.0%，呈现出东部地区领跑、各区域均衡发展的良好态势。表8-6和表8-7反映了近10年四大区域对我国经济的总体贡献度以及经济增速变化情况。

由此可以看出，东部地区生产总值于2005年首次达到10万亿元量级，并分别于2010年和2016年突破20万亿元和40万亿元整数关口。2017年，东部地区生产总值占全国的比重达到52.5%，比1978年提升了9.0个百分点。自中部崛起战略实施以来，中部地区经济发展迅速，2017年地区生产总值是2006年的4.4倍，年均增速为10.8%。其中，工业增加值年均增长12.5%，比地区生产总值增速高1.7个百分点，对经济增长发挥了重要的拉动作用。2000—2017年，西部地区生产总值从17 276亿元增加到170 955亿元，占全国比重由17.5%提高到20.0%。人均地区生产总值由4 948元增加到45 522元，从相当于全国平均水平的62.3%提高到76.3%。2012年以来，西部地区生产总值年均增速达到8.9%，高出全国增速1.8个百分点，使得西部地区与其他地区之间的发展差距进一步缩小。

表8-6　2005—2017年全国四大区域GDP及其比重

年份	东部地区		中部地区		西部地区		东北地区	
	GDP（亿元）	比重（%）	GDP（亿元）	比重（%）	GDP（亿元）	比重（%）	GDP（亿元）	比重（%）
2005	103 153.6	55.5	34 911.2	18.8	31 806.8	17.1	16 024.2	8.6
2006	120 799.4	55.5	40 636.5	18.7	37 719.9	17.3	18 500.8	8.5
2007	147 571.5	55.1	50 762.9	18.9	47 117.8	17.6	22 567.2	8.4
2008	171 457.7	54.0	60 848.0	19.2	57 458.8	18.1	26 987.2	8.5
2009	186 086.8	53.8	66 775.6	19.3	63 353.8	18.3	29 413.0	8.5
2010	217 086.6	53.1	80 553.9	19.7	76 178.6	18.6	35 083.9	8.6
2011	251 937.9	52.1	97 018.4	20.1	93 048.5	19.2	42 118.7	8.7
2012	274 111.9	51.3	107 732.6	20.2	105 542.7	19.7	46 789.2	8.7
2013	301 065.6	51.2	118 544.6	20.2	117 662.6	20.0	50 746	8.6
2014	325 448.6	51.2	128 881.7	20.3	128 372.8	20.2	53 435.7	8.4
2015	348 640	51.5	137 642.4	20.3	136 086.0	20.1	54 339.7	8.0
2016	403 733.7	52.3	159 113.2	20.6	156 528.5	20.3	52 310.2	6.8
2017	449 681.0	52.5	179 412.0	20.9	170 955	20.0	55 431	6.5

资料来源：皮书数据库。

表8-7　中国四大区域GDP增速变化（%）

年份	东部地区	中部地区	西部地区	东北地区
2006	16.9	16.2	18.4	15.2
2007	19.2	21.8	21.9	19.0

续前表

年份	东部地区	中部地区	西部地区	东北地区
2008	17.1	20.9	22.9	20.6
2009	9.0	10.2	10.8	9.4
2010	17.9	22.0	21.6	20.6
2011	16.9	21.3	23.1	21.0
2012	9.0	11.3	13.6	11.2
2013	9.7	10.0	11.5	8.4
2014	8.1	8.4	8.8	5.0
2015	8.0	8.2	8.6	4.5
2016	7.6	7.7	8.6	3.5
2017	11.4	10.4	9.0	9.0

资料来源：皮书数据库。

因此，区域发展差距经历了一个由扩大到缩小的过程。改革开放之初，沿海率先发展战略使东部地区一马当先，保持领先地位。进入2000年后，随着西部大开发、中部崛起、东北振兴等区域发展战略的实施，区域发展差距不断缩小。从人均地区生产总值看，各区域经济发展的相对差距有所缩小。2017年，东部、中部、西部、东北地区人均地区生产总值分别为84 595元、48 747元、45 522元和50 890元，人均最高的东部和最低的西部之间的相对差值，由2003年的2.5倍缩小到1.9倍。2012—2017年，按不变价格计算，东部、中部、西部、东北地区人均地区生产总值年均增速分别为7.2%、8.0%、8.2%和5.4%，中西部地区的发展速度领先于东部地区，改变了长期以来区域经济发展中东部地区"唱主角"的传统格局。

1. 优化区域经济结构

要克服盲目和重复建设，形成全国各地区之间既有分工又有协作的区域经济结构，促进区域经济协调发展。在优化区域经济结构上，要注意处理好东部、中部和西部的关系。区域经济协调发展并不意味着东、中、西部以同样的速度同步发展，而是要让每一个地区都能够从自身实际出发，发挥各自优势，实现共同发展。同时，各个区域之间要有合理的功能定位，经济特区要在体制创新和扩大开放方面做出新的探索；东部地区要进一步推动产业结构升级，增强自主创新能力和国际竞争力，在改革开放和科学发展方面走在前列；中部地区要加大产业结构调整力度，重点是加强粮食主产区生产能力和农产品加工转化能力建设，加强能源、原材料基地和综合交通体系建设，发展先进制造业和高新技术产业；西部地区应加强基础设施建设、生态环境建设，根据自身优势发展特色优势产业。

2. 缩小地区差距

中西部特别是西部地区发展相对滞后，是我国发展不平衡的突出表现。实施西部地区大开发，具有重大的经济的、文化的、政治的、军事的和社会的意义；中部依靠全国10.7%的土地，承载了全国28.1%的人口，创造了全国19.5%的GDP，是我国的人口大区、经济腹地和重要市场，在中国地域分工中扮演着重要角色，"中原定，天下安"；还有具有共和国"工业摇篮"和"粮仓"之称的东北老工业基地，为我国工业的发展，为国家的现代化建设，做出了巨大的历史贡献。

3. 实现城乡协调发展，区域协调发展

要使劳动者素质提高和管理创新转变，努力把缩小城乡差距、区域差距、改变经济与社会发展不平衡状况的过程，转化为新的发展动力和活力。要在经济发展的全过程和各领域都要践行以人为本理念，处理好效率与公平的关系，使发展过程由全体社会成员更好地参与，发展成果由全体社会成员更好地共享。要从多方面、多层次上推进国内发展的一体化进程，包括城乡经济社会发展的一体化，区域经济社会发展一体化，基本公共服务均等化，农民工市民化，外来人口与本地人口融合发展。

第四节　经济结构调整策略选择

经济结构调整是“十二五”计划的主线，根据中国“十二五”规划（2011—2015 年）和经济运行的实际情况，我国已经到了以结构调整促进经济发展的阶段。这种调整不是一般适应性调整，而是新技术革命带动的、对经济全局的长远发展具有重大影响的战略性调整；不是局部的调整，而是包括产业结构、地区结构和城乡结构在内的、以提高经济的整体素质和竞争能力、实现可持续发展为目的的全面调整。经济结构战略性调整要求在发展中推进经济结构调整，在经济结构调整中保持快速发展。

一、以市场为导向

经济结构调整能否取得实效，关键是要面向市场，以企业为主体，充分发挥市场在资源配置中的基础性作用。调整经济结构必须以市场为导向，自觉遵循价值规律，充分发挥市场机制的基础性作用，以实现资源的优化配置。发挥市场调节的基础性作用，关键是尊重企业、农户作为市场主体的地位，发挥它们在经济结构调整中的主体作用。特别是在农业结构和农村经济结构调整中，地方政府要正确定位自身职能，起到服务、示范、引导作用，做到尽责而不越位，充分发挥农民在结构调整中的主体作用。要在市场调节的基础上发挥国家宏观调控的作用，把市场调节与国家的宏观调控有机结合起来。由于市场调节还有其自身的缺陷，所以调整经济结构还必须加强国家的宏观调控。调节的主要手段是经济、法律手段，辅之以行政手段。优化产业结构、地区结构都需要国家的财政、税收、金融等方面的支持，需要国家政策方面的支持，也需要国家法律的监督和保证，需要政府的协调和指导。只有这样才能减少市场弱点带来的浪费与危害，实现结构调整的优化。

要坚持以市场为导向，努力使社会生产适应国内外市场需求的变化，满足多层次多方面的需要。价值规律是商品经济的基本规律，它的三个作用归结到一点就是通过市场调节优化资源配置，提高经济效益。调整经济结构必须以市场为导向，自觉遵循价值规律，充分发挥市场机制的基础性作用，以实现资源的优化配置。发挥市场调节的基础性作用，关键是尊重企业、农户作为市场主体的地位，发挥它们在经济结构调整中的主体作用。

要在市场调节的基础上发挥国家宏观调控的作用，把市场调节与国家的宏观调控有机结合起来。由于市场调节还有其自身的缺陷，所以调整经济结构还必须加强国家的宏观调控。调节的主要手段是经济、法律手段，辅之以行政手段。优化产业结构、地区结构都需要国家的财政、税收、金融等方面的支持，需要国家政策方面的支持，也需要国家法律的监督和保证，需要政府的协调和指导。只有这样才能减少市场弱点带来的浪费与危害，实现结构调整的优化。

二、以科技进步为支撑

结构调整的目的，是在优化结构、提高国民经济运行效率的基础上，促进人与自然的协调发展以及地区间的平衡发展，更有利于经济社会的全面进步。所以说，经济结构调整必须以科技进步为支撑，要把经济结构调整与实施科教兴国战略结合起来。结构调整不是短期行为，而是关系到国家的长远利益，关系到人民的最大福祉。结构调整既是机遇，也是挑战。自20世纪90年代以来，世界科学技术突飞猛进，以信息、生物、新材料和航空航天为代表的新技术取得了一系列重大突破，深刻地改变了世界的面貌，推动了经济增长方式的转变和经济全球化的进程。未来国家兴衰将在很大程度上取决于科技创新能力的消长。当前，发达国家积极抢占科技制高点，不遗余力地通过高新技术推动产业结构调整和经济的持续增长；发展中国家和地区长期依赖比较优势所带来的结构性后遗症愈发彰显，处于国际产业分工末端的格局没有明显改变，因此，国际产业垂直分工还有继续加剧和固化的态势。

党的十八大报告提出，推动战略性新兴产业、先进制造业健康发展，加快传统产业转型升级，推动服务业特别是现代服务业发展壮大，合理布局建设基础设施和基础产业。提高自主创新能力是推进结构调整的中心环节。要健全技术研究和开发体系，坚持先进技术引进和消化、吸收、创新相结合，完善鼓励创新的政策体系，着力培育富有创新能力的各类人才。认真落实这些发展战略，依靠科技进步与创新，推动经济结构调整，是保持经济持续、快速、健康发展的关键所在。当前，应当重点做好以下几项工作：

第一，依靠科技进步突破资源和环境瓶颈约束。当前，影响我国经济社会持续健康发展的深层次矛盾和问题尚没有得到根本解决。随着经济规模的迅速扩大，资源、环境等方面的压力日益显著，我国能源、水资源和重要矿产资源的供给日趋紧张，生态环境不断恶化。由于技术水平相对落后，不少产业领域还没有摆脱高投资、高能耗、低效益的恶性循环。对于我们这样一个能源和重要矿产资源相对贫乏、生态条件相对脆弱的国家来说，这种粗放的增长方式和发展模式是不可持续的。与许多发达国家实现工业化的情况相比，我们在这一方面所面临的巨大压力是少有的。在当前国际环境下，我国既不可能向其他国家转移这种压力，也不可能从根本上改变国际资源分配格局。最现实和可能的途径就是依靠科技进步与创新，把突破资源和环境瓶颈约束放在优先战略地位，切实提高资源利用效率，保障资源安全供给，改善生态环境，加速构建资源节约型、环境友好型社会。

第二，依靠科技进步促进产业结构调整和升级。这些年来，我国大量引进国外先进技术，推动了通信、汽车等产业的高速成长。随着全球化进程的加快，市场竞争日趋激烈，比较优势逐渐弱化，掌握核心技术成为国家越来越紧迫的任务。据统计，2002年全国技术引进与消化吸收投入之比为12.7：1，反映出不少领域基本上对技术采取“拿来主义”的态度。这表明，我国经济结构的某些调整和变化，并没有真正建立在技术创新的基础之上。所以，无论是从国际经济发展趋势来看，还是从我国经济发展的现实问题来看，推动产业的高技术化应当是我国经济结构调整的重要方向。我们要大力发展高新技术产业，通过营造有利于高新技术产业化的良好环境，积极培育新的经济增长点，造就新的经济增长极，在国际竞争前沿抢占一席之地。同时，努力推动高新技术改造传统产业，重点推进国民经济信息化进程，以信息化带动工业化，以信息化促进东北等老工业基地的振兴。要积极发展现代服务业，依托信息技术等大力发展现代物流、现代金融、电子商务、现代传媒、数字化医疗等现代新兴服务业，提高经济运行质量，实现增长方式的转变。

第三，依靠科技进步实现区域经济社会协调发展。据有关资料显示，在研究开发投入、科技人才、人均发明专利、信息化指数等重要指标方面，我国区域之间、城乡之间的差距较大。在很大程度上，这正是造成区域经济社会发展差距的重要原因之一。基于这一现实国情，我国科技发展将更加强调因地制宜的原则，突出区域科技政策的差别化，尽快缩小区域之间的科技发展差距，让科技进步造福于全社会，服务于最广大人民群众的需求。

第四，依靠科技进步提高企业核心竞争力。在当今全球化环境下，发达国家更多地依靠知识产权、贸易技术壁垒和反倾销等手段，对发展中国家及其企业进行压制。目前，我国许多企业技术创新能力薄弱，缺乏核心竞争力，难以摆脱受制于人的局面。为此，我们要努力实现经济政策与科技政策的协同，在投融资、技术标准、对外贸易、政府采购、税收激励和消费政策等领域，把支持企业技术创新作为基本目标。我们须积极实施专利和技术标准战略，在适应国际竞争规则的过程中勇于和善于利用规则，并且参与新的国际竞争规则的制定，争取和掌握更多的竞争主动权，扶持拥有自主知识产权和自主品牌的企业崛起和壮大。要通过有效的政策激励，在引进国外先进技术基础上，积极促进消化吸收和再创新。加快完善有关法律法规，扼制各种形式的垄断、倾销等不正当竞争行为，为我国企业的创新创业提供有效的法律保障。

三、增强自主创新能力

多年来，我国通过引进资金、技术，发挥低成本优势，逐渐成长为世界制造业大国。但大而不强一直是发展中的软肋，许多关键技术、大型成套设备、核心元器件和重要基础件都依赖进口。缺乏自主创新能力是制约我国产业结构优化升级的主要因素。如果不能尽快改变这种状况，就难以在新的国际竞争条件下形成新的核心竞争力。日本和韩国的经历表明，在低成本竞争优势丧失后，应努力提高自主创新能力，掌握知识产权，形成新的竞争优势。世界银行在为亚洲国家和地区提出的三个旨在摆脱“中等收入陷阱”的建议中，特别强调了创新的重要性。不论是国际经验还是现代经济增长理论都会得出这样的结论：在既有增长路径上的规模收益开始递减、低成本竞争难以为继之后，如果没有技术创新和持续的人力资本改进，就难以完成持续的经济增长。

一是要着力提高企业自主创新能力。应当清醒地看到，重要产业、重要领域的核心技术是买不来的，只能依靠自主创新特别是原始创新。同时，要发挥我国市场规模巨大的优势，继续搞好引进消化吸收再创新，重视走集成创新的新路子。这在三峡工程、高速铁路工程建设和装备研制中已有成功例子。要加快构建以企业为主体、市场为导向、产学研相结合的技术创新体系。抓住国际金融危机以来出现的新机遇，通过企业并购、技术合作、建立海外研发机构、吸纳科技等各类人才等一系列举措，广泛而多渠道地吸收全球创新资源和最新成果，用于增强我们的自主创新能力。

二是要着眼于抢占未来技术和产业制高点，与培育发展战略性新兴产业更好地结合起来。从当前世界科技和产业发展的新动向来看，"物联网"、"云计算"和"智慧地球"等新兴技术将极大地改变人类生产、生活和创新方式，新能源、新材料、新医药、节能环保、航空航天等产业发展空间巨大。要准确把握这些新技术和新产业的变化方向，明确主攻重点，加强基础研究，突破核心技术，力争实现跨越式发展。要突破一批关键核心技术，以科技创新为支撑，大幅提升重点产业核心竞争力，创造更多自主知识产权，加快培育战略性新兴产业，抢占新一轮经济和科技发展的制高点。

三是要大力开发自主品牌产品。近年来我国产品质量、品牌、标准建设取得明显成绩，但与世界先进水平相比还有很大差距，标准建设尤为滞后。质量是企业的生命，是自主创新的基础，也是竞争力的根本保障。品牌是自主创新的结晶，是质量和信誉的载体，具有广泛的认知度和市场空间。标准是自主创新的制高点，谁掌握了标准制定的话语权，谁就掌握了市场竞争的主动权。我们要在这些方面继续努力，力争获得新的突破。要大力发展高技术产业，使之在国民经济中的比重持续上升，又要运用高新技术对传统产业进行全面改造升级，推动产业向产业链高端演进，逐步提升中国产业在国际产业分工中的地位，实现由制造大国向制造与创造大国的转变。

四、培育和发展新的经济增长点

新经济增长点是指在经济成长和产业结构演变过程中，能够带动整个国民经济上一个新台阶的新兴产业或行业，是具有较大的市场需求和潜在的市场需求，成长性好、技术和资金密集度高，能够促进产业结构优化和升级，具有高技术附加值的新产品或服务。把选择和培养新经济增长点与发展循环经济结合起来是我国转变经济发展方式以及调整经济结构的着力点和抓手。

一是培育新的经济增长点。新的经济增长点是指市场需要潜力比较大、增长比较快、辐射带动能力强、经过努力可以较快发展的新兴产业。要实现新一轮的跨越和提升，就必须突破原有的思维定式和路径依赖，促使发展模式从要素驱动型向创新驱动型转变，以培育新经济增长点来启动新的发展引擎，拓展新的增长空间。具体来说，如信息技术、新能源、新材料、生物产业、装备制造业、节能建筑产业、环保产业和与发展循环经济相关的服务业等将成为新的经济增长点，这些产业共同构成的高增长新经济产业集群，将是支撑我国经济转型的主力。

二是推动消费结构稳步升级。从经济增长的"三驾马车"来看，出口和投资显得增长乏力，这就决定了经济增长将逐步减速。未来需要更多地从消费入手，要将注意力转向更好地满足国内居民的消费需求水平的提高和结构的升级上面来。只有以此为出发点，合理调整产业结构和布局，才能真正实现经济的可持续发展。当然，由于消费还要受到资源等条件的约束，对于居民消费要注意引导由传统的"高碳"消费，转向环保的"低碳"消费。此外，由于我国城乡区域差距较大，各地区所处的消费结构演进的阶段也有所不同，因此，在总体把握消费发展阶段的同时，还需要分出层次，针对不同消费层次深入研究。我国城镇化率刚过50%，距离稳态水平仍有近20个百分点，城镇化期间将释放出大量的需求，形成庞大的消费市场。尽管处于不同消费阶段的居民，其消费的特征有所不同，但消费结构升级却有普遍的规律可循，对于满足同一种需要，应尽可能以更加节能环保、成本也更低的消费品来实现。这就要求生产企业从产品研发上加以改进，既满足广阔的市场需要，同时也符合健康科学的消费理念。

五、体制机制创新

体制机制改革是实现经济发展方式转变的关键，只有消除了体制机制障碍，不断完善经济结构调整的体制机制，才能为经济结构调整铺平道路。过去40年中国经济发展取得的辉煌成就，根本上靠的是改革开放，今后推动经济结构调整和发展方式转变，实现又好又快发展，也必须深化改革开放。换句话说，实现经济结构调整的战略任务，促进经济发展方式转变，难点和关键都在于调整利益格局，最大的症结在于体制机制不合理。这就要求我们必须坚持社会主义市场经济改革方向，深化经济体制、社会体制、文化体制、政治体制改革，提高改革决策的科学性，增强改革措施的协调性，实现在关键领域、关键环节的改革创新，突破在转变经济发展方式、调整经济结构中的体制性、结构性矛盾，实现科学发展，提高发展质量，拓展发展空间。

第一，坚持以科学发展观为指导。面对新的发展环境，需要深刻理解又好又快发展的深远意义，既要看到“快”的重要，也要对“好”有更积极的认识，努力做到又好又快。改革开放40年来，我国经济实现了持续快速增长，今后一些年只要保持平稳较快增长势头，就可以实现2020年比2000年人均国内生产总值翻两番的战略目标。如果我国经济再平稳较快发展几十年，到本世纪中叶，就能够实现社会主义现代化的宏伟目标，创造出一个大国长达半个多世纪持续较快发展的奇迹。这要求我们立足当前，着眼长远，保持经济长期平稳较快发展。国际上越来越重视用经济结构、资源环境、人的发展等方面的指标，作为评价发展水平的依据。20世纪80年代，联合国开发计划署就提出了包括人均国内生产总值、平均预期寿命、成人识字率在内的“人类发展指数”，用于评价各国的发展水平。我国在对传统计划经济体制进行改革的过程中引入国内生产总值指标，是一个大的进步。随着我国经济社会的不断发展进步，我们对发展的认识也在不断深化，也需要拓宽发展评价体系的内涵，在重视增长速度的同时，更加重视增长的质量和效益，更加重视对结构优化、自主创新、资源节约、环境保护、就业和民生改善等方面的评价，形成较为完善的体现科学发展观的评价体系。

第二，深化政府行政管理体制改革。政府有四项主要职能即经济调节、市场监管、社会管理、公共服务。从转变政府职能角度看，应把顺序调过来，着力加强公共服务、社会管理、市场监管，并注重改进经济调节方式，主要运用经济手段来实施宏观调控和经济管理。宏观调控本质上是全国性、全局性的，企业生产也日益全国一体化甚至全球化，要适当弱化地方政府在经济调控方面的职能，充分赋予和发挥企业的经营决策自主权，更好地实现“全国一盘棋”国家战略和企业生产在全国乃至全球的合理化布局。要完善干部绩效考评和选拔任用制度，既不鼓励过分追求GDP，也不鼓励落后。同时，可借鉴德国等国家的做法，改革GDP核算办法，实行地方GDP由上级统计部门统一核算（如各省GDP由国家统计局核算）。探索建立类似绿色GDP、幸福指数等核算或评价体系，作为衡量地方发展成果的重要参考依据。总之，要让各级干部的行为取向紧跟科学发展观这一指挥棒来转。

第三，推进经济制度改革。在坚持以公有制为主体、多种所有制经济共同发展的社会

主义基本经济制度的基础上，进一步完善体制环境，建立公平竞争的市场环境，完善非公有制经济发展的制度环境。继续深化国有企业改革，建立完善现代企业制度，鼓励非公有制企业参与国企改革。一是深化价格形成机制改革。完善全要素市场体系，建立包括商品、资本、人力、土地、自然资源等在内的全元素市场体系，从制度上发挥市场配置资源的基础性作用。资源价格要反映它的环境成本和稀缺程度。我国现有资源价格构成中不包括短缺性这一因素，造成资源价格过低。因此要加快建立反映资源稀缺程度、市场供求状况和环境治理成本的资源性产品价格形成机制。稳妥推进电价改革，实施居民阶梯电价方案，完善水电、核电定价机制。完善煤电价格联动机制，理顺煤电价格关系。完善成品油、天然气价格形成机制。合理制定和调整城市居民用水、工业用水、农业用水（包括地下水）价格。更加充分地发挥价格在节约资源能源、控制污染排放和调整经济结构中的杠杆作用，促进节能、节地、节水、节材。二是深化财税体制改革。1994 年利改税之后，实行中央与地方分税制，改革非常成功。之后，中央财政占整个财政收入的比例、财政收入占 GDP 的比例明显提高。然而，地方的财权跟事权还不够匹配，地方的财政收入增长比较慢，导致地方政府产生土地财政，通过土地出让金来弥补地方财政支出不足，有些城市土地出让金相当于当地政府一半财政收入。显然，这种状况不可持续。因此要深化财税体制改革，目的是合理调整利益关系和地方政府、企业的行为，推动各类经济主体自觉转入科学发展轨道。要研究完善分税制。理顺中央与地方之间的财税关系，建立财力与事权相匹配的财税体制。明确界定各级政府事权，完善分税制和转移支付制度，使地方有足够的财力落实其支出责任，降低其过分追求 GDP 和税收的冲动。三是深化收入分配体制改革。初次分配和再分配都要处理好效率和公平的关系，都要注重和体现公平。在初次分配方面，要加大对劳动报酬的保护，真正落实按劳分配为主原则，规范资本、技术、管理等要素参与分配的制度。尤其要下决心治理凭借垄断地位或不合理占有自然资源、公共资源而获得暴利的现象。在再分配方面，要加大税收、社会保障、转移支付等再分配调节力度，努力缩小城乡、区域和社会成员之间的收入差距。四是加快社会事业体制改革。推进包括就业、社会保障、科技、教育、文化、医疗卫生等方面的社会事业改革，建立健全基本公共服务体系，推进基本公共服务均等化。

总之，我们必须始终坚持以市场为导向，以科技进步为支撑，积极主动推动经济结构战略性调整和优化，充分发挥市场和科技进步在经济结构调整中的积极作用，努力使社会生产适应国内外市场需求的变化，满足多层次、多方面的需求，努力走出一条主要依靠科技进步和制度创新达到生产发展、生活富裕、生态良好的绿色发展道路，建设资源节约型、环境友好型社会，使经济增长的持续性、稳定性得到增强，促进我国经济社会长期和谐发展，致力实现中华民族伟大复兴的“中国梦”。

思考题

1. 如何理解我国经济结构调整的必要性？
2. 经济结构调整的任务是什么？
3. 我国经济结构调整的政策包括哪些方面？

第九章
中国城镇化发展战略

城市化或城镇化（urbanization）[①] 是指第二、三产业在城镇集聚，农村人口不断向非农产业和城镇转移、集中以及由此引起的产业、就业结构的非农化重组，是现代化过程的主要内容和重要表现形式。它是伴随着工业化而出现的经济社会发展进程。中国的基本国情、工业化的方式和程度、特殊的经济社会发展阶段与发展方式、特殊的文化底蕴和相应的制度安排决定了中国城镇化进程富有鲜明的特点，以及相应的发展战略。

第一节　中国城镇化发展历程

由于历史遗留的种种原因，中国近代城镇化水平相当低。1949 年底，中国 5.416 7 亿总人口中，只有 5 765 万人居住在城镇，按人口计算的城镇化率只有 10.6%。中华人民共和国成立后，城镇化进程有所加快。我国城镇化的历程，以 1978 年改革开放为分界线，分为前后不同的两个历史阶段：1978 年以前是计划经济体制中的城镇化发展阶段；1978 年以后是经济市场化改革中的城镇化阶段。两个阶段面临的体制和制度不同，呈现出不同特征，也取得不同的进展，存在不同的问题。

① 在大多数西方国家，“urbanization”过程是通过农村人口向城市转移来实现的，因此，我们称西方国家的“urbanization”为城市化；在我国，由于农村人口众多，城市经济发展水平有限，小城镇在“urbanization”过程中起着十分重要的作用，为了强调小城镇的重要性，我们把中国的“urbanization”也可以称为城镇化。但需要说明的是，这里的城镇化并非单纯指农村人口向小城镇转移，而是指农村人口既可以向城市转移，也可以向小城镇转移。

一、改革开放以前的城镇化

（一）改革开放前城镇化发展阶段

1978 年改革开放以前，中国的城镇化走了一条人为控制缓慢增长的道路。用一系列政策人为地控制农村人口向城镇转移，成了贯穿于这一阶段异于其他国家城镇化的最大特征。这一特征在中国人口城镇化水平变动过程中打下了极其深刻的烙印。但是，政策控制也时有变化，从而使中国这一阶段的城镇化又可以分为四个时期。

1. 工业化起步时期的城镇化阶段（1949—1957 年）

在 1949 年，中国的城镇人口为 5 765 万人，城镇化率为 10.6%。到 1957 年城镇人口达到 9 949 万人，年平均增长率为 7%，是总人口年平均增长率（2.2%）的 3 倍多。这一时期又可以细分为两个时期：（1）国民经济恢复时期（1949—1952 年），城镇人口年增长率为 7.5%。由于这一时期加强了交通运输建设和能源原材料工业的建设，城镇吸收劳动力能力在恢复的基础上有了扩展，而且这一时期国家对农村向城镇的人口迁移未加限制。（2）工业化起步时期的城镇化（1953—1957 年）。这一时期中国开始了工业化建设，其突出特征是加强 156 个重点项目的建设。这些重点项目不仅使一些新兴工业城市诞生，而且使一些项目所在地的老城市得到了扩张。在这一时期，中国新设城市 11 座，形成了一批工业基础。

2. “爆发性”的工业化所引起的超速城镇化阶段（1958—1960 年）

这一时期由于强调赶英超美，以钢为纲，提出全民办工业，使中国工业化和城镇化在脱离农业的基础上超高速发展。仅 1958 年、1959 年两年，在城市中建成和部分建成的大型企业就达一千多个，中小企业多达十几万个；1957—1959 年三年之内就有 3 000 万农村青壮年劳动力进入城市就业，促使城镇人口以 10.4%的年增长率增长。到 1960 年底，城镇人口比重达到 19.7%，全国设市城市增加了 33 个，新建建制镇 175 个。

3. 工业调整时期的逆城镇化阶段（1961—1965 年）

1961—1965 年，面对上一阶段城镇化超速发展造成的破坏，以及自然灾害的影响，我国进行了工业调整，大力精简城市人口，大批城市人口下放农村，1960—1964 年净减少城市人口 3 788 万人，充实农业第一线，同时提高设镇标准，减少市、镇数量。城市数由 1961 年的 208 个压缩到 1965 年的 171 个。1965 年底，城镇化率下降到 17.98%，这种逆城镇化运动是对前一时期爆发性的超速城镇化所做的纠正。这种“大起”和“大落”大大延缓了中国城镇化进程。

4. 工业化停滞时期的城镇化停滞发展阶段（1966—1978 年）

1966—1978 年期间，由于“文化大革命”的影响，中国的城镇化进程处于停顿状态。在这一时期，政治运动成为社会活动的重心，国民经济濒临崩溃，经济增长速度逐步下降，工农业生产停滞不前，经济发展严重受损，城镇化进程受到严重阻碍。这一时期，几千万知识青年上山下乡，大量的城镇人口流向农村，一系列违反城镇化客观规律的做法中断了城镇化进程。12 年间，全国城镇人口由 1.33 亿增加到 1.72 亿，仅增加 3 932 万人。到 1978 年底，城镇化率为 17.92%，比 1949 年仅提高 7.32 个百分点，全国共设市 193 个，仅比 1965 年多 22 个。

（二）改革开放前城镇化进程的主要特征

从总体上看，1978年以前，中国城镇化水平低，波动大，进度缓慢，城镇人口以自然增长为主，呈现出如下三个明显的特征。

1. 从发展水平上看，城镇化表现出曲折、反复和总体水平缓慢上升的态势

29年中有12年出现城镇化率的负增长，所占比例高达41.3%，这12年的负增长赋予了本阶段中国城镇化发展典型的波动性特征。29年城镇化水平仅提高7.32个百分点，平均每年仅增长0.25个百分点。

2. 从城镇人口的增长方式来看，主要是自然增长

城镇人口的增长有依靠城镇人口的自然增长和通过农村人口向城镇转移而形成的机械增长两种方式。在1949—1978年的29年中，中国城镇人口的增长主要是城镇人口的自然增长。中华人民共和国成立初期，在城镇化加快发展的短暂时期内，城市人口的增长主要依靠机械增长方式，但1960年以后，农村人口进入城市受到户籍制度的严格限制，城市人口的增长中自然增长的比重逐渐提高，使得城市人口的自然增长大大超过了迁移增长。

3. 从运行机制来看，政府对城镇化进程具有绝对的控制力

这一时期，政府是城镇化动力机制的主体，城镇化只是政府用来整顿经济社会的工具。城镇化水平与工业化进程和经济增长之间的联系不强，除了有限的几个年份，中国城镇化水平并没有随着GDP增长、工业化推进而提高。

二、改革开放以来的城镇化

（一）改革开放以来的城镇化发展阶段

1978年实行改革开放后，中国城镇化进程进入了一个新的发展阶段。在这一阶段，改革开放是城镇化的重要推动力。中国的改革开放先在农村取得突破，继之推进到城市体制改革和市场经济体制的明确、深化和完善。与改革开放的进程相适应，中国1979年以来的城镇化又可以分为四个发展阶段。

1. 以农村改革推动的城镇化发展阶段（1979—1984年）

这一阶段主要是农村经济体制改革和农村工业化推动的城镇化阶段。1978年的十一届三中全会拉开了农村经济体制改革的序幕。农村家庭联产承包责任制的普遍推行，激发了农民的生产积极性，农业劳动生产率大幅度提高，使农业生产得到突飞猛进的发展，从根本上改变了我国农副产品严重供不应求的局面，为城镇吸收更多的人口和城市轻纺工业的发展奠定了物质基础。在此基础上，农村乡镇企业异军突起，中国农村掀起了有史以来的第一个工业化浪潮。旧的二元发展格局①被打破，并由新的二元格局②所取代。农村工业化正式起步，新兴的小城镇迅速发展起来。而对外开放梯度战略的实施与沿海经济特区的创办，又进一步推动了城镇化的迅速扩展。这一阶段我国的城镇化取得了长足的发展，城市个数由193个增加到300个，建制镇数由2 173个增加到7 186个，城镇人口由17 245万人增加到24 017万人，城镇化水平由1978年的17.92%提高到1984年的23.01%。

① 即城市发展工业，农村发展农业。

② 即城市工业化与农村工业化并重。

2. 以城市经济体制改革为主推动的城镇化发展阶段（1985—1992 年）

这一阶段是城市经济体制改革和制造业快速发展推动的城镇化阶段。1984 年 10 月，中共十二届三中全会通过了《中共中央关于经济体制改革的决定》，自此开始了一系列经济体制改革，彻底打破了社会主义不能发展商品经济的旧有观念，推进了城市工商业的发展。在这一阶段，我国政府开始采取严格控制大城市扩张和鼓励小城市成长及发展农村集镇的新政策。与此同时，政府又做出了开放 14 个沿海城市及全面开放海南等新的决策，极大地推进了沿海地区城镇化进程。我国农民在创造了“离土不离乡、进厂不进城”的农村工业化模式之后，又形成了“离土又离乡、进厂又进城”的小城镇化模式。1984 年和 1986 年国家先后放宽建制市镇的标准，建制市数量大量增加。1992 年全国建制市达到 517 个，比 1984 年增加了 217 个，建制镇由 7 186 个增加到 14 539 个，城镇化水平由 23.01% 上升到 27.46%。

3. 市场化推动城镇化发展阶段（1993—2002 年）

1992 年邓小平南方谈话和中共十四大的召开，标志着中国经济体制改革正式走上了市场经济体制的轨道。从此，市场化改革成为我国城镇化发展的最强大动力。随着市场经济改革取向的明确、展开和日益深化以及对外开放的全方位、多层次、宽领域的推进和提升，新一轮的工业化、城镇化在全国全面展开。这一阶段是中华人民共和国历史上城镇化水平提高最快的阶段。2002 年与 1992 年相比，建制市由 517 个增加到 660 个，建制镇由 14 539 个增加到 20 601 个，城镇化率达到 39.09%。大中小城镇建设投资的扩张，成为 20 世纪 90 年代新一轮经济高速增长的主导因素。

4. 初步形成具有中国特色的城镇化道路发展阶段（2003 年至今）

2002 年 11 月中共十六大提出，要在 2020 年之前，全面建设惠及全国人民的更高水平的小康社会，提出全面繁荣农村经济，加快城镇化进程，确立了“要逐步提高城镇化水平，坚持大中小城市和小城镇协调发展，走中国特色的城镇化道路”。并将“加快城镇化进程”作为 21 世纪初经济建设和改革的一项重要任务。2003 年 10 月召开的中国共产党十六届三中全会提出了科学发展观，并把它的基本内涵概括为“坚持以人为本，树立全面、协调、可持续的发展观，促进经济社会和人的全面发展”，按照“统筹城乡发展、统筹区域发展、统筹经济社会发展、统筹人与自然和谐发展、统筹国内发展和对外开放”的要求推进各项事业的改革和发展。2012 年 11 月中共十八大提出“坚持走中国特色新型工业化、信息化、城镇化、农业现代化道路，推动信息化和工业化深度融合、工业化和城镇化良性互动、城镇化和农业现代化相互协调，促进工业化、信息化、城镇化、农业现代化同步发展”。新型城镇化的提出推动了我国的城镇化进程进入了科学发展的轨道，开始追求城市与农村的经济、社会、人口、资源和环境的全面协调可持续发展。对城镇化速度进行合理的调整，城镇发展开始由数量扩张向品质提升转变。2003—2016 年，我国城镇化延续高速发展的势头，但速度有所调整，城镇化率平均每年提高 1.29 个百分点。

（二）改革开放以来城镇化过程的主要特征

改革开放以来，我国城镇化进程突飞猛进。在实践探索过程中，根据中国的国情形成了富有中国特色的城镇化道路。这一阶段的城镇化进程，呈现出如下特征。

1. 从发展速度上看，城镇化呈现持续稳定上升的态势

这一时期，我国的城镇化水平从 1979 年的 18.96%上升到 2016 年的 57.35%，共上升了 38.39 个百分点，年均增加 1.04 个百分点（见表 9－1）。从总体来看，这一时期我国的城镇化发展速度是稳定上升的（见图 9－1）。

表 9－1　　1979—2016 年我国城镇化率变动表

年份	城镇化率（%）	年份	城镇化率（%）	年份	城镇化率（%）
1979	18.96	1992	27.46	2005	42.99
1980	19.39	1993	27.99	2006	44.34
1981	20.16	1994	28.51	2007	45.89
1982	21.13	1995	29.04	2008	46.99
1983	21.62	1996	30.48	2009	48.34
1984	23.01	1997	31.91	2010	49.95
1985	23.71	1998	33.35	2011	51.27
1986	24.52	1999	34.78	2012	52.57
1987	25.32	2000	36.22	2013	53.73
1988	25.81	2001	37.66	2014	54.77
1989	26.21	2002	39.09	2015	56.10
1990	26.41	2003	40.53	2016	57.35
1991	26.94	2004	41.76		

资料来源：根据国家统计局网站公布的《中国统计年鉴（2017）》相关数据整理而得。

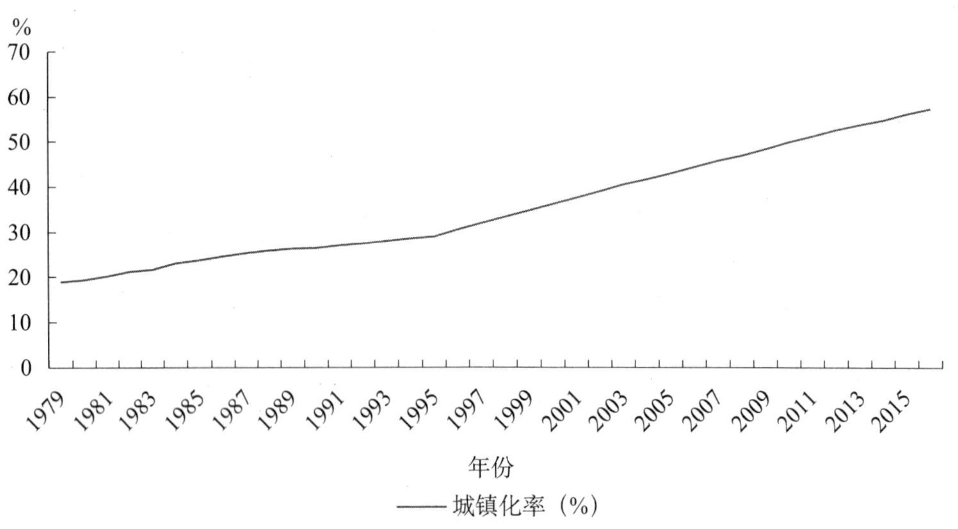

图 9－1　1979—2016 年我国城镇化率变化图

2. 从城镇人口增长方式看，机械增长成为主要方式

由表 9－2 可知，我国这一时期城镇人口增长率远远高于全国总人口增长率。但是，由于在城镇计划生育政策会执行的比农村地区更好一些，城镇人口的自然增长率应该低于

全国总人口的自然增长率，因而城镇人口增长主要来源于机械增长，即机械增长是城镇人口增长的主要方式。

表 9-2　　1979—2016 年我国总人口和城镇人口增长率变动表

年份	总人口增长率（%）	城镇人口增长率（%）	年份	总人口增长率（%）	城镇人口增长率（%）
1979	1.33	7.25	1998	0.92	5.47
1980	1.19	3.49	1999	0.82	5.14
1981	1.38	5.39	2000	0.76	4.93
1982	1.58	6.49	2001	0.70	4.70
1983	1.33	3.70	2002	0.65	4.47
1984	1.31	7.83	2003	0.60	4.31
1985	1.43	4.48	2004	0.59	3.64
1986	1.56	5.07	2005	0.59	3.55
1987	1.67	4.96	2006	0.53	3.69
1988	1.58	3.57	2007	0.52	4.02
1989	1.51	3.07	2008	0.51	2.92
1990	1.45	2.22	2009	0.49	3.38
1991	1.30	3.34	2010	0.48	3.82
1992	1.16	3.12	2011	0.48	3.14
1993	1.15	3.10	2012	0.50	3.04
1994	1.12	3.00	2013	0.49	2.71
1995	1.06	2.94	2014	0.52	2.47
1996	1.05	6.06	2015	0.5	2.94
1997	1.01	5.75	2016	0.59	2.83

资料来源：根据国家统计局网站公布的《中国统计年鉴（2017）》相关数据整理而得。

3. 从实现机制看，城镇化动力主体转向多元化

1978 年以后，随着市场取向的经济体制改革的逐步展开和深化，市场机制在社会经济生活中的影响力愈来愈强，在城镇化进程中的地位与作用也愈来愈明显。在市场机制下，农村经济利益主体充分发挥了其能动性，创办了许多乡镇企业，使城镇化处于一种市场导向的发展阶段。随着农业劳动生产率的提高，农村出现大量的剩余劳动力，而城市第二、三产业的发展也需要大量的劳动力，这就促进了人口向城市的转移。为了顺应市场机制调节的方向，这一时期政府不再通过行政手段控制城镇化进程，只是通过宏观规划进行调控，为市场机制发挥作用提供保障。

4. 从空间布局看，地区发展不均衡

改革开放的实行，使我国沿海地区能够凭借优越的地域优势及历史条件发展工商业，城镇的发展也随之加速。从总体上看，改革开放以来，我国城镇化水平呈现东高西低的态

势，中部地区介于二者之间。如果按照东、中、西三大地区划分，可以明显看出东部城镇化水平最高，中部次之，西部地区最低。

第二节　中国城镇化发展成就与问题

一、中国城镇化的基本情况与成就

经过 60 多年的反复实践和艰辛探索，我们终于找到了一条符合中国国情的城镇化建设道路。城镇化水平不断提高，城市已经成为国民经济、社会发展的核心载体。特别是中共十六大以来，按照统筹城乡、布局合理、节约土地、功能完善的原则，坚持走中国特色的城镇化发展道路，促进大中小城市和小城镇协调发展，我国城镇化发展取得了巨大成就。

（一）城镇化发展理念发生根本转变

城镇化发展理念决定城镇化发展的水平和质量，中国城镇化进程取得的最大成就之一就是形成了有中国特色的科学的城镇化发展理念。这个发展理念是经历了四个方面的根本转变逐步形成的：在发展目的和宗旨上，实现了从“以物为本”向“以人为本”的理念转变；在发展方针上，经历了从“优先发展”到“统筹发展”理念转变；在发展方式上，经历了从“外延发展”到“内涵发展”的转变；在处理城乡关系上，经历了从“城乡分割”到“城乡统筹”的转变。[①] 在科学的城镇化发展理念引领下，中国城镇化水平和质量得到不断的提高。

（二）城镇化水平快速提高，城镇数量大幅增加

城镇化水平是衡量一个国家城市化发展程度的重要指标，也是反映一个国家经济社会发展的重要标志。1949 年中国全国总人口为 5.416 7 亿人，城镇人口为 5 765 万人，2016 年中国全国总人口为 13.827 1 亿人，城镇总人口为 7.929 8 亿人。1949—2016 年我国的城镇化率由 10.6%提高到 57.35%，城镇化水平已经超过世界城镇化平均水平。

在城镇人口不断增加的同时，城镇数量也得到较快增长，1949—2016 年，中国城市数量从 136 个增加到 657 个，增加了 521 个，增长了 383.1%。建制镇数量由 1952 年的 5 402 个增加到 2016 年的 20 883 个，增加了 15 481 个，增长了 286.6%。城镇数量快速增长的事实表明：我国已经开始步入城镇化中期阶段。城镇数量迅速增长的同时，城镇化质量也得到显著提高，初步形成大中小城市与小城镇协调发展的城镇体系。

（三）城镇之间的联系更加紧密，城镇密集地区逐步形成

在城镇数量大幅增加的同时，地域邻近的城镇之间的联系也更加紧密，特别是在 2004 年我国提出了“组团式城市群”的概念之后，“结构有序、功能互补、整体优化、共建共享”的城镇镶嵌体系逐步形成。据中国发展研究基金会课题组 2017 年 8 月发布的研究报告显示：2015 年，长三角、珠三角、京津冀、海西、山东半岛、中原、武汉、长株潭、

① 范恒山，陶良虎．中国城市化进程．北京：人民出版社，2009：65.

关中、成渝、辽中南、哈长等12个城市群聚集了中国经济总量的80%。而这12个城市群的总面积只占中国国土面积的不到20%，人口超过60%。国家统计局的分析文章也显示，目前传统的省域经济和行政区经济逐步向城市群经济过渡，城市的集聚效应日益凸显。2015年，京津冀、长江三角洲、珠江三角洲三大城市群，以5.2%的国土面积集聚了23%的人口，创造了39.4%的国内生产总值，成为带动我国经济快速增长和参与国际经济合作与竞争的主要平台。城市群的形成，不仅使该区域的城镇化水平大大提高，而且使中国城镇化的空间结构呈现出新的特征。

（四）城镇建设成效明显，城市现代化水平显著提高

城市建成区面积扩大，住房条件改善，城市交通、供水、供热、供气、绿化、环境卫生、电信等基础设施体系不断完善，扩大了城镇人口容量，提高了城镇现代化水平。2016年我国城市建成区面积达到5.43万平方公里，比1990年增加了4.134 4万平方公里，扩大了3.19倍。到2016年底，全国城市用水普及率达到98.42%，燃气普及率达到95.75%，污水处理率达到93.44%，生活垃圾无害化处理率达到96.62%，城市建成区绿化覆盖率达到40.30%，人均公园绿地面积达到13.70平方米，人均道路面积达到15.8平方米。①

（五）城乡关系开始走向协调

随着城乡经济体制改革和市场经济的发展，城乡分割和隔离的二元体制逐渐被打破，城乡之间劳动力、资本、技术和人才的流动日益增多。特别是近年来国家出台了一系列支农惠农政策，提高了农村基本公共服务水平，初步建立了有利于城乡经济社会一体化发展的制度框架，城乡经济发展出现了某种融合的态势。

（六）城乡体制改革逐步铺开

城镇化带来了人们思想观念和经济社会关系的巨大变革。城镇化不仅能够促进广大农村和农民改变观念，习惯城市生活方式，而且必然推进城市居民观念的转变，促进城乡经济体制的改革，例如，城乡户籍制度、城市用工制度、城市教育制度、城市商业制度、农村土地制度、行政管理体制等领域的改革。

二、中国城镇化发展中存在的问题

我国的城镇化进程取得了巨大的成就，但是也存在不少问题，归纳起来，主要有：

（一）在城镇化进程中，过分注重数量和规模，忽视质量与效率

城镇化进程既要考虑数量、速度的问题，但同时更要重视质量的问题。城镇化质量的核心标志是实现城镇化的居民的经济收入和生活水平是否稳定提高，有无必要的保障，城镇能否可持续发展。20世纪80年代以来，我国城镇化速度不断加快，许多城市和地区在城镇化过程中只重视数量，不重视质量，盲目追求指标，城市功能单一，基础设施落后，公共服务不全，第三产业比重小，特别是城镇生态环境治理设施不健全、运行不正常，造

① 中华人民共和国住房和城乡建设部．2016年城乡建设统计公报．http：//www.mohurd.gov.cn/xytj/tj-zljsxytjgb/tjxxtjgb/201708/t20170818_232983.html，2017-08-22.

成城市运行成本高、运行效率低，从而大大削弱了自身的辐射力和向心力，难以承担地区经济中心的职能。

（二）土地城镇化快于人口城镇化

城镇化本应是随着市场化、工业化而发生的，从二元社会结构逐步向一元社会结构转化、农村人口转移到城镇从事非农产业的过程。在这一过程中，农民的职业、身份和生活方式均发生着深刻变化，城镇化实质上是人口与土地两个层次同步转型的过程。

但是，近年来，一些地方打着“加快城镇化进程”的旗号，盲目拉大城市框架，滥占耕地、乱设开发区，不断扩大城市面积。一些城市“摊大饼”式扩张，过分追求宽马路、大广场，新城新区、开发区和工业园区占地过大，建成区人口密度偏低。1996—2012 年，全国建设用地年均增加 724 万亩，其中城镇建设用地年均增加 357 万亩；2010—2012 年，全国建设用地年均增加 953 万亩，其中城镇建设用地年均增加 515 万亩。2000—2011 年，城镇建成区面积增长 76.4%，远高于城镇人口 50.5%的增长速度；农村人口减少 1.33 亿人，农村居民点用地却增加了 3 045 万亩。[①] 部分地区在“经营城市”的理念下，大肆追求土地增值的收益，进一步助长了多占耕地和不合理拆迁的行为。一些地方过度依赖土地出让收入和土地抵押融资推进城镇建设，加剧了土地粗放利用，浪费了大量耕地资源，威胁到国家粮食安全和生态安全，也加大了地方政府性债务等财政金融风险。

（三）地区发展失衡，城镇空间分布格局不合理

从空间分布看，我国东部、中部、西部区域城镇化的发展水平不平衡。城镇化水平和城市密度呈东高西低，东密西疏，由东向西递减分布。东部城镇数量较多，2006 年东部地区城镇化水平为 54.6%，城市数量占全国城市总数的 43.3%，且大城市、特大城市较多[②]，但多数城市集聚功能较强而扩散功能较弱；中部地区城镇数量明显不足，城镇规模两极分化严重，影响了城镇体系总体功能的发挥；西部城镇分布稀少，城镇化水平仅为 35.7%，城市数量占全国城市总数的 19.2%，许多城镇缺乏人口聚集功能。城镇空间分布的不合理，在一定程度上也拉大了区域之间的发展差距。

（四）城乡二元结构矛盾依然突出，城镇化过程中各方面利益没有得到有效协调

二元经济结构是发展中国家的基本经济特征，也是界定发展中国家的根本标志。二元经济结构反映了在一个国家内部不同的经济部门之间经济发展的不平衡。正是由于二元经济结构的存在，才有农村人口向城镇转移的城镇化的必要性和可能。经过 60 多年的城镇化建设，中国的二元经济结构矛盾虽有所改善，但依然存在。主要表现为：第一，农业基础薄弱、农村发展滞后、农民增收困难的局面仍然没有得到根本的改变，城乡发展差距不断拉大的势头仍然没有得到遏制。第二，城镇空间扩张没有相应带来人口更多地向城镇集中。第三，基本公共服务和社会保障没有普遍地、均等地惠及城乡人口。第四，在征地、拆迁、旧城改造等方面存在有法不依、执法不严等问题，造成了一些社会矛盾，影响了社会稳定。

---

① 国家新型城镇化规划（2014—2020 年）.

② 简新华，何志扬，黄锟．中国城镇化与特色城镇化道路．济南：山东人民出版社，2010：227.

第三节　新型城镇化：我国城镇化战略的创新

进入 21 世纪，我国经济社会发展的国内外环境发生重大变化，城镇化发展进入一个新的时期。总结国外城镇化发展的经验与教训，反思我国过去城镇化发展的做法与问题，为了适应新的发展要求，从 2003 年中共十六大开始，中央逐渐形成了新型城镇的思路，党的十八大明确提出要坚持走中国特色的“新型城镇化”道路。

一、新型城镇化提出的背景与意义

（一）新型城镇化提出的背景

1. 国内外经济环境发生重大变化

进入 2010 年后，全球经济形势已发生重大变化，国内城镇化面临的挑战也越来越多。首先，随着经济全球化的不断深入，我国原有的依靠要素比较优势参与国际分工的形势已发生变化。国内劳动力成本的不断上涨促使部分劳动密集型产业向周边国家转移，各项资源存量的日趋下降导致以往以资源采掘为主的资源依赖型产业开始衰败。其次，随着国内老龄化的不断加速与人口红利的逐步消失，我国劳动力低成本优势将加速消失，制造业面临转型升级要求。第三，以往依赖投资与出口拉动经济增长的方式遭遇全球经济动荡的威胁，扩大内需成为中国经济增长的新动力。因此，新型城镇化必须以人为本，以扩大国内居民消费，提高人民生活质量为基本要义。

2. 对以往城镇化过程中错误做法的反思

回顾我国 60 多年来的城镇化进程，我们已经取得巨大的成就，但也存在突出的矛盾与问题。其中最为严重的是如下问题。第一，不完全城镇化，农民工未能合理地市民化。城镇化的核心是人口的城镇化，即农民转化为市民。在我国城镇化的快速推进过程中，大量农民向城镇和非农产业转移，他们为城镇建设和经济发展做出巨大贡献，但他们在就业、住房、医疗和子女入学和社会保障等方面却不能与城镇居民享受相同的待遇，其身份没有融入城镇，带来城镇内部市民与非市民的新二元结构。第二，土地城镇化快于人口城镇化。城镇化过程中，人口城镇化与用地城镇化应该同等程度扩张。中国的土地城镇化速度要远远超过人口城镇化速度。在一些城市，已经出现了大片高楼无人居住的有城无人或者有城无业的“空城”现象。这不仅造成大量居民投入的规模化沉淀与资产的迅速折旧，也造成我国土地资源浪费严重。第三，资源严重消耗与环境污染的城镇化。长期以来，我国快速推进的城镇化是建立在对水、土、能、矿等资源的大量消耗和资源配置不合理的基础上的，由此造成了资源的严重消耗和供需矛盾日益加剧。同时，缺乏总体规划和布局的发展导致环境污染严重。上述问题的存在说明我国城镇化已进入转型发展的新阶段，必须以可持续发展为重要内涵，走结构优化、绿色低碳、安全健康、集约高效的道路。

3. 国际城镇化经验教训的启示

美国城市地理学家诺瑟姆（Ray M. Northam）揭示了城市化发展的三个发展阶段。在城市化早期和后期阶段，城市化率提升得十分缓慢，而在城市化的中期阶段，城市人口比重可以在短短的几十年突破50%上升到70%，显然这是快速发展阶段。国家统计局数据显示，2011年我国的城镇化率已经达到51.27%，正处于加速阶段的上半场向下半场转折的阶段。城镇化的上半场是量的扩张阶段，是比较粗放的发展阶段。到了城镇化的下半场，尽管今后一二十年中国城镇化仍将快速推进，但速度可能会比过去慢一些，因为已过渡到质量提升阶段。同时，从国际城市发展的经验教训也可知，城镇化率超过50%以后，一方面城镇化速度会持续加速突破60%～70%，另一方面长期高速城镇化导致的各种弊病将不断涌现，包括城乡差距问题、生态环境问题和社会公平正义问题等。因此，新型的城镇化必须尽快从片面追求速度向质量转变，在城乡公共服务质量、生态环境保护等方面加大投入，保障经济健康发展。

（二）走新型城镇化道路的意义

城镇化是任何一个国家实现现代化的必然趋势，为提高城镇化的质量，我国今后必须走新型城镇化道路，这对于中国经济社会发展具有重要的意义。

1. 走新型城镇化道路是中国基本国情的必然选择

中国人口特别是农业人口众多、资源短缺、生态环境相对脆弱、区域之间自然资源和发展水平差异显著，同时又缺少发达国家城镇化快速发展时期的国际资源、环境条件，所以我们只能以较小的资源和环境成本，满足规模巨大的城镇化需求。

2. 走新型城镇化道路是全面建设小康社会、促进人的全面发展的必由之路

未来几年是我国全面建成小康社会的决定性阶段，小康社会建设的重点和难点都在农村，只有通过农村转移劳动力的市民化，让更多的农村人口生活在城镇，使他们与城镇居民享受相同的劳动就业、工资福利、医疗卫生、子女入学、社会保障等方面的权利，享受现代文明的成果，才能统筹城乡发展，全面建成小康社会。

3. 走新型城镇化道路是实现产业结构转型升级、转变我国经济发展方式的必然要求

产业结构转型升级是转变经济发展方式的战略任务，加快发展服务业是产业结构优化升级的主攻方向。中华人民共和国成立60多年来特别是改革开放40年来，我国经济社会建设取得了辉煌的成就，但在经济总量扩大的同时，产业结构不合理的深层次的矛盾始终存在。只有实现产业结构转型升级才能促进经济社会持续发展。

从发达国家的产业结构来看，服务业占优势比重。而我国第二产业比重明显偏高，重化工业、制造业偏重，第三产业比例明显偏低。目前我国服务业增加值占国内生产总值比重仅为46.1%，与发达国家74%的平均水平相距甚远，与中等收入国家53%的平均水平也有较大差距。① 这样的产业结构必然是高物耗、高能耗、高污染，使经济增长不可持续，而且不利于就业扩张。城镇化与服务业发展密切相关，服务业是就业的最大容纳器。走新型城镇化道路，促使农业转移劳动力市民化，不但为城镇经济发展提供充足的人力资源，而且会拉动消费，扩大需求，促进城镇第三产业发展。同时，新型城镇化带来人口与产业的聚集，也会推动生活性服务业（如商贸、餐饮、旅游）和生产性服务业（如金融、保险、物流等）的发展，进而推动教育、文化、卫生、医疗等公共服务的发展，不断扩大服

① 国家新型城镇化规划（2014—2020年）.

务业的范围，提高服务业的质量，进一步形成第一、二、三产业协同发展、相互促进的格局。

4. 走新型城镇化道路可以扩大国内需求，保持经济持续健康发展

改革开放 40 年来，我国是依靠投资与出口驱动经济增长的，国内需求则相对不足。随着国际经济形势的变化，特别是国际金融危机以后，国际需求不振，在此背景下，继续依靠投资与出口已经不现实。而当前国内需求不足、产能过剩的矛盾已经日益暴露出来。扩大需求，提升经济增长的内生动力，是今后保持我国经济社会较快发展的关键。在推进新型城镇化建设过程中，不仅多种经济资源向城镇集聚，而且人们自身也发生巨大变化，一是就业领域从农业转向非农产业；二是居住地由农村转到城镇；三是生活方式由农民转为市民。这一系列变化将在城镇基础设施、住房、公共服务、农副食品等多方面产生消费需求。同时新型城镇化可以加速农村剩余劳动力的转移，实现农业规模化经营，提高农民收入水平，使农村潜在的消费需求变为现实的有效需求。有专家预测，每增加 1 个城镇人口，可以带动 10 万元以上城镇固定资产投资，带动 3 倍于农民的消费支出。因此，推进新型城镇化是扩大内需的重要途径。

5. 走新型城镇化道路是解决发展难题、实现协调发展的重要途径

首先，新型城镇化涉及经济社会发展的方方面面以及当前我国经济社会的多数热点和难点问题，如“三农”问题、征地补偿问题、农民工市民化问题、房价问题、城市拥堵和基本公共服务不足问题等。只有提升城镇化的质量和发展水平，才能更好地实现“工业反哺农业，城市支持农村”的社会发展方向转变，才有条件逐步加大反哺和支持力度，用现代条件装备农业，用现代科技改进农业，用现代产业体系提升农业。提高城镇化的质量有利于节约土地资源，有助于减少农业人口，使得农业规模化、集约化、机械化生产成为可能，从而提高农民的收入。

其次，城镇化是推动区域协调发展的有力支撑。改革开放以来，我国东部沿海地区率先开放发展，形成了京津冀、长江三角洲、珠江三角洲等一批城市群，有力推动了东部地区快速发展，成为国民经济重要的增长极。但与此同时，中西部地区发展相对滞后，一个重要原因就是城镇化发展很不平衡，中西部城市发育明显不足。目前东部地区常住人口城镇化率达到 62.2%，而中部、西部地区分别只有 48.5%、44.8%。随着西部大开发和中部崛起战略的深入推进，东部沿海地区产业转移加快，在中西部资源环境承载能力较强地区，加快城镇化进程，培育形成新的增长极，有利于促进经济增长和市场空间由东向西、由南向北梯次拓展，推动人口经济布局更加合理、区域发展更加协调。

再次，新型城镇化涉及发展观念的转变和经济社会发展的转型，可以在推进新型城镇化的过程中，调整经济社会发展中的各种关系，如城乡关系、工农关系、工业化和城镇化发展关系以及经济增长、城镇发展与资源环境的关系等，解决传统城镇化模式不能解决的矛盾与问题。

二、新型城镇化的内涵与特征

综上，新型城镇化是在立足现阶段我国发展的基本国情，总结我国城镇化的发展实践，汲取国内外城镇化的经验教训，适应新的发展要求的基础上提出来的。它是对传统城镇化模式的扬弃，是城镇化理论与实践的创新。新型城镇化概念，学术界目前尚未有标准

定义，但不同学者有着大致相似的认识。一般来说，新型城镇化是指在科学发展观指导下，遵循城镇化发展的基本规律，以全面提升城镇化质量和水平为目标，坚持以人为本，强调城乡统筹、社会和谐、环境友好、集约发展、规模结构合理的城镇化发展模式。①

（一）新型城镇化是以科学发展观为引领

科学发展观的内涵是坚持以人为本，全面、协调、可持续的发展观。党的十七大报告指出："科学发展观，第一要义是发展，核心是以人为本，基本要求是全面协调可持续，根本方法是统筹兼顾。"新型城镇化道路以科学发展观为引领，就是要体现"以人为本"的精神，注重改善人民的生活条件和生产环境，提高人民的生活品质和保障水平。新型城镇化发展的目标是形成以工促农、以城带乡、工农互惠、城乡一体的新型工农、城乡关系。改革城镇化进程中不合理的征地制度、保障制度、户籍制度等制度因素，促进城乡要素平等交换和公共资源均衡共享。改变传统城镇化所造成的"半城镇化"现实，实现农民工的市民化。建成集约、智能、绿色、低碳，人口、经济、自然协调发展的城镇化。

（二）新型城镇化的核心任务是推进农村转移人口的市民化

新型城镇化的根本目的之一在于促进人的发展，以民生改善为根本目的，不单纯追求城镇化速度，更关心城镇化进程中人的生活质量的提高，让更多城乡居民享受现代文明的生活方式、促进社会和谐进步。党的十八大报告指出"有序推进农业转移人口市民化"，就是让农业转移人口平等地享受与城镇居民均等的基本公共服务，享受现代文明的生活方式。

国家统计局数据显示，2012 年，我国城镇化率为 52.57%，但据中国社会科学院发布的 2013 年《城市蓝皮书》数据显示，中国真实的完全城镇化率仅 42.2%，这比国家统计局公布的数据低了 10.4 个百分点。这说明我国有近 1.4 亿农民工从统计资料看是城镇居民，但他们没有完全享受市民待遇。如果不及时解决他们的基本公共服务和进城落户定居，我国城镇化的质量将不会得到根本改善，反而会加剧未来可能出现的各类社会矛盾。因此，当前城镇化的重点任务是实现人的城镇化，坚定不移地加快推进农业转移人口市民化的进程，加快清理束缚农民工市民化的各项具体制度，建构保障农民工市民化的制度体系。

（三）新型城镇化要实现工业化、信息化、城镇化、农业现代化"四化"协调互动

党的十八大报告指出："坚持走中国特色新型工业化、信息化、城镇化、农业现代化道路，推动信息化和工业化深度融合、工业化和城镇化良性互动、城镇化和农业现代化相互协调，促进工业化、信息化、城镇化、农业现代化同步发展。"这是对中国特色新型城镇化发展道路内涵进行的高度概括。工业化、信息化、城镇化和农业现代化是人类文明进步的标志，也是我国社会主义现代化建设的战略任务。它们之间相互依赖、相互促进、相互补充、相互影响，是一个完整的体系。"四化"的作用是在融合、互动、协调中实现的。"四化"协调互动，主要表现在同步性与共生性，即四个方面同步发展的同时要体现它们各自的优势，在优势互补中共生发展。从"四化"之间的内部关联机制来看，首先，工业

① 盛广耀．新型城镇化理论初探．学习与实践，2013（2）.

化创造供给，是经济社会发展的第一推动力，工业经济的高速发展能够带动城镇化、信息化和农业现代化；其次，城镇化创造需求，为工业经济发展、信息化和农业现代化提供支撑和保障；最后，工业化发展需要由信息化、城镇化和农业现代化为其提供平台。① 充分发挥“四化”系统中各单元的独特功能，保证社会有机体的良性发展，要做到以下四点。一是充分发挥新型工业化的主导作用。没有现代化的工业就不可能有现代化的农业与城镇，就没有现代信息业的发展载体。二是发挥现代化农业的基础保障作用。没有现代化农业，就没有现代化工业的发展基础，就没有新型城镇化的基本保障和信息化的发展空间。三是发挥信息化的引领作用。没有信息化，工业化、农业现代化、城镇化都将失去发展后劲，失去技术支撑。四是发挥城镇化的集聚作用。城镇作为各种要素的交流平台和集散地，为工业化、农业现代化、信息化发展提供重要的动态枢纽平台。

（四）新型城镇化的发展方式是集约、可持续发展

2012年中央经济工作会议提出，积极稳妥推进城镇化，着力提高城镇化质量。要把生态文明理念和原则全面融入城镇化全过程，走集约、智能、绿色、低碳的新型城镇化道路。

资源节约与环境友好是生态文明的核心理念。其中，资源节约就是强化现有资源的节约保护和集约利用，依托新技术大力开发新能源、新材料。积极推进废物回收再利用工程。环境友好就是坚持生态保护优先，建立和维护区域生态安全格局。把生态文明理念和原则全面融入城镇化全过程，是基于我国的国情和当前城镇化过程中出现的问题而提出的。我国人多地少，资源匮乏，农村人口基数大，庞大的人口城镇化对资源供给提出了巨大挑战，有限的城镇如何吸纳众多的农村转移人口、如何节约土地等资源并避免城市病的出现等已成为并将是伴随我国城镇化进程的基本矛盾。但长期以来，我国快速推进的城镇化，是建立在对水、土地、能矿等的大量消耗基础之上的，由此导致资源供需矛盾日益加剧。同时，缺乏总体规划和布局的发展导致交通拥堵、污染严重、水源短缺、能源紧张等问题。国情现实与众多矛盾和问题的存在，决定了我国新型城镇化必须按照科学发展的要求，改变高投入、高消耗、高污染、低效益的粗放型发展模式，走低投入、低消耗、低污染、高效益的集约型、绿色低碳发展模式，促进资源节约型、环境友好型城镇建设，实现城镇化绿色发展。

因此，新型城镇化的集约化发展模式就是要求我们在推进城镇化进程中要充分利用现有城镇物质基础，整合城镇内部各组成要素，完善城镇结构，强化城镇内涵和提升城镇功能。提升城市和乡村集聚区的密度；优化城镇与乡村集聚区的布局；完善城镇和乡村集聚区的功能；培育和利用高端要素，改变过去依靠物质资本投入和资源大量消耗的做法，利用人力资本和创新要素促进城镇化的发展。

（五）新型城镇化以“市场主导、政府引导”为实现机制

城镇化是市场主体分享外部经济偏好在空间聚集上的显示，是市场主体空间自由选择的过程。城镇化过程中既要发挥市场机制对推进城镇化发展、合理配置生产要素的作用，又要发挥政府的宏观调控作用，健全市场主导、政府引导的城镇化实现机制。一是要完善

① 王玉安．新型城镇化：“四化”同步的枢纽．现代商业，2013（11）．

市场机制，主要以市场的力量来引导要素流动和生产活动的集中。疏通城乡之间生产要素互动渠道，搭建城乡生产要素平等交换的平台，强化市场功能，更好地发挥市场在资源配置中的决定性作用，让市场这只“看不见的手”来引导生产要素自由流动，为城镇集聚和辐射功能的发挥创造有利条件。二是要转变政府职能，更好地发挥各级政府，尤其是中央政府的宏观调控作用。城镇化要求健全市场制度体系，但由于存在市场失灵，仅仅通过市场选择难以实现最优均衡。促进城镇化健康可持续发展，需要政府创造适宜的硬件环境和软件环境。一方面，便利市场主体流动，使其空间偏好得以显示；另一方面，兼顾国土空间利用的“效率与公平”。因此，政府必须高度重视市场的“决定性”作用，遵循市场经济的一般规律，但政府也不能任由市场自发调节。政府的主要职能是：第一，顺应城镇化发展规律，对城镇化进行前瞻性科学规划；第二，建设辖区范围内的一体化的公共基础设施；第三，为在不同区位的居民提供均等化的公共服务；第四，为在不同空间区位活动的企业和居民提供公平、公正、均等、统一的规范化制度环境，消除人口和生产要素自由流动和优化配置的制度障碍。

三、新型城镇化面临的机遇与挑战

（一）推进新型城镇化面临的机遇

1. 经济全球化、信息化的有利时机

经济全球化在本质上是一个自发的市场机制作用的过程，随着经济全球化的发展，全球性的资源配置方式将日趋一体化。在经济全球化条件下，实现了全球范围内国际贸易、金融、投资、科技资源的全球配置，实现了各种生产要素和资源在国际范围内的优化配置，更加有效地发挥资源组合的效益，从而能够推动城市建设市场化改革步伐，促使城市功能转变和城市产业结构调整与优化，促进城市经济的发展和城乡居民生活水平的改善和提高。

城市是信息经济的摇篮，自 20 世纪 60 年代西方爆发了以微电子、电子通信和计算机等技术为核心的新技术革命以来，人类进入了信息经济时代。信息经济能够极大地促进城市的发展，而且发达的信息技术和设备，为远程经济活动提供了可能，有利于避免过度集中带来的各种不利影响，可以改善城镇的空间结构。在信息化、网络化的作用下，城乡之间通过经济网络、流通网络和信息网络加强联系，有利于促进城乡一体化。

2. 世界城市化趋势的影响

西方发达国家自 18 世纪中叶开始进入城市化进程，现在大多数发达国家已经进入高度城市化的阶段，城市化任务基本完成，许多国家出现了逆城市化倾向，对中国的城镇化发展趋势有重大的预示作用。同时广大发展中国家目前正处于快速发展城市化阶段，21 世纪世界城市化将呈现高速发展态势，城市化仍然是世界潮流，这有助于各发展中国家学习与交流。

3. 新型工业化道路的提出

我国传统的工业化道路是国家将经济资源从农业部门集中到工业部门，并且在工业内部执行重工业优先发展战略的道路。这样的工业化道路虽然使得我国能够在较短的时间内建成一个初具规模的工业体系，但同时带来资源、环境和城乡差距拉大等一系列问题。面对新的工业化环境和背景，中国共产党在十六大报告中提出走新型工业化道路的要求。新型工业化道路是一条科技含量高、经济效益好、资源消耗低、环境污染少、人力资源优势得到充分发挥的工业化道路。其基本目标就是通过科技进步，实现信息化与工业化的结合，发挥信息技术的辐射、渗透作用，提高我国综合竞争力。这为新型城镇化发展带来又一发展机遇，新型工业化道路能够促进城市经济结构不断优化，扩大就业潜力和提升劳动者素质，推动城市空间形态重新组合和增强城市可持续发展能力。

4. 我国正处于城镇化的黄金发展阶段

根据发达国家的城镇化经验，在城市化早期和后期阶段，城镇化率提升得十分缓慢，而在城市化的中期，特别是在城镇化率超过 50%以后，城镇化速度会持续加速突破60%～70%。2011 年，我国城镇化率已超过 50%，尽管今后我国城镇化发展更加着重质量提升，走内涵式的发展道路，但我国依然处于城镇化的快速发展期，城镇化率还有近20%的快速提升空间。

5. 产业集聚日益突出

产业集聚作为一种产业组织形式，已经被越来越多的国家和地区认为是加速推进工业化和城镇化进程的重要手段。产业集聚通过产业资本要素在一定空间范围内的集聚，吸引众多人口和资源要素的流动，加快产业结构升级和经济增长方式转变，提高集聚区域城市竞争力，城市竞争力的提高又必然能够吸引更多资本、人才、技术等要素流入该区域，带动区域城镇化快速发展。20 世纪 90 年代我国沿海部分地区出现产业集聚的现象，经过十多年的发展，我国现阶段产业集聚现象日益突出，建设更加科学规范，为我国城镇化发展带来更好的机遇。

（二）新型城镇化面临的挑战

我国未来的城镇化进程存在上述发展机遇，但由于我国仍然处于社会主义初级阶段，经济基础较为薄弱，城镇化进程中积压了许多亟待解决的问题，同时在新时期又会出现诸多新的问题，这些问题对我国新型城镇化的推进构成了新的挑战。其中最为迫切需要解决的问题有：资源与环境问题、制度约束问题、产业发展问题、城镇公共品供给问题等。

1. 城镇化发展面临的外部挑战日益严峻

在全球经济再平衡和产业格局再调整的背景下，全球供给结构和需求结构正在发生深刻变化，庞大生产能力与有限市场空间的矛盾更加突出，国际市场竞争更加激烈，我国面临产业转型升级和消化严重过剩产能的挑战巨大。

2. 城镇化进程中资源、环境约束日益加剧

城镇特别是城市是各种生产要素集聚区，它既是资源能源消耗的集中区，又是环境污染的重点区域。我国长期以来粗放型的经济增长方式，造成资源瓶颈约束日益增强。中国现阶段城镇化面临的资源、环境局面是：世界性的资源短缺、开采困难、价格猛涨，全球将对排放和污染做出严格的规定和限制。中国人口众多，但资源贫乏，特别是水资源、耕地资源和能源资源严重不足，根据中国环境与发展国际合作委员会和世界自然基金会共同发布的《中国生态足迹报告》，中国目前的资源消耗已经超过自身生态资源所能提供的两倍以上，占全球承受力的 15%。人多地少矛盾更加突出，土地资源供给趋紧。同时污染问题也十分突出，城市发展与环境保护的矛盾越发尖锐。目前，全国一半以上的城市受到了

不同程度的酸雨污染，90%以上的天然草原退化。相当一部分城市的环境容量处于严重的超负荷状态。这种严重的国内外资源环境局面，必将严重制约中国的城镇化进程。

3. 阻碍城镇化推进的制度性障碍依然存在

中国的城镇化是在高度集中的计划经济体制基础上推进的，尽管改革开放以来，我国政府已经及时地调整了一系列不利于城镇化发展的制度规定，但由于各种因素的影响和新情况、新问题的不断出现，不少阻碍城镇化发展的制度性障碍依然存在。其中最为直接、最严重的制度障碍是：城乡二元制度、农村土地制度。虽然经过四十年的改革开放，城乡二元制度对农民进城务工经商的行政性限制已经基本消除，但是进城农民仍然无法获得市民身份，他们虽然实现了职业的非农化，但没有实现社会身份的市民化。尤其是受到嵌入在二元制度之中的城乡二元劳动就业制度、城乡二元社会保障制度、城乡二元教育制度等的限制，农民工无法在就业、社会保障、社会福利、子女教育、医疗卫生等方面享有与市民同等的待遇。加上中国农村现有土地制度的不完善，使农民依然没有完全摆脱对土地的人身依附，实现真正意义上的身份转变。这些因素叠加在一起极大地限制了农村剩余劳动力的转移，使城镇化进程困难重重。

4. 第三产业发展滞后

发达国家城市化的经验表明，第三产业的发展与城市化进程具有高度的正相关性。从目前的产业结构看，无论是从产值，还是从就业的角度，发达国家第三产业的比率大都在70%以上，而且城市化率也都在70%以上。如2005年美国的城市化率是80.8%，2006年美国第三产业比重是78.6%。很多国家已经进入第三产业主导城市化的阶段，第三产业越来越成为城市化的支撑。

但中国当前的城镇化仍然主要依赖工业化带动，第三产业发展缓慢、落后。目前，我国的就业结构，第一、二产业过高，第三产业过低的状况还没有得到根本性的改变。在总量不足的同时，第三产业内部结构也不尽合理，金融、保险、通讯、信息服务和社区服务等新兴第三产业还处于起步阶段。

城镇化滞后是第三产业发展不足的重要原因，而第三产业发展落后又严重制约着城镇化的推进，第三产业与城镇化呈现出一种低水平的相互制约关系。

5. 农村剩余劳动力数量庞大、人口城镇化成本高昂

统计数据显示，2013年我国城镇化率为53.73%，城镇人口和农村人口分别为7.3亿和6.3亿。按照我国城镇化发展初步规划，2020年我国城镇化率要达到60%，即城镇人口数量要再增加近一亿，这就意味着城镇每年需多创造近1 500万个就业岗位，吸引农业转移人口进城。但近年来，我国劳动力密集型产业的劳动力成本优势逐渐丧失，资本对劳动的替代率日益上升，每年新增近1 500万城镇就业岗位的挑战不言而喻。同时，城镇在吸收农业劳动力转移人口时还必须给予相同的市民待遇，这显然是一个巨大的挑战。

6. 城镇化建设资金压力

城镇化建设需要巨大的资金支持，相关研究表明，城镇人口每增加一个，至少需要10万元的固定资产投资，用于城镇基础设施建设、公共服务设施建设、房地产开发等①，据

① 林宪斋，王建国．河南城市发展报告——2012推进新型城镇化的实践与探索．北京：社会科学文献出版社，2012：1-17.

此推断我国每年需投入约 1.5 万亿元用于固定资产投资。若再加上用于农业转移人口的教育、医疗、社会保障等投入，所需投入的资金规模将更大。如何多渠道地引导社会资金参与城镇化过程，以弥补城镇化建设资金的不足，是新型城镇化推进过程中要解决的又一大难题。

第四节　新型城镇化的实现路径

我国新型城镇化是在人口规模大、人均资源短缺、生态环境脆弱、城乡发展不平衡的背景下进行的，这决定了我国新型城镇化的推进不能够走传统土地城镇化的老路，必须要从我国的实际情况出发，遵循城镇化发展规律，坚持以人口市民化为核心，以综合承载能力为支撑，以体制创新为保障，利用市场利益驱动、政府规划引导、制度保障等多重动力机制，走以人为本、高效集约、“四化”同步、绿色智能的新道路。

一、新型城镇化的基本原则

与传统城镇化道路相比，加速推进新型城镇化发展必须遵循以下原则：

（一）坚持以人为本

科学发展观的核心是以人为本。人既是经济社会发展的手段，也是经济社会发展的目的。城镇化发展的最终目的，是要为城镇居民营造舒适的生活生产环境。“以人为本”就是强调和维护人在新型城镇化进程中的主体地位，以人为出发点和归宿点，合理引导人口流动，有序推进农业转移人口市民化，使民生得到不断改善，让人民生活得更加幸福。不仅市民要更加幸福，而且要让农村转移人口、农村人口获得同样的幸福感受，真正体现人与人、人与政府、人与建筑、人与环境的和谐统一。

（二）坚持“四化”同步、协调发展

新型城镇化发展必须坚持“四化”同步、协调发展，兼顾各方面的利益。要推动信息化与工业化深度融合、工业化与城镇化良性互动、城镇化和农业现代化相互协调。坚持城乡统筹，把推进城镇化和工业化、信息化、农业现代化紧密结合，以工促农、以城带乡，实现城乡经济一体化发展；必须坚持人口、资源和环境协调发展原则，实现人与自然和谐发展；必须坚持大中小城市与小城镇协调发展，完善城镇体系，实现城镇功能互补；必须坚持区域协调发展原则，实现东中西部地区共同发展。

（三）坚持集约智能、绿色低碳发展

新型城镇化要把生态文明理念和原则全面融入城镇化全过程，走集约、智能、绿色、低碳的发展道路。一是必须走“集约”发展道路。集约与粗放是社会、经济发展中存在的两种方式。集约化和粗放式发展有着相同的愿望，都是通过一定的投入，谋求更大的收益。所不同的是，粗放式的发展单纯依靠投入数量的简单扩大来获取更大的收益；而集约化发展则强调通过提高有限投入的使用效率来最大程度地获取收益。只有集约才能高效。新型城镇化道路应推动城镇经济发展由粗放型向集约型转变，走布局集中、城镇密集、用地节约的城镇化之路。二是必须走“智能”发展道路。新型城镇化就是将通信、计算机网

络等各方面的先进技术相互融合、集成为最优化的整体，使其成为具有信息管理科学、服务优质高效、使用灵活方便和环境安全舒适等优势，并能适应信息化社会发展需要的智能化城镇。三是必须走“绿色”发展道路。新型城镇化道路要让绿色产业成为主导产业和城镇化的驱动力。四是必须走“低碳”发展道路。低碳经济是一种以低能耗、低排放、低污染为典型特征的新型发展模式，只有发展低碳产业，倡导低碳生活方式和消费习惯，才能保证我国新型城镇化进入科学发展的轨道。

（四）坚持文化传承，彰显城镇特色

要根据不同地区的自然历史文化禀赋，体现区域差异性，提倡形态多样性，防止千城一面，发展有历史记忆、文化脉络、地域风貌、民族特点的美丽城镇，形成符合实际、各具特色的城镇化发展模式。

（五）坚持经济效率与社会公平相协调

公平与效率是市场经济的两大基本原则，它们相互统一、相互促进。片面地强调公平或效率都会招致二者的失衡，对经济社会发展产生消极的影响。新型城镇化强调人本、公正、持续与和谐，要使城镇化建设由偏重经济增长向注重经济社会协调发展转变，不再片面追求速度，而要强调城镇化的质量和效益，更加注重公平优先原则，充分尊重居民的需求和发展权，努力使城镇和乡村、城市居民和农民都能够享有均等的公共服务，逐步实现公共卫生、义务教育、社会保障等基本公共服务均等化，缩小城乡差别，化解社会不公。

（六）坚持市场主导、政府引导

城镇化进程是一项复杂的系统工程，它涉及经济、社会、生态环境等诸多问题。单纯依靠政府或市场，难以实现新型城镇化的目标，必须正确处理政府与市场的关系，充分发挥市场、政府、社会组织和公众等各方力量的作用。在推进新型城镇化进程中，要充分尊重城镇化发展的客观规律，让市场在城镇化资源配置中发挥决定性作用，通过市场化的手段配置土地、资本和产业等要素资源。政府必须切实履行制定规划政策、提供公共服务和营造制度环境的重要职责，使城镇化成为市场主导、自然发展的过程，成为政府引导、科学发展的过程。

二、新型城镇化战略核心

城镇化是一个涉及诸多方面内容的社会经济演进过程，国际经验和我国的实践表明，城镇化是由传统农业社会向现代工业社会发展的自然历史过程，是城乡经济社会结构发生根本变革和巨大发展的体现，是现代化的重要标志。国际上通常以城镇人口与总人口的比例来衡量一国的城镇化水平。具体分析，城镇化的内涵至少表现为两个方面的内容：一方面表现为人的地理位置的转移和职业的改变以及由此引起的生产方式与生活方式的演变；另一方面则表现为城镇人口和城市数量的增加、城镇规模的扩大以及城镇经济社会现代化和集约化程度的提高。集中到一点，城镇化就是以“人的城镇化”为核心内容的包括就业结构、经济产业结构的转化过程和城乡空间社区结构的变迁过程。①

国家统计局数据表明，2012 年我国人口城镇化率为 52.57%，而户籍城镇化率仅为

① 方辉泽，黄科．新型城镇化的核心要求是实现人的城镇化．中共天津市委党校学报，2013（4）.

35.2%。截至2012年底，我国有2亿多农村人口虽然常住城镇，但由于没有非农人口户籍，与城市市民在教育、医疗、社会保障等社会公共服务方面存在差距。大量的农民工虽然实现了地域转移和职业转换，但还没有实现身份和地位的转变。大规模农民工周期性“钟摆式”和“候鸟型”流动，造成巨大的社会代价。因此可以说，中国新型城镇化的核心是人的城镇化。

实现人的城镇化，完成人由“乡”到“城”的转变主要包括三个方面的内容：(1) 不仅要提高人口构成中城镇人口所占比例，更要实现人的生活方式、生存空间、发展空间的城镇化，要实现城乡发展一体化，亦即城乡在社会经济结构上的高度融合与协调发展；(2) 必须以人为本，让城乡居民享受更加健康优裕的生活，让城乡居民平等地享受基本的公共服务；(3) 必须实现农村转移人口对城镇的心理认同和融入，能够让新移居城镇居民适应城镇生活，在心理上获得认同，在情感上找到归宿。

三、新型城镇化的主要任务

新型城镇化已然成为我国未来发展的重点抉择，要实现新型城镇化建设的宏伟目标，必须从以下四个方面做出努力。

(一) 统筹推进户籍制度改革

我国实行了半个多世纪的以二元户籍制度为基础的城乡二元分割体制，固化了城乡居民的不同身份、权利和各种社会管理体制，成为农民进城就业、落户和城镇化推进的严重障碍。推进户籍制度的改革，解决农民进城的户籍问题，核心是公民权利平等，逐步形成农民工与城镇居民身份统一、权利一致、地位平等的制度。十八届三中全会提出，加快户籍制度改革，全面放开建制镇和小城市落户限制，有序地放开中等城市落户限制，合理确定大城市落户条件，严格控制特大城市人口规模。

深化户籍制度改革，必须以城乡一体化、迁徙自由化为目标和方向，在中央的统一规划下，剥离户口所附着的福利功能，恢复户籍制度本身的功能，同时改革嵌入户籍制度之中的其他二元制度，分类整体推进。

目前推进户籍制度改革，应该着重从以下两个方面进行：

1. 剥离户籍制度的福利分配功能，恢复其本身的管理功能

户籍制度改革的本质和核心是要恢复户籍制度本身的管理功能，剥离户籍制度的福利分配功能，使城乡居民享有同等的社会福利。要打破城乡分割的农业、非农业二元户口管理结构，建立城乡统一的户口制度；强化户籍管理的基础性工作，完善户口登记制度；积极调整人口迁徙政策，逐步放宽人口迁徙限制，引导人口的合理有序流动，根据就业、投资、居住等状况，实行外来人口有选择的市民化制度，对于暂未市民化的农民工，实施分享部分权益与义务的居住证制度，最终实现迁徙自由；改变现有的户籍登记制度，逐步实现人口登记制度。

2. 建立健全深化户籍制度改革的配套制度

这是户籍制度改革的重点和难点。户籍制度的功能主要是户籍登记和管理，它本身并不具有身份、地位、权益等方面的差别。但由于户籍制度之上嵌入了其他二元制度，所以户籍制度的改革需要嵌入户籍制度之上的其他二元制度配套改革。要逐步弱化直至最后消除附着

于户口之上的不公平福利制度，逐步解决土地制度、劳动就业制度、社会保障制度等的配套改革，逐步将农民工统一纳入各地各项社会管理，促进住房、医疗、子女教育、社会保障等基本公共服务均等化。最终实现中国公民在境内享有同等待遇的统一的户口信息登记制度。

（二）着力深化有利于推进城镇化建设的土地管理制度改革

土地是农民最基本的生产资料和维持生计的最基本保障，也是农业转移人口市民化的最大资本。必须以土地物权化为重点，以保护农民的土地财产权利为核心，深化农村土地管理制度改革。① 按照解放和发展生产力、提高土地利用效率和城镇化的质量、保障农民利益的要求，深化土地制度改革。一是要切实保护农民合法土地权益。加快落实土地承包关系长期不变的要求，把承包经营权落实到包括外出农民工在内的所有农户，发放宅基地使用权和农房产权证，建立以承包权为核心的农地产权制度，并完善土地产权法律制度。二是要完善征地和流转制度。严格界定公益性和经营性建设用地，逐步缩小征地范围，完善征地补偿机制，提高对农民的征地补偿标准。在保护耕地的前提下，赋予农民交易土地使用权的权利。着重培育公正、公开、公平的农村土地产权流转市场，积极促进土地产权流转。三是要加强城镇化过程中土地资源集约利用。必须树立集约节约用地、保护有限稀缺的国土资源的理念。要强化保护耕地、集约节约用地的观念，这就要求我们改革现有的土地管理制度，坚持最严格的耕地保护制度和集约节约用地制度，按照管住总量、严格控制增量、盘活存量、差异化利用和管理的原则，推进土地管理制度改革，促进土地资源节约使用和优化配置。

（三）深化财政金融体制改革

要通过财政金融体制改革，形成有利于城镇化健康发展的激励机制，完善公共服务的财政分摊机制，充分调动社会力量，构建政府主导、多方参与、成本共担、协同推进的农业转移人口市民化机制。一是建立健全公共服务能力，调整财政支出结构，强化政府基本公共服务供给的责任，推进建立包括农民工在内的基本公共服务体系。二是加快地方税收体系建设，培育稳定的地方收入来源，在整体减税的基础上进行税收结构调整，通过强力征收房产税、遗产税、资源税等有利于收入调节的税种来增加财政资金来源。三是建立事权与支出责任相适应的制度，完善地方税体系，逐步构建地方主体税种，改变传统的“土地财政”行为，减少中央专项转移支付和对地方的干预，建立财政转移支付同农业转移人口市民化挂钩机制。四是合理确定土地出让收入在不同主体间的分配比例，将政府土地出让收入纳入公共财政进行管理，提高土地出让收入的使用效率，减少地方政府对土地财政的依赖。五是建立中央和省级财政支持农民工市民化的转移支付制度，建立农民工市民化的政府、企业与个人成本分摊制度。

（四）多渠道有效筹措城镇化资金

中国农村人口数量庞大，如何有效筹措城镇化所需要的巨额资金，是中国城镇化面临的一个最大困难。要打破地方政府对城镇市政公用事业运营的垄断，根据城镇基础设施和公共服务性质的不同，建立多元化、多渠道的资金供给模式。通过政策的引导，提高政

① 方辉泽，黄科．新型城镇化的核心要求是实现人的城镇化．中共天津市委党校学报，2013（4）．

府、企业、社会和个人共同参与城镇建设的积极性。逐步取消或减少不必要的行政审核，充分利用市场的力量，允许更多民间资本和境内外金融机构涉足城镇化建设领域，优化城镇建设资金来源渠道。通过城镇建设体制的改革，逐步改变建城收益小于建城成本或者政府投资得不偿失的不均衡状态，以逐步缓解城镇居民增加和城镇基础设施不够的矛盾，形成正常的城镇建设扩张机制。

四、同步推进乡村振兴和新型城镇化战略

习近平总书记在党的十九大报告中提出坚持农业农村优先发展，实施乡村振兴战略，强调“农业农村农民问题是关系国计民生的根本性问题，必须始终把解决好‘三农’问题作为全党工作重中之重。要坚持农业农村优先发展，按照产业兴旺、生态宜居、乡风文明、治理有效、生活富裕的总要求，建立健全城乡融合发展体制机制和政策体系，加快推进农业农村现代化”。2018 年中央一号文件《中共中央国务院关于实施乡村振兴战略的意见》，则在贯彻党的十九大精神的基础上具体提出了乡村振兴战略的基本原则、目标任务和路径手段。我国在推进城镇化背景下提出乡村振兴战略，乡村振兴战略是否会影响城镇化进程，应该如何处理两个发展战略之间的关系?

（一）乡村振兴战略的丰富内涵

改革开放 40 年来，我国全面推进城市改革，城市发展成效显著，城镇化、工业化进程不断加快，但农村农业发展相对滞后，并凸显了许多不容忽视、亟待解决的瓶颈问题，这些问题影响和制约着我国经济社会的全面发展。乡村振兴就是要解决农村和农业的不充分发展和城乡间不均衡发展的问题。实施乡村振兴战略，必须从以下方面把握其丰富内涵。

1. 坚持农业农村优先发展是推进乡村振兴的基本前提

党的十九大报告提出，“农业农村农民问题是关系国计民生的根本性问题，必须始终把解决好‘三农’问题作为全党工作重中之重。要坚持农业农村优先发展。”中央农村工作会议再次明确要求，坚持重中之重战略地位，把农业农村优先发展的要求落到实处。我国现阶段正处于“两个一百年”奋斗目标的历史交汇期，必须始终把解决好“三农”问题作为全党工作的重中之重。

2. 实施乡村振兴战略的总要求是“产业兴旺、生态宜居、乡风文明、治理有效、生活富裕”

产业兴旺是重点，生态宜居是关键，乡风文明是灵魂，治理有效是保障，生活富裕是根本。

产业兴旺是乡村振兴战略的重点，产业是推进农业农村现代化的原动力，产业兴旺是乡村振兴的支撑。乡村产业的核心是农业，必须坚持质量兴农、绿色兴农，以农业供给侧结构性改革为主线，加快构建现代农业产业体系、生产体系、经营体系，完善农业支持保护制度，发展多种形式适度规模经营，培育新型农业经营主体，健全农业社会化服务体系，实现小农户和现代农业发展有机衔接。促进农村一二三产业融合发展，支持和鼓励农民就业创业，拓宽增收渠道。提高农业创新力、竞争力和全要素生产率，加快实现由农业大国向农业强国转变。

生态宜居是乡村振兴战略的关键，良好的生态环境和村容村貌既直观反映农村文明程度，也是美丽乡村的外在表现。农村最大的优势和宝贵的财富是生态环境良好，必须尊重自然、顺应自然、保护自然，推动乡村自然资本加快增值，实现百姓富、生态美的统一。加强农村生态环境保护，统筹山水林田湖草系统治理，健全耕地草原森林河流湖泊休养生息制度，分类有序退出超载的边际产能。加快建立市场化、多元化生态补偿机制。

乡风文明是保障。乡风习俗是一个地域的生活文化，是农村精神家园的底色。必须大力推进乡村文化复兴工程，促进农村文化繁荣，不能让传统乡村文化被破坏、被取代。我们要发挥传统文化在农村底蕴深厚、流传久远的优势，倡导现代文明理念和生活方式，注重培育良好生活习惯和文明乡风，推动传统文化创新性转化、创新性发展。要加强农村公共文化建设，开展移风易俗行动，深入实施公民道德建设工程。通过这些措施，引导广大农民树立良好道德风尚，建设幸福家庭、友爱乡村、和谐社会。

治理有效是基础。乡村治理是国家治理的基层基础，乡村治理水平关系党和国家的政策能否得到有效落实，也关系农民切身利益。当前农村人口老龄化、村庄空心化、家庭离散化问题凸显，把夯实基层基础作为固本之策，才能确保乡村社会充满活力。按照自治、法治和德治“三治合一”的乡村治理现代化的要求，探索新型乡村治理模式和治理办法，充分发挥农村基层党组织的战斗堡垒作用和核心作用，大力发挥农村共产党员的先锋模范作用，建立健全党委领导、政府负责、社会协同、公众参与、法治保障的现代乡村社会治理体制。让农村家家联系紧起来、守望相助兴起来、干群关系亲起来。

生活富裕是根本。乡村振兴的出发点和落脚点，是让亿万农民生活得更美好。围绕农民群众最关心最直接最现实的利益问题，抓重点、补短板、强弱项，拓宽农民增收渠道，增加农村低收入者收入，扩大中等收入群体，保持农民收入增速快于城镇居民，加强农村社会保障体系建设，持续改善农村人居环境。

3. 实施乡村振兴战略的目标是加快推进农业农村现代化

农业农村农民问题是关系国计民生的根本性问题，没有农业农村的现代化，就没有国家的现代化。全面建成小康社会和建设社会主义现代化强国的薄弱环节是农业农村的现代化。把农业农村现代化作为国家现代化的一个不可分割的整体来看待，以全面发展来破解不平衡不充分的问题，体现了社会主要矛盾变化的时代要求。农业农村的现代化，涉及农村经济、政治、文化、社会、生态文明各个方面的建设。经过改革开放 40 年的发展，我国经济实力和综合国力显著增强，具备了支撑农业农村现代化的物质和技术条件。因此，把乡村振兴作为加快推进农业农村现代化的目标既具有现实必要性，又有现实可行性。

4. 实现乡村振兴战略的关键环节是建立健全城乡融合发展体制机制和政策体系

随着城镇化进程的不断推进，我国城乡从“城乡二元发展”到“城乡统筹发展”，再到“城乡一体化发展”，初步形成工业反哺农业、城市支持乡村的发展框架。但是城乡发展的融合水平不高，城乡二元分割的结构仍是当前社会突出的结构特征，城乡发展不平衡、农村发展不充分的客观矛盾，已经成为制约当下人们追求美好生活的现实障碍。因此，必须彻底打破城乡二元结构，走融合发展的道路。只有建立健全城乡融合发展的体制机制和政策体系，从根本上打破城乡分割的传统体制机制障碍，构建城乡统一的户籍登记制度、土地管理制度、就业管理制度、社会保障制度以及公共服务体系和社会治理体系，促进城乡要素自由流动、平等交换和公共资源均衡配置，实现城乡居民生活质量的等值化，城乡才能承担起新形势下满足人们需要的城市和乡村功能，推动城市和乡村健康发展。

（二）乡村振兴战略与推进城镇化战略并不矛盾

乡村振兴的核心是产业振兴，关键是城乡要素的自由流动。新型城镇化最根本的作用就是促进城乡产业融合，直接结果就是实现城乡产业要素自由流动。乡村最主要的产业是农业，要实现农业现代化，就必须减少农业劳动力数量，提高劳动生产率。我国经过40年的城镇化进程，转移了数以亿计的农业剩余劳动力，但到2016年，我国的城镇化率只有57.35%，尚有5.897 3亿的农村人口，我国农业人口占全部从业人口的比重高达27.7%，发达国家一般低于10%，要提高农业劳动生产率并缩小其与非农产业劳动生产率之间的差距，就要通过新型城镇化来吸纳农业剩余劳动力。从这个意义上看，乡村振兴战略与党的十八大提出的新型城镇化发展战略是一致的。从党的十八大到十九大，这两个战略虽然侧重点略有不同；但是，二者是辩证统一的，内涵一致，互相支持配合。①

从目的来看，新型城镇化的目的之一是解决“人的城镇化”，实现农业转移人口的市民化，让农民工逐步融入城镇，享受到同城市居民相同的基本公共服务，从实质上成为城里人。推进城镇化，吸纳更多人进城，可以促进农业生产规模化和机械化，提高农业现代化水平和农民生活水平。城镇经济实力提升，会进一步增强以工促农、以城带乡能力，加快农村经济社会发展。乡村振兴战略的目标任务是农村基础设施建设深入推进，农村人居环境明显改善，美丽宜居乡村建设扎实推进；城乡基本公共服务均等化水平进一步提高，城乡融合发展体制机制初步建立。最终实现乡村全面振兴，农业强、农村美、农民富。二者都是为了农村经济社会文化生活水平的提高。

从原则来看，新型城镇化要求以人为本，公平共享，讲求四化同步，促进城乡要素平等交换和公共资源均衡配置，形成以工促农、以城带乡、工农互惠、城乡一体的新型工农、城乡关系。乡村振兴战略中更明确指出，坚持城乡融合发展，坚决破除体制机制弊端，推动城乡要素自由流动、平等交换，推动新型工业化、信息化、城镇化、农业现代化同步发展，加快形成工农互促、城乡互补、全面融合、共同繁荣的新型工农城乡关系。促进城乡融合发展，是推进乡村振兴和新型城镇化建设的共同目标。

从核心价值看，新型城镇化的核心价值是以人为本。通过城镇发展实现以人为本，追求人的自由全面发展。通过推动城镇常住人口基本公共服务均等化，让农业转移人口享受与城镇居民相同的义务教育、就业、医疗、法律援助等多项基本公共服务。乡村振兴战略的基本原则之一是坚持农民主体地位。充分尊重农民意愿，切实发挥农民在乡村振兴中的主体作用，调动亿万农民的积极性、主动性、创造性，把维护农民群众根本利益、促进农民共同富裕作为出发点和落脚点，促进农民持续增收，不断提升农民的获得感、幸福感、安全感。这也是强调以人（农民）为本。

在领导方式上，新型城镇化和乡村振兴战略都要在党的领导下推进。“城镇化建设”写入党的十八大报告，2012年底的中央经济工作会议和2013年7月召开的下半年经济工

① 范永茂．同步推进乡村振兴和新型城镇化战略．中国网，http://opinion.china.com.cn/opinion_87_179687.html，2018-03-04.

作会议均强调，要积极稳妥推进城镇化建设。乡村振兴战略是习近平总书记在党的十九大报告中提出的，2018 年中央一号文件又以乡村振兴为主题，围绕深化农业供给侧结构性改革、推进农业农村现代化、推进乡村治理体系和治理能力现代化等问题提出实施乡村振兴战略的意见。新型城镇化战略强调加强制度顶层设计，尊重市场规律，统筹推进人口管理、土地管理、财税金融、城镇住房、行政管理、生态环境等重点领域和关键环节体制机制改革。乡村振兴战略把夯实基层基础作为固本之策，强调建立健全党委领导、政府负责、社会协同、公众参与、法治保障的现代乡村社会治理体制。加强农村基层党组织建设包括扎实推进抓党建促乡村振兴，突出政治功能，提升组织力，抓乡促村，把农村基层党组织建成坚强战斗堡垒，也包括强化农村基层党组织领导核心地位，创新组织设置和活动方式等。

从制度供给的角度看，新型城镇化需要一系列制度改革与创新相配套，涉及人口管理制度，土地管理制度、城乡住房制度等的改革与保障，特别是土地管理制度的改革与完善。乡村振兴战略也离不开一系列的制度建设，特别需要以完善产权制度和要素市场化配置为重点。需要总结农村土地征收、集体经营性建设用地入市、宅基地制度改革试点经验，加快土地管理法修改，完善农村土地利用管理政策体系。扎实推进房地一体的农村集体建设用地和宅基地使用权确权登记颁证。完善农民闲置宅基地和闲置农房政策，探索宅基地所有权、资格权、使用权“三权分置”等措施。

因此，新型城镇化是乡村振兴的助推器，乡村振兴是新型城镇化的必然结果。乡村振兴和新型城镇化战略同步推进，正如习近平总书记所指出的：城镇化要发展，农业现代化和新农村建设也要发展，同步发展才能相得益彰。

思考题

1. 我国传统城镇化道路存在哪些问题？

2. 简述我国新型城镇化道路的内涵与特征。

3. 我国新型城镇化战略的核心是什么？如何实现这一战略核心？

4. 我国推进新型城镇化战略必须遵循哪些基本原则？

5. 为什么我国走新型城镇化道路必须实现工业化、信息化、城镇化、农业现代化“四化”协调互动？

6. 《国家新型城镇化规划》为什么提出以城市群为推进城镇化的主体形态？

7. 《国家新型城镇化规划（2014—2020 年）》提出了我国城镇化五大发展目标，其具体内容是什么？

8. 简述乡村振兴与新型城镇化战略的关系。

第十章
中国工业化发展战略

第一节 工业化的基本理论

一、工业化的概念

工业化可以分为狭义上和广义上两个层次。狭义上，工业化可理解为工业在国民经济中比重不断上升的过程，如巴格奇、刘易斯、钱纳里和库兹涅茨等人都持有类似观点。而广义上的工业化是"指一个国家或地区从农业社会向工业社会的转化，以及工业社会的自身发展过程，还包括人们的分工、工作方式管理体制，直到思想观念的全面变革"①。发展经济学奠基人之一的张培刚先生强调，工业化概念应该反映产业革命以来经济社会的主要变化，既包括工业本身的机械化和现代化，也包括农业的机械化和现代化。

当前理论界普遍认为，工业化应该包含以下几个方面内容：第一是劳动资料的现代化。在主要工业部门实现生产过程的机械化、自动化，采用新技术、新材料、新工艺和最新科技成果。第二是工业管理的现代化。在工业管理中，采用现代化的管理体制、合理化的生产组织、科学化的管理方法和电子计算机化的管理手段，达到优化资源配置，取得最佳经济效益的目的。第三是劳动者和管理者知识结构的现代化。劳动者和管理者的科学文化水平和专业知识普遍

① 赵国鸿．论中国新型工业化道路．北京：人民出版社，2005：6.

提高，在业职工构成发生变化，即在整个工业人员中，技术人员的比重将不断上升，直接生产工人的比重将逐渐下降；在工业管理人员中，具有专业知识的人员会迅速增加，而非专家职业的人数会减少。第四是工业部门结构的现代化。技术密集型工业的比重日益提高、新兴工业部门的建立与发展，是工业部门结构现代化的主要标志。第五是主要技术经济指标达到当代世界先进水平。例如，主要工业产品产量、劳动生产率、主要原料和能源的消耗水平、资金占用、先进机器设备的自给率等一些指标，都应该达到当代世界先进水平。工业化的这五项主要内容是互相联系、不可分割的。劳动资料的现代化是工业化的核心，工业管理的现代化与劳动者和管理者知识结构的现代化是实现劳动资料现代化的基础，工业部门结构的现代化和主要技术经济指标达到当代世界先进水平，则是工业化在结构上和功能上的综合反映。因此，必须从整体上把握这五项主要内容，才能全面地了解工业化发展进程。

从工业化的内涵，我们可以看出工业化具有以下几个特征：

首先，工业化是一个动态的过程。工业化的实质是经济结构的转化过程，是农业份额的下降和非农业份额上升的过程。工业化的进程表现为主导产业不断更替、产业不断创新的过程，产业转换能力是一国经济发展能力的主要决定性因素。

其次，工业化是一个历史的范畴，在不同国家和不同历史阶段，工业化的起点不同，道路不同，技术革命的内涵不同，工业化的速度也不同。英国基本实现工业化经过了100多年时间，日本用了70年，韩国只用了30年。我国推进工业化经历了50多年，实现工业化至今仍是中国现代化建设中艰巨的历史任务。

再次，工业化是社会经济现代化的动力源。在推进工业化的过程中，不仅经济总量和经济结构发生变化，社会、政治、法律、文化、观念及习俗也会相应发生变革，从而实现传统农业社会向工业社会转型，推动经济社会现代化。

最后，工业化是一个必然的过程。由农业经济到工业经济到知识经济，这是生产力发展的一般规律。工业化是承上启下的经济形态，是经济发展不可逾越的必然阶段。工业化是发展中国家由落后状态转变为发达状态、实现现代化的必由之路。

二、工业化的主要模式

当今世界开始进入以工业化为主导的发展阶段，工业化水平高低已成为一个国家发达与否的基本标志。工业化意味着国民经济发生巨大的结构变化，新兴工业部门不但比传统农业部门发展更快，而且在国民经济中逐渐占有较大比重。采取什么办法增加工业化所需的生产要素并使之有效地协同发挥作用，世界各国根据自己不同的国情选择了不尽相同的工业化模式。

1. 内生型工业化模式——英国和美国

英国是世界第一个工业化国家，其工业革命是自发产生和进行的，这种模式一般被称为内生型工业化，这是世界工业化进程中的一种特殊模式，经历了一个相对漫长的过程。英国的工业化是在已经相当发达的市场经济前提下发展起来的。圈地运动使英国的土地所有权发生了革命性变革，改变了农业经营方式和生产组织形式，率先在农业上实现了商品化生产；农业的先行发展使人口得以持续增长，为工业提供了广阔的国内市场和充足而又廉价的劳动力。资本的原始积累和劳动力市场的形成，加上广大世界市场的开辟，为工业化发展创造了条件。而蒸汽机的发明，正式揭开了工业革命序幕。技术革新使劳动生产率不断提高，以纺织业为先导部门，采矿业和冶金业与其并行发展，带动了其他部门的产生和发展，工业化逐渐扩散到各工业生产部门和交通运输业中。利润的驱使，使英国经济结构发生了变化，农业不再占优势地位，工业和贸易及交通运输业开始在经济中占据主导地位。对英国人来说，其社会经济、政治、文化等各方面的变化和现代化的进程几乎是浑然一体的，自然而然地实现了工业化。

美国工业化的动因主要来自内部压力，可以看作是英国工业化模式的延伸。因为美国有灵活的经济体系和政府强有力的指导政策，这对工业快速发展起了很大的作用。而且，美国在英国的基础上进行了工业化内部创新，建立了更先进的生产模式。众所周知，美国是一个后起的资本主义国家。1776 年独立以来，依靠国内丰富的自然资源和外国的先进技术，特别是进行技术革命和制度创新，在短短的 200 年时间里，就实现了由农业国到工业国的转变，目前已成为世界上经济技术实力最强的国家，而且已进入知识经济时代。

首先，美国人创立了新的工厂体制。美国工业化时人力匮乏，但土地广大，水利资源丰富。于是，他们把原来一些分散的制作过程加以合并，实行新的分工，然后将制造某一商品的所有工序集中于一个工厂，并置于统一的管理之下。这种工厂需要巨额资金，于是，组织有限公司成为解决资金的主要渠道，某一公司根据法律取得营业执照后，便可以从许多较小的投资者手里筹集资本，股东们只负“有限责任”，他们对公司的债务只按其所占有的股份比例承担责任。这种股份公司成为美国工业化的基础。

通用制是美国的另一项重要的技术创新。通用制使大规模的生产成为可能，产生“规模生产制”。在此之前，产品是由工匠一件件制作的，而通用制的出现则使得产品可以批量生产和大量投放市场，有力地促进了经济发展。此外，美国远离欧洲大陆，不易受战乱的影响，而且可在欧洲列强混战时获得若干订货的好处。结果，两次世界大战后，美国不仅迅速地成为彻底的工业化国家，而且成为世界主要的超级大国。

英美两国的发展还有许多共同点，它们除了都属于内生型的工业化模式外，在语言、文化、政治传统以及宗教信仰方面也都类似，占有十分广阔的市场，有一个适宜工业化发展的政治机构和相应的社会组织，都能获取工业化所需的原材料。所以通常人们把英美两国的工业化模式合称英美模式。

2. 政府主导型工业化模式——德国和日本

德国的工业化进程在法国工业化之后，其经济起飞时间相对较迟，德国通常被称为工业化第二集团的追随者，比美法等国工业化晚了整整一代人的时间，它们吸取了法国摇摆不定的教训，利用有效的社会军事组织形式，创立了一种成功的模式，建立了干预性很强的政府和一个主动积极的官僚体系。德国政府在其工业发展过程中发挥了积极作用，通过德意志政府的努力，德国在 19 世纪末终于成为一个实力强劲的新兴工业化国家。

日本则是在明治维新后，通过明治政府的强力引导，在很短的时期内实现了现代经济的转轨，一方面引进西方先进科技、加速本国工业建设，一方面对外扩张、掠夺他国财富，通过一种血淋淋的方式挤进了列强的行列。

德日两国工业化都快速进行并取得了显著成绩，而且它们的工业化过程有许多共同点。德日两国都是工业化第二集团中的主要国家，在发展的模式上，选择了应激型也就是政府主导型的工业化发展模式，其发展势头却超过了几乎所有的第一集团国家。这中间有很多原因，除了政府的作用和对教育的重视外，德日两国的企业卡特尔化也是一个重要原因。两国在工业化过程中，企业卡特尔化成为工业化的主要趋势，表现出工业化发展对规模经济的要求，没有规模，就无法有效地参与国际竞争。

德日两国在社会和政治方面的彻底现代化，也是在第二次世界大战以后借助于外力完成的。正是 1945 年后美国对这两个国家进行的强制性民主改造，才使其现代化任务得以彻底完成，而这也是德日两国在战后经济高速发展的关键性因素。所以，也可以说，在经历了一个多世纪的探索之后，德日等国由最初强权推行的赶超模式最终还是回到了民主体制下和平发展的道路。

3. 中间型工业化模式——法国

法国模式是一种介于内生型和应激型两种模式之间的类型。法国的工业化走了一条十分曲折的发展道路，形成了独有的法国模式。首先，在近代初期，法国在各方面与英国相比一直处于上风，甚至在工业起步阶段法国的条件也并不比英国差，然而，法国却未能成为“第一只变成青蛙的蝌蚪”。法国各方面的条件与英国有点类似，采取自由放任的宽松政策是机械模仿英国的经验，法国的特殊国情在于，它在工业化的进程之前从路易十四时代开始，就一直拥有较为强大的国家政权，但这些政权并未成为工业化的促进力量，反而在很多时候成为发展的障碍。于是，法国社会把建立民主体制视为经济发展的前提，而建立一个民主政府却引起了反复和剧烈的社会动荡。法国以建立政治民主体制为先导的方式最终不仅未能达到推动经济发展的目的，反而在某种特定的阶段阻碍了经济的起飞。当法国意识到政治上、经济上的自由放任发展模式实际上已经过时后，才探索如何将政治民主化与经济发展有机地结合起来。

从世界经济发展规律看，当世界市场上已出现了一些领先国家，其余国家在竞争方面就不可能拥有与它们相同的条件和地位。于是，要依靠某种经济之外的力量来帮助本国经济发展，而这种力量就是政府。此后的德国和日本依靠政府的力量取得了成功。它们得益于法国的探索——在一国经济起飞之际，其政治变革应追求一个能暂时适合经济发展的体制，而不是一种绝对民主体制。

三、判定工业化阶段的一般标准

根据发展经济学研究的多国模式所揭示的理论线索，反映工业化演进的内容主要有以下几个方面：一是人均收入水平（GDP 或 GNP）的变动；二是三大产业的产值结构和就业结构；三是工业内部结构的变动，包括工业增加值、制造业增加值占 GDP 或商品总增加值的比重。另外，由于城市化水平与工业化水平是相辅相成的，所以城市化水平也能在一定程度上反映工业化水平。

1. 人均 GDP（GNP）变动所反映的工业化水平

钱纳里等人从结构转变过程的角度将各国的人均收入水平划分为 7 个变动时期，其中的第 2～4 个时期为工业化时期：工业化初期、中期与末期。由于国际美元币值的变动，工业化水平以人均 GDP 不同年份的美元来反映有很大的差别。以 1970 年美元计算，人均 GDP 在 280～560 美元为工业化初期，1 120～2 100 美元为工业化末期；而以 1982 年美元来衡量，人均 GDP 在 728～1 456 美元才进入工业化的初期，到 2 912～5 460 美元才是工业化的末期。

2. 三大产业的产值结构和就业结构所反映的工业化水平

克拉克、库茨涅兹和钱纳里等经济学家的研究均表明，随着工业化的进行，无论是三大产业的产值结构还是就业结构，总的趋势都表现出第一产业的比重不断下降，第二、三产业的比重上升。而且在不同的工业化阶段，各产业所占的比重是有一定规律性的。比如，根据钱纳里等人的研究，第一产业增加值占 GDP 的比重，在工业化初期一般在 30%～40%，在工业化中期则小于 20%，在工业化末期小于 10%。从就业结构看，第一产业占的比重，在工业化初期一般大于 50%，在工业化中期一般在 30%～45%左右，而到工业化结束，一般小于 10%。

3. 工业内部结构变动所反映的工业化水平

一般以制造业增加值占 GDP 或占商品总增加值的比重来反映工业化阶段。根据钱纳里等的研究，按 1970 年美元计算，制造业占 GDP 比重，在人均收入为 140 美元即工业化前期时为 15%，在人均收入为 560 美元即工业化中期时为 24%，在人均为 2 100 美元即工业化末期时为 36%。之后，制造业占 GDP 的比重将开始下降。36%被认为是制造业比重的最高界限。

根据科迪等人的研究，制造业增加值占商品总增加值的比重一直呈上升趋势：工业化初期为 20%～40%，工业化中期为 40%～50%，工业化末期第二阶段则大于 60%。

根据有关研究，城镇化水平小于 30%时，为工业化的前期，30%～50%才进入到工业化的初期，到后工业化时期则大于 75%。

根据钱纳里、科迪和其他人的研究成果，将不同工业化水平的标志值汇总为表 10－1。

表 10－1　　工业化水平的标志值汇总表

基本指标		前工业化	工业化阶段			后工业化时期
			工业化初期	工业化中期	工业化末期	
人均 GDP（美元）	1970 年	140～280	280～560	560～1120	1120～2 100	＞2 100
	1995 年	610～1 220	1 220～2 320	2 430～4 870	4 870～9 120	＞9 120
	2000 年	660～1 320	1 320～2 640	2 640～5 280	5 280～9 910	＞9 910
	2005 年	745～1 490	1 490～2 980	2 980～5 960	5 960～11 170	＞11 170
	2006 年	760～1 530	1 530～3 050	3 050～6 110	6 110～11 470	＞11 470
	2007 年	765～1 545	1 545～3 080	3 080～6 170	6 170～11 580	＞11 580
三大产业增加值结构（%）	第一产业（A）	＞I，＞40	＜I，20～40	＜I，＜20	＜10	＜10
	第二产业（I）	＜A，＜20	＞A，20～30	30～40，且最大	40～50，且最高	＜S，＜40
	第三产业（S）	＜35	＞I，35～40			
三大产业就业结构（%）	第一产业（A）	＞60	60～45	45～30	30～10	＜10
	第二产业（I）	＜15	15～20	20～30	30～40	＜40，＞A，＜S
	第三产业（S）	＜20	20～30	30～40	40～50	＞50
工业占 GDP 比重（%）		＜20	20～30	30～40	40～50	＜50
制造业占 GDP 比重（%）		＜15	19	24	36	＜36
制造业占总商品比重（%）		＜20	20～40	40～50	50～60	＞60
城镇化率（%）		＜30	30～50	50～60	60～75	＞75

第二节　我国工业化的历程及评价

工业化是衡量一个国家或地区经济发展阶段与发展水平的重要标志，也是发展中国家摆脱落后状态、实现现代化的必由之路。实现工业化是我国现代化进程中艰巨的历史性任务，我国要实现全面建设小康社会的目标，完成现代化，成为世界经济强国，必须走工业化之路，这是一个至关重要而又充满挑战的任务。可以说，工业化是我国现阶段经济发展的核心和主题。

一、改革开放前的工业化

中华人民共和国成立初期中国的工业化水平很低，1949 年工业在国民经济中仅占 10%，而且大都集中于轻工业，重工业几乎为空白，工业基础十分薄弱。1953 年我国采取了重化工业起步的超常规道路，实行“优先发展重工业”的战略，开始了初步工业化进程。1953—1977 年工业总产值年均增长 11.3%。1949—1978 年中国已经由一个以农业产值为主的国家变为一个以工业产值为主的国家。1952 年工业总产值占社会总产值的比重为 34.4%，1978 年工业总产值占社会总产值的比重已上升为 61.9%。经过大力发展，门类齐全的工业体系已基本形成，还创立了电子、原子能和导弹等国防工业体系。

改革开放前中国的工业化具有以下特点：

首先，采取优先发展重工业的战略。发展中国家推行工业化有两种战略：一种是优先发展重工业战略，另一种是优先发展轻工业。重工业是资本密集型的，因此优先发展重工业对资本积累有很高的要求，解决资本缺口一般有两种方法：一是抵制即期消费，加强储蓄和积累；二是通过计划经济的高度集权体制把有限的资本优先用于发展重工业。由于以消费品为主的轻工业可以通过进口零件装配，所需设备也可以依靠进口，因此可以不必同时建立部门齐全的重工业，可待轻工业的发展积累了较多资本后再发展重工业。以市场导向的国家一般优先发展轻工业，即首先发展需要投入资本较少的轻工业，特别是以农产品为原料的轻工业，随着人均收入水平的提高，居民消费指向从以农产品为原料的轻工业产品为主转向以非农产品为原料的轻工业产品为主，由此诱发重化工业的发展。当重化工业发展成熟后，工业化又进入以加工、组装工业为中心的“高加工度化”的发展阶段。我国早期的工业化以重工业优先发展为核心。从第一个五年计划到第五个五年计划，重工业基建投资额占农、轻、重总投资额的比例均在 70%以上。第一个五年计划时期工业发展速度与轻工业发展速度之比为 12：1，第二个五年计划时期为 26：1，第三个五年计划时期为 11.8：1，第四个五年计划时期为 11.3：1。这种不均衡发展导致了产业结构严重失调。

其次，采取高度集权的计划经济体制来推动工业化进程。由于国家实行严格的计划经济，全民所有制在国民经济中占绝对地位，财政统收统支，企业的投入产出由国家控制，工业化完全由国家推动和主导，工业化的方向、进度、产业重点等完全由国家决定，投资责任也由政府承担。技术进步、企业家才能和需求拉动等工业化推动力量的作用受到相当程度抑制。

再次，采取“剪刀差”推进工业化进程。长期靠工农业“剪刀差”剥夺农业来为工业

化积累资本。从 1954 年国家实行农产品统购统销政策到 1978 年，以工农业“剪刀差”形式从农业部门获取了 7 000 亿元左右的资金，加剧了城乡间发展的不平衡。1978 年工农业产值的比例由 1952 年的 3∶7 变为 7∶3，但城乡人口的比例仍为 2∶8，人为阻碍了伴随工业化的城镇化和城乡间要素交流，加剧了城乡二元结构，导致城镇化严重滞后于工业化，反过来影响了工业化的继续进行。

最后，采取相对封闭的工业化道路。中华人民共和国在建立之初就面临着不利的国际环境和经济环境的制约。当时以美国为首的西方国家在政治和军事上与社会主义国家高度对立，1950 年即操纵联合国对中国实行经济“禁运”政策，1952 年又在“巴黎统筹委员会”中设立对华审查委员会，实施对中国技术出口的严格限制。在这种情况下，中国主要与苏联和东欧社会主义国家发生经济技术关系。但在 20 世纪 60 年代初期，由于与苏联意识形态分歧的公开化，与苏联和东欧的经济技术交往也中断了。总体来说，我国早期的工业化进程是在缺乏国际交流的条件下进行的。1952 年我国的外贸依存度是 9.4%，以后都没有超过 10%，1977 年是 8.9%。闭门造车使我国不能有效利用国际市场、技术、人才和资金资源，不能参与国际分工，延缓了工业化的进程。

总之，我国改革开放前的工业化最突出的表现是资金和财富在工业部门特别是在重工业部门的快速积累，而所需资金则来自对农产品和轻工业产品消费的抑制，致使产业结构向重化工业倾斜，产业结构演进呈紊乱无序状态；工业化主要依靠资金和劳动的大量投入和自然资源的粗放利用，产业结构的高度化与现代化、资源利用的效率化与经济化表现则不很明显。但也就是在这一时期，中国初步构造起了独立的相对完整的工业体系，工业化进程也由起步阶段逐步进入了工业化的初级阶段。

二、改革开放以来的工业化

改革开放以来，我国的工业化以更快的速度向前发展，取得了举世瞩目的成就。可以将改革开放以来的工业化划分为以下几个阶段：

1. 1978—1984 年为经济体制改革探索阶段的工业化

1978—1984 年，工业生产进行了战略性的转变和经济结构的调整，重工业不再是政府主导的优先发展目标，轻工业得到政府各方面的大力支持，在需求的强力拉动下获得了迅速的恢复和发展。这一阶段工业生产的主要成绩为：一是工业基本建设取得重大进展，工业生产能力有了巨大增长；二是工业企业技术改造取得明显效果，工业技术水平有了显著提高；三是工业总产值和主要产品产量迅速增长；四是轻工业和重工业趋于协调发展；五是工业物质技术基础有所加强。这一时期，轻工业投资加大，增长速度加快，因而轻工业产值在工业总产值中的比重呈上升趋势，其中，1981 年和 1982 年轻工业产值比重超过了重工业，人们把这种现象称为工业发展的“轻型化”。

2. 1984—1992 年为经济体制改革全面推进阶段的工业化

这一阶段总的变化特征是工业结构由轻型化向重型化转变。在轻重工业结构的变化方面，一是工业保持快速增长，工业总产值年均增长速度达 15.3%，二是受需求拉动，轻工业增长速度仍快于重工业，1990 年前轻工业产值比重呈上升趋势，重工业产值比重呈下降趋势，1990 年后重工业产值比重转为上升趋势，而轻工业产值比重则转为下降趋势。在轻工业内部结构变化方面，随着社会消费水平的提高，对传统消费品的需求逐渐饱和而产生出新的更高级的消费需求。这对轻工业的结构变动具有决定性影响。在重工业内部结构变化方面，通过不断的产业结构调整，重工业内部结构朝着积极良好的方面转变，制造工业增长速度减缓，原材料工业生产增长迅速，使得长期存在的瓶颈制约得以缓解。

3.1992—2002 年为建立社会主义市场经济体制阶段的工业化

此阶段总的变化特征是轻、重工业之间比重变化不大，基本保持轻、重工业同步增长格局。邓小平南方谈话发表以后，工业经济体制改革跃上了一个新台阶。到 1995 年，国内供求关系发生了根本性的变化，由卖方市场转向买方市场，生产相对过剩开始凸现。在轻、重工业结构的变化方面，一是工业增长波动非常大，重工业波动幅度明显高于轻工业，二是受“适度从紧”等政策的影响，重工业比重略有下降，轻工业比重略有上升，但变化不大，轻、重工业保持了同步增长的变化格局。在消费品工业内部结构变化方面，自 1993 年以后，消费品的价格全部放开，消费品的生产基本由市场的供求关系决定，需求约束成为消费品生产的主要方面。在重工业内部结构变化方面，重工业内部各行业的增长速度都有所降低，其中，原材料工业的增长速度降低得最多，年均降低 13.3 个百分点；采掘工业降低得最少，年均降低近 1.5 个百分点；制造业居中，年均降低 4 个百分点。

4. 2003 年至今为新型工业化

该阶段在汽车、住房等耐用消费品的带动下，钢铁、水泥、建材、石油石化、机械制造等上游相关产业迅速增长，导致煤炭、电力、石油和铁路运输等部门的供给紧张，物价上涨，经济增长显示出粗放型增长的特征，企业利润率下降。金融危机后，中央果断实行积极的财政政策和适度宽松的货币政策，大规模增加政府支出和实行结构性减税，大范围实施重点产业调整振兴计划，积极扩大内需，有力地避免了危机对中国的侵袭。但全球经济复苏较为缓慢，各国纷纷采取自保措施，贸易保护主义重新抬头。企业在“走出去”过程中遇到了种种困难，国外市场萎缩、低水平无序竞争、贸易壁垒等原因也使得企业苦不堪言。近年来，资源的紧张和环境问题的加剧等问题，客观上要求我们转变经济发展模式，走新型工业化道路已变得刻不容缓。党的十九大会议结束后，习近平新时代中国特色社会主义思想确立为新型工业化战线的根本遵循和行动指南，在未来的发展中，我们必须坚持“创新、协调、绿色、开放、共享”的新发展理念，着力实现新型工业化发展再上新台阶，建立新型工业化新格局和产业新优势。

第三节　新型工业化：我国工业化战略的创新

一、新型工业化的提出

世界各国工业化发展的历史表明，工业化道路不是唯一的，也不是一成不变的，会随着经济社会条件的变化而变化。因经济社会制度、民族的历史文化传统、资源禀赋、自然条件、比较优势的不同，相同的社会发展阶段工业化道路也会不相同。西方发达国家在农业经济时代后期所走上的传统工业化道路，已经不适应工业经济时代的要求；传统计划经济条件下的工业化道路，在人类社会向知识经济或信息经济时代迈进的新的历史条件下，更是行不通。因此，后发国家必须不断探索新的工业化道路。

党的十六大明确提出："走新型工业化道路，大力实施科教兴国战略和可持续发展战略。坚持以信息化带动工业化，以工业化促进信息化，走出一条科技含量高、经济效益好、资源消耗低、环境污染少、人力资源优势得到发挥的新型工业化路子。"十七大明确指出，要加快转变经济发展方式，推进产业结构优化升级，坚持走中国特色新型工业化道路。党的十八大报告提出："坚持走中国特色新型工业化、信息化、城镇化、农业现代化道路，推动信息化和工业化深度融合、工业化和城镇化良性互动、城镇化和农业现代化相互协调，促进工业化、信息化、城镇化、农业现代化同步发展。"

新型工业化是在新的历史条件下体现时代特点的工业化，既立足于中国基本国情又面向世界，既从现实出发又面向未来发展的工业化道路。它既总结和发展了我国半个世纪以来工业化的经验，又汲取了二百多年来其他国家工业化的经验。提出走新型工业化道路，是发展思想上的与时俱进，具有鲜明的中国特色和强烈的时代特征，是工业化模式的重大创新和对工业化理论的重大贡献。

1. 走新型工业化道路是经济知识化、信息化和全球化的必然要求

21 世纪是人类社会由工业经济社会转变为知识经济社会的时代，知识经济（或称信息经济）时代是社会经济发展的最新阶段，知识化、信息化、全球化是当今世界经济发展的大趋势。知识成为越来越重要的生产要素，以信息技术为核心的高新技术向各个领域渗透，不仅导致许多新兴产业的诞生，而且使传统产业也正在发生革命性的变革；生产、贸易、投资、研究开发进一步国际化，人流、物流、资金流、信息流在全球范围内迅速地流动，国际分工协作、交流日益扩大，国际竞争日趋激烈。知识化、信息化、全球化正在改变着人类的生产方式、交往方式、思维方式和生活方式，也改变着现代化和工业化的内涵和实现条件。

21 世纪的现代化与 20 世纪的现代化具有不同的内容和特征，知识化、信息化是 21 世纪现代化的最重要的内容和特征体现。工业现代化离不开信息化，信息化是新时代工业现代化的主要标志。新的时代背景决定我国已经不能再像过去那样搞工业化，既不能离开信息化去搞工业化，也不能以粗放型增长方式去发展工业生产，更不能关起门来搞工业化，必须走新型工业化道路。

2. 走新型工业化道路是我国国情的必然选择

在跨入新世纪的时候，我国已经由传统计划经济逐步转向了社会主义市场经济，进入了工业化由初期到中期过渡阶段。人民生活总体上达到了小康水平，但还没有完成工业化，信息化也只是有了初步的发展；产业结构还非常不合理，产业层次也比较低，生产力和科技、教育水平仍然比较落后；城乡二元经济结构还没有根本性改变，"三农"问题依然十分突出，城镇化水平还很低，地区发展差距和城乡收入差距扩大的趋势尚未扭转，农村贫困人口和低收入人口还为数不少；人口总量继续增大，老龄人口比重上升很快，就业问题非常严峻，社会保障压力持续增大；人均资源大大低于世界平均水平，生态环境、自然资源与经济社会发展的矛盾日益突出，保护环境和资源的任务十分艰巨。这种情况决定了我国必须克服中外传统工业化道路的缺陷，走新型工业化道路。

3. 走新型工业化道路是实现可持续发展的必由之路

可持续发展是经济、社会发展与人口、资源、环境互相协调、兼顾当代人和子孙后代利益的能够不断持续下去的发展，是在人类社会面临人口爆炸、能源危机、资源短缺、环

境污染、生态失衡的严峻挑战，“高消耗高污染”、“先污染后治理”、“有增长无发展”的传统经济发展模式已经不能再继续下去的情况下，由联合国于20世纪80年代提倡的一种社会经济发展的新模式。传统的发展模式过度依赖资源消耗，由于片面追求高速度而造成经济增长剧烈波动，而且造成生态环境的严重破坏和城乡发展不协调，已经不能适应可持续发展的要求，必须改弦易辙，走新型工业化道路。

根据党的十六大、十七大、十八大以及十九大全面建成小康的各项要求和我国的主要矛盾变化，统筹推进经济建设、政治建设、文化建设、社会建设、生态建设，势必要走新型工业化道路。

二、新型工业化的内涵

新型工业化的提出是基于中国经济发展遇到来自就业、资源和环境等方面的巨大压力，同时也面临信息技术带来的产业革命等新的历史性机遇，是科学发展观的体现。因此，对其内涵的理解应着重从提高科技含量、信息化、可持续发展、人力资源开发利用以及最终提高经济效益等方面，强调统筹信息化与工业化的关系，通过信息化带动工业化；强调统筹经济发展与人口、资源、环境之间的关系；强调生态建设和环境保护，实现可持续发展；强调统筹产业升级与就业的关系，处理好资本技术密集型与劳动密集型产业、高新技术产业与传统产业、虚拟经济与实体经济的关系。

新型工业化道路与传统工业化道路相比较，主要“新”在以下几个方面：

（1）“新”在反映时代特征，采用先进技术。当今时代，先进技术层出不穷，信息技术成为当代最先进、最活跃的生产力，正在推动一场深刻的全球化产业革命、技术革命以及社会生产方式、人们生活方式的变革，成为优化经济资源配置、推动传统产业改造、提高全社会劳动生产率、转变经济增长方式的新动力。信息技术广泛渗透到经济和社会发展的各个领域，信息化是一个在工业、农业、商业、交通运输、对外贸易、科教文卫和其他各项服务业中广泛应用、深入开掘、加速现代化的过程。以信息化带动工业化，以工业化促进信息化，必将充分发挥我们的“后发优势”，实现生产力的跨越式发展。

（2）“新”在依靠科技进步，提高经济效益。时至今日，如果我们的产品仍然停留在“原字号”水平上，如原粮、原棉、原布、原煤、原油、原木、原种……那就必然处在价格的低水平上。必然处在不等价交换中受损甚至受剥削的地位上，要改变这种局面，必须提高科学技术对经济增长的贡献率，提高产品的科技含量和附加值，提高企业的自主开发能力，提高资金的投入—产出效率，从而取得较高的经济效益。

（3）“新”在开发人力资源，拓宽就业渠道。发达国家过去走传统工业化道路，曾经出现“机器吃人”的现象，造成大量工人失业。新型工业化道路，注重依靠科教进步来提高劳动者素质，从而促使人力资源得以充分开发。只要正确处理发展高新技术产业和继续保留传统产业、发展技术知识密集型产业和劳动资金密集型产业、虚拟经济和实体经济的关系，就能够创造大量就业机会，扩大就业规模。

（4）“新”在防止环境污染，保护生态平衡。一提起发展工业，人们最大的担心就是污染环境，破坏生态平衡，尤其是发展重化工业，对自然环境和生态平衡的影响确实很大。历史也早已证明，传统工业化虽然使社会生产力获得了极大的发展，但同时以自然资源的过量消耗和生态环境的巨大破坏为代价，经济发展与资源、环境、社会、生态之间的矛盾越来越尖锐。党中央提出新型工业化要“资源消耗低，环境污染少”，就是要避免“先发展，后规范”“先污染、后治理”的套路，尽可能减少资源占用与消耗，大力提高能源、原材料和辅助材料的利用效率；广泛推行清洁生产，大力施行循环经济，发展绿色产业、生态产业、环保产业，加强环境和生态保护，促进人与自然和谐发展。

(5)“新”在转变经济增长方式，增强可持续发展能力。经济增长方式是决定经济增长的各种生产要素的组合方式，本质上是生产要素的分配和使用方式，历来有数量型与质量型、速度型与效益型、外延型与内涵型、粗放型与集约型之分。转变经济增长方式，应当是指从外延粗放型经营向内涵集约型经营转变。外延粗放型经营，就是以追求数量、规模、速度、产值等为目的，其基本手段是增加各种生产要素包括资金、物资和劳动力的大量投入，而不顾经济增长的质量、效率和效益；内涵集约型经营，则是通过技术的不断更新换代、劳动者素质和管理水平的提高，谋求经济增长质量、经济效率和经济效益的提高。我们走新型工业化道路，就是要改变传统工业化模式下生产要素的分配和使用方式，降低资源消耗，减少环境污染，采用先进技术，提高产品质量，给子孙后代留下发展的资源和空间，实现可持续发展。

三、我国新型工业化面临的机遇与挑战

当前我国实施新型工业化战略是机遇与挑战并存。

我国新型工业化面临的机遇主要表现在以下几个方面：

首先，改革开放以来国民经济的持续快速发展，奠定了新型工业化崛起的良好条件。国内生产总值的大幅增长，使中国具备了推进新型工业化的坚实物质物础。高度重视发展科学技术，电子信息产业快速发展，知识经济初露端倪，为新型工业化的起步提供了技术支撑。具有中国特色的社会主义市场经济体制的基本框架初步建立，为新型工业化的推进提供了良好的体制保障。

其次，中国拥有世界上最多的人口，市场空间巨大。中国正处在工业化中期，进入重要的工业和服务业快速增长时期，如此众多的人口形成的市场规模和带来的增长空间是巨大的，并且由于人口基数庞大且发展不平衡，结构转换所带来的增长空间很大，可使中国经济保持比其他国家更长的快速增长时期。

再次，中国具有生产要素低成本优势和制造业优势上升并存的竞争优势。中国经济正在进入以较高技术含量和附加价值的加工组装制造业为重点的发展阶段，正在逐步形成具有较高技术含量和附加价值的制造业优势。同时，由于地域广大，地价难以过快攀升；廉价劳动力源源不断，近于“无限供给”状态；大批具有较高素质而与国际水平相比较收入相当低的熟练工人、技术人员和管理人员，没有形成一些国家工业化过程中劳动力、土地、资金等生产要素价格显著上升的局面，这有利于吸引越来越多的国际制造业生产能力转移到中国。

最后，发达国家在市场经济成熟及现代化、工业化之后才发展知识经济，但在中国，现代化、工业化、市场化、全球化及信息化等同时进行，形成了多元转变的统一体，有望缩短追赶先进技术的时间。

同时，我国新型工业化面临诸多挑战：

首先是知识经济带来的挑战和冲击。知识经济国际化的特点，将对我国管理体系、政

策和传统经济产生冲击，导致就业机会减少、国民收入分配差异扩大等负面影响，这些都远远超过知识经济对发达国家的影响。那些缺乏竞争力的企业产品将出现严重的过剩，部分产业失去了生存空间，社会组织方式还不适应新经济时代出现的企业组织“扁平化”、整个社会网络化的需要。在知识经济的关键技术和基础设施方面，中国与发达国家相比差距较大。在知识经济时代，由于知识有收益递增效应，知识越多发展才越快，这样后发优势就难以取得，给中国赶超发达国家增加了难度。

其次是资源利用粗放，生态环境恶化。中国资源相对短缺，同时利用方式粗放。如工业生产耗水量很大；矿产资源的综合利用率不到20%、总回收率仅为30%，分别比国外先进水平低30个百分点和20个百分点；资源消耗速度是国民经济增长速度的2倍多，单位产值能耗量是国外先进水平的2～4倍；生态恶化现象严重，生态环境改善的任务十分艰巨。

再次是城乡二元经济结构矛盾突出。工业化的进程，就是降低农业劳动力的比重，提高城镇化水平的过程。但由于受到中国比较突出的城乡二元经济结构的制约，一方面，农村剩余劳动力数量巨大，向非农产业转移困难，农村发展严重滞后于城市，其基础设施、文化教育、医疗保健等都十分落后；另一方面，中国城镇化水平严重滞后，低于世界平均水平10个百分点。同时城乡关系不协调，因此城乡分割的体制还有待进一步改革。

最后是工业制造业整体素质不高。突出表现是：劳动生产率低，生产经营规模小；制造业内部产业结构不合理，配套能力差，对国外技术装备依赖性强；高新技术产业发展水平不高，对传统产业的改造力度也比较低。

第四节　我国新型工业化的实现路径

一、信息化与工业化深度融合

工业化是指传统的农业社会向现代化工业社会转变的历史过程。在不同的历史条件下，各国实现工业化的道路应有所不同，就科学技术对工业化的带动作用而言，在西方工业化国家也有差别。英国是自18世纪30年代至19世纪40年代，在世界上第一个基本上完成工业化的国家。当时英国工业革命的动力主要来自蒸汽机的发明和应用，是以蒸汽机为动力带动了英国的工业化。法、德、美、意、日等国于19世纪先后开始并基本上完成了本国的工业革命，这主要归功于电的发明和电动机的广泛使用，电气化起了巨大的带动作用。第二次世界大战后，一些新兴工业化国家实现工业化和现代化，是由电子化、自动化带动的。中国现在正步入工业化中期阶段，要同时完成基本实现工业化和大力推进信息化的双重发展目标，这就使得我们有机会充分利用全球信息化的最新成果带动工业化，促使信息化与工业化进程相互融合，协调发展。信息网络技术的迅速发展，催生了电子信息及通信设备制造业、软件业、信息服务业、物联网业等诸多新兴产业，同时以其极强的渗透力同传统产业广泛结合，不仅使传统产业迅速提高劳动生产率和服务效率，增加品种，提高质量，降低成本，而且催生新的生产经营方式和新的业态。因此，信息化应贯穿新型工业化道路的全程，新型工业化道路的精髓就在于以信息化带动工业化，以工业化促进信息化，实现信息化与工业化的深度融合。

推动信息化与工业化深度融合，要找准切入点，努力使信息技术应用渗透到工业研发设计、加工制造、原料采购、库存管理、市场营销等各环节，全面改造提升传统产业，支持战略性新兴产业发展。一是工业产品研发设计的信息化。要加快推广应用计算机辅助设计、个性化定制等技术，将电子信息技术嵌入工业产品，促进产品的更新换代。二是工业生产过程自动化。要在工业行业中推广应用电子信息技术，改进生产方式，提高效率、降低成本。三是企业和行业管理信息化。在企业层面，要围绕研发设计、过程控制、企业管理、物流市场、人力资源开发、新兴产业和技术改造等环节，支持一批试点示范企业和项目，带动企业信息化上水平，深化基于互联网平台的中小企业信息化服务；推广应用企业资源计划、业务流程管理等信息系统，强化生产经营各环节的管理，促进企业资源优化和产业链的合理化。在行业层面，要深化信息技术行业应用，继续开展原材料、装备、消费品工业两化融合典型经验交流和推广，扩大行业融合发展水平评估范围。政府层面，要建设一批信息化与工业化融合服务产业中心和园区。发展和完善一批面向工业行业的低成本、安全可靠的信息化服务平台。组织实施企业信息技术服务示范工程，提升行业信息化的水平。四是产品流通和市场营销的信息化。要推广供应链管理，加强产品市场营销的信息化建设，建立完善的工业现代流通体系。五是创新信息化与工业化深度融合推进机制。建立和推广实施工业企业信息化与工业化融合评估体系和行业评估规范，加快建立第三方开展企业信息化与工业化融合评估的工作机制，引导企业开展自评估，充分运用评估结果加强对企业信息化的支持。

推动信息化与工业化深度融合，要突破核心技术，提升信息产业水平。信息产业是先导性和战略性产业。我们必须紧跟国家战略需求，立足自主创新，以突破瓶颈和满足重大应用为主要着力点，集中资源，提高核心技术创新能力。要推动产业集聚式发展，围绕产业链核心环节，引导产业整合。发挥技术改造专项资金、电子发展基金、中小企业发展资金等现有各类财政资金的引导和带动作用，整合资源，加大对信息化与工业化融合中共性技术开发、公共服务平台建设、试点示范项目的支持。鼓励银行创新中小企业贷款方式，支持面向中小企业的电子商务信用融资业务发展。鼓励地方政府建立信息技术应用项目融资担保机构，鼓励金融机构对中小企业信息技术应用项目给予支持。要统筹协调信息基础设施建设，提高信息保障水平和应急能力。要继续深化电信体制改革，优化资源配置，完善市场竞争格局，加强电信市场监管，着力解决群众关心的通信服务问题。

推动信息化与工业化深度融合，要大力推进社会信息化。要推动财税、金融、医疗、教育、社会保障等领域重要信息系统建设，提高政府加强社会管理和公共服务的水平。政府主要应负责体制创新和提供高效率的公共产品，组织实施好国家级信息化的重大工程，有步骤地实施政府信息化工程和企业信息化工程，建设国家重点企业信息专网，积极协助地方推进跨部门、跨行业、跨领域的信息化重大工程，积极探索政府管理决策信息化的政策，发展电子政务和企业上网工程，并从政策上为企业投资、经营、技术创新等方面创造条件。同时建立健全企业信息化推广网络体系，逐步形成一个覆盖全国、面向企业的信息化研究、开发和推广应用体系，更有效地指导、帮助企业开展信息化工作，降低企业风险。同时应加快电子认证、现代支付系统和信用制度建设，加快微电子、计算机、网络技术的应用，加快企业间电子商务的应用，运用信息技术提高企业的应变能力和竞争能力，这是在信息化条件下推进我国工业化进程的基本前提。加强人才队伍建设和国际交流。围绕信息化与工业化深度融合对专业技术人才的需求，加快实施创新人才推进计划、企业经营管理人才素质提升工程、国家中小企业银河培训工程、装备制造和信息领域国家专业技术人才知识更新工程、信息领域高技能领军人才培养工程等，大力培养各领域的骨干专业技术人才。鼓励开展信息技术联合创新、应用示范、人才培训和评估认证等领域的国际交流与合作，支持国内相关组织和企业参与相关领域国际标准的制定及修订。

二、工业化与城镇化互相促进

城镇化是指从农业人口占很大比重的传统农业社会，向非农业人口占很大比重的现代文明社会转变的历史过程，城镇化是伴随工业化进程必然出现的经济社会现象。西方工业化国家的实践也证明，工业化和城镇化是一对孪生兄弟。从某种意义上说，没有城镇化，就不可能有工业化；没有工业化，要实现城镇化也不大可能。中国特色新型工业化与城镇化道路符合世界工业化的发展规律。经过工业革命200多年的发展，世界发达国家已完成了现代工业化的发展阶段，城市化水平也高达70%，并形成了有代表性的富有产业化集聚特色的六大城市群，如北美五大湖城市群、英国伦敦城市群。这些城市与现代工业的融合发展，有五条成功经验值得我们学习：工业化和信息化是现代城市发展的内在驱动力，产业集群与出口导向型经济是城市快速发展的外在推动力，构建方便快捷舒适的交通、通信、服务设施网络是城市可持续发展的前提，政府经济政策的引导和高水平的服务型管理是城市健康发展的关键，错位发展产业与分工协作关系机制的形成是城市与工业相互促进的基础。

推进新型工业化和新型城镇化，核心在工业化，依托在城镇化，关键在协调联动。推进“两化”互动发展，本质上是经济社会发展过程中产业结构与空间结构的动态调整适应过程，必须做到时间上同步演进，空间上产城一体，布局上功能分区，结构上三产融合。

加强产城统筹，坚持以工业化带动城镇化。按照“产城一体”的要求，围绕工业发展需求优化城镇功能，以产业发展促进城镇扩张。工业发展要以城市为载体，协调和处理好与城市的空间关系，注意改变一些地方远离城市搞工业的做法。把产业园区作为“两化”互动发展、产城融合的重要结合点与突破点，根据产业园区建设需要布局城市新区，通过城市新区建设服务产业园区发展。规划建设规模较大的产业园区和经济开发区，要同步规划建设生活配套和公共服务设施，在把园区建设成为“两化”互动发展示范区的同时，建设成为产业新城和城市新区。

加强区域统筹，以“两化”互动带动区域协调发展。大城市是区域发展的核心和增长极，区域是城市发展的依存和扩散的腹地。着力优化区域发展布局，加快培育区域性中心城市和城市群，支撑和带动“五大经济区”发展。按照国家主体功能区划分要求，在推动区域发展上坚持宜农则农、宜工则工、宜商则商，切忌不讲条件地盲目发展工业和扩大城市规模。

加强管理统筹，建立与“两化”互动相匹配的社会管理体系。企业入园、农民工进城、非城市居民落户，是“两化”互动的关键问题。创新社会管理和服务，核心是要解决好新进城人口更好更快融入城市的问题。要加快户籍等制度改革，帮助符合条件的外来务工人员进城落户，享受与当地市民同等的权益。建立健全覆盖城乡的就业服务体系，大力发展职业教育，加强就业培训。尽快建立与工业化和城镇化发展水平相适应的城乡社会保障制度。加强社区建设和管理，强化社区的自治和服务功能，更好地适应“两化”发展需要。

三、工业化与农业现代化协调发展

农业是国民经济发展、社会稳定、国家自立的基础，农业、农村和农民问题始终是关系国计民生的根本性问题。没有农村的稳定和乡村经济的全面振兴，就不可能有整个社会的稳定和全面进步；没有农民生活的小康和富裕，就不可能有全国人民生活的小康和富裕；没有农业的现代化，就不可能有整个国民经济的现代化。农业现代化是新型工业化、信息化、城镇化、农业现代化同步的短板，需要根据协调发展的要求，补齐短板，实现“四化”同步。

农业现代化是指从传统农业向现代农业转化的过程。在这个过程中，农业日益用现代工业、现代科学技术和现代经济管理方法武装起来，农业生产由落后的传统农业日益转化为当代世界先进水平的农业。实现了这个转化过程的农业就叫作现代化的农业。

农业现代化不仅包括农业生产条件的现代化、农业生产技术的现代化和农业生产组织管理的现代化，同时也包括资源配置方式的优化，以及与之相适应的制度安排。因此，在推进农业现代化的过程中，在重视“硬件”建设的同时，也要重视“软件”建设，特别是农业现代化必须与农业产业化、农村工业化相协调，与农村制度改革、农业社会化服务体系建设以及市场经济体制建设相配套。如果忽视“软件”建设，“硬件”建设将无法顺利实施，也无法发挥应有的作用。我国实现农业的现代化，本质上是从根本上改造传统农业，大大缩小与发达国家农业的差距，在一些方面达到世界先进水平，在总体和平均水平上大体接近发达国家的水平。虽然各个国家或者地区的条件和情况各不相同，不具有完全的可比性，但是，在最基本的特征方面，应当是共同的，这也得到了国际社会的公认。

概括地说，农业现代化是用现代工业装备农业、用现代科学技术改造农业、用现代管理方法管理农业、用现代科学文化知识提高农民素质的过程；是建立高产优质高效农业生产体系，把农业建成具有显著经济效益、社会效益和生态效益的可持续发展的农业的过程；也是大幅度提高农业综合生产能力、不断增加农产品有效供给和农民收入的过程。第一，农业机械化是农业现代化的基础。农业现代化可以概括为“四化”，即机械化、化学化、水利化和电气化。机械化排在农业现代化的首要位置。所谓农业机械化，是指运用先进设备代替人力的手工劳动，在产前、产中、产后各环节中大面积采用机械化作业，从而降低劳动的体力强度，提高劳动效率。理论上讲是这样，但在山区、丘陵地区，由于土地面积较小，限制了机械化的应用，甚至无法利用机械。第二，生产技术科学化是农业现代化的动力源泉。农业生产技术科学化，其含义是指把先进的科学技术广泛应用于农业，从而提高产品产量、降低生产成本、保证食品安全。实现农业现代化的过程，其实就是不断将先进的农业生产技术应用于农业生产过程，不断提高科技对增产贡献率的过程。新技术、新材料、新能源的出现，将使农业现状发生巨大的变化，农业增长方式从粗放经营转变为集约经营。科技在对传统农业的改造过程中，发挥至关重要的作用。第三，农业产业化是农业现代化的重要内容。农业产业化是指农业生产单位或生产地区，根据自然条件和社会经济条件的特点，以市场为导向，以农户为基础，以龙头企业或合作经济组织为依托，以经济效益为中心，以系列化服务为手段，通过实现种养加、产供销、农工商一条龙综合经营，将农业再生产过程的产前、产中、产后诸环节联结为一个完整的产业系统的过程。可以说，农业产业化的发展过程就是农业现代化的建设过程。一方面，农业产业化促进了农业专业化和规模经营的发展；另一方面，农业专业化和规模经营又促进了农业先进技术和设备的推广应用，促进了农业现代化的进程。需要指出的是，农业产业化模式不是万能的，不同区域采取农业产业化模式时，需要对该模式产生的历史背景、运作机制、绩效评价等进行评价，盲目引进外界模式往往会导致失败。第四，农业信息化是农业现代化的重要技术手段。所谓农业信息化是指利用现代信息技术和信息系统为农业产供销及相关的管理和服务提供有效的信息支持，以提高农业的综合生产力和经营管理效率的过程；就是在农业领域全面地发展和应用现代信息技术，使之渗透到农业生产、市场、消费以及农村社会、经济、技术等各个具体环节，加速传统农业改造，大幅度地提高农业生产效率和农业生产力水平，促进农业持续、稳定、高效发展的过程。农业信息产业化是发展“一优两高”农业的需要，是农民进入市场的需要，是推进农村社会化服务的需要，是农业信息部门转变职能、自我发展的需要，是农村经济发展的必然趋势。它是以信息化的方式改造传统农业，把农业发展推进到更高阶段，实现信息时代的农业现代化。第五，劳动者素质的提高是实现农业现代化的决定因素。农业现代化必须由高素质的农民这一主体来推进，没有农民自身素质的现代化，要实现农业的现代化是不可能的，因为农业不仅要依靠现代的工业装备及先进的科学技术，还要依靠先进的管理手段在农业上的应用。而这些都要由农业生产的主体——农民来实现。反过来，随着农业现代化的进程，必然要求农民素质的提高，以使之同农业现代化的要求相适应，即农业现代化与农民素质是互相影响、互相促进的。

总之，在农业生产经营过程中，先进的生产工具靠人去创造，先进的科学技术靠人去摸索，先进的管理经验靠人去总结，先进的经营体制和运行机制靠人去应用。无论是增长方式的转变，还是生产绩效的提高，都是在人的主观能动作用下得以实现的。离开人，现代化是不复存在的。从这个意义上说，我们要实现的农业现代化，是以人为本的现代化。

四、经济效益提升与可持续发展相结合

提高经济效益是经济工作的核心目标，追求工业化，不仅要大大提高劳动生产率，更要提高经济效益。在当今经济全球化的国际背景下，竞争的根本目的仍然是以较少的生产成本，获取更多的经济效益。中国不能再走只讲产值和产量，不重视质量和效益，以粗放型经济增长方式为主的工业化老路子，必须走以提高经济效益为核心的新型工业化道路。党的十九大报告提出：“必须坚持质量第一、效益优先，以供给侧结构性改革为主线，推动经济发展质量变革、效率变革、动力变革，提高全要素生产率。”可以进一步把提质增效放在经济工作的首要位置，融入新型工业化道路发展各领域和全过程，推动经济高速发展，经济效益提高。实现工业化，不能以过度消耗资源，破坏生态环境为代价，不能危害子孙后代和整个人类的可持续发展。而且“先污染、后治理”的传统工业化道路劳民伤财，延缓了整个现代化的进程。党的十九大报告明确指出：“我们要建设的现代化是人与自然和谐共生的现代化，形成节约资源和保护环境的空间格局、产业结构。”中国是人口大国，人均占有的资源比较少，在工业化进程中，必须始终注意节约资源，与环境友好，

给后人留出可持续发展的空间。

要实现经济效益和可持续发展相结合，要着重做好以下三个方面的工作：

首先，建立符合中国国情的资源节约和环保效益型工业体系。充分响应党的十九大报告提出的“推进能源生产和消费革命，构建清洁低碳、安全高效的能源体系”。一是加快工业中新能源和可再生资源的开发利用。积极开发新能源、可再生能源、风力资源和洁煤技术，优化能源结构。加快天然气、煤层气、风能、地热采暖等资源的利用。大力推行煤炭气化、液化技术和洗选加工利用技术以及沼气工程、风力发电、地热发电、太阳光电等基本成熟技术的运用，促进产品市场逐步形成并向更大规模发展。鼓励和支持农村地区加快发展规模化沼气能源。通过市场化促进能源产业发展。利用国内各种资金渠道，加大对可再生能源行业的投入，推动能源产业建设。通过一系列重大能源技术改造项目的开展和实施，提高能源技术水平和资源利用率。二是更多利用国外资源，加强国内重要资源集约开采，建立战略性资源储备体系。要建立国外战略性矿产资源、矿业市场和矿业公司信息库，跟踪、研发世界主要期货市场战略性矿产品的开采和供应基地；进口国外废料进行资源再生加工利用。提高重要资源和矿山开发利用的集约化程度。加强矿产资源开发和利用科技工作，增加战略性矿产资源储备和安全供应体系的科技含量。以改善矿产资源综合利用效率为目标，提高矿产的采矿率、选矿率、冶炼回收率，提高矿产资源综合利用程度。加强勘探开发，增加地质勘察投入，积极进行矿山开发复垦工作，严禁乱采乱挖，整顿、规范矿山开采秩序，保护矿山环境。逐步建立战略性矿产资源储备和安全供应体系。培养国民的资源危机感意识，尽快着手制定矿产资源储备战略，加强国家对战略性矿产资源勘探、开发和利用的政策性指导。大幅度增加战略性矿产资源调查和勘查经费的投入，加强和加快国内矿产资源的勘察和潜力评价。对特别重要的战略性资源实行计划性或限制性开采。三是大力推行清洁生产和资源综合利用，改造传统工业。鼓励和引导有条件的企业由单线末端治污向生产全过程治污转变，交叉利用可再生资源，减少单位产出的废物排放量；建立和完善生态工艺，通过综合利用资源和生产工艺横向耦合，以及实行物料多级利用的方法，对产品从设计、制造、销售实施全过程的污染物排放控制；围绕生产技术和装备现代化，组织科研和生产攻关，推进成熟科技成果的应用。鼓励改善煤炭燃烧工艺、探索和建造新的燃烧工艺和节能技术。鼓励企业回收有价值“废弃物”重新加以利用，对不能利用或不能完全利用的废弃物，尽可能地采用必要的回收性净化工艺进行净化或无害化处理；环保部门要开展对重点企业“三废”以及大气、水、土、噪声、植物的制度化监测工作，为企业清洁生产提供基础材料。促进对环境无害化产品的需求和以环境无害化方式使用产品，减轻环境危害，控制生产过程中的大部分污染，减轻污染源，从根本上解决环境污染与生态破坏问题。四是发展壮大环保产业。支持现有环保骨干企业推进重大国产环保装备和制造的开发和研制，形成成套系列的污水处理设备研发中心和制造中心。发展以生产生物肥料、有机肥料、生态型多元复合肥料、高效低毒低残留农药、生物生态型农药、环保型除草剂、可降解农用薄膜、无污染安全型养殖动物疫病用药及杀菌剂、无污染饲料添加剂等环保型的农用生产资料制造业，加快相关技术和绿色生产资料产品的研究开发。建立以高新环保技术产品为龙头，环保产业研制和开发生产基地为载体，环保产业规模化为目标的绿色环保支柱产业体系。通过上市、重组、兼并、联合、技改等形式，尽快形成若干个拥有自主知识产权的骨干企业，提高环保产业的知名度和环保产品在国际市场上的竞争力。

其次，积极探索循环经济工业发展之路。一是建设循环经济型企业。可以以冶金、煤炭、电力、食品加工、化工、建材、造纸、白酒行业的大企业为重点，科学协调、连接企业内不同生产部门的生产经营布局和工艺流程，促进生产工艺横向耦合，实现资源多次加工增值，促使产业链延伸与根治污染的“双赢”。提高工业用水重复利用率，创建一批废水“零排放企业”。通过能源、水等资源的梯级利用，物料和废物循环利用的方法，对产品从设计、制造、销售实施全方位控制，形成生态工业的链网。二是建设生态工业园区。鼓励新建一批融生态产业链设计、资源循环利用为一体的生态工业园区，以有利于物质多级利用和能量流动、合理转换生态工业园区产业结构布局。合理规划产业集聚区内的企业结构，使其紧紧围绕某一项主导产品或某一种工业原料的综合利用加工，将生产原料的企业和生产初级产品、中间产品、最终产品的企业按一定的流程组合在一定区域内，并在各个流程环节上布局综合利用废物料的其他企业及相应环境保护配套设施。选择有条件的现有开发区进行试点，认真分析园区内各企业能源、水和原料现状以及物流、能流的链接关系，科学规划园区内企业布局，通过引进关键链接项目，整合、协调园区内企业能源、水、原料的配备关系，提高园区内资源综合利用率，降低企业生产成本，促进产业优化升级，增强综合竞争力。三是培育区域循环型社会。建立城市生活垃圾、主要废弃物和城市中水回用系统，提高社会再生资源利用率。在城市垃圾分类收集基础上，实现城市无害化处理和其他固体废弃物的综合利用。通过资源再生和循环利用，支持城市生产环保型农用生产资料，变城市之“废”为农村之“宝”，改变单纯治理污水的传统方法，使处理后的污水再利用于城市景观、农业灌溉和工业冷却方面。农村开发有机食品、绿色安全食品，培育城市产业与农业之间物质、能量良性循环的生态产业链。在城市垃圾分类收集基础上，实现无害化处理与固体废弃物综合利用，促进资源节约和环境保护。四是合理布局和集聚产业，促使工业经济系统与自然生态系统协调运行。注意产业在空间上的合理布局，适当聚集，以便充分利用道路、公共交通、供变电设备及线路、燃气站、供排水系统、环保设施等城市市政工程和各种公共基础设施。在充分考虑环境和基础设施负荷的基础上统筹规划产业集聚程度。

最后，引导和促进工业企业在制度、技术和管理上的创新与变革。一是建立质量型低成本的工业考核制度。制定新型工业化的产业政策与规划，严格限制能源消耗高、资源浪费大、污染严重的产业发展。积极扶助质量效益型、科技先导型、资源节约型的产业发展，强化产业结构调整中的环境管理力度，实现经济系统与生态环境系统的协调。开展绿色贸易壁垒与国际贸易保护、消费全球化与可持续发展、可持续消费与可持续贸易、可持续贸易与清洁生产、ISO14000 认证和绿色标志认证、绿色生产和清洁生产技术与工艺等知识教育，同时根据行业和企业实际，量化若干质量与成本指标，制定具体考核标准和制度。二是确立工业可持续发展的重点研发技术领域。加快开发能够推动结构升级和促进可持续发展的共性技术、关键技术和配套技术，包括生物工程技术和生物医药技术，电子信息材料、能源材料、先进陶瓷材料、金属材料和现代原材料生态型替代品生产技术的新材料技术，清洁生产工艺设备、智能化生产技术的工业生产技术，农业高新技术，优质品种选育和高产栽培技术，农作物自控技术，农产品深加工技术，无公害农产品、绿色食品、有机食品的农业现代化技术、林地保护技术，湿地保护技术，水源地保护技术，废物资源化技术，污染源治理技术，受破坏生态环境修复技术的生态保护技术，地理信息系统，智能交通管理技术，生态城市建设信息系统的城市管理技术等等。三是将拓宽管理理念、推广企业经营管理与绿色管理相结合。下大力气把企业绿色管理作为企业管理的重要任务和指标之一加以推广，量化若干企业绿色生产与管理目标。试点推行企业绿色管理目标责任制，建立完善企业绿色管理考核制度，使之与企业总体经营管理目标有机融合，与企业管理者的经济利益直接挂钩。通过在企业内部成立绿色企业管理委员会、加大绿色管理的学习培训、设立分级绿色管理部门和其他相关专职职能部门等多种组织设计与再设计措施，建立健全一批企业绿色管理组织。四是制定有利于促进绿色需求形成的投资、消费政策。通过财政政策实施，在设备选用、运行、维护、报废等方面对从事绿色生产的企业给予财政补贴、税收减免、贷款担保与贴息的优惠。通过产业倾斜政策，支持其到资本市场直接融资，鼓励引导企业构建循环经济和清洁生产体系。加大绿色消费的教育力度。五是更新消费观念，吃穿用要提倡质优、效好、量少，减少生活废弃物。党的十九大报告推崇绿色发展道路，倡导生活方式简约适度、绿色低碳，反对奢侈浪费和不合理消费。

五、产业结构优化升级

从根本上说，工业化过程就是伴随科技进步，经济不断发展、产业结构逐步优化升级的过程。产业结构优化升级，其核心是社会生产技术基础更新所引发的产业结构的改进，即由于新技术的开发、引进、应用、扩散，引起高新技术产业发展和传统产业的更替、改造，这说明产业结构的优化升级是以技术创新为前提的。产业结构优化升级是增强产业结构转换能力的重要力量。在社会再生产过程中，产业结构协调化使技术有条件不断更新，促进产业结构不断更新并形成新的组合，增强传统产业向现代产业转换的能力、长线产业向短线产业转换的能力、技术含量较低的产业向技术含量较高的产业转换的能力，引起社会生产力发生质的飞跃，实现产业结构优化升级。

近年来，我国三次产业结构比例不断优化，农业基础地位进一步加强，现代服务业和文化产业发展迅速，信息、生物、新材料、航空航天、海洋等产业对经济增长的贡献越来越大；企业研发投入逐年加大，自主创新能力全面提高，具有国际竞争力的大企业集团不断涌现；进出口结构和利用外资结构不断优化，加工贸易转型升级加快，服务贸易发展迅速，经济全球化条件下参与国际经济合作和竞争新优势正在形成。但也要看到，与经济发达国家相比，我国产业的自主创新能力还不强，服务业、高技术产业的比重及水平仍有待提高，产业结构优化升级的任务仍然比较艰巨。进一步推动产业结构优化升级，是加快转变经济发展方式，实现经济社会又好又快发展的要求。世界经济发展的实践表明，从本源上抓好需求结构、产业结构等的调整，抓好自主创新能力的提高，促进内外需结构平衡、产业结构优化，必将有助于提高经济发展的质量，促进经济增长由主要依靠投资、出口拉动向依靠消费、投资、出口协调拉动转变，由主要依靠第二产业带动向依靠第一、第二、第三产业协同带动转变，由主要依靠增加物质资源消耗向主要依靠科技进步、劳动者素质提高、管理创新转变。

在推进产业结构优化升级过程中，要正确处理以下三个关系。

一是正确处理发展高技术产业和发展传统产业的关系。我国面临着既要完成传统工业化，又要迎头赶上世界新的产业革命的双重任务。我们必须积极适应世界科技革命发展的大趋势，不失时机地发展那些对国民经济成长具有带动作用的高新技术产业。同时，也必须清醒地看到，我国目前仍处于工业化中期阶段，生产力发展又很不平衡，在一个相当长的时期内，传统产业特别是工业制造业，仍然有广阔的市场需求和发展前景。我们既要加快发展高新技术产业，又绝对不能忽视发展和提升传统产业。关键是必须切实做好二者结合的大文章。传统产业的改造一定要充分运用高新技术，提高发展的起点，发挥后发优势；高新技术产业要为传统产业改造提供强有力的技术支持，在促进传统产业的提升和发展中，开辟自身发展的广阔空间。

二是正确处理发展资金技术密集型产业和劳动密集型产业的关系。随着工业化的推进，必须发展资金技术密集型产业，以提高生产技术水平和效率。但是，由于我国尚处于工业化中期阶段，经济结构必然呈现多层次性，劳动密集型产业还有很大需求和发展潜力。我国人力资源丰富，这既形成了巨大的就业压力，也是我们的一个突出优势。拥有素质较高、数量巨大的人力资源，劳动力成本较低，是在国际经济竞争中的独特优势，应当注意充分发挥人力资源的作用。妥善解决就业问题，也是我国在实现工业化、现代化进程中的一个重大任务。从这一国情出发，必须把发展资金技术密集型产业和劳动密集型产业很好地结合起来。既要大力发展资金技术密集型产业，又要继续发展吸纳就业能力强的劳动密集型产业。

三是正确处理发展虚拟经济和发展实体经济的关系。虚拟经济，是指相对独立于实体经济的虚拟资本的经济活动。虚拟资本，是市场经济中信用制度和货币资本化的产物，通常包括股票、债券、金融衍生产品等。实体经济是指物质的、精神的产品和服务的生产、流通等经济活动，包括农业、工业、交通运输、商贸物流、建筑业、服务业等物质生产和服务部门，也包括教育、文化、信息、体育、卫生等精神产品的生产和服务部门。实体经济始终是人类社会赖以生存和发展的基础。虚拟经济既相对独立于实体经济，又不能完全脱离实体经济。虚拟经济的发展，总体上对国民经济发展有着积极的促进作用。但如果发展过度，也会产生消极的负面影响。虚拟经济过度膨胀，就会形成泡沫经济，导致对实体经济的破坏，甚至会出现金融危机和经济衰退。日本 20 世纪 80 年代由于虚拟经济过度膨胀而导致股市泡沫破裂，经济陷入困境，至今难以自拔，就是一个典型的例证。国内外的经验教训告诉我们，虚拟经济发展应当以实体经济发展为基础，并为实体经济发展服务。虚拟经济不可盲目扩张，过度膨胀。我国必须妥善处理发展虚拟经济和发展实体经济的关系。要重视发展虚拟经济，但必须扎扎实实地发展实体经济。既要发挥虚拟经济对国民经济的积极促进作用，又要防止其消极影响，保障国家经济安全和健康发展。

六、融入全球化推动工业化

我国新型工业化处在一个日渐全球化的时代，这也是其他工业化国家在工业化过程中不具备的条件。同时，我国还有世界上潜力最大的国内市场为基地，可以充分利用国内国外两个市场、两种资源，在全球范围内配置资源，解决发达国家在工业化进程中遇到的资金瓶颈、技术瓶颈和市场瓶颈。另一方面，新型工业化是在全方位开放条件下进行的，必须遵循国际经济贸易规则。与已实现工业化的国家和地区相比，我国需要在自身实力还不强、不熟悉国际经济游戏规则的情况下，在国际市场环境中推进工业化。我国必须在激烈的全球性市场竞争中，在全球分工体系中准确定位，发挥自身的比较优势。

经济全球化趋势决定了我国工业化进程具有开放性、复杂性、多样性及赶超性的特点，为此我国工业化的重点要在充分吸收世界经济发展的有利因素，借助发达国家先进工业化与知识经济化取得的成就的基础上着重构建支柱产业体系、技术支撑体系、产业的区域布局体系和跨国公司体系等四大体系。

构建支柱产业体系。我国的支柱产业体系主要应有高技术产业、重要原材料及能源产业、重大装备制造业与新兴服务业。高技术产业是我国未来产业发展的方向，也是我国产业结构升级与实现跨越式发展的基础。为此，我国高技术及其产业化体系发展的重点：一是继续保持并加快扩大我国目前具有世界领先水平的高技术及产业化领域，增强发展后劲，提高参与国际竞争的筹码；二是通过高技术发展或部分高技术的国际合作研究开发与引进，加快国内传统产业的技术改造与升级，提高其产业技术水平。为此，在立足自力更生发展的基础上还需要通过更好利用外资实现快速发展。利用外资的重点将是以信息技术为主的信息产业、以生物技术为主的新医药与工程技术产业、以环保技术为主的环境保护产业等。重要原材料及能源产业的发展是实现我国产业结构升级的重要环节，目前提高我国重要原材料与能源的供给质量将更加重要而紧迫。为此，重点是要提高重要原材料与能源产业的技术水平，促进我国原材料与能源品种结构升级与产品质量提高，进而提高原材料与能源的利用效率。重大装备制造业是工业化的核心与基础。我国制造业发展的方向是提高其技术档次与附加值，重点应是加强大型装备制造业的配套能力与提高设备制造的技术水平，特别是生产中间性产品的重型设备的制造加工。这是我国由制造业大国发展成为制造业强国，并真正成为世界制造业基地与中心的关键所在，也是实施我国新型工业化的关键。

构建新兴服务业。发展新兴服务业的重点是生产性服务，特别是要大力发展现代物流业、科研和综合技术服务业、金融服务业、教育文化服务业及社会专业服务业。这一方面为我国制造业发展升级提供有力的综合支撑，另一方面为城镇化功能的完善与健全，推动我国城镇化的加快发展，并为扩大就业提供有利的基础。

构建技术支撑体系。构建技术支撑体系是有效推进我国工业化的核心与灵魂，也是提升我国产业与企业国际竞争力、提高我国国际分工地位的关键所在。只有建立自己的技术研发体系，培育强大的自主技术创新能力，才能在未来的国际竞争中掌握主动，更好地维护国家安全，并实现工业化的跨越发展。我国自主研发创新能力与体系的重建主要体现在三个方面：一是建立高技术特别是高技术改造传统制造业的自主研发创新体系。由于我国制造业已具相当规模，在高技术对制造业的技术扩散上具有相当大的空间，要加强高技术对传统产业的改造。二是在引进大量国外先进技术基础上，通过二次开发加强我国自主开发的能力与体系。对已引进的大量先进设备与技术的二次开发既是为更好地满足国内市场需求，同时也是为技术在本地市场扩散或向同类外地市场扩散做储备。我国市场空间大，需求细化的层次多，同时，其他发展中国家，如东盟国家的制造业发展也有同类技术需求，在二次开发中将逐步增强我国的自主研发创新能力。三是出于军事安全考虑。在高技术领域，我国原创性技术的空间将可能大些；在先进制造业技术领域，我国通过在引进、消化、吸收基础上进行二次创新的空间更大。建立我国自主研发创新体系应着重于研发能力、技术扩散能力和技术体系化建设。在研发能力方面，要将重点由引进、消化吸收能力转向在模仿基础上的创新能力培养上；在技术应用与扩散方面，应将重点由企业内部自身扩散和区域内技术有限市场的扩散转向行业产业和区域外无限市场扩散；在技术体系化方面，要以单项技术为主转向多个技术集成的体系化，着重开发和形成我国自主的共性技术、关键技术和集成技术体系。我国自主研发技术体系的建设不只是技术层面的问题，还涉及技术组织、技术体制、技术管理等方面，同时还将涉及国家、科研机构、企业及市场等方面。要充实国家创新体系，同时完善不同层次的区域的、产业的、企业的创新体系，还要建立技术成果市场化的机制，特别是建立技术专利的商业化运用模式，同时加大专利技术的储备，并将专利作为战略性技术手段，这是一个系统工程，必须全盘统筹考虑。

构建产业的区域布局体系。从国际产业发展规律看，高技术产业、先进制造业及新兴服务业发展都日益依赖于区域的产业聚集方式。同时，技术资源与环境的聚集也有助于新技术的不断产生，因而，目前美国、欧盟、日本、韩国、印度等都通过产业区域聚集的方式加快产业的发展，以满足产业与技术日益群体化的特征。目前，我国已初步形成了东北以装备加工制造业、环渤海湾以原材料加工业、长江三角洲以电子通信制造业、珠江三角洲以轻工制造业、长江中游以光电子和原材料加工制造业及川陕以军工和机械制造业为代表的产业区域分工格局。这些地区集聚的大量高技术产业、装备制造业、钢铁、石化、汽车及生产性服务业等构成了我国的产业基础，同时也是承接新一轮国际产业转移的重点地区。充分利用国际产业转移的机会，进一步使这些地区的产业得到重组、整合，提高产业的质量素质和效益，将对进一步形成我国有动态比较优势，各具特色的区域经济，从而打破我国长期存在的区域经济结构趋同、低水平重复的问题，促进我国产业结构升级具有重要作用。发挥我国区域经济的聚集功能的关键在于，在区域经济内首先形成以我国有实力的大型企业或企业集团为龙头的产业分工配套体系和服务体系。同时，政府为企业提供更好的服务，特别是构筑公平、合理的市场环境和良好的市场秩序。

构建我国的跨国公司体系。当今，经济全球化的发展趋势主要是由国际跨国公司主导的。根据党的十九大报告的最新要求，国内外跨国公司需要同舟共济，促进贸易和投资自由化、便利化，推动经济全球化朝着更加开放、包容、普惠、平衡、共赢的方向发展。为推进工业化进程，更好地参与经济全球化，我国也要积极构建一大批能主动参与并推进经济全球化，并逐步成为有国际竞争力的跨国公司体系，以增强我国工业化主体的实力及参与经济全球化的能力。为此，国内企业一要制定全球发展战略。一些大型企业集团应从全球的角度确定企业的发展目标和方向，从而找到自己准确的定位。这需要企业更多地了解世界经济发展大趋势、国际跨国公司的经营战略与策略变化，在此基础上制定中长期的全球发展经营战略。二是国内企业应加大体制机制创新的力度。按照现代企业制度的要求，进一步深化改革，理顺企业领导体制、法人治理结构、生产经营管理体制、资产经营管理体制等，使企业制度更加适应市场经济发展的要求；同时加强企业组织结构的调整组合。通过兼并、收购、拍卖、租赁等多种方式，大力推进企业间的联合重组，特别是要提高众多分散的中小企业的组织程度，改变行业集中度不高、单体企业运营的传统模式，提高企业的规模化和集团化水平。一些实力较强的大型企业集团应逐步与跨国公司模式接轨，按照国际跨国公司的模式调整我国企业集团的组织运营方式，并更多地参与国际市场竞争，提高其实力与能力。

思考题

1. 简述工业化的概念及其主要模式。
2. 衡量一个国家是否实现工业化的标准有哪些?
3. 简述我国的工业化进程。
4. 简述新型工业化的内涵。
5. 简述我国提出新型工业化的必然性。
6. 试论我国走新型工业化有哪些挑战。
7. 简述我国如何实现新型工业化并提出政策建议。
8. 试论工业化与城镇化的关系。

第十一章 农业与农村经济发展

“国以民为本，民以食为天”道出了家国之道。粮食和其他食物均来源于农业，对于不可能、也不能够主要依靠国际贸易解决吃饭问题的世界第一人口大国中国而言，农业始终是我们的立国之本、发展之基。同时，农业一直是我国三次产业中最薄弱的环节，农民一直是我国收入和社会地位最低的群体，农村也一直是我国最落后的地方，因此有所谓“小康不小康，主要看农村农民；现代化不现代化，主要看农业”的说法。农业问题、农民问题、农村问题，也就是我们常说的“三农”问题，将始终是我国全面建设小康社会、实现现代化和中华民族伟大复兴进程中必须认真面对，也必须着力解决的关键问题，甚至是核心问题。

第一节 农业发展及农业现代化

生产力决定生产关系，生产关系反作用于生产力。探究我国的农业发展问题，不仅要从农业生产力要素本身找答案，还要从我国的基本农业制度和经营体制、模式中寻找驱动力。

一、新中国农业经营体制及农业发展

近代以来到中华人民共和国建立的一百多年，是中华民族历史上最为屈辱的年代，国家在政治上一步步沦为半殖民地，经济上同样被一步步打上半殖民地的烙印，越来越落后于新崛起的西方资本主义国家，军事上屡战屡败，国土沦丧，文化上逐步被西方列强全面奴役。中华民族被帝国主义、官僚主义、封

建主义“三座大山”压得透不过丝毫气息，农业、农民、农村的景象尤为悲惨。残酷的帝国主义、官僚主义、封建主义三重剥削使农业简单再生产都难以为继，一派肃杀凋零；占国家总人口近90%的农民中的绝大多数，生活极度困苦，忍饥挨饿是常事，再加上持续不断的战乱，饿死和毙命于战火者不计其数；农村社会几千年来“男耕女织”的传统生活被打破，农民历来期盼渴望的“三十亩地一头牛，老婆孩子热炕头”的田园生活已然成为一去不复返的历史，农村呈现的是愈加破败衰落的场景。新中国的农业、农民、农村就是在这样的场景下进入新的发展时代。

历史选择了共产党，选择了社会主义。早在共产党进行新民主主义革命的时代，就在开展了以“平分地权”为主要手段的农村土地制度变革。随着共产党在解放战争中的节节胜利并夺取全国政权，越来越多的地区实行了土地改革，并最终实现在全国范围的“打土豪，分田地”，所有农村土地都被平均分配给农民群众，并办理了土地权证，成为农民家庭的私有财产，农业生产开始全面实行土地占有基本平等下的家庭经营。社会主义工业化和农业社会主义改造的全面展开，使得农业土地产权制度和农业经营体制出现了新的演化，农业发展呈现出新的时代特点。

（一）改革开放前的农业经营体制及农业发展

（1）农业集体化体制建立的历史背景及逻辑。1952年底，党中央按照毛泽东同志的建议，提出了党在过渡时期的总路线：“要在一个相当长的时期内，逐步实现国家的社会主义工业化，并逐步实现对农业，对手工业和对资本主义工商业的社会主义改造。”指明了中国由新民主主义阶段过渡到社会主义的任务、途径和步骤，它的实质是改变生产关系，解决生产资料的所有制问题，为进一步解放和发展生产力创造条件。由此展开了中国工业化、现代化建设道路的探索和实践。

发展经济学家认为，制约广大发展中国家工业化起步的因素是多方面的。首先，因为贫困，这些国家没有足够的资本投入到现代工业，造成这些国家不能突破“贫困陷阱”和实现工业化起步。其次，这些国家缺乏自我管理的历史，缺乏商业化、城市化的管理经验，政治不独立，政局不稳，政府不愿意执行有利的经济社会发展政策等政治上的因素也造成其工业化难以起步。再次，国民素质低下，存在大量文盲，社会缺乏创业精神，价值观念落后等文化因素也使其工业化难以起步。另外，发达国家的军事干预和经济剥削等外部不利条件也是制约这些国家工业化起步的重要障碍。①

经典马克思主义者和发展经济学家都特别强调“资本原始积累”对一个国家工业化发展的决定作用。马克思曾经指出：“资本主义积累之前有一种‘原始’积累（亚当·斯密称为‘预先积累’），这种积累不是资本主义生产方式的结果，而是它的起点。”② 当代发展经济学家没有一个不把这种“资本原始积累”看作是一个国家工业化起步的决定条件。阿瑟·刘易斯确信：“所有现在发达的国家在过去某段时期里都经历了这种迅速加速的时期，在这一过程中，它们每年的投资率从不足5%增加到12%以上。这就是我们所说的工业革命。”③ 罗斯托认为，一国要突破“贫困—储蓄投资少—更贫困—储蓄更少”的恶性循环，

① 吉利斯，等．发展经济学．北京：经济科学出版社，1989：24-25.

② 马克思，恩格斯．马克思恩格斯全集：第23卷．中文1版．北京：人民出版社，1972：781.

③ 刘易斯．经济增长理论．上海：上海人民出版社，上海三联书店，1994：261.

突破不发达经济的停滞状态，必须有包含技术进步的最低限度的资本快速积累，在工业化初期的较短时间内（20～30 年）实现生产方式的剧烈转变，以达到经济的“起飞”。一国经济一旦超越传统社会，实现了“起飞”，经济就可以持续增长了。

1949 年中华人民共和国成立时，我国经济社会状况是怎么样呢？按照美籍华裔历史学家费正清的说法：“1949 年，在中国共产党取代国民党获得对中国的统治之际，中国的国民经济已接近崩溃边缘。具有前现代经济特征的长期结构性问题，诸如人均收入少、人口寿命短、积累率和投资率低、传统生产力方式占优势等，与 20 多年国内外战争所造成的物力人力损失和恶性通货膨胀问题交织在一起。”具体情况是：人均收入水平 58 元，折合 15 美元，排名近于世界各国之末；积累率 5%，相当于低收入国家平均积累率的三分之一；以现代工业方式生产的产品产量还不到总产值的 10%；90%以上的劳动力依赖传统技术。① 另一位美国学者吉尔伯特·罗兹曼对当时中国社会的描述是：“人口出生率和死亡率高达 25‰，小学生占学龄儿童比例仅 25%，城镇化水平仅为 10%。”② 新中国工业化就是在这样的经济社会基础上开始的，实现工业化起步的“资本原始积累”及其他政治、文化等任务之艰巨可想而知。

对于新中国来讲，制约其工业化起步的后面几个因素尚不构成实质性障碍。因为中华民族是世界上唯一一个文明没有中断过的国家，上下五千年的灿烂文化，有着雄厚的历史积淀，长期自我管理的历史，使得我们有能力管理好自己的国家。“数千年延续至近代的文明，商业贸易、金融和交通运输体系的全国网络，语言、文化、民族的统一，人民深厚的文化教育传统，长期自我统治的历史，等等。与其他民族相比，直至列强入侵以前，中国的政府能力和人民素质，都是传统社会所能达到的至高境界。”③ 单就这一点而言，世界上没有一个国家能超出我国之右，这也是值得每一个华夏子孙引以为傲的。至于近代以来，我国国民素质低下，存在大量文盲，社会缺乏创业精神，价值观念落后等文化因素，在代表先进生产力、代表先进文化、代表最广大人民根本利益的先进政党——中国共产党的领导下，改变这些不利因素尚不构成严重问题。对于摆脱发达国家的军事干预和经济剥削等外部不利条件等制约因素，因为中华人民共和国建立而获得的民族独立地位使这些问题可以得到解决。虽然在中华人民共和国建立的最初三十年，我们时常遭受以美国、苏联等为首的资本主义和社会主义两大阵营的军事干预和经济制裁，不得不在两大集团之间纵横捭阖，甚至诉诸战争。但事实证明，在中国共产党的坚强领导下，我们完全有能力顶住两大阵营的压力，维护国家的独立自主地位。最重要的是，中国共产党从一开始就把富民强国作为自己的理想，不存在政府不愿意执行有利于经济社会发展政策方面的政治上的制约因素。因此，制约我国工业化起步的主要障碍就集中在经济层面，即如何持续获得工业化发展所需要的大量资本。

后起的发展中国家没有先行工业化国家的种种有利条件，既没有可能也没有能力进行殖民掠夺，也不可能通过经济贸易顺差积累，因为通常情况下落后国家外贸总是处于逆差，背负大量外债。所以，落后国家工业化起步所需的大量资本只能从国内传统产业——

① 费正清．剑桥中华人民共和国史（1949—1965）．上海：上海人民出版社，1990：154－155.

② 罗兹曼．中国现代化．上海：上海人民出版社，1989：606.

③ 程漱兰．中国农村发展：理论和实践．北京：中国人民大学出版社，1999：28.

农业中取得。鉴于“资本原始积累”的长期性、大量性及发展中国家农业落后、农民收入低下的情况，从农业中取得经济剩余往往是强制地。[①]

毛泽东同志在总结中国革命胜利经验时曾经指出，中国共产党领导的革命是一场农民革命，中国共产党领导的革命战争是一场农民战争。中国共产党正是依靠千千万万要求翻身做主人的农民支持取得了政权。在社会主义建设的新时期，工业化发展所需要的“资本原始积累”依然需要“三农”来贡献。当时，我国农村的基本情况是，经过土地改革，广大农民平均分得了土地，土地归农户家庭私有，农业实行个体农户家庭经营。这样的农业经营体制造成国家从“三农”取得“资本原始积累”存在两大困难。第一，即便农民情愿，国家从农村征收工业化发展所需的人、财、物时也必须同数亿农户直接打交道，交易成本极高。第二，可以肯定，农户作为利益主体，当国家对其进行人、财、物征收时他们并不会完全情愿，甚至会采取各种手段抵制，使征收的交易成本更高。另外，当时党内普遍担忧农村个体农户家庭经营这种私有制形式可能最终演化为资本主义，以后的事实也确实证明这些担忧并不多余，困难也是现实的。

中华人民共和国建立的最初几年，国家对农户人、财、物的征收成本的确很高，可征收到的资源数量也很有限，国家财政极端困难。同时，经过几年演化，不少农户因天灾人祸、经营不善等各种原因不得不卖掉土改时分得的土地，成为新的无地户，靠给别人打工过活，农村耕地有向少数富裕户集中的趋势，出现了新的“地主”，党的农村统治根基发生了动摇。采取什么样的农业经营体制既可以克服国家从“三农”取得“资本原始积累”时“交易成本”过高的困难，又可以保证农村的社会主义根基不动摇，就成为国家最高领导层必须解决的迫切问题。面对这些问题，农业集体化就成为我国当时农业经营体制变革的不二选择。农业集体化经营体制使得国家从农村征收工业化发展所需的人、财、物时不必直接同亿万农户打交道，只需要借助农村中的大小“集体”这种强大的组织资源和政权力量即可解决。同时，实行农业集体化，农业农村出“资本主义”也就失去了现实土壤。实行农业集体化经营体制使这些担心彻底根除，所有困难迎刃而解。于是，亘古未有的农业集体化在农村轰轰烈烈地如期展开。

（2）农业集体化体制的建立及运行。从1953年开始，一场以农业合作化为名义的农业集体化改革全面推行。经过互助组、初级社、高级社等阶段，到1956年底，农业集体化基本实现。原来分配给农户的土地全部收归集体，农户所有的土地以外的主要农业生产资料也有偿或无偿地收归集体。农业集体化的基本模式是，农业生产由几十户农户组成的生产小队（初级社）和百来户、数百户农户组成的生产大队（高级社）统一组织，收入和分配社内统一核算。

1958年，随着左倾冒进的升级，国家各项事业全面“大跃进”，农业集体化也进一步“升级”，出现由数千甚至上万户农户组成的统一组织生产、统一进行核算的“人民公社”。“一大二公”的“大跃进”，最终酿成“大倒退”，国民经济遭受严重损失，农业生产出现空前危机，粮食产量大幅度减少，家家缺粮，全民“挨饿”。“大跃进”后期，党中央和政务院开始总结无限制地扩大农业集体经营规模造成农业微观效率严重损失的教训，明确了

① 张国．中国城乡结构调整研究——工业化过程中城乡协调发展．北京：中国农业出版社，2002：119.

“三级所有，队为基础”[①] 的农业集体化经营机制。虽然经过“文化大革命”冲击，“队为基础”的农业集体化经营仍然是“大跃进”后到改革开放最初几年农业的基本经营体制。

（3）农业集体化下国家取得“资本原始积累”的方式。农业集体化下国家取得“资本原始积累”的方式主要包括征收农业税、基本农产品低价统购、对工业消费品实行人为高价的管制价格等。1953 年 10 月 16 日，中央政治局扩大会议通过了《中共中央关于粮食统购统销的决议》，11 月 19 日以政务院总理周恩来名义签发《政务院关于实行粮食的计划收购和计划供应的命令》，并于当年 12 月在全国城乡正式开始实行。[②] 在对粮食统购统销的同时，1953 年 11 月 15 日，国家进一步出台《关于在全国计划收购油料的决定》，开始对油料实行统购统销。1954 年 9 月 9 日，政务院通过《关于棉花计划收购的命令》，开始对棉花统购和棉布统销。

为保证基本农产品统购统销的严肃性，国家规定：“对于违反国家法令的投机分子，必须严予惩处；对于进行投机和勾结、包庇投机分子的国家工作人员，应加重惩处；对破坏计划收购和计划供应的反革命分子，应依照中华人民共和国惩治反革命条例治罪。”如此严厉的律令下，基本农产品统购统销畅行无阻，国家工业化需要的基本农产品始终能够先于农民需求得到供给。

对于工业化发展需要的土地，国家对农村土地采取的政策基本上是无偿“征用”。对于工业化发展需要的劳动力，农村成为工业化发展所需劳动力的“蓄水池”，基本是“招之即来，挥之即去”。

除了农业税（农民称之为“公粮”），国家取得“资本原始积累”的另外一个主要途径是“工农业产品价格剪刀差”。在当时的计划经济体制下，所有产品的生产、价格、流转均由国家掌控。国家有意识地通过低价收购农产品和高价向农村供应工业品获取价格“剪刀差”，用于“资本原始积累”。另外，农民的储蓄存款也被国家有计划地调配到工业企业，存款农民享受的利息率远远低于当时资本极其短缺下的均衡利息率，此利息差也成为国家取得“资本原始积累”的一个途径。

可以看出，这一时期国家对“三农”的基本政策是，要求“三农”必须无条件地服从于国家工业化发展的要求。

（4）农业集体化体制绩效评价。农业集体化体制的成绩主要表现在以下几个方面。首先，农业集体化体制保证了城乡居民最基本的食品需求。到 1980 年，中国人均粮食产量 327 千克，人均食品热量 2 548 大卡/日，蛋白质 66 克/日，脂肪 35 克/日，与同年世界人均粮食产量 365 千克、人均食品热量 2 571 大卡/日、蛋白质 69 克/日、脂肪 62 克/日几乎相当。[③] 对于一个人多地少、起点低的发展中国家而言，中国近三十年的农业发展成就虽然在一定程度上值得肯定，但近三十年过去，绝大多数农户依然不得温饱，无疑又让人难以释怀。

其次，农业集体化体制保证了国家工业化“资本原始积累”的需要。有专家测算，不

① “三级所有”中的三级指生产队、生产大队、人民公社。

② 中华人民共和国国家农业委员会办公厅编．农业集体化重要文件汇编（1949—1957）．北京：中共中央党校出版社，1981：212－214.

③ 程漱兰．中国农村发展：理论和实践．北京：中国人民大学出版社，1999：276.

包括农业税和利息差，1952—1980 年，国家仅通过“工农业产品价格剪刀差”就从农村获得“资本原始积累”5 294 亿元，与同时期国家工业固定资产投资规模相当。[①] 可以说，共和国工业化发展的原始资本完全是由“三农”提供的。

农业集体化体制最大的弊病是微观效率低下。农业集体化体制下，虽然名义上实行生产小队范围内多劳多得的“按工分分配”，但由于农业生产率极度低下，可供分配的农产品非常有限，真正实行“按工分分配”的话，一些人口多劳力少的农户将更加难以糊口，所以实际上实行的则是“按人口分配”为主，“按工分分配”为辅的分配办法，出现了严重的平均主义。由于激励机制缺乏，农民生产积极性极低，出工不出力成为普遍现象，农民干活基本出于良心和“做给干部看”。农业集体化微观效率低下的情况从农业增长率可以看出。1952—1978 年，农业年均增长率仅为 2.0%。该增长速度仅略高于我国同期农村人口的自然增长率，造成农民人均粮食占有量增长率极低，农村居民生活水平提高极其缓慢。另外，在农业“以粮为纲”“割资本主义尾巴”的方针下，农副产品生产量很少，蔬菜瓜果、肉蛋奶等农副产品供给极度短缺。

同时，农业机械化、农业现代化进展缓慢。极低的农业劳动生产率，加上国家拿走了几乎全部的“农业剩余”，甚至包括农民部分的基本生存资料，使得农村根本不可能有自己的积累，所以国家提出的农业机械化、农业现代化只能是一句口号，个别地方在国家支持下进行的农业机械化、农业现代化实践只能起典型和样板作用。

在被作为“国民经济的基础”，完全服从于国家工业化发展要求，以及缺乏微观效率的农业集体化体制条件下，农业不可能获得长足发展。

（二）改革开放后的农业经营体制及农业发展

（1）农业家庭联产承包经营责任制建立的历史背景。计划经济时代，国家对农业剩余的超量榨取及缺乏微观效率的农业集体化体制，是造成我国农业内外交困的根本原因，尤其是后者。十一届三中全会倡导的改革开放为改变这种制度安排提供了契机。1978 年，安徽省凤阳县小岗村 18 位村民冒着坐牢的危险，向农业集体化体制提出了挑战，私下协商实行了大包干。那时的小岗村是个仅有 20 户、115 人的生产队，以“吃粮靠返销、用钱靠救济、生产靠贷款”的“三靠村”闻名。承包制实行仅一年，小岗村就发生了巨大变化。全队粮食总产达到 13.3 万斤，为上年粮食产量的 4 倍，相当于 1955—1970 年粮食产量的总和；油料总产 3.5 万斤，相当于过去 20 年产量的总和。一年实现了吃饱饭，并第一次向国家交售粮食 3.25 万公斤，油料 1 万公斤，人均收入达到 400 元，是 1978 年的 18 倍。[②] 新体制不推自广，从落后地区的落后社队，波及落后地区的所有社队，直到一般地区及先进地区。哪里实行了承包制，哪里的农民积极性、粮棉油产量及商品量就大增，农民的生活就马上好过起来。

（2）农村家庭联产承包经营责任制的建立及运行。在农业集体化受到广泛冲击的情况下，党内认识出现了分歧，一些人公开赞成实行承包制，一些人则坚决反对承包制，更多的是被各种“运动”吓怕的人，明知承包制于国于民有利，却持观望态度。邓小平同志以

① 程漱兰．中国农村发展：理论和实践．北京：中国人民大学出版社，1999：280.

② 同①385.

其一贯的实事求是的作风，力排阻力，支持了农村家庭联产承包经营责任制。1981年底，全国农村工作会议召开，正式肯定了包产到户，并提出可包干到户。1982年初，载入史册的第一个中共中央一号文件发布，宣布已有90%的队采用了新的生产责任制，并提出要改革人民公社体制。到1984年初，全国97.9%的生产队采用了大包干形式，自此农村家庭联产承包经营责任制成为我国农业生产经营的基本制度。新体制从1982年开始大见成效，1984年达到顶峰。我国粮食产量1982年达到35 450万吨，比上年增长9.1%，1983年达到38 730万吨，又增长9.3%，1984年达到40 730万吨，再增长5.2%。三年连跨35 000万吨、40 000万吨两个台阶。我国粮食产量从1978年的30 475万吨到1984年的40 730万吨，增长1亿吨仅用了6年时间。与前一个增产1亿吨用了10年，后一个1亿吨用了12年形成鲜明的对比。如果细分会发现，从1978年到1981年的前3年只增产0.2亿吨，1982—1984年即广泛实行联产承包经营责任制的后3年却增长了0.8亿吨，足见农业集体化是制约我国农业发展的主要障碍或根本原因，因为工业化而采取的大量抽取农业剩余只是农业发展的外部不利条件。①

1997年，中共中央办公厅、国务院办公厅发布《关于进一步稳定和完善农村土地承包关系的通知》，要求农村实行第二轮土地承包，并提出新一轮土地承包“三十年不变，三十年以后也没有必要变”，使得农村家庭联产承包经营责任制一直沿用到今天。党的十九大报告明确提出，要保持农村土地承包关系稳定并长久不变，第二轮土地承包到期后再延长三十年。此后第十二届全国人大常委会第三十次会议通过的《中华人民共和国农村土地承包法修正案（草案）》第二十条规定：“耕地的承包期为三十年。草地的承包期为三十年至五十年。林地的承包期为三十年至七十年”；“前款规定的耕地承包期届满后再延长三十年”。从国家政策和法律角度进一步明确了我国农村家庭联产承包经营责任制将长期不变。我国大部分地区农村第二轮耕地承包到期时间为2028年前后，如果第三轮耕地承包期仍然为三十年，那么第三轮耕地承包期到期时间就为2058年前后。这就意味着直到2050年中国实现现代化，我们都将一直坚持并实行农村家庭联产承包经营责任制。

（3）农业家庭联产承包经营责任制下的农民负担。农业家庭联产承包经营责任制下，农民负担如农民自己的总结：“交齐国家的、留足集体的，剩下都是自己的”。主要包括：农业税、乡统筹、村提留以及农村各项基础设施及事业发展建设集资。由于县乡两级政府机构不断膨胀及持续的投资冲动，农民负担日益加重，1994年达到顶峰。1985—1994年9年间农村税负总额（未扣除通胀因素，下同）平均每年增长22.4%，其中前6年年平均增长12.4%，1991—1994年3年增速甚至达到45.3%。而1985—1994年9年间农民收入年平均增长为14.0%，其中前6年年平均为7.3%，后3年年平均为20.0%。② 沉重的农民负担，严重影响了农民的投资和消费，对农村乃至整个国民经济产生消极影响，恶化了农民与政府关系，各地因农民负担过重引起的群体事件此起彼伏，恶性事件不断。

在此背景下，中央政府三令五申要求减轻农民负担，但成效甚微，农民负担一直居高

① 程漱兰．中国农村发展：理论和实践．北京：中国人民大学出版社，1999：411.

② 以上三个数字为作者根据《中国统计年鉴（1998）》各年农村居民家庭人均年纯收入乘以农村人口数计算出相关年份农村居民总收入，再计算出的相应增长率。

不下。1999年、2000年全国农业税收分别为423.50亿元、465.31亿元，占当年全国各项税收总数10 682.58亿元、12 581.51亿元的4.0%和3.7%，比1994年的4.4%有所降低，但远远高于1985年2.3%的水平。① 与此同时，农业税以外的其他负担更是数不胜数，有农民所编顺口溜为证："头税轻（农业税），二税重（乡统筹、村提留），三税、四税无底洞（各项基础设施及事业发展建设集资）"，一些地方的农民负担已经达到农民家庭上年纯收入的25%，远高于国家规定的农民负担不得超过农民家庭上年纯收入5%的"红线"。

2000年初，湖北省监利县棋盘乡党委书记李昌平以"农民真苦、农村真穷、农业真危险"为题上书朱镕基总理，反映本地区农民负担过重的情况，农民负担问题受到学界和社会的进一步关注。2004年3月底，国务院决定免征东北地区黑龙江、吉林两省的农业税，降低其余11个粮食主产省的农业税税率。2006年国务院决定全国所有省份"免征"农业税，附着于农业税的各项提留统筹一律取消，农民负担只剩下需要大多数农民自愿的"一事一议"项目。至此，存在了几千年的"皇粮国税"成为历史，农业为我国工业化发展提供支持的历史使命终结。

(4) 新时期国家农业支持政策。1998年，国家建立粮食风险基金，开始对粮食实行"保护价格"，同时加强了对农村基础设施的投资，农村电网改造，"村村通"工程全面开展。2003年10月14日，胡锦涛总书记在党的十六届三中全会上明确提出"坚持以人为本，树立全面、协调、可持续的发展观，促进经济社会和人的全面发展"的科学发展观，强调按照"统筹城乡发展、统筹区域发展、统筹经济社会发展、统筹人与自然和谐发展、统筹国内发展和对外开放"的要求推进各项事业的改革和发展，把统筹城乡发展放在"五个统筹"的第一位，标志着国家长期以来一直强调的"三农"支持工业化、城镇化、现代化发展的"城市偏向"思维的转变，更加重视和强调农业农村发展。此后，财政对农业农村发展的支持力度明显加大。2004年起，国家财政调整粮食风险基金使用结构，在对粮食继续实行"保护价格"收购的基础上，对种粮农民实行直接补贴，并不断加大对部分地区种粮农民的良种和购置农机补贴力度。2006年全国粮食直补资金达到142亿元，其中13个粮食主产省（区）126.8亿元，均占本省（区）粮食风险基金的50%以上，良种补贴资金40.7亿元、农机具购置补贴资金6亿元。当前我国农业补贴主要有粮食直补、良种和农机补贴、农资综合直接补贴等。2012年农业补贴约1 600亿元，2013年达到2 000亿元。

2013年11月12日，十八届三中全会通过的《中共中央关于全面深化改革若干重大问题的决定》明确指出：城乡二元结构是制约城乡发展一体化的主要障碍。必须健全体制机制，形成以工促农、以城带乡、工农互惠、城乡一体的新型工农城乡关系，让广大农民平等参与现代化进程、共同分享现代化成果。至此，打破城乡二元结构，加快农业农村发展上升为党的意志和国家战略，可以合理地期望国家支持农业农村的力度将不断加大，各项惠农的新政策和新机制将加快推出。习近平总书记一贯重视农业农村工作，关心农民增收和生活改善，从部署"农村精准扶贫"到实施"乡村振兴战略"，党和国家支农惠农政策力度空前，预计整个"十三五"期间，我国各项农业农村支持和补贴总额将超过10万

① 国家统计局．中国统计年鉴（2001）．北京：中国统计出版社，2001：248.

亿元。

（5）农业家庭联产承包经营责任制绩效评价。改革开放后农业发展的成绩主要表现在以下几个方面。首先，农业家庭联产承包经营责任制调动起来的农民农业生产积极性保证了城乡居民农产品的供应。从1985年前后中国城乡居民有史以来第一次实现温饱开始，特别是从20世纪90年代中后期开始，我国各类农产品供应十分充裕。其次，农业现代化长足进步，农业综合生产能力持续提高。家庭联产承包经营责任制下，农民拥有了农业生产自主权，部分农户经营规模扩大，农民收入和积累水平持续提高，国家不断加大农业支持政策力度，使得农业现代生产要素投入不断增加，农业现代化水平和农业综合生产能力不断提高。

事实证明，只要有对农产品需求充分的外部刺激（相对其他行业合理的比较价格），我国农村家庭联产承包经营责任制的组织形式，以及现有的农业综合生产能力完全可以保证农产品充分供给。2002年以来，我国粮食产量11年连续增长即是证明。当前，我国农业发展存在的主要问题是：如何实现小农户与大市场的对接，避免农户家庭生产的盲目性，降低市场风险；如何实现农户经营规模随着经济发展适度扩大，以维持务农者与社会不断提高的劳动生产率和收入水平的平衡。前者可以通过提高农业产业化经营水平加以化解，后者可以通过农村土地流转扩大农户经营规模达到。但如何有效协调农业产业化经营和农村土地流转中各相关主体的利益关系，仍然存在诸多问题，短期难以较好解决。

二、对农业经营体制及农业发展的反思

1. 对农业在国民经济中地位的反思

农业是解决吃饭问题这一人类生存第一需要的产业，在三次产业中必须始终予以优先保障。同时，国民经济的快速发展离不开农业的较快增长。中华人民共和国成立后，党中央、国务院始终把农业作为国民经济的基础，十八届三中全会和2014年中央一号文件都继续重申坚持农业基础地位不动摇。

但未来我国农业发展仍受到多方面因素的制约。首先，耕地资源相对短缺，生态环境恶化使我国农业增长受到自然资源和环境约束。其次，农业投入增长仍相对缓慢。再次，国外廉价优质农产品对我国农业产生冲击。可见，农业危机仍是我国的心腹之患，我们决不能因为当前农产品供给充足而放弃对农业的关注。

农业的产业特点及对国民经济发展的影响作用，决定我们必须始终坚持1995年党的十四届五中全会提出的“把农业放在发展国民经济的首位”的基本认识，优先保证农业发展。

2. 对我国农业经营体制的反思

中国农业及世界农业发展的实践证明了一个道理，即农户家庭经营是市场经济条件下农业最合理的组织形式。农户家庭经营较好地解决了农业生产中的激励问题，如果农业经营的外部条件相对宽松，能够保证农产品合理价格，农户产出的大部分能归其自身占有，农户家庭经营就成为最有微观效率的农业生产组织形式。由此我们有理由坚信在未来相当长时期农户家庭经营都将是我们必须坚持的基本农业组织形式。

3. 对国家农业支持政策的反思

农业的重要产业地位，以及农业面临自然和市场双重风险的“弱质”产业特点决定，

政府必须始终坚持农业支持或农业保护政策。不同时期农业支持政策的内容应有所侧重。在工业化初期阶段，农业支持主要体现在通过适度的基础设施投入、农业科技进步，保证农业健康较快发展，实现“以农养工”的可持续性；工业化中期阶段，农业支持主要体现在通过提高农业组织化水平保证农产品供给与市场需求的对接，稳定农产品价格，防止“增产不增收”，保证农业发展和农民收入能够跟上国民经济发展步伐；工业化后期阶段，农业支持主要体现在通过大量直接支持保持农业综合生产能力和充分的农产品供给弹性，保证农产品充足供应，实现务农者收入水平与其他行业相对均衡。我国已经进入工业化后期阶段，对农业的直接支持力度必须持续增加，才能保证我国的粮食安全和农业安全。

三、中国农业土地制度与农业现代化实现模式

（一）我国农业生产用地制度

土地是农业最重要的生产资料，农业生产用地的制度安排直接影响着农业生产主体的积极性和农业发展绩效。

1. 继续实行最严格的耕地保护制度

作为世界第一人口大国，中国进口什么什么产品价格就大涨，中国出口什么什么产品价格就疲软。正是基于这一经验，我国历届政府对关系老百姓吃饭问题的农业发展丝毫不敢掉以轻心，以免让十几亿人口的饭碗端在别人手上，从来也没有指望大量进口农产品，特别是大量进口粮食。2014 年中央一号文件明确指出：“把饭碗牢牢端在自己手上，是治国理政必须长期坚持的基本方针。综合考虑国内资源环境条件、粮食供求格局和国际贸易环境变化，实施以我为主、立足国内、确保产能、适度进口、科技支撑的国家粮食安全战略。任何时候都不能放松国内粮食生产，严守耕地保护红线，划定永久基本农田，不断提升农业综合生产能力，确保谷物基本自给、口粮绝对安全。”2018 年中央一号文件再次重申要夯实农业生产能力基础：“深入实施藏粮于地、藏粮于技战略，严守耕地红线，确保国家粮食安全，把中国人的饭碗牢牢端在自己手中。全面落实永久基本农田特殊保护制度，加快划定和建设粮食生产功能区、重要农产品生产保护区，完善支持政策。”

2. 探索农业生产用地更长期的制度安排

在我国农民总体的收入、保障水平与城镇居民存在明显差距的背景下，保持农民长期稳定的土地承包权是社会公平的需要，也是保证农村社会稳定的要求。2018 年中央一号文件明确指出：落实农村土地承包关系稳定并长久不变政策，衔接落实好第二轮土地承包到期后再延长 30 年的政策，让农民吃上长效“定心丸”。全面完成土地承包经营权确权登记颁证工作，实现承包土地信息联通共享。完善农村承包地“三权分置”制度，在依法保护集体土地所有权和农户承包权前提下，平等保护土地经营权。农村承包土地经营权可以依法向金融机构融资担保、入股从事农业产业化经营。实施新型农业经营主体培育工程，培育发展家庭农场、合作社、龙头企业、社会化服务组织和农业产业化联合体，发展多种形式适度规模经营。

随着国家城镇化进程的持续推进，大量农民已经获得非农业户口，更多的农民虽然户籍仍然在农村，但已经成为事实上的城镇居民（一年中有超过半年时间在城镇居住），农村社员身份也越来越难以定义和模糊化。按照我国《农村土地承包法》，所有农村社员都

拥有平等的耕地承包权。但随着农村社员身份的模糊化，在第三轮耕地承包时，什么样的人才拥有耕地承包权已经成为越来越难以厘清的现实矛盾问题。所以，单单明确“落实农村土地承包关系稳定并长久不变政策，衔接落实好第二轮土地承包到期后再延长30年”的政策已经远远不够，事实上到时该政策很大程度会因为农村社员身份的模糊化，使得政策的落实成为几乎不可能的事情，或者至少会引起大量的矛盾和产生新的历史遗留问题。因此，必须要尽快出台更完善的农户土地承包权和经营权流转方面的法律制度。可以考虑在某个时点，比如第二轮土地承包期满（大约是2028年前后），第三轮承包土地调整后，建立“增人不增地，减人不减地，土地承包权可以继承”的农用土地“永佃制”。“永佃制”实现后，只要不改变土地的农业用途，经营权可以自由流转，流转形式可以不做具体规定。

（二）农业现代化经营模式探索

1. 以家庭农场为基本经营模式，实现农业从兼业化到专业化转变

所谓家庭农场是指以家庭成员为主要劳动力，从事农业规模化、集约化、商品化生产经营，并以农业收入为家庭主要收入来源的新型农业经营主体。2013年中央一号文件明确提出：鼓励和支持承包土地向专业大户、家庭农场、农民合作社流转。已经实现现代化的发达国家，农业普遍以家庭农场为基本经营模式，而不是像其他产业一样采用公司式模式。因为只有家庭农场经营模式才能较好地解决农业发展中的两个关键问题：管理中的即时决策、监督激励；经营中的风险管理、收入均衡。2018年中央一号文件新的提法是：“培育发展家庭农场、合作社、龙头企业、社会化服务组织和农业产业化联合体，发展多种形式适度规模经营。”家庭农场的地位更加凸显。

第一，家庭农场经营模式解决了农业生产需要考虑天气、自然环境及种养殖生物个体差异性的非完全标准化生产管理中需要的即时决策、监督激励问题。家庭农场可以根据天气、自然环境变化，以及种养殖的生物个体差异性采取相应的种养殖和管理策略，而公司式企业很难及时做出这些相应决策，错过节令和时机生产必然受到严重影响，又很难补救。家庭农场的工作主要由家人完成，不存在监督激励的问题。而公司式企业很难对非标准化的农业生产进行监督激励，因为农业产出受天气等因素影响较大，不见得辛苦工作、正确操作就一定会有好收成，所以很难用结果来判断被雇佣者的努力程度和技术水平，造成监督激励上的困难。

第二，家庭农场经营模式下，更易于解决农业生产单位收入受自然因素和市场因素变化影响，以及农业收入与其他行业收入的均衡问题。相对于我国现有农村每户都进行农业经营，全国农业生产主体达到近2.5亿户的情况，未来实行家庭农场经营后，农业生产主体数量将大大减少，可能只有现在的五分之一，甚至十分之一，规模的扩大、更多样化经营使得家庭农场具有更强的抗风险能力，也能更好地适应市场需求。同时，大大减少的农业主体数量使得国家支农政策更有针对性，交易和契约成本也大大降低。这从近年国家支农资金因甄别和契约成本过高，只好按人头或耕地平均发放，并没有真正支持给从事国家需要扶持项目的农业生产者的情况得到证明。家庭农场经营模式下，农户的主要收入来自农业，解决了兼业从事农业下农业生产资料利用不充分，生产非专业化问题，可以大大提高社会的资源利用效率。农业用地经营权的自由充分流转，可以保证家庭农场规模能够根

据国家农业政策、政府支农力度、市场环境进行调整，保证专业务农者的劳动力收入、资本回报与社会其他行业实现均衡。

2. 完善、创新农业产业化经营模式

经过 30 多年发展，我国农业产业化经营体系已经初步完备，未来还需要继续完善和创新农业产业化经营模式。未来农业产业化经营模式的完善和创新，主要包括：如何在自愿原则下发展家庭农场，并让家庭农场成为我国农业的基本组织形式；如何进一步鼓励和支持多种所有制农业产业化龙头企业，推动农业产业化龙头企业集群发展，密切与农户、农民合作社的利益联结关系；如何保证新型农业经营主体建设农业生产配套辅助设施时对土地的需要；如何从政策方面支持地方政府和民间出资设立融资性担保公司，为新型农业经营主体提供贷款担保服务；如何进一步加大对新型职业农民和新型农业经营主体领办人的教育培训力度，不断提高其技术及管理水平；如何进一步落实和完善相关税收优惠政策，支持农民合作社发展农产品加工流通；如何进一步稳定农业公共服务机构，健全经费保障、绩效考核激励机制；如何采取财政扶持、税费优惠、信贷支持等措施，大力发展主体多元、形式多样、竞争充分的社会化服务体系，推行合作式、订单式、托管式等服务模式；如何推进农村供销合作社改造，按照改造自我、服务农民的要求，创新组织体系和服务机制，把供销合作社打造成为农民生产生活服务的生力军和综合平台。

第二节 农民及农民增收

一、农民的身份变化及收入增长

1. 我国农民的身份变化及收入增长

(1) 改革开放前农民的身份及收入增长。我国的城乡分割体制是 20 世纪 50 年代逐渐形成的。中华人民共和国成立初期，广大农村居民享有较充分的自由迁入城市的权利，人口城镇化基本上是在没有政府直接干预的情况下进行的。1950—1957 年我国城市人口增长总量中有 60.8%是从农村新迁入的。农民向城市的迁移，满足了城市经济建设对劳动力的需求，但无限制的农民进城使城市在就业、住房、食品供给等方面日益不堪重负。同时，大量的劳动力脱农，也在一定程度上影响了农业生产。随着国家以农业集体化为核心，强制“三农”为工业化提供原始积累政策及制度的确立，与之配套的限制农村人口进城及各种汲取农村人口以外的其他要素资源的政策及制度相继出台。

1953 年，政务院发出《关于劝止农民盲目流入城市的指示》。1957 年中共中央、国务院颁布《关于制止农村人口盲目外流的指示》，并采取了诸如严格禁止企业单位从农村招工，在城市设立收容站，把进城农民遣送回原籍等强有力措施。1958 年，国家颁布《中华人民共和国户口登记条例》，这一具有法律效力的文件，明确地将城乡居民分为农业户口与非农业户口两种不同户籍，并规定农业户籍居民要迁入城市取得非农业户口，必须得到城市管理部门许可。此后，国家又制定了与这种户籍制度相配套的城市生活资料供给制度、就业制度和福利制度等，只有持有城市合法户口的城市居民（市民），才能获得国家配给的基本生活资料，才能由城市劳动就业部门安排工作，才有资格享受各种城市居民福利等。这样就在城乡之间人为地掘出了一条“鸿沟”，筑起了一道“壁垒”，形成了城乡分割体制，使农村人口除了考上大学和参军，以及少量的从农村招工外，几乎不可能取得非农业户口，即通俗所说的“吃上商品粮”。

此后，除1958年“大跃进”时从农村招收一批工人外，一直到1978年，几乎不存在农民进城的机会。相反，在20世纪60年代初期因城市食品供应紧张，有2 600万城市人口被遣往农村。“文化大革命”期间，国家又动员约3 000万人口迁向农村。本来以迁移登记、人口统计为主要功能的户籍管理制度，在我国却成为一种将人口分区为“农业户口”和“非农业户口”两种不同社会身份的制度。加之与这种城乡分割的户籍制度相配套的其他制度，人为地将城乡居民分割为两个发展机会和社会地位不平等的社会集团。该体制将我国人口划分为“穿草鞋”（农业户口）和“穿皮鞋”（非农业户口或城镇户口）两个群体，出生在农村者天然地就成了农民，出生在城镇者自然地就成了市民，这种城乡分割的体制一直延续到今天，仍然没有从根本上打破。农民已然成为一种身份，而不仅仅是一种职业。

改革开放前，城乡分割体制阻断了农民进入城市工作生活的可能，所有城市就业机会都被城市居民垄断，而国家又统一规定了大大高于农民收入的城市职工工资，就造成并维持了城乡居民之间过大的收入和消费差距。需要指出的是，改革开放前我国城市职工收入也是很低的，城市居民也仅仅勉强维持温饱，而收入低得多的农村居民多数自然是温饱不得。

不断膨胀的农村人口被限制在有限的土地上，再加上缺乏效率的农业集体化体制，以及为防止资本主义复辟而不断“割资本主义尾巴”（即不允许农民开展多种经营），使得农业发展极其缓慢，农民收入增长更加缓慢。据国家统计局数据，1952—1978年，在未扣除通货膨胀因素下，农民人均纯收入从57.0元提高到133.6元，26年累计增加了76.6元，年均仅增加2.95元，年均增长率为3.3%，如果扣除通货膨胀因素，农民人均纯收入增长速度会更低，甚至是停滞的。这一时期，城镇居民人均可支配收入始终维持在农民人均纯收入的2.5倍左右。1978年，城镇居民人均可支配收入为343.4元，为当年农民人均纯收入133.6元的2.57倍。

（2）改革开放后农民的身份变化及收入增长。改革开放以来，虽然城乡分割的户籍制度仍然未能打破。但主要农产品统购派购制度和城镇居民食品配给制度的取消，农业家庭联产承包经营责任制的推行，使得农民获得了农业生产的自主权。再加上国家支持和鼓励农民在农村及城镇办企业，进城打工，农民的身份悄然发生了很大改变，尽管他们身份前还挂着一个定冠词“农”：农民企业家、农民工。

农民身份的解放，各种农村生产要素的市场化配置，极大地提高了这些资源的使用效率，自然带来了农民收入的快速增长。农民的名义人均可支配收入也由1978的133.6元提高到2017年的13 432元，39年间提高了100.5倍，扣除通货膨胀因素年均增长率达到7.2%左右，正在迈向更加富裕的小康生活。但需要指出的是，改革开放40年来，城乡居民收入差距除改革开放初期明显缩小，从1978年的2.57倍缩小到1985年的1.86倍外，此后多数年份都在持续扩大，2007年达到3.33倍。此后，随着国家惠农及支农力度的加大，城乡居民收入差距有缩小趋势，2017年城镇居民人均可支配收入为36 396元，农民人均可支配收入为13 432元，前者为后者的2.71倍，仍然大于改革初期的水平。

2. 对我国农民身份及农民增收政策的反思

（1）对农民身份的反思。现代公民社会，人人权利平等，个体之间只有职业的不同，没有身份的差异。已经实现工业化、现代化国家的历史经验表明，虽然工业化过程中农业和农村的进步落后于城镇，农民收入总体上低于城镇居民，但城乡居民收入差距一般维持在1.5～2倍，国家实现现代化后城乡居民收入差距基本消除。我国长期以来过大的城乡居民收入差距在很大程度上是因为国家执行的一切城市优先的“城镇偏向”政策，以及限制、歧视农民的城乡分割体制和二元户籍制度。实践表明，这种“城镇偏向”的城乡分割体制和二元户籍制度不仅没有效率，对农民也极不公平，必须尽快打破。

（2）对农民增收政策的反思。改革开放以来的实践证明，所有真正起到实现农民增收的政策，都是围绕对农民身份的解放，以及对农村生产要素的市场化展开的。未来的农民增收政策仍然要以打破城乡分割体制和二元户籍制度为突破点，不断释放改革红利。正如2014年中央一号文件所指出的，必须积极推进户籍制度改革，建立城乡统一的户口登记制度，促进有能力在城镇合法稳定就业和生活的常住人口有序实现市民化。全面实行流动人口居住证制度，逐步推进居住证持有人享有与居住地居民相同的基本公共服务，保障农民工同工同酬。鼓励各地从实际出发制定相关政策，解决好辖区内农业转移人口在本地城镇的落户问题。党的十九大报告和2018年中央一号文件均提出，到2035年基本实现城乡基本公共服务均等化，城乡融合发展体制机制更加完善，逐步探索构建城乡一体化的建设用地市场。这些措施将极大地从体制机制上保证农民增收的持续性，并逐步缩小城乡居民收入差距。

二、农民增收政策及策略

（一）增加农民家庭经营收入

1. 增加农民家庭农业经营收入

从根本上讲增加农民家庭农业经营收入无外乎两种思路：扩大农民家庭农业经营规模；降低农产品生产的自然和市场风险。对于前者前文已经阐述得很清楚，就是通过改革农村土地制度，确立家庭农场经营体制。

实现后者需要政府提供：（1）农产品价格支持，避免因为农产品需求缺乏弹性造成的谷贱伤农、增产不增收，降低农业生产的市场价格波动风险。（2）农业生产投入支持，部分或全额资助农户自身不愿意投资或无力投资的农业生产专用资产和准公共资产投资，提高农业劳动生产率和现代化水平。当然，农产品价格支持和农业生产投入支持应该以刺激农业生产达到充分满足社会对农产品的需求为限，避免因支持力度过大，造成农产品生产过剩，从而降低社会资源配置效率，导致资源浪费。（3）农业保险支持，避免因农户畏惧农业生产过大的自然风险而不愿意从事农业经营的情况发生。同样，农业保险支持力度也要合适，支持力度太大会导致一些农业主体出现骗保等道德风险。（4）像发达国家一样，为农业经营主体提供直接的收入补贴，保证务农户各种要素的收入能够跟社会其他产业收入相均衡。

这些农业支持政策不应该被理解为国家对“三农”的偏向，而是政府对因农业具有准公共产业特点造成的市场失灵的纠偏措施，这也是市场经济国家的普遍做法。关键是如何把握农业支持政策的力度，怎样确立和完善高效率、有针对性的政策落实措施和手段，提高农业支持的精准性。

2. 增加农民家庭非农经营收入

政府促进农民家庭非农经营收入的政策措施，应主要集中于消除农民家庭非农经营上的各种限制，按照城乡公平原则，给予农民家庭非农经营以公平待遇，消除地方政府和农村基层组织对农民家庭非农经营的制度歧视和非法盘剥。

（二）增加农民家庭工资性收入

据相关统计数据，近年我国农民家庭纯收入的40%左右来自工资性收入，工资性收入增长也是农民家庭纯收入中增长最快的部分。

1. 积极稳妥地推进农业劳动力和人口向城镇转移

据2018年2月28日公布的《中华人民共和国2017年国民经济和社会发展统计公报》数据，2017年末，我国城镇人口为81 347万人，占总人口139 008万人的58.52%，而非农业户口（即城镇户口）人口占总人口的比重为42.35%，中间差距的16.17个百分点，对应约22 478万人的城镇人口与城镇户口人口的差数，就是常住城镇的所谓“农民工”。他们在城镇生活就业，但他们的“根”（即户口）在农村，不能完全享有城镇居民的福利待遇。在住房限购政策下，他们即使有钱也不被允许在一些城市买房，当然他们中的绝大多数也根本负担不起居高不下、几乎是没有最高只有更高的城镇房价。

以出现所谓的“民工荒”为标志，学界普遍认为我国大约在2004年左右跨越刘易斯拐点，农业中已经不存在绝对剩余劳动力，此后继续进行的农业劳动力转移，是农业中较低劳动生产率的劳动力向较高劳动生产率行业和城镇的转移。国家统计局数据显示，2012年，我国农业增加值52 377亿元，占当年全国GDP总量的10.09%，但农业劳动力占社会劳动力的比重仍然高达38.9%。对于如此之高的农业劳动力占比，不少学者及研究机构曾提出质疑。2013年12月10日，中国社会科学院经济学部“中国经济形势分析与预测”课题组表示，官方统计大大高估了我国农业劳动力的数量和占比，2012年农业劳动力比重仅为19.8%。即使按照该课题组的数据，农业劳动力占比19.8%，还是大大高于农业增加值占比10.09%，说明农业的劳动生产率还是大大低于社会平均劳动生产率，农业中还是存在相当数量的低效率劳动力。因此，我们必须看到，未来农业劳动力转移的步伐将不断放慢，最终将趋于停滞。现今农村，年轻务农者已经是凤毛麟角，现有农业劳动力中，50岁以上者已经占到总数的60%以上，居于绝对主体地位，与发达国家已经比较接近，这些劳动力向较高劳动生产率行业和城镇长期转移的可能性很低，反而可能是原来的在外打工者，随着年龄增长不再适宜打工生活，会“叶落归根”回乡务农，替代现有农村中因年龄过大不能够再从事农业生产的老年人。

因此，我国农业中可转移的劳动力资源已近枯竭，远远不像一些非专业人士估计的那样仍有很大潜力。基于此，未来我国促进农业劳动力转移的政策主要是解决已经进城的农民工的就业及其个人和家属的落户和安居问题，如将进城农民纳入城镇住房保障体系，保证农民工子女就近入学，建立城乡一体的社会保障体系等，不使其重新回流农村农业。

农业劳动力转移速度下降，并在十年左右最终停止的趋势，并不代表我国农村人口市民化的速度也出现下降，并在十年左右最终停止，因为目前我国城镇户口人口占总人口的比重尚不到36％，距离真正实现城镇化时城镇人口会占到总人口的80％左右还有很大差距，仍有超过一半的路程要走。所以，我们完全有理由期待所谓的城镇化“红利”，这笔“红利”也是我国未来最大、最长期和最可靠的发展潜力所在。我国未来的农村人口市民化速度，主要取决于国家户籍制度，以及其他影响农村人口市民化政策的调整。这些政策措施直接关系着我国未来城镇化“红利”的大小和释放速度，政策措施得力将会为我国赢得20年以上的长期发展契机，一定要认真研究并慎重选择。

2. 提升农民家庭的人力资本

近年，国家对提升农民家庭的人力资本的投入不断加大，取得了很大的成绩，如农村九年义务教育全面落实，城乡教育均衡政策和落实措施初步完备，公办中等职业学校学费全免、生活费补贴不断增加、困难学生住宿费减免，免费农民职业技术培训等普遍开展，高等教育实现大众化，农民家庭人力资本提升途径呈现多元化和低费用化等，但这些支持项目的质量效益尚有待提高。未来农民家庭人力资本提升的重点主要是加强对各类面向农民家庭子女及成人教育培训的针对性、有效性，提升这些国家支持项目的效率和资金利用效益。

（三）增加农民家庭转移性收入

农民家庭转移性收入包括在外人口寄回和带回、农村以外亲友赠送的收入、调查补贴、保险赔款、救济金、救灾款、退休金、抚恤金、“五保户”的供给、奖励收入、土地征用补偿收入和其他转移性收入。

1. 增加政府财政性转移支付

各级政府要真正按照十八届三中全会提出的构建“以工促农、以城带乡、工农互惠、城乡一体”的新型工农城乡关系要求，建立和完善支农政策和资金核准发放体系，从制度上保证支持农业农村资金足额及时到位，发放渠道通畅，形成政府对农民财政性转移支付长期稳定增长机制，消除政府财政性转移支付使用中的腐败现象，杜绝各种跑、撒、滴、漏和被不当对象冒领，保证资金真正发放给政策规定的对象和支持的项目。

2. 开拓其他转移性收入渠道

随着国家进一步对外开放和城镇化发展，大量农村人口将移居国外及进城，来自国外及城镇亲友的对农村人口的馈赠将持续增加，再加上农村人口的逐年减少，农村人口人均获得的这类转移性收入会成倍增长，有希望成为未来农民收入中增长最快的部分及最主要的渠道。除了来自亲友的馈赠，国家还要通过所得税减免等立法、多种形式的表彰鼓励等办法支持其他个人及组织对农村人口的救助和赞助。

（四）增加农民家庭财产性收入

1. 开辟农民家庭金融资产投资渠道

通过支持农业及促进农村其他产业发展政策，严厉打击非法集资、传销、黄赌毒等非法和丑陋现象，引导农民将金融资产投资于实体经济，增加农民家庭金融资产投资收入。

2. 盘活农民家庭土地资产

除了有限的金融资产，农民家庭最大的资产是土地及住宅。要通过完善农村土地承包政策，稳定农户承包权，放活土地经营权，允许承包土地的农户将经营权向金融机构抵押融资；深化农村集体建设用地管理制度改革，逐步建立城乡统一的建设用地市场，实行城乡土地同权同价，通过出让、入股、出租等方式，让农民充分享有土地资产收益；改革农村宅基地制度，完善农村宅基地分配政策，让农民拥有其宅基地及附着物的充分处置权和收益权；加快推进农村征地制度改革，按照土地的实际价值，足额充分地补偿农民，完善对被征地农民的保障机制；健全城乡发展一体化体制，积极推进户籍制度改革，促进有能力在城镇合法稳定就业和生活的常住人口市民化。事实证明，只有减少农民才能最终使农民富裕，才是增加农民收入的根本之道。

第三节 农村基础设施建设与社会事业发展

一、农村基础设施建设

农村基础设施是指为农业和农村其他产业发展和农民生活服务的公共设施的总称。包括农村交通、农田水利、电网、邮政、通讯、有线电视网、互联网、教育、文化、卫生、供水供电、园林绿化等生产和生活服务设施。农业综合生产能力的提升及农业的良性发展，农村的产业开发及社会主义新农村的实现离不开完善的农村基础设施。而长期以来城市偏向的财政政策使政府游离于农村基础设施建设之外，造成我国农村基础设施建设严重滞后，历史欠账太多，未来我国农村基础设施建设任重道远。

（一）我国农村基础设施建设体制及成效

1. 改革开放前我国的农村基础设施建设体制及成效

改革开放前，我国“三农”被定位于无条件服从国家工业化发展的地位，国家不仅难以兼顾农村基础设施建设，还大量抽取农村生产要素，农村的基础设施建设主要靠微薄的农村集体投资和农民集资出工来提供。虽然依靠集体化可以有效动员劳动力的体制优势，在农田水利、农村道路和其他需要大量劳动力投入的农村基础设施建设方面取得巨大成就，但因为资金缺乏，农村基础设施建设总体上难以满足农业农村发展和农民生活改善的要求。

2. 改革开放后我国的农村基础设施建设体制及成效

实行农业家庭联产承包经营责任制后的一段时期，国家对农村基础设施建设的政策思路并没有改变，农村基础设施建设依然主要靠农村集体投资和农民集资出工来提供，没有了集体经济支持和集体化动员劳动力的体制保证，农村基础设施建设更加难以为继，不要说新建基础设施，原有的农田水利设施和农村道路等维护都难，不少农田水利设施和农村道路因不能得到及时维护，出现老化并逐步被废弃的情况。乡镇政府及农村集体曾经强力推动农民集资、集工开展农村基础设施建设，但由于运作中普遍存在的腐败及农民的抵制，成效甚微，大部分地区的农村基础设施出现倒退。

1998 年以后的几年，出于应对亚洲金融危机、提振刺激经济发展速度以及缓和农民负担过重造成的农村社会紧张关系的需要，国家对农村基础设施建设的投入有较大增长，主要包括：从 1998 年开始，历经三年、总投资约 1 400 亿元的第一轮农村电网改造，其他如农村交通、农田水利等设施的政府投入也显著增长。

2003年10月，党的十六届三中全面阐述了“科学发展观”，确立了“工业支持农业、城市支持农村”的城乡协调发展新思维。2005年10月，党的十六届五中全会提出，按照“生产发展、生活宽裕、乡风文明、村容整洁、管理民主”的要求扎实推进社会主义新农村建设的新要求。政府在农村基础设施建设中发挥主导作用的新思路，财政支农配套政策的建立和完善，为农村基础设施建设发展提供了契机。从2006年开始，国家“五年千亿元”，以国家和省出资为主，地方财政（市与县）配套部分资金，决不允许向农民强制摊派的村村通公路工程全面展开，其他如政府支持的有线电视网和互联网村村通工程、农村供水供电工程也陆续展开。近年，政府投资的农村学校、文化和卫生设施更新提升工程，政府财政补贴的低产田改造工程，村内道路硬化工程全面展开，政府支农力度大幅度提高，规模空前。据统计，从2008年到2013年六年间，中央财政用于“三农”的支出累计达到5.85万亿元，每年达到近万亿元，其中相当部分被投资到农村基础设施建设方面。① “十三五”时期，国家支农资金总量将超过10万亿元，平均每年超过2万亿元，同样有相当部分被投资到农村基础设施建设方面，农村基础设施建设不足的情况有望在近年得到突破性改观。

（二）对我国农村基础设施建设体制的反思

基础设施属于公共产品和准公共产品，指望由市场主体提供必然导致供给不足和使用效率低下。政府必须担负起自身的责任，必须切实转变对农村基础设施建设的政策导向，确立政府财政主导农村基础设施建设的主体意识和角色转变，建立城乡统一的基础设施建设新体制，采取切实有效的对策措施，加大政府对农村基础设施建设的投资力度，只有这样才有希望使农村基础设施建设满足农业农村经济社会发展的要求，跟上国家的现代化进程。

在农村基础设施投资建设模式上，可以根据建设项目的公共性强弱、建设特点采用：(1) 政府投资项目管理模式，即全部由政府投资，采取项目管理方式的建设模式，主要适用于农村大型公共工程，如农村大型水利工程建设、农村主干公路和村道建设、农村中小学校舍建设、中产田改造项目等；(2) PPP（Public-Private-Partnerships，公私合作伙伴关系）模式，即政府投资、民间助资、农民出资出劳相结合的建设模式，主要适用于农村小型基础设施项目，如村内道路硬化、农村文化设施建设等；(3) 定额补助模式，即对用于家庭农业生产和生活设施的建设项目采取按照建设费用的一定比例定额补助的建设模式，如打井补贴、烤烟房建设补贴、沼气池建设补贴、干旱地区水窖建设补贴等。

二、农村社会事业发展

（一）我国的农村社会事业发展与体制

1. 改革开放前我国的农村社会事业发展与体制

如前所述，1958年底农村全面确立“三级所有，队为基础”的政社合一体制，农村社会事业发展及体制建设均是这种政社合一体制的产物和必然选择。

(1) 改革开放前我国的农村教育事业发展与体制。党和国家一贯重视农村教育、扫除

---

① 刘慧．用好国家财政支农资金．经济日报，2014-01-22.

文盲、科技普及等工作。在政社合一体制下，农村教育事业逐步确立了政府指导管理和提供少量经费支持、农村社区提供经费和人力的投入建设管理体制。具体操作办法是：差不多每个人民公社在其行政机构所在地办一所高中，经费和教师由人民公社协调，学生负担书本费和少量杂费；农村举办小学、初中由县和人民公社批准，设施建设经费由生源地的农村社区负担，人民公社适当补助，教师聘自生源地农村社区的知识分子，称为民办教师，这些民办教师的工资由生源地农村社区负担，主要是计工分，与社员一起参加所在农村社区的统一分配，书本费和少量杂费由学生本人负担；所有这些学校均接受县和人民公社领导，由县和人民公社派驻的公办教师（每个学校根据生源多少派驻一到多人）担任校长，与农村社区一起行使学校管理权。

政社合一行政管理体制的强大资源动员能力，保证了农村基础教育的较为充分供给，极低的书本费和杂费，以及对贫困家庭学生书本费和杂费的减免办法，使得极少有农村家庭因负担不起学费导致学生不就学或辍学。从整体上讲，改革开放前我国农村教育体制不管是从办学效率，还是从受教育权的公平上讲都是值得肯定的，保证了国家在国民经济发展水平极低的情况下能够有充分的资源被投入到农村教育事业，使农村社区的绝大多数孩子都能够接受初等教育。再加上国家不断开展的农村扫盲运动，使农村居民识字率达到基本普及水平。这一时期农村教育存在的主要问题是教学内容和教学秩序时不时被政治运动冲击，在一定程度上影响了教学质量。

（2）改革开放前我国的农村医疗事业发展与体制。早在抗日战争时期，解放区就出现过农民集资兴办的合作医疗。中华人民共和国成立后，一些地方在土地改革后的农业合作化运动启发下，由群众自发集资创办了具有公益性质的保健站和医疗站。1956 年，全国人大一届三次会议通过的《高级农业生产合作社示范章程》中规定，合作社对于因公负伤或因公致病的社员要负责医疗，并且要酌量给以劳动日作为补助，从而首次赋予集体介入农村社会成员疾病医疗的职责。随后，许多地方的农村开始出现由国家卫生行政部门和农村社区共同管理、由县医院和人民公社卫生院提供业务指导和人员培训，以集体经济为基础，以集体与个人相结合、互助互济的集体保健医疗站、合作医疗站或统筹医疗站（一般称卫生所）。1959 年 11 月，卫生部在山西省稷山县召开全国农村卫生工作会议，正式肯定并提倡农村合作医疗制度。此后，这一制度在广大农村逐步推广。1965 年 9 月，中共中央批转卫生部党委《关于把卫生工作重点放到农村的报告》，强调加强农村基层卫生保健工作，极大地推动了农村合作医疗保障事业的发展。到 1965 年底，全国已有山西、湖北、江西、江苏、福建、广东、新疆等 10 多个省、自治区、直辖市的部分市县实行了合作医疗制度。由于合作医疗深受农民欢迎，到 1976 年底，全国已有 90%的农民参加了合作医疗，从而基本解决了广大农村社会成员看病难的问题，为中华人民共和国农村医疗保障事业的发展写下了光辉的一页。

农村合作医疗是我国农民自己创造的、互助共济性质的医疗保障制度，在保障农民获得基本卫生服务、缓解农民因病致贫和因病返贫方面发挥了重要的作用。它为世界各国，特别是发展中国家解决普遍存在的农村医疗问题提供了一个范本，不仅在国内受到农民群众的欢迎，而且在国际上得到好评。在 1974 年 5 月的第 27 届世界卫生大会上，第三世界国家普遍对中国的农村合作医疗表示热情关注和极大兴趣。联合国妇女儿童基金会在 1980—1981 年年报中指出，中国的“赤脚医生”制度在落后的农村地区提供了初级护理，为不发达国家提高医疗卫生水平提供了样本。世界银行和世界卫生组织把我国的农村合作医疗称为“发展中国家解决卫生经费的唯一典范”。

据国家卫生部公布的数据，1949—1978年，我国居民人均预期寿命从35岁提高到68岁，而2005年世界人口平均预期寿命只有65.4岁，2007年我国居民人均预期寿命也才达到73岁，只比1978年提高了5岁。从这些数据可以看出，与旧中国相比，改革开放前28年，我国的医疗保障水平已经发生质的变化，其中覆盖绝大多数人口的农村合作医疗无疑起到了关键作用。这些成就取得于我国当时极其低下的发展水平下，无疑是十分难得的，说明当时的农村合作医疗体制是合理有效的，总体上控制了各种流行病和常见的影响健康的疾病，保证了广大农村社员基本的健康需求。这一时期农村合作医疗存在的主要问题是农村医疗水平总体上还比较低下，社员发生大病时受经费和医疗技术限制，不能得到很好的救治。

（3）改革开放前农村的养老保障事业发展与体制。中华人民共和国成立到改革开放，与农村教育和医疗保障事业发展相比，我国农村养老保障体制建设方面没有太多可圈点的地方，基本上采取没有统一组织负责和支持的家庭养老模式，年迈的老人由子女赡养。失去劳动能力的无子女老人与其他无法定扶养义务人，或者虽有法定扶养义务人，但是扶养义务人为无扶养能力的、无劳动能力的、无生活来源的其他农村贫困群体被称为“五保户”，由农村集体组织提供基本生活救助。

2. 改革开放后我国的农村社会事业发展与体制

（1）改革开放后我国的农村教育事业发展与体制。改革开放后的一段时期，农村教育一度陷入无序状态。随着农业家庭联产承包经营责任制的全面推广，以及撤人民公社建乡，农村集体经济逐渐瓦解，原来由农村集体经济保障的农村教育陷入困境。一方面，农村集体经济消解、乡财政困难，使得本来就极低的民办教师工资还经常被拖欠。同时，大量其他就业收入机会，使一度体面的民办教师成为少有人问津的“鸡肋”，出现民办教师大量流失现象，新补充进去的人员素质下降，也不愿意全心全意投入到教学工作，教书甚至成为“副业”。另一方面，学生学费和杂费连年上涨，再加上辍学务农和外出打工还可以取得不菲的收入，学生辍学率不断上升。此外，农村教育设施日渐破败，又没有经费修缮。“老师无心教，学生无意学”使得农村教育出现明显滑坡。1986年，国家颁布《中华人民共和国义务教育法》（简称《义务教育法》），当时的《义务教育法》只是规定了家长送学生上学的义务，并没有措施保障政府免费提供义务教育责任的落实。结果一切还与从前一样，学费和杂费照样年年上涨，民办教师工资还是经常被拖欠，甚至更严重拖欠，农村学生辍学率继续上升，教育质量仍在滑坡。

民办教师是我国农村教育历史上的一个特殊产物，1977年，全国民办教师人数一度达到491万，撑起了当时占国家总人口80%以上农村人口的基础教育，他们在农村传播了知识、科技和文明，他们的贡献将被永远铭记。多年来，国家通过中师、教育学院、师范院校招收民办教师以及民转公考试等形式，将大量民办教师“转正”为公办教师。1999—2000年，国家全面实施民办教师退出制度，通过考试甄别和超过一定从教年限直转等办法，全国又有25万民办教师转为公办教师，其他不符合转正条件的民办教师一律清退，至此，民办教师全面退出历史舞台。

2006年6月，十届全国人大常委会第二十二次会议修改通过了新《义务教育法》，新法进一步明确了国家提供九年义务教育的责任，义务教育阶段所有经费由政府承担，免除所有学费和杂费。至此，改革开放后新的农村教育体制全面完善。农村义务教育阶段经费投入的充分保障，多年来师资的更替提升，使农村基础教育质量开始全面提高，农村义务教育阶段学生辍学现象基本消除。当前农村基础教育存在的主要问题是：第一，农村生均教育经费投入仍大大低于城镇，农村教育新补充的教师水平普遍低于城镇，再加上多年来城镇对农村优秀教师的抽取，使得农村学校师资水平和教学质量全面落后于城镇，“城乡教育均等化”依然任重道远；第二，进城农民工子女的就学问题依然没有得到妥善安排，义务教育阶段“就近入学”也只是解决了暂时有学可上的问题，而学籍及以后的高中就学、高考等“后顾之忧”仍然没有得到解决；第三，大量农村“留守儿童”的家庭教育、农村学校合村并点后年幼学生上学难、住校难等新问题尚有待解决。

（2）改革开放后我国的农村医疗事业发展与体制。与农村基础教育和其他农村社会事业一样，改革开放后，农村集体经济的逐步解体，使原有的农村合作医疗“线断网破”，农村“卫生所”“赤脚医生”自然消亡，农民看病需要完全自费，医药费价格节节攀升，且很难找到就近的诊所，只好舍近求远，大病小病都到乡卫生院、县人民医院。“看病难”“看病贵”，因病致贫返贫，成为一段时期困扰广大农民的又一大难题。直到 2003 年，国家开始在全国部分县（市）进行新的农村合作医疗试点（以下称“新型农村合作医疗”，以与改革开放前的农村合作医疗制度相区分），农民才看到解决“看病难”、“看不起病”、因病致贫返贫问题的新希望。

2002 年 10 月，《中共中央、国务院关于进一步加强农村卫生工作的决定》明确指出：要“逐步建立以大病统筹为主的新型农村合作医疗制度，到 2010 年，新型农村合作医疗制度要基本覆盖农村居民”。规定“从 2003 年起，中央财政对中西部地区除市区以外的参加新型合作医疗的农民每年按人均 10 元安排合作医疗补助资金，地方财政对参加新型合作医疗的农民补助每年不低于人均 10 元”。这是我国政府历史上第一次为解决农民的基本医疗卫生问题进行大规模的投入。

从 2003 年开始，本着多方筹资、农民自愿参加的原则，新型农村合作医疗的试点地区正在不断增加。到 2010 年，我国新型农村合作医疗覆盖面已经达到 80%以上。2011 年政府对新型农村合作医疗补助标准由上一年每人每年 120 元提高到 200 元；2012 年起，各级财政对新型农村合作医疗的补助标准再提高到每人每年 240 元。其中，原有 200 元部分，中央财政继续按照原有补助标准给予补助，新增 40 元部分，中央财政对西部地区补助 80%，对中部地区补助 60%，对东部地区按一定比例补助。农民个人缴费原则上提高到每人每年 60 元。截至 2015 年底，新型农村合作医疗基本实现全覆盖。2017 年，各级财政对新农合的人均补助标准在 2016 年的基础上再提高 30 元，达到 450 元，其中：中央财政对新增部分按照西部地区 80%、中部地区 60%的比例进行补助，对东部地区各省份分别按一定比例补助。农民个人缴费标准在 2016 年的基础上再提高 30 元，原则上全国平均达到 180 元左右。

新型农村合作医疗制度是以大病统筹兼顾、小病理赔为主的农民医疗互助共济制度。具体实施办法是：门诊就医和住院就医，费用低于报销起付线的部分自费，高于报销起付线的部分按照一定比例报销；就医的医院级别越高，报销起付线越高，报销比例越低，住院报销起付线大大高于门诊报销起付线，以避免无病治疗、小病去大医院、可门诊治疗的住院治疗；2014 年开始全面实行大病保险试点，报销比例不低于 50%；按医疗费用高低分段制定支付比例，医疗费用越高自费支付也越高；给予农村妇女生育一次性补贴。新型农村合作医疗体现了政府对农民的关心，较大程度上减轻了农民的就医负担，极大地缓解了农村居民“看病难”、“看不起病”、因病致贫返贫问题，深受亿万农民欢迎。

新型农村合作医疗制度存在的主要问题是：第一，因门诊和住院费用报销都设有起付线，所以一般的门诊和较低的住院费用部分还是要农民自己负担，使得农民实际受益没有预想的那么大；第二，参加新型农村合作医疗登记和报销的程序还比较烦琐，一定程度上降低了农民的满意度；第三，各地方交费数额、时间、报销起付线、封顶线、报销比例、报销项目、报销手续、转院制度不统一等；第四，我国有约 2 亿农民工在外地就业生活，在自己家乡参加医保，在就业生活地就医报销困难。解决这些问题还有待新型农村合作医疗制度进一步完善。

(3) 改革开放后农村的养老保障事业发展。改革开放后相当一段时期，农村的养老保障建设仍然是空白。2009 年，国务院开始在全国实行农村养老保险试点（下称新农保）。新农保试点坚持“保基本、广覆盖、有弹性、可持续”原则。凡年满 16 周岁（不含在校学生）、未参加城镇职工基本养老保险的农村居民，可以在户籍地自愿参加新农保。新农保基金由个人缴费、集体补助、政府补贴构成，要求在 2020 年之前基本实现对农村适龄居民的全覆盖。2011 年 3 月 3 日，财政部、人力资源和社会保障部颁布实施《新型农村社会养老保险基金财务管理暂行办法》。

筹资办法。第一，个人缴费。缴费标准设为每年 100 元、200 元、300 元、400 元、500 元等 5 个档次，每年缴费档次可以申请变更，多缴多得。第二，集体补助。有条件的村集体应当对参保人缴费给予补助，补助标准由村民委员会召开村民会议民主确定。鼓励其他经济组织、社会公益组织、个人为参保人缴费提供资助。第三，政府补贴。政府对符合领取条件的参保人全额支付新农保基础养老金（最初为每人每月 55 元，2015 年提高到 70 元），其中，中央财政对中西部地区按中央确定的基础养老金标准给予全额补助，对东部地区给予 50%的补助。地方政府应当对参保人缴费给予补贴，补贴标准不低于每人每年 30 元；对选择较高档次标准缴费的，可给予适当鼓励，具体补贴标准和办法由省（区、市）人民政府确定。对农村重度残疾人等缴费困难群体，地方政府为其代缴部分或全部最低标准的养老保险费。第四，个人缴费、集体补助和地方政府缴费补贴，全部记入个人账户。

领取条件。年满 60 周岁、未享受城镇职工基本养老保险待遇的农村有户籍的老年人，可以按月领取养老金。新农保制度实施时，已年满 60 周岁、未享受城镇职工基本养老保险待遇的，不用缴费，可以按月领取基础养老金，但其符合参保条件的子女必须参保缴费；距领取年龄不足 15 年的，应按年缴费，也允许补缴，累计缴费不少于 15 年；距领取年龄超过 15 年的，应按年缴费，累计缴费不少于 15 年。

领取标准。试点开始时，已年满 60 周岁者，每月领取 55 元基础养老保险。其他参保者，领取的养老保险为每月 55 元（2015 年提高到 70 元）＋60 岁时个人账户养老保险金额÷139，其中的 55 元（2015 年提高到 70 元）为基础养老金，139 为个人账户养老金计发系数。国家将根据经济发展和物价水平适时调整基础养老金。[①]

新农保第一次为农民建立了养老保障，虽然保障水平还很低，却迈出了全体人民公平地享有基本养老保障的最关键一步，从实际执行情况看，农村老年人对国家新农保政策拍手称赞，津津乐道，体现了国家政府对他们勤俭操劳、任劳任怨一生给予的充分肯定和温暖关怀，特别是对于农村贫困老人来讲，新农保给予了他们基本的尊严和活下去的勇气。从这个意义上讲，新农保的积极意义无论给予多高的评价都不过分。

2014 年 2 月 7 日，国务院总理李克强主持召开国务院常务会议，决定合并新型农村社会养老保险和城镇居民社会养老保险，建立全国统一的城乡居民基本养老保险制度。除城镇居民社会养老保险缴费标准设每年 100 元、200 元、300 元、400 元、500 元、600 元、700 元、800 元、900 元、1 000 元等 10 个档次（现在已经提升为 100 元、200 元、300 元、400 元、500 元、600 元、700 元、800 元、900 元、1 000 元、1 100 元、1 200 元等 12 个档次），而农村只有前五个档次外，其他办法完全一样。至此，初步实现城乡居民基本养老保险制度统一。之所以说合并新型农村社会养老保险和城镇居民社会养老保险只是初步实现城乡居民基本养老保险制度统一，是因为城镇还存在政府机关、事业单位、城镇职工养老保险制度，农民的缴费标准也仅有 100 元、200 元、300 元、400 元、500 元等五个档次，待遇明显低于城镇居民，更是严重低于政府机关、事业单位、城镇职工养老保险水平。所以客观地讲，养老方面的真正城乡统一和统筹也只是“万里长征走完了第一步”。

（二）对我国农村社会事业发展及体制的反思

1. 对农村教育体制的反思

教育产品属于准公共产品，具有明显的正外部性特征，所以政府为主体提供大部分教育投入，补贴教育产品供给和实行基础教育阶段的义务教育是国际社会的普遍做法。我国改革开放前农村政社合一体制下的基础教育体制基本上契合了这一要求，农村基础教育获得了较好地发展。从改革开放到 2006 年国家开始真正实行农村义务教育这一时期，我国的农村基础教育基本依靠农民自费，出现了“上学难”“上不起学”。而 2006 年国家真正实行农村义务教育后，农村教育事业发展就比较顺利。未来我国农村教育需要解决的主要问题是尽快实现“城乡教育均等化”，进一步提高农村基础教育质量，尽快出台“城乡教育一体化”政策，消除农村人口向城镇转移中因城乡教育体制不统一造成的体制摩擦。

2. 对农村医疗体制的反思

医疗产品的公共性虽然比教育产品低，但同样不是纯粹的经济物品，不能指望全部由商业化模式提供。同农村教育体制一样，我国改革开放前农村政社合一的集体经济制度为农村合作医疗模式的建立提供了体制基础，使得这一时期以农村合作医疗和“赤脚医生”为支撑的农村医疗模式，成为“发展中国家解决卫生经费的唯一典范”。改革开放后，农民完全自费的纯粹商业化的医疗模式，必然导致“看病难”、“看不起病”、因病致贫返贫问题。而新型农村合作医疗则较好地破解了这些问题。未来，我国农村医疗体制改革的基本方向是要建立“城乡医疗一体化”制度，以提高医疗资源的使用效率和城乡的医疗

---

① 以上关于新农保的筹资办法和养老金领取标准是作者根据国家新农保试点意见，结合各地实际执行办法整理出来的，以便于读者总体上把握我国新农保的基本要领，如与国家和各地区具体办法有出入的，以国家和各地区规定为准。

公平。

3. 对农村社会保障体制的反思

为居民建立基本医疗保险同样是国际社会的普遍做法。我国目前的新农保只是为农村居民建立基本养老保险制度的开始，仅是农村居民养老保险的初步尝试，是否合理还有待检验，甚至制度设计的方向还有待继续探索，保障水平仍需要大大提高，变数还很大。

总之，随着我国市场经济体制的不断完善，消除城乡之间各种体制机制上的差别，建立和完善城乡统一的各项社会事业体制是历史的必然，是提高这些社会事业效率的要求，也是社会公平的诉求，是实现“中国梦”不可缺少的组成部分。我们期望国家能够在纠正城镇偏向政策的过程中，为我国长期被压制的“三农”提供更多的希望和机会，让农业更发展、农民更富裕幸福、农村更美更让人向往。

第四节　乡村振兴战略开启农业农村发展新篇章

2017 年 10 月召开的党的十九大明确提出：“实施乡村振兴战略。”2018 年中央一号文件《中共中央　国务院关于实施乡村振兴战略的意见》就实施乡村振兴战略进行了全面部署。该意见指出：“农业农村农民问题是关系国计民生的根本性问题。没有农业农村的现代化，就没有国家的现代化。当前，我国发展不平衡不充分问题在乡村最为突出，主要表现在：农产品阶段性供过于求和供给不足并存，农业供给质量亟待提高；农民适应生产力发展和市场竞争的能力不足，新型职业农民队伍建设亟须加强；农村基础设施和民生领域欠账较多，农村环境和生态问题比较突出，乡村发展整体水平亟待提升；国家支农体系相对薄弱，农村金融改革任务繁重，城乡之间要素合理流动机制亟待健全；农村基层党建存在薄弱环节，乡村治理体系和治理能力亟待强化。实施乡村振兴战略，是解决人民日益增长的美好生活需要和不平衡不充分的发展之间矛盾的必然要求，是实现‘两个一百年’奋斗目标的必然要求，是实现全体人民共同富裕的必然要求。”

一、实施乡村振兴战略的总体要求

（一）指导思想

全面贯彻党的十九大精神，以习近平新时代中国特色社会主义思想为指导，加强党对“三农”工作的领导，坚持稳中求进工作总基调，牢固树立新发展理念，落实高质量发展的要求，紧紧围绕统筹推进“五位一体”总体布局和协调推进“四个全面”战略布局，坚持把解决好“三农”问题作为全党工作重中之重，坚持农业农村优先发展，按照产业兴旺、生态宜居、乡风文明、治理有效、生活富裕的总要求，建立健全城乡融合发展体制机制和政策体系，统筹推进农村经济建设、政治建设、文化建设、社会建设、生态文明建设和党的建设，加快推进乡村治理体系和治理能力现代化，加快推进农业农村现代化，走中国特色社会主义乡村振兴道路，让农业成为有奔头的产业，让农民成为有吸引力的职业，让农村成为安居乐业的美丽家园。

（二）目标任务

按照党的十九大提出的决胜全面建成小康社会、分两个阶段实现第二个百年奋斗目标的战略安排，实施乡村振兴战略的目标任务是：到 2020 年，乡村振兴取得重要进展，制度框架和政策体系基本形成；到 2035 年，乡村振兴取得决定性进展，农业农村现代化基本实现；到 2050 年，乡村全面振兴，农业强、农村美、农民富全面实现。

（三）基本原则

坚持党管农村工作；坚持农业农村优先发展；坚持农民主体地位；坚持乡村全面振兴；坚持城乡融合发展；坚持人与自然和谐共生；坚持因地制宜、循序渐进。

二、实施乡村振兴战略的具体途径

（一）提升农业发展质量，培育乡村发展新动能

乡村振兴，产业兴旺是重点。必须坚持质量兴农、绿色兴农，以农业供给侧结构性改革为主线，加快构建现代农业产业体系、生产体系、经营体系，提高农业创新力、竞争力和全要素生产率，加快实现由农业大国向农业强国转变。要着重做好：夯实农业生产能力基础；实施质量兴农战略；构建农村一二三产业融合发展体系；构建农业对外开放新格局；促进小农户和现代农业发展有机衔接等五个方面工作。

（二）推进乡村绿色发展，打造人与自然和谐共生发展新格局

乡村振兴，生态宜居是关键。良好生态环境是农村最大优势和宝贵财富。必须尊重自然、顺应自然、保护自然，推动乡村自然资本加快增值，实现百姓富、生态美的统一。要着重做好：统筹山水林田湖草系统治理；加强农村突出环境问题综合治理；建立市场化多元化生态补偿机制；增加农业生态产品和服务供给等四个方面工作。

（三）繁荣兴盛农村文化，焕发乡风文明新气象

乡村振兴，乡风文明是保障。必须坚持物质文明和精神文明一起抓，提升农民精神风貌，培育文明乡风、良好家风、淳朴民风，不断提高乡村社会文明程度。要着重做好：加强农村思想道德建设；传承发展提升农村优秀传统文化；加强农村公共文化建设；开展移风易俗行动等四个方面工作。

（四）加强农村基层基础工作，构建乡村治理新体系

乡村振兴，治理有效是基础。必须把夯实基层基础作为固本之策，建立健全党委领导、政府负责、社会协同、公众参与、法治保障的现代乡村社会治理体制，坚持自治、法治、德治相结合，确保乡村社会充满活力、和谐有序。要着重做好：加强农村基层党组织建设；深化村民自治实践；建设法治乡村；提升乡村德治水平；建设平安乡村等五个方面工作。

（五）提高农村民生保障水平，塑造美丽乡村新风貌

乡村振兴，生活富裕是根本。要坚持人人尽责、人人享有，按照抓重点、补短板、强弱项的要求，围绕农民群众最关心最直接最现实的利益问题，一件事情接着一件事情办，一年接着一年干，把乡村建设成为幸福美丽新家园。要着重做好：优先发展农村教育事业；促进农村劳动力转移就业和农民增收，保持农村居民收入增速快于城镇居民等两个方面工作。

（六）打好精准脱贫攻坚战，增强贫困群众获得感

乡村振兴，摆脱贫困是前提。必须坚持精准扶贫、精准脱贫，把提高脱贫质量放在首位，既不降低扶贫标准，也不吊高胃口，采取更加有力的举措、更加集中的支持、更加精细的工作，坚决打好精准脱贫这场对全面建成小康社会具有决定性意义的攻坚战。要着重做好：瞄准贫困人口精准帮扶；聚焦深度贫困地区集中发力；激发贫困人口内生动力，推动贫困群众通过自己的辛勤劳动脱贫致富；强化脱贫攻坚责任和监督等四个方面工作。

（七）推进体制机制创新，强化乡村振兴制度性供给

实施乡村振兴战略，必须把制度建设贯穿其中。要以完善产权制度和要素市场化配置为重点，激活主体、激活要素、激活市场，着力增强改革的系统性、整体性、协同性。要着重做好：巩固和完善农村基本经营制度；深化农村土地制度改革；深入推进农村集体产权制度改革；完善农业支持保护制度等四个方面工作。

（八）汇聚全社会力量，强化乡村振兴人才支撑

实施乡村振兴战略，必须破解人才瓶颈制约。要把人力资本开发放在首要位置，畅通智力、技术、管理下乡通道，造就更多乡土人才，聚天下人才而用之。要着重做好：大力培育新型职业农民，实施新型职业农民培育工程；加强农村专业人才队伍建设；发挥科技人才支撑作用；鼓励社会各界投身乡村建设；创新乡村人才培育引进使用机制等五个方面工作。

（九）开拓投融资渠道，强化乡村振兴投入保障

实施乡村振兴战略，必须解决钱从哪里来的问题。要健全投入保障制度，创新投融资机制，加快形成财政优先保障、金融重点倾斜、社会积极参与的多元投入格局，确保投入力度不断增强、总量持续增加。要着重做好：确保财政投入持续增长；拓宽资金筹集渠道；提高金融服务水平等三个方面工作。

（十）坚持和完善党对“三农”工作的领导

实施乡村振兴战略是党和国家的重大决策部署，各级党委和政府要提高对实施乡村振兴战略重大意义的认识，真正把实施乡村振兴战略摆在优先位置，把党管农村工作的要求落到实处。要着重做好：完善党的农村工作领导体制机制；研究制定中国共产党农村工作条例；加强“三农”工作队伍建设；强化乡村振兴规划引领；强化乡村振兴法治保障；营造乡村振兴良好氛围等六个方面工作。①

正如2018年中央一号文件所指出的：“在中国特色社会主义新时代，乡村是一个可以大有作为的广阔天地，迎来了难得的发展机遇。我们有党的领导的政治优势，有社会主义的制度优势，有亿万农民的创造精神，有强大的经济实力支撑，有历史悠久的农耕文明，有旺盛的市场需求，完全有条件有能力实施乡村振兴战略。实施乡村振兴战略要立足国情农情，顺势而为，切实增强责任感使命感紧迫感，举全党全国全社会之力，以更大的决心、更明确的目标、更有力的举措，推动农业全面升级、农村全面进步、农民全面发展，

① 实施乡村振兴战略的十个具体途径引自2018年中央一号文件：《中共中央　国务院关于实施乡村振兴战略的意见》。

谱写新时代乡村全面振兴新篇章。”

思考题

1. 为什么说要“坚持农业农村优先发展”?
2. 中华人民共和国成立60多年来农业经营体制变革有哪些启示?
3. 工业化初期、中期、后期农业支持政策各有哪些特点?
4. 为什么我国必须坚持最严格的耕地保护制度?
5. 谈谈你对我国农业生产用地长期制度安排的设想。
6. 你对我国农民增收有哪些建议?
7. 谈谈你对我国农村养老保障制度建设和完善的建议。
8. 谈谈你对我国农村教育事业发展的建议。
9. 我国实施乡村振兴战略的总体要求是什么?
10. 我国实施乡村振兴战略需要通过哪些主要途径?

第十二章 中国对外经贸关系的发展

第一节　中国对外经贸关系发展概述

对外经贸关系通常是指一个国家同其他国家和地区之间进行的经济贸易联系的总称。对外经贸关系的形式可以是多种多样的，包括对外贸易、对外技术交流、对外承包工程和劳务合作、国际旅游等，其中对外贸易是对外经贸关系的核心和基础内容。发展对外经贸关系是我国汲取历史经验和教训的选择，对于发展中的社会主义国家而言是十分重要的。发展对外经贸关系是生产社会化和国际分工的必然结果，是社会主义市场经济的客观要求，也是实现社会主义发展战略目标的要求。

中华人民共和国成立前，中国是半殖民地半封建社会的国家，中国的对外经济几乎完全依附于帝国主义列强，没有什么独立性可言。1949 年新中国成立，标志着中国对外经济关系走上了独立自主的道路，解开了我国对外贸易的崭新历史。自新中国成立以来，中国经历了近 30 年的曲折发展，终于在改革开放之后迎来了对外经济关系的全方位发展，尤其是 2001 年中国加入 WTO，加快了融入经济全球化的步伐。目前，中国已经成为名副其实的贸易大国，正在实现从贸易大国到贸易强国的转变。

中华人民共和国成立后，尤其是改革开放后，中国的对外贸易规模迅速增长，贸易结构明显优化，市场结构多元化，贸易方式多样化，形成了新的对外贸易格局。我国的对外开放格局是我国根据国际经济发展的趋势和国内经济结构的特点确立，并在对外开放的实践中逐步形成的。在发展对外经济关系、实

行对外开放的过程中，我国逐步形成了一个由沿海到内地，由南方到北疆，全方位、多层次、宽领域的对外开放格局。

党的十八届三中全会提出，要适应经济全球化新形势，必须推动对内对外开放相互促进、引进来和走出去更好结合，促进国际国内要素有序自由流动、资源高效配置、市场深度融合，加快培育参与和引领国际经济合作竞争新优势，以开放促改革。今后一段时期，在构建开放型经济新体制的精神指导下，中国的对外经济关系会走向更加开放、更加和谐的局面。

党的十九大提出了，中国坚持对外开放的基本国策，推动形成全面开放新格局，推动建设开放型世界经济。中国经济同世界经济高度融合，开放的中国有条件有能力实现经济持续健康发展，为世界各国创造更广阔的市场和发展空间，为世界经济带来更多正面外溢效应。作为发展中的大国，中国致力于与世界共享发展机遇，欢迎各国搭乘中国经济的“便车”和“顺风车”。在联合国、二十国集团、亚太经合组织、金砖机制、“一带一路”高峰论坛等多边场合，中国旗帜鲜明地反对各种形式的保护主义，倡导开放合作，维护自由、开放、非歧视的多边贸易体制，探讨完善全球投资规则，就是为了让世界各国实现共同发展，实现增长联动。中国主张建设利益共享的全球价值链，培育普惠各方的全球大市场，实现互利共赢的共同发展。中国注重加大对发展中国家特别是最不发达国家的援助力度，促进缩小南北发展差距，使得全球化的成果让更多的群体受益。

改革开放以后，我国对外贸易规模迅速增长，增长率高于国内生产总值和世界贸易增长率，中国的对外贸易顺差也迅速增大。从改革开放至中国加入 WTO 之前，中国进出口总额从 1978 年 206.4 亿美元增长到 2001 年 5 096.5 亿美元，年均增长率达到 15%，自中国 2001 年加入 WTO 以来，中国进出口总额逐渐增加，2017 年全年货物进出口总额为 277 923 亿元，比上年增长 14.2%。对“一带一路”沿线国家进出口总额为 73 745 亿元，比上年增长 17.8%（见图 12-1）。

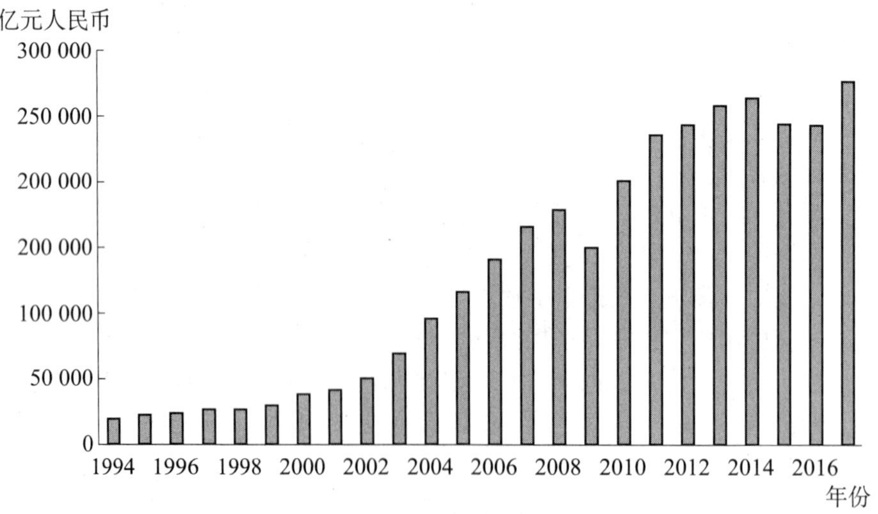

图 12-1　1994—2017 年中国进出口总额

资料来源：历年《中国统计年鉴》。

我国双边和多变贸易发展迅速。目前中国已和世界上 220 多个国家和地区建立经贸关系。此外，中国还加入了包括世界银行、国际货币基金组织、亚太经济合作组织在内的多边性的国际经济组织。多边和双边经贸关系的发展为我国的改革开放和现代化建设提供良好的外部环境。

伴随着中国对外贸易的发展，中国的贸易伙伴不断增多，贸易地区逐步扩大，进出口市场呈现多元化发展的趋势。中国的进出口贸易市场结构中，欧盟、美国、日本、东盟和中国香港是我国主要的贸易伙伴，中国与俄罗斯等其他金砖四国的贸易比重逐步上升，这将有利于中国对外贸易市场多元化发展（见图 12－2）。我国对外贸易方式不断优化。

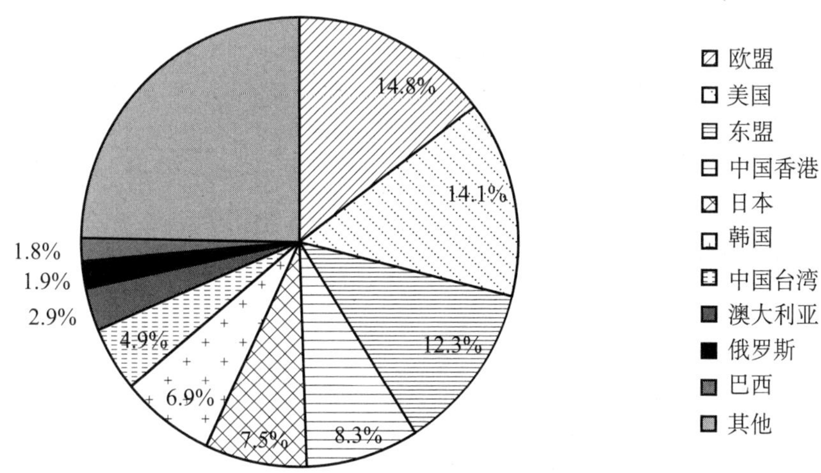

图 12－2　2016 年中国进出口贸易分国别（地区）结构

党的十八届三中全会指出，我国要全面提高开放型经济水平。为了适应经济全球化新形势，我国必须实行更加积极主动的开放战略，完善开放型经济体系。要加快转变对外经济发展方式，坚持出口和进口并重，强化贸易政策和产业政策协调，形成以技术、品牌、质量、服务为核心的出口竞争新优势，促进加工贸易转型升级。不断发展服务贸易，推动对外贸易平衡发展；大力提高利用外资综合优势和总体效益，推动引资、引技、引智有机结合。加快走出去步伐，增强企业的国际化经营能力，培育一批具有世界水平的跨国公司。进一步统筹双边、多边、区域、次区域开放合作，加快实施自由贸易区战略，推动同周边国家互联互通。同时，提高抵御国际经济风险能力。

党的十九大报告指出，开放带来进步，封闭必然落后。中国开放的大门不会关闭，只会越开越大，强调“拓展对外贸易，培育贸易新业态新模式，推进贸易强国建设”。外贸新业态是外贸发展的新动能、新亮点。近年来，中国跨境电子商务等新业态新模式快速发展，已经形成了一定的产业集群和交易规模，为促进外贸回稳向好和创新发展发挥了积极作用。一大批企业通过跨境电商平台打造自主品牌，开拓国际市场。新业态已成为促进外贸供给侧结构性改革、培育竞争新优势、建设贸易强国的重要动力，推动大众创业、万众创新的重要平台，深入推进“一带一路”合作、提升开放型经济水平的重要渠道。

但是，不容忽视的是我国对外贸易条件的恶化与资源、环境问题的凸显。与世界其他对外经济贸易大国相比，中国还存在很大的差距。2018 年 3 月 8 日，美国总统特朗普签署公告，认定进口钢铁和铝产品威胁美国国家安全，决定于 3 月 23 日起，对进口钢铁和铝产品加征关税（即“232措施”）。3月23日美国宣布由于中国知识产权侵权，主要针对电子、电信设备、家具、玩具等100多种共600亿美元中国出口商品征收关税。4月16日，美国商务部宣布，禁止美国公司向中兴通讯销售零部件、商品、软件和技术，为期7年。我国的对外贸易正面临着严峻的考验，以美国为代表的贸易保护主义措施不利于中国对外贸易的发展。

因此，实现贸易大国向贸易强国的转变将是中国今后很长一段时期的战略目标，可谓任重道远。世界贸易强国的基本特征有：一是贸易强国首先应该是经济大国和贸易大国；二是贸易强国在国际分工中具有明显的比较优势和竞争优势；三是贸易强国应该是一个高度开放的国家。

因此，我国要按照党的十九大的部署，要以“一带一路”建设为重点，坚持“引进来”和“走出去”并重，遵循共商共建共享原则，加强创新能力开放合作，形成陆海内外联动、东西双向互济的开放格局。拓展对外贸易，培育贸易新业态新模式，推进贸易强国建设。实行高水平的贸易和投资自由化便利化政策，全面实行准入前国民待遇加负面清单管理制度，大幅度放宽市场准入，扩大服务业对外开放，保护外商投资合法权益。创新对外投资方式，促进国际产能合作，形成面向全球的贸易、投融资、生产、服务网络，加快培育国际经济合作和竞争新优势。

第二节　中国货物进出口贸易的发展

一、货物贸易的含义和特点

货物贸易是对外贸易的重要内容。在国际贸易中，货物进出口贸易是以有形产品的形式表现的。在世界贸易中，货物贸易所占的比重一直都非常高，中国对外贸易中货物贸易所占的比重一直在80％以上。货物贸易有独特的特点，与服务贸易和其他贸易有着显著的区别。

（一）有形性

一般而言，货物贸易的商品是具体的、看得见摸得着的产品，其往往具有一定的式样、规格等；而服务贸易的对象是无形的，往往不具有某种特定的样式、规格，无法“陈列”出来，而仅仅是一种劳务或服务。

（二）可储存性

货物贸易的商品具有很大的储存性，其生产和消费的时间和空间通常是分开的；而服务贸易往往不具有储存性，交易对象的生产和消费的时间和空间具有同一性。

（三）贸易规模的统计性

由于货物贸易的产品是有形的，所以其进出口交易都可以由海关进行监管，贸易规模可以由海关进行统计；而服务贸易的无形性和生产消费的同一性，使得服务贸易很难由海关进行管理和统计。

二、货物贸易的统计指标

（一）货物进出口贸易规模统计

货物进出口贸易规模是一个国家或地区在一定时期内货物进口和出口的统计指标。一般可以将贸易规模分为两种形式，即对外贸易额和对外贸易量。对外贸易额是用货币来统计的贸易规模，由于美元长期比较稳定，为了便于汇总、对比和分析，现在各国和 WTO 一般使用美元来统计。对外贸易量实际上就是剔除了价格变动因素以后的贸易统计值，它能更真实地反映对外贸易规模，但是由于货物贸易的分类复杂，不便于统计和国际比较，所以，在实践中对外贸易量这个指标使用得很少。

（二）货物进出口贸易的商品结构

货物贸易的商品结构是指一个国家或整个世界在一定时期（通常为一年）内各类商品在进出口贸易中的比重，从中可以反映这个国家或整个世界的经济发展水平、产业结构和科技水平。国际贸易中货物种类繁多，为了便于统计，联合国《国际贸易标准分类》中把货物贸易分为 10 大类、63 章、233 组、786 个分组和 1 924 个基本项目。其中 0～4 类是初级产品，5～9 类是工业制成品：

0 类：食品和主要供食用的活动物
1 类：饮料及烟类
2 类：非食用原料
3 类：矿物燃料、润滑油及相关材料
4 类：动、植物油脂及其他油脂
5 类：化学产品及有关产品
6 类：主要按材料分类的制成品
7 类：机械和运输设备
8 类：杂项制品
9 类：没有分类的其他产品

从出口贸易的角度看，一个国家的出口中初级产品所占的比重较大，说明该国经济水平比较落后，产业层次低；如果工业制成品出口所占比重较大，则说明该国经济比较发达，产业层次较高，科技水平比较高。所以世界上大多数国家和地区的经济贸易发展战略之一就是努力提高其出口产品中工业制成品和高科技产品的比重，不断优化产业结构。

（三）货物进出口贸易的地区结构

对外贸易地区结构是指一国（地区）在一定时期内与其他各个国家、地区或国家集团的贸易占该国进出口贸易总值的比例。对外贸易地区结构额衡量了一个国家（地区）的市场结构是否多元及其程度。随着中国对外开放的深入发展，中国和世界各国各地区的贸易有了突飞猛进的发展，进出口市场逐步多元化。我国目前已经与世界上 220 多个国家和地区建立了经济和贸易关系，进出口市场从主要集中于西方发达国家向多元化发展。

从世界贸易的角度看，国际贸易的地区结构实际表示的是国家贸易地位，即世界各洲、各国及地区在国际贸易中所占的比重及地位。具体的计算方法是将该国或地区的出口总额除以当年的世界出口总额，即得出占世界贸易的比重。

（四）贸易差额

贸易差额是一个国家和地区在一定时期内出口总额和进口总额之间的差额。如果出口额大于进口额，则称为贸易顺差；如果进口额大于出口额，则称为贸易逆差；如果出口额等于进口额，则称为贸易平衡。当然，一个国家或地区不可能出现绝对的贸易平衡，贸易逆差和顺差都是很经常的现象。

通常来讲，一个国家对外贸易是顺差还是逆差，主要是由其经济结构以及产品或服务的国际竞争力决定的。我国货物贸易顺差来源地为香港地区、美国和欧盟等贸易伙伴，贸易逆差主要来源地是台湾地区、韩国、日本和东盟等贸易伙伴。

（五）对外贸易依存度

对外贸易依存度又称为对外贸易系数，是指一国的进出口总额占该国国民生产总值或国内生产总值的比重。用公式可以表示为：

$$Z=\frac{X+M}{\text{GDP}}\times 100\%$$

式中 Z 为对外贸易依存度，X 为出口总值，M 为进口总值。进口总额占 GNP 或 GDP 的比重称为进口依存度，出口总额占 GNP 或 GDP 的比重称为出口依存度。对外贸易依存度反映一国对国际市场的依赖程度，是衡量一国对外开放程度的重要指标。

一般来说，实行开放政策的国家相对于闭关锁国的国家，其外贸依存度会比较高；小国的外贸依存度会比大国高一些。2001—2006 年，中国通过 WTO 合作，外商直接投资（FDI）快速增长，外贸依存度飞速上升并于 2006 年达到峰值 64.24%。2006—2009 年，受金融危机剧烈冲击，外贸依存度触顶后陡然下降。2009—2017 年，由于金融危机后期影响，各国经济普遍不景气，对外贸的拉动呈现小幅下降的趋势（见图 12－3）。

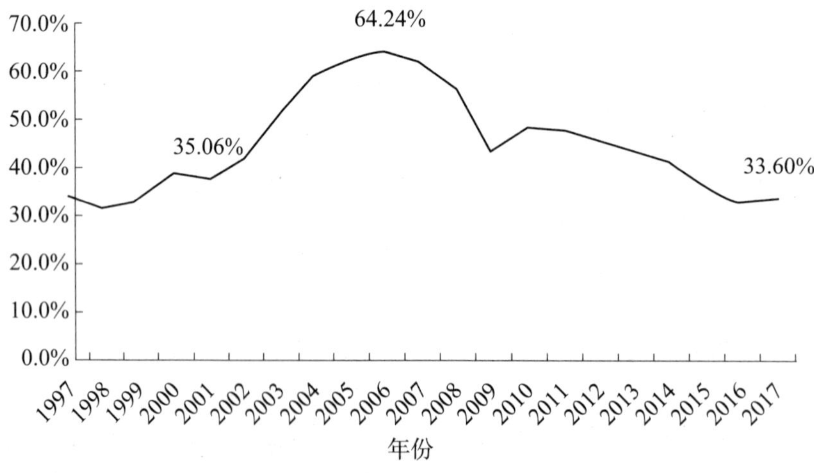

图 12－3　1997—2017 年中国对外贸易依存度

三、货物贸易的贸易方式

中国的货物贸易在贸易方式上通常分为一般贸易、加工贸易和其他灵活的贸易方式。

一般贸易（general trade），指单边输入关境或单边输出关境的进出口贸易方式，其交易的货物是企业单边售定的正常贸易的进出口货物。加工贸易（processing trade）是指某个国家或地区通过进口原材料和零部件在国内加工组装成产品后再出口的业务。加工贸易可以分为进料加工、来料加工、转配业务和写作生产等。

除了一般贸易和加工贸易外，还有少量的各种形式的灵活贸易方式，如补偿贸易、易货贸易、租赁贸易、寄售贸易、对销贸易等。补偿贸易是在进口国外先进的技术和设备时，在与对方签订信贷协议的基础上，不用现汇支付，而以产品或劳务分期偿还价款的一种交易。

世界上大多数国家和地区在开放的初期阶段都是以加工贸易为主，资源短缺的国家和地区更是如此。加工贸易有效地推动了中国的工业和贸易发展，但是也产生了一些负面作用，如造成中国出口贸易额虚高，与中国的实际外汇收入不相符，引发了一系列贸易纠纷和冲突。

四、中国货物进出口贸易的分析

自中华人民共和国成立到改革开放以前，中国的对外贸易基本是以货物贸易为主，而且从产品结构和贸易规模上看都是低水平的，最低的时候不足世界贸易的1%。但是，改革开放以后，随着市场经济的发展，中国的货物贸易每年保持高速发展，出口商品结构也在不断优化，到2012年中国贸易总额为38 667亿美元，首次超过美国，成为世界贸易规模最大的国家。2016年美国的货物贸易总额达到3.706万亿美元，中国为3.685万亿美元。2016年美国的货物贸易总额超过中国，重新跃居全球首位。中国时隔4年将首位宝座拱手相让。目前，中国在贸易结构和贸易方式上还存在许多不合理的因素，离贸易强国的目标还有一段距离。

（一）中国货物贸易的发展阶段

改革开放的起步阶段（1979—1990年）。在1978年我国实行改革开放政策之前，中国货物进出口贸易在世界上处于非常落后的水平，贸易规模只有206.4亿美元，而当年世界货物贸易总额达26 573亿美元。中国这一年的货物贸易额只占全球贸易的0.78%，列世界第32位。1979年开始中国的对外贸易体制发生重大的变革，由传统的国家垄断逐步转向经营体制多元化，中国与大多数国家和地区的贸易关系向正常化发展。中国的货物贸易发展迅速，到1990年对外贸易规模达到1 154.4亿美元。

进入市场经济以后的快速增长阶段（1991—2000年）。1991年以后，中国的经济体制改革开始提出逐步建立与完善社会主义市场经济，对外开放进一步发展。1990—1995年对外贸易年均增长了19.5%，但是受1997年亚洲金融危机的影响，日本、韩国和我国港澳台地区及东盟国家遭到沉重的打击，经济萧条，市场需求萎缩，严重影响了我国对外贸易的发展，1998年出现了改革开放以来第一次货物贸易的负增长，但是1999年我国的对外贸易再次恢复活力，当年对外贸易就实现了11.3%的增长，在2000年实现了31.5%的高速增长，创造了我国改革开放以来货物贸易增长速度的最高，中国对外贸易额占世界贸易的比重上升到3.6%，货物贸易排名由第9位上升到第7位。

加入世界贸易组织以后的高速增长阶段（2001—2008年）。经过15年的努力和长期的

“入世”谈判，中国终于在2001年底正式加入了WTO这一全球重要的多边贸易组织。各世界贸易组织成员也对中国产品进一步开放市场，为中国货物贸易的高速增长创造了良好的条件，中国的对外贸易得到了空前的发展，在此期间平均增长率达到了20%，远远高于同期国内生产总值及世界贸易增长率。中国对外贸易顺差自2005年首次突破1 000亿美元以来，一直保持高额的趋势，为中国的贸易结构升级和产业结构调整奠定了重要基础。同时，中国进出口贸易总额的世界排名不断提升，自2004年首次超越法国成为世界第四大贸易国之后，多年稳居第三位（见表12-1）。

表12-1　　2000—2008年中国进出口贸易总额的世界排名

年份	2000	2001	2002	2003	2004	2005	2006	2007	2008
名次	7	6	5	4	3	3	3	3	3

资料来源：WTO相关资料。

金融危机之后至今的复苏阶段（2009年至今）。受全球金融危机的严重影响，世界各国经济在不同程度上出现了衰退的现状，尤其是欧美、日本等发达国家，而这些国家恰恰又是中国最主要的贸易伙伴国。为此，金融危机之后，不仅世界各国对国内商品、进出口产品等消费减少，贸易保护主义也悄然抬头；与此同时，人民币升值压力剧增，国际国内政治、经济形势使得中国对外贸易在2009年出现了显著但短暂的下降，由2008年的25 632.6亿美元降为22 075.4亿美元，同比下降了13.9%。

值得庆幸的是，随着各国应对金融危机措施的出台，全球的经济很快探底并出现了复苏的发展趋势。中国在金融危机的背景下出台了“扩大内需”的缓解政策，积极进行了产业结构调整和贸易结构升级。2010年中国进出口贸易逆转下降趋势，出现快速的增长态势，当年进出口贸易总额达到了29 740.0亿美元，与2009年相比增长了34.7%，2011年继续以22.5%的增速增加到36 420.6亿美元；至2014年，中国进出口总额超过43 000亿美元，成为了全球最大货物贸易国。但是，经济复苏的过程并不是一帆风顺的，2018年以来，特朗普已推出多项贸易保护政策，这无疑会对中国和世界各国的经济发展造成一定的不利影响。

（二）中国当前货物贸易存在的问题

自改革开放以来，随着中国经济的迅速发展，我国货物进出口贸易实现了持续、快速的增长。尽管如此，我国在货物贸易发展中仍存在许多问题，制约着对外贸易的进一步发展，如出口结构不合理、缺乏具有国际优势的出口产品、贸易市场集中、缺乏自主知识产权和自主创新的产品、贸易扩张主要是数量扩张型增长、出口依存度较高、贸易条件不断恶化、贸易方式不合理、产品结构不合理等。因此，中国要成为一个真正的货物进出口贸易强国，就必须解决这些问题。

（三）中国货物贸易的战略调整

实施多元化战略。努力改变我国进出口贸易过于集中在少数国家和地区的局面，开拓新的销售渠道，以货物贸易带动服务和技术出口。

实施“以质取胜”的战略。加快转变经济发展方式，发展高附加值、高科技含量的优秀产品和名牌产品出口，重视高科技开发，加强新产品的研制，提高出口商品的质量和信誉，优化出口商品结构。

重视进口贸易的作用，积极引进国外先进的技术和关键设备，进口国内稀缺的资源或自己生产不经济的原料，增强本土企业的技术实力和国际竞争力。

加快自由贸易区建设。我国必须按照世界贸易体制规则，坚持双边、多边、区域、次区域开放合作，扩大同各国各地区利益汇合点，以周边为基础加快实施自由贸易区战略。同时，进一步改革市场准入、海关监管、检验检疫等管理体制，加快环境保护、投资保护、政府采购、电子商务等新议题谈判，形成面向全球的高标准自由贸易区网络。扩大对香港特别行政区、澳门特别行政区和台湾地区的开放合作。

第三节　中国服务进出口贸易的发展

一、服务贸易的内涵

（一）服务贸易的含义及范围

服务贸易又称劳务贸易，指国与国之间互相提供服务的经济交换活动。服务贸易有广义与狭义之分，狭义的服务贸易是指一国以提供直接服务活动形式满足另一国某种需要以取得报酬的活动。广义的服务贸易既包括有形的活劳动，也包括服务提供者与使用者在没有直接接触下交易的无形活动。服务贸易一般情况下都是指广义的。

乌拉圭回合协议把服务贸易定义为：从一缔约方境内向任何其他缔约方提供服务；在一缔约方境内向任何其他缔约方消费者提供服务；一缔约方在其他任何缔约方境内通过提供服务的商业存在而提供服务；一缔约方的自然人在其他任何缔约方境内提供服务。

服务贸易的范围十分广泛，几乎涉及人类生活的所有领域。为了谈判、统计等工作的需要，世界贸易组织对服务贸易有一个部门分类目录，将服务贸易分为：(1) 商业服务；(2) 通信服务；(3) 建筑及相关的工程服务；(4) 分销服务；(5) 教育服务；(6) 环境服务；(7) 金融服务；(8) 健康及社会服务；(9) 旅游及与旅游有关的服务；(10) 娱乐服务和体育服务；(11) 运输服务；(12) 其他服务。

（二）服务贸易的特点

1. 交易基础不同

服务贸易的标的是服务，而服务通常不具有特定的样式或规格等。货物贸易的基础是建立在货物物理特性及其原产地的基础上，而服务贸易的基础是建立在服务生产与交易发生的方式和地点的基础上。理论上，服务贸易是由活劳动提供的特殊使用价值，其普遍表现的不是有形货物与货币的交换，而是活劳动或作为活劳动的物化产品与货币的交换。

2. 贸易主体地位的多重性

服务的卖方往往就是服务生产者，并作为服务消费过程中的物质要素直接加入服务的消费过程；服务的买方往往就是服务的消费者，并作为服务生产者的劳动对象直接参与服务产品的生产过程。

3. 贸易保护方式更具刚性和隐蔽性

由于服务贸易标的的特点，各国政府对本国服务业的保护常常无法采取关税壁垒的形式，而只能采取在市场准入方面予以限制或进入市场后不给予国民待遇等非关税壁垒的形式，这种保护常以国内立法的形式加以施行。国际服务贸易保护的发展态势也不同于国际商品贸易，各国对服务贸易的保护往往不是以地区性贸易保护和“奖出”式的进攻型保护为主，而是以行业性贸易保护和“限入”式的防御型保护为主。这种以国内立法形式实施的“限入”式非关税壁垒，使国际服务贸易受到的限制和障碍往往更具刚性和隐蔽性。比较而言，商品贸易遇到的壁垒主要是关税，关税表现为数量形式，具有较高透明度，通过相互减让的方式消除障碍相对来说容易得多。服务贸易中遇到的壁垒主要是国内法规，难以体现为数量形式，也往往缺乏透明度，而且调整国内立法的难度一般都比调整关税的难度大。

4. 服务贸易的惯例、约束具有相对的灵活性

GATS 是世贸组织处理服务贸易的多边原则和规则的框架性文件。它具有较大的灵活性。GATS 的约束是有一定弹性的，尤其是对发展中国家，不仅做出了一些保护和例外，还在国民待遇、最惠国待遇、透明度、市场准入以及对发展中国家服务业发展援助等方面赋予了一定的灵活性。

5. 营销管理具有更大的难度和复杂性

国际服务营销管理无论在国家的宏观管理方面，还是在企业的微观经营方面，都比商品的营销管理具有更大的难度和复杂性。从宏观上讲，国家对服务进出口的管理，不仅仅是对服务自身的物的管理，还必须涉及服务提供者和消费者的人的管理，涉及包括人员签证、劳工政策等一系列更为复杂的问题。在微观上，由于服务本身的固有特性，也使得企业营销管理过程中的不确定性因素增多，调控难度增大。突出表现在对服务的质量控制和供需调节这两个企业营销管理中最为重要的问题上。如前所述，服务具有异质性，使得服务的质量标准具有不确定性。服务也难以通过保退保换等方式挽回质量问题造成的损失，从而增大了服务质量管理的难度。服务经营则往往难以通过时空变换的办法调节供需矛盾，实现供需平衡。

二、发展服务贸易的作用和意义

随着生产力的发展、科学技术的进步和社会分工的深化，服务几乎渗透到社会再生产过程的各个领域。服务业是第三产业的重要内容，第三产业发达程度也成为衡量一个国家或地区经济发达程度的重要指标。

发展服务贸易，有利于引进国际惯例和先进的市场营销技巧与经营管理方法，能够突破传统的经营方式和经营范围，培育新的服务行业，提高国内服务业的发展水平，缩小同发达国家的差距。

发展服务贸易，有利于参与世界范围内经济资源的配置与重组，改善国内投资环境，扩大国际经贸往来和交流。

发展服务贸易，有利于提升中国产业的国际竞争力。服务贸易的发展，特别是金融、保险、物流、信息、会计、法律等服务的发展，可以降低农业和制造业的运输成本和交易成本，促进整个国民经济效率的提高。

发展服务贸易，有利于解决国内就业，发挥国内人力资本的优势。服务贸易的发展，特别是对外劳务输出、承包工程等服务出口可以直接带来就业机会，而且随着中国高端服务业

的发展壮大，将会为许多具有专门技能的高素质人才提供更多的机会。

三、中国服务贸易的现况

（一）中国服务贸易发展的现况

改革开放初期的1982年，中国的服务贸易进出口总额为44亿美元，占世界服务贸易的比重为0.6%。2017年，全年服务贸易进出口总额为46 991亿元，比上年增长6.8%。其中，服务贸易出口为15 407亿元，增长10.6%；服务贸易进口为31 584亿元，增长5.1%。服务贸易进出口逆差为16 177亿元。

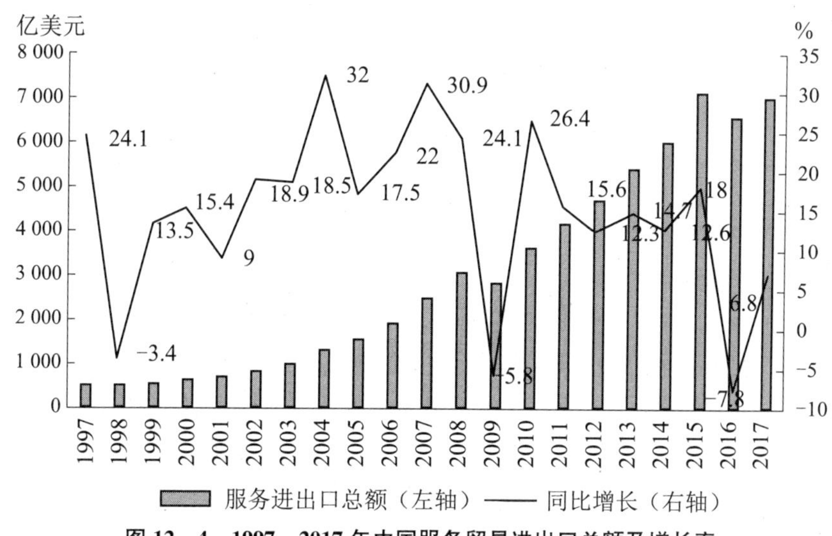

图 12－4　1997—2017 年中国服务贸易进出口总额及增长率

1. 发展速度快，出口和进口继续位居世界前列

1982年，中国的服务贸易进出口总额仅为44亿美元，到2016年，服务贸易进出口总额达到65 756亿美元。表12－2显示，2016年，我国服务贸易进出口总额居世界第二位，位于美国之后；出口居世界第五位（前四位依次为美国、英国、德国、法国）；进口居世界第二位（第一位为美国），可以看出中国服务贸易发展非常迅速，出口和进口都位居世界前列。

表 12－2　　1997—2016 年中国服务贸易进出口世界排名

年份	进出口	出口	进口
1997	13	15	11
1998	12	14	12
1999	13	14	10
2000	12	12	10
2001	13	12	10
2002	9	11	9
2003	9	9	8
2004	9	9	8

续前表

年份	进出口	出口	进口
2005	9	9	7
2006	8	8	7
2007	6	7	5
2008	5	5	5
2009	4	5	4
2010	4	4	3
2011	4	4	3
2012	3	5	3
2013	3	5	2
2014	2	5	2
2015	2	5	2
2016	2	5	2

资料来源：商务部中国贸易指南网。

2. 服务贸易逆差继续扩大

从表 12－3 中可以看到，自 1992 年开始，我国服务贸易一直是逆差，2016 年，中国服务贸易保持了较好发展势头，全年服务贸易进出口总额达 8 109.6 亿美元，较 2015 年增长 14.2％，世界排名继续保持第二位，仅次于美国。服务贸易进出口占中国对外贸易总额的比重达到 18％，较 2015 年提高 2.6 个百分点。2017 年全年服务贸易进出口总额 8 685.4 亿美元，同比增长 6.8％；其中，出口 3 260.8 亿美元，进口 5 424.6 亿美元；服务贸易逆差为 2 163.8 亿美元，与上年基本持平。服务贸易进出口平稳较快发展，贸易结构持续优化，高质量发展特征逐步显现。

表 12－3　　1982—2017 年中国服务贸易进出口额及净额

年份	服务贸易出口额（亿美元）	同比增长（％）	服务贸易进口额（亿美元）	同比增长（％）	贸易差额
1982	25.0	—	19.0	—	6.0
1983	25.0	0.0	18.0	−5.3	7.0
1984	28.0	12.0	26.0	44.4	2.0
1985	29.0	3.6	23.0	−11.5	6.0
1986	36.0	24.1	20.0	−13.0	16.0
1987	42.0	16.7	23.0	15.0	19.0
1988	47.0	11.9	33.0	43.5	14.0
1989	45.0	−4.3	36.0	9.1	9.0
1990	57.0	26.7	41.0	13.9	16.0
1991	69.0	21.1	39.0	−4.9	30.0
1992	91.0	31.9	92.0	135.9	−1.0
1993	110.0	20.9	116.0	26.1	−6.0
1994	164.0	49.1	158.0	36.2	6.0

续前表

年份	服务贸易出口额（亿美元）	同比增长（%）	服务贸易进口额（亿美元）	同比增长（%）	贸易差额
1995	184.0	12.2	246.0	55.7	−62.0
1996	206.0	12.0	224.0	−8.9	−18.0
1997	245.0	19.0	277.2	23.8	−32.2
1998	238.8	−2.5	264.7	−4.5	−25.9
1999	261.6	9.6	309.7	17.0	−48.0
2000	301.5	15.2	358.6	15.8	−57.1
2001	329.0	9.1	390.3	8.8	−61.3
2002	393.8	19.7	460.8	18.1	−67.0
2003	463.7	17.8	548.5	19.0	−84.8
2004	620.6	33.8	716.0	30.5	−95.5
2005	739.1	19.1	831.7	16.2	−92.6
2006	914.2	23.7	1 003.3	20.6	−89.1
2007	1 216.5	33.1	1 292.6	28.8	−76.0
2008	1 464.5	20.4	1 580.0	22.2	−115.6
2009	1 286.0	−12.2	1 581.1	0.1	−295.1
2010	1 702.5	32.4	1 921.7	21.5	−219.3
2011	1 820.9	7.0	2 370.0	23.3	−549.2
2012	1 904.4	4.6	2 801.4	18.2	−897.0
2013	2 106.0	10.6	3 291.0	17.5	−1 185.0
2014	2 222.1	7.6	3 821.3	15.8	−1 599.2
2015	2 881.9	9.2	4 248.1	18.6	−1 366.2
2016	2 948.2	2.3	5 161.4	21.5	−2 213.2
2017	3 260.8	10.6	5 424.6	5.1	−2 163.8

资料来源：商务部服贸司；《中华人民共和国国民经济和社会发展统计公报》。

3. 服务出口增速显著高于进口

随着我国制造能力向生产性服务能力的逐步扩展，专业服务领域竞争力的逐步提升，2017 年我国服务出口增幅达 10.6%，是 2011 年以来出口的最高增速；7 年来我国服务出口增速首次高于进口。

4. 服务贸易结构进一步优化

以技术、品牌、质量和服务为核心的新兴服务优势不断显现。2017 年，新兴服务进出口额达 14 600.1 亿元，增长 11.1%，高于整体增速 4.3 个百分点，占比达 31.1%，占比提升 1.2 个百分点；而旅行、运输和建筑等三大传统服务占比下降 1.1 个百分点。

5. 新兴服务领域进出口保持均衡快速增长

2017 年新兴服务贸易进口额达 7 271.7 亿元，增长 10.6%，新兴服务贸易出口额达 7 328.4 亿元，增长 11.5%。其中，电信计算机和信息服务、知识产权使用费和个人文化娱乐进口同比分别增长54.9%、21%和30.6%，而知识产权使用费、金融服务、维修维护出口分别增长316.6%、30%、18.2%和15.7%。

6. 中西部地区服务贸易进出口快速增长

中西部地区服务贸易进出口合计6 575.7亿元，增长8%，高于全国增速1.2个百分点，其中出口增速达23.5%。东部沿海11个省市服务贸易进出口合计39 986.8亿元，占全国比重为85.9%。其中上海、北京和广东服务贸易进出口额分别为10 200.5亿元、9 677.5亿元和8 316亿元，居全国前三位。

7. 试点引领作用不断增强

2017年以来，商务部会同各部门、各相关地方继续落实服务贸易创新发展试点的相关政策文件，营造良好的营商环境，政策效应进一步显现。2017年，试点地区服务贸易进出口合计24 405.5亿元，进出口、出口和进口分别同比增长8%、11.1%和7.4%，均高于全国水平。

（二）中国当前服务贸易存在的问题

1. 整体水平差

尽管我国服务贸易发展速度很快，但从总体上看，规模小、水平低，与发达国家相比有较大的差距。一是对外服务贸易在对外贸易总额所占比重过低。目前，中国对外服务贸易明显落后于货物贸易的发展，2004年，我国服务出口占贸易出口总额的比重只有9%，明显低于19%的世界平均水平。长期以来，中国对外服务贸易一直呈现逆差，而且逆差额不断扩大。

2. 结构不合理

我国服务贸易进出口长期以来是以劳务工程承包、远洋运输等劳动密集型部门等传统服务贸易项目为主，传统的服务贸易领域，旅游、其他商业服务、运输项目是服务贸易收入的主要来源，现代服务贸易领域起步较晚。我国的三大传统服务业（旅游、建筑服务和运输服务），在2014年的进出口额总计为3 765.5亿美元，占我国服务贸易总额的62.6%，亦存在一些低比例的高附加值服务，如金融、保险等，而金融、保险、专利使用、计算机服务等现代服务业的国际竞争力还很低。

3. 服务贸易法律滞后

尽管近几年中国的服务贸易立法有了较大的改观，但服务贸易和服务产业的管理体制和政策法规还很不健全。我国颁布的《中华人民共和国对外贸易法》已经把服务贸易作为一项重要的内容纳入，但与国际服务贸易的发展要求相比还存在明显的不足：立法层次低，协调性差，缺乏应对服务贸易壁垒、歧视性待遇和不公正贸易的详细规定。

四、中国服务贸易的战略调整

为了进一步发展壮大中国的服务贸易，优化服务贸易的内部结构，提升服务贸易的层次，缩小服务贸易逆差，增强我国服务贸易的国际竞争力，我国应该适时调整对外服务贸易的发展思路。

1. 建立对外服务贸易的政策保护体系

我国应该切实转变发展思路，调整对外贸易发展战略，要像重视货物贸易那样重视服务贸易的发展。各级政府有关部门应建立健全相关的引导和激励机制，促进服务产业化和服务贸易的发展。

2. 积极利用国际资源和外资力量发展服务贸易

通过利用国际资源和外资力量，加快国内服务业的发展，提高承接国际服务业转移的能力，使中国成为全球服务业外包的重要基地；在服务贸易领域，加强与世界各国的交流与合作，共同促进世界服务贸易和中国服务业经济的迅速发展。

3. 把信息技术服务贸易作为发展现代对外服务贸易的战略重点

在现代服务贸易领域，随着全球信息技术产业高速发展，信息技术服务贸易在世界服务贸易中的地位日益提升，已经成为世界服务贸易发展的领头羊，尤其是服务应用于各个经济部门和生活领域的软件业，已经成为发展中国家和发达国家竞争的服务贸易重点市场。因此，把信息技术服务贸易作为中国对外服务贸易发展的战略重点是不可避免的。

4. 把海洋运输服务业作为传统对外服务贸易领域优先发展的重点

在传统服务贸易领域，应该把海洋运输服务业作为对外服务贸易发展的战略重点。中国作为一个发展中国家，对外服务贸易的优势仍然在传统服务贸易领域，在任何时候都不能放弃传统服务贸易领域。在传统服务贸易领域中，海洋运输服务业应该成为优先发展的对外服务贸易：一是海洋运输服务业的贸易扩张空间大，机会较多。随着经济全球化，各国之间的商品交易量还会进一步扩大，这就为海洋运输服务业的发展提供了更多机会。二是中国对外服务贸易逆差主要来自海洋运输服务业。

5. 引导有实力的出口企业发展对外服务贸易

目前，我国已经有一批实力较强、经验丰富的出口企业，为对外贸易发展做出了重大贡献。政府有关部门应该积极引导它们实现由产品出口型向产品和服务并重出口的转型，以此来推动中国现代服务贸易的发展。比如，深圳华为技术有限公司就具有这样的条件，华为公司能够向发达国家提供高技术产品，当然也可以提供和出口尖端高技术服务。对于华为公司这样的高技术企业，政府应该引导它们实现由产品供应商向产品、服务同时出口的跨国公司转变，以带动中国现代对外服务贸易的发展。

6. 积极参与国际服务贸易规则的制定

中国作为世界第三大贸易国，应积极、主动参与国际服务贸易新规则制定，这既对维护自身的利益至关重要，也是对加强世界多边贸易体制的重要贡献。当前，世界各国正关注着如何进一步推进世贸组织 DDA（多哈回合）的谈判，其中服务贸易是重要内容。中国只有在服务贸易方面取得更大的进展，才能更多地参与 WTO 新一轮多边贸易谈判，并且分享 DDA 的成果。

第四节　中国技术进出口贸易的发展

一、技术贸易

（一）技术的含义和特点

技术是人们在生产活动中，创造某种产品、应用某种方法制造产品或提供服务的系统性知识。

技术的特点：

（1）无形性：技术知识相对于有形资产而言，是非物质的、无形的。

（2）系统性：技术是一整套知识和经验，并且是一个动态的系统工程。

（3）可实施性：技术必须能够实施，并且是能产生经济效益的知识。

（4）可传授性：技术是可以传授的，无法传授的专门技艺都不是技术。

（5）商业性：除已进入公共领域的共有技术外，技术是一种私有财产，可以作为“商品”在技术市场上进行交易。

技术按照不同的标准可以进行相应的分类。按技术功能标准，可以分为生产技术和管理技术；按技术的公开性标准，可以分为公开技术、半公开技术和秘密技术；按技术的表现形态标准，可以分为软件技术和硬件技术；按是否属工业产权标准，可以分为工业产权技术和非工业产权技术。工业产权技术是知识产权的重要组成部分，它主要包括发明专利、实用新型、工业品外观设计等。非工业产权技术主要指专有技术和其他非专利技术，它们无须通过法定程序批准，不受工业产权法保护。

（二）技术贸易的含义和特点

随着全球技术进步的不断发展，世界经济也得到了快速的发展，世界经济的发展则反过来促进了技术在全球范围内更广泛的传播。技术贸易是指不同国家的企业、经济组织或个人之间，按照一般商业条件，向对方出售或从对方购买软件技术使用权的一种国际贸易行为。

国际技术转让与国际货物贸易均是国际贸易的重要组成部分，在国际贸易的发展过程中相辅相成，相互带动。二者的区别如下：

（1）主体不同。技术转让的双方一般属于同一行业，国际货物贸易的买卖双方则不一定是同行。

（2）客体不同。国际技术贸易合同的标的是“权”，是无形财产的转让，国际货物贸易合同的标的是“物”，是有形商品所有权的转移。

（3）交易过程复杂程度不同。相对国际货物贸易，国际技术贸易交易过程更复杂。

（4）政府的干预程度不同。由于国际技术贸易涉及国家利益，政府对技术贸易的干预很多。

（5）所涉及的法律的复杂程度也不同。由于国际技术贸易的客体不同，与货物贸易相比，所涉及的法律更复杂。

（三）技术贸易的方式

国际技术贸易的主要形式包括许可贸易、特许专营、技术服务与咨询、合作生产、含有知识产权和专有技术许可的设备买卖。

1. 许可证贸易

许可证贸易又称许可贸易，指技术的许可方将技术交易的标的物的使用权通过许可协议或合同的形式转让给技术的被许可方。许可证贸易是技术引进中最主要、最基本的一种方式。许可证贸易的标的主要包括专利、商标、专有技术许可、计算机软件许可等。许可证交易买卖的不是技术本身，而是一种权利的转让，即某种技术的使用权、某种产品的生产权或销售权。

2. 工程承包

工程承包是指一国的工程承包人受国外的工程业主或发包人的委托，按照规定的条件承包建设某项工程任务。国际承包工程是一种综合性的国际经济合作方式，不仅包含大量技术转让的内容，而且有许多劳务合作的内容。工程承包的交易标的不是制造技术，而是设备，但不是单纯的设备买卖，实质是含有知识产权或专有技术转让的设备购买。其具体方式有三种：成套设备、生产线和关键设备的买卖；其内容包括工程设计、技术设备器材提供，厂房建筑等项目，有时还包括生产管理、产品销售、人员培训等项目。

3. 合作生产与合资经营

合作生产是国家间的企业根据共同签订的协议，分别生产同一产品的不同零部件，然后由一方或双方装配成产品出售，也可以分别制造对方所需的零部件，互相交换，各自组装成产品出售，或者一方按另一方的要求进行生产。合作生产的过程也是技术转让的过程，通常由一方提供技术指导，另一方或双方分别生产按协议规定的零部件，有时也可以共同设计、共同确定产品零部件的规格，在技术上互相合作，互相吸取对方的技术。此外，在合作生产中，往往包括销售合作，建立共同的销售渠道。

4. 顾问咨询

顾问咨询实际上是一种雇佣关系的智力引进，即引进方与国外工程咨询公司签订合同，由咨询公司负责对引进方所提出的技术课题提供建议或解决方案。咨询服务的内容非常广泛，如项目的可行性研究、设备的购买、技术方案的设计和审核、招标任务书的拟订、工程项目的监督和指导等。

5. BOT 方式

BOT 即“建设—经营—转让”（Build-Operate-Transfer），是指项目承包公司、咨询公司、金融机构、制造商、建筑公司等联合与东道国政府签订特许协议，建设某个项目，并在项目竣工后经营一定时期，通常为 15～20 年，期限届满将该项目转让给东道国。

二、技术贸易的作用和意义

（一）有利于加快技术进步，促进国民经济的快速发展

发展国际技术贸易，可以引进先进的科学技术和设备，以较快的速度取得现成的科技成果，有利于实现技术的更新改造，提高社会劳动生产率，从而促进国民经济的迅速发展。

（二）有利于调整产业结构，转变经济发展方式

发展国际技术贸易，有利于改造传统产业，实现由劳动和资源密集型向资本、技术密集型产业转变，促进附加值高的产品的生产，实现经济系统内部的调整，从而优化产业结构，转变经济发展方式

（三）有利于培养高素质人才，增强自主创新能力

发展国际技术贸易，有利于促进国际技术交流与合作，促进科学技术人才和现代化管理人才的培养，造就一大批适应社会化大生产的技术专门人才和管理人员，增强本国的技术研发实力，增强企业自主创新能力。

三、中国技术进口贸易的分析

（一）中国技术进口贸易的现况

改革开放以来，我们总结了 20 世纪 70 年代，特别是 1978 年大规模引进成套设备的教训，从国情出发，控制技术引进总体规模，调整引进重点，使我国技术引进工作进入健康发展的新时期。2011—2017 年，中国高技术产品进出口总额从 9 918 亿元上升到 84 651 亿元，其中高技术产品进口额如图 12－5 所示。

图 12－5　2010—2017 年中国高技术产品进口额

技术引进主体发生了显著变化。技术引进从以国家为主体向以企业为主体转变，同时技术引进的主体不仅仅局限于国有大型企业，也包括外商投资企业和私营企业，而且引进目的从生产使用和“进口替代”为主向消化创新和参与国际合作转变。

软件、引荐引进比例进一步优化。20 世纪 90 年代以后的技术引进合同中，平均软件费用占合同总金额的比例提高到现在的 25%，单纯的专利和专有技术许可合同占合同总数的一半以上，实现了从单纯进口生产线向更加重视引进软技术和必要的关键设备转变。

技术引进逐步多元化。部分发达国家对于我国转让技术的政策出现了变化。技术引进主要来源地包括美国、德国、日本、瑞典、意大利、法国、韩国、英国、俄罗斯、加拿大等国家和中国香港地区，部分发达国家注意到，只通过出口产品或设备的方式而不转让技术将逐渐失去在我国市场上的竞争优势，从而开始调整政策，加强对我国的技术转让，并通过新一轮的技术合作达到重新占领中国市场的目的。

在引进技术和进口设备的构成上，重点导向是能源、交通、通信、化工、原材料等行业和领域。引进档次不断提高，加大了在现代科技发展方面具有代表性的高技术的引进比重，包括微电子、大中型飞机制造、航天技术等。

（二）中国技术进口贸易存在的问题

1. 技术引进的方式比较落后

“重硬件，轻软件”集中表现在我们在技术引进时主要以成套设备进口为主，以软件技术和其他方式为辅。长期以来，我国对引进技术的消化吸收与创新不够，技术改造、技术引进与消化吸收、自主创新相脱节，即重“引进”轻“消化”。

而且一些地方为了追求政绩而不惜一切代价，盲目引资。甚至有些地区只重视引进的数量而不重视引进的质量，重资金不重技术，对技术引进把关审查不严。

2. 重复引进现象十分严重

由于重“引进”轻“消化”，重“硬件”轻“软件”，我国的技术水平和创新能力并未得到明显提高，仅仅在原有水平上重复，常常是时间过了不多久，引进的新技术就会变成旧技术，引进的新设备就会变成旧设备，继而被日新月异的技术所淘汰，于是不得不再次引进，形成对国外技术的依赖，最后陷入“引进—落后—再引进”的怪圈。

3. 技术贸易区域发展不平衡

目前，中国技术进口主要集中在欧盟、日本和美国等发达国家和地区，占中国技术进口总额的70%以上；技术出口主要集中在美国、日本和中国香港，占中国技术出口总额的50%以上。中国技术引进和技术出口均以东部沿海地区为主。

4. 科研与生产相脱节

我国的科研开发以科研院所为主导，企业研发尚未发展起来；科研人员分布不合理，主要集中在科研院校；科研方针与市场经济相悖，使科研机构与企业生产脱节，产学研相结合的运行机制尚未形成，因而引进的技术未能很快提高企业的生产技术水平，对经济的促进作用未能有效地发挥。

四、中国技术出口贸易的分析

（一）中国技术出口贸易的现况

发展速度快。我国的技术出口起步于改革开放初期，进入20世纪90年代有了较大的发展。到2001年底，技术出口已经超过11 000项，合同总金额近500亿美元。随着中国加入世界贸易组织和经济、科学技术的快速发展，技术出口合同金额快速增长。2017年1—8月，全国共登记技术进出口合同9 979份，合同总金额达379.6亿美元，同比增长4.5%。其中，技术出口合同5 093份，金额为141亿美元，下降9.3%。2017年我国高技术产品出口额为45 150亿元（见图12-6）。

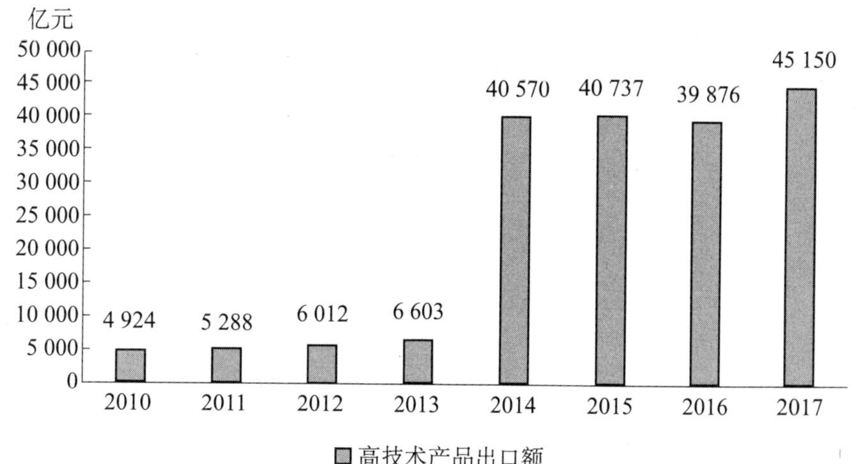

图12-6 2010—2017年中国高技术产品出口额

成套出口设备出口向大型化发展。随着科学技术水平和工业化程度的提高，我国大型设备和成套设备出口能力增强。

出口市场多元化。我国技术出口的目的地呈现多元化趋势，既包括广大发展中国家和地区，也包括广大发达国家和地区。我国技术出口的目的地国家和地区已经超过120个。

技术出口方式多样化。我国的技术出口方式更加灵活、多样，既包括单纯的技术转让，也包括技术输出的大型成套设备出口，既有许可证贸易，也有多种形式的技术合作。

目前，在中国珠三角、长三角和环渤海地区，已初步形成了各具特色的高技术产业集群，形成了一批科技水平高、国际竞争力强的优势企业和产品。

（二）中国技术出口贸易存在的问题

技术含量不高，技术出口层次低。毋庸置疑，改革开放以来，我国的技术水平得到了很大的提高，高科技产品日益增多。但与欧美、日本等发达国家和地区相比，在“高精尖”技术方面仍显得不足，技术出口的竞争力不强。

中国技术贸易区域发展不平衡。目前，出口的三大目的地是美国、中国香港和新加坡，占比超43%。美国是我国第一大技术贸易伙伴，占我国技术进出口总额的31%。中国技术出口以东部沿海地区为主。

五、技术贸易的对策分析

为了进一步发展国际技术贸易，我国应该采取积极的对策：

（一）加快我国科技投入和科技创新体系的建设

我国必须从战略的高度尽快加大科技研究与开发投入规模，加强我国科研基地建设，并采取有效激励机制，提高我国创新活动效率。

（二）充分发挥政府的引导和监督作用

及时修订和发布利用外商投资以及鼓励我国高科技产业发展和促进高新技术及其产品出口的导向政策，合理引导外资投向，重点引进国外先进技术，使外资政策与世贸组织的相应国际规则相衔接，提高我国技术商品的出口水平。

（三）加强技术贸易领域的立法

我国应该加强技术贸易领域的立法。鼓励软件著作权登记，并依据国家法律对已经登记的软件予以重点保护，加大打击走私和盗版软件的力度，严厉查处组织制作、生产、销售盗版软件的活动，定期开展联合打击盗版软件的专项斗争。

（四）加强技术的消化、吸收和创新

按照我国产业结构调整和技术升级的需要，通过政策引导，积极引进国外先进技术和必要的关键设备，提高引进技术中专有技术、技术咨询、技术服务等软技术的比例，引导和组织企业与研究机构加强对高技术含量、高附加价值产品关键技术的消化吸收，促进引进技术消化吸收再创新后形成竞争能力，参与国际竞争。鼓励跨国公司在华设立研发中心，通过提高外商投资质量，促进我国引进技术和开发创新技术。

（五）以多种灵活方式开展技术贸易

在技术引进方面，可采取许可证贸易、技术服务、合作生产、合作设计、工程承包、

补偿贸易等，并根据具体情况确定引进方式。技术进口的重点是为改造现有企业服务，鼓励引进产品的设计、工艺、制造和生产管理技术，并积极争取利用外国政府贷款、出口信贷、国际金融组织贷款及商业贷款，筹集资金。

第五节　中国跨境电子商务的发展

一、跨境电子商务的含义和特点

跨境电子商务（cross-boarder electronic commerce）指的是电子商务应用过程中一种较为高级的形式，是指不同国家或地区的交易双方通过互联网以邮件或者快递等形式通关，将传统贸易中的展示、洽谈和成交环节数字化，实现产品进出口的新型贸易方式。

1. 国际电子商务发展特点

第一，传统的强国仍占据主导地位。美国电子商务的市场规模占全球三分之一，欧盟同美国市场规模相当。在美国，网购的主要内容包括书籍、音乐制品、服装、电影等，与此同时，美国移动电商增长迅速，平均增速为7.2%。在欧洲，英国、德国和法国占欧洲电商市场总份额的60%以上，且呈现不断增长的态势。第二，新兴市场增长迅猛。亚太地区的电商规模一直处于增长态势，是发展潜力最大的区域。第三，跨境电子商务发展潜力巨大。以亚马逊为例，其营业额的40%以上都来自北美以外的国家和地区。

2. 我国的跨国电子商务发展特点

第一，总体规模增长快速。我国互联网应用人数逐年增长，具有庞大的电商消费基础群体。第二，产品与企业的集成程度较高。我国电商在服装、箱包、家电、图书、鞋等产品类型上较为集中，所占的电商销售份额较为集中。第三，支付与物流等配套产业发展迅速。电商的兴起带动了我国物流业和支付行业的发展，促进了物流运输的发展以及支付平台和支付手段的改革和创新。第四，全新业态和模式不断涌现。例如，收集购物等移动电子商务的快速增长给电商发展带来了全新的发展思路。此外，线上与线下互相促进共同发展的模式也受到企业的广泛青睐，各种全新的发展模式正在不断涌现。

二、跨境电商分类

B2B模式下，企业通常是线上发广告和信息，线下成交和通关，本质上还属于传统贸易，目前已经纳入海关一般贸易统计。而B2C模式下，企业直接面向广大消费者，主要销售个人消费品，主要通过航空小包、邮寄和快递等物流方式，目前大多未纳入海关登记。我们通常所说的小额跨境电子商务主要包括B2C和C2C两种模式（见图12－7）。

三、我国跨境电商的发展现状

进出口贸易整体疲软，跨境电商平添新动力。受全球经济不振、国内制造业转型等因素的影响，近两年我国外贸交易总额持续下滑，2015年、2016年进出口贸易总额分别为24.6万亿元和24.3万亿元，同比下降7.0%和1.0%。

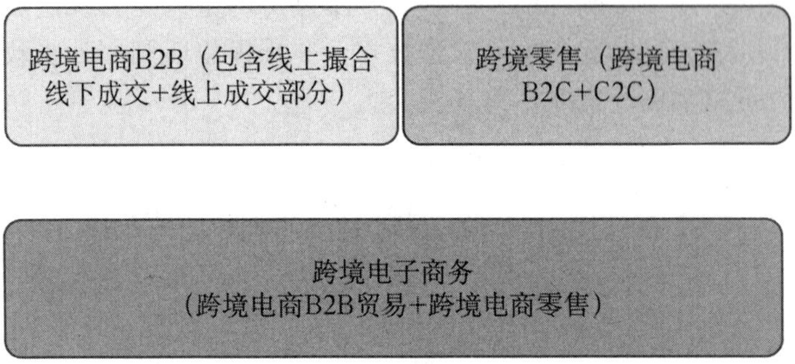

跨境电商B2B（包含线上撮合线下成交+线上成交部分）

跨境零售（跨境电商B2C+C2C）

跨境电子商务（跨境电商B2B贸易+跨境电商零售）

图 12－7　跨境电商分类

相反，跨境电商行业生机勃勃，在“一带一路”及自贸试验区等国家战略背景下，跨境电子商务已成为外贸产业中一匹“黑马”，成为推动中国外贸增长的重要力量。

1. 我国跨境电商规模增速迅猛

2016 年我国跨境电商交易规模达 6.7 万亿元，近五年的年复合增长率高达 33.65%，远高于同期外贸总额增速和 GDP 增速（见图 12－8）。其中，出口跨境电商规模远大于进口，2016 年出口总额为 5.5 万亿元，占跨境电商总额近九成。细分出口跨境电商可以发现，B2B 模式是出口电商的主流，2016 年总额达 4.5 万亿元，因为其单次交易规模较大。总体来看，跨境电商的四个子市场增速都在 20%以上，均处于高速扩张阶段，享受成长红利（见图 12－9）。据中国电子商务研究中心（100EC.CN）监测数据显示，2017 年中国跨境电商整体交易规模（含零售及 B2B）达 7.6 万亿元人民币，增速可观，2018 年跨境电商交易规模有望增至 9.0 万亿元。全球金融危机之后，跨境电商在我国迅速发展，与传统贸易的低迷形成鲜明对比，成为我国对外贸易的新生力量。

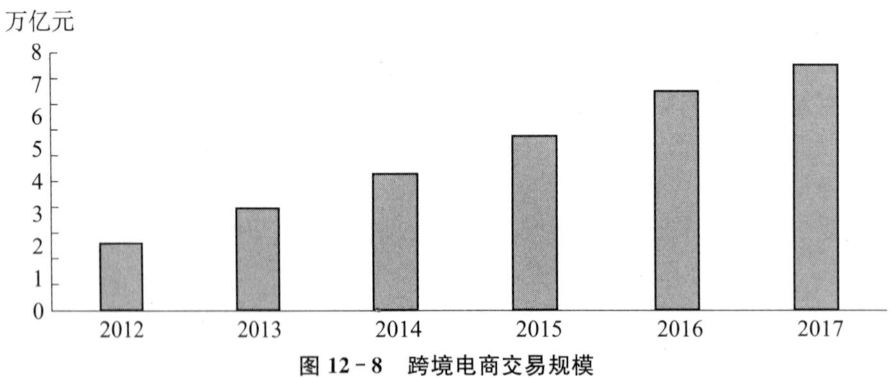

图 12－8　跨境电商交易规模

跨境电商 B2C 模式增速遥遥领先。无论是进口电商还是出口电商，共同特点都是 B2C 业务规模小，但是增速远高于 B2B 业务。主要原因在于 B2B 业务与传统外贸相似程度更高，单次交易规模大、发展更早，而 B2C 业务订单呈碎片化，数量多规模小，对于物流、报关、支付等基础设施要求更高。2016 年出口 B2C 规模为 1.02 万亿元，进口 B2C 规模为 0.22 万亿元，二者合计 1.24 万亿元。我们预计随着跨境支付、跨境物流等环节的完善以及资本的持续涌入，进出口 B2C 行业在未来相当一段时间内仍将处于快速成长期，2020 年总规模有望突破 4 万亿元，年复合增长率达 34.02%。

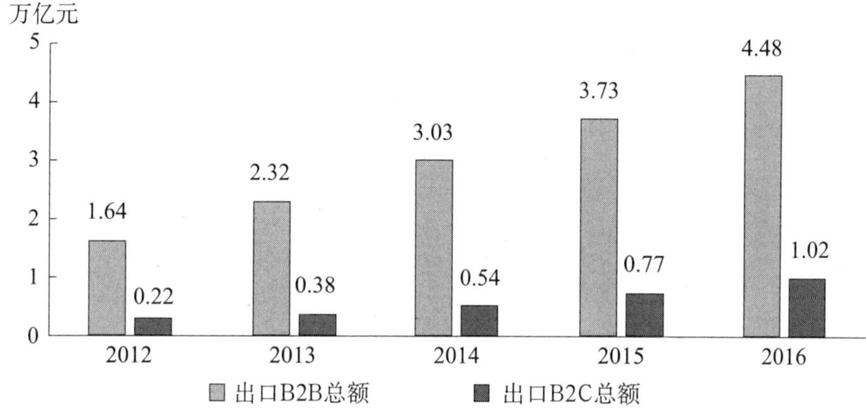

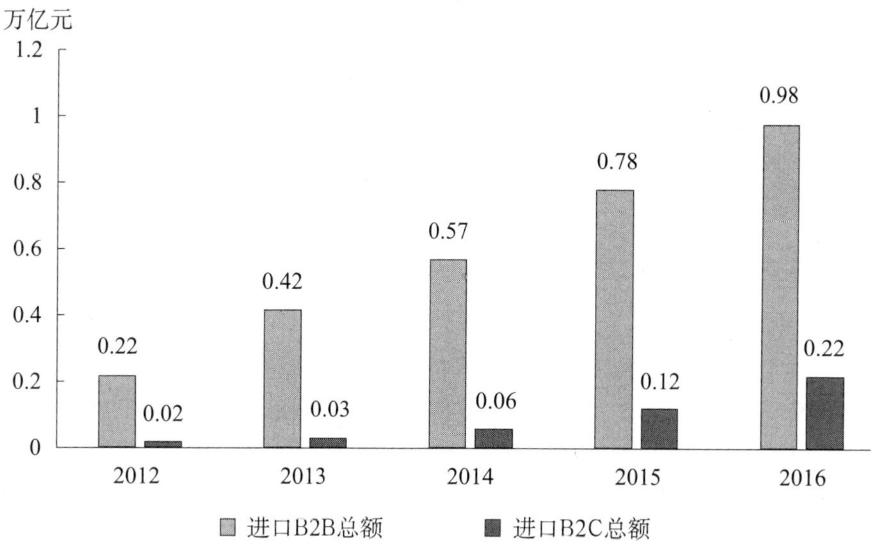

图 12-9　跨境电商交易规模细分

2. 跨境电商的创汇能力逐步提升

依据商务部和中国电子商务研究中心的数据，从进出口结构来看，出口在我国跨境电商的业务中占绝大多数，但进口所占比例也在逐年提高，这反映了中国各地出口创汇的巨大潜力。目前，出口在我国跨境电商交易中占比为 86.7%，进口占比为 13.3%，利用跨境电商促进进口有很大的潜力。从贸易对象上看，在出口端，美国和欧盟市场较为稳定，东盟等群体增长迅速，进口端以美国、日本、新西兰等发达国家为主。而跨境电商的卖家集中分布于东部沿海省份，中西部地区尤其是“丝绸之路经济带”沿线省份如能快速发展，将给我国跨境电商带来强劲的动力。

3. 跨境电商需求市场日益扩大

根据海关总署和中国电商研究中心统计的数据，2012 年我国跨境电商交易额增长了 32%。2014 年，海淘人群达 1 800 万人，成交规模达 1 400 亿元，万亿元级别的成交规模指日可待。2015 年上半年中国跨境电商交易规模为 2 万亿元，同比增长 42.8%，占我国进出口总额的 17.3%。2017 年中国跨境电商整体交易规模（含零售及 B2B）达 7.6 万亿元人民币，增速可观。国内中产阶级电商用户占多数，80 后、90 后人群居多，对国外相对性价比更高、额外成本更低的产品需求旺盛，且消费者对于跨境消费的物流周期和相对复杂的退换货流程表现出高层次的耐心和忍耐力。

很多国外的电商网站注意到我国跨境消费需求，对中国消费者施行一些优惠政策。如美国亚马逊旗下的 shopbop，超前推出汉化版网页和中文客服，以其新于国内专柜并远低于国内价格的产品吸引消费，且满 100 美元全球免邮。

4. 贸易保护主义加剧

2018 年 3 月 22 日，美国总统特朗普在白宫签署针对中国的总统备忘录，美国将对约 600 亿美元进口自中国的商品加征关税，目前已经列举了 1 300 多种征税产品清单。美国对中国征税领域包括：高性能医疗器械、生物医药、新材料、农机设备、工业机器人、新一代信息技术、新能源汽车、航空产品、高铁装备。

2018 年 3 月 23 日，中国商务部针对特朗普的关税政策打出了反击第一拳，发布了针对美国进口钢铁和铝产品 232 措施的中止减让产品清单并征求公众意见，拟对自美进口部分产品加征关税，以平衡因美国对进口钢铁和铝产品加征关税给中方造成的利益损失。该清单暂定包含 7 类、128 个税项产品，按 2017 年统计，涉及美对华约 30 亿美元出口。中国对美国终止减税领域包括：鲜水果、干水果、坚果、葡萄酒、改性乙醇、花旗参、无缝钢管、猪肉、废铝。

四、我国跨境电子商务的制约因素

1. 跨境物流发展滞后

跨境电商主要以零售为主，金额小、体积小、频率高是其普遍特点，一般不大可能采用传统集装箱海运的方式运输，主要的物流模式包括：国际小包和国际快递、B2C 外贸企业联盟集货、B2C 外贸企业自身集货、第三方物流模式和海外仓储 5 种方式，其中国际小包和国际快递是最简单直接的物流方式，国际小包的特点是资费便宜，但是运送时间长，国际快递比国际小包运送时间短，但是运费较高；B2C 外贸企业联盟集货和 B2C 外贸企业自身集货，两种模式都可以产生规模效益，可以有效降低运输成本，由于联盟内部的管理难度问题，多以自身集货为主；使用第三方物流，跨境电商可将有限的精力放在主营业务上；海外仓储模式由于需要在海外存货，可以有效提高发货速度，但是如果货物滞销，其成本会显著增加。跨境外贸的发展速度如此之快，国际物流发展还没有跟上节奏，势必会带来很多隐患，因为物流不仅直接关系到跨境电商的交易成本，还关系到买家对卖家的满意度、购物体验和忠诚度。

2. 通关手续不够简化

尽管基于互联网的信息流动畅通无阻但是跨境货物流动并不自由，通关是跨境电商面临的一个共同难题。“额度小”“频率高”是跨境电子商务的优势，“额度小”决定跨境交易难以走集装箱；“频率高”意味着复杂漫长的传统外贸出口程序不适合跨境电子商务，再加上部分跨境电商的法律意识不强，为了逃避关税，往往以“样品”“礼品”方式通过香港邮政小包、UPS 等国际物流公司直接发给国外的买家，通关快，手续比较简便，同时可以避免交税。

针对这个现象，海关总署出台了更为严格的政策：个人进口税额的临界点由 500 元降低为 50 元，超出 50 元的，要办理退运手续或者按照货物规定办理通关手续，相比之下，个人邮寄物品的免税额度缩小了近10倍，这就意味着更多的跨境交易需要进行申报，其间一系列烦琐的手续及费用的支出常常成为消费者和网上卖家严重的经济负担，此外，因申报不合格使商品滞留在海关而使消费者无法收到的现象也时有发生。

3. 结汇不易

根据我国现行政策，国外买家支付的款项只能通过个人储蓄账号结汇，但是我国限制个人结汇每年最高为5万美元，导致一些出口企业借用亲属账户进行结汇或者通过地下钱庄将外汇兑换成人民币，还有一种方式是通过第三方服务商，外贸企业在香港等离岸地区注册一个离岸账户把外汇转汇给服务商的离岸账户，然后服务商在国内按当日汇率把外汇兑换为人民币支付给外贸企业，无论哪种结汇方式，都不算是正规的渠道，存在极大的风险。

4. 支付安全问题明显

跨境电子支付服务涉及企业、个人、银行及第三方支付平台等多个个体，典型的跨境电子支付服务方式主要包括网上银行支付服务系统和第三方支付平台参与的电子支付服务。网上银行支付服务系统主要用于B2B这种大额的交易方式，由于款项和收货有前后，很有可能会给交易一方带来货款两失的可能性，通过第三方支付平台，款项还是先支付到第三方，对于买卖双方都会比较公平，但是由于交易周期性，第三方平台很有可能会存在大量资金沉淀，如果资金管理出现问题，或者是系统出现故障导致信息丢失则会给交易各方带来重大损失，另外，无论哪种支付方式还存在一个共同的风险，即网络支付信息被非法盗取带来的损失。

5. 退缴税制度匮乏

目前，跨境电子商务主要以快件的方式，无法提供报关单，因而大部分卖家没有办法缴税，同时也享受不到出口退税的好处。另外，跨境电子商务是通过网络等信息交流平台进行的，这就使得税务机关难以掌握交易双方的具体交易情况，不仅使得税收扣缴的管控手段失灵，而且客观上促成了纳税人不遵从税法的可能性，加之税收领域现代化征管技术的严重滞后，都使依法征税变得苍白无力。

6. 部分跨境电商信用不足

跨境电子商务是基于网络的虚拟模式，由此产生的参与者信用不确定性已经成为电子商务发展中的桎梏。再加上我国的电商缺乏法律意识，假冒伪劣商品时有发生，因为侵犯知识产权而被海关扣留的仿牌产品事件屡见不鲜，甚至有很多国外客户排斥“中国制造”，带来了恶劣的影响，较之国内电子商务，信用问题对于跨境商尤为重要，因为交易双方来自不同国家，有着不同的文化背景和地区差异，信用往往是吸引客户驻足的决定性因素。

7. 专业人才欠缺

跨境电子商务人才是复合型人才，应具备英文网店管理、在线英语交流、海外网络营销策划及执行、搜索引擎优化，海外客户需求分析等应用能力，同时了解国际支付方式、国际物流工具、国际贸易常识、跨文化交流等知识，熟悉相关法律法规。然而，跨境电子商务属于新兴产业，本身人才存量不多，有经验的跨境电子商务人才更是少之又少，同时，高校与社会培训机构来不及对电子商务人才的培养与培训进行调整，故产生巨大的人才缺口。

8. 贸易保护政策以及贸易战的制约

美国将对中国商品大规模征收关税，这对于整个跨境电商来说影响还是非常大的。尤其是针对以美国市场为主的出口跨境电商，假如这一块真要实施征税的话，那么整个出口到美国的跨境电商企业都面临着一个高额的税负成本，这无疑为“中国制造”的这种成本优势带来非常大的压力。对于跨境电商零售来说，品牌化是近年来的重要趋势，同时对于没有很大核心竞争力的低利润卖家、产业链来说，那些小微企业肯定会被淘汰。2018 年应该是跨境零售电商的一个真正的洗牌之年，加上美国对中国商品加收关税，让这个行业的洗牌速度加快，小微企业、低端产业必然会被淘汰出局。贸易战一定会对跨境电商造成深刻影响，甚至是“生死劫”，跨境电商会成为最大的受害者。很多法律问题，包括关税壁垒、反垄断、各种贸易保护措施都会给跨境电商的发展造成障碍。

跨境电商未来的一个真正趋势是集成在资本密集型、资源密集型、人才密集型这样规模的品牌企业上。包括知识产权、产品利润率、供应链的效率等，只有真正有实力的企业才能在这个市场中生存下来，并取得长足的发展。美国此次征税让跨境零售电商市场越来越正规化、门槛越来越高。

五、我国发展跨境电商的对策建议

建议国家秉承“在发展中规范，在规范中发展”原则，以促进产业发展为重点，以 B2B 作为主攻方向，进出口并重，逐步解决跨境电商在产品质量、诚信体系、品牌培育、售后服务、价格竞争和统计方法不健全等方面的问题，引导跨境电商健康发展，打造完整的产业链和生态链。具体建议如下：

1. 进一步营造适应跨境电商发展要求的政策环境，完善监管措施

完善涵盖便利通关、检验检疫、结汇、退税等政策法规体系和接口规范，提供积极财政金融支持，适时出台跨境电商及支付外汇管理办法等，鼓励各种商业模式和体制机制创新。

2. 优化支付、物流、结汇等服务支撑体系

无论是消费者从境外购买商品还是商家将自己的产品销往其他国家，在这过程中都会涉及支付问题。第三方支付方面虽然本土企业发展很快，但目前尚不具备国际竞争力。建议今后继续推进金融创新，支持跨境电子支付服务，允许试点支付企业办理境外收付汇和结售汇业务。在风险可控的前提下进一步扩大支付限额，引导和支持国内金融机构特别是支付企业“走出去”，逐步完善跨境电子支付体系，有效满足境内外企业及个人跨境电子支付的合理需求，助推跨境电子商务发展。

3. 建议通过政府引导和扶持，加快跨境电商的海外仓建设

跨境电商涉及的中间环节比较多，跨区域的储藏，长距离的运输保存，以及报关报税等都是制约其发展的关键性因素。建设海外仓，可以大大降低跨境电商业务的物流成本，实现卖现货，加快国外交货速度，提升客户满意度。建议通过政策引导、财政支持等方式，引导有实力的跨境电商企业通过租用或自建方式，到重点市场建立跨境电商海外仓，并搭建以海外仓为支点的配送辐射网络。

4. 跨境电商企业要不断提升自身实力

其一，跨境电商企业要紧跟政策，关注国际动向研究并及时制定应对措施。其二，调

整运营模式，包括品类、区域等，尽量化解风险。其三，成立专业的团队，这次贸易战让很多跨境电商企业感受到人才的缺乏。其四，严格控制成本，做好内功，改变过去单一的发展模式。此次贸易战也给我国跨境电商企业上了深刻的一课，居安思危才是发展的硬道理。

第六节 中国利用外资和对外直接投资的发展

一、中国利用外资概述

外商直接投资是指外国投资者在我国境内通过设立外商投资企业、合伙企业、与中方投资者共同进行石油资源的合作勘探开发以及设立外国公司分支机构等方式进行投资。外国投资者可以用现金、实物、无形资产、股权等投资，还可以用从外商投资企业获得的利润进行再投资。

（一）中国利用外资的渠道和形式

改革开放以来，中国对外贸易与FDI迅速增长，并形成了相互补充与相互促进的关系。外商直接投资（FDI），包括中外合资企业、中外合作企业、外商独资企业以及合作开发项目；国外间接投资，包括对外借款（如外国政府、国际金融组织贷款）、外国商业银行贷款和出口信贷、证券投资（FPI）（如对外发行债券、对外发行股票等）；外商其他投资，包括国际金融租赁、补偿贸易、加工装配贸易等。

（二）中国利用外资的特点

1. 我国利用境外直接投资规模扩大

改革开放以来，我国吸引和利用外资金额增长迅速，从1994年的432.13亿美元增长到2016年的1 260亿美元，年均增长率达到10.02%（见图12-10）。

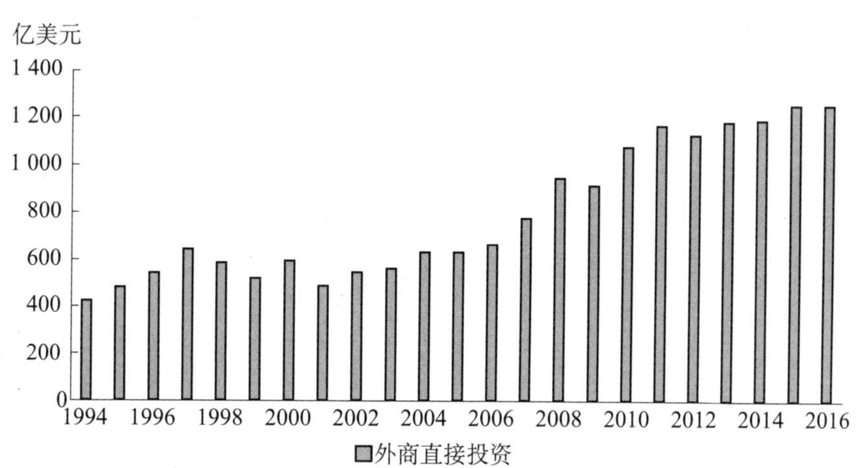

图12-10 1994—2016年中国吸引外商直接投资额

资料来源：《中国统计年鉴》。

2. 投资来源集中

世界上绝大多数国家或地区都已经在中国进行了直接投资。我国的外商直接投资主要来源于我国港澳台地区以及新加坡、美国、韩国、日本、西欧等国家（见图 12－11）。

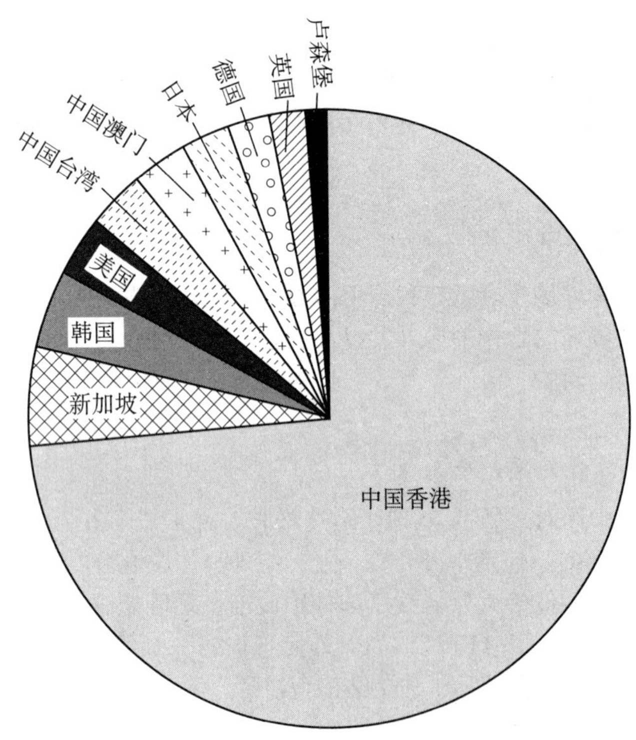

图 12－11　2016 年对华投资前十位国家或地区

资料来源：商务部外资司。

3. 基本以合资、合作和独资等新建投资为主

改革开放以来，我国吸收外商直接投资这么多年，利用外资的主要以合资、合作和独资等新建投资为主（见表 12－4）。

表 12－4　　2016 年 1—12 月中国利用外资统计简表

利用外资方式	实际使用外资金额	
	金额（亿美元）	比重（%）
总计	1260.01	100
中外合资企业	302.04	23.97
中外合作企业	8.3	0.66
外资企业	861.26	68.35
外商投资股份制	88.42	7.02

资料来源：商务部外资司，数据未包括银行、保险、证券领域吸收外商投资数据。

二、中国利用外资的作用和意义

通过吸引和利用外资，我国不仅获得了经济建设急需的资金，引进了先进技术和先进

管理经验，而且开拓了国际市场，增加了税收和就业，加深了中国经济同世界经济的联系。同时，大规模利用外资还从多方面促进了思想解放，推进了国内经济体制的改革。

（一）有利于弥补我国建设资金的不足

我国是世界上最大的发展中国家，资金短缺是我国长期以来的主要问题。利用外资，有利于弥补我国资金不足的问题，加快基础设施建设，促进资源、能源的开发，加快推进改革开放和国民经济的快速发展。

（二）有利于引进先进技术与管理经验

引进外资，鼓励外商投资项目落户中国，有利于引进国外先进的生产技术和管理方法，实现我国传统产业和老工业基地的技术改造，促进我国整体技术水平的提高，从而提高社会劳动生产率。

（三）有利于扩大出口，增加外汇收入

积极扩大利用外资，有利于发展具有较高附加值和国际竞争力的生产项目，提高了我国产品的档次，开拓了新市场，扩大了出口。而且，外商投资项目的产品适销对路、质量较高，不仅熟悉国际市场，又有自己的销售渠道，因而使出口贸易迅速发展，增加了外汇收入。

（四）有利于促进我国产业升级，优化经济结构

积极扩大利用外资，有利于我国抓住新一轮全球生产要素优化重组和产业转移的机遇，积极参与国际分工，促进我国产业升级，带动我国经济结构调整，提高经济增长的质量。

三、中国利用外资存在的问题

（一）主要集中于制造业，服务业吸引外资滞后

外商投资制造业主要集中于通信设备、计算机及其他电子设备制造业、交通运输设备制造业、电气机械及器材制造业、化学原料及化学制品制造业、专用设备制造业、通用设备制造业等行业。高技术产业实际吸收外资同比增长 61.7%，占比达 28.6%，较 2016 年底提高了 9.5 个百分点。高技术制造业实际使用外资 665.9 亿元，同比增长 11.3%。其中，电子及通信设备制造业、计算机及办公设备制造业、医疗仪器设备及仪器仪表制造业同比增长 7.9%、71.1%和 28%。高技术服务业实际使用外资 1 846.5 亿元，同比增长 93.2%。其中，信息服务、科技成果转化服务、环境监测及治理服务同比分别增长 162%、41%和 133.3%。

（二）利用外资质量不高

虽然我国利用外资规模增长迅速，但存在盲目引进外资，出现重复引进和建设，没有引导外资到最迫切的建设项目和单位，造成资源的浪费，没有充分发挥外资促进经济效益提高的作用。仍有一部分属于技术水平比较低的劳动密集型的一般加工项目，项目质量偏低，规模偏小，特别是一些地方政府存在“不管好坏，先引进再说”的思想，具有较大资金规模和较高水平的项目比较少。

（三）引进外资的区域不平衡

长期以来，我国引进外资的区域结构不协调，外商直接投资的项目和资金的绝大部分分布在我国经济较发达的东部地区，经济相对落后的中西部地区吸引的外资所占比重很小（见图 12－12）。

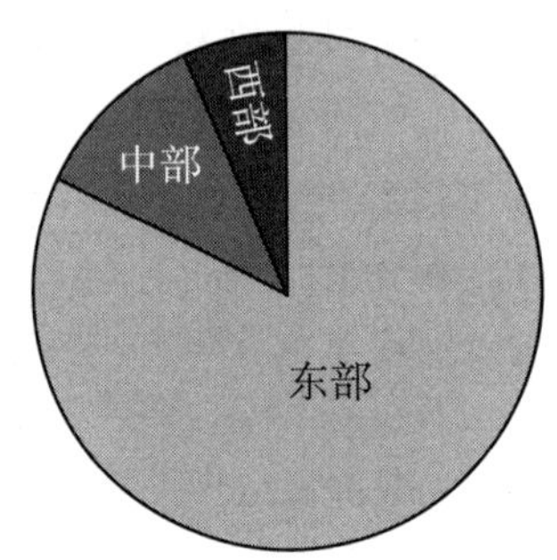

图 12－12　2016 年外商投资企业在我国东、中、西部投资额占比

资料来源：《中国统计年鉴》。

四、中国的对外直接投资

对外直接投资指我国企业、团体等（简称境内投资主体）在国外及港澳台地区以现金、实物、无形资产等方式投资，并以控制国（境）外企业的经营管理权为核心的经济活动。对外直接投资的内涵主要体现在一经济体通过投资于另一经济体而实现其持久利益的目标。

（一）中国对外直接投资的意义

1. 带动产业升级，争取国际分工中的有利地位

中国传统优势行业都是劳动密集型、资源密集型以及一些高污染的行业，但是随着劳动力、原材料成本的不断攀升以及世界各国越来越重视环境问题，这些传统优势行业所面临的局势愈加严峻。在金融危机以后，一些发达国家也提出了“再工业化”政策，重点发展新兴产业，以扩大出口来带动经济复苏，缓解就业压力。这些都迫使中国不得不集中资源、集中精力发展新兴产业。中国企业必须通过产业升级，改变经济增长方式，以避免遭遇“中等收入陷阱”。对外直接投资可以将传统的一些行业转移出去，以便释放资源为新的发展做准备。

2. 保护出口贸易，扩大市场份额

2005 年我国开始实行汇改，自此人民币呈现持续升值状态，而金融危机爆发以后，人民币升值压力更大。人民币的大幅升值，使得中国出口贸易受挫。中国的出口产品一直都是凭借廉价劳动力、低成本而深受海外市场消费者青睐，但是人民币的持续升值使中国出口产品价格提高而失去比较优势。扩大对外直接投资，可以充分利用我国的外汇储备，减缓人民币升值压力，而且到海外目标市场直接投资生产，更加接近于目标市场，更便于采取措施抢占更多市场份额。

3. 降低顺差，缓解国家间矛盾

中国从 1993 年开始实现持续的贸易顺差，其主要来源地是欧洲和北美地区。经济危

机爆发后，这些地区经济持续低迷、失业率居高不下，但是中国经济仍保持了高速增长，这就使得这些地区的新贸易保护主义抬头，中国出口变得越加困难，国家之间的关系也受到影响。增加对外直接投资，可以适当降低我国贸易顺差，带动当地就业，有助于实施市场多元化战略，因此而缓和国家之间的矛盾，降低各国对我国出口产品的围堵，从而保持中国出口贸易的可持续增长。

4. 寻求新出路，维持企业竞争优势

一方面，跨国公司大量涌进中国，它们凭借品牌优势、雄厚的资金实力、技术垄断优势以及其全球配置资源的能力，瓜分了中国企业在国内市场的份额。另一方面，由于计划生育和人口老龄化，中国的“刘易斯拐点”已经出现，“用工荒”导致劳动力成本不断上升，中国人口红利将消失。这些都使得国内企业无法与跨国公司相抗衡，为了维持企业的竞争优势，对外直接投资成为一种必然。中国企业到海外投资，深化对外开放，在全球范围内进行资本最优配置，利用国外资源弥补我国资源短缺，获得更加廉价的要素投入，这样不仅可以在国内市场上拥有比较优势，甚至可以在海外市场占据优势地位。

通过中国企业对外直接投资，我国获得了稀缺的资源和外国先进的关键技术，提高了企业核心竞争力，同时也突破了国外贸易壁垒的限制。其中，最具代表性的海外投资项目有：中石油与中海油联合收购美国马拉松石油公司持有的安哥拉石油区块20%的权益；中钢集团公司在澳大利亚建立全资子公司；联想收购IBM个人电脑业务；吉利汽车收购沃尔沃；海尔在全球建立了29个制造基地、8个综合研发中心、19个海外贸易公司等。

（二）我国对外直接投资的历程

中国对外直接投资连续8年保持了增长势头，年均增长速度达到54%。联合国贸发会议《2011年世界投资报告》显示，2010年中国的对外直接投资首次超过日本，达到创纪录的680亿美元，位居世界第五位，居发展中国家首位。我国境外投资领域分布较为广泛，其中投资较多的行业主要有制造业、批发和零售业、租赁和商务服务业、建筑业及农林牧渔业。中国企业对外投资的地区也非常广泛，遍布亚洲、拉丁美洲、非洲、欧洲、北美洲等。

2016年，我国境内投资者共对全球164个国家和地区的7 961家境外企业进行了直接投资，累计实现非金融类直接投资1 701.1亿美元，同比增长44.1%。

我国对外直接投资可以分为以下三个发展阶段。

初步探索阶段（改革开放至20世纪80年代末）。1979—1989年间，中国对外直接投资的企业数从4家增加到645家，累计投资额从120万美元增加到22.23亿美元。由于缺乏对外投资的经验和对东道国情况的了解，初步探索阶段的中国企业普遍采取与东道国本地企业设立合资企业的方式开展对外投资。在投资模式上，通过规模有限的绿地投资在海外设厂。

逐步兴起阶段（20世纪90年代）。20世纪90年代，中国确立了建立社会主义市场经济体制的目标，对外投资发展步伐加快，流量和存量增长明显。1991—2000年，对外投资的流量从7 500万美元增长到5.51亿美元，存量从10.6亿美元增长到37.3亿美元，增长了2.5倍。中国企业对外直接投资从传统的贸易、制造加工向更广泛的行业发展。

快速发展阶段（2000年至今）。实施“走出去”战略以来，中国对外投资快速发展。

2001 年当年对外投资流量为 7.8 亿美元，2016 年增加到 1 961.5 亿美元，规模扩大了 250 倍。单项投资规模显著扩大。2001 年境外企业累计 3 091 家，2016 年累计达到 3.72 万家，增长了 12 倍。投资领域扩大到商务服务、金融业、营销网络、航运物流等领域。投资区域从周边国家拓展到拉丁美洲、非洲以及大洋洲等 190 多个国家和地区，投资主体结构也不断优化，国有大型企业在中国对外投资合作中继续发挥主导作用，跨国并购成为对外投资的重要方式。对外投资经济效益显著提高。

（三）对外直接投资的发展特点

1. 起步晚，但发展速度快

中国对外直接投资真正起步是从改革开放以后才开始的，发达国家对外直接投资始于 19 世纪中期，至今已有一百多年的历史。2016 年，中国对外直接投资净额为 1 961.5 亿美元，较上年增长 34.7%（见图 12－13）。截至 2016 年底，中国超过 2.44 万家境内投资者在国（境）外设立对外直接投资企业 3.72 万家，分布在全球 190 个国家（地区），对外直接投资累计净额 13 573.9 亿美元。年末境外企业资产总额近 5 万亿美元。

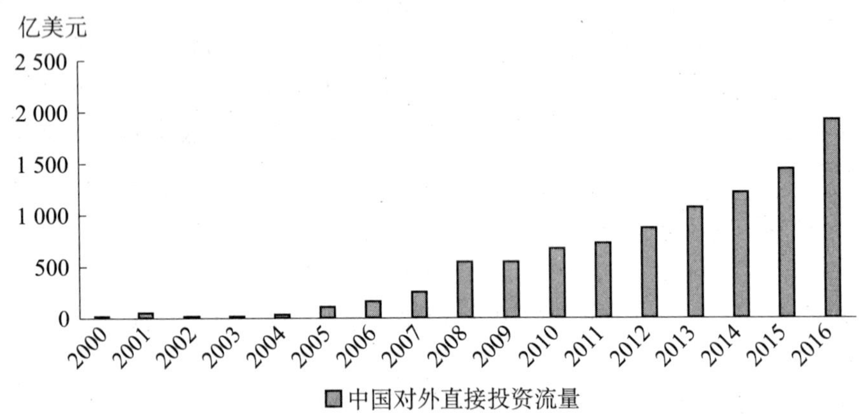

图 12－13　2000—2016 年中国对外直接投资流量

资料来源：国家统计局。

2. 主体日益多元化

改革开放以来，中国政府制定了以公有制为主体、多种所有制经济共同发展的方针，逐步形成了各种所有制平等竞争、相互促进的新格局。激发了各种所有制企业开展跨国经营的热情，逐步改变了国有企业占据绝对多数的格局。2017 年，我国境内投资者共对全球 174 个国家和地区的 6 236 家境外企业进行非金融类直接投资，累计实现投资 8 107.5 亿元人民币，同比下降 28.2%（折合 1 200.8 亿美元，同比下降 29.4%）。

3. 行业领域不断扩大

经过 40 年的发展，中国对外投资已经从过去以贸易为主，逐步拓宽到包括租赁和商品服务业、金融业、资源开发、工业生产、农业及农产品开发、商业零售、咨询服务、研发等行业在内的更为广泛的产业领域。其中租赁和商务服务业、金融业、采矿业、批发和零售业、交通运输、仓储和邮政业、制造业为目前对外投资的主要行业领域（见图 12－14）。

4. 地区分布广泛，存量的七成分布在亚洲地区

中国对外投资从起步时先进入中国香港，到目前已遍及世界五大洲的 190 个国家和地

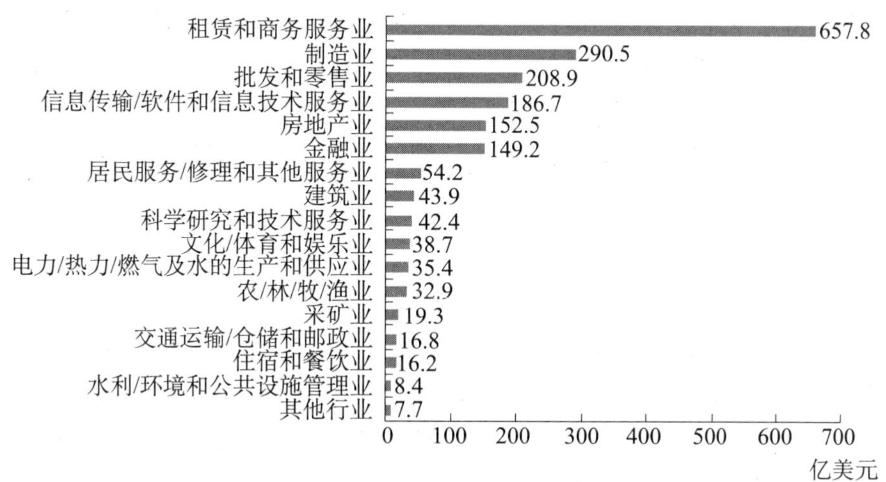

图 12-14　2016 年中国对外直接投资存量行业分布

资料来源：《2016 年度中国对外直接投资统计公报》。

区，覆盖率达到 80%以上。亚洲特别是周边国家和地区是中国对外投资的重点区域。近年来，中国企业对拉美和非洲的投资逐步增加，对欧洲、北美等地区的投资目前虽然不多，但由于双方在市场、技术等具有较强的互补性，潜力较大（见图 12-15）。

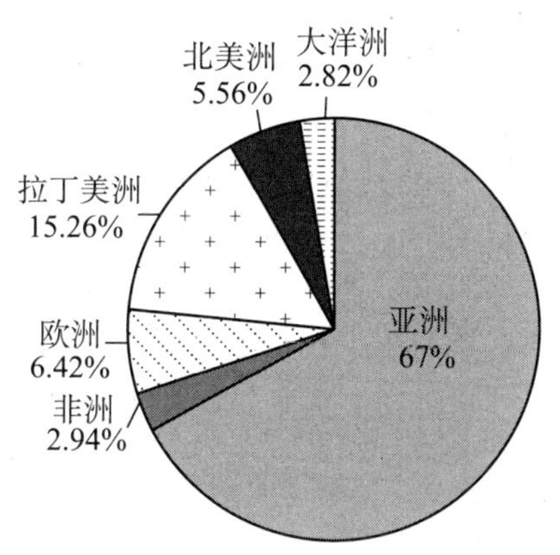

图 12-15　2016 年中国对外直接投资存量地区分布

资料来源：《中国统计年鉴》。

随着中国吸引外商直接投资不断深化发展，外商投资质量不断提升。为了着眼于经济全球化的大趋势，使我国更好地融入世界经济，又提出“不仅要积极吸引外国企业到中国来投资办厂，也要积极引导和组织国内有实力的企业走出去，到国外去投资办厂”。党的十六大明确提出“走出去”战略，要把“引进来”和“走出去”相结合，充分利用国内外两个市场、两种资源，这预示着我国改革开放战略朝着双向开放的纵深方向发展。

此外，中国对外直接投资的方式日趋多样，企业的国际化经营水平有了很大的提升。近年来，中国企业对外投资开始由传统的“绿地投资”向跨国并购等方式扩展，中国企业的海外资产、海外销售收入、海外员工人数显著增加。2017 年，中国进入世界 500 强的企业数已由 2000 年的 9 家增加到 113 家，而且企业排名大幅提升，有 3 家企业进入全球前

10 名，这表明中国企业跨国经营能力不断增强，一批优势企业已具备在更高层次、更高水平开展对外投资和跨国经营的实力。

（四）我国对外投资存在的问题

虽然我国对外直接投资有了较大的发展，但由于起步晚，与发达国家的对外直接投资历史相比滞后了一个多世纪，因此整体水平不高，尤其在规模、行业结构等方面。

1. 对外直接投资总体规模偏小

2012 年以来，我国连续 5 年成为全球跨国直接投资前 3 位的国家，也是对外投资最多的发展中国家，对全球 FDI 流量的贡献率达 20%左右。2012—2016 年期间，我国对外投资流量由 878 亿美元增长到 1 961.5 亿美元；对外投资流量累计 6 600 多亿美元，年均增长 22.3%；对外投资流量由世界第 3 位上升到第 2 位，实现连续 14 年快速增长，全球占比达 13.5%。截至 2016 年底，对外投资存量由 5 319.4 亿美元增长到 13 573.9 亿美元，由世界第 13 位上升到第 6 位，占全球存量的份额由 2.3%上升到 5.2%。2017 年全年，我国境内投资者共对全球 174 个国家和地区的 6 236 家境外企业新增非金融类直接投资，累计实现投资 1 200.8 亿美元，同比下降 29.4%。虽然我国对外直接投资也保持了较快的增长速度，但与我国吸引外商直接投资相比，仍存在很大的差距。由于规模偏小，中国的跨国企业很难获得规模优势，难以进行有效的研究和开发，无力支持销售和售后服务。

2. 投资项目的技术含量不高

尽管近年来我国海外投资质量和档次有所提高，出现了一批技术含量较高的生产项目，还有一些高科技企业积极在欧美等发达国家建立独资或合资的研究机构和技术中心，但总体来说对外直接投资过分偏重初级产品产业投资，对高新技术产业的投资仍然偏小。目前对外直接投资企业集中在平均单项投资额较低的采矿业、商务服务业、批发零售业及建筑业，低附加值、低技术含量的资源开发和初级加工等劳动力密集项目。

3. 企业对外直接投资地区结构不合理

目前我国对外直接投资净额主要集中在我国港澳台地区和拉美地区。而且这种过于集中的区域投资结构造成一些企业设点交叉重复、自相竞争的不正常局面。从整个海外投资布局来看，对发展中国家和地区的投资仍明显偏少，从而影响了中国对外投资市场的进一步拓展。

4. 企业对外投资效益不高

一国对外直接投资的效果可用绩效指数来衡量，按 UNCTAD 的定义，对外直接投资绩效指数（outward FDI performance index）指的是一国对外直接投资在世界对外直接投资中所占的份额与该国 GDP 在世界 GDP 中所占份额之比。该绩效指数可以衡量一国从事海外投资的企业的综合竞争力。中国对外直接投资绩效指数排名近年来一直徘徊不前，说明虽然中国对外投资总量在不断增长，但对外投资的综合实力仍有待提高。有的企业在“走出去”时缺乏系统规划和科学的论证，决策后，后续经营出现困难，造成较大的损失；有的企业投资房地产、体育俱乐部等领域，非理性投资问题比较突出；有的企业不重视投资目的国环保、能耗、安全等标准和要求，引发矛盾和纠纷等。

五、我国对外投资的发展对策

根据党的十九大以及十九届三中全会精神，政府应该制定和完善一系列的政策和法

规，以适应国内企业逐渐国际化的发展趋势。要确立企业及个人对外投资主体地位，包括允许企业及个人自担风险到各国各地区自由承揽工程和劳务合作项目；要鼓励多种方式创新，包括允许创新方式走出去开展绿地投资、并购投资、证券投资、联合投资等，推动对外投资。当前我国对外直接投资尚处于发展初期，企业对国外环境不是很熟悉，缺乏境外投资的经验积累。因此，为了更好地配置有限的资源，帮助企业在境外投资中增强抵抗风险的能力，政府有必要为中国对外直接投资制定战略规划和提供必要的支持和服务。

（一）政府层面

1. 明确重点，制定战略规划

结合国内经济发展情况和产业结构调整，制定对外投资战略规划，明确对外投资的重点区位和产业，对已确定的重点区位和产业，应进行深入研究，提出具有可操作性的战略规划，制定相应的优惠政策，分阶段实施，以求对国民经济发展产生稳定的拉动作用。

2. 健全法律体系，简化审批程序

目前，我国对外直接投资的相关法律体系尚不完善，仅有一些内部规定或实施办法，没有完备的法律体系。应该尽早完善对外投资的法律体系，明确投资主体的权利和义务，改多部门审批为单一部门审批，并逐步减少审批管理项目的内容，简化程序，做到统一、透明、便捷，并将重点逐渐从事先审批转到事后的监督和管理上。

3. 建立支持体系

财政支持。设立对外经济技术合作专项资金，通过直接补助和贷款贴息方式对中国企业开展对外经济技术合作给予资金扶持。此外，还应该发展对外承包工程保函风险专项资金、境外经济贸易合作区发展资金、中小企业国际市场开拓资金等。

信贷政策。国家鼓励商业性和政策性金融机构，帮助企业拓展融资渠道。出台对大型机电设备出口实行融资保险专项，缓解企业出口机电设备的融资难问题。

税收政策。加强国际税收合作，避免双重征税，企业在境外已经缴纳税款，可从其国内所得税中抵免。为鼓励企业开展对外投资合作，国家在企业营业税、出口退税等方面也应给予一定的优惠政策。

外汇政策。取消了境外投资外汇风险审查和汇回利润保证金制度，允许境内企业以自有外汇、购汇或国内外汇款进行境外投资，放宽了企业购汇额度。

4. 完善涉外投资服务体系

为了适应经济全球化新趋势，政府必须完善涉外投资服务体系。参照西方发达国家的做法，成立境外投资促进机构，进一步发挥信息网络的优势，为企业提供在国外政治、经济、法律、社会、市场、产品、行业等方面的信息，减少企业在海外投资和生产经营中所遭遇的风险。同时，统一内外资法律法规，保持外资政策稳定、透明、可预期，进一步放宽投资准入。加快同有关国家和地区商签投资协定，改革涉外投资审批体制，完善领事保护体制，提供权益保障、投资促进、风险预警等更多服务，扩大投资合作空间。

改革对外投资管理体制。从贸易大国到投资大国、从商品输出到资本输出，是开放型经济转型升级的必由之路。自 2002 以来，我国对外直接投资年均增长速度达到 37.5%，2016 年，中国对外直接投资金额增长 43.5%，达到 1 830 亿美元。中国超过日本首次成为全球第二大对外投资国，仅次于美国，比 2015 年提高 3 个名次。但总体看我国企业“走出去”仍处于初级阶段，特别是对外投资管理体制建设相对滞后，不能完全适应对外投资加快发展的新形势，在投资审批、外汇管理、金融服务、货物进出口、人员出入境等方面存在诸多障碍。加快实施“走出去”战略，关键是深化对外投资管理体制改革，放宽对外投资的各种限制，落实“谁投资、谁决策、谁受益、谁承担风险”的原则，扩大企业及个人对外投资，确立企业及个人对外投资的主体地位。对此，《中共中央关于全面深化改革若干重大问题的决定》提出了“三个允许”，即允许企业和个人发挥自身优势到境外开展投资合作，允许自担风险到各国各地区自由承揽工程和劳务合作项目，允许创新方式走出去开展绿地投资、并购投资、证券投资、联合投资等。这是广大企业和投资人的热情期盼，充分体现了国家支持企业加快“走出去”的政策导向，必将推动我国对外投资迈上新台阶。

5. 扩大内陆延边开放

抓住全球产业重新布局机遇，推动内陆贸易、投资、技术创新协调发展。创新加工贸易模式，形成有利于推动内陆产业集群发展的体制机制。支持内陆城市增开国际客货运航线，发展多式联运，形成横贯东中西、联结南北方的对外经济走廊。推动内陆同沿海沿边通关协作，实现口岸管理相关部门信息互换、监管互认、执法互助。加快沿边开放步伐，允许沿边重点口岸、边境城市、经济合作区在人员往来、加工物流、旅游等方面实行特殊方式和政策。建立开发性金融机构，加快同周边国家和区域基础设施互联互通建设，推进丝绸之路经济带、海上丝绸之路建设，形成全方位开放新格局。

（二）企业层面

1. 加速建立现代企业制度，明确产权和完善企业治理机制

把建立现代企业制度与国有企业的产权改革和企业治理机制相结合。我国国有企业的股份制改革虽然已经进行了很多年，但国有股独大、企业治理缺乏外部监督的弊病一直没有真正解决。只有进一步推进改革，在制度上保证企业的活力，我国企业才能具备走出国门的基本条件。

2. 树立全球化发展战略和国际化经营理念，提升国际化经营管理水平

培养和造就一批具有战略思想，熟悉现代化经营与管理，掌握多方面知识的专门人才。跨国公司在国际化经营管理方面有很多成熟的经验值得借鉴。应该向世界上成功的大跨国公司学习，在学习的过程中摸索本企业跨国经营的特点，并建立与本企业特点相结合的管理体系。

3. 发挥比较优势，培育核心竞争力

企业在进入国际市场初期，实力尚不雄厚的情况下，应注意首先集中力量做好单一业务。然后，再根据实际情况考虑发展其他同类业务，同时，应注意扬长避短，避开与跨国公司直接竞争，而应注意跨国公司尚未注意或涉足的领域。

4. 大力推进科技创新

形成具有知识产权的核心技术并树立良好的企业形象，扩大研发投入，还要利用战略联盟、合资开发等重要的手段和方式，学会与跨国公司合作，取长补短，提升自己的技术实力和水平。

思考题

1. 简述中华人民共和国成立之后的对外经贸关系发展历程。
2. 什么是贸易方式？什么是一般贸易和加工贸易？
3. 简述当前国际服务贸易发展的特点。
4. 什么是外贸依存度？结合实际，你认为我国对外贸易依存度偏高还是偏低？
5. 我国技术贸易进口存在哪些问题？
6. 什么是跨境电子商务？请简述跨境电子商务的分类。
7. 简述我国跨境电子商务发展的制约因素。
8. 简述我国利用外资的特点及存在的问题。

第十三章 自然资源环境与经济可持续发展

我国是一个人口多、底子薄、发展不平衡的发展中国家，能源资源约束趋紧、环境污染严重、生态系统退化的形势十分严峻，已经成为制约经济持续健康发展的重大矛盾、人民生活质量提高的重大障碍和中华民族永续发展的重大隐患。坚持节约资源和保护环境的基本国策，积极推动以人为本、全面协调可持续的科学发展道路，努力建设资源节约型、环境友好型社会，是贯彻落实以科学发展观为指导，推进社会主义生态文明建设的重要内容。可持续发展战略客观上要求在合理使用资源和保护环境基础上实现经济社会的协调发展，它包括自然、经济和社会三个领域的可持续发展，其核心是实现自然资源环境与经济社会的协调发展，保证资源与环境对人类生存和发展的持续支持。

第一节　自然资源环境与经济发展的关系

一、自然资源与自然环境

（一）自然资源的概念、分类与特征

1. 自然资源的概念

在经济学中，资源是资财之源的简称，它有广义和狭义之分。广义的资源是指对人类生产和消费等经济活动能够发挥功效的各种要素的总称，包括自然资源，如森林、土地、矿藏、水资源等，也包含社会资源，如信息、技术、人力资源。狭义的资源是指自然资源。对于自然资源的概念，虽然有各种不同的

表述，但它们的内涵基本接近。例如，1970 年联合国出版的有关文献指出：人在自然环境中发现的各种成分，只要能以任何方式为人类提供福利的都属于自然资源。1972 年联合国环境规划署指出：所谓自然资源，是指在一定的时间、地点条件下，能够产生经济价值以提高人类当前和未来福利的自然环境因素的总称。按照国务院环境保护委员会 1987 年发布的《中国自然保护纲要》的解释，自然资源是在一定的技术经济条件下，自然界中对人类有用的一切物质和能量的总称，等等。这里采用资源与环境经济学中资源的特定概念，即是指人类可以直接从自然界获得并用于生产和生活的物质。

2. 自然资源的分类

自然资源的类型有多种划分方法。按照资源的实物类型划分，自然资源包括土地资源、气候资源、水资源、生物资源、矿产资源、海洋资源、能源资源、旅游资源等。根据自然资源的再生性质，自然资源可以分为可再生资源（或可更新资源）和不可再生资源（或可耗竭资源）。可再生资源，根据其能否重复使用，可细分为可回收的可再生资源和不可回收的可再生资源，前者如金属等矿产资源、木材等森林资源，后者如煤、石油、天然气和铀等能源资源（见图 13－1）。根据自然资源的产权性质，自然资源可以划分为私人资源、公共资源（集体资源和国有资源等所有制形式）。公共资源具有消费的不可分割性、非竞争性和非排他性，价格既不能对使用者之间的分配和利用资源起到优化配置的作用，也不能为生产和保护资源提供激励作用。这些资源的公共池塘资源特性很容易造成过度开发，导致自然资源枯竭和生态破坏。

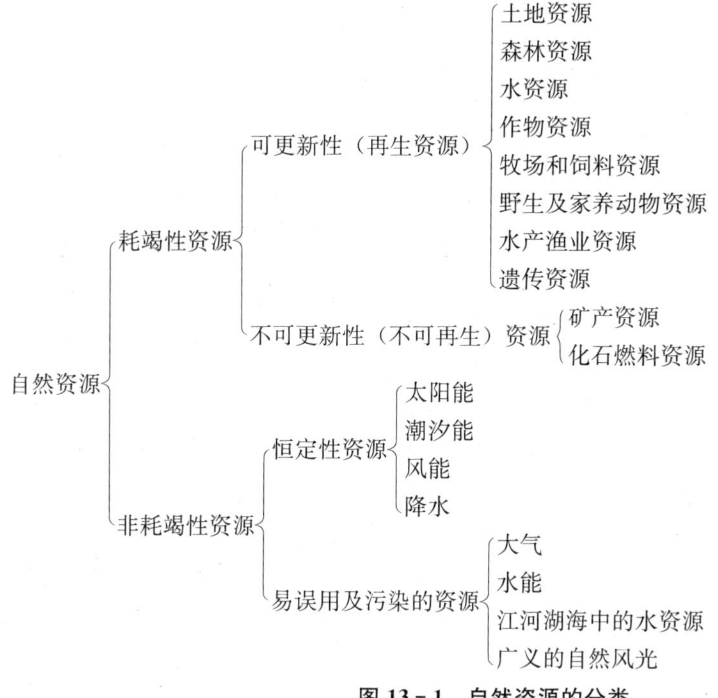

图 13－1　自然资源的分类

3. 自然资源的特点

（1）稀缺性。稀缺性是自然资源最本质的特征。不可更新性资源，如矿物资源，其形成需要有特定的地质条件，而且还须经过千百万年甚至是上亿年漫长的物理、化学和生物作用过程，在储量上是有限的。可再生资源，如动物、植物，由于其再生能力受自身遗传因素和受外界客观条件的限制，不仅其再生能力是有限的，而且利用过度，使其稳定的结构破坏后就会丧失其再生能力，成为非再生性资源。科技进步虽然能使人类发掘出新的资源，但不能完全解决资源危机问题，资源的有限性在本质上是无法改变的。（2）区域性。区域性是指资源分布的不平衡，存在数量或质量上的显著地域差异，并有其特殊分布规律。自然资源的地域分布受太阳辐射、大气环流、地质构造和地表形态结构等因素的影响。因此，其种类特性、数量多寡、质量优劣都具有明显的区域差异，分布也不均匀，又由于影响自然资源地域分布的因素基本上是恒定的，在特定条件下必定会形成和分布着相应的自然资源区域，所以自然资源的区域分布也有一定的规律性。（3）多功能性。多功能性是指任何一种自然资源都有多种用途。例如，农用土地资源，既是稀缺性的农业生产要素，又是城市新增建设用地的重要源头，可转换为非农建设用地，用于商业、工业、交通、旅游以及住宅建设等多种用途。因此，自然资源的多功能性为人类利用资源提供了不同用途的可能性。资源的多功能性还要求在对资源开发利用时，必须根据其可供利用的广度和深度，实行综合开发、综合利用和综合治理，以做到物尽其用，取得最佳效益。（4）整体性。整体性是指每个地区的自然资源要素彼此有生态的联系，形成一个完整的自然生态系统。触动其中一个要素，可能引起一连串的连锁反应，从而影响到整个自然资源系统的变化。这种整体性，再生资源表现得尤为突出。例如，山水林田湖是一个生命共同体，人的命脉在田，田的命脉在水，水的命脉在山，山的命脉在土，土的命脉在树。自然资源用途管制和生态修复必须遵循自然规律，如果种树的只管种树、治水的只管治水、护田的单纯护田，很容易顾此失彼，最终造成生态的系统性破坏。由一个部门负责领土范围内所有国土空间用途管制职责，对山水林田湖进行统一保护、统一修复是十分必要的。[①]

（二）自然环境

在日常生活中，环境总是相对于某一特定主体而言的，它具有明确的相对性。经济学中通常使用的环境是相对于人类的经济活动，即商品生产、交换、分配和消费等活动而言的，包括政治环境、经济环境、自然环境和社会环境等。在资源与环境经济学的角度看，环境通常是指人类和其他生物赖以生存的客观物质和生态系统所组成的一个整体。《中华人民共和国环境保护法》将环境定义为：环境是指影响人类生存和发展的各种天然的和经过人工改造的自然因素的总体，包括大气、水、海洋、土地、矿藏、森林、草原、野生动物、自然遗迹、人文遗迹、自然保护区、风景名胜区、城市和乡村等。环境可分为自然环境和人工环境。

对于自然资源与自然环境的关系，学术界有三种不同的观点。（1）环境包含资源说。环境可分为自然环境和人工环境，而自然资源是自然环境中对人类经济活动起着重要作用的部分，是人类生产和生活资料的重要来源。因此，自然环境的概念中包含自然资源。例如，霍斯特·西伯特（Horst Siebert）所著的《环境经济学》就持这种观点，他认为：环境问题不仅包含一般的环境污染问题，还包括自然资源耗竭的问题。（2）资源包含环境说。例如，阿兰·兰多尔所著的《资源经济学》中认为，资源经济学主要是研究自然资源

① 习近平在十八届三中全会《中共中央关于全面深化改革若干重大问题的决定》中所作的说明。

的配置和政策取向等问题的，自然资源包括了一般意义的环境。由环境污染等引发的环境问题，将影响自然资源供给的数量和质量。自然资源所具有的自净能力作为一种重要的要素，影响着自然资源的供给。(3) 资源与环境并列说。自然资源是指人类经济活动中所需要的原材料的重要来源，如矿产资源。环境是指人类生命支持系统中除去自然资源后的所有要素，如空气、水、土地等。当然，随着人类社会的发展，水、土地等要素也越来越稀缺，从而进入自然资源的范围。例如，汤姆·蒂坦伯格（Tom Tietenberg）所著的《环境与自然资源经济学》就是持该种观点，将环境与资源并列、资源问题与环境问题并列考察。[①] 这里采取第三种观点。

二、资源环境是经济可持续发展的基础和条件

（一）自然资源是人类社会存在和发展的物质基础

土地、水资源、森林和矿产等自然资源，是人类立足生存之本和发展进步的源泉。人类社会的经济活动，也就是自身以自然资源为物质基础和劳动对象，开发利用自然资源以满足自身物质和文化需要的过程。资源和环境的承载能力是决定经济社会发展水平的基本要素，经济社会的发展也是资源环境满足人类自身需求的体现。随着经济社会的发展、人口数量持续增加和生活水平不断提高，人类对自然资源的需求消耗和自然环境的破坏一直呈现上升的趋势。20 世纪 90 年代，由加拿大大不列颠哥伦比亚大学规划与资源生态学教授里斯（Willian E. Rees）提出了著名的生态足迹理论，用于描述人类对自然资源的占用程度。它显示在现有技术条件下，指定的人口单位内需要多少具备生物生产力的土地和水域，来生产所需资源和吸纳所衍生的废物。生态足迹通过测定现今人类为了维持自身生存而利用自然的量来评估人类对生态系统的影响。《中国生态足迹报告 2010》显示：中国“生态足迹”增加的速度远高于生物承载力的增长速度，“生态赤字”正在逐年扩大。[②]

（二）自然环境为经济发展提供空间支持

自然环境是各种生物存在和发展的空间，是自然资源的载体，一方面自然环境为经济发展提供自然要素的来源，另一方面自然环境又接受来自经济体生产加工过程和人类生活的废弃物，并将其净化处理，是资源承载能力和经济生产能力以及人类生活的重要保障。当经济增长过快，使得生态系统所接受的废弃物的种类和数量超过其自净能力后，环境质量将急剧降低，影响到资源的存量水平和质量水平，导致资源破坏、环境污染，乃至生态系统的恶性循环，使生产效率、人类健康以及未来发展机会蒙受损失，反过来阻碍社会经济的健康发展。因此，基本的生态环境质量也是一种公共产品，提供良好的生态环境是政府必须承担的重要职能。作为公共产品的良好生态环境，包括清新空气、清洁水源、安全食品——这些都是人类生产生活的必需品，是消费品，而各级政府理应成为第一生产者、提供者。2013 年 4 月习近平在海南考察时强调，保护生态环境就是保护生产力，改善生态环境就是发展生产力。良好的生态环境是最公平的公共产品，是最普惠的民生福祉。[③]

---

① 鲁传一．资源与环境经济学．北京：清华大学出版社，2004.

② 杨东平．中国环境发展报告（2011）．北京：社会科学文献出版社，2011：274－276.

③ 习近平．良好生态环境是最公平的公共产品．新华网，2013－04－10.

（三）经济发展是自然资源环境和经济协调可持续发展的保障

尽管在经济发展和资源环境的互动关系中，人们更多地关注人类自身对自然资源的索取和对生态环境排放废弃物的行为，但同时人类经济社会发展又以其物质再生产功能为资源环境的持续发展和完善提供物质和资金支持。当人类经济社会发展到一定程度，才能有更多的资金和更高的技术投入到资源开发中去，不断提高资源利用率，促进培育可再生资源和寻找开发非再生资源，提高资源的可开采量；也只有当人类经济社会不断发展，才能不断提高环保投资占 GDP 的比重和环境改造技术水平，提高环境承载力。可见，自然资源环境与人类经济发展处于相互依赖、相互影响的统一整体之中，只有当资源环境和经济系统之间和谐一致，协调发展，才能建立一种良性循环，实现整个自然经济社会的可持续发展。而自然资源环境与人类经济发展能否相互协调、相互促进，取决于人类的生产方式和生活方式，取决于人类经济活动对自然资源的开发保护和对环境污染的控制程度，这决定了人类经济持续发展所能够依赖的资源环境基础。因此，资源环境与经济发展关系日益紧密、不可分割。离开经济发展讲环境保护是缘木求鱼，离开环境保护讲经济发展是无源之水。由于自然资源储量和环境容量的有限性，人类如果继续沿袭“高投入、高消耗、高污染、低效益”的工业文明发展模式，资源的可采储量将不断减少，资源的持续供给能力和环境承载能力日渐下降，将严重危及到人类生存和发展的持续性。

三、资源与环境日益成为人类社会可持续发展的重要瓶颈

（一）可持续发展战略已成为人类发展的共同选择

地球的生命支持系统中的各个组成和各种反应过程之间存在相互关系，人类采取某一方面对自己有利的行动，可能会给其他方面造成意想不到的损害。人类的生存环境已形成一个复杂庞大的、多层次、多单元的环境系统。500 多万年来，人类从动物中进化出来，进而不断地适应、利用和改造自然环境。18 世纪中期以来的工业革命以及科学技术的迅速发展，大大提升了人类改造自然、开发资源和超额消费的能力，开始无节制地向地球掠夺资源、倾倒废物，其结果是全球性的生态环境危机迅速来临。正如恩格斯早已指出的那样：“我们不要过分陶醉于我们对自然界的胜利。对于每一次这样的胜利，自然界都报复了我们。每一次胜利，在第一步都确实取得了我们预期的结果，但是在第二步和第三步却有了完全不同的、出乎预料的影响，常常把第一个结果又取消了。美索不达米亚、希腊、小亚细亚以及其他各地的居民，为了想得到耕地，把森林都砍完了，但是他们梦想不到，这些地方今天竟因此成为荒芜不毛之地，因为他们使这些地方失去了森林，也失去了积聚和贮存水分的中心。阿尔卑斯山的意大利人，在山南坡砍光了在北坡被十分细心地保护的松林，他们没有预料到，这样一来，他们把他们区域里的高山牧畜业的基础给摧毁了；他们更没有预料到，他们这样做，竟使山泉在一年中的大部分时间内枯竭了，而在雨季又使更加凶猛的洪水倾泻到平原上。”[①] 据预测，世界人口在 2000—2050 年有可能增长 50%，但发展中国家工业化进程的加快和发达国家财富的持续增加，会使全球资源消耗量增长

---

① 马克思，恩格斯．马克思恩格斯全集：第 20 卷．中文 1 版．北京：人民出版社，1971：519.

400%，自然资源的年赤字将达到100%左右。[①]

20世纪70年代，人类才开始意识到全球性的生态环境危机可能引发的严重后果，国际社会开始寻求共识，会商对策。“只有一个地球”“人类共同的未来”“关爱地球这个小小行星”“人类只有一艘宇宙飞船”等诸如此类的共识开始兴起，可持续发展战略、生态现代化等各种绿色发展理论日趋兴盛。生态文明取代工业文明，绿色发展取代黑色发展、可持续发展取代无节制的开发掠夺，生态现代化取代传统现代化，尊重自然取代征服自然，成为人类发展的战略选择和康庄大道。

（二）资源环境与经济社会协调发展是建设美丽中国的应有之意

中华人民共和国成立后，为了改变一穷二白的落后面貌，我国始终以追求现代化为目标，以工业化为核心，努力赶超发达国家，但因缺乏生态环境保护意识，引发了严重的生态破坏和环境污染。1972年，中国出席联合国第一次人类环境会议，受到国际社会环境保护思想的启蒙。1973年，我国召开第一次环境保护会议，标志着中国环境保护意识的觉醒，中国的环境保护事业正式起步。同年国务院在《关于保护和改善环境的若干规定》中提出了经济发展应避免“先污染后治理”的原则，要求实施“三同时”政策，即新建、改建、扩建项目的防治污染措施必须同主体工程同时设计、同时施工、同时投产，“三同时”政策是我国第一项环境管理制度。1983年，第二次全国环境保护会议把环境保护战略提升为基本国策；并提出“经济建设、城乡建设和环境建设要同步规划、同步实施、同步发展，实现经济效益、社会效益、环境效益的统一”的战略方针，标志着我国环保事业进入了新的阶段。这一时期最主要的贡献是政府制定和实施“预防为主”“谁污染谁治理”“强化环境管理”三大环境保护政策。1992年，中国出席联合国环境与发展大会，受到系统的环境教育，大会提出可持续发展战略，作为国际社会的基本环境保护战略与发展战略。我国随后提出环境保护十大对策和《中国21世纪议程》，可持续发展战略得到国内学术和政界的认同和接受。2007年，党的十七大报告提出生态文明战略，中国生态现代化理论正式形成。2013年，党的十八大报告把生态文明放在国家现代化建设更加突出的位置，并把“美丽中国”作为未来我国生态文明建设的宏伟目标。强调生态文明建设，重点工作主要包括资源节约、环境保护和生态保育三大领域，目标任务就是要增强生态产品生产能力。2017年，党的十九大报告将建设生态文明上升到关系中华民族永续发展的千年大计的高度，首次把美丽中国建设作为新时代中国特色社会主义强国建设的重要目标，描绘了美丽中国建设的宏伟蓝图。提出从2020年到2035年，“基本实现社会主义现代化”，其中，“生态环境根本好转，美丽中国目标基本实现”；从2035年到本世纪中叶，“把我国建成富强民主文明和谐美丽的社会主义现代化强国”。当前，我国正处于全面建成小康社会、实现中华民族复兴这一伟大“中国梦”的关键时期，中国再也不能走以烟囱林立、过度开发为特征的黑色现代化之路，而必须选择以青山绿水、鸟语花香的美丽中国作为绿色现代化奋斗路径。

① 泰勒．地球危机．赵娟娟，译．海口：海南出版社，2010：85，88.

第二节　经济可持续发展中的资源环境约束

当前我国正处于重化工业化发展为特征的工业化中后期，由于产业技术水平较低，劳动生产率不高和人均资源占有率偏低，粗放型经济发展方式所造成的资源短缺、生态破坏和环境恶化等问题日益突出。尤其是随着我国工业化、城镇化和农业现代化进程的加快，资源环境对经济社会可持续发展的约束越来越明显，突出表现为土地、水、能源、矿产等资源供应和生态环境承载能力不足与经济社会可持续发展的矛盾加剧。

一、经济可持续发展中资源约束的表现

（一）土地资源供给约束

土地是人类赖以生存和发展的基础。一个国家或地区经济可持续发展需要有足够的土地资源承载产业发展和人口的增长。因此，能否有效保护和合理利用土地资源，直接影响到经济社会的可持续发展。我国地域辽阔，拥有960万平方千米陆地（包括内陆水域）和473万平方千米海域。虽然国土面积位居世界第三位，仅次于俄罗斯和加拿大，但是我国可利用土地仅占国土面积的1/3，人均占有土地不足世界人均占有量的1/3，每平方千米人口密度为136人，是世界平均49人的2.78倍。当前我国耕地面积仅约为18.26亿亩，已接近18亿亩耕地红线，比1997年的19.49亿亩减少1.23亿亩，人均耕地面积由10多年前的1.58亩减少到1.38亩，仅为世界平均水平的40%，不及加拿大的1/15、俄罗斯的1/8、美国的1/6，居世界第67位。同时，由于长期实行粗放型的农业经营方式，化肥、农药和重金属污染日益严重，耕地质量有所下降，而受污染的耕地面积就有1.5亿亩。工业化、城镇化的飞速发展，非农建设用地不断扩大，加之生态退耕和灾害损毁，耕地资源不断减少，特别是在自然和人为因素的交互作用下，我国土地资源质量及其可利用性有所下降。大量粮田、草地、林地被沙漠侵占；土地资源相对贫乏、耕地不断减少和土地资源质量下降，不仅会使农村土地规模经营受到限制，农业劳动生产率难以提高，给国家粮食安全带来严重隐患，制约农民增收和农村经济社会发展，而且会在“一要吃饭、二要建设”的双重需要下，导致土地供给压力越来越大，影响工业化和城镇化进程，成为制约城市经济社会发展和人民生活水平提高的主要因素之一。

（二）水资源供给约束

水是生命之源，生产之要，生态之基。水是人类和一切生物生存和发展必不可少的物质。水还是工农业生产、经济发展不可替代的自然资源，是社会赖以生存与发展的基础和命脉，更是人类社会繁荣与文明的源泉。承载水资源的大江大河既是古代文明的摇篮，也是现代文明的中心。一部人类文明发展史，也是一部人类利用流域水资源，谋取生存和发展的历史。世界上最长的河流——尼罗河滋润着古埃及的文明，也是非洲大陆人民的生命之源；南亚的印度河沐浴着古印度的辉煌；西亚的古巴比伦的繁荣更是得益于底格里斯河和幼发拉底河；奔流的黄河、长江孕育了五千多年璀璨厚重的华夏文明，成为中华民族的母亲河。我国水资源总量较大，多年平均水资源总量为28 124亿立方米，总量水平约居

世界第 5 位或第 6 位，但水资源人均占有量少且时空分布很不均衡，人均水资源占有量仅有 2 200 立方米，只及世界人均占有量的 1/4，相当于美国的 1/4，俄罗斯的 1/8，加拿大的 1/64，被联合国列为 13 个贫水国之一。我国以占世界上 6%的水资源养活了占世界 21%的人口，尤其是我国西北广大地区，人均水资源占有量只有全国平均水平的 1/20。水多（渍、涝）、水少（旱）和水坏（污染）均为水患，我国每年不定期的洪涝灾害会对国民经济造成严重影响，甚至危及江河沿岸人民群众的人身和财产安全。我国流域水资源具有夏秋多冬春少、南方多北方少、东部多西部少和山区多平原少的时空分布不均衡特点，水资源分布与国民经济生产力布局不相匹配。随着工业化、城镇化和农业现代化的深入发展，经济发展与水资源短缺的矛盾日益突出，粗放型的经济增长模式所引发的流域生态安全日趋严峻。有关数据显示：我国已进入大范围生态退化和复合型环境污染的新阶段，水资源安全问题已越来越突出，水污染、水短缺和水浪费三种现象并存，成为影响我国经济社会与生态和谐发展的突出问题。2011 年中央一号文件明确提出，实行最严格的水资源管理制度，建立用水总量控制、用水效率控制和水功能区限制纳污“三项制度”，相应地划定用水总量、用水效率和水功能区限制纳污“三条红线”。为守住这“三条红线”，中央一号文件提出了一系列刚性要求和硬措施，并明确要求建立水资源管理责任和考核制度。

（三）能源供给约束

能源是人类生存、经济发展、社会进步不可或缺的重要资源，是关系国家经济命脉和国防安全的重要战略物资。长期以来，我国经济增长在很大程度上是依赖能源高投入、高消耗、低效益为特征的投资拉动的，能源需求增长远快于国内的生产和供给能力，区域性的“油荒”“电荒”“煤荒”等现象屡有发生，已成为约束国民经济和社会可持续发展的重要“瓶颈”。从 1996 年我国由石油净出口国转变为净进口国，2003 年我国超过日本，成为仅次于美国的第二大石油消耗国，2010 年我国已成为世界第一大能源消费国。2012 年我国能源消费总量为 36.2 亿吨标准煤，约占世界能源消费总量的 20%。其中，钢铁消费占全球的 43%，铜占 40%，铝占 41%，均居世界第一。未来 20 年，我国能源消费增速将保持在年均 4.5%，煤炭累计需求 826 亿吨，石油 120 亿吨，天然气 5.8 万亿立方米，需求高峰期将在 2030—2035 年间到来。粗钢需求高峰期在“十二五”末前后到来，平台期将持续 10 年左右，年均铁矿石需求为 9 亿～10 亿吨。未来 20 年，铜资源累计需求量为 2.5 亿吨，是过去 60 年消费总和的 3.3 倍；铝资源需求量为 3.7 亿吨，是过去 60 年的 3.7 倍。近年来，中国政府积极承担在应对全球气候变化中的责任，并展现非凡的领导力。在 2017 年 11 月召开的第 23 届联合国气候变化大会“中国角”能效边会上，国家发改委提出下一步我国将推动建立健全绿色低碳循环发展的经济体系，构建市场导向的绿色技术创新体系，努力实现到 2020 年全国单位 GDP 能耗比 2015 年下降 15%，2020 年和 2030 年能源消费总量分别控制在 50 亿、60 亿吨标煤以内的目标任务。并向世界承诺，2030 年中国的碳排放将达到峰值。因此，努力提高资源利用效率，实现节能降耗，已成为实现我国经济可持续发展的必然要求。

（四）矿产资源供给约束

矿产资源是人类社会赖以生存和发展不可缺少的物质基础，素有“工业粮食”之称。我国 92%以上的一次能源、80%的工业原材料、70%以上的农业生产资料来自矿产资源。

我国矿产资源总量丰富，已探明的矿产资源总量约占全世界的12%，仅次于美国和俄罗斯，居世界第三位；目前已经发现的矿种共有171种，已探明矿产资源总量的有158种，包括煤、稀土、钨、硅、铝、锑、石膏、芒硝、磷镁矿、银石、滑石和石墨等矿产资源。从人均矿产资源来看，我国又是一个矿产资源贫国，尤其是一些对经济发展具有重要意义的战略性矿产资源，人均拥有量远远低于世界平均水平，全国45种主要矿产资源的人均占有量不足世界平均水平的50%，关系国计民生且用量大的支柱性重要矿产如铁、锰、铝、铜、铅、锌、硫、磷等矿产，或贫矿多，或难选矿多，影响其开发利用。如铁矿石平均品位为33.5%，比世界平均水平低10%以上；铜矿品位Cu>1%的储量只占总量的35%左右，平均品位仅为0.87%，远低于智利、赞比亚等世界主要产铜国的铜矿品位。由于国内矿产资源供给难以满足经济社会发展的需要，我国已经超过日本成为世界最大的铁矿石进口国，2016年铁矿石进口量达到10.24万吨，是1991年进口量的55倍。重要矿产资源进口虽然在短期内弥补了国内资源的供给不足，支撑了国内经济的发展。随着矿产资源对外依存度的不断提高，国际市场价格波动对我国经济运行的影响越来越大，加快了国民经济运行的风险，容易诱发输出型通货膨胀。

（五）生态环境约束

人类生产活动是人类从自然界获取物质资料满足自身需要，并向自然界排放液体、气体或固体废弃物的过程。环境库兹涅茨曲线表明：随着一国经济发展和人均收入的增长，环境污染呈现不断加剧趋势；当经济发展达到一定水平后，即到达某个临界点以后，环境污染程度才逐渐减缓，环境质量得到改善。当前我国正处于重化工业化发展阶段，经济增长所带来的污染物不断增加，自然生态环境自净能力难以为继，生态环境恶化就不可避免。受传统经济发展模式的影响，目前我国生态环境形势日益严峻。据测算，2007年我国单位GDP（按汇率计算）一次能源消费量是世界平均水平的2.7倍，为主要发达国家的3～8倍；单位GDP化石燃料二氧化碳排放量是世界平均水平的3.4倍，为主要发达国家的4～10倍；单位产品的能源消耗，我国一般比国际先进水平高出20%～40%。① 2012年我国工业固体废弃物堆存量达100亿吨，并且以每年产生10亿吨的速度在继续堆积；2012年我国废水排放总量为684.6亿吨，化学需氧量排放总量为2 423.7万吨，氨氮排放总量为253.6万吨，还对土壤和地下水造成严重的二次污染，每年固体废弃物造成的经济损失以及可利用而又未利用的废物资源价值约几百亿元。我国京津冀及周边地区出现较大面积、较长时间、较高污染雾霾天气。城市烟尘、酸雨、可吸入颗粒物等，经过物理、化学、生物等作用和反应，形成复合型污染，严重污染了土地资源、空气资源和水资源，直接威胁到居民生存环境和身体健康。流域污染范围不断扩大，在部分地区和流域，水污染已经呈现出从支流向干流延伸、从城市向农村蔓延、从地表向地下渗透、从陆地向海洋发展的趋势。现阶段我国进入流域跨界水污染的高发期。目前我国河流、河段已有近1/4因污染而不能满足灌溉用水要求，失去水体功能；湖泊约有75%的水域受到显著污染；缺水城市达300多座，受影响人口在1亿以上；农村有3亿多人饮水不安全。生态系统退化问题突出。我国森林覆盖率不高，水土流失、沙漠化土地、退化草原面积比较大，自然湿地

① 曲格平．曲之探索：中国环境保护方略．北京：中国环境科学出版社，2010.

萎缩，河湖生态功能退化，生物多样性呈现下降趋势。日益加剧的环境污染所造成经济损失不断增加，严重威胁着我国经济与社会的可持续发展。正如世界银行在《2020 年的中国》研究报告中写道："在过去的 20 年中，中国经济的快速增长、城镇化和工业化，使中国加入了世界上空气污染和水污染最严重的国家之列，环境污染给社会和经济发展带来巨大代价。从总体上看，中国每年污染的经济损失大约占国内生产总值的 3%～8%。将来，如果不改善人们生存的物质环境，实现中国雄心勃勃增长目标也将是空洞的胜利。"

二、经济发展中资源环境约束的根源

（一）重化工业对资源能源刚性需求大

在资源环境存量已定的情况下，产业结构重型化对资源环境的刚性需求增长，是制约经济与环境资源协调发展的首要原因。美、日等发达国家已步入后工业化时期，产业结构主要以知识技术密集型的高新技术产业和现代服务业为主导，而当前我国正步入以发展重化工业化为重点的工业化中后期，居民消费向住宅、汽车、家电升级以及经济结构重型化，会使其对资源环境的需求快速增长，加剧资源环境对可持续发展的约束。钢铁、石化等重化工业化发展对能源、自然资源的需求和消耗日益增加。20 世纪 90 年代初以来，我国经济增长与资源环境消费总量的相关性分析表明，经济增长越快、规模越大，对资源环境的需求也越大，有些年份由于受到经济增长所致的需求扩张影响，资源消费增速还超过了当年 GDP 的增长速度。按可比价格计算，2000—2005 年全国年均 GDP 增长 9.5%，同期能源消费年均增长 9.8%。经济增长呈现依赖能源高投入、高消耗的特点，能源市场呈现需求远大于供给的基本格局。① 自"十一五"以来，我国实施了更加严格的节能减排措施，单位国内生产总值能耗趋于下降，2010 年单位国内生产总值能耗比 2005 年累计下降了 19.1%，能源消费弹性系数由"十五"时期的 1.04 下降到 0.59。② 今后一段时间我国经济总量仍保持中速增长，能源需求总量相应呈现稳定上升态势。据预测，2020 年我国一次能源总需求量将达到 40 亿吨标准煤。从行业需求看，工业部门的能源消费占全国能源消费总量的 70%以上，而其中钢铁、有色金属、化工、建材等高能耗行业的能源消费又占整个工业终端消费的 70%以上。随着我国工业化的深入发展，重化工业的比重和高耗能工业将保持较高的比例水平，增加了对资源环境的需求。近年来，钢铁、水泥、汽车等高耗能产业的快速增长，导致煤炭、铁矿、铝土矿、水泥、石灰岩等矿产资源的消耗和需求急剧增加。这些行业的大规模、低水平扩张，加剧了资源环境对可持续发展的约束。重化工业化还将进一步推动城镇化的发展和增加对环境资源的消耗。以水资源需求为例，城镇化每年提高 1 个百分点，将使工业用水和城市用水增加大约 15 亿吨。工业化和城镇化同步推进，还将推进农用土地非农化的进程，导致耕地面积减少，危及粮食安全。

（二）能源资源利用效率低下

改革开放以来，各级政府习惯于以发展 GDP 作为区域经济增长的重要目标和政府官员政绩考核的主要指标，使得以大量消耗能源资源和粗放经营为特征的经济发展模式得以

① 冷淑莲，冷崇总．资源环境约束与可持续发展问题研究．价格月刊，2007（11）.

② 何爱国．当代中国生态文明之路．北京：科学出版社，2012：27.

延续，过于注重经济发展的速度和数量，相对忽视经济发展的效益和质量，过于注重经济规模的外延式扩大再生产，相对忽视内涵式的扩大再生产，对自然资源重开发轻保护，导致节约资源、降低能耗的技术改造发展滞后，节能降耗的新工艺和新技术发展不足，导致资源利用效率低下，与国际先进水平存在明显差距。2012 年，按现行汇率测算，我国 GDP 总量占世界的比重约为 11.6%，但能源资源消耗却占世界的 21.3%，钢铁消耗占世界的 45%，铜消耗占世界的 43%，水泥消耗占世界的 54%。当前我国二氧化碳排放量已居世界首位；人均二氧化碳排放量已经超过世界人均值；每年二氧化碳排放量的增值已经是世界总增值的 70%左右。在水资源利用效率方面，现阶段我国农业灌区基本上还是沿用传统的“土渠输水、大水漫灌”灌溉方式，每年农业灌溉用水量约 3 800 多亿立方米，因水渠渗漏或蒸发严重、大水漫灌，平均每公顷用水 7 320 立方米，农业灌溉用水利用系数为 0.43，仅是国外先进水平的一半左右，有 57%的农业灌溉用水被白白浪费了；每万元工业产值用水量为 103 立方米，是国外先进水平的 10 倍，工业用水的重复利用率平均仅为 40%左右，而发达国家平均为 75%～85%。全国城镇自来水管仅跑水、冒水、滴水、漏水损失率高达 20%，每年“漏”水 100 亿立方米，高于南水北调中线的输水量。从矿产资源的利用来看，目前我国铁矿、有色金属的回收率分别 30%和 20%，矿产资源总回收率为 30%，比国外先进水平低 20 个百分点，每年约有 500 万吨废钢铁、200 多万吨废有色金属没有被回收利用；单位 GDP 消耗的钢材、铜、铝、铅、锌分别是世界平均水平的 5.6 倍、4.8 倍、4.9 倍、4.9 倍和 4.4 倍。从土地利用效率看，城市和工业园区的单位面积的 GDP 产值和税收以及农业土地产值等明显低于发达国家。能源资源利用效率低下，不仅加剧了能源资源的供求矛盾，而且造成的巨大环境污染——大量资源在生产过程中未被有效使用，以废弃物的形式进入环境系统，破坏环境系统的稳定，从而严重制约经济社会的可持续发展。为此，“十三五”规划指出，到 2020 年全国单位国内生产总值二氧化碳排放（碳强度）比 2005 年下降 40%～45%。

（三）调节供求的价格机制不健全

在市场经济条件下，由价格来调节供求关系，是合理配置能源资源和保护生态环境的有力杠杆。然而，长期以来，资源环境被认为是一种可以随意使用或者低价使用的公共产品，实行“产品高价、资源低价和环境无价”的价格体系，土地、水、电、油等重要资源的价格一直由政府实行管制，出于维护低价格或低通货膨胀等考虑，长期对重要资源实行低价政策，资源和能源市场化配置程度不高，未能真实反映市场供求关系和资源稀缺程度，导致缺乏对投资者、经营者和消费者的激励和约束作用，造成了这些重要资源的巨大浪费和过度消费，影响着人类经济社会的永续发展。资源市场价格机制完善。例如，国务院有关文件明确规定城市水价由水资源费、水利工程供水价格、城市供水价格和污水处理费 4 部分构成，但是，在实际工作中尚有部分城市没有建立污水处理收费制度，即使已经建立起污水收费制度的城市，其污水收费标准也偏低，不能满足污水处理厂的运营需要，由此导致资源价格普遍偏低，城市水价仅为国际水价的 1/3，多年来城市供水行业表现出全行业亏损的状况。从目前水价看，我国居民用水价格只相当于美国和巴西水价的一半，相当于香港和日本水价的十分之一，总体价格偏低。虽然我国出台了一系列与生态环境保护有关的法律法规，2007 年，国家环保总局出台《关于开展生态补偿试点工作的指导意见》，进一步明确生态补偿的原则，即：谁开发、谁保护，谁破坏、谁恢复，谁受益、谁补偿，谁污染、谁付费。然而，近几年的实践表明，生态补偿机制究竟该如何建立，始终未能明晰，生态环境补偿法律保障不力、方式过于单一、标准不尽合理、征用各自为政、缺乏有效监管和范围狭窄等问题仍非常明显，《中华人民共和国水土保持法》明确规定的水土保持补偿费、水土流失防治费都面临着征收难的困境。环境基础设施建设作为公益事业，从投资建设到运行管理，在相当多的城市都由政府统管包办，体制和机制上的弊端导致环保公共服务市场化、产业化进展较慢。资源环境市场化配置不充分，无论是政府、企业，还是公民，都缺乏节约资源和保护环境的动力，在一定程度上加剧了资源的过度开发、过度需求和过度浪费，导致资源环境对可持续发展的约束更加明显。由于价格优化资源配置的作用没有得到充分发挥，不仅不能对资源的开发利用进行有效调节，还带来了随意截流引水、弃贫矿采富矿、乱砍滥伐林木等片面追求增长速度而不计资源消耗的现象，造成对资源浪费和环境破坏，不仅威胁着当代人的利益，而且严重侵犯了后代人的生存权。

（四）资源环境管理体制改革滞后

有效管理是节约资源和保护环境的重要手段，然而我国资源环境管理不完善，成为资源环境对可持续发展约束的基本原因。在体制机制层面，长期以来，我国按照自然要素分级分部门管理的体制，存在职能交叉、模糊不清，生态文明管理体制存在碎片化的特征。例如，在流域管理体制上存在着“九龙治水”的局面，水利部门管水的数量，环保部门管水的质量。国土部门管地下水，水利部门管地表水。环保部门负责企业排污总量许可，水利部门负责企业入河排污口设置，造成不少河流接纳的污水总量超过其纳污能力，区域水功能区限制纳污难以协调落实。环保部门只管企业达标排放，而不管水功能区，容易造成企业达标排放，但是整个水体超标的现象。曾经流传的“水利不上岸，环保不下水”就是片面治水、局部治水、单一治水的典型。在资源环境执法层面，尽管我国已颁布实施了《中华人民共和国节约能源法》《中华人民共和国矿产资源法》《中华人民共和国水法》《中华人民共和国清洁生产促进法》《中华人民共和国可再生能源法》等法律，但在资源节约和综合利用，特别是再生资源回收利用方面的法规建设仍然是薄弱环节，一些法律的内容已不适应社会主义市场经济体制日臻完善的形势要求，有些法律的原则性较强、可操作性较差，各经济主体节约资源和保护环境的法律义务和责任不明确，加之法律执行力度不够，检查监督不到位，使法律法规失去本身的严肃性，难以对浪费资源和破坏环境的行为实施有效惩处，加剧了资源消耗和浪费。自然资源产权关系不明确，国有资源资产化管理薄弱，中央政府作为国有自然资源资产代表的产权被虚置或弱化，资源使用的零成本或低成本决定了资源使用权获得与转让代价是低廉的，地方政府总是千方百计地争取、瓜分、蚕食中央政府的资源使用权，妨碍了对国有资源的合理开发与利用，不利于实现国有资源的资产化管理。我国现行的国民经济核算体系只使用 GDP 来衡量经济的发展，而 GDP 对资源不计价，使资源的资产价值在 GDP 中得不到反映，无法确定经济增长背后付出多少资源；同时，现行政府官员的考核制度主要以 GDP 增长和税收收入作为政绩的重要指标，导致各级政府盲目追求数量型扩张，招商引资忽视资源和环境成本，依靠大量投入、大量消耗资源、不惜破坏环境的现象蔓延，进一步加剧资源环境约束。导致乡镇企业遍地开花、开发区遍地开花、各地区产业没有特色等局面，大量土地资源被低效占用、电力线路低效供给、许多基础设施和公共设施没有规模经济、污染难以集中治理等后果。

第三节　促进资源环境与经济协调发展

随着我国工业化、城镇化和农业现代化的深入发展，资源环境日益成为制约经济社会可持续发展的重要短板。要破解这一难题，必须坚持以观念创新为先导、以产业绿色转型升级为基础、以体制机制创新为保障、以科技创新为出路，认真贯彻资源节约和环境保护的基本国策，建立资源节约型和环境友好型社会，实现资源、环境与经济社会的协调发展。

一、大力弥扬资源节约和环境保护的绿色理念

观念是行动的先导。缓解资源环境对可持续发展的约束，必须要提高全民族资源节约的勤俭意识和环境保护的忧患意识，培育人人节约资源和保护环境的社会风尚，营造全民节约资源和保护环境的良好氛围。这就要求我们以科学发展观为指导，切实转变唯 GDP 的政绩考核体制，建立综合反映经济发展、社会进步、资源利用和环境保护等的综合政绩观评价体系，强调经济社会发展对资源和环境的节约与永续使用，建立环境污染责任终身追究制。加快推进经济发展方式由粗放型向集约型转变，坚持贯彻节能、节水、节电、节地、节材和资源综合利用等产业发展规划的政策导向，尽快形成以节地、节水、节能为中心的农业体系，重效益、节时、节能、节约原材料的工业体系，规划科学、设计优良、节地、省材、质量过硬的基本建设体系，节时、节能、重效益的运输体系，适度消费、勤俭节约的生活服务体系和节约资源的消费方式。树立科学消费观，改变高消费、奢靡型消费的愚昧行为，倡导适度消费和节俭、文明、可持续的生活方式。通过电视、广播、网络、杂志、报纸等媒体，深入开展资源节约和环境保护的宣传教育活动，传播健康的生活方式和消费理念，弘扬“崇尚节俭，以俭养德”的中华民族传统美德，反对盲目消费、过度消费和奢侈消费，形成“节约光荣、浪费可耻”的社会风尚，主动选择环境友好型产品。自觉地珍惜和节约资源，有意识地变废为宝、化害为利，提高资源的综合利用率，减少环境污染，推动经济健康有序地发展。加强农村居民的环保意识，推动集体农民自主治理，改善生态环境，推动农村扶贫开发与生态环境治理相结合。

二、加快产业结构的转型升级

加快转变经济发展方式，是缓解人口资源环境压力、实现我国经济可持续发展的必由之路。发展绿色经济、低碳经济和循环经济是当前我国加快转变经济发展方式，实现环境资源与经济协调发展的重大举措。绿色经济、低碳经济和循环经济是对人类与资源环境关系重新认识的结果，也是人类深刻反省与改进自身发展模式的产物，本质都是生态经济，是经济活动的生态化过程和生态化体现，属于可持续发展为核心的绿色发展范畴。实际上，绿色经济、低碳经济与循环经济都强调要资源节约、环境友好、生态平衡、和谐共生，都是生态文明建设总体框架的重要内容。

（一）大力发展绿色经济

绿色经济最早产生于1989年英国环境经济学家皮尔斯的《绿色经济的蓝图》一书，2007年底联合国秘书长潘基文在联合国巴厘岛气候会议上正式加以介绍，开始作为一种引领世界经济走向的话语，被世界各国所关注。2008年联合国环境规划署将绿色经济定义为“能改善人类福祉和社会公平，同时又可以显著降低环境风险和生态稀缺的经济”。绿色经济是转变经济发展方式的首要目标。传统的经济增长主要是向高排放、严重污染、制造废物、资源集约和破坏生态系统的活动进行投资的过程中产生的。发展绿色经济需要把投资转向低碳、清洁、浪费最小化、资源节约和生态系统加强活动中。因此，转变经济发展方式的关键指标包括投资转变，以及随着而来的环保或有益于环境的产品与服务及相关工作的增长。发展绿色经济不仅可实现中长期收入和就业机会的预期净增加之外，还能相对或绝对地改善自然资源利用效率。部分国际机构正在研究全球经济转型的评价指标体系。

（二）积极推进循环经济

循环经济的概念最先出现于20世纪60年代，由美国经济学家鲍尔丁提出。其核心思想是“减量化”“再利用”“再循环”的3R原则。循环经济以建立生态产业园区为载体，以产业链生态化为导向，以关联企业间信任和合作为基础，构建产业关联企业间的伙伴治理关系，实行企业间物质、能量循环利用。世界上最早的生态产业园（卡伦堡生态工业园）的成功经验就是基于企业间相互依赖和信任，建立合作关系。我们要坚持开发节约并重、节约优先，按照“减量化、再利用、资源化”的原则，大力推进节能节水节地节材，加强资源综合利用，完善再生资源回收利用体系，全面推进清洁生产，形成低投入、低消耗、低排放和高效率的节约型增长方式。促进开发和推广节约、替代、循环利用和减少污染的先进适用技术，加快企业节能降耗的技术改造，对能耗高、污染重、技术落后的工艺和产品实行强制性淘汰制度，实行有利于资源节约的价格和财税政策。在冶金、建材、化工、电力等重点行业以及产业园区和部分城市，开展循环经济试点，探索发展循环经济模式，形成健康文明、节约资源的生产消费模式。

（三）鼓励发展低碳经济

通常认为，绿色经济涵盖循环经济和低碳经济，其中循环经济主要解决环境污染问题，低碳经济主要针对优化能源结构和减少温室气体排入的问题，它们是对不同的侧重点来展现绿色经济。低碳经济的概念起源于2003年英国发布的《我们能源的未来：创建低碳经济》能源白皮书。所谓“低碳经济”是相对于“高碳经济”而言的，以减少温室气体排放为目标，以低排放、低消耗、低污染为特征的经济发展模式。发展低碳经济将促使能源消费方式、人们的生产和生活方式的革新，促使建立在化石燃料基础之上的现代工业文明向工业生态文明转变。这预示着新工业革命的到来，预示着发展低碳经济是我国转变经济发展方式的内在要求，是转变经济发展方式的主旋律和大方向。发展低碳经济真正的核心，在于“解锁”——即解除“碳锁定”，摆脱工业革命以来人类对化石能源系统高度依赖的技术和制度体系。发展低碳经济重点是，在经济系统的能源消费环节，针对产业能耗这个核心环节，在经济系统的能源输入端，开发清洁能源和可再生能源，优化能源结构，加快由以化石能源为主，向以清洁的新能源和可再生能源为主转变，从源头减少对高碳化石能源的依赖，减少“碳锁定”，这是发展低碳经济的根本；在经济系统的能源消费环节，针对产业能耗这个核心环节，着力于调整优化产业结构，通过产业低碳化，来提高能源利用效率、降低碳排放强度，提高低碳产品认证、低碳工业园区和低碳社区建设工作，逐步降低经济增长的碳排放强度。加快建设以低碳排放为特征的产业体系和消费模式，发展低碳经济，倡导低碳生活。

三、建立生态文明制度体系

党的十八届三中全会通过的《中共中央关于全面深化改革若干重大问题的决定》明确指出：“建设生态文明，必须建立系统完整的生态文明制度体系”。制度具有引导、规制、激励和服务等功能。只有实行最严格的制度，才能为生态文明建设提供可靠保障。当前生态文明制度体系，要从源头、过程、后果的全过程，按照“源头严防、过程严管、后果严惩”的思路，明确制度体系的构成及改革方向、重点任务，以完善资源节约和环境保护的体制机制。

（一）建立源头严防的制度体系

健全自然资源资产产权制度。这是生态文明制度体系中的基础性制度。我国自然资源资产分别为全民所有和集体所有，但当前并没有厘清国家所有国家直接行使所有权、国家所有地方政府行使所有权、集体所有集体行使所有权、集体所有个人行使承包权等各种权益的边界。要对水流、森林、山岭、草原、荒地、滩涂等自然生态空间进行统一确权登记，形成归属清晰、权责明确、监管有效的自然资源资产产权制度。健全国家自然资源资产管理体制。按照所有者和管理者分开和一件事由一个部门管理的思路，落实全民所有自然资源资产权，建立统一行使全民所有自然资源资产所有者职责。完善自然资源监管体制。统一行使所有国土空间用途管制职责。当前我国实行对土地、水资源、海洋资源、林业资源等分类进行管理的体制，很容易顾此失彼。按照“山水林田湖草是生命共同体”理念，推进生态管理体制改革。按照环境保护大部门制的思路，将职能相近或交叉的生态环保机构进行重组，组建自然生态监管机构，“统一行使所有国土空间用途管制和生态保护修复职责，统一行使监管城乡各类污染排放和行政执法职责”，推进政府间职能重构，将流域生态环境治理“条条管理”模式转变为符合“生命共同体”要求的区域“块块”治理模式。要统一行使对全国陆地和海域国土空间的用途管制职责，对各类自然生态空间进行统一的用途管制制度，对“山水林田湖草”进行统一的系统性修复。建立源头严防的制度体系，还包括坚定不移地实施主体功能区制度，建立空间规划体系，落实用途管制，建立国家公园体制等政策。推动各地区严格按照主体功能定位发展，构建科学合理的城镇化格局、农业发展格局、生态安全格局。严格划定生态保护红线，具体包括生态功能保障基线、环境质量安全底线、自然资源利用上线等。

（二）建立过程严管的制度体系

实行资源有偿使用制度和生态补偿制度。加快自然资源及其产品价格改革，全面反映市场供求、资源稀缺程度、生态环境损害成本和修复效益。坚持使用资源付费和谁污染环境、谁破坏生态谁付费原则，逐步将资源税扩展到占用各种自然生态空间。稳定和扩大退耕还林、退牧还草范围，调整严重污染和地下水严重超采区耕地用途，有序实现耕地、河湖休养生息。建立有效调节工业用地和居住用地合理比价机制，提高工业用地价格。坚持谁受益、谁补偿原则，完善对重点生态功能区的生态补偿机制，推动地区间建立横向生态补偿制度。发展环保市场，推行节能量、碳排放权、排污权、水权交易制度，建立吸引社会资本投入生态环境保护的市场化机制，推行环境污染第三方治理。强化各类产业园区的产业导向和环保准入标准。

（三）建立后果严惩的制度体系

要分别对领导干部和企业个人两个方面构建后果严惩的制度。建立生态环境损害责任终身追究制。就是要对那些不顾生态环境盲目决策、造成严重后果的领导干部，终身追究责任。要建立资源环境承载能力监测预警机制，对水土资源、环境容量和海洋资源超载区域实行限制性措施。对限制开发区域和生态脆弱的国家扶贫开发工作重点县取消地区生产总值考核。探索编制自然资源资产负债表，对领导干部实行自然资源资产离任审计。实行损害赔偿制度。这是针对企业和个人违反法律法规、造成生态环境严重破坏而实行的赔偿制度。要加大环境违法违规成本，按照造成的直接经济损失和生态价值损害进行赔偿，甚至还要依法追究刑事责任。

四、建立服务于资源节约和环境保护的科技创新体系

科学技术是第一生产力。加快科技进步是实施可持续发展的根本途径，它对于促进经济健康发展、资源可持续利用、环境污染治理和保护以及社会进步有着重要作用。资源过度开发和生态环境遭受破坏，很大程度上就是生产技术和工艺落后引发的。因此，要加大对科研的投入，推进协同创新。

（一）大力发展节能低碳技术创新

包括：（1）加快无碳能源技术，即核能、太阳能、风能、生物质能、潮汐能、地热能、氢能等可再生能源技术以及智能电网技术的开发与应用。（2）加快减碳技术，包括：高耗能高排放领域的节能减排技术（如火电减排、新能源汽车、节能建筑、工业动力系统节能等技术）；清洁煤技术（IGCC）、油气资源和煤层气的勘探等技术的开发与应用。（3）加快去碳技术，即碳捕获与封存技术（CCS），以及温室气体的资源化利用技术开发与应用。（4）加快对国际先进低碳技术的引进、消化、吸收与推广。

（二）大力提倡清洁生产工艺

发展节材、节能、无污染的工艺流程和工业体系，提高资源利用率，最大限度实现资源循环再生使用，促进生态环境的良性循环；积极扶持企业研发和培育清洁、可再生资源，降低科技成果转化过程中的技术风险和市场风险，推动科技成果转化为现实生产力。在自然资源的开发利用上进行科学规划，积极引进国外先进技术并加以消化吸收和创新发展，依靠科学进步，改进节能技术，改变传统的、粗放利用资源的方式。

环保科技创新，需要财政金融政策支持。创造条件，鼓励环保企业通过资本市场融资，灵活运用上市融资、债券融资等工具。加快推行绿色银行评级制度，引导金融机构建立绿色信贷制度，积极动员商业金融机构参与环保科技创新，激励商业银行等金融机构积极开展金融服务创新，探索节能环保信贷资产的证券化，尝试绿色金融租赁、收费权质押融资、能效贷款、排污权贷款等绿色信贷服务，并给予发展潜力较强、综合信用较高的环

保企业以相应的特别贷款优惠，为环保产业发展提供融资便利，切实提高融资效率。

思考题

1. 简析自然资源与自然环境的联系和区别。
2. 简述当前我国经济发展中面临着哪些资源环境约束。
3. 谈谈如何处理经济建设与环境保护的关系。

参考文献

1. 布坎南．自由、市场与国家［M］．上海：上海三联书店，1989.

2. 蔡文浩，雷兴长，中国对外服务贸易发展的对策建议［J］．社科纵横，2006，(5)：35－37.

3. 裴长洪，高培勇．出口退税与中国对外贸易［M］．北京：社会科学文献出版社，2008.

4. 孙玉琴．中国对外贸易史［M］．北京：清华大学出版社，2008.

5. 张建平，师求恩．中国对外贸易概论［M］．北京：机械工业出版社，2008.

6. 张曙霄．中国对外贸易结构新论［M］．北京：经济科学出版社，2009.

7. 白永秀，王颂吉．马克思主义城乡关系理论与中国城乡发展一体化探索［J］．当代经济研究，2014 (2)：22－27.

8. 包亚钧．强国富民的经济学思考［M］．太原：山西经济出版社，2002.

9. 蔡昉．未来靠什么提高劳动生产率？［N］．经济参考报，2011－9－27.

10. 曹雪松．中国国有企业制度变迁及目标模式探索［D］．长春：吉林大学出版社，2009.

11. 陈冬．新型工业化理论与实证分析［M］．北京：社会科学文献出版社，2006.

12. 陈佳贵．改变主要靠投资驱动的经济发展方式［N］．人民日报，2012－04－17.

13. 陈佳贵．中国工业化进程报告：1995—2010［M］．北京：社会科学文献出版社，2012.

14. 陈少晖，廖添土．公共财政框架下的省域国有资本经营预算研究［M］．北京：社会科学文献出版社，2012.

15. 陈少晖，廖添土．国有资产管理：制度变迁与改革模式［M］．北京：社会科学文献出版社，2010.

16. 陈晓红．中部崛起过程中的新型工业化研究［M］．北京：经济科学出版社，2012.

17. 陈旭．新型工业化背景下基于产业集群的技术创新研究［M］．成都：四川大学出版社，2012.

18. 陈彦斌，姚一旻．中国经济增长的源泉：1978—2007 年［J］．经济理论与经济管理，2010（5）.

19. 陈哲．城市土地利用中的政府干预［D］．南京：南京农业大学出版社，2010.

20. 成思危．中国明年通货膨胀率将为 5%左右［EB/OL］．网易财经，2011-12-24.

21. 程恩富．当代中国经济理论探索［M］．上海：上海财经大学出版社，2000.

22. 储东涛．理念跃升：从经济增长转向经济发展［J］．江苏行政学院学报，2003（2）.

23. 丛屹．城市土地有偿使用制度的改革与实践［D］．东北财经大学博士毕业论文，2001.

24. 戴双兴．构建政府主导型土地储备模式［D］．福建师范大学博士毕业论文，2008.

25. 党杨．中国城市土地价格影响因素研究［D］．吉林大学博士毕业论文，2011.

26. 丁咚．评论：如何提高中国劳动生产率［N］．法治周末，2013-01-30.

27. 丁溪．中国对外贸易［M］．北京：中国商务出版社，2006.

28. 丁兆庆．充分发挥消费需求拉动经济增长的原动力作用［J］．理论学刊，2006（6）.

29. 福建调查总队与漳州调查队联合课题组．居民工资性收入与劳动生产率关系研究——以福建为例［EB/OL］．国家统计局网站，2013-06-09.

30. 付春．新中国建立初期城市土地使用制度的演变与评价［J］．学理论，2009（31）：172-173.

31. 顾成军，龚新蜀．中国经济增长方式的转变及其影响因素研究［J］．中国科技论坛，2012（3）.

32. 胡际权．中国新型城镇化发展道路［M］．重庆：重庆出版社，2008.

33. 华生．土地制度改革的焦点分歧［N］．上海证券报，2014-03-12.

34. 黄汉明，钱学锋．中国对外贸易［M］．武汉：武汉大学出版社，2010.

35. 黄群慧．控制权作为企业家的激励约束因素：理论分析及现实解释意义［J］．经济研究，2000（1）.

36. 黄晓玲．中国对外贸易概论［M］．北京：对外经济贸易大学出版社，2003.

37. 贾根良．论中国“朝鲜式”发展模式——保卫民族产业与内向型经济：中国崛起的唯一选择［J］．当代财经，2010（12）.

38. 贾志鹏．城市土地储备制度问题与对策研究［D］．天津：天津师范大学出版社，2012.

39. 简新华，余江．中国工业化与新型工业化道路［M］．济南：山东人民出版社，2009.

40. 姜琳．工业化进程与创意产业演进研究［M］．北京：经济管理出版社，2012.

41. 蒋建国，方向新．新型工业化发展战略［M］．长沙：湖南人民出版社，2006.

42. 科斯．财产权利与制度变迁［M］．上海：上海三联书店，1994.

43. 寇楠，徐海波．地方政府土地依赖：现状、成因及化解路径——基于大连市数据［J］．武汉金融，2014（4）：40－41.

44. 黎鹏．产业协调与产业功能区研究［M］．北京：人民出版社，2011.

45. 李建建，戴双兴．中国城市土地使用制度改革60年回顾与展望［J］．经济研究参考，2009，63：2－10.

46. 李建建．中国城市土地市场结构研究［M］．北京：经济科学出版社，2004.

47. 李克强．关于调整经济结构促进持续发展的几个问题［J］．求是，2013（11）.

48. 厉以宁，等．中国跨世纪的主题和难题［M］．北京：经济科学出版社，1999.

49. 廖庆薪，廖力平．现代中国对外贸易概论［M］．广州：中山大学出版社，2007.

50. 刘春丽，赵本阳．中国经济增长与经济发展研究综述［J］．重庆邮电学院学报·社会科学版，2006（18）.

51. 刘辉群，王荣艳．中国对外贸易概论［M］．厦门：厦门大学出版社，2010.

52. 刘克，蒋力．对我国现有经济增长模式的反思及未来的发展建议［J］．中州学刊，2010（2）.

53. 刘丽娟．中国对外贸易概论［M］．大连：东北财经大学出版社，2011.

54. 刘满桃．发改委：2013年要加快户籍制度改革［EB/OL］．观点地产网，2012－12－19。

55. 刘树成．新中国经济增长60年曲线的回顾与展望——兼论新一轮经济周期［EB/OL］，国研网，2010－04－27。

56. 刘晓丹．改革开放以来我国经济增长的影响因素分析［J］．统计与咨询，2006（1）.

57. 刘薰词．我国城市土地使用制度改革的回顾与评价［J］．衡阳师范学院学报（社会科学），1999（4）：38－42.

58. 刘义圣，李建建．发展经济学与中国经济发展策论［M］．北京：社科文献出版社，2008.

59. 刘兆征．学习贯彻十八大精神，加快经济发展方式转变［J］．前进，2013（1）.

60. 聂华林，马增明．中国西部新型工业化道路研究［M］．北京：中国社会科学出版社，2008.

61. 诺斯．制度变迁的理论：概念与原因［M］．上海：上海三联书店，1994.

62. 曲如晓．中国对外贸易概论［M］．北京：机械工业出版社，2009.

63. 任保平．中国21世纪的新型工业化道路［M］．北京：中国经济出版社，2005.

64. 荣宏庆．深化改革是转变经济发展方式的关键［J］．党政干部学刊，2013（1）.

65. 沈晖．论我国城市土地使用制度的完善［J］．南昌大学学报（人文社会科学版），

2006（1）：65－69.

66. 施发启．超常观察：我国投资效率有明显改善［N］．上海证券报，2007－06－11.

67. 石向红．试析经济增长与经济发展的关系［J］．城市建设理论研究，2012（2）.

68. 史东辉．工业化、去工业化、后工业化与服务经济的形成：上海产业结构转型的历史透视［M］．上海：上海大学出版社，2012.

69. 宋娟．当代中国土地使用制度改革研究述评［J］．中国经贸导刊，2014（13）：33－35.

70. 宋歆．可持续发展的“中国答卷”——解读《2012中国可持续发展国家报告》．中国军网，2012－06－02.

71. 宋则行．社会主义宏观经济学［M］．沈阳：辽宁大学出版社，1989.

72. 孙发平．全面把握新的发展方式的科学内涵，加快推进青海经济发展方式的转变［J］．青海社会科学，2013（1）.

73. 陶涛．全球化下的中国对外贸易：理论与实证［M］，北京：中国发展出版社，2012.

74. 田伯平．转变经济发展方式要再认识再突破［J］．群众，2013（2）.

75. 田琳琳，李果，常绍峰．我国改革开放以来经济增长的主要特点及反思［J］．理论学习与探索，2011（1）.

76. 佟家栋，刘程．中国对外贸易导论［M］．北京：高等教育出版社，2011.

77. 王斌．转变经济发展方式——从“引进式技术进步”到“原发性技术创新”——基于知识产权制度视角［J］．生产力研究，2013（2）.

78. 王建．资源瓶颈约束是经济发展最大障碍［N］．中国证券报，2013－09－11.

79. 王娜．中国连续17年成全球受反倾销调查最多国家［J］．中国新闻周刊，2012－11－08.

80. 王秋石．浅议形成新的经济发展方式的“四个着力”［J］．江西财经大学学报，2013（1）.

81. 王新奎．金融危机后的中国对外贸易［M］．上海：上海人民出版社，2011.

82. 王莹．城市土地资源管理的问题及机制创新［J］．城市建筑，2014（2）：315.

83. 王智敏．浅论中国经济增长方式的转变［J］．人民论坛，2012（11）.

84. 吴江．创业型经济呼唤创新型人才［EB/OL］，搜狐财经，2008－12－01.

85. 吴敬琏，刘吉瑞．论竞争性的市场体制［M］．广州：广东经济出版社，1978.

86. 熊晓琳．新型工业化道路中的对外贸易发展战略研究［M］．北京：中国社会科学出版社，2009.

87. 徐佩华．论经济增长与经济发展［J］．求实，2007（12）.

88. 严旭，武博．改革开放中国经济增长特征的经济学解读［J］．孝感学院学报，2010（2）.

89. 阎志军．中国对外贸易概论［M］．北京：科学出版社，2011.

90. 杨清震．中国对外贸易概论［M］．北京：清华大学出版社，2003.

91. 杨世伟．国际产业转移与中国新型工业化道路［M］．北京：经济管理出版社，2013.

92. 杨荫凯．三中全会促进区域协调发展［N］．中国经营报，2013－11－09.

93. 姚景源．调整经济的增长方式才能越过中等收入陷阱［J］．中国新时代，2013（1）.

94. 叶连松，靳新彬．新型工业化与城镇化［M］．北京：中国经济出版社，2009.

95. 张建华．基于新型工业化道路的工业结构优化升级研究［M］．北京：中国社会科学出版社，2012.

96. 张军立．中国经济结构调整问题报告［M］．北京：企业管理出版社，2000.

97. 张连辉，赵凌云．改革开放以来中国共产党转变经济发展方式理论的演进历程［J］．中共党史研究，2011（10）.

98. 张五常．中国的前途［M］．香港：香港信报有限公司，1989.

99. 张宇，卢荻．当代中国经济［M］．北京：中国人民大学出版社，2012.

100. 张卓元．学习党的十八大精神笔谈——深化改革是加快转变经济发展方式的关键［J］．财贸经济，2012（12）.

101. 章玉贵．内生性技术进步才是中国经济源动力［EB/OL］．中国证券网，2013－08－15。

102. 赵国鸿．论中国新型工业化道路［M］．北京：人民出版社，2005.

103. 赵凌云．从“加快转变”到“加快形成”——经济发展方式路径解读［J］．学习月刊，2013（1）.

104. 郑杨．突出科技对经济发展支撑作用［N］．经济日报，2011－7－23.

105. 中国共产党第十八次全国代表大会报告文件汇编［M］．北京：人民出版社，2012.

106. 张志宏．再说“土地财政”的是与非［N］．中国国土资源报，2014－03－10005.

107. 中华人民共和国商务部．中国对外投资合作发展报告2010［M］．上海：上海交通大学出版社，2010.

108. 周国洋，长俊飚．我国对外技术贸易发展现状及前景［J］．经济论坛，2004（21）：132－133.

109. 周天勇．经济增长的新动力源自改革和创新［N］．中国经济时报，2013－09－17.

110. 周天勇．新增长战略与宏观调控的转型［N］．中国经济时报，2013－09－10.

111. 邹忠全．中国对外贸易概论［M］．第1版．大连：东北财经大学出版社，2006.

112. 邹忠全．中国对外贸易概论［M］．第2版．大连：东北财经大学出版社，2009.

113. “十一五”东中西部良性互动区域经济协调发展［N］．中国新闻网，2011－03－04.

114. “十一五”一个重要目标：单位GDP能耗降低20%［N］．人民日报，2005－11－14.

115. 2012年全国废水排放684.6亿吨 57.3%地下水较差极差［EB/OL］．中国青年网，2013－06－04.

116. 报告称中国劳动生产率与发达国家差数十年［EB/OL］．中国网，2012－9－27.

117. 国内钢企废钢利用率现状调查［EB/OL］．中国行业研究网，2013－10－22.

118. 年供量或超亿吨，废钢回收利用进入发展黄金期［EB/OL］．中国二手设备网，

2012 -9 -18.

119. 区域发展："十一五"成就与"十二五"思路［N］. 中国经营报，2011 - 09 - 10.

120. 数据简报：1950 年以来中国历年 GDP 增长率汇总［EB/OL］. 中国经济网，2013 - 07 - 16.

121. 提升全要素生产率　挖掘增长潜力［EB/OL］. 证券时报网，2013 - 08 - 30.

122. 中国共产党十八届三中全会公报［EB/OL］. 新华网，2013 - 11 - 14.

图书在版编目（CIP）数据

当代中国经济/李建建主编. —2 版. —北京：中国人民大学出版社，2019.2
通用经济系列教材
ISBN 978-7-300-26550-6

Ⅰ. ①当… Ⅱ. ①李… Ⅲ. ①中国经济-经济发展-高等学校-教材 Ⅳ. ①F124

中国版本图书馆 CIP 数据核字（2019）第 001354 号

通用经济系列教材
当代中国经济（第二版）
主　编　李建建
副主编　蔡秀玲　陈少晖　廖添土
Dangdai Zhongguo Jingji

出版发行	中国人民大学出版社		
社　　址	北京中关村大街 31 号	**邮政编码**	100080
电　　话	010－62511242（总编室）		010－62511770（质管部）
	010－82501766（邮购部）		010－62514148（门市部）
	010－62515195（发行公司）		010－62515275（盗版举报）
网　　址	http://www.crup.com.cn		
经　　销	新华书店		
印　　刷	北京溢漾印刷有限公司	**版　　次**	2015 年 8 月第 1 版
规　　格	185 mm×260 mm　16 开本		2019 年 2 月第 2 版
印　　张	24	**印　　次**	2022 年 5 月第 7 次印刷
字　　数	571 000	**定　　价**	49.00 元